D1662614

SCHÄFFER
POESCHEL

Die neue Schule
des Bilanzbuchhalters
Band 6

Internationale Rechnungslegung, Internationales Steuerrecht

Bilanzbuchhaltung-International (IHK)
mit Außenwirtschaft/Internationalem Finanzmanagement
und fachbezogenem Englisch

Begründet von Prof. Dr. Werner Kresse
Herausgegeben von Dipl. oec. Norbert Leuz, Steuerberater

Bearbeitet von
Dipl.-Finanzwirt (FH) Angelika Leuz
Dipl. oec. Norbert Leuz, Steuerberater
Prof. Dr. Herbert Sperber
Cornelia Wobbermin, beeidigte Verhandlungsdolmetscherin
Prof. Dr. Michael Wobbermin

2002
Schäffer-Poeschel Verlag Stuttgart

Die Deutsche Bibliothek – CIP-Einheitsaufnahme

Ein Titeldatensatz für diese Publikation ist bei der Deutschen Bibliothek erhältlich.

Gedruckt auf chlorfrei gebleichtem, säurefreiem und alterungsbeständigem Papier

ISBN 3-7910-2003-X

© 2002 Schäffer-Poeschel Verlag für Wirtschaft · Steuern · Recht GmbH
www.schaeffer-poeschel.de
info@schaeffer-poeschel.de

Satz: Grafik-Design Fischer, Weimar
Druck und Bindung: Ebner & Spiegel GmbH, Ulm
Printed in Germany
September / 2002

Schäffer-Poeschel Verlag Stuttgart

Ein Tochterunternehmen der Verlagsgruppe Handelsblatt

Vorwort

Der EU-Ministerrat hat am 06.06.2002 die Verordnung über die Anwendung internationaler Rechnungslegungsgrundsätze verabschiedet. Diese Verordnung verpflichtet kapitalmarktorientierte Unternehmen, für Geschäftsjahre ab 01.01.2005 bei der Aufstellung ihrer konsolidierten Abschlüsse internationale Rechnungslegungsstandards (IAS) anzuwenden. Europäische Unternehmen, die auch in den USA gelistet sind, erhalten einen Aufschub zur Anwendung der IAS-Regeln bis 2007.

In weiser Voraussicht haben viele IHKs zur Ergänzung ihres bereits bestehenden Angebots die Prüfung „Bilanzbuchhaltung-International" in ihr Programm aufgenommen und bringen damit den enormen Weiterbildungsbedarf in diesem Bereich in geordnete Bahnen. Neben Kenntnissen in internationalem Rechnungswesen werden dort von Prüfungsteilnehmern auch

- Grundlagen internationaler Geschäftstätigkeit,
- internationales Steuerrecht und
- fachbezogenes Englisch

verlangt. Der vorliegende Band 6 der Reihe „Neue Schule des Bilanzbuchhalters" vermittelt wesentliche, praxisnahe Kenntnisse zu diesen umfangreichen Stoffgebieten. Kontrollfragen sowie zahlreiche Aufgaben mit Lösungen erleichtern das Verständnis, so dass dieses Werk auch als Einstieg für alle, die sich auf diesen Fachgebieten weiterbilden wollen oder müssen, bestens geeignet ist.

Der **1. Hauptteil, Außenwirtschaft und internationales Finanzmamagement**, erläutert zunächst die Grundtatbestände des grenzüberschreitenden Güter- und Kapitalverkehrs. Die Ausführungen beleuchten die Ursachen und Folgen internationaler Handelsbeziehungen. Ein weiteres wichtiges Ziel ist es, den Leser mit der Funktionsweise der in der Realität beobachtbaren, unterschiedlichen internationalen Währungssysteme vertraut zu machen. Außerdem werden die verfügbaren Instrumente der Außenwirtschaftspolitik, die wichtigsten Regelungen des für globale Wirtschaftsbeziehungen relevanten Rechts sowie die bedeutendsten supranationalen Wirtschaftsorganisationen und ihre Aufgabenstellung betrachtet. Darauf aufbauend widmet sich der Bereich des internationalen Finanzmanagements den spezifischen finanzwirtschaftlichen Aspekten grenzüberschreitend bzw. weltweit agierender Unternehmen. Hierzu werden die Struktur und Produkte der internationalen Finanzmärkte dargestellt, wobei das Geschehen auf den Devisenmärkten besondere Beachtung erfährt. Anschließend werden die vielfältigen Instrumente des internationalen Waren- und Zahlungsverkehrs sowie der Außenhandelsfinanzierung behandelt. Einen Schwerpunkt bildet das internationale Risikomanagement. Hier geht es in erster Linie um die Absicherung von Wechselkurs- und Zinsänderungsrisiken bei globalen Handels- und Finanztransaktionen. Als weiteres spezifisches Risikofeld im internationalen Finanzmanagement werden schließlich die Länderrisiken besprochen.

Der **2. Hauptteil** befasst sich mit **internationaler Rechnungslegung nach IAS und US-GAAP im Vergleich zum HGB**. Ein wichtiges Anliegen dieses Hauptteils ist es, nicht nur theoretische Informationen zu vermitteln, sondern die wichtigsten Bestimmungen anwendungsbezogen und allgemein verständlich darzustellen, wobei die vergleichende Betrachtung der drei Rechnungslegungsvorschriften im Mittelpunkt steht.

Nach einer Einführung zur Entwicklung von der nationalen zur internationalen Rechnungslegung werden die Grundlagen internationaler Rechnungslegungsvorschriften erörtert. Daran anschließend folgt als Schwerpunkt die Darstellung der Gemeinsamkeiten und Unterschiede bei der internationalen Abschlusserstellung, wobei der deutschen Bilanzierungspraxis die Regelungen nach IAS und US-GAAP gegenübergestellt werden. Weitere Kapitel sind den wesentlichen Unterschieden der internationalen Konzernrechnungslegung und weiterer Abschlussbestandteilen wie der Eigenkapitalveränderungsrechnung, Kapitalflussrechnung, Segmentberichterstattung sowie der Zwischenberichterstattung gewidmet. Eine Darstellung der IAS im Überblick beschließt diesen Hauptteil.

Das besondere Anliegen des **3. Hauptteils** zum **internationalen Steuerrecht** ist es, diese schwierige Materie vor allem denjenigen nahe zu bringen, die sich nicht tagtäglich mit derartigen Fragestellungen beschäftigen. Aus diesem Grund bleiben die Ausführungen zu grenzüberschreitenden ertragsteuerlichen Sachverhalten nicht bei der Beschreibung der einschlägigen Bestimmungen des Einkommensteuergesetzes, des Körperschaftsteuergesetzes und der Funktion und Systematik von Doppelbesteuerungsabkommen stehen, sondern führen den Leser zu einer fallorientierten Vorgehensweise, die zwischen Steuerinländern mit Bezügen im Ausland und Steuerausländern mit Bezügen im Inland unterscheidet. Der Aufbau der einzelnen Kapitel folgt den verschiedenen Fallkonstellationen, was die Lösung praktischer Sachverhalte erleichtert. Fallübergreifende Fragestellungen, wie z.B. die Aufteilung der Einkünfte bei Betriebsstätten international tätiger Unternehmen und die Einkunftsabgrenzung bei international verbundenen Unternehmen, werden in gesonderten Kapiteln angesprochen. Danach folgen Ausführungen zum Außensteuergesetz und zu grenzüberschreitenden umsatzsteuerlichen Sachverhalten.

Der **4. Hauptteil** zu **fachbezogenem Englisch** beschließt dieses Werk. Vor allem der Bereich internationale Rechnungslegung ist von einer Vielzahl englischer Fachtermini gekennzeichnet, deren Kenntnis zum Verstehen von Fachbeiträgen, weiterführenden Werken zu IAS und US-GAAP und zum Austausch fachlicher Informationen Voraussetzung ist. Die hierzu notwendige Fassung Englisch/Deutsch wird durch Deutsch/Englisch ergänzt.

Unser Dank gilt Herrn Prof. Dr. Heinz Stehle, Wirtschaftsprüfer und Steuerberater, sowie Herrn Arnold Ramackers, Richter am Finanzgericht Düsseldorf, für ihre wertvollen Anregungen und Hinweise zum internationalen Steuerrecht.

Herausgeber und Verlag

Vorwort zum Gesamtwerk

Die »Neue Schule des Bilanzbuchhalters« ist ein Lehr- und Nachschlagewerk für den gesamten Bereich des kaufmännischen Rechnungswesens. Es wendet sich nicht nur an diejenigen, die sich auf die Bilanzbuchhalterprüfung vorbereiten sowie an Studierende, sondern dient auch dem kaufmännischen Nachwuchs allgemein zur systematischen Weiterbildung und hilft den erfahrenen Praktikern in Betrieben und Steuerberatungen bei der Lösung von Zweifelsfragen.

Das Gesamtwerk, das eng an die Rahmenstoffpläne zu den Bilanzbuchhalterprüfungen national wie international angelehnt ist, umfasst 6 Bände:

– Die ersten **vier Bände** gewähren eine umfassende Vorbereitung für die schriftliche Prüfung (national). Die Bände 1 bis 3 enthalten den funktionsspezifischen Teil. Den funktionsübergreifenden Teil deckt der Band 4 ab.
Zum besseren Verständnis und zur Vertiefung des Wissens wurden **Aufgaben** entwickelt, auf die an den entsprechenden Stellen im Text verwiesen wird. Um inhaltliche Zusammenhänge nicht auseinanderzureißen, sind die Aufgaben und dazugehörigen Lösungen gesondert am Ende des jeweiligen Textteils zu finden.
Kontrollfragen zu jedem Abschnitt erleichtern die schnelle Rekapitulation des Stoffgebiets.
Ein besonderes Anliegen ist die **Praxisbezogenheit** des Werkes, die u. a. durch Berücksichtigung der Belange einer EDV-gerechten und umsatzsteuergerechten Buchungsweise zum Ausdruck kommt, z. B. auch unter Verwendung des DATEV-Kontenrahmens SKR 03.
– **Band 5** ist ganz auf die Besonderheiten der mündlichen Prüfung ausgerichtet.

Ausgerichtet an der neuen IHK-Weiterbildungsprüfung »**Bilanzbuchhaltung international**« vermittelt **Band 6** der »Neuen Schule des Bilanzbuchhalters« praxisnahe Kenntnisse von Außenwirtschaft und internationalem Finanzmanagement, internationalem Rechnungswesen (IAS, US-GAAP), internationalem Steuerrecht sowie fachbezogenem Englisch.

Herausgeber und Verlag

Verzeichnis der Bearbeiter des Gesamtwerkes

Diethard Erbslöh, Benningen am Neckar

Prof. Dr. Dr. Ekbert Hering, Fachhochschule Aalen

Prof. Dr. Hans-Peter Kicherer, Berufsakademie Heidenheim

Dr. Werner Klein, Universität zu Köln

Dr. Lieselotte Kotsch-Faßhauer, Steuerberaterin, Stuttgart

Dipl.-Finanzwirt (FH) Angelika Leuz, Stuttgart

Dipl. oec. Norbert Leuz, Steuerberater, Stuttgart

Prof. Eberhard Rick, Fachhochschule Ludwigsburg, Hochschule für öffentliche Verwaltung und Finanzen

Prof. Dr. Werner Rössle, Berufsakademie Stuttgart

Dr. Monika Simoneit, Tübingen

Prof. Dr. Herbert Sperber, Fachhochschule Nürtingen, Hochschule für Wirtschaft, Landwirtschaft und Landespflege

Dipl.-Betriebswirt Günter Weyrauther, Stuttgart

Cornelia Wobbermin, beeidigte Verhandlungsdolmetscherin, Affalterbach

Prof. Dr. Michael Wobbermin, Fachhochschule Reutlingen, Hochschule für Technik und Wirtschaft

Überblick über das Gesamtwerk

Im **1. Band** werden behandelt:

- Grundlagen der Buchführung
- Allgemeine rechtliche Vorschriften und Grundsätze ordnungsmäßiger Buchführung (GoB)
- Organisation der Buchführung und EDV
- Abschlüsse nach Handels- und Steuerrecht (Bilanz, GuV-Rechnung, Anhang, Lagebericht, Prüfung, Offenlegung u. a.)

Im **2. Band** werden behandelt:

- Besondere Buchungsvorgänge (Wechselgeschäfte, Leasing, Kommissionsgeschäfte, Reisekosten, Lohn und Gehalt u. a.)
- Konzernrechnungslegung
- Auswertung der Rechnungslegung (Bilanzanalyse)
- Kosten- und Leistungsrechnung
- Finanzwirtschaft und Planungsrechnung

Im **3. Band** werden behandelt:

- Steuern (AO, EStG, KStG, GewStG, UStG, UmwStG, InvZulG)

Im **4. Band** werden behandelt:

- Arbeitsmethodik
- Volkswirtschaftliche Grundlagen (Wirtschaftsordnungen und -systeme, Märkte und Preisbildung, Konjunktur, Geld und Geldpolitik u. a.)
- Betriebswirtschaftliche Grundlagen (Unternehmensziele, betriebswirtschaftliche Steuerungsgrößen, Produktionsfaktoren, betriebliche Funktionsbereiche u. a.)
- Recht (BGB, HGB, Gerichtsbarkeit, Zivilprozess und Mahnverfahren, Gewerberecht, Insolvenzrecht, Arbeits- und Sozialrecht u. a.)
- EDV, Informations- und Kommunikationstechniken (Ziele und Einsatzmöglichkeiten, Grundlagen und Begriffe, Hardware, Software, Vernetzung, Datenschutz und Datensicherung, Kommunikationssysteme)

Im **5. Band** werden behandelt:

- Fragen und Antworten zur mündlichen Bilanzbuchhalter-Prüfung.

Im **6. Band** werden behandelt:

- Außenwirtschaft, Internationales Finanzmanagement
- Internationale Rechnungslegung nach IAS und US-GAAP im Vergleich zum HGB
- Internationales Steuerrecht
- Fachbezogenes Englisch (Englisch/Deutsch und Deutsch/Englisch)

Inhaltsverzeichnis

3. HAUPTTEIL: INTERNATIONALES STEUERRECHT

4. HAUPTTEIL: FACHBEZOGENES ENGLISCH

AUFGABEN

Aufgaben zum 2. Hauptteil: Internationale Rechnungslegung nach IAS und US-GAAP im Vergleich zum HGB

LÖSUNGEN

ANHANG

Abkürzungsverzeichnis

Abs.	Absatz
ADR	American depository receipts (Anteilsscheine)
AEK	Anteiliges Eigenkapital
AfA	Absetzung für Abnutzung
A-f-s	Available-for-sale-(Wertpapiere)
AG	Aktiengesellschaft
AICPA	American Institute of Certified Public Accountants
AK	Anschaffungskosten
AO	Abgabenordnung
APB	Accounting Principles Board
ARB	Accounting Research Bulletin
AStG	Gesetz über die Besteuerung bei Auslandsbeziehungen (Außensteuergesetz)
BetrAVG	Gesetz zur Verbesserung der betrieblichen Altersversorgung (Betriebsrentengesetz)
BfF	Bundesamt für Finanzen
BFH	Bundesfinanzhof
BFH/NV	Sammlung amtlich nicht veröffentlichter Entscheidungen des Bundesfinanzhofs
BGB	Bürgerliches Gesetzbuch
BGBl	Bundesgesetzblatt
BMF	Bundesminister der Finanzen
BörsG	Börsengesetz
BörsZulV	Börsenzulassungsverordnung
BStBl	Bundessteuerblatt
CAP	Committee on Accounting Procedures
CC	Completed-contract-Methode
CI	Comprehensive income
& Co	& Co-Gesellschaften gemäß § 262a HGB (z. B. GmbH & Co KG)
CON = SFAC	Statements of Financial Accounting Concepts (FASB)
DAX	Deutscher Aktienindex
DRS	Deutscher Rechnungslegungs Standard
DRSC	Deutsches Rechnungslegungs Standards Committee e. V.
DSR	Deutscher Standardisierungsrat (vom Bundesministerium der Justiz mit Vertrag vom 03.09.1998 als privates Rechnungslegungsgremium i. S. v. § 342 HGB anerkannt)
e. g.	exempli gratia (zum Beispiel)
EGHGB	Einführungsgesetz zum Handelsgesetzbuch
EITF	Emerging Issues Task Force (FASB)
EPS	Earnings per share (Ergebnis je Aktie)
EStDV	Einkommensteuer-Durchführungsverordnung
EStG	Einkommensteuergesetz
EStH	Einkommensteuer-Hinweise
EStR	Einkommensteuer-Richtlinien

EU	Europäische Union
EUR	Euro
EWG	Europäische Wirtschaftsgemeinschaft
EWGV	Vertrag zur Gründung der EWG
F	Framework (IASC)
	Beispiel: F.10 = Framework Paragraph 10
Fa.LL.	Forderungen aus Lieferungen und Leistungen
FAS = SFAS	Statements of Financial Accounting Standards (FASB)
	Beispiel: FAS 131.18 = Standard Nr. 131, Paragraph 18
FASB	Financial Accounting Standards Board
FAZ	Frankfurter Allgemeine Zeitung
FIN	Interpretations (FASB)
FRR	Financial Reporting Releases (SEC)
GAS	German Accounting Standard
GewStDV	Gewerbesteuer-Durchführungsverordnung
GewStG	Gewerbesteuergesetz
GewStR	Gewerbesteuer-Richtlinien
GG	Grundgesetz
GmbH	Gesellschaft mit beschränkter Haftung
GmbHG	Gesetz betreffend die Gesellschaften mit beschränkter Haftung
GoB	Grundsätze ordnungsmäßiger Buchführung
GuV	Gewinn- und Verlustrechnung
HB	Handelsbilanz
HFA	Hauptfachausschuss des Instituts der Wirtschaftsprüfer in Deutschland e. V.
HGB	Handelsgesetzbuch
HK	Herstellungskosten
IAS	International Accounting Standards
	Beispiel: IAS 1.11 = IAS 1, Paragraph 11
IASB	International Accounting Standards Board
IASC	International Accounting Standards Committee
IASCF	International Accounting Standards Committee Foundation
i. e. S.	im engeren Sinne
IDW	Institut der Wirtschaftsprüfer in Deutschland e. V.
IFAC	International Federation of Accountants
IFRIC	International Financial Reporting Interpretations Committee
IFRS	International Financial Reporting Standards
IOSCO	International Organization of Securities Commissions
IVG	Immaterielle Vermögensgegenstände
i. V. m.	in Verbindung mit
i. w. S.	im weiteren Sinne
JA	Jahresabschluss
KapAEG	Kapitalaufnahmeerleichterungsgesetz (1998)
KapCoRiLiG	Kapitalgesellschaften- und Co-Richtlinie-Gesetz (2000)
KonTraG	Gesetz zur Kontrolle und Transparenz im Unternehmensbereich (1998)

KStG	Körperschaftsteuergesetz
KStR	Körperschaftsteuer-Richtlinien
MD&A	Management's Discussion and Analysis of Financial Condition and Results of Operations
MDAX	Mid Cap Dax
NYSE	New York Stock Exchange
OECD	Organization for Economic Cooperation and Development
OECD-MA	OECD-Musterabkommen 2000 zur Vermeidung der Doppelbesteuerung auf dem Gebiet der Steuern vom Einkommen und vom Vermögen
OCI	other comprehensive income
OHG	Offene Handelsgesellschaft
PoC	Percentage of completion-Methode
PoI	Pooling of interests-Methode
PublG	Gesetz über die Rechnungslegung von bestimmten Unternehmen und Konzernen (Publizitätsgesetz)
rev.	revised (überarbeitet)
SAB	Staff Accounting Bulletins (SEC)
SAC	Standards Advisory Council
SAS	Statement on Auditing Standards (AICPA)
SEC	United States Securities and Exchange Commission (amerikanische Börsenaufsicht)
SFAC = CON	Statements of Financial Accounting Concepts (FASB)
SIC	Standards Interpretations Committee
SMAX	Small Cap Exchange
SoC	Stage of completion method
SOP	Statement of Positions (AICPA)
T€	tausend Euro
US-GAAP	United States Generally Accepted Accounting Principles
UStG	Umsatzsteuergesetz
UStR	Umsatzsteuer-Richtilinien
W	Wahrscheinlichkeit
WPg	Die Wirtschaftsprüfung (Fachzeitschrift)
WpHG	Wertpapierhandelsgesetz
WPK	Wirtschaftsprüferkammer Düsseldorf

1. HAUPTTEIL: AUSSENWIRTSCHAFT UND INTERNATIONALES FINANZ-MANAGEMENT

Bearbeitet von: Prof. Dr. Herbert Sperber

1 Außenwirtschaftstheorie und -politik – Überblick

Die **Außenwirtschaftstheorie** analysiert die ökonomischen Beziehungen zwischen Volkswirtschaften. Dabei erfolgt traditionell eine Unterscheidung zwischen der realen oder güterwirtschaftlichen (reinen) Theorie einerseits und der monetären Theorie andererseits. Die **reale** Außenwirtschaftstheorie untersucht die Ursachen internationaler Handelsbeziehungen und die damit verbundenen Vorteile für die beteiligten Volkswirtschaften. Die **monetäre** Außenwirtschaftstheorie befasst sich mit den Zusammenhängen zwischen Zahlungsbilanz, Volkseinkommen, Wechselkurs, Zinsen und Preisen.

Die **Außenwirtschaftspolitik** beinhaltet die Gesamtheit aller wirtschaftspolitischen Maßnahmen zur Beeinflussung und Steuerung des Außenwirtschaftsverkehrs. Betroffen sind sowohl der Waren- und Dienstleistungsverkehr als auch die internationalen Finanztransaktionen.

1.1 Reale Außenwirtschaftstheorie

Die **Weltexporte** von Waren haben sich seit 1950 in mehreren Schüben bis heute nominal auf das 70fache ihres damaligen Volumens erhöht. Der internationale Handel ist damit im Durchschnitt ungefähr doppelt so stark gewachsen wie die Weltproduktion. Mit einem Anteil von gut 10 % des globalen Exports hat sich Deutschland in den vergangenen Jahrzehnten neben den USA und Japan als führende Handelsnation etabliert. Die intensive internationale Verflechtung deutscher Unternehmen spiegelt sich auch in der **Export**- und der **Importquote**, das heißt, im Anteil der Warenex- und -importe am Bruttoinlandsprodukt wider, der sich seit 1950 auf rund 20 Prozent verdreifacht (Exporte) bzw. verdoppelt (Importe) hat. Der überwiegende Teil des Außenhandels der Bundesrepublik vollzieht sich mit den westlichen Industrienationen und hier vor allem mit den EU-Partnerstaaten und den USA. Hingegen ist der Handel mit Entwicklungsländern relativ gering. Die Betrachtung der Warenstruktur zeigt zudem, dass die Bundesrepublik hauptsächlich technologisch hochwertige Investitions- und Konsumgüter exportiert, während sie in hohem Maße auf den Import von Rohstoffen angewiesen ist.

1.1.1 Bestimmungsgründe des internationalen Handels

Internationaler Handel ermöglicht es, die Vorteile einer **internationalen Arbeitsteilung** zu nutzen. Der letztlich entscheidende Grund für das Zustandekommen des grenzüberschreitenden Handels liegt in **Preisunterschieden** bei Gütern zwischen einzelnen Ländern. Hinzu treten **Produktdifferenzierungen**; sie spielen insbesondere für die Erklärung der intraindustriellen Handelsströme eine Rolle. Davon spricht man, wenn ein Land Produkte einer bestimmten Branche, beispielsweise Autos, gleichzeitig exportiert und importiert. Ursache für diese Handelsströme, die einen Großteil des Außenhandels ausmachen, bilden tatsächliche oder vermeintliche Qualitätsunterschiede bzw. bestimmte Vorlieben (Präferenzen) der Nachfrager. Wenn Käufer bestimmte Markennamen präferieren (etwa Jaguar), so ist es durchaus rational, wenn Güter im Ausland gekauft werden, obwohl sie im Vergleich zum Inland gleich viel oder mehr kosten.

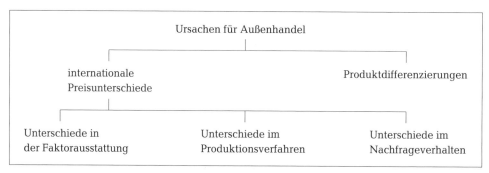

Abb. 1.1: Ursachen für Außenhandel

Internationale Preisunterschiede bei Gütern lassen sich auf drei zugrunde liegende Bestimmungsfaktoren zurückführen: Unterschiede in der Faktorausstattung, im Produktionsverfahren oder im Verhalten der Nachfrager.

(1) Die unterschiedliche Ausstattung mit den Produktionsfaktoren Arbeit, Boden (einschl. Klima, Rohstoffen, etc.) und Kapital begründet, dass manche Länder einige Produkte nicht selbst herstellen können, sondern auf den Import angewiesen sind. Typische Beispiele aus deutscher Sicht sind Erdöl und mineralische Rohstoffe sowie tropische Agrarprodukte, wie zum Beispiel Kaffee und Bananen. Derartige Unterschiede in der **Faktorausstattung** führen zu Unterschieden bei den Faktorpreisen. Angenommen, Land 1 ist reich mit Kapital und wenig mit Arbeit ausgestattet, während Land 2 umgekehrt reich mit Arbeit und wenig mit Kapital ausgestattet ist. Im kapitalreichen Land 1 wird Kapital relativ zur Arbeit billig sein, während im arbeitsreichen Land Arbeit im Verhältnis zu Kapital billig sein wird. Nehmen wir weiter an, es gebe nun auch zwei Güter, von denen das eine kapitalintensiv produziert wird – beispielsweise Maschinen – und das andere arbeitsintensiv produziert wird – beispielsweise Möbel. Aufgrund der unterschiedlichen Faktorpreisproportionen ergibt sich, dass das kapitalreiche Land Maschinen im Verhältnis zu Möbeln billiger produziert als das arbeitsreiche Land. Umgekehrt wird das arbeitsreiche Land Möbel im Verhältnis zu Maschinen billiger produzieren als das kapitalreiche Land. Das bedeutet, dass sich letztlich auch die Güterpreise unterscheiden, und diese Unterschiedlichkeit begründet die Vorteilhaftigkeit des Handels:

Relativ kapitalreiche Länder werden kapitalintensive Produkte exportieren und arbeitsintensive Produkte importieren, während relativ arbeitsreiche Länder arbeitsintensive Produkte exportieren und kapitalintensive Produkte importieren.

Dies ist die Botschaft des **Faktorproportionen-Theorems** von Heckscher und Ohlin. Die Logik des Faktorproportionen-Theorems lässt sich auf alle volkswirtschaftlichen Produktionsfaktoren anwenden, so dass man weiterhin sagen kann:

Das bodenreiche Land exportiert das bodenintensiv produzierte Gut (landwirtschaftliche Produkt). Oder: Das rohstoffreiche Land exportiert das rohstoffintensiv hergestellte Produkt. Oder: Das umweltreiche Land exportiert das umweltintensiv produzierte Gut. Oder: Das landschaftlich schöne Land exportiert das landschaftsintensive Produkt (Tourismus), das humankapitalreiche Land exportiert das humankapitalintensive Produkt, das innovationsfreudige Land exportiert das innovationsintensive (neue) Produkt, usw.

(2) Neben die Unterschiede in der Faktorausstattung und teilweise dadurch bedingt treten Unterschiede in den Technologien bzw. allgemein im **Produktionsverfahren**. Nicht alle Länder verfügen über einen technologischen Entwicklungsstand, der es ihnen erlaubt, technisch hochwertige Produkte, beispielsweise EDV-Geräte oder Flugzeuge, selbst zu produzieren. Vielmehr müssen diese Produkte bei Bedarf importiert werden. Für die exportierenden Länder erweitert Außenhandel die Absatzmärkte und ermöglicht es ihnen, sich auf bestimmte Produkte zu spezialisieren. Die dadurch realisierbare Massenproduktion führt zu Kostenvorteilen **(Economies of Scale)**.

(3) Schließlich lassen sich Preisunterschiede zwischen den Ländern auch durch das unterschiedliche **Nachfrageverhalten** der Konsumenten und Investoren begründen. Auch bei gleichem Produktionsverfahren und gleicher Faktorausstattung kann sich deshalb Außenhandel lohnen.

In der Realität werden sich die genannten unterschiedlichen Erklärungen typischerweise überlagern. Alles in allem resultiert daraus die ökonomische Vorteilhaftigkeit des Außenhandels. Dies gilt für alle Länder, auch wenn diese Länder für alle Güter, absolut gesehen, Preisvorteile aufweisen.

1.1.2 Das Theorem der komparativen Kostenvorteile

Die Erklärung für die Vorteilhaftigkeit des internationalen Handels lieferte schon vor 200 Jahren der englische Nationalökonom David Ricardo (1772–1823) mit seiner Theorie der **komparativen Kostenvorteile**. Demnach erhöht sich durch Außenhandel der Wohlstand in den beteiligten Ländern. Und zwar ist die Aufnahme von Handel für ein Land auch dann vorteilhaft, wenn es alle in Frage kommenden Produkte (absolut) kostengünstiger erzeugen kann. Zur Erläuterung sei ein einfaches **Beispiel** betrachtet.

Zwei Länder, Deutschland und Polen, produzieren nur Bier und Kartoffeln. Der Einfachheit halber sei angenommen, dass die Produktionskosten ausschließlich durch die Arbeitsstunden bestimmt werden, die zur Güterproduktion benötigt werden. Die Produktionsmöglichkeiten der beiden Länder in einem Zwölf-Stunden-Arbeitstag lassen sich anhand der so genannten **Transformationskurven** abbilden. In unserem Beispiel spiegeln diese folgende Produktionsmöglichkeiten wider:

In Deutschland erfordert die Herstellung von einem Kasten Bier eine Arbeitsstunde, zur Produktion von einem Sack Kartoffeln werden zwei Arbeitsstunden benötigt. Demnach kann die Bundesrepublik pro Arbeitstag zwölf Kasten Bier oder sechs Sack Kartoffeln produzieren. Möglich wäre auch eine Mischung aus beidem, beispielsweise sechs Kasten Bier und drei Sack Kartoffeln. Entscheidend ist, dass ein Sack mehr Kartoffeln den Verzicht auf zwei Kasten Bier erfordert. Man kann auch sagen, ein Sack Kartoffeln kostet zwei Kasten Bier bzw. kostet umgekehrt ein Kasten Bier einen halben Sack Kartoffeln. Diese Relationen sind die **internen Tauschverhältnisse** (= komparativen Kosten) in Deutschland.

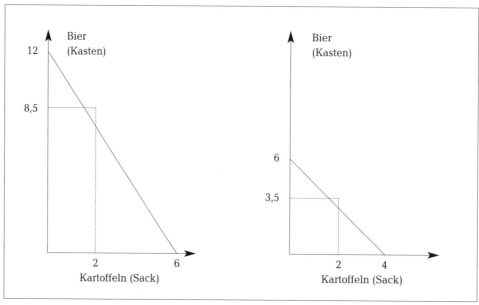

Abb. 1.2: Die Produktionsmöglichkeiten (Transformationskurven) für einen 12-Stunden-Arbeitstag

In Polen erfordert die Produktion von einem Kasten Bier zwei Arbeitsstunden und die Produktion von einem Sack Kartoffeln drei Arbeitsstunden. Polen kann also pro Arbeitstag sechs Kasten Bier oder vier Sack Kartoffeln oder Kombinationen davon erzeugen. Ein Sack Kartoffeln mehr kostet die Polen den Verzicht auf die Produktion von 1,5 Kasten Bier. Das heißt, ein Sack Kartoffeln kostet 1,5 Kasten Bier, und umgekehrt kostet ein Kasten Bier 0,67 Sack Kartoffeln. Dies sind die internen Tauschverhältnisse in Polen.

Deutschland	Polen
1 Sack Kartoffeln = 2 Kasten Bier 1 Kasten Bier = 0,5 Sack Kartoffeln	1 Sack Kartoffeln = 1,5 Kasten Bier 1 Kasten Bier = 0,67 Sack Kartoffeln

Offenbar können sowohl Bier als auch Kartoffeln in Deutschland mit weniger Arbeitsaufwand, also absolut billiger, produziert werden als in Polen. Allerdings sind Kartoffeln in Polen relativ (gemessen in Bier) billiger als in Deutschland. Andererseits ist Bier in Deutschland relativ (gemessen in Kartoffeln) billiger als in Polen.

Ein Außenhändler könnte diese **komparativen Kostenunterschiede** gewinnbringend nutzen: Er erwirbt in Polen einen Sack Kartoffeln, transportiert ihn nach Deutschland, erhält dort zwei Kasten Bier, von denen er eineinhalb Kasten zur Bezahlung des Sacks Kartoffeln in Polen verwenden würde. Sein Gewinn beliefe sich auf einen halben Kasten Bier (abzüglich der Transportkosten). Diese **internationale Güterarbitrage** führt nun dazu, dass auf dem Weltmarkt die Nachfrage nach deutschem Bier sowie das Angebot an polnischen Kartoffeln zunimmt. In der Folge wird sich das **externe Tauschverhältnis** zwischen Kartoffeln und Bier verändern. Es wird sich zwischen

    1 Sack Kartoffeln = 1,5 Kasten Bier und

    1 Sack Kartoffeln = 2 Kasten Bier

einpendeln, da sich nur in dieser Bandbreite der Tausch lohnt. Nehmen wir an, die externe Tauschrelation (Weltmarktpreis) liege in der Mitte:

    1 Sack Kartoffeln = 1,75 Kasten Bier.

In diesem Fall brächte eine Spezialisierung der Produktion auf das jeweils billigere Produkt beiden Ländern einen Vorteil (siehe Abb. 1.2):

Deutschland produziert 12 Kasten Bier und tauscht davon beispielsweise 3,5 Kasten gegen 2 Sack Kartoffeln. Polen produziert 4 Sack Kartoffeln und tauscht davon entsprechend 2 Sack gegen 3,5 Kasten Bier. Beide Länder erreichen durch die Spezialisierung und den Tausch einen Punkt außerhalb ihrer Transformationslinie. Das heißt, ihre Güterversorgung steigt auf ein Niveau, das sie alleine, ohne Außenhandel, nicht hätten realisieren können.

Der beschriebene Sachverhalt kann unter Verwendung von **Geldpreisen** und **Wechselkursen** dargestellt werden. Eine Arbeitsstunde koste 1 € bzw. 4 Zloty. Dann kommt es zu folgenden Preisen:

Deutschland	Polen
1 Sack Kartoffeln = 2 € 1 Kasten Bier = 1 €	1 Sack Kartoffeln = 12 Zloty 1 Kasten Bier = 8 Zloty

Würde ein Wechselkurs von 1 € = 4 Zloty gelten, so wäre in Deutschland alles billiger als in Polen. Das würde dazu führen, dass Polen am Devisenmarkt € nachfragen würde mit der Folge, dass der € aufgewertet wird, beispielsweise auf 1 € = 7 Zloty. Daraufhin würden sich folgende Zloty-Preise ergeben:

Deutschland	Polen
1 Sack Kartoffeln = 2 € = 14 Zloty 1 Kasten Bier = 1 € = 7 Zloty	1 Sack Kartoffeln = 12 Zloty 1 Kasten Bier = 8 Zloty

Offenbar verwandelt der Wechselkurs komparative in absolute Preisvorteile. Daraufhin kommt es zu Außenhandel, von dem – wie gezeigt – beide Länder profitieren.

1.1.3   Freier internationaler Handel – Pro und Contra

Die Überlegungen haben gezeigt, dass internationaler Handel für die beteiligten Länder eine Ausweitung ihrer Produktions- und Konsummöglichkeiten realisierbar macht. Ursächlich dafür sind die Nutzung von Produktionskostenvorteilen sowie von Vorteilen der Massenproduktion durch die Spezialisierung. Außerdem verstärkt freier internationaler Handel den Wettbewerb zwischen den Anbietern und fördert die Wachstumsdynamik. Monopolrenten werden abgebaut, und Produkt- und Prozessinnovationen werden angeregt. Offene Grenzen erweitern so das den Konsumenten verfügbare Produktangebot.

Wie gesagt, bedeutet Globalisierung aber auch mehr Wettbewerb. Der globale Wettbewerb findet zwischen drei Gruppen von Akteuren statt: Die Unternehmen kämpfen um Marktanteile für ihre Produkte; die Arbeitnehmer konkurrieren um Arbeitsplätze; und die Staaten werden in die Rolle von Gastwirten gedrängt, die sich als attraktive Standorte für Unternehmen und international mobiles Kapital profilieren müssen.

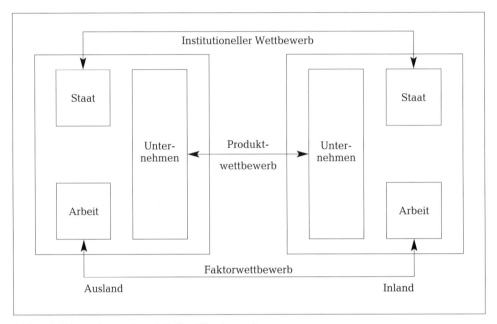

Abb. 1.3: Dimensionen des globalen Wettbewerbs

Aufgrund des scharfen internationalen Wettbewerbs ist es nicht garantiert, dass freier Handel immer zu einer optimalen Entwicklung der Produktionsstruktur der Länder führt. Ebenso ist die Verteilung des resultierenden Überschusses nach den Regeln des freien Wettbewerbs möglicherweise ungerecht. Diese und andere Aspekte werden häufig angeführt, um **protektionistische Maßnahmen** zu begründen. Darunter versteht man eine Politik der Einfuhrbeschränkung und Exportförderung zum Schutz bzw. zur Unterstützung der einheimischen Wirtschaft. Ihre Instrumente sind im wesentlichen Zölle, Kontingente und nichttarifäre Handelshemmnisse (siehe 1.3).

Einige Bedeutung hat das sog. **Schutzzoll- bzw. Erziehungszollargument** erlangt, als dessen Begründer der deutsche Nationalökonom Friedrich List (1789–1846) gilt. Demnach sollen Schutzzölle oder Importquoten für eine gewisse Zeit der Entwicklung der heimischen Industrie Schutz vor der überlegenen Konkurrenz der hoch entwickelten ausländischen Industrienationen bieten. Ein solcher Protektionismus birgt indes mehrere Gefahren. So ist etwa zu befürchten, dass die Wirtschaftszweige, gerade weil sie geschützt werden, in ihren Entwicklungsanstrengungen nachlassen. Zudem besteht die Gefahr, dass andere Länder ebenfalls Importrestriktionen einführen (**Retorsionsmaßnahmen**). Keinesfalls lässt sich Protektionismus für hoch entwickelte Industrienationen rechtfertigen. Hierüber gibt es in der ökonomischen Theorie große Übereinstimmung.

Kontrollfragen

1. *Welche Bedeutung hat der internationale Handel für Deutschland?*
2. *Mit welchen Fragen befasst sich die reale (reine) Außenwirtschaftstheorie?*
3. *Worin liegen die Ursachen für das Entstehen von Außenhandel, und wie begründet sich dessen Vorteilhaftigkeit?*
4. *Welche Argumente sprechen für und welche gegen freien internationalen Handel?*

Aufgabe 1.01 *Außenhandel S. 407*

1.2 Monetäre Außenwirtschaftstheorie

Im Zentrum der monetären Außenwirtschaftstheorie steht die Analyse gesamtwirtschaftlicher Entwicklungen und ihres Einflusses auf die Zahlungsbilanz. Von besonderer Bedeutung sind die Wirkungen von Wechselkursänderungen, Preisänderungen und Änderungen des Volkseinkommens auf den Außenbeitrag bzw. die Leistungsbilanz der beteiligten Länder. Eine weitere wichtige Frage betrifft die Funktionsweise unterschiedlicher Währungssysteme. Grundlage für das Verständnis außenwirtschaftlicher Beziehungen bildet die Zahlungsbilanz.

1.2.1 Die Zahlungsbilanz

Die **Zahlungsbilanz** erfasst alle wirtschaftlichen Transaktionen zwischen In- und Ausländern für eine abgelaufene Periode. Als Inländer gelten dabei alle natürlichen Personen mit ständigem Wohnsitz im Inland sowie im Inland ansässige Unternehmen. (Ausnahmen bilden Angehörige ausländischer Streitkräfte und diplomatischer Vertretungen, die im Sinne der Zahlungsbilanzstatistik nicht als Inländer gelten). Im Gegensatz zu anderen Bilanzen werden in der Zahlungsbilanz **Stromgrößen** und nicht Bestandsgrößen erfasst. Dem entspricht die Einteilung der Zahlungsbilanzkonten in eine Soll- und eine Habenseite. Der Begriff Zahlungsbilanz erscheint deshalb missverständlich. Die Zahlungsbilanz untergliedert sich in verschiedene Teilbilanzen.

1.2.1.1 Leistungsbilanz und Finanzierungssaldo

In der **Handelsbilanz** werden die Ex- und Importe von Waren, zum Beispiel Autos, erfasst. Der Handelsbilanzsaldo gibt darüber Auskunft, ob ein Land von anderen Ländern wertmäßig mehr Waren importiert oder dorthin exportiert hat. In der **Dienstleistungsbilanz** werden Ex- und Importe von Dienstleistungen verbucht. In dieser Teilbilanz werden beispielsweise die mit dem Tourismus verbundenen Einnahmen und Ausgaben, die Zahlungen an militärische Dienststellen sowie der Verkauf von Patenten registriert. Die Zusammenfassung der Salden aus Handels- und Dienstleistungsbilanz führt zum **Außenbeitrag zum Bruttoinlandsprodukt**.

Die an das Ausland geleisteten Erwerbs- und Vermögenseinkommen bzw. die vom Ausland empfangenen Erwerbs- und Vermögenseinkommen werden in der **Bilanz der Erwerbs- und Vermögenseinkommen** verbucht. Hierzu zählen Zinsen, Gewinne und Löhne, die Inländer im Ausland oder Ausländer im Inland erhalten haben.

Die Zusammenfassung der Salden aus Handels- und Dienstleistungsbilanz sowie dem Saldo der Bilanz der Erwerbs- und Vermögenseinkommen ergibt den **Außenbeitrag zum Bruttonationaleinkommen.**

Unterbilanzen	Sollseite	Habenseite	Salden
1. Außenhandel 2. Dienstleistungen	Wareneinfuhr Ausgaben	Warenausfuhr Einnahmen	Außenbeitrag zum BIP
3. Erwerbs- und Vermögenseinkommen	Ausgaben	Einnahmen	Außenbeitrag zum BNE
4. laufende Übertragungen	geleistete Übertragungen	empfangene Übertragungen	Saldo der Leistungsbilanz
5. Vermögensübertragungen	geleistete Übertragungen	empfangene Übertragungen	Finanzierungssaldo = Saldo der korrigierten Leistungsbilanz
6. Direktinvestitionen 7. Wertpapieranlagen 8. übriger Kapitalverkehr (lang- und kurzfristig)	Kapitalausfuhr Kapitalausfuhr Kapitalausfuhr	Kapitaleinfuhr Kapitaleinfuhr Kapitaleinfuhr	Saldo der Kapitalbilanz (i. e. S.)
9. Restposten	Saldo aus nicht aufgliederbaren Transaktionen		Saldo der Gesamtbilanz
10. Netto-Auslandsposition der Zentralbank	Veränderung der Netto- Auslandsaktiva der Zentralbank (Zunahme: +, Abnahme: –)		Saldo der Devisenbilanz

Abb. 1.4: Die Zahlungsbilanz und ihre Teilbilanzen

In der **Übertragungsbilanz** werden alle laufenden Übertragungen erfasst. Solche liegen vor, wenn für eine erbrachte Leistung keine Gegenleistung erfolgt. Dazu gehören zum Beispiel Beiträge an internationale Organisationen, Überweisungen von Gastarbeitern in ihre Heimatländer und Entwicklungshilfeleistungen.

Fasst man die Salden der Handels- und Dienstleistungsbilanz, der Bilanz der Erwerbs- und Vermögenseinkommen sowie der Übertragungsbilanz zusammen, so erhält man den **Saldo der Leistungsbilanz**. Der Saldo der Leistungsbilanz liefert Informationen über die grenzüberschreitenden Transaktionen, die Einfluss auf das laufende Einkommen der Volkswirtschaft haben.

Die Vermögensübertragungen werden gesondert in der **Bilanz der Vermögensübertragungen** ausgewiesen. Im Unterschied zu den laufenden Übertragungen handelt es sich bei den Vermögensübertragungen um Übertragungen, die von einem der Beteiligten als einmalig betrachtet werden. (Beispiel: Wiederaufbauhilfe für kriegsgeschädigte Staaten).

Addiert man zum Leistungsbilanzsaldo den Saldo der Vermögensübertragungen, dann ergibt sich der gesamtwirtschaftliche **Finanzierungssaldo**. Man spricht auch vom Saldo der korrigierten Leistungsbilanz. Er spiegelt die Entwicklung des **Netto-**

auslandsvermögens der Volkswirtschaft wider. Ist der Finanzierungssaldo positiv, so nimmt das Nettoauslandsvermögen zu, ist der Finanzierungssaldo negativ, so nimmt das Nettoauslandsvermögen ab.

1.2.1.2 Die Bestandteile der Kapitalbilanz

In der **Kapitalbilanz** werden die Veränderungen von Forderungen bzw. Verbindlichkeiten des Inlands gegenüber dem Ausland erfasst. Die Veränderungen der Forderungen und der Verbindlichkeiten der Zentralbank gegenüber dem Ausland beeinflussen die Geldmenge in dem betrachteten Land. Aus diesem Grund wird für die Zentralbank eine eigene Kapitalbilanz, die so genannte **Devisenbilanz**, geführt. Die Kapitalbilanz ohne die Auslandstransaktionen der Zentralbank wird als **Kapitalbilanz im engeren Sinn** bezeichnet. Die Kapitalbilanz im engeren Sinn und die Devisenbilanz ergeben (einschl. der ungeklärten Restposten) die **Kapitalbilanz im weiteren Sinn**. In der Praxis sind die Begriffe Kapitalbilanz im engeren und im weiteren Sinn kaum gebräuchlich. Wenn man von der Kapitalbilanz spricht, ist stets die Kapitalbilanz im engeren Sinn gemeint.

Die Kapitalbilanz im engeren Sinn wird nach funktionalen Gesichtspunkten in Direktinvestitionen, Wertpapieranlagen, Kapitalverkehr und sonstige Transaktionen unterteilt.

Ist der Saldo der Kapitalbilanz negativ, so liegt ein **Nettokapitalexport** (Kapitalbilanzdefizit) vor, das heißt, es ist mehr Kapital aus dem Inland abgeflossen als in das Inland hineingeflossen ist. Netto wurde somit ein Kredit an das Ausland vergeben. Dadurch sind die inländischen Forderungen gegenüber dem Ausland gestiegen. Ist der Saldo der Kapitalbilanz positiv, so spricht man von einem **Nettokapitalimport** (Kapitalbilanzüberschuss). In diesem Falle ist netto mehr Kapital aus dem Ausland in das Inland hineingeflossen als Kapital aus dem Inland abgeflossen ist. Das Inland hat also netto einen Kredit im Ausland aufgenommen. Dadurch haben sich die inländischen Verbindlichkeiten gegenüber dem Ausland erhöht.

Aus der Zusammenfassung des Finanzierungssaldos mit dem Kapitalverkehr außerhalb der Zentralbank sowie den Restposten resultiert der **Saldo der Gesamtbilanz**. Ist dieser von Null verschieden, so erfolgt der Ausgleich durch den **Saldo der Devisenbilanz**, der die Veränderung der Netto-Auslandsposition der Zentralbank beinhaltet.

1.2.1.3 Die Bilanz der ungeklärten Restposten

Der Großteil der in der Zahlungsbilanz aufgeführten Transaktionen ist nur schwer zu erfassen. In der Praxis werden die Teilbilanzen der Zahlungsbilanz unabhängig voneinander aufgestellt. Sie entstammen aus unterschiedlichen Sekundärstatistiken. Im Warenverkehr liefern Zollunterlagen Informationen, während im Zahlungsverkehr die Kreditinstitute an bestimmte Meldepflichten gebunden sind.

Vor allem der Bereich der Dienstleistungen lässt sich nur schwer exakt erfassen. Beispielsweise kann man die im Auslandstourismus erworbenen Dienstleistungen häufig nur näherungsweise anhand von eingelösten Reiseschecks oder über Veränderungen der Bestände an ausländischem Bargeld bei den Kreditinstituten abschätzen. Ähnlich verhält es sich bei Lieferantenkrediten an das Ausland. Diese werden als solche kurzfristig nicht registriert und fehlen in den vorläufigen Jahresabschlüssen der Zahlungsbilanz. In einigen anderen Bereichen liegen überhaupt keine exakten Daten vor. Es können nur Schätzungen vorgenommen werden. Hierzu zählen die Kapitalerträge aus dem Ausland und die Finanztransfers von Gastarbeitern.

Aufgrund der getrennten Erfassung der Teilbilanzen und der angeführten Probleme addieren sich die Salden der Teilbilanzen nicht zu Null. Größen, die statistisch nicht aufgliederbar sind, werden unter der Position **statistisch nicht aufgliederbare Restposten** in der Zahlungsbilanz verbucht.

1.2.1.4 Die Devisenbilanz

Die Veränderung der **Netto-Auslandsposition der Zentralbank** reflektiert alle Transaktionen der Währungsbehörde. Es handelt sich dabei hauptsächlich um Zahlungsströme im Zusammenhang mit Devisenkäufen bzw. -verkäufen, weiterhin um grenzüberschreitende Zahlungen in Verbindung mit Transaktionen des öffentlichen Sektors sowie um Kreditwährungen und -aufnahmen an das bzw. aus dem Ausland. Eine Zunahme (Abnahme) der Netto-Auslandsaktiva bedeutet, dass sich die Forderungen der Zentralbank gegenüber dem Ausland im Vergleich zu den bestehenden Verbindlichkeiten erhöht (vermindert) haben.

1.2.1.5 Der statistische Ausgleich der Zahlungsbilanz

Die Zahlungsbilanz ist definitionsgemäß immer ausgeglichen, da jeder Buchung nach dem Prinzip der doppelten Buchführung eine Gegenbuchung gegenübersteht. Wenn von Zahlungsbilanzdefiziten bzw. -überschüssen die Rede ist, sind daher Teilbilanzen bzw. Kombinationen von Teilbilanzen der Zahlungsbilanz gemeint. Vernachlässigt man die statistisch nicht aufgliederbaren Restposten, dann entspricht der Finanzierungssaldo dem Saldo der Kapitalbilanz im weiteren Sinn mit umgekehrtem Vorzeichen. Der Saldo der Kapitalbilanz im weiteren Sinn und der Finanzierungssaldo liefern die gleichen Informationen über das Niveau der Veränderung der Nettoauslandsforderungen. Ein positiver Finanzierungssaldo bzw. ein negativer Saldo der Kapitalbilanz im weiteren Sinn weist darauf hin, dass sich das Nettoauslandsvermögen erhöht hat. Ein negativer Finanzierungssaldo bzw. ein positiver Kapitalbilanzsaldo zeigt eine Abnahme des Nettoauslandsvermögens an.

Der Finanzierungssaldo gibt darüber hinaus Auskunft, durch welche Transaktionen sich das Nettoauslandsvermögen verändert hat, während die Kapitalbilanz Informationen enthält, in welcher Form und von wem das zusätzliche Auslandsvermögen gehalten wird bzw. wer die Verbindlichkeiten in welcher Form eingegangen ist. Der Finanzierungssaldo und die Kapitalbilanz betrachten somit die gleiche Medaille von der jeweils anderen Seite.

Der Finanzierungssaldo (FS), die Salden der Kapitalbilanz im engeren Sinn (KB) und der Devisenbilanz (DB) addieren sich stets zu Null:

(1) FS + KB + DB = 0 bzw.
(2) FS + KB   = – DB

Der Devisenbilanzsaldo spiegelt das Endergebnis aller ökonomischen Transaktionen zwischen Inländern und Ausländern wider. Die Devisenbilanz muss daher mit umgekehrtem Vorzeichen den gleichen Saldo aufweisen wie die Summe aus Finanzierungssaldo und Kapitalbilanzsaldo im engeren Sinn. Ist die Summe aus Finanzierungs- und Kapitalbilanzsaldo im engeren Sinn positiv, so ist der Devisenbilanzsaldo negativ. In dieser Situation besteht ein Überschussangebot an Devisen am Devisenmarkt, dem die Zentralbank mit Devisenkäufen und Kreditgewährung an das Ausland begegnen muss. Die Devisenbestände der Zentralbank (= Netto-Auslandsaktive) nehmen zu:

(3) FS + KB > 0 bzw. DB < 0

Ist dagegen die Summe aus Finanzierungs- und Kapitalbilanzsaldo negativ, nimmt der Devisenbilanzsaldo einen positiven Wert an. Die damit einhergehende Überschussnachfrage nach Devisen am Devisenmarkt wird von der Zentralbank durch Kreditaufnahme im Ausland und Devisenverkäufe aufgefangen. Dadurch sinken die Devisenreserven (Netto-Auslandsaktive) der Zentralbank:

(4) $FS + KB < 0$ bzw. $DB > 0$

1.2.2 Zahlungsbilanzbuchungen

Nachfolgend wird die Verbuchung von **Zahlungsbilanztransaktionen** an Hand einiger konkreter Beispiele näher erläutert.

Beispiel 1:
Ein deutscher Exporteur liefert Waren im Wert von 1 Million € in die USA und räumt dem Abnehmer ein Zahlungsziel von drei Monaten ein. Die Gewährung von Handelskrediten wird in der Bilanz des **übrigen Kapitalverkehrs** als Kapitalexport auf der Sollseite erfasst, und es ergeben sich folgende Buchungen:

Soll	Handelsbilanz	Haben
	Warenexporte	1 Mio.

Soll	Kapitalbilanz (übriger Kapitalverkehr)	Haben
Gewährte Handelskredite (Zunahme: +) + 1 Mio.		

Lassen sich die Kredite nur mit zeitlicher Verzögerung statistisch erfassen, so erscheint die Gegenbuchung zu den Warenexporten vorübergehend in der Bilanz der **ungeklärten Restposten** (auf der Sollseite).

Beispiel 2:
Ein deutscher Importeur hat an eine Reederei in Taiwan Rechnungen für erbrachte Schiffstransporte in Höhe von 30 Millionen Taiwan-Dollar zu begleichen. Die Bezahlung wird von der Hausbank des deutschen Importeurs abgewickelt. Dies geschieht, indem die Bank eine Korrespondenzbank in Taiwan, bei der sie ein **Währungskonto** in Taiwan-Dollar unterhält, beauftragt, zu Lasten ihres (vorher ausgeglichenen) Girokontos 30 Millionen Taiwan-Dollar an den taiwanesischen Reeder zu überweisen. Zahlungsbilanzwirksam sind hierbei zwei Vorgänge: der Import der Transportleistung des deutschen Unternehmens, der in der **Dienstleistungsbilanz** zu berücksichtigen ist, und die Zunahme der Taiwan-Dollar (TWD)-Verbindlichkeiten der deutschen Hausbank bei der taiwanesischen Korrespondenzbank. Bei einem Wechselkurs von 30 TWD/€ ergeben sich folgende in € ausgedrückte Bewegungen in der Zahlungsbilanz:

Soll	Dienstleistungsbilanz		Haben
Dienstleistungs- importe	1 Mio.		

Soll	Kapitalbilanz (übriger Kapitalverkehr)		Haben
		Verbindlichkeiten ggü. dem Ausland (Zunahme: +)	+ 1 Mio.

Wenn der Währungskontobestand ausreichend groß ist, dann wird die Bezahlung als negativer Kapitalexport (Abnahme der Forderungen gegenüber dem Ausland) auf der Sollseite der Kapitalbilanz verbucht. Erfolgt die Bezahlung in heimischer Währung (€) durch Überweisung auf ein €-Konto des taiwanesischen Partners bzw. dessen Bank in Deutschland, so erscheint die Buchung ebenfalls als positiver Kapitalimport auf der Habenseite. Denn die €-Guthaben des Auslands stellen aus deutscher Sicht Verbindlichkeiten gegenüber dem Ausland dar.

Beispiel 3:
Der deutsche Staat entrichtet Finanzbeiträge an die EU in Höhe von 5 Mrd. €. Die Bundesbank (als Hausbank des Staates) führt die Zahlung durch, indem sie das Zentralbankkonto des Bundes in Höhe dieses Betrags belastet und die Summe aus ihrem **Devisenbestand** überweist. In der Zahlungsbilanz werden folgende Buchungen vorgenommen:

Soll	Übertragungsbilanz		Haben
geleistete Über- tragungen	5 Mrd.		

Soll	Devisenbilanz		Haben
Veränderung der Nettoauslandsaktiva (Abnahme: –)	– 5 Mrd.		

Beispiel 4:
Ein deutsches Unternehmen kauft Aktien eines amerikanischen Konzerns und zahlt dafür 2 Millionen US-Dollar (= 2 Millionen €). Die Überweisung wird wie im Beispiel 2 abgewickelt, so dass die Buchungen lauten:

Soll	Kapitalbilanz (Wertpapieranlagen)		Haben
Anlagen im Ausland (Zunahme: +)	+ 2 Mio.		

Soll	Kapitalverkehr (übriger Kapitalverkehr)		Haben
		Verbindlichkeiten ggü. dem Ausland (Zunahme: +)	+ 2 Mio.

Erwirbt das deutsche Unternehmen durch den Aktienkauf eine maßgebliche Beteiligung an der US-Firma (mindestens 10 Prozent), so erfolgt die Buchung statt bei Wertpapieranlagen unter der Rubrik **Direktinvestitionen**. Dasselbe gilt für einen Unternehmenskauf bzw. die Gründung von Tochtergesellschaften oder Niederlassungen im Ausland.

Beispiel 5:

Die Europäische Zentralbank erwirbt von deutschen Banken täglich fällige Dollarforderungen an ausländische Banken (also Devisen) im Umfang von 4 Milliarden US-Dollar (= 4 Milliarden €). Da inländische Banken Auslandsforderungen verlieren (gegen den Erhalt von heimischer Währung), ergibt sich ein negativer Kapitalexport. Außerdem wird die **Devisenbilanz** berührt:

Soll	Kapitalbilanz (übriger Kapitalverkehr)		Haben
Forderungen ggü. dem Ausland (Abnahme: –)	– 4 Mrd.		

Soll	Devisenbilanz		Haben
Veränderung der Nettoauslandsaktiva (Zunahme: +)	+ 4 Mrd.		

Offenbar werden **Devisenmarktinterventionen** der Zentralbank immer in der Zahlungsbilanz verbucht, auch wenn die Transaktionen zwischen Inländern (Zentralbank und Geschäftsbanken) stattfinden.

1.2.3 Gesamtwirtschaftliche Einflüsse auf den Außenbeitrag

1.2.3.1 Grundlegende Begriffe

Bei grenzüberschreitenden Zahlungen ist oft ein Umtausch von heimischer in ausländische Währung (oder umgekehrt) erforderlich.

(1) Der Preis, zu dem zwei Währungen ausgetauscht werden, ist der **nominale Wechselkurs**.

In Deutschland war es früher üblich, fremde Währungen in **Preisnotierung** anzugeben. Für den US-Dollar notierte man beispielsweise 1,56466 DM. Der Preis eines Dollar betrug dann 1,56466 DM. Umgerechnet in € sind das 0,80 € pro Dollar (1,56466 DM pro Dollar dividiert durch 1,95583 DM pro €). Im Zuge der Einführung des € ging man 1999 auch in Deutschland zur **Mengennotierung** über, die im angelsächsischen Raum schon seit langem verwendet wird. Der Wechselkurs gibt nun an, welche Menge der fremden Währung man für einen € erhält. Notiert beispielsweise der US-Dollar zu einem Kurs von 1,25, so sind für einen € 1,25 Dollar erhältlich bzw. muss man 1,25 Dollar pro € zahlen. Der Kurs in Preisnotierung lässt sich als Kehrwert der Mengennotierung errechnen. Ein Dollarkurs von 1,25 (Mengenotierung) entspricht also einem Kurs von 0,80 bei Preisnotierung (1 : 1,25).

(2) Neben dem betrachteten nominalen ist der **reale Wechselkurs** von Bedeutung.

$$\text{Realer Wechselkurs} = \frac{\text{ausländischer Preisindex} \cdot \text{Wechselkurs (in Preisnotierung)}}{\text{inländischer Preisindex}}$$

Am realen Wechselkurs lässt sich ablesen, in welchem Verhältnis ausländische Güter gegen inländische getauscht werden können.

Beispiel:
Angenommen, ein Zentner Kartoffeln kostet in Deutschland 40 € und in Amerika 25 Dollar. Wechselt nun ein Amerikaner 25 Dollar zum Kurs von 0,8 € pro Dollar um, so erhält er 20 € und kann dafür $1/2$ Zentner Kartoffeln kaufen. Deutsche Kartoffeln sind damit doppelt so teuer wie amerikanische. Der reale Wechselkurs beträgt 0,5 Zentner deutsche pro 1 Zentner amerikanische Kartoffeln.

Der reale Wechselkurs ist ein wichtiges Maß für die internationale Wettbewerbsfähigkeit eines Landes. Je niedriger der reale Wechselkurs, desto schlechter steht es um die Konkurrenzfähigkeit auf den Weltmarkt. Zumeist betrachtet man dabei die Volkswirtschaft als Ganzes und deshalb auch das gesamte Preisniveau bzw. entsprechende Indizes.

(3) Betrachtet man nicht das Verhältnis zwischen dem Preisniveau im In- und Ausland, sondern die Relation aus Export- und Importpreisen, so erhält man die **Terms of Trade** (= reales Austauschverhältnis). Sie geben an, welches Importvolumen im Austausch gegen eine Einheit Exportgüter erworben werden kann.

$$\text{Terms of Trade} = \frac{\text{Preisindex der Exporte}}{\text{Preisindex der Importe (umgerechnet in heimische Währung)}}$$

Beispiel:
Angenommen, Deutschland exportiert als einziges Gut Autos im Wert von 10 000 € pro Stück und importiert als einziges Gut Rohöl zum Preis von 100 US-Dollar pro Barrel. Bei einem Wechselkurs von 1 US-Dollar = 1 € ergibt sich damit ein reales Austauschverhältnis von

$$\frac{10\,000\ \text{€ / Auto}}{100\ \text{US-Dollar / Barrel Rohöl} \cdot 1\ \text{€ / US-Dollar}} = \frac{10\,000\ \text{€ / Auto}}{100\ \text{€ / Barrel Rohöl}} = 100$$

Das bedeutet, dass die Bundesrepublik 100 Fass Rohöl im Austausch gegen 1 Auto erhält.

Da in der Praxis sehr viele Güter getauscht werden, werden auch für die Berechnung der Terms of Trade Indizes verwendet. Steigen die Exportpreise stärker als die Importpreise, so spricht man von einer **Verbesserung**, andernfalls von einer **Verschlechterung** der Terms of Trade.

1.2.3.2 Wechselkurs und Außenhandel

Änderungen des nominalen Wechselkurses beeinflussen den in die Auslandswährung umgerechneten Preis der Exportgüter ebenso wie den in die Inlandswährung umgerechneten Preis der Importgüter. Dadurch werden Änderungen der internationalen Güterströme hervorgerufen, die sich in Änderungen des **Außenbeitrages**

(= Saldo aus Ex- und Importen von Waren und Dienstleistungen) niederschlagen. Es ist zwischen der (nominalen) **Auf-** und der (nominalen) **Abwertung** von Währungen zu unterscheiden. Sinkt beispielsweise der Dollarkurs (in Mengennotierung) von 1,25 Dollar pro € auf 1 Dollar pro €, so hat der € eine Abwertung und der Dollar eine Aufwertung erfahren. In der Folge kommt es normalerweise zu einer Erhöhung des Exportwertes in den und zu einem Rückgang des Importwertes aus dem Dollarraum.

Beispiel:
Angenommen die deutschen Exporte in die USA werden, in Dollar gerechnet, um 20 % billiger (Wechselkurs in Mengennotierung sinkt von 1,25 Dollar auf 1 Dollar pro €). Die deutschen Exporteure können daraufhin eine größere Menge absetzen, eventuell zu einem höheren Preis in €, so dass der Exportwert (Menge mal Preis) zunimmt. Andererseits werden die amerikanischen Waren, in € gerechnet, um 25 % teurer (Wechselkurs in Preisnotierung steigt von 0,80 € auf 1,00 € pro Dollar). Dadurch sinken die deutschen Importe. Wenn der Mengenrückgang größer ausfällt als der Anstieg der Importpreise (man spricht von einer **elastischen Importnachfrage**) wird der Importwert abnehmen. Alles in allem verbessert sich der deutsche **Außenbeitrag** infolge der Euroabwertung. Man nennt dies eine **normale Reaktion**.

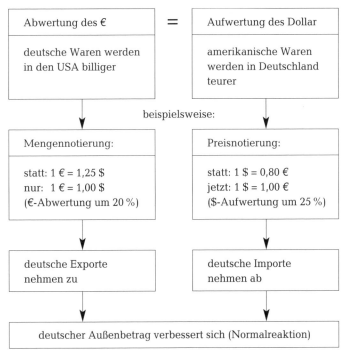

Abb. 1.5: Wirkung einer Wechselkursänderung

Abwertungen werden aus Sicht der Exportwirtschaft begrüßt, da sie die internationale Wettbewerbsfähigkeit (zunächst) verbessern. Staaten greifen gelegentlich auf Abwertungen als konjunkturfördernde Maßnahme zurück. Allerdings sind Abwertungen mit gravierenden **Nachteilen** verbunden:

- Eine Abwertung bedeutet für das betreffende Land eine Erhöhung der Importpreise. Dadurch sinkt das **kaufkraftmäßige Volkseinkommen** der Bevölkerung.
- Wenn außerdem die Importeure ihre Nachfrage nicht sofort einschränken – etwa aufgrund langfristiger Lieferverträge – so nimmt der Importwert zu. Im Ergebnis kann es vorübergehend zu einer weiteren Verschlechterung des Außenbeitrags kommen (**anomale Reaktion**).
- Des Weiteren ist zu bedenken, dass die abwertungsbedingte Verteuerung der importierten Güter einen Anstieg des gesamten **inländischen Preisniveaus** in Gang setzen kann. Dadurch wird die internationale Wettbewerbsposition des Landes nachhaltig geschwächt.
- Schließlich sind mögliche Konfliktgefahren mit dem Ausland zu beachten. Eine Förderung der inländischen Wettbewerbsfähigkeit geht immer auf Kosten der ausländischen Handelspartner. Man bezeichnet dies als **Beggar my Neighbour-Policy** (Politik, die meinen Nachbarn zum Bettler macht).

1.2.3.3 Preisänderung und Außenhandel

Änderungen der nationalen Güterpreise wirken in ähnlicher Weise auf den internationalen Güteraustausch wie Wechselkursänderungen: Steigt das Preisniveau eines Landes schneller als das eines anderen Landes, dann werden typischerweise die Exporte des preisstabileren Landes zunehmen, seine Importe dagegen abnehmen. Entsprechend werden die Exporte des vergleichsweise inflationären Landes abnehmen, seine Importe dagegen zunehmen.

Angenommen, es kommt im Ausland zu Inflation. Für das Inland werden dadurch – bei unverändertem Wechselkurs – die Importe teurer, und die Nachfrage nach Importgütern wird sinken. Auf den **Importwert**, der als Produkt aus Importpreis und Importmenge definiert ist, wirken damit zwei gegenläufige Effekte. Wenn der prozentuale Mengenrückgang größer ist als der prozentuale Preisanstieg, geht der Importwert zurück. Man spricht von einer **elastischen Importnachfrage**. Gleichzeitig werden die inländischen Exporteure im Ausland höhere Preise durchsetzen können. Denn aus dem im Ausland gestiegenen Preisniveau ergibt sich ein Preisaufschlagspielraum. Außerdem wird die inländische Exportmenge zunehmen. Das heißt, der **Exportwert** des Inlandes steigt. Die Reaktion des Exportwerts ist also eindeutig. Insgesamt verbessert sich unter den getroffenen Annahmen der Außenbeitrag des Inlandes, während sich der Außenbeitrag des Auslands verschlechtert. Dies wird als **Normalreaktion** bezeichnet.

1.2.3.4 Volkseinkommensänderung und Außenhandel

Exporte sind – ebenso wie der Konsum und die Investitionen – Teil der gesamtwirtschaftlichen Nachfrage. Steigen die Exporte (Nachfrage des Auslandes), so steigt auch die inländische Produktion und damit das Volkseinkommen.

Umgekehrt ist eine Erhöhung des Volkseinkommens, ausgelöst etwa durch eine Ausdehnung der Staatsausgaben, mit einer steigenden Importnachfrage verbunden. Denn ein Teil des Einkommenszuwachses wird gemäß der volkswirtschaftlichen **Importquote** für den Kauf ausländischer Güter verausgabt. Importe bedeuten also einen Abfluss gesamtwirtschaftlicher Nachfrage in das Ausland. Dadurch wird die konjunkturelle Expansion im Inland gebremst. Gleichzeitig kommt es (bei konstanten Exporten) zu einer Verschlechterung des Außenbeitrages des betreffenden Landes.

Kontrollfragen

1. *Mit welchen Fragen befasst sich die monetäre Außenwirtschaftstheorie?*
2. *Wie ist die Zahlungsbilanz aufgebaut?*
3. *Welche Funktion hat der Wechselkurs?*
4. *Wie wirkt sich eine Änderung des Wechselkurses auf den Außenhandel aus?*
5. *Welchen Einfluss haben Änderungen des Preisniveaus und des Volkseinkommens auf den Außenhandel eines Landes?*

Aufgabe 1.02 *Zahlungsbilanzbuchungen S. 407*

Aufgabe 1.03 *Wechselkurskonzepte S. 408*

Aufgabe 1.04 *Wirkung einer Wechselkursänderung S. 408*

Aufgabe 1.05 *Abwertung des € S. 408*

1.2.4   Funktionsweise unterschiedlicher Währungssysteme

Der internationale Handels-, Zahlungs- und Kapitalverkehr erfordert eine funktionierende internationale Geldordnung, ein Währungssystem. Im Folgenden werden die für die Gestaltung des **internationalen Währungssystems** verfügbaren Alternativen mit ihren Funktionsmerkmalen erörtert.

1.2.4.1 Erscheinungsformen von Währungssystemen

Die erste Grundentscheidung bei der Gestaltung von Währungssystemen bezieht sich auf die Freizügigkeit des internationalen Kapitalverkehrs. Man spricht von **freier Konvertibilität einer Währung**, wenn

– Inländer die Währung ihres Landes unbeschränkt in andere Währungen umtauschen können (**Inländerkonvertibilität**) und
– Ausländer die in ihrem Besitz befindlichen Devisen in jede andere Währung umtauschen können (**Ausländerkonvertibilität**).

In der Praxis ist dieses Ideal der völligen Freizügigkeit nur in den großen westlichen Industrieländern erfüllt. In vielen Ländern, insbesondere in der Dritten Welt, liegen hingegen Einschränkungen bei der Konvertibilität der Währungen vor. Ist diese völlig aufgehoben, so spricht man von **Devisenbewirtschaftung**. Hier regelt der Staat den Zahlungsverkehr mit dem Ausland durch Gebote, Verbote und Kontrollen. Einen Devisenmarkt gibt es dann praktisch nicht. Vielmehr dürfen An- und Verkauf von Devisen nur über dafür zuständige Behörden zu offiziellen Kursen geschehen. Typischerweise sind die Währungen solcher Länder oftmals überbewertet, so dass der Handel regelmäßig auf den »Schwarzen Markt« ausweicht.

Währungssysteme mit (mehr oder weniger) freier Konvertibilität können weiterhin nach dem gewählten **Wechselkursregime** unterschieden werden:

(1) In einem Währungssystem mit **frei flexiblen Wechselkursen** bildet sich der Devisenkurs völlig ungehindert aus Angebot und Nachfrage der Marktteilnehmer. Dieser idealtypische Fall ist in der Realität selten anzutreffen.
(2) Häufiger wird das Währungssystem mit flexiblen Kursen und **managed floating** (»schmutziges Floaten«) praktiziert. Die Währungsbehörden versuchen hierbei, den

Marktkurs durch Devisenkäufe oder Devisenverkäufe zu beeinflussen. Im Verhältnis der weltweit führenden Währungen US-Dollar, € und Japanischer Yen ist das der Fall.

(3) Bei Währungssystemen mit **stufenflexiblen Wechselkursen** (**anpassungsfähigen Festkursen**) werden jeweils bestimmte Währungsrelationen festgelegt, die aber fallweise in gegenseitigem Einverständnis geändert werden können. Die Marktkurse dürfen von diesen »Leit- oder Paritätskursen« in gewissem Umfang abweichen. Bei Erreichen des Höchst- oder Niedrigstkurses sind die Zentralbanken verpflichtet einzugreifen. Prominentes Beispiel dafür war das 1979 bis 1998 gültige Europäische Währungssystem (EWS) und ist das heutige EWS II.

(4) In einem System **fester Wechselkurse** ist der Wechselkurs unwiderruflich fixiert bzw. darf er nur innerhalb einer sehr engen Bandbreite schwanken. Gibt es keinerlei Schwankungsbreite und ist der Kapitalverkehr völlig frei, spricht man von einer **Wechselkursunion**. Diese ist die Vorstufe zu einer **Währungsunion**, in der nur noch **eine** gemeinsame Währung existiert. Seit 2002 ist dieses System in der Europäischen Währungsunion (EWU) verwirklicht.

1.2.4.2 Angebot und Nachfrage am Devisenmarkt

In Systemen mit flexiblen Wechselkursen bestimmt sich die Höhe des nominalen Wechselkurses auf dem **Devisenmarkt** durch Angebot und Nachfrage von Devisen. Unter **Devisen** versteht man hauptsächlich Sichtguthaben bei ausländischen Geschäftsbanken. Ausländisches Bargeld bezeichnet man dagegen als **Sorten**. Zur Verdeutlichung der Konstellation am Devisenmarkt seien die Wirtschaftsbeziehungen zwischen Deutschland und den USA betrachtet. Die Nachfrage nach US-Dollar resultiert aus den Ausgaben deutscher Importeure, welche Dollar zur Bezahlung ihrer Importrechnung benötigen. Das Angebot an Dollar stammt von den Exporteuren, die die erhaltenen US-Dollar in € umtauschen wollen. Man kann nun das Angebot und die Nachfrage von Dollar in Abhängigkeit vom Wechselkurs darstellen. Aus Gründen der Anschaulichkeit verwendet man hierbei den Kurs in **Preisnotierung**.

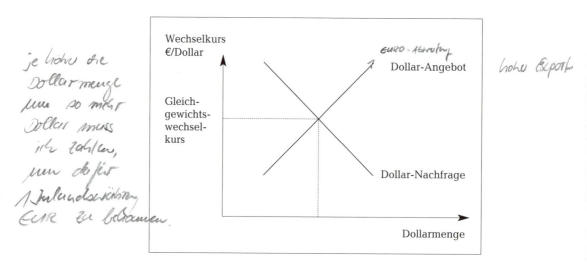

Abb. 1.6: Angebot und Nachfrage auf dem Devisenmarkt

Für die Ableitung der Angebots- und Nachfragekurve am Devisenmarkt muss man auf die vorne angestellten Überlegungen zu den Wirkungen einer Wechselkursänderung zurückgreifen: Bei einer €-Abwertung (Dollar-Aufwertung) nehmen die deutschen Exporte in die USA zu, so dass das Dollarangebot steigt. Die Angebotskurve verläuft also von links unten nach rechts oben. Andererseits nehmen mit steigendem Wechselkurs die deutschen Importe aus den USA ab, so dass die Dollarnachfrage sinkt. Die Nachfragekurve am Devisenmarkt verläuft also von rechts unten nach links oben.

Neben Güterex- und -importen sind für das Devisenaufkommen in weitaus größerem Maße **Kapitaltransaktionen** verantwortlich. Der Erwerb von auf US-Dollar lautenden Wertpapieren etwa führt zu einer erhöhten Dollarnachfrage, während der Kauf von auf € lautenden Wertpapieren durch amerikanische Anleger mit einer Zunahme des Dollarangebots verbunden ist. Im obigen Schaubild äußern sich Kapitalexporte also in einer Rechtsverschiebung der Devisennachfragekurve, während sich Kapitalimporte in einer Rechtsverschiebung der Devisenangebotskurve niederschlagen. Im Schnittpunkt von Angebot und Nachfrage ergibt sich der **Gleichgewichtswechselkurs**. Bei diesem Kurs sind das Angebot und die Nachfrage nach ausländischer Währung (Dollar) gleich groß.

1.2.4.3 Das System flexibler Wechselkurse

In einem System **frei flexibler Wechselkurse** wird der Währungskurs durch das Devisenangebot und die Devisennachfrage aller Marktteilnehmer außer der Zentralbank bestimmt. Die Zentralbanken der beteiligten Länder greifen nicht in die Wechselkursbildung ein. Wenn das Devisenangebot bzw. die Devisennachfrage der Marktteilnehmer auseinander klaffen, dann ändert sich der Wechselkurs und sorgt so für den Ausgleich. Zur Verdeutlichung seien wieder die Wirtschaftsbeziehungen zwischen Deutschland und den USA betrachtet.

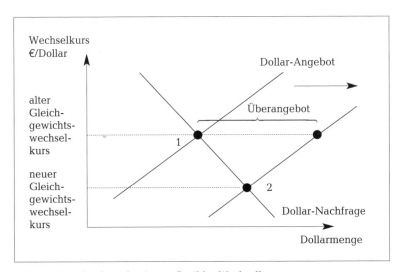

Abb. 1.7: Ausgleichmechanismus flexibler Wechselkurse

Angenommen, im Ausgangsstadium befinde sich der Devisenmarkt im Gleichgewicht (Situation 1). Nun nehmen die deutschen Exporte in die USA zu. Als Folge davon steigt das Dollarangebot, und die Angebotskurve verschiebt sich nach rechts. Beim alten Gleichgewichtskurs entsteht ein Überschussangebot an Dollar.

Dies bewirkt eine Dollarabwertung bzw. eine Aufwertung des €, im Zuge derer die deutschen Importe amerikanischer Güter zunehmen, während die Exporte in die USA sinken. Damit steigt die Dollarnachfrage, und das Dollarangebot geht zurück (Bewegung entlang der Kurven). Dieser Anpassungsprozess dauert so lange, bis sich auf dem Devisenmarkt ein neues Gleichgewicht bei einem niedrigeren Kursniveau eingestellt hat (Situation 2). Man bezeichnet diesen Vorgang als **Zahlungsbilanz-Ausgleichsmechanismus** flexibler Wechselkurse bzw. kurz als **Wechselkursmechanismus**. Er bildet das zentrale Wesensmerkmal des Währungssystems mit flexiblen Kursen.

Flexible Wechselkurse haben einen gewissen **Abschirmungseffekt** für die jeweiligen Länder. Es kommt dadurch zu einer automatischen Stabilisierung der Zahlungsbilanz. Jedoch steht diesem Vorteil der Nachteil der Unsicherheit über den zukünftigen Verlauf der Wechselkurse gegenüber. Das **Wechselkursrisiko** macht es notwendig, Auslandsgeschäfte gegen Kursschwankungen abzusichern, was Kosten verursacht. Außerdem ruft die Unsicherheit über den Kursverlauf spekulative Devisentransaktionen hervor.

1.2.4.4 Das System fester Wechselkurse

In einem System **fester Wechselkurse** ergibt sich der Währungskurs nicht als Marktpreis, sondern er wird politisch vorgegeben. Die Zentralbanken sind verpflichtet, am Devisenmarkt zu **intervenieren**, sobald der Wechselkurs vom Paritätskurs abzuweichen droht. Häufig ist eine Bandbreite um den Leitkurs festgelegt, innerhalb der der Kurs schwanken darf. Die Interventionspflicht greift dann erst bei Erreichen der Unter- bzw. Obergrenze (**Interventionspunkte**) dieses Bandes.

Zur Verdeutlichung sei nochmals das obige Schaubild betrachtet. Das Dollarangebot habe sich erhöht, so dass beim alten Gleichgewichtskurs ein Überangebot an Dollar entstanden ist. Angenommen, der alte Gleichgewichtskurs ist der Paritätskurs. In diesem Fall muss nun die Zentralbank das Dollar-Überangebot ankaufen, um den Kurs zu stabilisieren, das heißt, um eine Dollarabwertung (Euroaufwertung) zu vermeiden. In Höhe des Interventionsbetrages steigen die **Währungsreserven** der Notenbank. Im Gegenzug erhalten die Geschäftsbanken den in heimische Währung (€) umgerechneten Betrag auf ihrem inländischen Zentralbankkonto gutgeschrieben.

Das bedeutet, dass Devisenmarktinterventionen mit einer Änderung der **Überschussreserven** bei den Kreditinstituten verbunden sind. Im Beispiel nehmen die Überschussreserven zu. Die Geschäftsbanken erhalten damit die Möglichkeit für eine Ausdehnung ihrer Kreditvergabe. Dadurch erhöht sich die inländische Geldmenge. Das Kernproblem eines Systems fester Wechselkurse besteht also darin, dass die Notwendigkeit der Intervention am Devisenmarkt die Kontrolle der inländischen Geldmengenentwicklung gefährdet.

Für Länder mit Devisenbilanzdefiziten (Übernachfrage nach Devisen) führt die Notwendigkeit des Devisenverkaufs (zur Stützung der heimischen Währung) zu einem Abschmelzen ihrer Währungsreserven. Daraus ergibt sich über kurz oder lang ein **Liquiditätsproblem**. Defizitländer müssen damit letztlich für einen Ausgleich der Zahlungsbilanz sorgen (**Korrekturproblem**). Dies kann über restriktive geld- und fiskalpolitische Maßnahmen geschehen, wodurch es zu einem Konflikt mit dem Ziel der Vollbeschäftigung kommen kann. Auch für Überschussländer können sich **Zielkonflikte** ergeben, wenn inflationäre Preissteigerungen zu verzeichnen sind. Im folgenden Schema sind die Überlegungen noch einmal zusammengefasst:

Defizit	Überschuss
– Beseitigung durch kontraktive Geld- und Fiskalpolitik	– Beseitigung durch expansive Geld- und Fiskalpolitik
– Zielkonflikt bei Arbeitslosigkeit	– Zielkonflikt bei Inflation

Aus den bisherigen Betrachtungen folgt, dass ein System fester Wechselkurse auf Dauer nur funktionieren kann, wenn sich die fundamentalen Wirtschaftsdaten der beteiligten Ländern in etwa entsprechen (**Konvergenz**). Denn nur dann kann ein Gleichgewicht von Devisenangebot und -nachfrage Bestand haben.

1.2.4.5 Charakteristika einer Währungsunion

Am 1. Januar 2002 wurde in zwölf EU-Ländern der € als alleiniges gesetzliches Zahlungsmittel eingeführt. Die Vorteile der **Europäischen Währungsunion** sind offensichtlich:

– Es entfallen Zeitaufwand und Kosten des Währungsumtausches zwischen den beteiligten Ländern.
– Die Größe des europäischen Währungsraumes erhöht die Stabilität des € gegenüber Drittwährungen.
– Die einheitliche Währung erhöht die Markttransparenz und führt zu einer Verschärfung des Wettbewerbs der Produktanbieter.

Andererseits müssen in einer Währungsunion die beteiligten Länder auf einen Großteil ihrer wirtschaftspolitischen Souveränität verzichten.

– Der Wechselkurs geht als wirtschaftspolitisches Anpassungsinstrument verloren.
– Es kann keine nationale Geldpolitik mehr betrieben werden, da die Geldhoheit bei einer supranationalen Zentralbank liegt.
– Auch eine nationale Fiskalpolitik ist nur noch begrenzt möglich.

Der langfristige Erfolg einer Währungsunion hängt deshalb davon ab, inwieweit die beteiligten Länder die ökonomischen Voraussetzungen für einen **optimalen Währungsraum** erfüllen. Ein solcher liegt vor, wenn

– entweder der Konjunkturverlauf und die Wirtschaftsstrukturen sowie die Wettbewerbsfähigkeit in den Partnerstaaten sich so ähnlich sind, dass ein Ausgleich durch Wechselkursanpassungen nicht erforderlich ist
– oder die Preise und Löhne nach unten flexibel sind. Wenn das nicht zutrifft
– ist zumindest eine hohe Mobilität des Faktors Arbeit notwendig.

Kontrollfragen

1. Was versteht man unter Konvertibilität einer Währung, was unter Devisenbewirtschaftung?
2. Welche unterschiedlichen Formen von Währungssystemen gibt es?
3. Wie entstehen das Angebot und die Nachfrage am Devisenmarkt?
4. Worin liegen die Vor- und Nachteile eines Systems flexibler Wechselkurse?
5. Worin liegt die Kernproblematik eines Systems fester Wechselkurse?

*6. In welcher Hinsicht könnte sich die Europäische Währungsunion positiv auswirken,
welche negativen Effekte sind denkbar?*
7. Wie lauten die Bedingungen für einen optimalen Währungsraum?

Aufgabe 1.06 *Ausgleichsmechanismus flexibler Wechselkurse S. 408*

Aufgabe 1.07 *Zahlungsbilanzdefizite bei festen Wechselkursen S. 408*

Aufgabe 1.08 *Währungspolitische Alternativen S. 408*

1.3   Außenwirtschaftspolitik

In der Praxis versuchen viele Länder, ihren Außenhandel mit wirtschaftspolitischen
Instrumenten zu beeinflussen. Zu diesen Instrumenten gehören insbesondere Zölle,
Kontingente und nichttarifäre Handelshemmnisse. Hinzu treten vor allem Handels-
verträge.

(1) **Zölle** sind Abgaben, die der Staat beim grenzüberschreitenden Warenverkehr erhebt. Im Vordergrund stehen Einfuhrzölle (Importzölle), deren Ziel entweder darin
besteht, dem Staat Einnahmen zu verschaffen (Finanzzoll) oder darin, einheimische
Wirtschaftszweige vor ausländischer Konkurrenz zu schützen (Schutzzoll).
(2) **Kontingente** sind mengenmäßige Beschränkungen des grenzüberschreitenden
Warenverkehrs, hauptsächlich der Einfuhr. Sie dienen dem Zweck, inländische
Unternehmen vor ausländischer Konkurrenz zu schützen.
(3) **Nichttarifäre** Handelshemmnisse liegen vor in Form
– von Behinderungen im Abfertigungs- und Genehmigungsverfahren
– der Vorgabe sog. technischer Mindeststandards
– des Nachweises von Herkunfts- oder Gesundheitszertifikaten sowie
– von Selbstbeschränkungsabkommen.
Es handelt sich hierbei also um Handelshemmnisse, die durch administrative Anforderungen geschaffen werden.
(4) Ein weiteres Instrument zur Beeinflussung des Außenhandels sind **Handelsver-
träge**, in denen die rechtlichen und sonstigen Rahmenbedingungen für den Handel
oder die technische oder finanzielle Zusammenarbeit zwischen zwei Staaten geregelt werden. Daneben gibt es eine Fülle von **Präferenzabkommen**. Sie umfassen
den Zollabbau für bestimmte oder alle Produktgruppen für bestimmte Länder (z. B.
das »allgemeine Präferenzsystem der EU«). In so genannten **Freihandelszonen**
sind Zölle völlig abgeschafft, jedoch nicht nach außen. Beispiel hierfür ist die EFTA
(European Free Trade Association). Eine **Zollunion** schließlich bedeutet die völlige
Beseitigung der Binnenzölle sowie einen gemeinsamen Außenzoll. Ein **gemein-
samer Markt** setzt völlig freien Handel von Gütern und Dienstleistungen sowie
die uneingeschränkte Mobilität der Faktoren Arbeit und Kapital voraus. In einem
Binnenmarkt ist völlige Freizügigkeit ohne Grenzkontrollen sowie eine gewisse
Einheitlichkeit der Produktionsbedingungen verwirklicht. Von einer **Wirtschafts-
union** schließlich spricht man, wenn die nationalen Wirtschaftspolitiken koordiniert
werden und gemeinsame Institutionen wie zum Beispiel eine supranationale Kar-
tellbehörde existieren.

Die Gesamtheit der Maßnahmen, die dazu dienen, die Situation eines Zahlungsbilanzausgleichs zu erreichen bzw. mittels Zahlungsbilanzkorrektur herzustellen, bezeichnet

man als **Zahlungsbilanzpolitik**. Eng damit verbunden ist die internationale **Währungspolitik**. Sie beinhaltet insbesondere die Ausgestaltung des internationalen Währungssystems sowie – in diesem Rahmen – die **Wechselkurspolitik**. Als extreme Maßnahme
umfasst sie auch die **Devisenbewirtschaftung**.

2 Rechtssysteme – Überblick

Grenzüberschreitende Handels- und Finanzbeziehungen unterliegen den Regelungen des nationalen, internationalen und supranationalen Rechts. Das **nationale
Recht** umfasst die Normen, die aus der nationalen Rechtsetzung hervorgegangen
sind. **Supranationales Recht** ist Recht, das dem nationalen Recht übergeordnet ist.
Internationales Recht besteht aus Abkommen und Verträgen zwischen den Staaten.

2.1 Nationale rechtliche Grundlagen

Auf nationaler Ebene sind als besondere rechtliche Rahmenbedingungen des Außenhandels in Deutschland das **Außenwirtschaftsrecht** und das **Zollrecht** zu nennen. In
beiden Rechtsgebieten ist die Regelungskompetenz der Europäischen Union zu berücksichtigen, da Gemeinschaftsrecht grundsätzlich Vorrang vor dem nationalen
Recht der Mitgliedstaaten hat. EU-Verordnungen erlangen unmittelbar Rechtgül-
tigkeit, EU-Richtlinien sind verbindliche Vorgaben für die nationale Rechtsprechung.

Während das Außenwirtschaftsrecht die Grundsätze, die Beschränkungsmöglichkeiten und die Abwicklung des Außenwirtschaftsverkehrs festlegt, regelt das
Zollrecht die zolltechnische Warenbehandlung und die Ermittlung der Abgabenbe-
lastung.

Das deutsche Außenwirtschaftsrecht geht vom Grundsatz der **Freiheit des Außenwirtschaftsverkehrs** aus. Die grundlegenden Regelungen für den Außenhandel sind
seit 1961 im **Außenwirtschaftsgesetz (AWG)** niedergelegt. Auch wenn heute die EU-
Regelungen Vorrang vor nationalem Recht haben, sind die einzelnen Vorschriften
des Gemeinschaftsrechts in das AWG aufgenommen worden, so dass dieses Gesetz
nach wie vor die gesamten rechtlichen Rahmenbedingungen für den Außenhandel
enthält.

Eigenständige nationale Beschränkungen des Warenverkehrs sind den EU-Mitgliedern nur noch zur Erfüllung zwischenstaatlicher Vereinbarungen, zur Abwehr
schädigender Einwirkungen aus fremden Wirtschaftsgebieten und zum Schutz der
nationalen Sicherheit bzw. auswärtiger Interessen möglich. Des Weiteren enthält
das AWG noch einige spezielle Beschränkungsmöglichkeiten zum Schutz einzelner
Branchen. Auch in solchen Fällen muss indes die Vereinbarkeit mit den Vorschriften der EU gegeben sein.

Um die Bestimmungen des Zollrechts durchsetzen zu können, sind Exporteure
und Importeure verpflichtet die Ware zu bezeichnen, so dass sie für die Außenhan-
delsstatistik erfasst werden kann und feststellbar ist, ob die Ausfuhr oder die Einfuhr
einer Genehmigung bedarf. Die Details der Abwicklung von Ausfuhr- und Einfuhr-

verfahren sind in der **Außenwirtschaftsverordnung (AWV)** geregelt, einer auf der Grundlage des AWG erlassenen Rechtsordnung.

Einfuhrbeschränkungen ergeben sich konkret aus der **Einfuhrliste**. Hierbei handelt es sich um eine Anlage zum AWG, die durch Rechtsverordnung geändert werden kann. Diese Liste, die ständigen Veränderungen unterliegt, legt fest, ob die Einfuhr frei ist oder ob, abhängig von der Art der Ware oder dem Herkunftsland, eine Genehmigung erforderlich ist.

Die **Ausfuhrliste** soll vor allem eine politische Kontrolle über den Export ermöglichen. Es geht hierbei zum einen um Beschränkungen bei bestimmten Waren (beispielsweise Waffen, Chemieanlagen, Chemikalien, Anlagen zur Erzeugung biologischer Kampfstoffe), und zum anderen gibt es Restriktionen des Warenverkehrs für bestimmte Zielländer.

Mit der Einrichtung des europäischen Binnenmarktes 1992 haben die nationalen Zollgrenzen ihre Bedeutung verloren. Zollgebiet ist seither die Europäische Union mit ihren Außengrenzen, das heißt, den Grenzen der Mitgliedsländer gegenüber Nicht-EU-Staaten.

2.2 Internationale rechtliche Grundlagen

Neben dem AWG und der AWV als Rechtsgrundlage des Außenhandels gibt es eine Reihe von Regelungen bzw. Richtlinien, die auf privatrechtlicher Ebene für Rechtssicherheit sorgen sollen. Zwar existiert kein weltweit geltendes Kaufrecht, jedoch wurden in den vergangenen Jahre viele Vereinheitlichungen in diesem Bereich vorgenommen.

Solche Rechtsvereinheitlichungen sollen angesichts grundsätzlich verschiedener nationaler Rechtsordnungen in bestimmten Problembereichen eine internationale Grundlage geben. Beispiele hierfür sind die **Einheitlichen Richtlinien und Gebräuche für Dokumenten-Akkreditive (ERA)**, die **Einheitlichen Richtlinien für Dokumenteninkassi und Vertragsgarantien (ERI)** oder die sog. **Incoterms**, die von der internationalen Handelskammer in Paris entworfen wurden.

Den genannten Richtlinien können sich die Vertragsparteien freiwillig unterwerfen. Sie erreichen damit, dass die Zahlungs- oder Lieferbedingungen mit **international standardisierten Klauseln** vereinbart werden.

Außer diesen wohl bekanntesten Regelwerken existieren nur noch wenige internationale Vereinbarungen im Außenhandelsvertragsrecht. So hat die UNO-Wirtschaftskommission in Genf (Economic Commission for Europe) eine Vielzahl unterschiedlicher Regeln entwickelt, die jedoch in der Praxis nur selten angewendet werden. Ähnliches galt für das sog. Haager Kaufrechtsabkommen, das ab 1964 ein grenzüberschreitend gültiges Außenhandelsvertragsrecht schaffen sollte und Ende 1990 außer Kraft trat. Nur wenige Vertragsstaaten hatten bis dahin diese Übereinkunft übernommen und in nationales Recht umgewandelt.

Das Haager Abkommen wurde Ende 1991 vom **UNCITRAL-Kaufrecht** abgelöst, das von der United Nations Commission on International Trade Law entwickelt wurde. Diese UNO-Kommission für internationales Handelsrecht mit Sitz in Wien wollte damit eine weitgehende Vereinheitlichung der Regelungen grenzüberschreitender Lieferverträge erreichen. In Deutschland wurde das UNCITRAL-Kaufrecht als nationales Gesetz vom Gesetzgeber beschlossen. Es gelangt zu Anwendung, wenn die Vertragsparteien ihren Geschäftssitz in verschiedenen Vertragsstaaten haben oder wenn die Anwendung privatrechtlich vereinbart ist.

3 Internationale wirtschaftliche Organisationen – Überblick

3.1 Europäische Zusammenschlüsse und Institutionen

Die politische Integration Europas im Rahmen der **Europäischen Union** (**EU**) ist für die Wirtschaftsbeziehungen zwischen den beteiligten Staaten sowie für die Beziehungen zwischen den EU-Mitgliedern und Drittländern von großer Bedeutung. Im Folgenden werden die wichtigsten Organe der EU in ihren Grundzügen beschrieben.

3.1.1 Europäischer Rat

Der **Europäische Rat** setzt sich aus den Staats- bzw. Regierungschefs der 15 Mitgliedstaaten und dem Präsidenten der Kommission zusammen. Er tagt mindestens zweimal jährlich (»Gipfeltreffen«), wobei der Vorsitz alle 6 Monate an ein anderes EU-Land übergeht. Der Europäische Rat ist das ranghöchste Entscheidungsgremium der EU. Er gibt allgemeine politische Impulse und hat konkrete Aufgaben etwa bei der Umsetzung der Außen- und Sicherheitspolitik.

3.1.2 Europäische Kommission

Die **Europäische Kommission** ist das entscheidende Exekutiv-Organ der EU. Sie führt die Gemeinschaftspolitik auf der Grundlage der Beschlüsse des Ministerrates oder in direkter Anwendung des EU-Vertrages durch. Auch sorgt sie für die Einhaltung der Regeln des Gemeinsamen Marktes und macht Vorschläge für die Fortentwicklung der Gemeinschaft. Im Bereich der europäischen Wettbewerbspolitik verfügt die Kommission über weitere spezielle Befugnisse. Die Kommission besteht zur Zeit aus 20 Mitgliedern, davon stellen die 5 großen Mitgliedstaaten je 2, die 10 kleinen je einen Kommissar.

3.1.3 Europäisches Parlament

Das **Europäische Parlament** fungiert als Kontrollorgan für die Integrationspolitik des Europäischen Rates und der Europäischen Kommission. Daneben ist das Parlament in das Gesetzgebungsverfahren in unterschiedlicher Weise eingebunden. Die **europäische Gesetzgebung** funktioniert grundsätzlich so, dass die Kommission einen Vorschlag unterbreitet, über den der Rat nach Anhörung des Parlaments entscheidet. Zu verschiedenen Fragen kann das Parlament aber auch gleichberechtigt mit dem Rat Verordnungen und Richtlinien erlassen. Bestimmte Entscheidungen erfordern zudem die Zustimmung des Parlaments.

3.1.4 Ministerrat

Der **europäische Ministerrat** – kurz: **Rat** – bildet das politische Entscheidungszentrum der EU. Der Rat beschließt als gesetzgebendes Organ die ihm von der Kommission vorgelegten Rechtsakte. Daneben hat er eigene Initiativ- sowie Kontrollrechte. Die

Mitglieder des Rates sind Vertreter der Regierungen der Mitgliedstaaten, in der Regel Minister. Je nach Sachstand werden die entsprechenden Fachminister entsandt, etwa für Finanzfragen die Finanzminister usw.

3.1.5 Europäischer Gerichtshof

Die Aufgabe des **Europäischen Gerichtshofs** (EUGH) besteht darin, die korrekte Auslegung und Anwendung der EG-Verträge und der erlassenen Normen zu sichern. Der EUGH hat seinen Sitz in Luxemburg und besteht aus 15 Richtern, die von den Regierungen der Mitgliedstaaten ernannt werden. Er ist das in seiner Stellung unabhängigste EU-Organ.

3.1.6 Weitere Organe der EU

Neben den oben genannten fünf zentralen Organen der EU sind einige weitere wichtige EU-Institutionen zu erwähnen:

(1) Der **Europäische Rechnungshof** kontrolliert die Rechtmäßigkeit und Wirtschaftlichkeit der EU-Haushaltsführung. Der **Wirtschafts- und Sozialausschuss** berät die Kommission und den Rat bei ihrer Entscheidungsfindung. Er setzt sich aus Vertretern der Gewerkschaften, Arbeitgeberverbände, Verbraucherverbände usw. zusammen. Im **Ausschuss der Regionen** sind die lokalen und regionalen Gebietskörperschaften vertreten. Er muss zu einschlägigen Beschlüssen gehört werden und kann auch von sich aus Stellung beziehen.

(2) Die **Europäische Zentralbank** ist seit dem 1. Januar 1999 im Rahmen der Europäischen Währungsunion zuständig für die Geldpolitik. Die EZB ist der Kopf des **Europäischen Systems der Zentralbanken** (ESZB). Dieses umfasst neben der EZB alle nationalen Zentralbanken der Mitgliedstaaten der Europäischen Union. Dabei ist zu beachten, dass drei EU-Mitgliedsländer der Europäischen Währungsunion (noch) nicht angehören, nämlich Dänemark, Großbritannien und Schweden. Die nationalen Zentralbanken dieser Länder (sog. »Outs«) sind an den geldpolitischen Entscheidungen der EZB nicht beteiligt. Die nationalen Zentralbanken der zwölf Länder, in denen der € gesetzliches Zahlungsmittel ist, bilden zusammen mit der EZB das **Eurosystem**. Dieses trägt die alleinige Verantwortung für die Geldpolitik in der Währungsunion.

(3) Die 1958 gegründete **Europäische Investitionsbank** (**EIB**) mit Sitz in Luxemburg gewährt Darlehen und Bürgschaften für Entwicklungsprojekte in den EU-Mitgliedsländern und für Vorhaben von gemeinsamem Interesse.

(4) Die **Europäische Bank für Wiederaufbau und Entwicklung** (**EBRD**) in London, auch **Osteuropabank** genannt, konzentriert ihre Fördermaßnahmen auf mittel- und osteuropäische Reformstaaten. Nach dem Vorbild der EBRD ist weiterhin die Gründung einer eigenständigen **Euro-Mittelmeer-Bank** (EMB) im Gespräch, um die Mittelmeeranrainer mit Kapital und finanziellen Dienstleistungen zu versorgen.

3.2 Global orientierte Einrichtungen

Es existiert eine Reihe supra- bzw. internationaler Institutionen und Vereinbarungen, deren Ziel in der Förderung der globalen Wirtschafts- und Finanzbeziehungen besteht.

3.2.1 GATT/WTO

Das **Allgemeine Zoll- und Handelsabkommen** (General Agreement on Tariffs and Trade – **GATT**) trat 1948 in Kraft. Es zielt darauf ab, durch Senkung der Zölle und Abbau sonstiger Außenhandelsbeschränkungen den Welthandel zu fördern. Grundlage bilden die Meistbegünstigung und die Nichtdiskriminierung: Zollvergünstigungen müssen allen Handelspartnern eines Landes in gleichem Maße gewährt werden (**Meistbegünstigung**), erlaubte Ausnahmen vom Verbot mengenmäßiger Beschränkungen müssen auf alle Teilnehmer Anwendung finden (**Nichtdiskriminierung**). Darüber hinaus hat sich das GATT zur Aufgabe gemacht, den Handel der Entwicklungsländer zu verbessern.

Mit dem Inkrafttreten der Vereinbarungen der achten Welthandelsrunde – der sog. »Uruguay-Runde« – wurde 1995 die **Welthandelsorganisation** (World Trade Organization – **WTO**) geschaffen. Anders als das GATT bildet diese eine international rechtsfähige Institution der Vereinten Nationen (UN). Der WTO gehören derzeit 138 Mitgliedstaaten an. Die WTO erhielt über die bisherigen Aufgaben des GATT hinaus wesentliche zusätzliche Liberalisierungsaufgaben im internationalen Handel. Während das GATT nur den Handel von Gütern beinhaltet, umfasst die WTO auch den Handel mit Dienstleistungen (GATS) und die handelsbezogenen Aspekte der Rechte am geistigen Eigentum (TRIPS). Das GATS (General Agreement on Trade in Services) soll über freien Marktzugang einen gleichberichtigten Austausch von Dienstleistungen ermöglichen (Bankwesen, Versicherungen, Transport, Tourismus, Beratung, Telekommunikation). Das TRIPS (Agreement on Trade Related Aspects of Intellectual Property Rights) enthält Durchsetzungsregeln u. a. für die Bereiche Patente, Copyright, Handelsmarken, Industriedesign sowie Handelsgeheimnisse.

Hauptziel der WTO-Vereinbarungen ist die Erleichterung des internationalen Handels und die Vorgabe von unparteiischen Regeln und Verfahren zur Beilegung von Handelsstreitigkeiten.

Oberstes Organ der WTO ist die **Ministerkonferenz**, die mindestens alle zwei Jahre zusammentritt. Ihr obliegt es, in allen Angelegenheiten der multilateralen Abkommen Beschlüsse zu fassen, die WTO-Abkommen auszulegen und über etwaige Änderungen zu entscheiden. Zwischen den Tagungen der Ministerkonferenz nimmt der **Allgemeine Rat** diese Funktionen wahr.

3.2.2 Die Gruppe G7/G8

Die **G7-Gruppe** umfasst die sieben größten Industriestaaten, nämlich Deutschland, Frankreich, Großbritannien, Italien, Japan, Kanada und die USA. Im Mittelpunkt ihrer Zusammenarbeit stehen die einmal jährlich stattfindenden und als **Weltwirtschaftsgipfel** bezeichneten Treffen der Staats- und Regierungschefs. Die EU ist durch den Kommissionspräsidenten vertreten, der russische Präsident als Gast zu Teilen der Tagungen geladen (**G8-Staaten**). Gegenstand der Gespräche sind zentrale Fragen der Weltwirtschaft, deren Ergebnis in einem Abschlusskommuniqué festgehalten wird. Zusätzlich finden mehrmals jährlich Tagungen der Finanzminister und Zentralbankpräsidenten unter Beteiligung des geschäftführenden Direktors des IWF statt. Hier stehen Währungsfragen im Mittelpunkt. Bei der G7-Gruppe (bzw. G8-Gruppe) handelt es sich nicht um eine offizielle weltwirtschaftliche Institution. Vielmehr sind die Tagungen Grundlage für eine unverbindliche informelle wirtschafts- und währungspolitische Zusammenarbeit der großen Industrienationen. An den Abschlusserklärungen lassen sich die jeweiligen weltwirtschaftspolitischen Grundströmungen ablesen.

3.2.3   OECD

Die **Organisation für wirtschaftliche Zusammenarbeit und Entwicklung** (Organization for Economic Cooperation and Development – **OECD**) wurde 1960 gegründet. Der OECD gehören derzeit 29 marktwirtschaftlich orientierte, westliche Industrieländer an. Ihr Sitz befindet sich in Paris. Die OECD hat sich zum Ziel gesetzt, zu einer optimalen Wirtschaftsentwicklung und Beschäftigung sowie einem steigenden Lebensstandard und zu finanzieller Stabilität in ihren Mitgliedstaaten beizutragen. Des Weiteren will sie das wirtschaftliche Wachstum in den Entwicklungsländern fördern und auf eine Ausweitung des Welthandels hinwirken.

Die OECD gliedert sich im Wesentlichen in einen **Rat**, das **Sekretariat** sowie in verschiedene **Ausschüsse**. Von besonderer Bedeutung sind der Wirtschaftspolitische Ausschuss, der Prüfungsausschuss für Wirtschafts- und Entwicklungsfragen, der Handelsausschuss und der Ausschuss für Entwicklungshilfe. Im OECD-Sekretariat werden Analysen und Prognosen über die wirtschaftliche Entwicklung in den Mitgliedsländern erarbeitet. Diese Forschungsergebnisse erfahren in Fachkreisen hohe Aufmerksamkeit.

3.2.4   Internationaler Währungsfonds

Der **Internationale Währungsfonds**, IWF (International Monetary Fund, **IMF**) wurde 1945 auf der Grundlage des Abkommens von Bretton Woods gegründet. Sein Sitz ist Washington (D.C.). Die wichtigsten Ziele des IWF sind die Förderung der internationalen Zusammenarbeit auf dem Gebiet der Währungspolitik, die Förderung des Welthandels sowie insbesondere die Vergabe von Mitteln an Mitgliedsländer zur Hilfe bei Zahlungsbilanzproblemen. Derzeit umfasst der IWF 182 Mitgliedsländer, die je einen Vertreter im obersten Gremium, dem Gouverneursrat (Board of Governors) haben.

Jedes Mitgliedsland muss Zahlungen an den Fonds gemäß seiner festgesetzten Quote leisten. In deren Berechnung fließen vor allem das Bruttoinlandsprodukt, die Leistungsbilanz und die Währungsreserven eines Landes ein. Nach der Höhe der Quote richten sich die Stimmrechte sowie die **Kreditfazilitäten**, das heißt, die Höhe der möglichen Inanspruchnahme finanzieller Mittel.

Jedes IWF-Mitgliedsland kann bei Zahlungsbilanzproblemen unterschiedliche Kreditmöglichkeiten in Anspruch nehmen. Die Mittel des **Allgemeinen Kontos** dienen allen Mitgliedern zur Aufnahme von Devisenkrediten. Über die regulären Kreditziehungsmöglichkeiten hinaus können die Mitgliedsländer bei erheblichen Zahlungsbilanzproblemen weitere Kreditziehungen beantragen. Daneben stellt der internationale Währungsfonds stark subventionierte Kredite zur Unterstützung mittelfristiger Wirtschafts- und Strukturanpassungsprogramme zur Verfügung. Die IWF-Kredite sind jedoch für die Empfängerländer an teilweise scharfe wirtschaftspolitische Auflagen geknüpft (**Konditionalität**). Sie betreffen zum Beispiel die Kürzung von Staatsausgaben oder die Vefolgung einer restriktiven Geldpolitik.

Seit 1969 sind die **Sonderziehungsrechte**, SZR (Special Drawing Rights – **SDR**), die offizielle Rechnungseinheit des IWF, in der die Quoten der Mitglieder berechnet werden. Sonderziehungsrechte stellen ein vom IWF geschaffenes Medium dar. Es handelt sich um eine Art künstlicher Reservewährung des Weltwährungssystems, mit deren Hilfe Liquiditätsengpässe verhindert werden sollen. SZR werden den jeweiligen Mitgliedsländern analog zu ihrer IWF-Quote zugeteilt und begründen das Recht, die SZR jederzeit gegen benötigte Währungen zu verkaufen. Somit besteht für die Mitglieder des SZR-Systems die Verpflichtung, jederzeit SZR anderer Teilnehmer –

bis zu einer bestimmten Obergrenze – gegen eigene Währung anzukaufen. Eigentümer von SZR können grundsätzlich nur der IWF selbst und die Währungsbehörden der Mitgliedstaaten sein. Zwischen diesen Teilnehmern am SZR-System können SZR als Zahlungsmittel zum Beispiel für die Kreditbedienung bzw. -rückzahlung oder für Subskriptionszahlungen (Einzahlungen beim IWF) eingesetzt werden. Die SZR sind ein **Währungskorb**, der sich aus US-Dollar, japanischem Yen, britischem Pfund und € zusammensetzt. Die SZR werden entsprechend als gewichteter Durchschnittswert dieser Währungen gegenüber dem US-Dollar berechnet. Der jeweilige Wert eines SZR in Landeswährung ergibt sich dann durch die Umrechnung des US-Dollarwertes zum amtlichen Mittelkurs der Landeswährung.

3.2.5 Weltbankgruppe

Die **Weltbankgruppe** umfasst mehrere, in Washington (D. C.) ansässige Institutionen.

(1) Die internationale **Bank für Wiederaufbau und Entwicklung** (International Bank for Reconstruction and Development – **IBRD**), kurz **Weltbank** genannt, wurde wie der Internationale Währungsfonds im Abkommen von Bretton Woods konstituiert. Sie nahm ihre Arbeit 1946 auf. Ihre zentrale Aufgabe besteht in der finanziellen und technischen Unterstützung der Entwicklungsländer. Die Weltbank vergibt ihrem Auftrag entsprechend insbesondere langfristige Darlehen mit einer Laufzeit von 15 bis 20 Jahren. Kreditnehmer sind Regierungen, die die Gelder für Projekte mit dem Ziel der Verbesserung der wirtschaftlichen Entwicklung ihres Landes verwenden müssen. Der Kreditzins richtet sich grundsätzlich nach dem jeweiligen aktuellen Kapitalmarktzins. Durch die Zwischenschaltung der Weltbank als Kapitalsammelstelle entfällt indes der sonst übliche Risikozuschlag.
(2) Die **Internationale Entwicklungsorganisation (IDA)**, gegründet 1960, unterstützt besonders arme Entwicklungsländer. Die Laufzeit der zinslosen Kredite beträgt 35 bis 50 Jahre.
(3) Die 1956 gegründete **Internationale Finanz-Corporation (IFC)** unterstützt private Unternehmen in Entwicklungsländern durch Kreditvergabe und Beteiligungsübernahme.
(4) Die **Multilaterale Investitionsgarantieagentur (MIGA)** wurde 1988 gegründet, um ausländische Direktinvestitionen in Entwicklungsländern zu fördern.

Neben der Weltbankgruppe existieren regional tätige Entwicklungsbanken mit verwandter Aufgabenstellung. Hierzu gehören die **Afrikanische Entwicklungsbank** (seit 1963), die **Asiatische Entwicklungsbank** (seit 1959) und die **Karibische Entwicklungsbank** (seit 1970). Außerdem gibt es seit 1986 die **Interamerikanische Investitionsgesellschaft** mit ähnlichen Aufgaben wie die IFC.

IBRD (182 Mitgliedsländer)	**IDA** (159 Mitgliedsländer)	**IFC** (172 Mitgliedsländer)	**MIGA** (142 Mitgliedsländer)
Gouverneursrat; Präsident Exekutivdirektorium	Gouverneursrat ; Präsident Exekutivdirektorium	Gouverneursrat; Präsident Exekutivdirektorium	Gouverneursrat; Präsident Exekutivdirektorium
Gründung: 1946	Gründung: 1960	Gründung: 1956	Gründung: 1988

IBRD (182 Mitgliedsländer)	IDA (159 Mitgliedsländer)	IFC (172 Mitgliedsländer)	MIGA (142 Mitgliedsländer)
Geschäftspolitik: Originäre Tätigkeit war die Bereitstellung von Mitteln für den Wiederaufbau Europas. Nach Inkrafttreten des Marshall-Plans wandte sich die Weltbank der Unterstützung der Entwicklungsländer zu.	Geschäftspolitik: Gezielte Förderung der ärmsten Länder durch Vergabe von Krediten zu sehr weichen Bedingungen (praktisch unverzinslich); unter den vorgegebenen Rahmen fallen mehr als 40 Entwicklungsländer.	Geschäftspolitik: Vergabe von Krediten an private Unternehmen in Entwicklungsländern und Übernahme von Beteiligungen. Die Politik ist auf Förderung rentabler Unternehmen ausgerichtet; die Rückführung der Kredite soll aus den erwirtschafteten cash flows erfolgen.	Geschäftspolitik: Verbürgung von Investitionsprojekten in Entwicklungsländern mit dem Ziel, private Investoren vor nicht-kommerziellen Risiken zu sichern. Daneben bietet die MIGA technische Hilfe bei Direktinvestitionen privater Unternehmen in Entwicklungsländern an.
Finanzierung: Kapitalzeichnung; Begebung von Anleihen und Schuldscheinen; Inanspruchnahme von Zentralbankfazilitäten; auch Einsatz von financial swaps.	Finanzierung: Kapitalzeichnung der Mitgliedsländer, wobei reiche Länder ihre Subskription in Gold oder konvertiblen Devisen leisten müssen.	Finanzierung: Aufnahme von Krediten bei der Weltbank; Inanspruchnahme der internationalen Kapitalmärkte; Veräußerung von Beteiligungen.	Finanzierung: Durch die Geschäftstätigkeit, nämlich die Übernahme von Eventualverbindlichkeiten gegen Zahlung einer Versicherungsprämie.

Abb. 1.8: Die Weltbankgruppe

Kontrollfragen

1. *Durch welche wirtschaftspolitische Instrumente kann man den Außenhandel beeinflussen?*
2. *Welche rechtlichen Grundlagen sind in Deutschland für die Abwicklung des internationalen Handelsverkehrs maßgeblich?*
3. *Welche internationalen wirtschaftlichen Organisationen spielen im Welthandel eine bedeutende Rolle?*
4. *Was sind die wesentlichen Entscheidungsgremien der EU?*
5. *Worin liegen die Aufgaben global orientierter Einrichtungen wie der WTO, des IWF und der Weltbankgruppe?*

Aufgabe 1.09 *Internationaler Währungsfonds S. 409*

4 Internationales Finanzmanagement – Kenntnisse

4.1 Begriff und Wesen des internationalen Finanzmanagements

Unter »Finanzmanagement« versteht man allgemein die zielgerichtete Steuerung aller Zahlungsströme im Unternehmen. Entsprechend lässt sich das **internationale Finanzmanagement** als zielgerichtete Steuerung der internationalen Zahlungsströme eines Unternehmens definieren. Die Internationalität der Unternehmenstätigkeit ist für das betriebliche Finanzmanagement mit einer Reihe völlig neuer Fragestellungen verbunden, die sich keineswegs auf die Währungsproblematik beschränken.

Um die Kernproblematik der finanzwirtschaftlichen Führung internationaler Unternehmen herauszuarbeiten, werden nachfolgend die realen und monetären Ströme, die in dem System »Unternehmung« den Zahlungsmittelbestand berühren, näher betrachtet. Das betriebliche Geschehen lässt sich in eine **Gütersphäre** und eine **Finanzsphäre** einteilen:

– Jedes Unternehmen verfügt über einen bestimmten Bestand an Zahlungsmitteln (Liquidität). Die Steuerung dieses Zahlungsmittelbestandes ist der zentrale Gegenstand des Finanzmanagements.
– Zur Erlangung der Betriebsbereitschaft bzw. zur Aufnahme und zur Aufrechterhaltung des betrieblichen Leistungsprozesses wendet sich das Unternehmen an die Beschaffungsmärkte. Der Bezug von nicht dauerhaften Produktionsmitteln wie bspw. Rohstoffen, Halbfabrikaten oder Energie und von Dienstleistungen verursacht sofort oder später **Auszahlungen**, die zu einer Verringerung des Zahlungsmittelbestandes führen.
– Bei der Verarbeitung der Werkstoffe und Halbfabrikate entstehen weitere Auszahlungen, denn die Produktion erfordert die Nutzung der Produktionsfaktoren »Arbeit« und »Betriebsmittel«.
– Die hergestellten Realgüter werden auf den Absatzmärkten verkauft, und es kommt früher oder später zu **Einzahlungen**. Dieser Mittelzufluss erhöht den Liquiditätsbestand des Unternehmens.

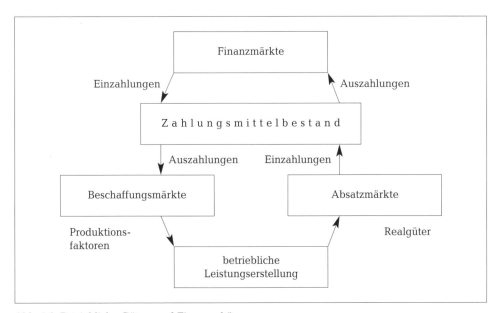

Abb. 1.9: Betriebliche Güter- und Finanzsphäre

In der Gütersphäre des Unternehmens entstehen durch die betriebliche Leistungserstellung Ein- und Auszahlungen. Da diese Mittel im Unternehmen selbst erwirtschaftet werden, spricht man bei der Einteilung der Finanzierungsquellen hier von der **Innenfinanzierung**. Der anfallende Überschuss der Einzahlungen über die Auszahlungen wird als (betriebsbedingter) **Cashflow** bezeichnet.

Dem Finanzmanagement kommt nun die Aufgabe zu, die Leistungserstellung in Unternehmen, also die eigentliche betriebliche Tätigkeit, durch geeignete zahlungsbezogene Maßnahmen zu unterstützen. Die betrieblichen Beschaffungs-, Produktions-, Lager- und Absatzprozesse sollen dadurch gefördert werden, dass die mit ihnen verbundenen Konsequenzen für Liquiditätsbeschaffung und -verwendung optimal bewältigt werden. Eine wichtige Rolle spielen dabei die Finanzmärkte, also der Bereich der **Außenfinanzierung**. Insbesondere kann dieser Finanzierungsbereich in »Schlüsselsituationen« wie der Gründungsphase, bei betrieblicher Expansion sowie bei Umwandlung oder Sanierung von Unternehmen von existenzieller Bedeutung sein.

Ein Unternehmen wird in seinem Finanzumfeld vor allem von **Zins-** und **Wechselkursschwankungen** beeinflusst. Hieraus ergibt sich als weitere finanzwirtschaftliche Aufgabe, dass das Unternehmen vor unerwünschten Entwicklungen im Finanzumfeld geschützt werden soll und möglichst gleichzeitig von positiven Entwicklungen profitieren soll. Letztlich wird durch eine effiziente Ausnutzung der finanziellen Rahmendaten das Gewinnziel unmittelbar berührt, da sich Finanzierungskosten reduzieren und Finanzanlageerträge erhöhen lassen. Wegen der engen Verzahnung von betrieblicher Finanz- und Gütersphäre kann sich effiziente finanzielle Führung nicht auf die Steuerung des Finanzbereichs beschränken, sondern ist mit sämtlichen betrieblichen Funktionsbereichen zu koordinieren.

Bei internationalen Unternehmen kommt erschwerend hinzu, dass die leistungs- und finanzwirtschaftlichen Prozesse typischerweise **global verteilt** sind bzw. **grenzüberschreitend** stattfinden. Die betrieblichen Funktionsbereiche können in unterschiedlichen Ländern angesiedelt sein. Die damit verbundenen Zahlungsströme fallen in unterschiedlichen Währungen an. Der Finanzbereich selbst sieht sich international breit gestreuten Finanzierungs- und Anlagemöglichkeiten gegenüber. Im Ergebnis entsteht so ein komplexes Netzwerk internationaler Beziehungen, deren monetäre Bewältigung für das Finanzmanagement eine große Herausforderung darstellt.

4.2 Aufgaben und Ziele

4.2.1 Aufgaben des internationalen Finanzmanagements

Das internationale Finanzmanagement umfasst ein breites Aufgabenspektrum.

(1) Im Zentrum steht die **Finanzierung**, d. h. die Beschaffung finanzieller Mittel. Verglichen mit nationalen haben internationale Unternehmen, evtl. über Tochtergesellschaften, grundsätzlich Zugriff auf mehr Finanzierungsmöglichkeiten. Vor allem Großunternehmen, meist handelt es sich um Aktiengesellschaften, stehen heute im Blickpunkt der Öffentlichkeit. Dies bedingt über die Erfüllung gesetzlicher Publikationsvorschriften hinaus den Aufbau und die Pflege der Beziehungen zu entscheidungsrelevanten Personengruppen wie bspw. Anteilseigner, Medien und Banken im Rahmen eines planmäßigen **Finanzmarketing**.

(2) Eng verbunden mit der Kapitalbeschaffung ist die **Investition**, d. h. die Verwendung der Finanzmittel. Sie reicht von der Beschaffung dauerhafter Produktionsmittel, den Sachinvestitionen, bis hin zum Kauf ganzer Unternehmen (**Akquisition**) oder die Fusion mit anderen Unternehmen (**Merger**). Zentrale Aufgabe des Finanzmanagements ist hier die zielorientierte ökonomische Beurteilung anhand

geeigneter Rechen- bzw. Bewertungsverfahren. Unternehmenspolitisch sinnvoll kann zudem die Bindung finanzieller Mittel in **Finanzanlagen** sein. Die Internationalität eines Unternehmens manifestiert sich typischerweise in der Vornahme von **Direktinvestitionen** im Ausland.

(3) Entscheidungen in den genannten Bereichen der Investition, der Finanzierung und der Geldanlage haben nachhaltige Auswirkungen auf die **Kapital- und Vermögensstruktur**, welche ihrerseits die längerfristige Liquiditätsentwicklung des Unternehmens beeinflusst. Hierfür sind also strategische Vorgaben zu machen. Diese werden ergänzt durch die operativen Maßnahmen des an der **Liquidität** orientierten **Cash Managements**, eines Bereiches, der gerade im international verzweigten Unternehmen wichtig ist.

(4) Als weiteres finanzwirtschaftliches Aufgabenfeld hat das **Risikomanagement**, und hier insbesondere das Währungs- und Zinsmanagement, stark an Bedeutung gewonnen. Es hat eine operative wie auch eine strategische Dimension.

4.2.2 Ziele des internationalen Finanzmanagements

Eine optimale Steuerung der Zahlungsströme setzt voraus, dass die Ziele charakterisiert sind, an denen sich das Finanzmanagement zu orientieren hat.

(1) Unter dem Ziel der **Rentabilität** sind die weltweit benötigten Finanzmittel zu minimalen Kapitalkosten zu beschaffen. Des Weiteren ist unter diesem Aspekt eine optimale Kapitalstruktur anzustreben. Bei Sach- und Finanzanlagen ist entsprechend der maximale Ertrag zu realisieren. Weiterhin soll die Lenkung der unternehmensinternen Finanzströme zur Verbesserung der Gewinnsituation des Gesamtunternehmens beitragen. Entscheidungsfaktoren sind hierbei unter anderem Zinsen, Dividenden, Steuern, Emissions-, Transfer- und Kurssicherungskosten.

(2) Neben die Maximierung der Rentabilität, berechnet ausgehend vom bilanziellen Gewinn, ist in den letzten Jahren ein modifizierter Ansatz dieses Oberziels auch in der Wirtschaftspraxis in den Mittelpunkt finanzwirtschaftlicher Überlegungen gerückt, das **Shareholder-Value-Konzept**. Der Grundgedanke ist, dass der Unternehmenserfolg am ökonomischen Wert gemessen werden soll, der für die Eigentümer geschaffen wird. Im Zentrum dieses Ansatzes steht die Bewertung des Unternehmens als Barwert zukünftiger Cashflows. Als Oberziel wird die Maximierung dieses Barwertes formuliert.

(3) Das Ziel der **Liquidität** sagt, dass in allen Unternehmensteilen permanente Zahlungsfähigkeit gegeben sein soll. Zu berücksichtigen sind dabei hinsichtlich Höhe, zeitlichem Anfall und Währung unterschiedliche Liquiditätsforderungen. Evtl. bestehende Deckungslücken müssen rechtzeitig erkannt und geschlossen werden, überschüssige Mittel sind möglichst effizient umzudisponieren.

(4) Das Ziel der **Autonomie** legt eine internationale Streuung der Eigen- und Fremdkapitalquellen nahe. Dadurch kann ein Unternehmen versuchen, einer Abhängigkeit von einzelnen Kapitalgebern bzw. von den Kapitalmarktverhältnissen einzelner Länder zu begegnen. Um dieses Ziel zu erreichen, bedarf es einer Zentralisierung der finanziellen Entscheidungskompetenz.

(5) Alle Leistungs- und Finanztransaktionen des Gesamtunternehmens sind durch das Finanzmanagement hinsichtlich ihres **Risikogehalts** zu überprüfen. Im Rahmen einer durch die Unternehmenspolitik vorgegebenen Strategie muss das Finanzmanagement geeignete Sicherungsmaßnahmen ergreifen.

4.3 Organisatorische Gestaltung des Finanzmanagements multinationaler Unternehmen

Finanzwirtschaftliche Entscheidungen haben einen hohen und steigenden Einfluss auf den unternehmerischen Gesamterfolg. Die Schwankungen auf den Finanzmärkten erfordern insbesondere in multinationalen Unternehmen rasche und effiziente Handlungsfähigkeit der Finanzabteilungen.

Heute wie früher sieht man eine größere Vorteilhaftigkeit in einer **zentral geführten** Finanzwirtschaft aufgrund der besseren Überschaubarkeit und effizienten Steuerung der Zahlungsströme, kostengünstigeren Kapitalbeschaffungsmöglichkeiten durch höheres Volumen und einer stärkeren finanziellen Schlagkraft. Die Tendenz zur Zentralisierung ergibt sich bereits aus der traditionell vorherrschenden Aufgabe der Liquiditätssicherung und ihres Ganzheitsanspruches für das Unternehmen.

Sowohl die **Securitization** (Verbriefung von Kreditbeziehungen) als auch die Entwicklung zahlreicher **Finanzinnovationen** haben dazu geführt, dass die Banken als traditionelle Finanzintermediäre von ihren internationalen Großkunden immer weniger als Kreditgeber, sondern verstärkt als reine Kreditvermittler betrachtet werden. Insofern hat die traditionelle Hausbankfunktion stark an Bedeutung verloren. Man spricht eher von »Relationsbanking«, da die Großunternehmen heute in der Regel mit mehreren Banken zusammen arbeiten.

> **Beispiel:**
> Eine vollständige **Disintermediation** findet auf dem Commercial-Paper-Markt statt, der direkte Platzierungen bei den Anlagesuchern ermöglicht, wodurch die Banken völlig aus den Finanzierungsbeziehungen mit Großunternehmen heraustraten. Finanzabteilungen großer Industrieunternehmen verstehen sich häufig als »corporate banks«. Sie haben typischerweise den Charakter eines Profit-Centers und sind zum Teil rechtlich selbständig.
>
> Die Fälle häufen sich, in denen eigene **Konzernbanken** gegründet oder akquiriert werden. Sie übernehmen Bankfunktionen für das Unternehmen selbst, aber auch für externe Kunden. **Beispiele** solcher – mit grundsätzlich allen Rechten und Pflichten des Kreditwesengesetzes ausgestatteten – »Vollbanken« sind die V.A.G.-Kreditbank oder der Daimler Benz Inter Service (DEBIS).

Weiter verbreitet als Konzernbanken sind **Finanzholdings** und **Finanzierungsgesellschaften**, die der mittelbaren Kapitalbeschaffung dienen. Sie werden auch als Basisgesellschaften bezeichnet und nehmen – sozusagen als Finanzdrehscheibe – Kapital auf, das sie an operative Konzerngesellschaften weiterleiten. Die Zusammenfassung der Finanzierungsmittel ermöglicht die optimale Nutzung globaler Kapitalmarktunvollkommenheiten sowie die Durchsetzung besserer Konditionen bei der (gebündelten) Kapitalaufnahme. Weitere Vorteile liegen in der erhöhten Flexibilität sowie eventuell in Steuerersparnissen. Hinzu tritt eine Entlastung der Bilanz der Muttergesellschaft.

Eine Finanzholding unterscheidet sich von einer Finanzierungsgesellschaft dadurch, dass erstere die Finanzmittel in Form von **Eigenkapital** weiterleitet. Die Holding ihrerseits erhält die notwendige Eigenkapitalbasis von der Muttergesellschaft. Bei den bei der Finanzholding vorübergehend »geparkten« Finanzmitteln handelt es sich neben externem Kapital typischerweise um Gewinnteile der Mutter oder anderer Konzernmitglieder, die dann je nach Kapitalbedarf konzernintern umverteilt werden.

Das charakteristische Merkmal einer (reinen) Finanzierungsgesellschaft besteht darin, dass sie keine Beteiligungen an anderen Konzernmitgliedern hält. Vielmehr leitet sie die (fremdfinanzierten) Finanzmittel in Form von **Krediten** weiter. Denkbar ist zudem, dass sie die finanziellen Mittel im Rahmen einer ihr speziell übertragenen Geschäftstätigkeit im eigenen Bereich für den Kauf bestimmter Aktiva verwendet.

Beispiel:
Einen derartigen Sonderfall bilden Projektfinanzierungsgesellschaften. Sie dienen der Finanzierung von bestimmten Großprojekten (hauptsächlich im Bereich der Energie- bzw. Rohstoffversorgung), wobei i. d. R. das Projekt selbst den Kapitalgebern als Sicherheit angeboten wird.

Bei der Wahl des **Standortes** einer Finanzholding bzw. Finanzierungsgesellschaft ist neben dem Zugang zu den Finanzmärkten eine Reihe weiterer Anforderungen relevant.

Insbesondere sollte der Gaststaat

– gesicherte politische, wirtschaftliche und rechtliche Verhältnisse, weiterhin eine
– gute Infrastruktur im Bereich von Kommunikation und Verkehr sowie
– günstige devisen-, privat- und steuerrechtliche Bestimmungen aufweisen.

Unter diesen Bedingungen kann ein Unternehmen eine Minimierung der Steuerbelastung bspw. dadurch erreichen, dass Gewinnteile in Holdinggesellschaften angesammelt werden, die einer niedrigen Besteuerung unterliegen. Von dort aus können die Mittel dann direkt in die einzelnen Tochtergesellschaften investiert werden. Die meisten Finanzholdings bzw. Finanzierungsgesellschaften haben ihren Sitz in der Schweiz oder in Liechtenstein, in Luxemburg, Kanada oder im karibischen Raum. Teilweise handelt es sich um off shore-Finanzplätze. In der Europäischen Union bieten weiterhin vor allem Belgien, Irland, Italien, die Niederlande, Portugal und Spanien sowie die Kanalinseln Standortvorteile.

Kontrollfragen
1. Worin liegen die Wesensmerkmale der internationalen Unternehmenstätigkeit?
2. Wie begründet sich die bedeutende Stellung des Finanzmanagements im Unternehmen?
3. Welche Aufgaben und Ziele verfolgt das internationale Finanzmanagement?
4. Nach welchen Kriterien richtet sich die organisatorische Gestaltung des Finanzmanagements in multinationalen Unternehmen?

Aufgabe 1.10 *Anforderungen an das internationale Finanzmanagement S. 409*

4.4   Internationale Finanzmärkte im Überblick

Im internationalen Management haben die **internationalen Finanzmärkte** besonderes Gewicht. Sie zeichnen sich grundsätzlich dadurch aus, dass an ihnen entweder die Marktteilnehmer aus unterschiedlichen Ländern stammen oder in verschiedenen anderen Währungen neben der Inlandswährung gehandelt wird. An nationalen Finanzmärkten wird dagegen ausschließlich von Inländern allein in der Währung des betreffenden Landes gehandelt.

4.4.1   Internationale Geld-, Kredit- und Einlagenmärkte

Eine genaue Abgrenzung der Finanzmärkte sowie insbesondere der einzelnen Segmente des internationalen Finanzmarktes (als Ganzes) ist nicht einfach. Am wenigsten problematisch erscheint die Abgrenzung und Differenzierung des internationalen Marktes für Geld- und Kredit- (bzw. Einlagen-)geschäfte, d. h. für die (meist) kürzerfristige Aufbringung bzw. Vermittlung finanzieller Ressourcen durch Banken. Hier sind zunächst die so genannten traditionellen **Außenmärkte** zu nennen, an denen bspw. eine deutsche Bank einem englischen Unternehmen einen Kredit in € (also in aus Gläubigersicht heimischer Währung) vergibt.

Wesentlich expansiver haben sich daneben seit Mitte der fünfziger Jahre die **Euromärkte** entwickelt. Es ist darauf hinzuweisen, dass es sich hierbei **nicht** um die Märkte für auf die neue europäische Währung »€« lautende Kreditbeziehungen handelt. Vielmehr bildet der Euromarkt den Markt für internationale Einlagen- und Kreditgeschäfte in den wichtigsten Währungen außerhalb der Länder, in denen diese Währungen gesetzliches Zahlungsmittel sind.

Beispiel:
Eine Luxemburger Bank vergibt einen US-Dollar-Kredit an ein deutsches Unternehmen.

Hinweis:
Die Nationalität des Kreditnehmers ist unerheblich. Entscheidendes Merkmal eines Eurokredits ist, dass die Kreditgewährung in einer **aus Sicht der Gläubigerbank fremden** Währung stattfindet.

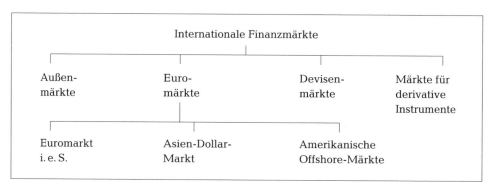

Abb. 1.10: Struktur internationaler monetärer Märkte

Die Euromarkt-Transaktionen selbst unterliegen keiner unmittelbaren geldpolitischen Steuerung oder bankaufsichtsrechtlichen Kontrolle. Euroeinlagen sind typischerweise von Mindestreserveverpflichtungen, ebenso wie von Quellenbesteuerung, befreit.

Der oben definierte Euromarkt umfasst seinerseits mehrere Teilmärkte. Hierzu zählen neben dem geografisch auf europäische Finanzplätze wie London, Luxemburg, Paris, Frankfurt, Amsterdam oder Brüssel konzentrierten **Euromarkt im engeren Sinne** der Asien-Dollar-Markt sowie die amerikanischen Offshore-Märkte. **Offshore-Märkte** sind dadurch gekennzeichet, dass sowohl Kapitalgeber als auch Kapitalnehmer nicht gebietsansässig sind, dass die abgeschlossenen Geschäfte von denen der Gebietsansässigen getrennt sind (so dass die inländische Geldversorgung davon unberührt bleibt) und dass solche Geschäfte von staatlichen Kontrollen weitgehend befreit sind. Zentren des **Asien-Dollar-Marktes** sind die Offshore-Plätze Tokio, Hongkong und Singapur, wobei Tokio insgesamt einer der führenden internationalen Finanzmärkte ist. **Amerikanische Offshore-Plätze** sind zum einen die International Banking Facilities (IBF) in New York, weiterhin die Bahamas (allen voran die Hauptstadt Nassau), die Cayman Islands und Panama. Letztere werden oft auch als **Karibik-Dollar-Markt** bezeichnet. Außerdem betreiben zahlreiche Banken in Kanada Fremdwährungsgeschäfte, primär in US-Dollar, die ebenfalls zu den Eurogeschäften gerechnet werden können.

4.4.2 Internationale Kapitalmärkte

Die vorgenommene Abgrenzung der Finanzmärkte gilt zunächst lediglich für die Geld- und Kreditmärkte. Geschäfte am **Kapitalmarkt**, bei denen die Finanzmittel längerfristig und in der Regel von Nichtbanken zur Verfügung gestellt werden, sind schwieriger zu erfassen und einzuordnen. Als Kriterien für die Spezifikation von (Kapitalmarkt-)Anleihen gelten gemeinhin

– die Transaktionsorte,
– die Emissionswährungen und
– das Land, in dem der jeweilige Emittent ansässig ist.

Beziehen sich die genannten drei Kriterien alle auf ein und dasselbe Währungsgebiet, dann handelt es sich entsprechend um eine **nationale (Inlands-)Anleihe**. Demgegenüber wird eine von Gebietsfremden begebene Anleihe in Landeswährung als (traditionelle) **Auslandsanleihe** bezeichnet.

> **Beispiel:**
> Ein englisches Unternehmen emittiert eine in der europäischen Währung € denominierte Anleihe in Deutschland und anderen Ländern der Europäischen Währungsunion (etwa über eine Luxemburger Bank).

Lautet die Emission indes auf eine Währung, die von der Währung des Staates, in dem die Geschäfte abgewickelt werden, abweicht, so spricht man von einer Euro-Anleihe bzw. einem **Euro-Bond**. Euro-Anleihen werden durch internationale Bankenkonsortien emittiert und weltweit gehandelt.

> **Beispiel:**
> Eine Luxemburger Bank platziert (auf eigene oder fremde Rechnung) eine in englischen Pfund denominierte Anleihe unter anderem in Deutschland. Ein weiteres Beispiel ist eine in der europäischen Gemeinschaftswährung »€« denominierte Anleihe, die von einer oder unter Führung einer) Tokyoter Bank platziert wird. Es handelt sich dann um eine »Euro-€-Anleihe«.

Allerdings richten sich die Länder nicht durchgängig nach diesem Einteilungsschema. Teilweise werden bestimmte Anleihen von den sonst üblichen Vorschriften und Beschränkungen befreit und daraufhin zu Euro-Bonds »deklariert«. Es kommt hinzu, dass sich die gängigen Eurousancen für die Abwicklung von Käufen und Verkäufen immer mehr auf alle Anleihearten ausgebreitet haben. Bei den wichtigsten Währungen der Welt ist deshalb eine systematische Unterscheidung der Märkte heute kaum mehr möglich.

4.4.3 Weitere Marktsegmente

Vielfach werden auch die **Devisenmärkte** unter die internationalen Finanzmärkte gefasst (siehe 4.5). Devisengeschäfte beinhalten im Kern immer einen Tausch von Währungen. Sie sind oft anderen Finanztransaktionen (Kreditgewährungen bzw. -aufnahmen) vor- oder nachgelagert.

Die Preise, die sich auf den genannten Finanzmärkten bilden (wie Zinssätze, Aktien- oder Devisenkurse), sind ihrerseits die Grundlage der Preisbildung auf den Märkten für **derivative Finanzinstrumente**. Hierbei handelt es sich um Termingeschäfte im weitesten Sinne, die sich auf Basiswerte wie Anleihen, Aktien, Devisen oder Rohstoffe beziehen. Diese können unter anderem genutzt werden, um Preisänderungsrisiken bei den Basiswerten zu kompensieren (siehe 4.6.3.2).

Kontrollfragen

1. *Worin besteht der Unterschied zwischen nationalen und internationalen Finanzmärkten?*
2. *In welche Teilmärkte lassen sich die internationalen Geld- und Kreditmärkte einteilen?*
3. *Was versteht man unter Euro- und Offshore-Märkten?*
4. *Nach welchen Kriterien lässt sich eine Differenzierung der internationalen Kapitalmärkte vornehmen?*
5. *Welche weiteren Segmente werden unter dem Begriff der Finanzmärkte gefasst?*
6. *Was versteht man unter derivativen Finanzinstrumenten, und welche Bedeutung haben sie?*

Aufgabe 1.11 *Abgrenzung von Finanzmärkten S. 409*

4.5 Devisenmärkte und Devisengeschäfte

4.5.1 Fachbegriffe im Devisenhandel

Devisenhändler stellen für einen Währungskurs üblicherweise zwei Preise – einen (niedrigeren) Ankauf- sowie einen (höheren) Verkaufskurs (auch **Geld-/Briefkurs** genannt). Dabei ist zu beachten, dass die Kursstellung in Mengennotierung erfolgt. Wenn also ein Händler beispielsweise für den US-Dollar 0,9288–0,9348 angibt, so bedeutet dies, dass er bereit ist, einen € für 0,9288 Dollar zu kaufen bzw. für 0,9348 Dollar zu verkaufen. Ein Unternehmen, das 100 000 Dollar gegen € erwerben will, müsste entsprechend 107 665,81 € (100 000 Dollar : 0,9288 Dollar/€) aufwenden.

Am Devisenkassamarkt erfolgt die Erfüllung eines Geschäfts, das heißt, Lieferung und Bezahlung des Währungsbetrags, innerhalb von zwei Werktagen nach Abschluss. Für solche Geschäfte gilt der **Kassakurs** (Spot-Rate). Man kann Kurs und Menge einer Währung aber auch heute fest vereinbaren, das Geschäft indes erst zu einem späteren Zeitpunkt (z. B. in drei oder sechs Monaten) erfüllen. Der für derartige Termingeschäfte vereinbarte Kurs heißt **Terminkurs** (Forward-Rate). Die Differenz zwischen dem Termin- und dem Kassakurs einer Währung nennt man **Swapsatz**. Einen positiven Swapsatz (Terminkurs ist größer als Kassakurs) bezeichnet man als Aufschlag bzw. **Report** (Premium), ein negativer Swapsatz heißt Abschlag bzw. **Deport** (Discount). Ob ein Auf- oder Abschlag verlangt wird und wie hoch dieser ist, hängt von dem Zinsniveau in den betroffenen Ländern ab (siehe 4.5.3).

4.5.2 Motive und Teilnehmer des Devisenhandels

Auf dem Devisenmarkt werden weltweit täglich Devisen im Gegenwert von eins bis zwei Billionen US-Dollar gehandelt. Devisenangebot und -nachfrage resultieren zum einen aus dem Währungsraum übergreifenden **Zahlungsverkehr**. Wenn Unternehmen im- oder exportieren, ist es notwendig, Devisen zu beschaffen bzw. in heimische Währung umzutauschen. Hinzu treten Geldbewegungen im Zusammenhang mit internationalen **Finanztransaktionen**. Sie machen mindestens 95 % des globalen Devisenumsatzes aus. Zum Kauf ausländischer Wertpapiere werden fremde Währungen benötigt. Umgekehrt zieht eine Kreditaufnahme im Ausland vielfach den Umtausch der fremden in die eigene Währung nach sich.

Als Ursache für Finanztransaktionen lassen sich im Wesentlichen drei Motive erkennen:

– Die Ausnutzung von Marktunvollkommenheiten (**Devisen-** und **Zinsarbitrage**).
– Ein weiteres Motiv ist die **Devisenspekulation** (zusätzlich zu der Devisenspekulation kann noch auf Kursgewinne bei den gekauften Wertpapieren spekuliert werden).
– Schließlich resultieren Devisentransaktionen daraus, dass Marktteilnehmer versuchen, **Währungsrisiken** abzusichern.

Die genannten drei Motive bzw. die damit verbundenen Transaktionen werden unten (4.5.3) näher erläutert.

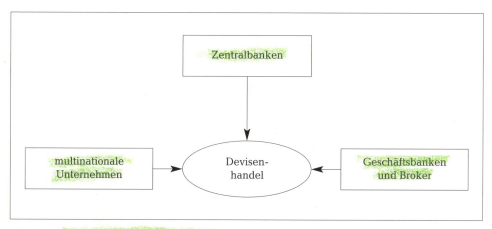

Abb. 1.11: Teilnehmer des Devisenhandels

Die bei weitem wichtigsten Akteure am Devisenmarkt sind die **Geschäftsbanken**. Sie betreiben den Handel sowohl im Kundenauftrag als auch im eigenen Geschäft. Zur Gruppe der Geschäftsbanken kann man auch die **Broker** (Makler) zählen. Sie treten als Vermittler zwischen den Banken auf.

Zahlreiche große **multinationale Unternehmen** haben eigene Devisenhandelsabteilungen. Kleinere Firmen und Privatleute brauchen dagegen Banken, da sie keinen direkten Marktzugang haben. Als weiterer Teilnehmer am Devisenmarkt sind schließlich die **Notenbanken** zu nennen. Anders als Unternehmen und Geschäftsbanken agieren sie aus gesamtwirtschaftlichen, das heißt, geld- und währungspolitischen Motiven (siehe 1.2).

4.5.3   Devisenmarktgeschäfte

Unter den Marktbedingungen des Devisenmarktes (Homogenität des Handelsobjektes, Transparenz bezüglich der Marktdaten) kann es zu einem Zeitpunkt für jede Währung letztlich nur **einen** Kurs geben. Sobald Abweichungen entstehen, setzt sofort **Platz-** bzw. **Quotierungsarbitrage** ein, die den Kursausgleich herbeiführt.

> **Beispiel:**
> Kostet ein € (Briefkurs)bei Bank A in London weniger als eine Bank B in New York dafür zu zahlen bereit ist (Geldkurs), so werden die Händler sofort versuchen, davon zu profitieren. Die erhöhte Nachfrage in London wird dort sehr rasch den Kurs steigen lassen, während das erhöhte Angebot in New York hier den Kurs dämpft.

Ähnlich verhält es sich bei der **Ausgleichsarbitrage**.

> **Beispiel:**
> Angenommen, man kann kurzzeitig japanische Yen auf dem Umweg über eine andere, dritte Währung (etwa den US-Dollar) billiger erwerben als auf direktem Wege. Durch Arbitrage wird sich die **Cross-Rate** (US-Dollar/€ dividiert durch US-Dollar/Yen) schnell dem direkten Kurs (Yen/€) angleichen.

Eine weitere Möglichkeit der risikolosen Gewinnerzielung bildet die **Zinsarbitrage**. Wenn die Zinsen im Ausland höher sind als im Inland, besteht für Investoren ein Anreiz, ihr Geld im Ausland anzulegen. Dazu müssen sie es zunächst zum aktuellen Kassakurs in die ausländische Währung umtauschen. Um das Risiko einer Abwertung der Auslandswährung während des Anlagezeitraumes abzusichern, werden die Investoren gleichzeitig den Anlagebetrag plus Zinsen am Devisenterminmarkt – zum geltenden Terminkurs – gegen heimische Währung verkaufen. Die Zinsarbitrage lohnt sich so lange, wie der Zinsvorteil der Auslandsanlage größer ist als die Kurssicherungskosten in Höhe des Swapsatzes (= Terminkurs – Kassakurs). Zinsarbitrage bewirkt, dass sich der Swapsatz der Zinsdifferenz angleicht. Man nennt dies die **Zinsparität**.

> **Beispiel:**
> Ein Investor möchte 100 Millionen € für ein Jahr anlegen. Es besteht die Möglichkeit, den Betrag direkt in € zu investieren. In diesem Fall sind die im Euroraum gültigen Zinsen maßgeblich. Wir nehmen an, der Ein-Jahres-Zinssatz liege bei 5 Prozent.
> Die **direkte Anlage** in € erbringt nach einem Jahr:
>
> 100 Mio. € · (1 + 0,05) = 105 Mio. €
>
> Anstatt sein Geld in € anzulegen, könnte der Investor den Betrag auch in US-Dollar tauschen und dann zum in den USA gültigen Zins anlegen. Der Dollarzins sei 6 Prozent. Der **Kassakurs** € gegen Dollar sei 0,9288 $/€. Der **Umtausch des €-Betrages in Dollar** führt zu
>
> 100 Mio. € · 0,9288 $/€ = 92,88 Mio. $
>
> Die **Anlage des Dollarbetrages** am US-Finanzmarkt erbringt:
>
> 92,88 Mio. $ · (1 + 0,06) = 98,4528 Mio. $
>
> Diese Summe muss der Investor in einem Jahr wieder in € zurücktauschen. Da die Entwicklung des Wechselkurses aber unsicher ist, weiß der Investor heute noch

nicht, wie viel € er bei diesem Tausch erzielen wird. Allerdings gibt es die Möglichkeit, den zukünftigen Dollarkurs durch den Abschluss eines Termingeschäftes bereits heute fest zu vereinbaren. Der Investor kann also den Dollarbetrag, dessen Höhe er schon kennt (98,4528 Mio. $), »per Termin 12 Monate« verkaufen. In diesem Fall wäre ihm das in € umgerechnete Ergebnis der Dollaranlage bekannt.

Grundsätzlich gilt, dass die Geldanlage in Dollar, umgerechnet in €, zu dem gleichen Ergebnis führen muss wie die Direktanlage in €. Das bedeutet in unserem Beispiel, dass der Zinsvorteil der US-Anlage durch den Unterschied zwischen dem für den Kauf des Dollarbetrages gültigen Kassakurs und dem für den Rücktausch in € gültigen Terminkurs genau kompensiert wird. Der Terminkurs muss also so bemessen sein, dass ein Wert von 105 Millionen € herauskommt, wenn man den Dollarbetrag damit umrechnet. Entsprechend wird der Investor folgende Rechnung aufstellen:

98,4528 Mio. $: Terminkurs = 105 Mio. €

Der gesuchte Terminkurs ist 0,9376 $/€. Er liegt über dem Kassakurs von 0,9288 $/€. Der **Swap-Satz** ist also positiv (Report). Er beträgt 0,0088 $/€. Bezogen auf den Terminkurs entspricht dies circa 1 Prozentpunkt und damit der Zinsdifferenz zwischen den USA und Deutschland.

Abweichungen zwischen dem Swapsatz und der Zinsdifferenz lösen sofort Zinsarbitrage aus, die wieder zum Gleichgewicht zurückführt. Im Beispiel würden, falls sich die Dollaranlage als günstiger erwiese, sämtliche Investoren ihr Geld kursgesichert in Dollar anlegen. Der damit verbundene Erwerb von Kassadollar und Verkauf von Termindollar würde den Terminkurs (Dollar/€) steigen und den Kassakurs (Dollar/€) sinken lassen, bis die Zinsparität wieder erfüllt ist.

Allgemein und unter Verzicht auf Geld- und Briefspannen lässt sich die **Zinsparität** folgendermaßen **berechnen**. Bei **Mengennotierung** gilt (siehe Beispiel oben):

$$(1) \quad 1 + i_h = (1 + i_f) \cdot \frac{w_K}{w_T}$$

mit: i_h = Zins im Inland
$\quad\;\; i_f$ = Zins im Ausland
$\quad\;\; w_K$ = Kassakurs $/€
$\quad\;\; w_T$ = Terminkurs $/€

Umformung von (1) ergibt

$$(2) \quad i_h = (1 + i_f) \cdot \frac{w_K}{w_T} - 1$$

bzw.

$$(3) \quad i_h = i_f \cdot \frac{w_K}{w_T} + \frac{w_K - w_T}{w_T}$$

Unter der vereinfachenden Annahme, dass der Zinsertrag zum Kassakurs zurückgetauscht wird, wenn also gilt: $w_T = w_K$, ergibt sich für **didaktische Zwecke** folgende Formel:

$$(4) \quad i_h - i_f = \frac{w_K - w_T}{w_T}$$

bzw. gilt (um zu der gängigen Swapsatz-Formel zu kommen)

$$(5) \quad i_f - i_h = \frac{w_T - w_K}{w_T}$$

und damit

$$(6) \quad w_T - w_K = w_T \,(i_f - i_h)$$

Mit: $w_T - w_K$ = Swapsatz (gemessen in Währungseinheiten)

Unter Einbeziehung des unterjährigen Bereichs lässt sich damit vereinfacht schreiben:

$$(7) \quad \text{Swapsatz} = \frac{\text{Terminkurs} \cdot \text{Zinsdifferenz} \cdot \text{Zeit (in Tagen)}}{\text{Tagesbasis (z. B. 360 Tage)}}$$

In prozentualer Betrachtung entspricht also der Swapsatz (bezogen auf den Terminkurs) der Zinsdifferenz zwischen dem Ausland und dem Inland. Diese Bedingung gilt für das Arbitragegleichgewicht, das heißt, wenn die Zinsparität erfüllt ist.

Um im Bankgeschäft korrekt zu rechnen, sollte indes die **kompliziertere, vollständige Formel** verwendet werden. Auch hier bildet Gleichung (1) den Ausgangspunkt:

Umformung von (1) ergibt

$$(2) \quad \frac{1 + i_h}{1 + i_f} \cdot w_T = w_K$$

bzw.

$$(3) \quad \frac{1 + i_h}{1 + i_f} \cdot w_T - \frac{1 + i_f}{1 + i_f} \cdot w_T = w_K - w_T$$

bzw.

$$(4) \quad w_T \cdot \frac{i_h - i_f}{1 + i_f} = w_K - w_T$$

bzw.

$$(5) \quad \frac{i_h - i_f}{1 + i_f} = \frac{w_K - w_T}{w_T}$$

bzw.

$$(6) \quad \frac{i_f - i_h}{1 + i_f} = \frac{w_T - w_K}{w_T}$$

Bezieht man die unterschiedlichen Usancen der Tageszählweise auf den verschiedenen Geldmärkten mit ein, so ergibt sich als allgemeine Formel zur **genauen Errechnung** des Swapsatzes:

$$(7) \text{ Swapsatz } (= w_T - w_K) = w_T \, \frac{\dfrac{i_f \cdot n}{\text{Basis}_f} - \dfrac{i_h \cdot n}{\text{Basis}_h}}{1 + \dfrac{i_f \cdot n}{\text{Basis}_f}}$$

mit: n = Laufzeit in Tagen (1 Jahr = 365 Tage)
      Basis = Usance der Zinstage (z. B. 360 Tage)

Bei gleicher Basis resultiert:

$$(8) \text{ Swapsatz } (= w_T - w_K) = w_T \, \frac{(i_f - i_h) \dfrac{n}{\text{Basis}}}{1 + \dfrac{i_f \cdot n}{\text{Basis}}}$$

(Die Formeln gelten nur im unterjährigen Bereich, da keine Zinseszinseffekte berücksichtigt werden.)

Im Gegensatz zur Arbitrage ist die **Devisenspekulation** immer mit Risiken verbunden. Man versteht darunter das Eingehen offener, das heißt, nicht kursgesicherter Positionen am Devisenmarkt. Spekulationsgeschäfte – Banken sprechen von **Trading** – können sowohl auf dem Termin- wie auf dem Kassamarkt durchgeführt werden. In beiden Fällen bildet der **erwartete Kassakurs** die Grundlage für das Spekulationsgeschäft.

Beispiel:
Erwartet ein Spekulant eine Aufwertung etwa des US-Dollar im Laufe des nächsten Vierteljahres, so kann er Dollar per Termin drei Monate kaufen, um sie zu diesem Zeitpunkt zu dem dann – gemessen in Preisnotierung – (erwartungsgemäß) höheren Kassakurs wieder verkaufen zu können. Umgekehrt besteht ein Anreiz zum Verkauf der Termindevise, sobald der erwartete Kassakurs (in Preisnotierung) unter dem Terminkurs liegt.

Termingeschäfte erfordern keinen Kapitaleinsatz. Sie bewirken, dass der Terminkurs die Markterwartungen der Spekulanten widerspiegelt. Ein Spekulationsgeschäft kann auch auf dem **Kassamarkt** durchgeführt werden. Beispielsweise kann man Kassadevisen in der Erwartung erwerben, sie später zu einem höheren Kassakurs (in Preisnotierung) wieder verkaufen zu können. Dabei ist wegen der Möglichkeit, die Devisenbestände zum Auslandszinssatz anzulegen, auch die Differenz zwischen Inlands- und Auslandszinsniveau zu berücksichtigen.

Voraussetzung einer erfolgreichen Spekulation ist in jedem Fall eine eigene Prognose. Der Spekulant muss besser als andere Marktteilnehmer prognostizieren. Es gibt an den Devisenmärkten vielfältige Nachrichtenquellen und eine Vielzahl von Möglichkeiten, zu Prognosen über zukünftige Wechselkursentwicklungen zu gelangen. Der Spekulant muss berücksichtigen, dass die notwendige Informationsbeschaffung normalerweise Kosten verursacht, und dass er, um erfolgreich zu sein, zwar nicht als erster handeln, aber schneller handeln muss als die übrigen Marktteilnehmer.

Gesamtwirtschaftlich liegt die Funktion des Spekulanten darin, dass er sich auf die Übernahme von Preisrisiken spezialisiert. Von seiner Bereitschaft, offene Währungs-

positionen einzugehen, profitieren – im Falle der Terminspekulation – die Marktteilnehmer, die versuchen, Wechselkursrisiken durch Termingeschäfte **abzusichern**
(siehe 4.6.5.3).

Kontrollfragen

1. *Wie unterscheidet sich im Devisenhandel die Preis- von der Mengennotierung,
   und welcher Unterschied besteht zwischen dem Geld- und dem Briefkurs?*
2. *Was versteht man unter dem Kassakurs und dem Terminkurs einer Währung?*
3. *Wie ist der Swap-Satz definiert und wovon hängt seine Höhe ab?*
4. *Welchen Zweck erfüllt der Devisenhandel, welche Motive liegen ihm zugrunde,
   und wer sind die Teilnehmer?*
5. *Wann spricht man von Quotierungsarbitrage, wann von Ausgleichsarbitrage?*
6. *Wie funktioniert die Zinsarbitrage?*
7. *Wie lautet die Zinsparität?*
8. *Welche Arten der Devisenspekulation gibt es, und wodurch unterscheiden sich
   Spekulanten am Devisenmarkt von anderen Marktteilnehmern?*
9. *Warum schließen im Außenhandel tätige Unternehmen Devisentermingeschäfte ab?*

Aufgabe 1.12 *Devisenterminkurse S. 409*

Aufgabe 1.13 *Devisentermingeschäfte S. 410*

Aufgabe 1.14 *Zinsarbitrage S. 410*

4.6   Instrumente des internationalen Finanzmanagements

4.6.1   Lieferungs- und Zahlungsbedingungen

4.6.1.1 Lieferbedingungen

Die Vereinbarung von Lieferklauseln bietet den Vertragspartnern im Außenhandel
eine erste Möglichkeit der einzelwirtschaftlichen Risikobegrenzung. Ein gutes Hilfsmittel für die Praxis sind die seit 1936 bekannten **Internationalen Regeln für die Auslegung der handelsüblichen Vertragsformeln** (International Commercial Terms, Incoterms), die weltweit anerkannt sind und heute in einer Fassung von 1990 gelten.
Diese **Incoterms** regeln vor allem Fragen zum Kostenübergang, Gefahrenübergang
sowie zum Übergang der Sorgfaltspflicht auf den Käufer.

Die Incoterms stellen kein allgemein gültiges Recht dar, sondern sie erhalten ihre
Rechtsgültigkeit für das jeweilige Handelsgeschäft erst durch die Bezugnahme im
Kaufvertrag.

Die Wahl der Lieferbedingungen wirkt sich wegen der unterschiedlichen Leistungen, die der Verkäufer bzw. der Käufer je nach vereinbarter Vertragsformel zu erbringen hat, ebenso wie die Wahl der Zahlungsbedingung auf den Preis der Ware aus.
Jedem der Geschäftspartner wird daran gelegen sein, eine möglichst günstige Lieferbedingung auszuhandeln. Welche der zur Verfügung stehenden Incoterms-Klauseln
letztlich vereinbart wird, hängt von der Markt- und Verhandlungsposition der Vertragspartner ab. Es gibt dabei oft starke Interessengegensätze zwischen Exporteuren
und Importeuren.

Incoterms-Klauseln	Übergang der Gefahren Verkäufer → Käufer	Übergang der Kostenlast Verkäufer → Käufer
* »Ab Werk« (ex-works – EXW)	Mit Bereitstellung der Ware im Werk des Verkäufers	
* »Frei Längsseite Seeschiff« (free alongside ship – FAS)	wenn die Ware übernahmebereit längsseits des Seeschiffes (z. B. auf dem Kai) im Verschiffungshafen liegt	
* »Frei an Bord« (free on board – FOB)	wenn die Ware die Reling des Schiffes im Verschiffungshafen tatsächlich überschritten hat	
** »Kosten und Fracht« (cost and freight – CFR)	wenn die Ware die Reling des Schiffes im Verschiffungshafen tatsächlich überschritten hat	nach Ankunft des Schiffes im Bestimmungshafen (FOB-Verschiffung einschl. Seefracht)
** »Kosten, Versicherung, Fracht« (cost, insurance and freight – CIF)	wenn die Ware die Reling des Schiffes im Verschiffungshafen tatsächlich überschritten hat	nach Ankunft des Schiffes im Bestimmungshafen« (FOB-Verschiffung einschl. Seefracht und -versicherung)
* »Geliefert ab Schiff« (delivered ex ship – DES)	wenn das Schiff löschbereit im Bestimmungshafen liegt	
* »Geliefert ab Kai (verzollt)« (delivered ex quai – DEQ)	wenn die Ware auf dem Kai des Bestimmungshafens verzollt zur Verfügung steht	
* »Geliefert Grenze« (delivered at frontier – DAF)	wenn die Ware am Lieferort der Grenze zur Verfügung steht	
* »Geliefert verzollt« (delivered duty paid – DDP)	wenn die Ware am Bestimmungsort im Einfuhrland verzollt zur Verfügung steht	
* »Geliefert unverzollt« (delivered duty unpaid – DDU)	wenn die Ware am Bestimmungsort unverzollt zur Verfügung steht	
* »Frei Frachtführer« (free carrier – FCA)	mit Übergabe der Ware an den Frachtführer am benannten Ort	
** »Frachtfrei« (freight or carriage paid to – CPT)	mit Übergabe der Ware an den ersten Frachtführer am Abgangsort	nach Ankunft der Ware am Bestimmungsort
** »Frachtfrei versichert« (freight or carriage and insurance paid to – CIP)	mit Übergabe der Ware an den ersten Frachtführer am Abgangsort	Nach Ankunft der Ware am Bestimmungsort (frachtfrei) einschließlich Transportversicherung
* = Einpunktklausel (Kosten- und Gefahrenübergang im gleichen Zeitpunkt) ** = Zweipunktklausel (Kosten- und Gefahrenübergang in verschiedenen Zeitpunkten)		

Abb. 1.12: International commercial terms

Im deutschen Außenhandel ist cif die Lieferbedingung, die von den Importeuren bevorzugt wird, im Export wird meist fob geliefert. Welche Lieferbedingung vereinbart wurde, ist nicht nur für die Unternehmen, die exportieren oder importieren, von Bedeutung. Bei dokumentären Zahlungen müssen die beteiligten Kreditinstitute die vertragsgemäße Einhaltung der Vereinbarungen überwachen.

Bei dokumentären Zahlungen werden **Dokumente**, das sind neben der Handelsrechnung alle über eine Warenlieferung ausgestellten Papiere und Urkunden, zur Lieferungs- und Zahlungssicherung eingesetzt. Diese Dokumente sind für die Abwicklung der Zahlungen bei Außenhandelsgeschäften von besonderer Bedeutung. Durch die Transportdokumente weist bspw. der Exporteur nach, dass er seiner Lieferpflicht vertragsgemäß nachgekommen ist. Wenn dem Käufer die Dokumente ausgehändigt werden, erhält dieser normalerweise die Verfügungsmacht über die Ware. Gleichzeitig wird mit der Übergabe der Dokumente in den meisten Fällen die Zahlungspflicht des Käufers ausgelöst.

Ein Teil der Dokumente ist auch für die Verzollung der Ware im Importland notwendig. Letztlich kann der Importeur erst dann über die Ware verfügen, wenn die Zollformalitäten erledigt sind. Die **Einheitlichen Richtlinien für Inkassi** unterscheiden Zahlungspapiere und Handelspapiere. Die Handelspapiere werden wiederum in vier Gruppen unterteilt.

Zahlungspapiere
Wechsel – Scheck – Quittung

Handelspapiere
– Handelsrechnung
– Transportdokumente
   Traditionspapiere:
   Seekonnossement – Charter-Party-Konnossement – Ladeschein – Lagerschein
   Sonstige:
   Mate's Receipt – Multimodales Transportdokument – Duplikatfrachtbrief –
   CMR-Frachtbrief – Luftfrachtbrief – Postquittung – Spediteur-Übernahmebescheinigung
– Versicherungsdokumente
   Versicherungspolice – Versicherungszertifikat
– andere Dokumente
   Konsulatsfaktura – Zollfaktura – Packliste – Ursprungszeugnis – Qualitätszeugnis –
   Analysenzertifikat

Abb. 1.13: Dokumente im Außenhandel

4.6.1.2 Zahlungsbedingungen – Überblick

Im Laufe der Zeit haben sich für die Bezahlung von Außenhandelsgeschäften verschiedene Formen entwickelt, bei denen die Sicherheit für den Verkäufer unterschiedlich stark gestaltet ist. Welche dieser **Zahlungsbedingungen** (terms of payment) gewählt wird, ist Ergebnis der Verhandlungen zwischen Exporteur und Importeur. Neben der Verhandlungsposition der Vertragsparteien ergeben sich die Zahlungsbedingungen aus der Branchenüblichkeit und aus etwaigen Besonderheiten der Ware.

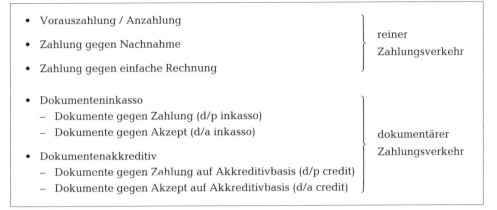

- Vorauszahlung / Anzahlung

- Zahlung gegen Nachnahme

- Zahlung gegen einfache Rechnung

} reiner Zahlungsverkehr

- Dokumenteninkasso
  - Dokumente gegen Zahlung (d/p inkasso)
  - Dokumente gegen Akzept (d/a inkasso)
- Dokumentenakkreditiv
  - Dokumente gegen Zahlung auf Akkreditivbasis (d/p credit)
  - Dokumente gegen Akzept auf Akkreditivbasis (d/a credit)

} dokumentärer Zahlungsverkehr

Abb. 1.14: Die wesentlichen Zahlungsbedingungen

Wenn man von den übrigen Risiken im Außenhandel absieht, lassen sich die folgenden gegensätzlichen Standpunkte charakterisieren: Der **Exporteur** ist an einer möglichst frühzeitigen Zahlung des Importeurs interessiert. Er kann damit seine Beschaffung und seine Produktion vorfinanzieren. Er hat damit geringere Finanzierungskosten und nur ein sehr geringes Abnahmerisiko für seine Waren. Für ihn ist eine Anzahlung oder eine Vorauszahlung des Importeurs am günstigsten. Der **Importeur** möchte demgegenüber die Ware möglichst spät bezahlen. Für ihn ist eine Bezahlung nach dem Verkauf der importierten Waren am günstigsten, also ein möglichst langes Zahlungsziel. Zwischen diesen Extrempositionen gibt es Vereinbarungen, bei denen der Exporteur die Ware versendet, aber noch keine Zahlung erhalten hat bzw. der Importeur bezahlen muss, obwohl er die Ware noch nicht erhalten hat und ihre vertragsgemäße Lieferung und Qualität noch nicht überprüfen konnte.

4.6.1.3 Reiner Zahlungsverkehr

Wenn nicht nur Geldbeträge transferiert werden, sondern die Zahlung zur Waren- und Zahlungssicherung an die Übergabe spezieller Dokumente gekoppelt wird, spricht man vom **dokumentären Zahlungsverkehr**. Durch die zunehmende weltwirtschaftliche Verflechtung hat indes der **reine Zahlungsverkehr**, wie er auch im Inland üblich ist, an Bedeutung gewonnen.

Beim reinen Zahlungsverkehr handelt es sich um eine **ungesicherte** Zahlungsabwicklung (**clean payment**), da entweder der Käufer der Ware keine Sicherheit erhält, dass der Verkäufer durch vertragskonforme Lieferung seine Kaufvertragspflicht erfüllt oder der Verkäufer beim Versand der Ware keine Sicherheit dafür hat, dass der Käufer seiner Zahlungsverpflichtung auch nachkommen wird.

Folgende **Formen des reinen Zahlungsverkehrs** sind zu unterscheiden:

(1) Eine **Vorauszahlung** oder **Anzahlung** wird für den Exporteur vor allem dann erreichbar sein, wenn er eine starke Marktposition hat oder wenn lange Produktions- oder Lieferzeiten vorliegen. Aus der Sicht des Exporteurs stellt die Voraus- oder Anzahlung einen Beschaffungskredit dar, bei dem der Kunde die Herstellungskosten mitfinanziert und die Abnahme sichert. Unter Umständen verlangt der Kunde zur Gewährleistung seiner Zahlungen eine Anzahlungsgarantie durch ein Kreditinstitut. Aus der Sicht des Importeurs müssen Voraus- oder Anzahlun-

gen durch einen niedrigeren Gesamtpreis kompensiert werden, da für den Produzenten der Zinsaufwand durch Kapitalbindung wegfällt oder zumindest geringer wird.

(2) Die Vereinbarung von **Nachnahmezahlungen** ist üblich, wenn der Exporteur nur geringes Vertrauen in seinen Kunden hat. Nachnahmezahlungen sind im Außenhandel auf Land- und Lufttransporte beschränkt, bei denen meist ein Frachtbrief ausgestellt wird. Die Ware wird dann dem Empfänger am Bestimmungsort zugestellt. Die Nachnahmezahlung wird bei Auslieferung vom Spediteur eingezogen. Auf diese Weise kann der Exporteur den Zahlungseingang sicherstellen, wenn er seinen Kunden noch nicht kennt. Anstelle des direkten Nachnahmeverfahrens kann auch die Auslieferung der Ware gegen Bankbestätigung vereinbart werden. Hierbei darf der Spediteur nur abladen, wenn ihm eine bankbestätigte Zahlungsanweisung vom Importeur vorgelegt wird. Auch das Frachtbrief-Inkasso ist eine Alternative zum direkten Nachnahmeverfahren. Hierbei wird im Frachtbrief festgelegt, dass die Ware erst nach Bezahlung zugestellt werden darf.

(3) Die einfachste Form des Außenhandelsgeschäfts ist der Verkauf gegen **einfache Rechnung**. Keine Seite erhält innerhalb dieses Geschäfts eine Sicherheit, die über die Haftung der Vertragspartner hinausgeht. Der Verkäufer liefert aufgrund des Kaufvertrages. Der Käufer zahlt innerhalb der vereinbarten Zahlungsfrist. Der Verkäufer hat somit keine spezielle Sicherung dafür, dass er für seine Lieferung auch bezahlt wird. Für den Käufer ergibt sich insofern ein Vorteil, als er in der Regel die ihm gelieferte Ware vor der Bezahlung besichtigen kann, wodurch er die Möglichkeit erhält, falls erforderlich, vor der Bezahlung Mängelrüge zu erheben und die sich aus Mängeln ergebenden Rechte geltend zu machen. Der Exporteur wird diese Zahlungsbedingung nur dann akzeptieren, wenn er die Vertrauenswürdigkeit des Importeurs hoch einschätzt, da er nicht nur das Kreditrisiko und die Kreditkosten trägt, sondern auch die Verfügungsgewalt über die Ware vollständig aufgibt. In noch stärkerem Maße gilt das für die Vereinbarung eines **Zahlungsziels**, was einem ungesicherten Kredit gleichkommt.

4.6.1.4 Dokumentärer Zahlungsverkehr

Größere Sicherheit als der reine Zahlungsverkehr bietet den Vertragsparteien der Einsatz dokumentärer Formen des Zahlungsverkehrs.

(1) Beim **Dokumenteninkasso** sendet der Verkäufer die Ware ab und übergibt die vereinbarten Dokumente – insbesondere handelt es sich bei diesen Dokumenten um Transportpapiere, die die Absendung nachweisen – seiner Bank mit dem Auftrag, diese Dokumente dem Käufer oder dessen Bank Zug um Zug gegen Zahlung des vereinbarten Gegenwerts **(Dokumente gegen Zahlung)** oder gegen Leistung eines vereinbarten Akzepts **(Dokumente gegen Akzept)** auszuhändigen. Das mit dem Einzug beauftragte Kreditinstitut handelt im Rahmen eines Geschäftsbesorgungsvertrages als Treuhänder des Exporteurs. Der Käufer ist nach dem Kaufvertrag gegenüber dem Exporteur verpflichtet, die Dokumente bei Präsentation – je nach Vertragsinhalt – mit Zahlung oder mit Akzeptleistung einzulösen. Die Zahlung kann auch »hinausgeschoben« vereinbart werden **(deferred payment)**. Der Käufer kann nur durch Benutzung der Dokumente in den Besitz der Ware gelangen. Er ist verpflichtet, die Dokumente vor Besichtigung der Ware einzulösen.

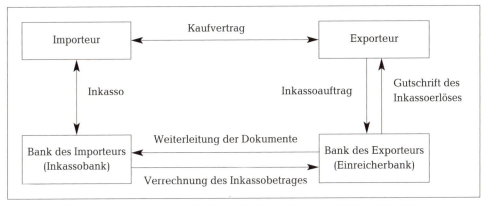

Abb. 1.15: Ablauf einer dokumentären Zahlung »Dokumente gegen Zahlung (d/p inkasso)«

Die Dokumente sind je nach Vereinbarung »bei erster Präsentation« oder »bei Ankunft des Schiffes« durch Zahlung oder durch Akzeptleistung zu honorieren. Der Verkäufer muss das Vertrauen haben, dass der Käufer bei Vorlage der Dokumente willens und imstande ist, diese zu bezahlen. Er trägt also das Risiko, dass der Käufer die Waren nicht annimmt. Das Dokumenteninkasso gibt ihm aber die Sicherheit, soweit es sich bei den Dokumenten um Traditionspapiere handelt, dass er die Waren nicht aus der Hand gibt, ehe der Käufer bzw. dessen Bank den Kaufpreis entrichtet oder das versprochene Akzept geleistet haben. Im schlechtesten Fall wird ihm also die Ware nicht abgenommen, es kann ihm aber nicht passieren, dass er weder Waren noch Geld in Händen hat. Der Käufer muss demgegenüber das Vertrauen haben, dass der Verkäufer auch tatsächlich die vereinbare Ware abgeschickt hat. Er kann die Ware nämlich vor Einlösung der Dokumente grundsätzlich nicht besichtigen. Ist »deferred payment« vereinbart, besichtigt der Käufer die Ware natürlich vor der effektiven Zahlung. Bei Aufnahme der Dokumente, die jedoch vor der Besichtigung der Ware liegt, entsteht aber schon die abstrakte unbedingte Zahlungspflicht zum hinausgeschobenen Zeitpunkt. Will der Käufer den ordnungsgemäßen Versand oder den vereinbarten Zustand der Ware durch unabhängige Prüfer oder sonstige Vertrauenspersonen überwachen lassen, muss dies im Kaufvertrag ausdrücklich zuvor vereinbart werden. Das Zeugnis des Prüfers kann bzw. muss in solchen Fällen als vorzulegendes Dokument in die Inkassovereinbarung aufgenommen werden.

(2) Unter den Abwicklungsformen für den Zahlungsverkehr bietet das **Dokumentenakkreditiv** dem Verkäufer die größte Sicherheit dafür, dass er den Kaufpreis auch erhält. Zu dem, auch beim Dokumenteninkasso gegebenen Umstand, dass er die Ware (bzw. die die Ware verkörpernden Traditionspapiere) nur Zug um Zug gegen Zahlung des Kaufpreises (bzw. gegen Akzeptleistung) aus den Händen gibt, kommt noch das ihm vorher abgegebene Versprechen eines Kreditinstituts, dass dieses die Dokumente bei Präsentation aus eigener Haftung auch einlösen wird.

Für den Käufer ist die Risikosituation beim Akkreditiv ähnlich wie beim Inkasso. Nach Maßgabe des Kaufvertrages muss er die Dokumente bei Präsentation einlösen lassen, er muss aber außerdem noch zuvor dem Verkäufer das Versprechen einer Bank beschaffen, dass sie die Dokumente nur bei Präsentation auch einlösen wird. Diese Zusage des Kreditinstituts wird als Akkreditiv bezeichnet. Damit gewinnt der Verkäufer die beim Dokumenteninkasso nicht vorhandene Gewissheit, dass die Dokumente, wenn sie in Ordnung sind, auch honoriert werden.

Die überwiegend verwendete Form des **unwiderruflichen** Akkreditivs stellt sicher, dass der Importeur sich nicht einseitig seiner Zahlungsverpflichtung entziehen kann. Eine zusätzliche Sicherheit bietet das **bestätigte** Akkreditiv; hierbei übernimmt die bestätigende Bank (das ist die Bank des Exporteurs) neben der eröffnenden Bank eine eigene Verpflichtung.

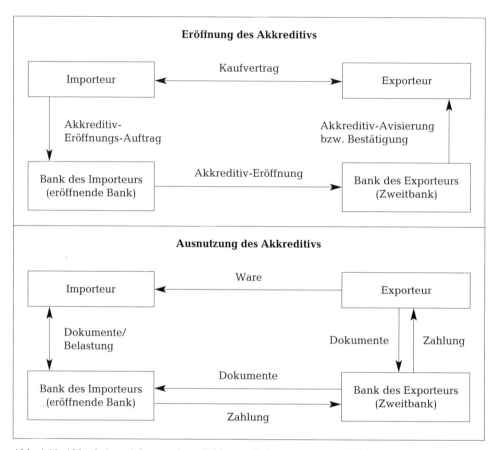

Abb. 1.16: Ablauf einer dokumentären Zahlung: »Dokumente gegen Zahlung auf Akkreditivbasis (d/p credit)«

Beispiel:

Der Käufer (Importeur) hat mit einem Verkäufer (Exporteur) einen Kaufvertrag abgeschlossen und als Zahlungsbedingung die Stellung eines Akkreditivs, benutzbar bei einer Bank im Lande des Exporteurs, vereinbart.

Der Käufer beauftragt seine Bank, ein Akkreditiv zu eröffnen. Die Bank des Käufers teilt die Eröffnung des Akkreditivs einer Bank im Land des Verkäufers mit, die auftragsgemäß den Exporteur entsprechend benachrichtigt. Dieser sendet nunmehr die Waren ab und übergibt seiner Bank die vorgeschriebenen Versanddokumente. Die Bank gibt die Dokumente an die Bank des Importeurs weiter, die nach erneuter Prüfung der Bank des Exporteurs den Gegenwert gutschreibt. Die Bank des Importeurs leitet die Dokumente gegen Zahlung oder aufgrund einer Kreditvereinbarung an den Importeur weiter.

4.6.1.5 Instrumente des internationalen Zahlungsverkehrs

Im Folgenden werden zunächst die im reinen ebenso wie letztlich auch im dokumentären Zahlungsverkehr eingesetzten **Zahlungsverkehrsinstrumente** betrachtet. Die Besonderheit des internationalen Zahlungsverkehrs liegt darin, dass Zahlungen in verschiedenen Währungen erfolgen können. Unter Umständen sind bestehende Devisenverkehrsrestriktionen zu beachten. Auch kann es vorkommen, dass ein einheitliches Zahlungsverkehrsnetz für die Überweisung fehlt. Im europäischen Zahlungsverkehr dominiert mit Ausnahme Großbritanniens im Allgemeinen die Zahlungsform der Überweisung. In den USA und im Sterling-Raum werden Bankschecks bevorzugt. Die Nutzung unterschiedlicher Zahlungsinstrumente ist zum Teil historisch begründet.

Bei der Zahlung durch **Überweisung** (payment order) führen Kreditinstitute **Zahlungsaufträge in €** aus, indem sie ihren ausländischen Korrespondenzbanken entsprechende Aufträge erteilen und die Gegenwerte deren €-Konten (»Loro-Konto«) gutschreiben. Gleichzeitig belasten sie die Konten ihrer Auftraggeber.

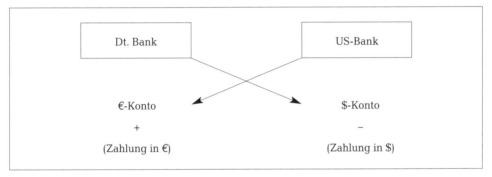

Abb. 1.17: Verrechnung einer Auslandsüberweisung zwischen Korrespondenzbanken

Zahlungsaufträge in Fremdwährungen werden zu Lasten der bei den ausländischen Korrespondenten unterhaltenen Währungskonten (»Nostro-Konto«) ausgeführt. Die Auftraggeber werden mit dem €-Gegenwert zum Tagesgeldkurs (in Mengennotierung, siehe 4.5.1) für die jeweilige Währung auf ihren Konten belastet (Gutschriften erfolgen zum Briefkurs). Die für die Ausführung von Fremdwährungsaufträgen im Ausland benötigten Guthaben werden, soweit sie nicht durch Gutschriften der Korrespondenzbanken für deren Aufträge in ihrer Währung entstehen, durch Käufe am Devisenmarkt, d. h. durch Abschlüsse mit Kreditinstituten im Inland oder Ausland oder an einer Devisenbörse, eingedeckt. Wenn zwischen den Banken der Handelspartner keine Kontobeziehung besteht, wird eine Drittbank eingeschaltet.

Sofern ein Kunde einen Auftrag in einer Währung erteilt, die die Bank nicht als Kontowährung unterhält, beauftragt sie eine ihrer Korrespondenzbanken mit der Ausführung des Auftrages. Sie wird in einem solchen Fall entweder mit dem Gegenwert in der Landeswährung des Korrespondenten oder in einer anderen Währung belastet. Gegenüber dem Kunden wird abgerechnet, wenn die Abrechnung des Korrespondenten vorliegt, da erst zu diesem Zeitpunkt der für die Drittwährung benötigte €-Gegenwert errechnet werden kann. Falls sie für den Korrespondenten ein €-Konto führt, kann sie sich auch den Gegenwert für die Drittwährung berechnen lassen und diesen Betrag unter gleichzeitiger Belastung des Kontos ihres Auftraggebers ihrem Korrespondenten gutschreiben.

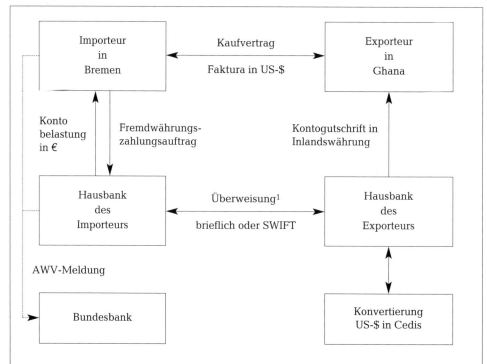

1 Die Überweisung erfolgt durch Gutschrift bzw. Belastung auf den Konten, die die Korrespondenzbanken zwischen einander unterhalten.

    Die Konvertierung wird in der Regel durch Clearing vorgenommen. Wenn die beiden Banken keine direkte Kontoverbindung haben, wird eine Korrespondenzbank zwischengeschaltet. Bei Devisenbewirtschaftung wird die Überweisung oft durch Clearing zwischen den Zentralbanken abgewickelt.

Abb. 1.18: Abwicklung einer Überweisung im internationalen Zahlungsverkehr

Soll die Ausführung von Fremdwährungsaufträgen zu Lasten von Währungskonten erfolgen, die der Auftraggeber beim beauftragten Kreditinstitut unterhält, entfällt eine Verrechnung in € ebenso wie die Eindeckung der Fremdwährungsbeträge, da die Banken für die Währungsguthaben ihrer Kunden entsprechende Gegenguthaben im Ausland unterhalten.

    Die Auswahl des mit der Ausführung eines Zahlungsauftrages zu beauftragenden Korrespondenten ist häufig nicht dem freien Ermessen des inländischen Kreditinstituts überlassen. In seinem Zahlungsauftrag schreibt der Auftraggeber die Bankverbindung des Begünstigten vor. Handelt es sich hierbei um einen Kontokorrespondenten der beauftragten Inlandsbank, wird diese ihm den Auftrag zur Ausführung übermitteln. Steht sie dagegen mit der im Auftrag vorgeschriebenen ausländischen Bank nicht in Kontoverbindung, kann sie – wie bei allen übrigen Aufträgen – selbst entscheiden, welchem Kontokorrespondenten sie den Auftrag andient.

    Im angelsächsischen Zahlungsverkehr, aber etwa auch in Frankreich, hat der **Scheck** eine dominierende Bedeutung. Dies wirkt sich auch auf die internationalen Zahlungen mit diesen Ländern aus. Trotz der Unsicherheit, die durch das latente Verlustrisiko bei der Zahlung mittels Scheck besteht, hat diese Form der Auslandszahlungsverkehrsabwicklung an Bedeutung gewonnen. Die Gründe hierfür liegen im Entscheidungsbereich des Zahlungspflichtigen oder ergeben sich aus der banktechnischen Abwicklung des Auslandszahlungsverkehrs. Der Zahlungspflichtige kann eine Scheckzahlung ohne unmittelbare Mitwirkung seiner Hausbank vornehmen, indem er einen eigenen Scheck (**Privatscheck**) versendet, oder er kann seine Hausbank im Zahlungsauftrag ausdrücklich anweisen, die Auslandszahlung mittels **Bankscheck** auszuführen. Die Benutzung eines Privatschecks hat für den Zahlungspflichtigen den Vorteil, dass die Belastung seines Kontos verzögert wird, da der Gegenwert des Schecks über das Kreditinstitut des Zahlungsempfängers eingezogen werden muss.

Eine Zahlung mittels Bankscheck kann direkt an den Zahlungsempfänger oder an dessen Hausbank erfolgen. Das beauftragte Kreditinstitut wird immer dann den Bankscheck an die Order des Zahlungsempfängers ausstellen und an diesen versenden, wenn dessen Bankverbindung unbekannt ist. Ist dagegen eine Bankverbindung des Zahlungsempfängers im Zahlungsauftrag angegeben, kann der Bankscheck auch an die Hausbank des Begünstigten ausgestellt und an diese mit der Weisung, den Scheckgegenwert auf dem Konto des Begünstigten gut zu schreiben, versendet werden.

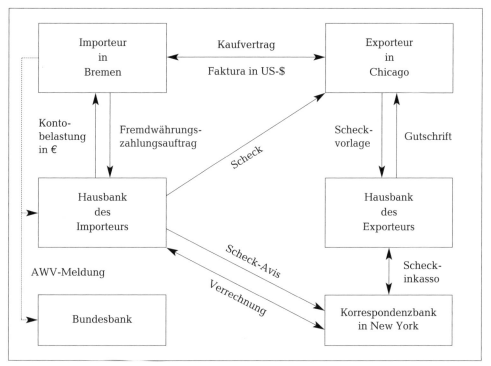

Abb. 1.19: Abwicklung einer Zahlung durch Bank-Orderscheck im internationalen Zahlungsverkehr

In Europa sollen in den nächsten Jahren nach dem Willen der Spitzenverbünde der europäischen Kreditwirtschaft Scheckzahlungen völlig verschwinden. Statt dessen soll sich der moderne bargeldlose Zahlungsverkehr in Zukunft auf Zahlkarten, Überweisungen, Lastschrifteinzug und elektronisches Internet-Geld konzentrieren. Dies erfordert indes eine Vereinheitlichung der Formulare für Überweisungen und Lastschrifteinzug sowie die Etablierung neuer Standards, etwa bei Kontonummern und Bankleitzahlen.

4.6.1.6 Abwicklung des internationalen Zahlungsverkehrs

Um die technische Abwicklung des internationalen Zahlungsverkehrs zu beschleunigen, wurde 1973 die **Society for Worldwide Interbank Financial Telecommunication** (**SWIFT**) gegründet. Mit Hilfe des SWIFT-Systems können internationale Zahlungsaufträge zwischen rund 4 000 Kreditinstituten in etwa 100 Ländern innerhalb von Minuten übertragen werden.

SWIFT ist ein reines Nachrichtenübermittlungssystem der teilnehmenden Kreditinstitute. Es ist kein Clearing- oder Verrechnungssystem. Die Verrechnung der Zahlungen wird, wie oben geschildert, über Verrechnungskonten mit den ausländischen Korrespondenzbanken vorgenommen. Außer Nachrichten über Kundenzahlungen können über das SWIFT-System auch Nachrichten über bankeigene Vorgänge (bspw. Bestätigung von Devisen- und Geldgeschäften), über Inkasso- und Akkreditivgeschäfte und über Effekten- und Depotgeschäfte übermittelt werden.

Neben der Nutzung des SWIFT-Systems kann der Zahlungsverkehr dadurch beschleunigt werden, dass Kreditinstitute ihre Zahlungsaufträge durch die eigenen Filialen oder Tochtergesellschaften ins Ausland weitergeben und dort in die lokalen Zahlungsverkehrsnetze übertragen.

Mit der Einrichtung der Europäischen Währungsunion gibt es seit 1999 ein Zahlungssystem zwischen den Zentralbanken des Währungsgebietes. **TARGET** (**Trans European Automated Real Time Gross Settlement Express Transfer-System**) vernetzt die nationalen Zahlungsverkehrssysteme der Notenbanken durch eine gemeinsame Infrastruktur und bilaterale Kontensysteme. Dem TARGET-System, das der Abwicklung von Großbetragzahlungen dient, sind die Zentralbanken und andere (private) Zahlungsverkehrssysteme wie bspw. die Verrechnungssysteme der **European Banking Association** oder der **europäischen Kreditgenossenschaften** angeschlossen. Dieses System ermöglicht die taggleiche und unwiderrufliche Durchführung von Großbetragzahlungen, während die Vielzahl von Zahlungen kleinerer Beträge aus Kostengründen über die anderen Zahlungsverkehrssysteme (bzw. bilateral zwischen den Korrespondenzbanken) abgewickelt wird.

TARGET hat also andere Aufgaben als SWIFT, der dezentrale Aufbau des Systems ist allerdings ebenso wie die technische Ausgestaltung vergleichbar. Über €-Korrespondenzkonten ist TARGET auch für Banken außerhalb des €-Währungsgebietes zugänglich. Neben TARGET existiert heute eine Reihe weiterer paneuropäischer Zahlungsverkehrssysteme (wie **€ 1**, **RTGS plus**, **Step 1** oder **Watch**), die ständig fortentwickelt werden. Ziel ist es, die grenzüberschreitenden Zahlungen – und zwar auch Kleinbetragzahlungen – kostengünstiger und schneller durchzuführen.

Am Ende dieses Abschnitts bleibt noch darauf hinzuweisen, dass es in Deutschland generell keine Beschränkungen des Zahlungsverkehrs mit dem Ausland gibt. Die Außenwirtschaftsverordnung (AWV) schreibt indes vor, dass die Leistung oder Entgegennahme von Zahlungen an das bzw. aus dem Ausland unter Angabe des Rechtsgrundes zu melden ist. Nicht meldepflichtig sind Zahlungen bis 2 556 € (vorher 5 000 DM, geplant ist eine Erhöhung dieser Pauschale auf 10 000 €), Reisezahlungsmittel für Privatpersonen und Zahlungen im kurzfristigen Zahlungsverkehr aus Krediten und Guthaben mit einer Laufzeit oder Kündigungsfrist von maximal zwölf Monaten. Die Meldepflicht dient vor allem statistischen Gründen und ist notwendig zur Erstellung der Zahlungsbilanz.

Kontrollfragen

1. *Welche Sachverhalte von Außenhandelsgeschäften werden durch die Incoterms geregelt? Wie lauten die wesentlichen Klauseln?*
2. *Welche positiven und negativen Aspekte sind für den Exporteur und für den Importeur mit den im deutschen Außenhandel üblichen Zahlungsbedingungen verbunden?*
3. *Wie unterscheiden sich die Zahlungsbedingungen des Dokumenteninkassos und des Dokumentenakkreditivs?*
4. *Wie sieht der Ablauf einer dokumentären Auslandszahlung (etwa d/p credit) aus?*
5. *Auf welche Weise werden von den Kreditinstituten internationale Zahlungsaufträge (in heimischer oder in Fremdwährung) ausgeführt?*
6. *Wie erfolgt die Abwicklung grenzüberschreitender Scheckzahlungen?*
7. *Welche neueren Entwicklungen gibt es im Bereich des internationalen, insbesondere europäischen Zahlungsverkehrs?*

Aufgabe 1.15 *Lieferbedingungen S. 410*

Aufgabe 1.16 *Exportkalkulation S. 411*

Aufgabe 1.17 *Dokumenteninkasso und Dokumentenakkreditiv S. 411*

Aufgabe 1.18 *Auslandszahlungsverkehr S. 411*

4.6.2 Die Finanzierung des Außenhandels

4.6.2.1 Formen der Außenhandelsfinanzierung

Attraktive Finanzierungsangebote entscheiden häufig über die Auftragsvergabe. Diese Tendenz hat sich durch die Intensivierung des internationalen Wettbewerbs verstärkt, insbesondere im Handel mit Ländern, die unter Devisenknappheit leiden.

Normalerweise refinanzieren Exporteure ein längeres Zahlungsziel, das sie ihrem ausländischen Kunden gewähren, durch ein Kreditinstitut. Als Sicherheit tritt der Exporteur seine Kaufpreisforderung gegen den ausländischen Besteller an die Bank ab. Der Exporteur ist somit beim **Lieferantenkredit** der Primärschuldner und der Importeur durch die Forderungsabtretung Sekundärschuldner. Beim **Bestellerkredit** ist dagegen der ausländische Importeur (Besteller) Primärschuldner. Die kreditgebende Bank schließt mit ihm einen Kreditvertrag ab. Bei dieser Finanzierungsform trägt der Exporteur meist nur noch ein begrenztes oder gar kein Risiko mehr.

Neben dieser Einteilung nach den Nachfragern von Finanzierungsmitteln (Lieferanten- oder Bestellerkredit) sind bei der Darstellung der Außenhandelsfinanzierung verschiedene **weitere Systematisierungen** möglich. Man kann die Finanzierungen nach ihrem Zweck (Vor-, Zwischen-, Export-, Import- oder Projektfinanzierung), nach der Bindung an das Warengeschäft (gebundene oder ungebundene Finanzierung) oder auch nach der Fristigkeit der Finanzierung (kurz-, mittel- oder langfristig) gliedern. Es ist üblich, nach der letztgenannten Systematisierung vorzugehen. Als kurzfristige Finanzierungen werden hierbei meist Kredite mit Laufzeiten bis zu einem Jahr bezeichnet, unter mittelfristige Finanzierungen werden solche mit Laufzeiten von über einem Jahr bis zu fünf Jahren gefasst, als langfristig werden diejenigen bezeichnet, deren Laufzeiten darüber hinausgehen.

Zum Bereich der **kurzfristigen Außenhandelsfinanzierung** zählen unter anderem

- die Finanzierung einer Akkreditiveröffnung,
- die Gewährung von Export- oder Importvorschüssen,
- verschiedene Finanzierungen auf Wechselbasis und
- das Factoring.

Zum Bereich der **mittel- und langfristigen Außenhandelsfinanzierung** gehören unter anderem

- Finanzierungen aus Mitteln der AKA Ausfuhrkredit-Gesellschaft mbH,
- Finanzierungen aus Mitteln der Kreditanstalt für Wiederaufbau sowie
- Forfaitierungen.

Hinzu treten Finanzierungen durch Kreditaufnahme am **Euromarkt** (mit unterschiedlichen Laufzeiten) sowie das **Leasing**, das wir im Folgenden zusammen mit dem Factoring und der Forfaitierung als **Sonderformen** der internationalen Finanzierung behandeln. In engem Zusammenhang mit der Außenhandelsfinanzierung stehen des Weiteren **Sicherungsfazilitäten** in Form von Bankbürgschaften und Bankgarantien bzw. staatlichen Bürgschaften und Garantien (in Deutschland sind dies die sog. Hermes-Deckungen).

4.6.2.2 Kurzfristige Außenhandelsfinanzierung

Bei der kurzfristigen Außenhandelsfinanzierung geht es vor allem um die Finanzierung des Warenversands oder kurzfristiger Zahlungsziele. Charakteristisch ist dabei die Forderung zusätzlicher Sicherheiten durch den Kreditgeber. Bei der Exportfinanzierung wird normalerweise die Exportforderung an die Bank abgetreten. Aufgrund dieser Sicherstellung des Kredits spricht man hier auch vom **Zessionskredit**.

Finanzierung einer Akkreditiveröffnung

Es kommt häufig vor, dass ein Importeur ein Kreditinstitut beauftragt, ein Akkreditiv zu eröffnen, ohne dass bereits zu diesem Zeitpunkt der Gegenwert des Akkreditivs – das heißt die Akkreditivsumme – als Sicherheit bei der Bank vorhanden ist. Der Importeur möchte in diesem Fall die Akkreditivsumme erst dann bereitstellen, wenn auch das Kreditinstitut durch Vorlage der entsprechenden Dokumente zur Zahlung verpflichtet ist. Da es sich insbesondere bei einer unwiderruflichen Akkreditiveröffnung um ein Zahlungsversprechen der Akkreditivbank handelt, das nur mit der Zustimmung aller Beteiligten widerrufen werden kann, geht die Akkreditivbank hierbei also ein Kreditrisiko ein. Daraus ergibt sich für sie die Notwendigkeit zu überprüfen, ob der Importeur auch tatsächlich in der Lage ist, die Akkreditivsumme bereitzustellen, wenn sie aus dem Akkreditiv zahlen muss. Dieses Kreditrisiko entsteht zum Zeitpunkt der Akkreditiveröffnung und endet mit der Bereitstellung des Deckungsbetrages durch den Auftraggeber (den Importeur).

Export- und Importvorschüsse

Oftmals wird sowohl beim Import als auch beim Export ein Finanzierungsbedarf verursacht, wenn die Zahlungsbedingungen von hintereinander geschalteten Geschäften den Zahlungsfluss unterbrechen. So kann es beispielsweise vorkommen, dass der Exporteur in seinem (inländischen) Beschaffungsbereich die Waren bei Erhalt der Rechnung oder kurz danach bezahlen muss, während er auf der Absatzseite erst bei Vorlage der Versanddokumente einen Zahlungseingang erhält. In solchen Fällen muss die Liquidität ausreichen, um den Zeitraum von der Zahlung an den inländischen Lieferanten bis zum Eingang des Erlöses aus dem Exportgeschäft zu überbrücken. Immer dann, wenn dies nicht der Fall ist, wird der Exporteur eine Zwischenfinanzierung (**Exportvorschuss**) mit einem Kreditinstitut vereinbaren. Genauso wie beim Exporteur kann es auch beim Importeur notwendig werden, durch eine **Importvorschuss** eine längere Kapitalbindungsdauer auszugleichen.

Wechselkredite

(1) Der **Wechsel- oder Diskontkredit** ist ein Kredit, der einem Wechselinhaber durch den Ankauf eines Wechsels vor Fälligkeit der Wechselsumme eingeräumt wird. Da der Wechselinhaber Geld erhält, spricht man von **Geldleihe**. Die Kreditlaufzeit endet mit der Einlösung des angekauften Wechsels. Der Ankaufspreis ergibt sich aus der Wechselsumme abzüglich eines Abschlages, dem Diskont.

Der durch einen Wechsel verbriefte Anspruch kann nur unter Vorlage des Wechsels geltend gemacht werden. Ein Wechsel wird durch Indossament und Übergabe übertragen. Er beinhaltet ein abstraktes Zahlungsversprechen und ist somit vom jeweiligen Grundgeschäft losgelöst. Die Gepflogenheiten der Wechselfinanzierung sind weltweit anerkannt. Deshalb ist der Wechsel als Zahlungs-, Finanzierungs- und Sicherungsinstrument im Auslandsgeschäft sehr geeignet.

Da es für die Haftung wichtig sein kann, wer den Wechsel ausgestellt hat, unterscheidet man zwischen dem gezogenen Wechsel und dem Solawechsel. Der **gezogene Wechsel** ist ein an bestimmte Formerfordernisse gebundenes, schuldrechtliches Wertpapier, in dem der Gläubiger (Aussteller) den Schuldner (Bezogener) anweist, eine bestimmte Geldsumme an einem bestimmten Tag an den Aussteller selbst oder an eine dritte Person (Wechselnehmer) zu zahlen. Der Bezogene geht jedoch erst dann eine Zahlungsverpflichtung ein und wird zum Wechselschuldner, wenn er den Wechsel durch seine Unterschrift angenommen (akzeptiert) hat. Der vom Schuldner noch nicht akzeptierte Wechsel wird **Tratte** genannt; unterschreibt der Bezogene die Tratte, so bezeichnet man den Wechsel auch als **Akzept**. Vom gezogenen Wechsel ist der eigene Wechsel (Solawechsel) zu unterscheiden. Der **Solawechsel** ist ein an bestimmte Formerfordernisse gebundenes, unbedingtes Zahlungsversprechen, durch das der Schuldner (Aussteller) sich selbst verpflichtet, eine bestimmte Wechselsumme an einem bestimmten Tag an eine andere Person (Wechselnehmer) zu zahlen.

(2) Die **promissory note** ist ein Solawechsel, häufig auch nur ein einfaches Zahlungsversprechen (Schuldschein). In Deutschland versteht man unter einer promissory note einen Solawechsel, der von einer ausländischen Bank gezeichnet und an die Order eines deutschen Importeurs oder Exporteurs ausgestellt wurde, zahlbar im Ausland. Der Wortlaut dieser Zahlungsverpflichtung richtet sich nach den gesetzlichen Bestimmungen des Landes, in dem sie ausgestellt wurde. Charakteristisch für dieses kurzfristige Finanzierungsinstrument ist die Kreditgewährung an den Importeur durch eine ausländische Bank. Häufig wird dies abgewickelt, indem die Hausbank des Importeurs ihrer ausländischen Niederlassung (bzw. Tochtergesellschaft) einen Kreditauftrag gibt, so dass die ausländische Bank den entsprechenden Solawechsel (bzw. Schuldschein) zeichnet, ihn an den Importeur sendet und dieser ihn dann bei der Hausbank diskontiert.

(3) Beim **Akzeptkredit** verpflichtet sich eine Bank, einen auf sie gezogenen Wechsel zu akzeptieren. Im Gegensatz zur Diskontierung, bei der der Einreicher eines Wechsels Geld erhält, leiht beim Akzeptkredit die Hausbank des Ausstellers (hier:

des Importeurs oder des Exporteurs) diesem ihre Bonität. Diese Kreditform wird daher als **Kreditleihe** bezeichnet. Ein solches Akzept kann bei jeder Bank diskontiert werden. In der Regel reicht der Aussteller einen Wechsel bei seiner Hausbank zum Akzept ein. Das Bankakzept übergibt er anschließend dem Lieferanten, der nunmehr die Wahl hat, den Wechsel zu diskontieren oder bei Fälligkeit zur Einlösung vorzulegen. Wenn ein Akzeptkredit an ein Grundgeschäft gekoppelt ist, spricht man von einem Handelswechsel; es kann sich aber auch um einen reinen Finanzwechsel handeln.

(4) Beim **Rembourskredit** akzeptiert eine Bank, Remboursbank genannt, im Auftrag und für Rechnung eines Importeurs eine auf sie gezogene Nach-Sicht-Tratte (das ist ein Wechsel, der erst nach einer festgelegten Frist fällig ist) und übergibt dieses Akzept gegen vorgeschriebene Transportdokumente dem Exporteur. Der Rembourskredit unterscheidet sich vom Akzeptkredit zum einen dadurch, dass ihm stets ein Warengeschäft zugrunde liegt, zum anderen sind beim Rembourskredit Kreditnehmer (Importeur) und Wechselaussteller (Exporteur) nicht identisch, was beim Akzeptkredit der Fall ist. Man differenziert weiter in den direkten Rembourskredit mit vier Beteiligten und den indirekten Rembourskredit mit mindestens fünf Beteiligten, bei dem eine spezielle Remboursbank eingeschaltet wird. Beim Remboursakkreditiv wird der Rembourskredit um ein Dokumentenakkreditiv erweitert, so dass neben die Finanzierungsfunktion die Zahlungssicherung tritt.

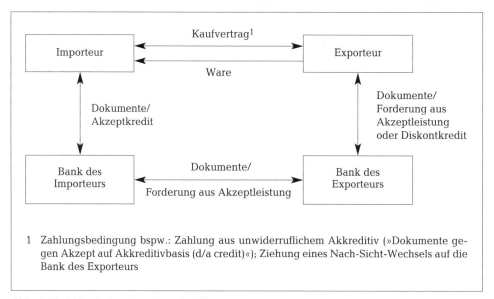

1 Zahlungsbedingung bspw.: Zahlung aus unwiderruflichem Akkreditiv (»Dokumente gegen Akzept auf Akkreditivbasis (d/a credit)«); Ziehung eines Nach-Sicht-Wechsels auf die Bank des Exporteurs

Abb. 1.20: Ablauf eines Rembourskredits

(5) Der **Negoziationskredit** ist ein kurzfristiger Kredit, den der Exporteur von seiner Bank erhält. Der Exporteur verkauft die Exportdokumente an seine Bank. Diese kauft (negoziiert) die Dokumente sowie eine vom Exporteur ausgestellte Tratte. Der Exporteur kann somit über den Gegenwert der Tratte verfügen. Die Bank des Exporteurs präsentiert dann dem Importeur die Dokumente auf eigenes Risiko. Es wird heute auch häufig auf die Tratte verzichtet, so dass nur die Dokumente angekauft werden.

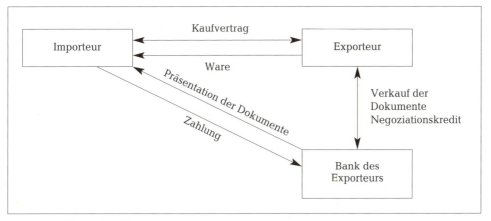

Abb. 1.21: Ablauf eines Negoziationskredits

4.6.2.3 Mittel- und langfristige Finanzierungen

(1) Die **AKA Ausfuhrkredit-Gesellschaft mbH**, gegründet 1952, ist ein von über 40 deutschen Banken getragenes Institut mit Sitz in Hamburg. Die AKA stellt deutschen Exporteuren mittel- und langfristige Kredite zur Finanzierung der Produktionszeit und zur Gewährung von Zahlungszielen bei Exportgeschäften (Lieferantenkredite) zur Verfügung. Auch gibt sie Kredite an ausländische Kunden deutscher Exporteure zur Finanzierung ihrer Importe (Bestellerkredite). Des Weiteren kauft die AKA Exportforderungen deutscher Exporteure an, sofern eine Bundesdeckung vorliegt.

Der Exporteur muss als Grundlage für die Berechnung des Kreditbedarfs einen Finanzierungsplan einreichen. Bei Krediten mit einer Laufzeit von mehr als zwei Jahren wird eine Bundesbürgschaft oder -garantie (**Hermes-Deckung**) verlangt. Voraussetzung für die Kreditgewährung sind der Nachweis fest abgeschlossener Exportverträge, eine einwandfreie Bonität von Exporteur und Importeur sowie handelsübliche Zahlungsbedingungen auf Wechselbasis. Die AKA-Kredite sind stets zweckgebunden und sollen aus den Exporterlösen getilgt werden. Die zur Finanzierung erforderlichen Mittel werden durch die Gesellschafterbanken der AKA zur Verfügung gestellt. Es stehen zur Kreditvergabe drei Plafonds (A, C und D) zur Verfügung. Der Plafond B, eine Rediskontlinie der Deutschen Bundesbank, wurde 1996 eingestellt.

(2) Die **Kreditanstalt für Wiederaufbau (KfW)** besteht seit 1948; sie hat ihren Sitz in Frankfurt a. M. Ihr Gesellschaftskapital liegt zu 80 % beim Bund und zu 20 % bei den Ländern. Sie ist kein Kreditinstitut im Sinne des Kreditwesengesetzes und untersteht der Aufsicht des Bundeswirtschaftsministers. Die Aufgaben der KfW bestanden ursprünglich darin, den Wiederaufbau der deutschen Wirtschaft zu finanzieren und zu fördern. Ihr Aufgabenbereich umfasst heute vor allem die langfristige inländische Investitionsfinanzierung und die Exportfinanzierung durch die Vergabe von zinsgünstigen **ERP-Krediten**. Bei den ERP-Krediten handelt es sich um Kredite aus einem Sondervermögen, dem früheren European Recovery Program. Diese Mittel entstammen finanziellen Hilfeleistungen der USA, dem sog. Marshall-Plan, die von 1947 bis 1953 an Deutschland und andere europäische Länder gegeben wurden; sie werden ergänzt durch andere Kapitalquellen.

Das ERP-Vermögen ist heute ein Sondervermögen des Bundes mit eigener Rechtspersönlichkeit und wird auf der Basis des Bundshaushaltsgesetzes immer wieder zur Neukreditgewährung eingesetzt. Der Anteil der Exportfinanzierungsmaßnahmen liegt bei rd. 30 %. Es werden im Rahmen von Exportfinanzierungsprogrammen vor allem mittel- und langfristige Kredite zur Finanzierung deutscher Exporte in Entwicklungsländer, in kleinerem Umfang auch zur Finanzierung von Auslandsprojekten, gewährt. In der allgemeinen Exportfinanzierung werden langlebige Investitionsgüter, insbesondere des Maschinenbaus und der Elektrotechnik, sowie Industrieanlagen und damit in Zusammenhang stehende Leistungen finanziert. In der speziellen Exportfinanzierung werden Schiffs- und Flugzeugexporte gefördert. Darüber hinaus können Avalkredite (Bankbürgschaften) gegeben werden, um deutschen Exporteuren den Zugang zum Kapitalmarkt zu erleichtern.

Grundsätzlich werden im Rahmen der Exportfinanzierung Besteller- und Lieferantenkredite gegeben. Der Schwerpunkt der KfW-Kredite, ebenso wie der AKA-Kredite, liegt bei den Bestellerkrediten.

4.6.2.4 Finanzierungen am Euromarkt

Der Euromarkt bildet den Markt für internationale Einlagen- und Kreditgeschäfte in den wichtigsten Währungen außerhalb der Länder, in denen diese Währungen gesetzliches Zahlungsmittel sind (siehe 4.4). Wegen der günstigeren Kostenstruktur werden für Einlagen am Euromarkt höhere und für Ausleihungen niedrigere Zinssätze vereinbart als auf den nationalen Märkten.

(1) Eurokredite mit kurzen unterjährigen Laufzeiten werden als **Festsatzkredite** gewährt. Dem Vorteil des niedrigeren Zinsniveaus steht als Nachteil die volle Inanspruchnahme während der gesamten Laufzeit gegenüber. Dadurch sind Eurokredite nicht so flexibel wie inländische Kontokorrentkredite.

Die häufigsten Laufzeiten betragen drei und sechs Monate. Es kommen allerdings auch Laufzeiten von ein, zwei oder zwölf Monaten, Tagesgelder oder gebrochene Laufzeiten vor. Als unterste Finanzierungsgrenze kann man hier ca. 50 000 € ansetzen. Die Zinskosten für den Kreditnehmer setzen sich aus dem Einstandszinssatz der Bank am Euromarkt und einer Marge zusammen. Als Einstandszinssatz werden meist der **LIBOR** (**London Inter Bank Offered Rate**) oder der **EURIBOR** (**European Inter Bank Offered Rate**) verwendet. Es handelt sich hierbei jeweils um einen Interbanken-Brief-Zinssatz, der sich nach Angebot und Nachfrage zwischen den Eurobanken bildet. Die Höhe der Marge richtet sich nach der Bonität des Kreditnehmers, der Kreditlaufzeit und der jeweiligen Wettbewerbssituation unter den Kreditinstituten.

(2) Der **Roll-Over-Kredit** ist formal ein mittel- bis langfristiger Kredit in Größenordnungen ab 500 000 €, bei dem der Zinssatz meist alle drei oder sechs Monate an die Refinanzierungskosten angepasst wird. Der Kreditgeber muss jeweils die Finanzierung für die nächste Roll-Over-Periode sicherstellen. Durch diese Fristentransformation trägt der Kreditgeber das damit verbundene Refinanzierungsrisiko. Der Kreditnehmer erhält einen Kredit auf der Basis des Geldmarktzinses, die Kosten liegen also meist deutlich unter dem Kapitalmarktniveau. Er trägt allerdings auch das Zinsänderungsrisiko, folglich kann er die Zinskosten für die gesamte Kreditlaufzeit nicht sicher kalkulieren (zu möglichen Absicherungsinstrumenten siehe 4.6.6). Der Endzinssatz für den Kreditnehmer setzt sich aus dem Refinanzierungssatz der Bank und einer Marge zusammen. Die Marge ist meist für die gesamte Laufzeit fixiert und gilt als laufende Vergütung des Kreditgebers.

Ihre Höhe wird durch die Bonität des Schuldners, durch Laufzeit, Betragshöhe, Rückzahlungsmodalitäten und die Marktlage bestimmt. Basiszinssatz ist bei den meisten Eurokrediten der LIBOR oder der EURIBOR.

Wenn große Kredite ausgereicht werden, geschieht dies über **Kreditkonsortien,** die je nach Kredithöhe und Schuldnerbonität mehr als 100 Kreditinstitute umfassen können. Eine Bank fungiert dann als Konsortialführer (**Lead Manager**). Dieses Kreditinstitut erstellt die Vertragsdokumentation, gibt die Kreditunterlagen weiter, verfasst ein Platzierungsmemorandum und syndiziert den Kredit. Die Konsortialbanken übernehmen den von ihnen gezeichneten Kreditbetrag fest zu den vereinbarten Konditionen. Während der Kreditlaufzeit übernimmt der Konsortialführer die technische Abwicklung. Als weiterer Kostenfaktor für den Kreditnehmer kommt dadurch noch eine Provision für das Konsortium hinzu.

4.6.2.5 Sonderformen internationaler Finanzierungen

Forfaitierung

In der längerfristigen Außenhandelsfinanzierung hat die **Forfaitierung** an Bedeutung gewonnen. Unter Forfaitierung wird ursprünglich der regresslose Ankauf von Wechseln verstanden, die der Exporteur im Rahmen eines Lieferantenkredites auf den Importeur gezogen hat und die von einer Bank im Land des Importeurs durch ein Aval abgesichert sind. In der Praxis hat sich jedoch immer mehr die Forfaitierung von Sola-Wechseln durch gesetzt, die der Importeur an die Order des Exporteurs ausstellt. Diese Konstruktion schließt die Haftung des Exporteurs von vornherein aus.

Kreditinstitute kaufen diese Wechsel zur eigenen Verwendung an. Selbst wenn die Finanzierung durch Forfaitierung teurer ist als eine der konventionellen Finanzierungen, so sind den höheren Kosten doch einige **Vorteile** für den Exporteur gegenüberzustellen: Es entstehen keine Kreditversicherungskosten, da eine Kreditversicherung nicht notwendig ist. Der Exporteur braucht keinen Selbstbehalt zu übernehmen, so dass seine Kreditlinie nicht belastet wird, er vermeidet somit Eventualverbindlichkeiten. Des Weiteren verbessert sich durch den Verkauf des Wechsels die Liquidität des Exporteurs. Beim Verkauf einer Forderung in Fremdwährung wird vom Zeitpunkt des Verkaufs an das Wechselkursrisiko ausgeglichen.

Das Schuldnerland spielt bei der Beurteilung der Forderungen eine große Rolle und bestimmt im Wesentlichen die **Forfaitierungssätze**, also die Kosten, sowie die Laufzeit der Forderungen, die zur Forfaitierung akzeptiert werden. Mit der Einschätzung des Länderrisikos ändern sich die akzeptierten Höchstlaufzeiten. Bspw. betragen die maximalen Laufzeiten für forfaitierbare Forderungen nach Marokko drei Jahre, nach Argentinien fünf Jahre oder in die USA sieben Jahre. Auch bei gleichen Laufzeiten gibt es erhebliche Unterschiede im Diskontsatz, die ebenfalls durch die Risikoeinschätzung bedingt sind.

Factoring

Unter **Factoring** versteht man den Ankauf von später fällig werdenden kurzfristigen Forderungen aus Warenlieferungen oder Dienstleistungen, die im Wesentlichen einen gleichbleibenden Kreis von Abnehmern betreffen. Zwischen dem Klienten und dem Factor wird ein Factoring-Vertrag mit einer Laufzeit von ein bis vier Jahren abgeschlossen. Danach ist der Klient verpflichtet, sämtliche kurzfristigen Forderungen aus Warenlieferungen und Dienstleistungen dem Factor anzubieten.

Grundsätzlich umfasst das Factoring die Dienstleistungsfunktion, die Finanzierungsfunktion und die Delkrederefunktion. Es ist im Factoring-Vertrag zu vereinbaren, welche Funktionen der Factor jeweils zu übernehmen hat. Wenn der Factor die

Forderung des Klienten ankauft, geht die Forderung vom Betriebsvermögen des Klienten in das des Factors über. Dem Factor obliegt nunmehr die weitere Verwaltung der angekauften Forderungen. Für den Klienten entfällt die Debitorenbuchhaltung, er hat nur noch ein Konto gegenüber dem Factor zu führen. Alle Funktionen, die der Factor in diesem Zusammenhang übernimmt, werden unter dem Begriff der **Dienstleistungsfunktion** zusammengefasst.

Die **Finanzierungsfunktion** des Factoring besteht in der Bevorschussung der Forderungen des Klienten, wobei unterschiedliche Vereinbarungen hinsichtlich der Zahlung durch den Factor möglich sind. In jedem Fall zahlt der Factor zunächst unter Berechnung eines Abschlags, womit er sich gegen Mängelrügen und Warenrücklieferungen absichert.

Die **Delkrederefunktion** betrifft schließlich das Ausfallrisiko der Warenforderung. Beim **echten** Factoring erwirbt der Factor die Forderungen endgültig, d. h. er übernimmt auch das Ausfallrisiko, wobei politische Risiken stets ausgenommen sind (siehe 4.6.7). Der Exporteur haftet dann nur dafür, dass die verkaufte Exportforderung wirklich entstanden ist; er haftet nicht dafür, wie sich etwa die Zahlungsfähigkeit seines Kunden oder die Fakturierungswährung entwickeln. Der Klient muss sich, wenn die Übernahme der Delkrederefunktion durch den Factor vereinbart wird, stets verpflichten, seine sämtlichen Forderungen aus Lieferungen und Leistungen dem Factor zum Kauf anzubieten. Außerdem setzt der Factor für jeden Schuldner, manchmal auch für bestimmte Waren oder Märkte, ein Limit fest. Innerhalb dieser Limits ist der Factor dann allerdings auch verpflichtet, Forderungen anzukaufen, ohne den Klienten in Regress zu nehmen.

Beim **unechten** Factoring trägt der Factor das Ausfallrisiko nicht. Er übernimmt in diesem Fall das Inkasso sowie alle mit der Vorfinanzierung verbundenen Dienstleistungen. In jedem Fall kauft der Factor die Exportforderungen unter dem Nennwert an. Der Abschlag bemisst sich nach der Laufzeit und nach dem auszuhandelnden Risikoabschlag.

Das **internationale Factoring** ist dadurch gekennzeichnet, dass es im Zwei-Factor-System eine Arbeitsteilung zwischen **Export-** und **Import-Factor** gibt. Der Exporteur schließt mit einer Factoring-Gesellschaft in seinem Land einen Factoring-Vertrag ab und verpflichtet sich darin, alle offenen kurzfristigen Warenforderungen aus Außenhandelsgeschäften an die Factoring-Gesellschaft zu verkaufen. Der Export-Factor wiederum schließt mit Factoring-Gesellschaften in den Ländern der Importeure Rahmenbedingungen über den Weiterverkauf der Außenhandelsforderungen des Exporteurs ab. Der Vorteil des Zwei-Factor-Systems liegt darin, dass die Factoring-Gesellschaft im Land des Importeurs die nationalen rechtlichen Besonderheiten kompetent beurteilen kann, der Nachteil sind die relativ hohen Kosten.

Leasing

Unter **Leasing** versteht man die entgeltliche Gebrauchsüberlassung von Investitionsgütern, seltener auch von langlebigen Konsumgütern, die wirschaftlich selbständig nutzbar und verwertbar sind. Bei Leasing-Transaktionen stellt demnach ein Leasinggeber einem Leasingnehmer das Leasingobjekt für einen bestimmten Zeitraum zur Verfügung. Man spricht von **internationalem Leasing**, wenn nicht alle Beteiligten (Leasinggeber, Leasingnehmer und der Hersteller des Leasingobjekts) im gleichen Land ansässig sind. Beim internationalen Leasing handelt es sich meist um Einzelobjekte mit hohem Investitionsvolumen. Dies können bspw. Flugzeuge, Schiffe, Satelliten, Ölplattformen oder Fertigungsstraßen sein.

Für den Exporteur ist mit dem Verkauf seiner Produkte an eine Leasinggesellschaft der **Vorteil** verbunden, dass er keinen Lieferantenkredit in Anspruch nehmen muss.

Darüber hinaus kann auch beim Verkauf der Produkte an eine ausländische Leasinggesellschaft das Wechselkursrisiko durch die sofortige Kaufpreisleistung weitgehend ausgeschlossen werden. Von großer Bedeutung für den Exporteur ist weiterhin, dass das Risiko des Forderungsausfalls sowie politische Risiken auf die Leasinggesellschaft übertragen werden. Der Exporteur hat demnach nur noch das Gewährleistungsrisiko für seine Produkte zu tragen.

4.6.2.6 Sicherungsfazilitäten

Die im Folgenden beschriebenen Instrumente haben für den Außenhandel eine wichtige Vorleistungsfunktion. Es handelt sich um Dienstleistungen von Kreditinstituten oder Versicherungen, durch die Unternehmen im Außenhandel die spezifischen Risiken des Auslandsgeschäfts ganz oder teilweise absichern können.

Bankgarantien

Eine **Bankgarantie** ist eine Erklärung, die eine abstrakte, unwiderrufliche selbstschuldnerische Verpflichtung eines Kreditinstituts beinhaltet, eine bestimmte Geldsumme zu zahlen. Eventuell ist diese Auszahlung an Voraussetzungen geknüpft, die in der Garantie genannt sein müssen. Es handelt sich hierbei um eine abstrakte Verpflichtung, weil sie selbständig, d. h. völlig losgelöst von einer möglichen Hauptschuld, bspw. aus einem Kaufvertrag, abgegeben wird. Die Inanspruchnahme aus der Garantie ist für den Fall vorgesehen, dass der ursprünglich dazu Verpflichtete eine Zahlung oder eine Leistung nicht oder nicht rechtzeitig oder nicht in der vereinbarten Qualität erbringt.

Garantien werden häufig bei der Abwicklung von Auslandsgeschäften eingesetzt. Vor allem bei der Lieferung von Investitionsgütern und bei Beteiligungen von Unternehmen an ausländischen Ausschreibungen werden Kreditinstitute mit der Erstellung von Garantien beauftragt. Es handelt sich in den meisten Fällen um Bietungs-, Anzahlungs-, Lieferungs-, Leistungs- oder Gewährleistungsgarantien. Bankgarantien sollen sicherstellen, dass der vertraglich vereinbarte Betrag durch die Garantiebank ausgezahlt wird, falls die Leistung nicht korrekt erbracht wurde. Die Garantie zwingt damit den Vertragspartner zur vertragsgerechten Erfüllung des Auftrags, da er andernfalls mit dem Verlust der Garantiesumme rechnen muss.

Es wir nicht immer ganz deutlich zwischen Bankgarantie und **Bürgschaft** unterschieden. Beiden ist gemeinsam, dass ein Dritter anstelle eines ursprünglich dazu Verpflichteten die Zahlung einer Geldsumme verspricht, falls dieser nicht leistet. Der Hauptunterschied wischen Garantie und Bürgschaft besteht darin, dass die Garantie ein abstraktes Zahlungsversprechen beinhaltet, während das der Bürgschaft akzessorisch ist, d. h., es besteht nicht losgelöst von der Hauptschuld. Voraussetzung für die Zahlung aus der Bürgschaft ist demnach, dass die Hauptschuld – noch – zu Recht besteht. Ein weiterer Unterschied zwischen Bürgschaft und Bankgarantie ist darin zu sehen, dass die Bürgschaft sowohl im BGB als auch im HGB geregelt ist, während die Garantie im deutschen Recht nicht geregelt ist.

Vom **Akkreditiv** unterscheidet sich die Bankgarantie unter anderem dadurch, dass sie grundsätzlich nur in unwiderruflicher Form vorkommt, während ein Akkreditiv auch widerruflich sein kann. Weiterhin wird beim Akkreditiv der Antrag auf Eröffnung vom Importeur gestellt, während bei der Mehrzahl der Garantien der Exporteur den Auftrag zur Erstellung gibt.

Bei der Abwicklung von Akkreditiven sind die **Einheitlichen Richtlinien und Gebräuche für Dokumentenakkreditive** anzuwenden; bei Garantien sind die von der internationalen Handelskammer erarbeiteten **Einheitlichen Richtlinien für auf An-**

fordern zahlbare Garantien (**ERG**) zugrunde zu legen. Allerdings sind neben diesen Richtlinien auch die von der internationalen Handelskammer veröffentlichten **Einheitlichen Richtlinien für Vertragsgarantien** in Kraft, so dass gleichzeitig zwei unterschiedliche Regelwerke für Garantien existieren. Eine Sonderstellung unter den Garantien nimmt der Stand by Letter of Credit ein, der in den ERA ausdrücklich geregelt ist.

Der **Stand by Letter of Credit** wurde ursprünglich aus rechtlichen Gründen durch amerikanische Banken als Garantieersatzinstrument entwickelt. Inzwischen wird dieses garantieähnliche Sicherungsinstrument auch in anderen Ländern angewendet. In den USA und in Kanada dürfen Kreditinstitute keine Garantien erstellen. Dies bleibt Versicherungsgesellschaften vorbehalten. Anstelle von Garantien wird dort der Stand by Letter of Credit eröffnet. Er ist auf erstes Anfordern gegen Vorlage bestimmter Dokumente zahlbar.

Hermes-Deckungen

Hermes-Deckungen erfüllen die gleiche Funktion wie Bankgarantien. Sie gehören zum Bereich der staatlichen Exportförderung und werden gegeben, wenn eine privatwirtschaftliche Absicherung über Bankgarantien nicht möglich ist. Auch bei Hermes-Deckungen wird zwischen Garantien und Bürgschaften unterschieden. Hermes-**Garantien** werden erstellt, wenn der ausländische Geschäftspartner des deutschen Exporteurs ein privater Abnehmer ist. Die Garantien decken sowohl das wirtschaftliche als auch das politische Risiko ab. **Hermes-Bürgschaften** decken hingegen nur das politische Risiko ab. Sie werden eingesetzt, wenn der ausländische Vertragspartner eine staatliche Stelle ist.

Die **Hermes-Kreditversicherungs-AG** wurde von der Münchener Rückkreditversicherungsgesellschaft gegründet, um unabhängig von der Sachversicherung Kredite abzusichern. Die heute bekannten »Hermes-Bürgschaften« sind das Synonym für das in Deutschland gebräuchliche System der staatlichen Absicherung von Exportgeschäften, mit denen der Staat das Geschäftsrisiko (einschließlich politischer Risiken) von privaten Unternehmen absichert. Es handelt sich bei den staatlichen Ausfuhrgewährleistungen um eine Vielzahl von Versicherungsleistungen. Die Versicherungsleistung besteht in der Übernahme einer Bürgschaft oder Garantie. Abgesichert werden können

- das Kreditrisiko nach Lieferung an einen ausländischen Besteller (**Lieferantenkreditversicherung**),
- das Ausfallrisiko während der Produktionszeit, das bspw. darin besteht, dass der Besteller einer Spezialanfertigung vor Lieferung in Konkurs geht (**Fabrikationsrisikodeckung**),
- das Ausfallrisiko der Bank, die für den Exporteur einen Bestellerkredit gewährt (**Finanzkreditdeckung**).
- Darüber hinaus sind **Sonderdeckungen** möglich, die sich bspw. auf Zahlungen aus Leasing-Verträgen beziehen oder auf die verschiedenen Risiken, die Bauunternehmen tragen, wenn sie Leistungen im Ausland erbringen.

Kontrollfragen

1. Nach welcher Systematik lassen sich die verschiedenen Formen der Außenhandelsfinanzierung einteilen?

2. Welche Arten der kurz-, mittel- und langfristigen Außenhandelsfinanzierung gibt es?

3. Wie ist die Bedeutung von Wechselkrediten im Auslandsgeschäft einzuschätzen?
4. Welche unterschiedlichen Formen der Wechselfinanzierung gibt es, und wodurch sind diese jeweils gekennzeichnet?
5. Worin bestehen die Aufgaben der AKA und der KfW?
6. Was versteht man unter dem Eurokreditmarkt?
7. Welche Rolle spielen die Interbankensätze LIBOR und EURIBOR?
8. Wodurch unterscheidet sich die Forfaitierung vom Factoring?
9. Welche Vorteile entstehen durch Leasing?
10. Wie können Unternehmen die einzelwirtschaftlichen (Geschäfts-)Risiken und politischen Risiken im Auslandsgeschäft absichern?
11. Welche Möglichkeiten der Risikodeckung stellt die Hermes-Kreditversicherungs AG bereit?

Aufgabe 1.19 *Außenhandelsfinanzierung S. 412*

Aufgabe 1.20 *Forfaitierung S. 412*

4.6.3 Finanzierungs- und Absicherungsinstrumente an internationalen Finanzmärkten

4.6.3.1 Geld- und Kapitalmarktinstrumente

Die Abgrenzung zwischen dem Eurokapitalmarkt und dem Eurokreditmarkt geschieht üblicherweise nach der Herkunft der Gelder. Während bei den Kreditfinanzierungen Banken die Liquidität zur Verfügung stellen, führen bei Kapitalmarktfinanzierungen in der Regel Nichtbanken die Mittel zu. Das Gleiche gilt für Geldmarktfinanzierungen. Die Kapitalbeschaffung geschieht hier dadurch, dass Unternehmen Wertpapiere mit sehr kurzen Laufzeiten bei den Anlegern platzieren.

Auf den Eurokapitalmärkten werden **internationale Anleihen (Eurobonds)** gehandelt. Ein Eurobond ist typischerweise eine Anleihe eines ausländischen Schuldners, die von einem internationalen Konsortium gleichzeitig auf mehreren nationalen Märkten emittiert wird. Die führenden Emissions-Währungen sind der US-Dollar und der €.

Der Aufbau der Emissionskonsortien bei der Begebung von Euroanleihen unterscheidet sich nur geringfügig von dem bereits bei Eurokrediten erwähnten (siehe 4.6.2.4). Neben der **Konsortialführung** (Lead Manager und evtl. Co-Lead Manager) gibt es das Übernahmekonsortium (**Underwriters**) und die Platzierungsgruppe (**Selling Group**). Die Konsortialführung stimmt mit dem Kapitalnehmer die Anleihebedingungen ab, bereitet die Verträge vor und stellt das Übernahmekonsortium und die Platzierungsgruppe zusammen. Die Konsortialführer und die Banken des Übernahmekonsortiums übernehmen jeweils eine bestimmte Quote der Emission. Die Mitglieder der Platzierungsgruppe versuchen, die vom Übernahmekonsortium gezeichneten Titel beim eigentlichen Anleger unterzubringen. Die Konsortialführung teilt den Kreditinstituten die jeweiligen Quoten zu. Bei Überzeichnungen wird **repartiert** (d. h. »neu aufgeteilt«), bei Unterzeichnungen müssen die Mitglieder der Übernahmegruppe die von ihnen garantierten Quoten übernehmen. Die Laufzeiten von Eurobond-Emissionen liegen meist zwischen fünf und 15 Jahren. Emissionsvolumina von mehreren Hundert Millionen US-Dollar (sog. **Jumbo-Anleihen**) sind keine Seltenheit am Euromarkt.

Festverzinsliche Anleihen

Inhaberschuldverschreibungen mit einem **festen Zinssatz** für die gesamte Laufzeit und **planmäßiger Tilgung** werden als **Straight Bonds** bezeichnet. Straight Bonds, man kann diese Papiere als Grundtyp der Euromarktpapiere ansehen, sind nur durch die Kreditwürdigkeit des Emittenten gesichert. Zum Eurokapitalmarkt haben allerdings auch nur Emittenten mit einwandfreier Bonität Zugang. Straight Bonds werden durch öffentliche oder durch private Platzierungen begeben. Die **öffentliche Emission** erfolgt stets durch einen Prospekt und eine Notierung an einer oder mehreren Börsen. Man versucht in diesem Fall meist, eine breit gestreute Syndizierung zu erreichen. Bei einer **privaten Platzierung** ist die Stückelung der Papiere größer, die Zahl der angesprochenen Anleger geringer, und eine Börsennotierung erfolgt nicht.

Es gibt zahlreiche Variationen der einfachen festverzinslichen Anleihe, die sich in ihrer Ausgestaltung unter anderem hinsichtlich Zinszahlungsterminen und Währungen unterscheiden.

(1) Erwähnenswert ist hier die **Null-Kupon-Anleihe** (**Zero Bond**). Diese Anleihe wird mit einem Diskont begeben, weswegen während der Laufzeit keine Zinsen gezahlt werden. Die Verzinsung ergibt sich aus der Differenz zwischen Ausgabepreis und Rückzahlungswert. Der Vorteil des Emittenten liegt darin, dass während der Laufzeit die periodischen Zinszahlungen entfallen und auch die damit normalerweise verbundene Verwaltungsarbeit nicht anfällt.

(2) **Wandelanleihen** (**Convertible Bonds**) sind Schuldverschreibungen, die dem Anleger ein Umtauschrecht in Aktien zu festgelegten Konditionen innerhalb der Laufzeit einräumen. **Optionsanleihen** (**Warrant Bonds**) geben dem Anleger neben der Verzinsung das Recht, ein weiteres Wertpapier zu einem vorher festgelegten Preis zu beziehen. Diese Form wird meist bei schwierigen Marktsituationen gewählt, wenn dem Anleger durch die Option ein zusätzlicher Kaufanreiz geboten werden soll.

(3) Bei **Doppelwährungsanleihen** (**Dual Currency Bonds**) erfolgen Einzahlungen der Anleger und Zinszahlungen in einer anderen Währung als die Rückzahlung bei Fälligkeit. Man benutzt einen Mischzins aus den Zinsniveaus der verwendeten Währungen. Dadurch hat der Emittent eine günstige Finanzierung, und das Wechselkursrisiko für die Rückzahlung geht, falls die Rückzahlung in der Heimatwährung des Emittenten erfolgt, auf den Anleger über. Dieser erhält dann als Ausgleich eine höhere Verzinsung, die das zusätzliche Risiko kompensieren soll.

Variabel verzinsliche Anleihen

Seit den siebziger Jahren sind **Floating Rate Notes** (**Floater**) am Eurokapitalmarkt das Instrument, das den Roll-Over-Krediten am Eurokreditmarkt entspricht. Bei Floatern werden die Zinssätze mehrmals im Jahr zu bestimmten Terminen angepasst. Man bezieht sich dabei normalerweise alle drei oder sechs Monate auf den LIBOR oder EURIBOR. Floater sind langfristige Anleihen mit Laufzeiten von fünf bis zwanzig Jahren, die durch den variablen Zinssatz eine Verzinsung auf Geldmarktbasis bieten. Je nach Bonität des Schuldners gibt es einen mehr oder weniger großen Aufschlag (**Spread**) auf den Referenzzinssatz.

Der Emittent kann in diesem Fall keine genaue Kostenkalkulation für die Laufzeit durchführen, da er die Entwicklung des Zinsniveaus nicht kennt. Er trägt das Zinsänderungsrisiko für steigende Zinsen, das indes durch verschiedene Konstruktionen begrenzt werden kann (siehe 4.6.6). Um verschiedenen Anlegergruppen mit unterschiedlichen Interessen geeignete Floater anbieten zu können, sind im Laufe der Zeit zahlreiche Varianten entstanden.

(1) Anleiheemissionen in Verbindung mit **Swapgeschäften** werden eingesetzt, um komparative Kostenunterschiede, die verschiedene Emittenten bspw. bei Festzins- und variabel verzinslichen Krediten oder bei verschiedenen Währungen haben, auszunutzen. Bei Swapgeschäften werden Zahlungsströme getauscht. Bspw. bedient Unternehmen B einen straight bond, den Unternehmen A in US-Dollar begeben hat, und Unternehmen A leistet den Kapitaldienst für einen zinsvariablen Kredit in €, den Unternehmen B aufgenommen hat (**Zins-Währungs-Swap** siehe hierzu S. 82).

(2) Bei **Indexanleihen** hängen die laufende Verzinsung oder auch der Rückzahlungsbetrag von der Entwicklung eines Marktindexes ab. So steigt der Rückzahlungskurs einer **Bull-Anleihe** mit steigendem Index, während bei der **Bear-Anleihe** der Rückzahlungskurs bei steigendem Index sinkt. Emittiert ein Unternehmen einen dieser Anleihetypen, kann es eine ungünstige Zinsentwicklung ausgleichen (hedgen). Begibt es beide Anleihetypen gleichzeitig, trägt es aus der Emission kein Risiko. Der Vorteil besteht dann vor allem darin, dass andere Anlegerkreise angesprochen werden, da die Anleihen für den Käufer als Spekulations- oder Hedginginstrument geeignet sind.

Asset Backed Securities

Bei Asset Backed Securities (ABS) handelt es sich um Wertpapiere (**Securities**), mit denen Zahlungsansprüche verbrieft werden, die von Forderungen (**Assets**) gedeckt (**backed**) sind. Der Markt für solche Papiere ist vor allem in den Vereinigten Staaten seit der Einführung Mitte der achtziger Jahre überaus kräftig gewachsen. Der größte Teil der ABS ist in Amerika mit Forderungen aus Hypotheken, Automobilkrediten und Kreditkartengeschäften unterlegt. Auch in Europa – vor allem in Großbritannien und Frankreich – nehmen solche Verbriefungen von Forderungen zu. Die meisten Emissionen lauten auf US-Dollar, doch werden verstärkt auch ABS in € aufgelegt.

Die Grundidee von ABS-Transaktionen ist einfach: An eine für ABS gesondert zu gründende unabhängige Zweckgesellschaft werden Forderungen verkauft. Die Zweckgesellschaft begibt dann eine Anleihe, die eben mit jenen Forderungen gedeckt ist und am Ende ihrer Laufzeit aus den Rückflüssen der fällig werdenden Forderungen getilgt wird. Der Vorteil für die Banken liegt darin, dass sie einen Teil ihrer Aktiva außerhalb der Bilanz (nämlich bei der Zweckgesellschaft) platzieren und so das Eigenkapital schonen können.

Geldmarktfinanzierungen

(1) **Euronote-Fazilitäten** sind mittel- bis langfristige Vereinbarungen zwischen einer oder mehreren Banken und einem Kapitalnehmer. Dieser erhält durch die Vereinbarung die Möglichkeit, sich über die revolvierende Platzierung von **Geldmarktpapieren** (**Euronotes**) bis zu einem festgelegten Höchstvolumen zu finanzieren. Grundformen aller Euronote-Fazilitäten sind die **Revolving Unterwriting Facilities** (**RUF**) und die **Note Issuance Facilities** (**NIF**). Es hat sich eine Vielzahl von Varianten entwickelt, die sich aber meist nur geringfügig unterscheiden.

Die Euronotes sind kurzfristige (ein bis sechs Monate), fungible, aber meist nicht börsennotierte, ungesicherte Inhaberschuldverschreibungen in Stückelungen ab 500 000 US-Dollar. Falls die Notes am Markt nicht untergebracht werden können, verpflichten sich die »Underwriter«, die Euronotes zu einem vertraglich vereinbarten Zinssatz zu übernehmen oder alternativ Kredite zur Verfügung zu stellen (**Back-up-Linie**).

Auch bei der Begebung von Euronotes ist die Funktionsteilung, die für das internationale Anleihen-Emissionsgeschäft beschrieben wurde, üblich.

(2) Erstklassige Emittenten können im Rahmen eines **Euro-Commercial-Paper-Programms** kurzfristige Papiere begeben. Es handelt sich auch hierbei um Geldmarktpapiere. Bei Euro-Commercial-Papers fungieren Banken nur als Vermittler zwischen Emittent und Anleger. Multinationale Unternehmen bieten teilweise ihre Emissionen direkt den Investoren an. Da die Euro-Commercial-Papers »nonunterwritten« sind, also ohne Übernahmegarantie begeben werden, verbleibt das Platzierungsrisiko beim Emittenten. Die Laufzeiten dieser Papiere liegen zwischen einem und sechs Monaten, aber auch längere Fristen bis zu einem Jahr sind möglich. Üblich ist eine Mindeststückelung von 500 000 US-Dollar.

4.6.3.2 Terminmarktinstrumente

Im Rahmen des Risikomanagements haben **derivative** (= abgeleitete) **Finanzinstrumente** eine enorme Bedeutung gewonnen. Es handelt sich dabei allgemein um Termingeschäfte bzw. -kontrakte, deren Preis jeweils durch den Preis eines anderen originären Finanzprodukts bestimmt wird.

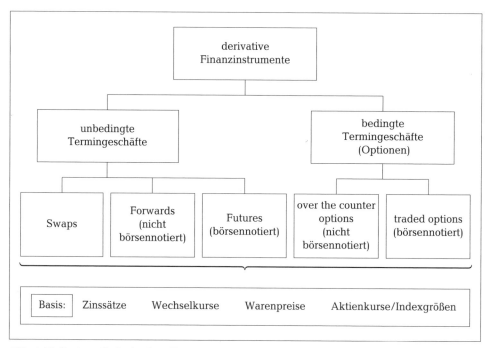

Abb. 1.22: Systematik derivativer Finanzinstrumente

Die zentrale **ökonomische Funktion** von derivativen Finanztiteln liegt darin, Marktpreisrisiken getrennt zu bewerten. Damit wird es möglich, diese Risiken zusammenzufassen und zu handeln. Die Kontraktarten bei derivativen Finanzinstrumenten lassen sich nach verschiedenen Aspekten einteilen. Zum einen kann man diese Instrumente danach systematisieren, auf welche Marktpreise (**Basiswerte**) sie sich beziehen. Hier kommen Zinssätze, Wechselkurse, Aktienkurse oder Warenpreise in Betracht.

Ein weiteres Unterscheidungsmerkmal betrifft die Frage, ob die Verträge für beide Vertragspartner verpflichtend sind (**unbedingte Terminkontrakte**) oder ob eine von beiden Seiten ein Wahlrecht hat (**Optionen**). Ferner sind die Termingeschäfte danach zu unterscheiden, ob die Verträge an einer **Terminbörse** gehandelt werden. In Deutschland ist dies die EUREX. Der Handel an einer Terminbörse erfordert die Standardisierung der Konditionen. So wird es möglich, dass die Terminbörse eine Clearing-Funktion übernimmt und jeweils als Vertragspartner der Marktteilnehmer auftritt. Individuell vereinbarte Kontrakte werden als **Over-the-counter**-Kontrakte bezeichnet.

Als Einsatzgebiete von Derivaten lassen sich drei Bereiche abgrenzen:

- **Spekulation:** das Eingehen einer offenen Position, um von Marktpreisänderungen zu profitieren.
- **Arbitrage:** die Realisierung risikoloser Gewinne durch die gleichzeitige Ausführung mehrerer Geschäfte zwischen verschiedenen Marktsegmenten.
- **Absicherung:** das Schließen einer offenen Position. Durch den Kauf oder Verkauf derivativer Titel wird eine Gegenposition zu einer schon bestehenden offenen Position aufgebaut, so dass beide Positionen möglichst genau entgegengesetzt auf Marktpreisänderungen reagieren, diese sich also kompensieren.

Im Finanzmanagement internationaler Unternehmen wird es in erster Linie um die Absicherung gegenüber Marktpreisrisiken gehen. Derivative Finanzinstrumente werden also vor allem eingesetzt, um sich gegen Wechselkursänderungen oder auch Zinsänderungen abzusichern Man bezeichnet dies als **Hedging**.

Kontrollfragen

1. *Wer tritt auf dem Euro-Geld-, -Kredit- und -Kapitalmarkt als Anbieter und Nachfrager auf?*
2. *Was versteht man typischerweise unter einem Eurobond?*
3. *Welche Charakteristika haben festverzinsliche im Vergleich zu variabel verzinslichen Anleihen?*
4. *Worin liegen die Wesensmerkmale von*
   - *Null-Kupon-Anleihen,*
   - *Wandelanleihen,*
   - *Doppelwährungsanleihen,*
   - *Indexanleihen,*
   - *Asset-Backed-Securities,*
   - *Euronotes und*
   - *Commercial Papers?*
5. *Welche Terminmarktinstrumente können für die Absicherung von Marktpreisrisiken im internationalen Handels- und Finanzverkehr eingesetzt werden?*

Aufgabe 1.21 *Finanzierung am Euro-Kapitalmarkt S. 413*

4.6.4 Internationales Risikomanagement – Überblick

Wesentliches Kennzeichen grenzüberschreitender Transaktionen ist der **Wechsel der Hoheitsgebiete**. Das internationale Finanzmanagement bewegt sich deshalb bei seiner Tätigkeit in einem ausgesprochen **heterogenen Umfeld**. Die Akteure müssen länderspezifische Besonderheiten – also Unterschiede in Sprache, Kultur, Handelsbräuchen, Rechtsordnungen, Wirtschaftssystemen, etc. – beachten. Hinzu tritt erschwerend die typischerweise große geografische Entfernung. Bei Währungsraum übergreifenden Geschäften entsteht außerdem das Problem unterschiedlicher Landeswährungen. Ebenso rücken global gestreute Finanzierungs- und Anlagebeziehungen die jeweiligen Änderungen auf den nationalen und internationalen Finanzmärkten verstärkt in den Blickpunkt.

Die Heterogenität des globalen Umfelds bedingt ein Managementsystem, das dieser Komplexität entspricht. Der Anpassungsbedarf ist indes keineswegs pauschal als negativ zu beurteilen.

Vielmehr ergibt sich die **Chance**, bestehende Unterschiede im Sinne der Unternehmensziele zu nutzen. Das Finanzmanagement hat erweiterte Möglichkeiten, bspw.

– Risiken zu diversifizieren,
– Währungs- und Zinsgefälle auszunutzen oder
– nationale Steuervorteile und Subventionen bzw. ganz allgemein Kostenvorteile wahrzunehmen.

Auf der anderen Seite stehen aber zweifellos eine Verschärfung der auch im nationalen Wirtschaftsverkehr vorhandenen betrieblichen Risiken sowie zum anderen das Entstehen von neuen, spezifischen Risiken.

Aufgabe des Finanzmanagements ist es, diese Risiken entsprechend den unternehmerischen Vorgaben zu steuern. Die Entwicklung des Welthandels und die hohe Volatilität (Schwankungsintensität) der Finanzmarktpreise machen dabei insbesondere das Management von **Zins- und Wechselkursrisiken** zu einer zentralen Herausforderung für international tätige Unternehmen.

4.6.5 Wechselkursrisiken und ihre Absicherung

Ein herausstechendes Merkmal internationaler Handels- und Finanztransaktionen ist der Wechsel von Währungsräumen. Daraus folgt, dass zumindest für einen der Vertragspartner die Zahlung nicht in der eigenen Währung stattfindet. Für diesen ergibt sich ein zusätzliches Risiko, das **Währungsrisiko**. Der in die eigene Währung umgewandelte Fremdwährungsbetrag kann von dem erwarteten Betrag abweichen. Da der erwartete Betrag Kalkulationsgrundlage der Preisvereinbarung war, kann sich diese Abweichung positiv auswirken, wenn der Zahlungsempfänger nach Umrechnung des Währungsbetrages mehr erhält, als er erwartet hatte, oder negativ, wenn der umgerechnete Betrag niedriger liegt als der erwartete. Wenn der zur Zahlung Verpflichtete das Währungsrisiko trägt, verhält es sich entsprechend umgekehrt.

Dieses Risiko kann zwischen den einzelnen Währungen unterschiedlich stark auftreten. Am geringsten ist es in einer **Wechselkursunion**. Hier entsteht ein Währungsrisiko nur dann, wenn die zwischen den Ländern vereinbarte Union auseinander bricht. Schon höher ist das Währungsrisiko in Systemen **stufenflexibler Wechselkurse** einzuschätzen, wie auch die Erfahrung der neunziger Jahre im Europäischen Währungssystem zeigen. Das größte Risiko ist naturgemäß in Systemen mit **frei flexiblen** Wechselkursen gegeben (siehe 1.2.4.1).

4.6.5.1 Risikoarten

Eine genauere Auseinandersetzung mit Wechselkursrisiken erfordert eine detaillierte Analyse ihrer Komponenten. Es haben sich **drei verschiedene Konzepte** zur Bestimmung der Wechselkursrisikoposition von Unternehmungen herauskristallisiert.

(1) Die vergangenheitsorientierte, bilanzbezogene Betrachtung des Wechselkursrisikos wird als **Translation Exposure** oder auch als bilanzielles Risiko (Währungsumrechnungsrisiko oder Translation Risk) bezeichnet. Es bezieht sich auf die Umrechnung von Bilanzen ausländischer Tochtergesellschaften im Rahmen der Erstellung einer Konzerngesamt- bzw. Weltbilanz und betrifft überwiegend weltumspannende multinationale Unternehmen, die solch einen Abschluss erstellen. Es umfasst somit die Bilanz-, Gewinn- und Verlustpositionen, die aus Sicht der Mutterunternehmung von ausländischen Tochtergesellschaften stammen und dann in die Währung umzurechnen sind, die dem Jahresabschluss der Muttergesellschaft zugrunde liegt. Ein Währungsumrechnungsrisiko liegt folglich nicht vor, solange der angesetzte Umrechnungskurs gegenüber demjenigen, der beim Abschluss der Vorperiode zur Anwendung gelangte, unverändert bleibt.

Das Translation Exposure wird ermittelt, indem man die Differenz aus den Aktiv- und Passivpositionen errechnet, die zu korrigieren sind, wenn der Wechselkurs vom bisherigen Wertansatz abweicht. Dieser Exposure-Betrag gibt an, in welchem Ausmaß Wechselkursänderungen auf den konsolidierten Jahresabschluss eines Unternehmens einwirken können. Die Höhe der eventuellen Umrechnungsgewinne oder -verluste hängt dabei nicht nur von der Volatilität der Wechselkurse ab, sondern auch von der gewählten **Umrechnungsmethode** (Stichtagsverfahren; Umrechnung nach dem Bezugszeitpunkt, nach der Fristigkeit, zu historischen Kursen oder zu Durchschnittskursen etc.).

Eine bei Devisenkursänderungen aus der Umrechnung resultierende Veränderung des bilanziellen Erfolgsausweises deutet nicht zwingend auf eine entsprechende Veränderung der finanziellen Situation der Unternehmung hin; die Liquidität bleibt zunächst unberührt. Folglich spielt dieses Konzept für Entscheidungen des Währungsmanagements eine untergeordnete Rolle.

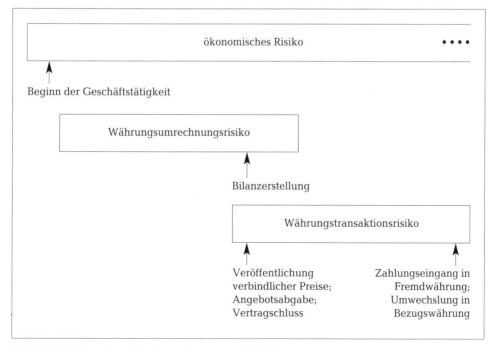

Abb. 1.23: Wechselkursrisiko: Ausprägungen und Zeitbezug

(2) Im Gegensatz zum Translation Exposure bezieht sich das **Transaction Exposure** auf einzelne Zahlungsströme, bei denen ein tatsächlicher Umtausch einer Währung in eine andere erfolgt. Die Ursache für das Währungsumtauschrisiko (Transction Risk) besteht in der zeitlichen Differenz zwischen der Entstehung von Fremdwährungsforderungen oder -verbindlichkeiten und den dazugehörigen Ein- bzw. Auszahlungen. Innerhalb dieser Zeitspanne kann sich der in Heimatwährung ausgedrückte Wert der Position durch Wechselkursschwankungen verändern. Während vom Währungsumrechnungsrisiko hauptsächlich multinationale Unternehmen betroffen sind, betrifft das Währungsumtauschrisiko auch das Risikomanagement von Import- und Exportunternehmen.

Das Errechnen des **Exposure-Betrages** ist unproblematisch, solange Betragshöhe und Fälligkeitszeitpunkte bekannt sind. Grundlage für seine Bestimmung sind Liquiditätspläne der Unternehmen, in denen die Zahlungsbewegungen nach den unterschiedlichen Währungen aufgeschlüsselt sind. Vorab ist eine Risikokompensation möglich, indem für jede einzelne Währung Forderungen und Verbindlichkeiten gleicher Fälligkeit aufgerechnet werden können. Nur die Restgröße ist dem Währungstransaktionsrisiko ausgesetzt. Der wesentliche Unterschied zum Translation Exposure besteht darin, dass beim Transaction Exposure nicht die Bilanzwerte betroffen sind, sondern die aus den Positionen resultierenden Zahlungsströme. Das Transaction Exposure wirkt somit unmittelbar auf die Liquidität und auf das Ergebnis des Unternehmens. Man spricht deshalb auch von einem **kurzfristigen Cashflow-Risiko**. In der Praxis ist das Transaction Exposure Hauptgegenstand des Devisenmanagements.

(3) Neben dem vergangenheitsbezogenen Umrechnungsrisiko und dem eher gegenwartsbezogenen Transaktionsrisiko kann als dritte und umfassendste Ausprägung des Wechselkursrisikos das zukunftorientierte **Economic Exposure** bzw. Economic Risk angesehen werden. Es bezieht sich auf einen längeren Zeithorizont als das Transaktionsrisiko und betrifft die langfristige Wettbewerbsfähigkeit eines Unternehmens. Im Gegensatz zum Währungstransaktionsrisiko, das sich auf zahlungswirksame, zeitlich und betragsmäßig fixierte Vorgänge beschränkt, betrachtet das ökonomische Risiko sämtliche erwarteten zukünftigen Ein- und Auszahlungen und deren Veränderungen bei Wechselkursschwankungen. Das ökonomische Risiko kann entsprechend als **langfristiges cash flow-Risiko** angesehen werden. Seine Beurteilung ist damit ein strategischer Faktor, der im strategischen Management des Unternehmens berücksichtigt werden muss.

Die Veränderung realer Wechselkurse kann Auswirkungen auf die Vorteilhaftigkeit eines Produktionsstandortes unter Rentabilitätsgesichtspunkten haben. Auch ist es möglich, dass die Kostenrelationen zwischen konkurrierenden Unternehmen betroffen sind, sofern Importkonkurrenz besteht. Dem ökonomischen Risiko ist nur mit geeigneten Beschaffungs-, Produktions-, Finanz- und Absatzstrategien zu begegnen. Hauptziel des strategischen Devisenmanagements im Finanzbereich ist es, eine Kongruenz zwischen den Währungsstrukturen der Ein- und Auszahlungen herzustellen und außerdem Wechselkursrisiken durch internationale Diversifizierung zu reduzieren.

4.6.5.2 Einflüsse auf die Wechselkursentwicklung

Die Erwartungen über den zukünftigen Kursverlauf von Währungen haben großen Einfluss auf die Entscheidungen des Devisenmanagements. Wechselkursprognosen sind indes, ebenso wie Zinsprognosen, mit erheblichen Unsicherheitsfaktoren behaftet. Erschwerend tritt hinzu, dass bei der Analyse mindestens zwei Volkswirtschaften einbezogen werden müssen. Neben realwirtschaftlichen und monetären Faktoren bestimmen oft auch politische Entscheidungen die Wechselkursentwicklung. Die **Haupteinflussgrößen** der Wechselkurse sind: Zinsdifferenzen, Inflationsdifferenzen, Wachstumsdifferenzen, Leistungsbilanzsalden und politische Entwicklungen.

– Die Wechselkursentwicklung wird in besonderem Maße durch die **Zinsniveaus** in den beiden Währungsgebieten beeinflusst. Höhere Nominalzinsen ziehen tendenziell ausländisches Kapital an und lassen den Wechselkurs, zumindest kurzfristig, steigen. Höhere **Inflationsraten** im Ausland schwächen langfristig die ausländische Währung. Erfolgt eine glaubwürdige Antiinflationspolitik durch die Notenbank, kann über hohe Geldmarktzinsen jedoch kurzfristig Kapital angezogen werden, was zu höheren Kursen führt.
– Permanente **Exportüberschüsse** stärken langfristig die Währung des Überschusslandes, **Defizite** belasten sie.
– **Politische** oder wirtschaftliche **Unsicherheiten** führen zur Flucht in relativ krisensichere Währungen wie den US-Dollar oder den Schweizer Franken.

Kontrollfragen

1. Worin liegen die Chancen und Risiken des internationalen Finanzmanagements?
2. Was versteht man unter dem Wechselkursrisiko?
3. Von welchen unterschiedlichen Arten des Währungsrisikos sind internationale Unternehmen betroffen?
4. Wie lässt sich das Währungsexposure eines Unternehmens ermitteln?
5. Auf welche Weise können Unternehmungen dem Economic Exposure begegnen?
6. Welches sind die Haupteinflussfaktoren der Wechselkursentwicklung?

4.6.5.3 Absicherungsinstrumente

Die finanzwirtschaftlichen Instrumente, die geeignet sind, mit dem Wechselkursrisiko umzugehen, werden häufig in risikovermeidende, risikokompensierende und risikoreduzierende Maßnahmen eingeteilt. Dabei geht es in erster Linie um das Management des **Transaktionsrisikos** (siehe 4.6.5.1).

Wahl der Fakturierungswährung
Für international tätige Unternehmung besteht die wohl einfachste Möglichkeit zur Vermeidung des Wechselkursrisikos darin, sowohl bei Importen als auch bei Exporten in ihrer jeweiligen **Heimatwährung zu fakturieren**. Indem sich ein Unternehmen dem Wechselkursrisiko in dieser Weise entzieht, wird es auf den ausländischen Geschäftspartner abgewälzt.

Ob sich eine Fakturierung in der eigenen Landeswährung durchsetzen lässt, hängt vor allem von zwei Voraussetzungen ab. Hier ist einerseits die Einschätzung der Kursentwicklung der relevanten Währung durch den ausländischen Geschäftspartner zu nennen. Der zweite und wichtigere Faktor ist die Marktmacht und somit die Verhandlungsposition jedes einzelnen Geschäftspartners.

Bestellerkredite, auch gebundene Finanzkredite genannt, sind Kredite an ausländische Besteller inländischer Lieferungen und Leistungen (siehe 4.6.2). Sie bieten dem Exporteur die Möglichkeit, in Inlandswährung zu fakturieren. Die Wechselkurssicherung entspricht damit der oben dargestellten. Vor allem beim Export von Investitionsgütern in devisenschwache Länder und zur Vermeidung von Erfüllungs- und Leistungsrisiken bietet sich diese Form der Risikoabsicherung an.

Währungsklauseln und Währungsoptionsrechte

Eine weitere Möglichkeit zur Vermeidung von Kursrisiken bietet die vertragliche Vereinbarung von **Währungsklauseln**, auch Kurssicherungsklauseln genannt. Zum Schutz vor Kursverlusten wird die Höhe eines in einer bestimmten Währung geschuldeten Betrages durch einen künftigen Kurs der Vertragswährung gegenüber einer oder mehreren anderen Währungen (Bezugswährungen) bestimmt. Währungsklauseln sind also auf die Bedürfnisse der Wechselkurssicherung zugeschnittene Geldwertsicherungsklauseln. Eine vollständige Abwälzung des Wechselkursrisikos auf den Vertragspartner ist hiermit nur dann realisierbar, wenn die Klausel den Vertragspreis an die Entwicklung der inländischen Währung bindet.

Durch die vertragliche Vereinbarung eines **Währungsoptionsrechtes** hat der Gläubiger das Recht, die Kredit- oder Darlehenstilgung sowohl in der Kreditwährung als auch in einer oder in mehreren anderen im Voraus vereinbarten Währungen zu verlangen. Die Umrechnungskurse werden für die Optionswährungen schon bei Abschluss des Vertrages festgelegt und orientieren sich meist an den Devisenkursen am Tag des Vertragsabschlusses.

Die kurssichernde Wirkung ergibt sich daraus, dass der Gläubiger die Wahl hat, die Zahlung in der Währung zu verlangen, die sich am Markt für ihn am besten entwickelt hat. Obwohl das Hauptanwendungsgebiet der Währungsoptionen bei internationalen Anleihen liegt, kommt dieses Instrument grundsätzlich auch für langfristige Lieferanten- und Finanzkredite in Betracht.

Leading und Lagging

Exporteure und Importeure können sich durch **Leading** (das Vorziehen von Zahlungen) oder **Lagging** (Zahlungsverzögerung) vor erwarteten ungünstigen Entwicklungen der Devisenkurse schützen. Die Einsatzmöglichkeiten dieses Instruments sind aus Sicht des Zahlungsempfängers, des Exporteurs, sehr eingeschränkt. Erwartet er bspw. eine Kursverschlechterung, kann er versuchen, den Kontrahenten durch Anreize wie Skonti oder Rabatte zur Zahlung vor Ablauf der Frist zu bewegen. Erwartet er jedoch eine Kurssteigerung, kann er auf Zugeständnisse verzichten (und die Fremdwährung ggf. nach Zahlungseingang im Ausland anlegen). Ein Importeur verfährt entsprechend umgekehrt.

Netting und Matching

Netting und Matching sind Instrumente zur internen Kurssicherung, die folglich nur in internationalen Unternehmungen angewendet werden. Unter **Netting** wird hier die konzerninterne Saldierung wechselseitiger Forderungen mit dem Ziel, Zahlungen nur in Höhe des errechneten Saldos zu leisten, verstanden.

Mit dem Begriff des **Matching** bezeichnet man allgemein die Identifikation und Zuordnung von Verrechnungsmöglichkeiten im konzerninternen Zahlungsverkehr. Mit dem Ziel der Absicherung des Währungsrisikos geht das Matching noch einen Schritt weiter.

Unter Matching wird hier das Management der Valuta-Tagesposition in der Weise verstanden, dass Unternehmen, die sowohl Export- als auch Importumsätze in Fremdwährungen haben, diese so gestalten, dass der kurszusichernde Netto-Exposure-Betrag möglichst klein ist. Matching bedeutet also die **bewusste Bildung** von Währungsgegenpositionen innerhalb des Konzerns mit dem Ziel, ein **Netto-Exposure** von Null zu erreichen. Das Unternehmen wird dadurch, als Einheit betrachtet, immun gegenüber Kursrisiken.

Devisenkassageschäfte

Eine Möglichkeit zur Absicherung des Wechselkursrisikos besteht darin, die Fremdwährung schon früher über den **Devisenkassahandel** zu beschaffen oder abzustoßen.
Ein Unternehmen, das in der Zukunft einen Zahlungsausgang erwartet, kann den in
der Zukunft benötigten Fremdwährungsbetrag bereits früher am Devisenmarkt beschaffen und diesen bis zum Zahlungstermin verzinslich **anlegen**.

Der umgekehrte Fall tritt ein, wenn ein Zahlungseingang erwartet wird. In diesem
Fall kann ein Unternehmen einen **Fremdwährungskredit** in Höhe des erwarteten Ein-
gangs aufnehmen und den Betrag in heimische Währung umtauschen. Die Tilgung
des Kredits erfolgt bei Zahlungseingang.

Fremdwährungskredite und -anlagen eignen sich insbesondere dann zur Aus-
schaltung des Wechselkursrisikos, wenn für bestimmte Währungen keine Devisen-
terminmärkte existieren oder die Laufzeit des Kontrakts die Devisentermingeschäfts-
laufzeiten übertrifft. Fremdwährungskredite sind vorteilhaft, wenn das ausländische
Zinsniveau für eine Kreditaufnahme das inländische Zinsniveau für eine Geldanlage
nicht zu deutlich übersteigt. Fremdwährungsanlagen sind sinnvoll, wenn das Zinsniveau für eine Geldaufnahme im Inland die Renditen für ausländische Geldanlagen
nicht zu stark übertrifft.

Devisentermingeschäfte

Das **Devisentermingeschäft**, auch **forward contract** genannt, ist das bei deutschen
Außenhändlern am häufigsten eingesetzte Sicherungsinstrument. Es wirkt, ebenso
wie die Absicherung über den Devisenkassahandel, risikokompensierend. Diese Termingeschäfte werden individuell (over the counter) vereinbart und beinhalten die
vertragliche Festlegung über den Kauf oder Verkauf eines vereinbarten Währungsbetrages an einem späteren Zeitpunkt zu einem bereits heute festgelegten Kurs.

Devisentermingeschäfte werden von den Kreditinstituten aufgrund des vorhandenen Risikos der Nichterfüllung auf die Kreditlinie des Kunden angerechnet. Man unterscheidet zwei Arten von Devisentermingeschäften. **Solo-** oder **Outrightgeschäfte**, die
nur den Kauf oder Verkauf einer Währung auf Termin beinhalten, und **Swapgeschäfte**,
bei denen ein Kassageschäft mit einem Termingeschäft gekoppelt ist (= Devisenswaps). Bei einem **Devisenswap** sind folgende Kombinationen denkbar:

– Kauf von Kassadevisen mit Verkauf von Termindevisen.
– Verkauf von Kassadevisen mit Kauf von Termindevisen.
– Tausch von Termindevisen verschiedener Fälligkeiten.

Gehandelt werden am Terminmarkt die meisten Währungen. Die Termine variieren
zwischen einem und zwölf Monaten. In einzelnen Währungen sind auch sog. »long
forward contracts« mit Laufzeiten von zehn bis fünfzehn Jahren möglich.

Die Terminpreisbildung (und damit die Kurssicherungskosten) ergibt sich in erster Linie aus den Zinsdifferenzen zwischen den Geldmärkten der Landeswährung
und der benötigten Auslandsvaluta. Der Devisenterminkurs weicht deshalb regelmäßig vom aktuellen Devisenkassakurs der Devise ab. Man bezeichnet die Differenz als **Swapsatz**. Terminaufschläge (Report) treten immer dann auf, wenn das ausländische Zinsniveau eine positive Differenz zum inländischen Zinsniveau aufweist.
Im Falle von Terminabschlägen (Deport) dagegen sind die korrespondierenden
Inlandszinsen höher als die entsprechenden Auslandszinssätze (siehe 4.5.3). Devisentermingeschäfte gehören zu den wichtigsten Instrumenten der Wechselkursab-
sicherung, denn sie bieten dem Unternehmen schon am Abschlusstag eine sichere
Kalkulationsbasis.

Währungsterminkontrakte

Bei **Währungsterminkontrakten (futures)** handelt es sich um eine standardisierte Form des Devisenterminkontraktes. Die Standardisierung ermöglicht den börsenmäßigen Handel mit der Terminbörse als Clearing-Stelle. Die an Terminbörsen gehandelten Kontrakte sind nach Kontraktgröße, Fälligkeitstermin, Laufzeit und minimaler Preisveränderung standardisiert.

Bei Geschäftsabschluss ist eine Sicherheitsleistung zu erbringen (**Initial Margin**). Diese beträgt 5–10 % des Kontraktwertes. Verluste (Gewinne) aus den täglich bewerteten Future-Positionen werden dem Sicherheitskonto (**Margin Account**) sofort belastet (bzw. gutgeschrieben). Sinkt die Initial Margin durch auflaufende Verluste unter eine Mindestquote (**Maintenance Margin**), die ca. 75–80 % der Initial Margin beträgt, entsteht eine Nachschusspflicht. Aufgrund der täglichen Abrechnung entspricht der Währungs-Future einer Reihe neu abgeschlossener eintägiger Termingeschäfte.

Kurssicherungsgeschäfte durch Forwards sind in der Regel kostengünstiger als am Markt für Devisen-Futures, weil nur ein Geschäft abgeschlossen und keine Sicherheit hinterlegt werden muss. Voraussetzung ist jedoch, dass dem Unternehmen bei Banken offene Kreditlinien zur Verfügung stehen.

Devisenoptionen

Mit einer **Devisenoption (currency option)** erwirbt der Käufer das Recht, nicht aber die Pflicht, einen bestimmten Fremdwährungsbetrag zu einem fest vereinbarten Basispreis (**strike price**) innerhalb (american style) oder am Ende einer bestimmten Frist (european style) gegen eine andere Währung zu kaufen bzw. zu verkaufen. Der Preis, den der Käufer dem sog. Stillhalter (= Verkäufer der Option) bezahlen muss, wird **Optionsprämie** genannt. Dieser Preis setzt sich aus dem Inneren Wert und dem Zeitwert zusammen. Der **Innere Wert** einer Option ist die Differenz zwischen dem Basispreis und dem aktuellen Marktpreis der Währung.

Der **Zeitwert** wird vor allem durch die Laufzeit bzw. Restlaufzeit, die Volatilität des Basisinstruments (der jeweiligen Währung) und die Zinsdifferenz zwischen den Währungen bestimmt. Auch die Erwartungshaltungen der Marktteilnehmer spiegeln sich im Optionspreis wider. Je größer die Restlaufzeit ist, desto höher ist auch die Optionsprämie.

Devisenoptionsgeschäfte können sowohl über Banken als auch über Broker an Börsen in standardisierter Form abgeschlossen werden. Börsengehandelte Devisenoptionen, auch **traded options** genannt, mit Restlaufzeiten können zu ihrem jeweiligen Marktwert veräußert werden. Individuell vereinbarte Optionen werden demgegenüber als **OTC-Optionen** (Over The Counter) bezeichnet. Es gibt für sie keinen Sekundärmarkt.

		Call Option	Put Option
Käufer	Rechte	Kauf der Währung zum Basispreis	Verkauf der Währung zum Basispreis
	Pflichten	Zahlung der Optionsprämie	Zahlung der Optionsprämie
Verkäufer	Rechte	Erhalt der Optionsprämie	Erhalt der Optionsprämie
	Pflichten	Verkauf der Währung zum Basispreis	Kauf der Währung zum Basispreis

Abb. 1.24: Rechte und Pflichten im Optionshandel

Devisenoptionen können als eine Art Versicherung angesehen und die beim Kauf zu bezahlende Optionsprämie kann als Versicherungsprämie gewertet werden. Sie bieten dem Unternehmen Schutz vor einer für ihn ungünstigen Entwicklung der Wechselkurse. Gleichzeitig belassen sie ihm die Chance, von positiven Marktentwicklungen zu profitieren. Denn in diesem Fall kann der Optionskäufer die Option »verfallen« lassen.

Die Kosten der Absicherung sind auf die Optionsprämie beschränkt. Diese stellt zugleich das höchstmögliche Verlustpotenzial dar. Ideal ist die Absicherung durch Devisenoptionen, wenn der Zeitpunkt des Zahlungseingangs bzw. -ausgangs nicht genau feststeht.

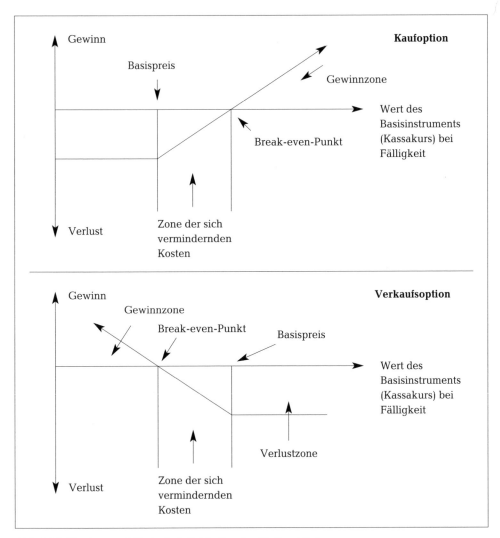

Abb. 1.25: Gewinn- und Verlustmöglichkeiten des Optionskäufers

Currency Options sind ebenfalls ein geeignetes Instrument zur Kurssicherung, wenn nicht feststeht, ob die geplante Fremdwährungstransaktion jemals zustande kommt. Nimmt bspw. ein deutsches Unternehmen an einer internationalen Ausschreibung teil und gibt den Angebotspreis in Fremdwährung ab, entsteht bei dem Unternehmen ein Wechselkursrisiko erst dann, wenn es den Zuschlag bekommt. Wird dieses Risiko schon bei Abgabe des Angebots durch ein herkömmliches Devisentermingeschäft abgesichert und das Unternehmen erhält den Zuschlag nicht, so hätte es im Ergebnis keine Kurssicherung betrieben, sondern im Gegenteil ein Kursrisiko aufgebaut. Bei einer Devisenoption ist dies mangels der Erfüllungspflicht des Käufers nicht der Fall. Dem Käufer stehen bei einem negativen Ausgang der Ausschreibung drei Möglichkeiten zur Auswahl: Er kann die Option verfallen lassen, was aber den Verlust der Optionsprämie bedeuten würde. Bei einer für ihn günstigen Entwicklung des Wechselkurses kann er Währungsgewinne realisieren oder die Option wieder an den Stillhalter verkaufen, wenn noch Restlaufzeit vorhanden ist.

	Vorteile	Nachteile
sofortige Eindeckung und Festgeldanlage in Fremdwährung	– Kurs ist genau kalkulierbar – keine zusätzlichen Kosten	– Kapital wird gebunden – evtl. günstige Kursverläufe können nicht genutzt werden
Devisentermingeschäft	– Kurs ist genau kalkulierbar – keine Kapitalbindung – keine zusätzlichen Kosten	– evtl. günstige Kursverläufe können nicht genutzt werden
Devisenoptionsgeschäft	– keine Kapitalbindung – Kurs ist definitiv gegen ungünstige Entwicklungen abgesichert – evtl. günstige Kursverläufe können genutzt werden	– zusätzliche Kosten durch Optionsprämie

Abb. 1.30: Devisenoptionen im Vergleich zu Devisentermingeschäften und Geschäften am Kassamarkt

Währungsswaps

Ein anderes Instrument, das zur Absicherung gegen Wechselkursrisiken herangezogen werden kann, ist der **Währungsswap (cross currency swap)**. Früher wurde der Begriff Swap fast ausschließlich für entsprechende Devisengeschäfte verwendet. Seit Anfang der achtziger Jahre wird er zunehmend auch für Währungs- und Zinstransaktionen gebraucht.

Grundsätzlich wird bei einem Währungsswap eine Kapitalsumme und die darauf zu bedienende Zinsverpflichtung in ein entsprechendes Kapitalvolumen einer anderen Währung einschließlich der damit verbundenen Zinsverpflichtung getauscht. An einem Währungsswap sind zwei Partner beteiligt, die hinsichtlich der Laufzeit und des Betragsvolumens die gleichen Interessen besitzen, aber entgegengesetzte Währungsbedürfnisse haben. Ein Währungsswap kann somit durch folgende Punkte charakterisiert werden:

– Gegenseitiger Austausch von Finanzmitteln zu einem vereinbarten Wechselkurs;
– Jährlicher oder halbjährlicher Austausch von Zinszahlungen auf der Grundlage der vereinbarten Kapitalsumme und des vereinbarten Zinssatzes;

– Rücktausch des ursprünglichen Betrages bei Fälligkeit zum ursprünglichen Wechselkurs;
– Der Swap ist rechtlich nicht an einen bestimmten Aktiv- oder Passivposten gebunden und kann somit zum Zweck der Buchhaltung als Posten außerhalb der Bilanz angesehen werden.

Beispiel:
Ein deutsches Mutterunternehmen »swapt« einen Kredit in Schweizer Franken bzw. ein auf Schweizer Franken lautendes Guthaben in US-Dollar (**liability swap** bzw. **asset swap**). Swap-Partner ist ein US-Unternehmen, das Finanzmittel in Schweizer Franken benötigt und seinerseits US-Dollar zu vorteilhaften Konditionen beschaffen bzw. bereitstellen kann. Der Dollarbetrag wird sodann zur währungskongruenten Finanzierung einer Tochtergesellschaft in den USA eingesetzt. Nach Ablauf der vereinbarten Frist erhält die Spitzeneinheit den Dollarbetrag zurück und tauscht ihn wieder gegen Schweizer Franken.

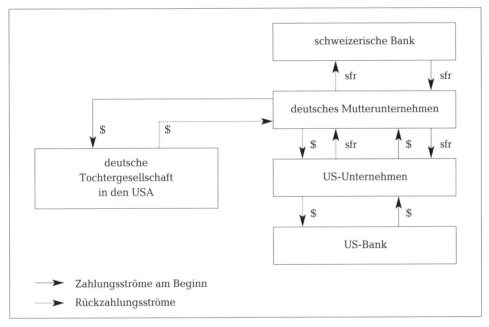

Abb. 1.31: Währungskongruente Finanzierung durch einen Währungsswap

Ein Vorteil von Swaps ist die Flexibilität entsprechend der individuellen Bedürfnisse der Swap-Partner. Laufzeit und Betrag sind zwischen verschiedenen Parteien frei wählbar, wobei die Laufzeiten meist zwischen zwei und zehn Jahren liegen. Auch ermöglichen Währungs-Swaps normalerweise eine kostengünstigere Absicherung gegen Devisenkursrisiken als das Hedging mittels Termingeschäften. Die mit dem Swap selbst verbundenen Risiken dürfen allerdings nicht außer Acht gelassen werden. Beim Währungsswap unterliegen sowohl die Zinszahlungen als auch die Kapitalbeträge bei Zahlungsunfähigkeit des einen Partners einem Wechselkursrisiko. Dieses kann aufgrund inzwischen veränderter Wechselkurse beträchtliche Ausmaße annehmen. Deshalb ist vor der Durchführung eines Swap-Geschäftes eine Risikoanalyse des Swap-Partners unabdingbare Voraussetzung.

Wechselkursversicherung, Factoring und Forfaitierung

Weil eine längerfristige Absicherung oder Abwälzung von Wechselkursrisiken nicht immer möglich ist, gibt es in den meisten westlichen Industriestaaten im Rahmen der staatlichen Exportförderung Garantien und Bürgschaften (**Wechselkursversicherungen**) zur Vermeidung von Wechselkursrisiken bei bestimmten Exportgeschäften. In Deutschland übernehmen die Hermes-Kreditversicherungs AG und die Treuarbeit AG im Auftrag des Bundes diese Funktion (siehe 4.6.2.6).

Weitere Instrumente, mit denen sich Fremdwährungsrisiken absichern lassen, sind schließlich das **Factoring** und die **Forfaitierung** (siehe 4.6.2.5).

Kontrollfragen

1. *Mit welchen Instrumenten können Unternehmen das Währungs-Transaktionsrisiko absichern, ohne dass sie Termingeschäfte abschließen?*
2. *Worin bestehen die Vor- und Nachteile eines Devisenkassa- im Vergleich zu einem Devisentermingeschäft?*
3. *Welche Aspekte spielen für die Wahl des Absicherungsinstruments eine Rolle?*
4. *Welche Rechte und Pflichten haben die Vertragspartner bei Devisenoptionsgeschäften?*
5. *Wann empfiehlt sich der Einsatz einer Devisenoption anstelle eines Devisentermingeschäftes?*
6. *Wie unterscheidet sich ein Devisenswap von einem Währungsswap?*

Aufgabe 1.22 *Wahl der Fakturierungswährung S. 413*

Aufgabe 1.23 *Währungsoptionsrechte S. 414*

Aufgabe 1.24 *Leading und Lagging S. 414*

Aufgabe 1.25 *Matching S. 414*

Aufgabe 1.26 *Kurssicherung durch Fremdwährungskredite S. 414*

Aufgabe 1.27 *Kurssicherung durch Fremdwährungsanlagen S. 415*

Aufgabe 1.28 *Kurssicherung über ein Devisentermingeschäft S. 415*

Aufgabe 1.29 *Kurssicherung und Absicherungskosten S. 415*

Aufgabe 1.30 *Einsatz von Devisenswaps S. 416*

Aufgabe 1.31 *Währungsterminkontrakte S. 416*

Aufgabe 1.32 *Kauf von Devisenoptionen S. 416*

Aufgabe 1.33 *Devisenoptionsgeschäfte S. 417*

Aufgabe 1.34 *Hedging mit Währungsswaps S. 417*

Aufgabe 1.35 *Arbitrage mit Währungsswaps S. 417*

4.6.6 Zinsänderungsrisiken und ihre Absicherung

Jedes Unternehmen besitzt finanzielle Positionen, deren Zahlungsreihen bzw. Marktwerte von der Zinsentwicklung an den Geld-, Kredit- oder Kapitalmärkten abhängig sind.

4.6.6.1 Risikoarten

Das Zinsänderungsrisiko kann in verschiedene Komponenten unterteilt werden: das **Einkommensrisiko** (das sich wiederum in variables Zinsänderungsrisiko und Festzinsrisiko unterscheidet) und das **Vermögensrisiko** (das auch als Marktwertänderungsrisiko bezeichnet wird).

(1) **Festzinsrisiken** resultieren aus inkongruenten Zinsbindungen der Aktiv- und Passivpositionen. Wenn Aktiva mit Festzinsvereinbarungen eine größere Anzahl von vertraglich identisch gestalteten Passiva gegenübersteht, existiert eine offene passivische Festzinsposition, der nur noch Aktiva mit variabler Verzinsung gegenüberstehen. Man spricht von einem »passivischen Festzinsüberhang«. Damit verbunden ist ein **aktivisches Zinsänderungsrisiko**. Es besteht im Rückgang des Zinsniveaus während der Laufzeit der offenen Passivposition. In diesem Falle würden die Verbindlichkeiten zum vereinbarten Zins weiterlaufen, während das Unternehmen für die Aktivpositionen weniger Zins erhielte. Umgekehrtes gilt analog für das **passivische Zinsänderungsrisiko**. Es umfasst die in der Praxis bedeutsamere Situation einer offenen Festzinsposition auf der Aktivseite (»aktivischer Festzinsüberhang«). Das Risiko resultiert aus der Erhöhung des Zinsniveaus.

(2) Mit dem **variablen Zinsänderungsrisiko** sind Anlagen und Kredite behaftet, die nicht oder nur für einen bestimmten Teil der gesamten Laufzeit mit einer Festzinsvereinbarung ausgestattet sind. Die Existenz des variablen Zinsänderungsrisikos ist in unterschiedlichen Zinselastizitäten der variabel verzinslichen Positionen begründet. Aufgrund unterschiedlicher Anpassung von Aktiv- und Passivzinssätzen an veränderte Marktzinsen ist – wie im Falle des Festzinsrisikos – die Gefahr einer Verringerung der Bruttozinsspanne (= Differenz zwischen durchschnittlichem Aktiv- und durchschnittlichem Passivzins) bzw. des Finanzergebnisses gegeben.

(3) Das **Marktwertänderungsrisiko** drückt die durch Marktzinsänderungen hervorgerufene Kurswertänderung bei Wertpapieren aus. Bei steigendem Marktzinsniveau zu verzeichnende Kursabschläge können einen Abschreibungsbedarf hervorrufen, weshalb diese Form des Risikos auch als **Abschreibungsrisiko** bezeichnet wird. Beim **Endwertänderungsrisiko** werden demgegenüber Renditeplanungen mit Langzeithorizont berücksichtigt. Das Risiko entsteht hier, wenn geplante Renditen aufgrund verschlechterter Wiederanlagebedingungen durch Marktzinssenkungen nicht realisiert werden können.

Bei der Ermittlung des Marktwertrisikos bedient man sich der Durationsanalyse. Die **Duration** ist ein Maß für die Zeitspanne, in der ein Anleger sein Vermögen mit einem festen (Nominal-)Zins gebunden hat. Sie wird auch als durchschnittliche Kapitalbindungsdauer bezeichnet.

Das Durationskonzept zielt darauf ab, dass das Endvermögen im Idealfall vollständig gegen Zinsänderungsrisiken abgesichert ist. Wenn der Planungshorizont des Unternehmens mit der Duration übereinstimmt, ist das erzielte Endvermögen unabhängig von Änderungen des Marktzinsniveaus.

4.6.6.2 Einflüsse auf die Zinsentwicklung

Die Entscheidung, welche Strategie ein Unternehmen im Bereich eines aktiven Zinsmanagements verfolgt, hängt wesentlich von der Einschätzung der künftigen Zinsentwicklung ab. Wichtige Einflussfaktoren der Zinsentwicklung sind aus volkswirtschaftlicher Sicht:

– das Wirtschaftswachstum und der Konjunkturverlauf,
– die Inflationsrate und das Geldmengenwachstum,
– die Wechselkurse und das ausländische Zinsniveau,
– die Notenbankpolitik sowie
– die Verschuldung des öffentlichen Sektors.

Anhand der Analyse der volkswirtschaftlichen Lage und Tendenzen lässt sich eine nachvollziehbare Zinsprognose erstellen.

4.6.6.3 Absicherungsinstrumente

Zur Vermeidung von Zinsrisiken kann ein Unternehmen versuchen, sowohl Geldaufnahmen als auch Geldanlagen möglichst lange festzuschreiben. Somit kann das Verlustrisiko infolge von ungünstigen Zinsentwicklungen ausgeschaltet werden. Es verschwindet aber auch die Chance, von positiven Veränderungen, wie etwa günstigeren Refinanzierungsmöglichkeiten infolge eines sinkenden Zinsniveaus, zu profitieren.

Grundsätzlich kann das Zinsänderungsrisiko auch dadurch vermieden werden, dass sowohl auf der Aktiv- als auch auf der Passivseite der Bilanz variabel verzinsliche fristenkonforme Positionen aufgebaut werden.

Neben derartigen Maßnahmen zur Gestaltung der Bilanzstruktur existiert eine Reihe von **Absicherungsinstrumenten** für bestehende Bilanzpositionen.

Zinsswaps

Swaps sind Tauschgeschäfte zwischen zwei Parteien, bei denen komparative Kostenvorteile an internationalen Finanzmärkten ausgenutzt werden sollen, die auf unterschiedliche Bonitätseinschätzungen bzw. Marktzugangsmöglichkeiten der einzelnen Vertragsparteien zurückzuführen sind.

Zinsswaps (interest rate swaps) sind gleichzeitig ein weit verbreitetes Instrument zur Absicherung von Zinsänderungsrisiken. Ein Zinsswap basiert auf dem Austausch von Zinszahlungsströmen zwischen zwei Marktpartnern. Dabei können Festsatzzinsen gegen variable Zinszahlungen, oder umgekehrt, getauscht werden.

Auf diese Weise können Festsatzkredite für den Fall, dass das Zinsniveau sinkt, in variable Kredite umgewandelt werden. Somit wird vermieden, dass das Unternehmen im Zeitpunkt günstiger Zinsen seine Kredite teuer bezahlt. Sinngemäß können variabel verzinsliche Kredite bei steigenden Marktzinsen durch den Abschluss eines Swap-Geschäftes in Festsatzpositionen umgewandelt werden. Durch diesen Tausch ist das Unternehmen von den zunehmenden Kreditkosten nicht betroffen.

Gegenstand des Tausches können auch zwei variabel verzinsliche Positionen sein. Der Tausch von zwei variabel verzinslichen Positionen ist nur dann sinnvoll, wenn sich die Verzinsung der jeweiligen Positionen an unterschiedlichen Referenzzinssätzen, z. B. Position A am LIBOR und Position B am EURIBOR orientiert.

Zins-Swaps sind rechtlich gesehen eigenständig und beeinflussen in keiner Weise die Verpflichtungen der Swap-Partner aus dem Grundgeschäft, bspw. eingegangene Verpflichtungen Dritter gegenüber aus einem Kreditgeschäft. Jede Swap-Partei ist für ihre eigenen Mittelaufnahmen bzw. Mittelanlagen selbst verantwortlich. Das Swap-Geschäft umfasst nur den Austausch von Zinsen, die Kapitalbeträge aus dem Grundgeschäft bleiben unberührt. Deshalb sind diese Instrumente nicht bilanzierungspflichtig.

Die Grundtypen von Zinsswaps lassen sich grob in Liability Swaps, Asset Swaps und in Innovationen einteilen. Bei **Liability Swaps** werden Zinszahlungsverpflichtungen untereinander ausgetauscht, bei **Asset Swaps** werden Zinsforderungen ausgetauscht. Die Liability Swaps lassen sich wiederum in Coupon Swaps und Basis Swaps unterteilen. Beim Tausch von fixen in variable Zinsen spricht man von einem **Coupon Swap**. Werden nur variable Zinsen getauscht, handelt es sich um einen **Basis Swap**.

Beispiel:

Eine Bank strebt eine variable Finanzierung an, ein Unternehmen ist an einer festen Finanzierung interessiert. Das Unternehmen muss bei beiden Finanzierungsarten höhere Zinsen zahlen als die Bank, allerdings ist die Zinsdifferenz bei variabler Verschuldung geringer.

	Bank	Unternehmen	Zinsdifferenz
zinsvariable Mittelbeschaffung	Libor	Libor + 1 %	1 %
zinsfixe Mittelbeschaffung	12 %	14 %	2 %

Die Bank hat bei der Beschaffung von fixen Mitteln einen komparativen Kostenvorteil. Ihr Vorteil ist also auf dem Festzins-Markt höher als auf dem variablen Markt. Somit verschuldet sich die Bank durch eine Anleihe zu festen Zinsen, obwohl sie an einer variablen Finanzierung interessiert ist, und das Unternehmen nimmt einen variablen Kredit auf. Die Zinszahlungen werden durch einen Coupon Swap getauscht. Neben der gewünschten Absicherung der Zinsrisiken erreicht jede Partei durch den Swap, dass sie die ursprünglich gewünschte Finanzierung zu günstigeren Bedingungen erhält, als dies auf direktem Wege (ohne Swap) möglich gewesen wäre.

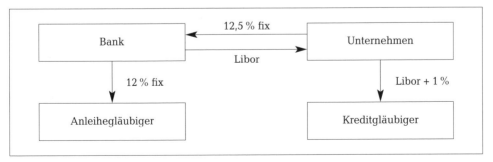

Abb. 1.32: Gestaltung eines Coupon Swap

Zum Zwecke der Kurssicherung können Zinsswaps mit Währungsswaps kombiniert werden. Man spricht dann von **Zins-Währungs-Swaps (interest rate currency swaps)**.

Forward Rate Agreements

Bei einem **Forward Rate Agreement (FRA)** handeln zwei Geschäftspartner (i. d. R. Bank und Kunde) ein Zinstermingeschäft zur Absicherung zinsempfindlicher Aktiv- und Passivpositionen in naher Zukunft aus. Dabei wird ein fester Zinssatz auf einen nominellen Kapitalbetrag festgelegt. So besteht für ein Unternehmen die Möglichkeit, sich auf der Basis des heutigen Marktzinsniveaus einen festen Zinssatz für einen zukünftigen Zeitpunkt zu sichern.

Durch den **Kauf** eines FRA kann eine mit variablen Zinsen ausgestattete bzw. eine geplante Geldaufnahme vor steigenden Marktzinsen geschützt werden. Der **Verkauf** eines FRA erlaubt es, kurzfristige Geldanlagen gegen ein sinkendes Zinsniveau abzusichern. FRAs werden auf LIBOR- oder EURIBOR-Basis abgeschlossen.

Am Abschlusstag des FRA wird der Zinssatz, den man heute für eine Mittelaufnahme bezahlen müsste bzw. bei einer Geldanlage erhalten würde, für einen in der Zukunft liegenden Zeitpunkt gesichert. Am Starttag, also am Tag der Mittelaufnahme bzw. -anlage, wird der Zinsvergleich zwischen dem im FRA vereinbarten Festsatz und dem gewählten Referenzzinssatz vorgenommen. Liegt die Referenzrate über dem FRA-Satz, dann ist der Verkäufer verpflichtet, an den Käufer eine Ausgleichszahlung zu leisten. Umgekehrt muss der Käufer an den Verkäufer eine Ausgleichszahlung entrichten, falls der Referenzzinssatz unter dem FRA-Zinssatz liegt. Der Zeitraum zwischen FRA-Abschluss und Starttag wird als Vorlaufzeit bezeichnet.

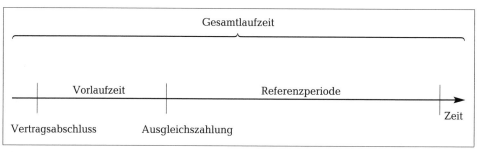

Abb. 1.33: Die Phasen eines FRA

Die **Ausgleichszahlung** entspricht in etwa der Differenz, die sich aus den beiden Zinszahlungen ergibt und wird berechnet als

$$\frac{B \cdot (R{-}F) \cdot T}{(360 \cdot 100) + (R \cdot T)}$$

mit: B = Nominalbetrag des FRAs, F = FRA-Zinssatz, R = aktueller Zinssatz, T = Anzahl der Tage der Zinsperiode.

Die Ausgleichszahlung erfolgt also in abgezinster Form und wird zu Beginn der Laufzeit des Grundgeschäftes (am Starttag) ausbezahlt.

Zinsfutures

Bei **Zins-Futures (interest rate futures)** handelt es sich um standardisierte, börsengehandelte Finanztitel. Dabei treffen zwei Vertragspartner die Vereinbarung, ein standardisiertes Kapitalmarktpapier oder eine standardisierte Anlage, beide meist in synthetischer Form, zu einem im Voraus festgelegten Preis an einem zukünftigen Erfüllungstermin anzunehmen (**Kauf**) oder zu liefern (**Verkauf**). Bei den synthetischen

festverzinslichen Papieren handelt es sich meistens um Geld- und Kapitalmarkt-
papiere sowie Einlagen bei ausgewählten Banken (z. B. Dreimonats-Eurodollar) und
andere synthetische Konstruktionen (z. B. fiktive Bundesanleihe).

Mit Zins-Futures können sowohl aktuelle als auch für die Zukunft geplante Ver-
mögens- bzw. Schuldpositionen abgesichert werden. Das Hedging mit Zins-Futures
kann, abhängig davon, ob eine Mittelanlage oder eine Mittelaufnahme abgesichert
werden soll, entweder durch einen Kauf oder einen Verkauf von Zins-Futures erfolgen. Parallel zum Grundgeschäft werden gleich hohe, aber gegenläufige Terminpositionen eingegangen.

Wenn das risikobehaftete Grundgeschäft geschlossen wird, wird im gleichen Zug
die der Absicherung dienende Terminposition glattgestellt. Es ist also nicht üblich, die
Zinskontrakte effektiv auszuüben. Durch die Glattstellung wird ein Gewinn oder Verlust realisiert, der mit den Aufwendungen (Erträgen) aus den Kreditaufnahme (Geldanlage) kompensiert wird. Ziel eines Futures ist es, Verluste am Kassamarkt durch
Gewinne am Terminmarkt vollständig auszugleichen.

Der direkte Kontakt zwischen Future-Käufer und -Verkäufer beschränkt sich auf
den Vertragsabschluss. Danach tritt das **Clearing House** der Börse, über das die Abrechnung und Abwicklung der Kontrakte erfolgt, in das Geschäft ein. Nun bestehen
Abnahme- und Lieferverpflichtungen (offene Kaufs- und Verkaufspositionen) nur
noch gegenüber dem Clearing House. Durch die Zwischenschaltung dieser Institution
wird die spätere Glattstellung der Terminpositionen vereinfacht, da nun keinerlei
Verpflichtungen mehr gegenüber dem ursprünglichen Kontraktpartner bestehen.

Für das Eingehen einer Position am Financial Futures Markt wird dem Käufer bzw.
Verkäufer die **Initial Margin** berechnet. Das ist eine Art Garantiehinterlegung für
eventuelle Verbindlichkeiten in der Zukunft. Die Höhe dieser Sicherheit hängt von
der Volatilität des zugrunde liegenden Handelsobjektes ab und beträgt meistens
einige Prozent des Kontraktgegenwertes. Wenn die Initial Margin aufgrund von Wert-
einbußen des Futures unter ein gewisses Niveau sinkt (**Maintenance Margin**), muss
vom Futures-Käufer bzw. –Verkäufer ein Nachschuss geleistet werden, um wieder
das Initial Margin Level zu erreichen. Andernfalls ist der Broker berechtigt, die Terminposition zu liquidieren. Für das Halten einer Position am Futures Markt wird die
Variation Margin berechnet.

Forward-Forwards
Forward-Forwards sind, ebenso wie Futures und FRAs, unbedingte Termingeschäfte.
Sie werden zur Absicherung zukünftiger Transaktionen gegen Zinsänderungsrisiken
eingesetzt. Im Gegensatz zum Future wird beim Forward-Forward keine Standardisierung des Vertrages vorgenommen.

Der Unterschied zu FRAs besteht darin, dass der Vertragsgegenstand ein festver-
zinsliches Papier ist (z. B. Bundesobligation, Bundesanleihe, Pfandbrief usw.), während
sich ein FRA auf den Austausch von Zinssätzen (z. B. LIBOR, EURIBOR) beschränkt. Im
Gegensatz zu Futures und FRAs basiert ein (**einfaches**) **Forward-Geschäft** auf effektiven Kapitalbewegungen, was den Nachteil der Bilanzierungspflicht mit sich bringt.
Forwards können für Absicherungen im kurzfristigen Bereich eingesetzt werden (vgl.
FRAs), es besteht aber auch die Möglichkeit mittel- und langfristiger Absicherungen
(vgl. Futures).

Beispiel:
Ein Unternehmen, das mit steigenden Zinsen rechnet, benötigt in drei Monaten
5 Mio. €. Um sich vor höheren Kapitalbeschaffungskosten zu diesem späteren
Zeitpunkt zu schützen, nimmt das Unternehmen bereits heute zum aktuellen

Zinsniveau 5 Mio. € auf und legt sie für einen Zeitraum von drei Monaten am Geldmarkt an. Wenn die Zinserwartung des Unternehmens tatsächlich eintritt, können die höheren Kapitalbeschaffungskosten für das Kreditgeschäft vermieden werden und die Zinserträge aus der dreimonatigen Anlage kompensieren die Zinskosten für diese Zeit ganz oder teilweise.

Die häufigste Variante des Forwards ist jedoch der **Forward-Forward Deposit (Loan)**, bei dem die Konditionen für ein Einlage-(Kredit-)Geschäft, das in der Zukunft stattfinden soll, heute festgelegt werden. Im Gegensatz zum oben aufgeführten Beispiel finden bei dieser Variante bei Vertragsabschluss keine Zahlungsströme statt, sondern erst per Termin bei Ausübung des abzusichernden Grundgeschäftes.

Zinsoptionen und -optionsscheine

Durch den Erwerb einer **Zinsoption** hat der Käufer das Recht, aber nicht die Verpflichtung, einen Zinstitel zu kaufen (**Call Option**) oder zu verkaufen (**Put Option**). Die Absicherung besteht bei festverzinslichen Werten darin, dass eine Änderung des Marktzinsniveaus zu einer entgegengesetzten Kursänderung des Basisinstruments führt. Zinsoptionen werden entweder zwischen zwei Vertragspartnern individuell ausgehandelt – dabei handelt es sich um eine Over-the-counter-Option (OTC-Option) – oder in standardisierter Form an einer Börse gehandelt.

– Einsatz eines **Long Call**: Der **Käufer einer Kaufoption** will eine Geldanlage in der Zukunft vor Zinssenkungen und der daraus resultierenden Kurssteigerung des festverzinslichen Papiers absichern. Die Kurssteigerung verteuert den Erwerb, was durch den Kauf einer Kaufoption umgangen werden kann. Bei einem Long Call sichert man sich nämlich das Recht, einen festverzinslichen Titel zu einem im Voraus zwischen Käufer und Verkäufer vereinbarten Basispreis zu einem Zeitpunkt in der Zukunft zu kaufen.
– Einsatz eines **Long Put**: Der **Käufer einer Verkaufsoption** erwartet ein steigendes Marktzinsniveau. Durch den Long Put kann er seine Kapitalbeschaffungskosten gegen Steigerungen immunisieren. Denn hierbei hat der Käufer das Recht, einen Zinstitel zu einem heute vereinbarten Basispreis per Termin zu verkaufen. Wenn sich die Prognose der steigenden Marktzinsen erfüllt und der Käufer sein Optionsrecht ausübt, nämlich die Zinsoption an den Stillhalter teurer verkauft, als er sie an der Börse einkauft, erzielt er einen Kursgewinn. Dieser Kursgewinn kann die gestiegenen Kosten aus dem Kreditgeschäft kompensieren.
– Der **Verkauf von Zinsoptionen** (**Short Call** und **Short Put**) eignet sich nicht für Zinssicherungsgeschäfte. Bei Short-Positionen beschränkt sich der kompensatorische Gewinn auf die vom Käufer erhaltene Optionsprämie, während das Verlustpotenzial unbegrenzt ist.

Zinsoptionen werden auf festverzinsliche Kapitalmarkttitel (**Interest Rate Options**) oder auf Zins-Futures (**Interest Rate Futures Options**) abgeschlossen. Es ist nicht üblich, den der Option zugrunde liegenden Vermögenstitel effektiv zu liefern. Es wird lediglich die Differenz zwischen einem vereinbarten und dem Marktzinssatz gezahlt.

Bei den **European Style Options** ist der Käufer bei der Ausübung seines Optionsrechtes an einen vorher festgelegten Fälligkeitszeitpunkt gebunden. Die **American Style Options** berechtigen den Käufer zur Ausübung seines Optionsrechtes zu jedem beliebigen Zeitpunkt innerhalb der Optionsfrist.

Bei der Kombination von europäischer Option und Swap spricht man von einer **Swaption**. Der Käufer einer Swaption erwirbt das Recht, am Ausübungstag einen Swap über ein vereinbartes Volumen mit einem fixen Zinssatz als Festzinszahler oder

-empfänger abzuschließen. Der Verkäufer verpflichtet sich, im Ausübungsfall zur Verfügung zu stehen.

Der entscheidende Vorteil von Zinsoptionen im Vergleich zu den bisher genannten Zinssicherungsinstrumenten ist die Regelung, dass mit dem Erwerb von Zinsoptionen das Recht, aber **nicht** die Verpflichtung zur Erfüllung des Geschäftes verbunden ist. So kann der Optionskäufer seine Zinspositionen für den Fall ungünstiger Zinsentwicklungen gegen Verluste absichern und sich gleichzeitig die Chance günstiger Zinsverläufe erhalten, indem er die Option verfallen lässt und von positiven Marktzinsentwicklungen profitiert. Der einzige Nachteil ist die bei Vertragsabschluss fällige **Optionsprämie**, die auf jeden Fall zu entrichten ist, unabhängig davon, ob sich die Zinsen für den Käufer günstig oder ungünstig entwickeln.

Die finanztheoretischen Grundlagen für Zinsoptionen finden weitgehend auch bei **Zinsoptionsscheinen** Anwendung, die Unterschiede liegen im Wesentlichen in der rechtlichen Ausgestaltung dieser Zinsinstrumente. Ein Optionsschein kann auch als eine verbriefte und börsengehandelte Option bezeichnet werden.

Wenn hohe Geldbeträge gegen Zinsänderungen abgesichert werden sollen, ist es vorteilhafter, eine Zinsoption einzusetzen. Zum einen ist es kostengünstiger, zum anderen könnte die geringe Markttiefe bei Zinsoptionsscheinen eine marktgerechte Kursbildung beeinträchtigen.

Caps, Floors und Collars

Caps, **Floors** und **Collars** stellen eine Sonderform von Zinsoptionen dar. Bei Zinsoptionen können Zinssätze, die dem heutigen Marktniveau entsprechen, für die Zukunft gesichert werden. Durch den Einsatz von Caps, Floors oder Collars sind nicht bestimmte Zinssätze, die in der Zukunft Gültigkeit haben sollen, Vertragsgegenstand, sondern Zinsober- bzw. Zinsuntergrenzen. Durch Caps und Collars können variabel verzinsliche Kredite abgesichert werden, Floors ermöglichen die Absicherung von variabel verzinslichen Geldanlagen.

Bei einem Cap-Abschluss werden folgende Punkte zwischen dem Käufer und dem Verkäufer vereinbart:

Festlegung der Laufzeit	ab einem Jahr bis zu zehn Jahre
Referenzzinssatz	i. d. R. LIBOR, EURIBOR
Nominalbetrag	entspricht im Idealfall dem abzusichernden Betrag und sollte 2,5 Mio. € nicht unterschreiten
Strike Rate	Festlegung der Zinsobergrenze, ab welcher der Käufer vom Verkäufer Zinsausgleichszahlungen erhält

Abb. 1.34: Bestandteile einer Cap-Vereinbarung

Der Abschluss von **Caps** bietet dem Cap-Käufer (i. d. R. ein Kreditnehmer) eine Versicherung gegen steigende Zinsen. Er hat die Garantie, dass die Zinsbelastung aus einer variabel verzinslichen Verbindlichkeit eine vertraglich festgelegte Zinsobergrenze (**Strike Rate**) während der Cap-Laufzeit nicht übersteigt. Denn sobald die Marktzinsen die Cap-Obergrenze durchbrechen, erhält er vom Cap-Verkäufer (i. d. R. eine Bank) eine Ausgleichszahlung, welche der Differenz zwischen dem höheren Marktzins und der Cap-Obergrenze entspricht. Für diese Garantie muss der Cap-

Käufer an den Cap-Verkäufer eine Prämie bezahlen. Falls sich das Marktzinsniveau in die andere Richtung entwickelt und die Zinsen fallen, kann der Cap-Käufer in vollem Umfang davon profitieren, da die vertragliche Ausgestaltung eines Cap bis auf die Cap-Prämie keine weiteren Verpflichtungen für den Käufer vorsieht.

Der **Floor** ist das Spiegelbild eines Cap. Der Floor-Käufer (i. d. R. ein Anleger) sichert sich durch die Vereinbarung einer Zinsuntergrenze eine Mindestverzinsung für seine variabel verzinsliche Geldanlage. Fällt das Marktzinsniveau unter die Floor-Untergrenze, erhält der Floor-Käufer vom Floor-Verkäufer (i. d. R. eine Bank) die Zinsdifferenz in Form einer Ausgleichszahlung vergütet.

Die Kombination eines Cap mit einem Floor wird **Collar** genannt. Dabei wird ein Cap gekauft und gleichzeitig ein Floor verkauft, so dass eine Bandbreite entsteht, innerhalb der sich die Zinsen aus dem Zinssicherungsgeschäft bewegen können. Wenn die Marktzinsen die Cap-Obergrenze durchbrechen, ist die Bank verpflichtet, an den Kunden eine Ausgleichszahlung zu leisten. Fallen die Marktzinsen unter die vereinbarte Floor-Untergrenze, muss der Kunde der Bank die daraus entstandene Zinsuntergrenze bezahlen.

Der Collar kann als eine Alternative zum Cap als Zinssicherungsinstrument gegen steigende Zinsen angewendet werden, mit dem Vorteil, dass der Collar günstiger ist. Der Erwerber eines Collar ist Käufer eines Cap, für den er eine Prämie bezahlen muss, und gleichzeitig Verkäufer eines Floors, für welchen er eine Prämie erhält. Eine Sonderform des Collar ist der **Zero Cost Collar**. Hier gleichen sich der Kaufpreis für den Cap und der Verkaufspreis des Floor aus.

Merkmale / Instrumente	Langfristige/ kurzfristige Absicherung	Bilanzierungs-pflicht	Standardi-sierung	Börsenmäßiger Handel	Kosten
Swaps	langfristig 5–10 Jahre	–	–	–	–
FRAs	kurzfristig (bis zu zwei Jahren)	–	–	–	–
Futures	kurz- und langfristig	–	standardisiert	Terminbörse	evtl. Provision an Broker; Margins
Forwards	kurz- und langfristig	vorhanden	–	–	–
Zinsoptionen	kurz- und langfristig	–	individuell und standardisiert	Terminbörse, bei Options-scheinen klassische Wertpapierbörse	Optionsprämie
Caps, Floors, Collars	langfristig (bis zu zehn Jahren)	–	–	–	Optionsprämie; evtl. Aus-gleichszahlung

Abb. 1.35: Übersicht über die Zinssicherungsinstrumente

Kontrollfragen

1. *In welche Komponenten lässt sich das Zinsänderungsrisiko unterteilen?*
2. *Wann entstehen Zinsänderungsrisiken?*
3. *Wie können Zinsänderungsrisiken gemessen werden?*
4. *Worin liegen die Haupteinflussfaktoren der Zinsentwicklung?*
5. *Welche Ziele verfolgen die Vertragspartner bei einem Zinsswap?*
6. *Wie gestaltet sich der Ablauf eines Forward Rate Agreements?*
7. *Wo liegt der Unterschied zwischen einem FRA, einem Zinsfuture und einem Forward-Forward-Geschäft?*
8. *Welche Absicherungsmöglichkeiten eröffnet der Erwerb von Zinsoptionen?*
9. *Wieso kann man Caps, Floors oder Collars als Zinsoptionen verstehen?*

Aufgabe 1.36 *Zinsswaps im Liability-Management S. 418*

Aufgabe 1.37 *Zinsswaps im Asset-Management S. 418*

Aufgabe 1.38 *Arbitrage mit Zinsswaps S. 418*

Aufgabe 1.39 *Forward Rate Agreements S. 419*

Aufgabe 1.40 *Zinsfutures gegen fallende Zinsen S. 419*

Aufgabe 1.41 *Zinsfutures gegen steigende Zinsen S. 419*

Aufgabe 1.42 *Kauf eines Cap S. 420*

Aufgabe 1.43 *Verkauf eines Cap S. 420*

Aufgabe 1.44 *Kauf eines Floor S. 420*

Aufgabe 1.45 *Erwerb eines Collar S. 420*

4.6.7 Länderrisiken und ihre Beurteilung

Neben Wechselkurs- und Zinsänderungsrisiken sowie den auch im inländischen Geschäft bestehenden Unternehmensrisiken sind im Auslandsgeschäft **Länderrisiken** zu beachten. Sie betreffen nicht das Einzelgeschäft, sondern alle Geschäfte, die mit Vertragspartnern in einem Land abgeschlossen werden, gleichermaßen. Länderrisiken werden auch als politische Risiken im weiteren Sinne bezeichnet. Sie lassen sich in **politische Risiken im engeren Sinne** und wirtschaftspolitische bzw. **wirtschaftliche Länderrisiken** einteilen.

4.6.7.1 Politische Länderrisiken

Unter politischen Länderrisiken versteht man die »politisch bedingte Zahlungs- bzw. Transferunwilligkeit« von Staaten, wobei diese Unwilligkeit häufig mit der ökonomischen Unfähigkeit einhergeht, den Zahlungsverpflichtungen nachzukommen.

Die **Beurteilung** des politischen Risikos wird dadurch erschwert, dass es keine quantitativen Verfahren gibt, die dieses Risiko objektiv messen können. Von Bedeutung ist die Einschätzung

– der innen- und außenpolitischen Lage,
– der Staats- und Regierungsform,
– des Gesellschaftssystems sowie
– der Administration und der Rechtsstaatlichkeit.

4.6.7.2 Wirtschaftliche Länderrisiken

Wirtschaftliches Länderrisiko bedeutet, dass ein Staat nicht mehr in der Lage ist, Verpflichtungen in Fremdwährung, seien es die öffentlicher oder privater Haushalte oder Unternehmen, zu erfüllen, da er nicht über genügend Währungsreserven verfügt.

Man kann die **Kriterien**, anhand derer sich wirtschaftliche Länderrisiken ankündigen, in qualitative und quantitative Indikatoren unterscheiden.

– Bei der Betrachtung der **Wirtschaftslage** ist auch die Wirtschaftsstruktur sowie die praktische Wirtschaftspolitik zu beurteilen, etwa bezüglich der Frage, inwieweit es Ein- oder Ausfuhrbeschränkungen oder Devisenbewirtschaftungsmaßnahmen gibt.
– Ein häufig verwendeter quantitativer Indikator ist das **Bruttoinlandsprodukt pro Kopf** (**Pro-Kopf-Einkommen**). Diese Durchschnittsgröße muss jedoch immer im Zusammenhang mit der Einkommensverteilung gesehen werden.
– Die **Arbeitslosenquote** setzt die Anzahl der registrierten Arbeitslosen ins Verhältnis zur Gesamtzahl der abhängigen Erwerbspersonen. Die Arbeitslosenquote ist aber skeptisch zu sehen, weil nicht in jedem Land eine exakte Registrierung der Arbeitslosen erfolgt.
– Unter den monetären Indikatoren beschreibt die **Inflationsrate** den Kaufkraftverlust, gemessen an Preisindizes. Die Inflationsrate bestimmt, zusammen mit der **Wechselkursentwicklung**, auch die internationale preisliche Konkurrenzfähigkeit eines Landes.
– Ein weiteres monetäres Informationsmittel ist die **Zahlungsbilanz** eines Landes. Ein Überschuss in der Leistungsbilanz kann das wirtschaftliche Risiko verringern, ein Defizit auf mögliche außenwirtschaftliche Probleme hindeuten.
– Die **Exporteinnahmen** sind die grundsätzliche Finanzierungsquelle gegenüber dem Ausland. Verändert sich die Art oder verringert sich der Umfang des Exportaufkommens, kann sich die Fähigkeit, Zahlungsverpflichtungen nachzukommen, verschlechtern.
– Die **Importdeckung** (**Import Cover**) ist als das Verhältnis der Devisenreserven zu den monatlichen Importen definiert. Sie sagt aus, wie lange ein Land (rechnerisch) in der Lage wäre, ohne Aufnahme von Fremdmitteln das bestehende Importvolumen aufrecht zu halten.
– Die **Terms of Trade** drücken das Preisverhältnis von Export- zu Importgütern aus. Bei einer Erhöhung (Verbesserung) der Terms of Trade kann mehr importiert werden und umgekehrt.
– Die **Auslandsschuldenquote** setzt die Auslandsverschuldung ins Verhältnis zum Bruttoinlandsprodukt. Man geht im Allgemeinen davon aus, dass eine hohe Quote auch ein hohes Risiko darstellt.
– Die **Schuldendienstquote** (**Debt Service Ratio**) gibt das Verhältnis der Zins- und Tilgungszahlungen zu den Erlösen aus dem Export von Waren und Dienstleistungen an, also die Fähigkeit, den Verpflichtungen aus den laufenden Exporteinnahmen nachzukommen. Auch die **Schuldenstrukturquote** ist aufschlussreich; sie weist die Relation der kurzfristigen (bis zu ein Jahr Laufzeit) zur gesamten Auslandsverschuldung aus. Eine Erhöhung dieser Kennzahl deutet typischerweise auf einen Bonitätsverlust auf den internationalen Finanzmärkten hin.

Eine professionelle Beurteilung von Länderrisiken erfolgt turnusmäßig durch die **Kreditinstitute** sowie durch **Rating-Agenturen** (wie Moody's oder Standard & Poors). Daneben gibt es etwa den **Institutional Investor Index** des amerikanischen Wirtschaftsmagazins. Dort wird halbjährlich die Kreditwürdigkeit von Ländern durch Befragung von über 100 Experten aus international führenden Banken festgestellt. Ein international sehr gebräuchlicher Maßstab ist der amerikanische **BERI-Index** (Business Environment Risk Information), der die Risikosituation vornehmlich für Industrieunternehmen beurteilt.

Kontrollfragen

1. Welche Arten von Länderrisiken treten im Auslandsgeschäft auf?

2. Welches sind die wichtigsten Indikatoren zur Beurteilung wirtschaftlicher Länderrisiken?

3. Wo können Unternehmen Informationen über die Bonität von Ländern erhalten?

2. HAUPTTEIL: INTERNATIONALE RECHNUNGSLEGUNG NACH IAS UND US-GAAP IM VERGLEICH ZUM HGB

Bearbeitet von: Prof. Dr. Michael Wobbermin

1 Entwicklung von der nationalen zur internationalen Rechnungslegung

1.1 Zunehmende Bedeutung internationaler Rechnungslegungsvorschriften

Das **Deutsche Rechnungslegungs Standards Committee e. V.** (DRSC) legt in seinem ersten Standard DRS 1 fest, dass gemäß § 292a HGB Unternehmen von der Aufstellung eines HGB-Konzernabschlusses befreit sind, wenn diese Abschlüsse nach internationalen Rechnungslegungsstandards aufgestellt werden. Zu diesen Standards zählen nur die US-amerikanischen Rechnungslegungsvorschriften (United States Generally Accepted Accounting Principles = US-GAAP) und die International Accounting Standards (IAS).

Ein internationaler Rechnungslegungsstandard beinhaltet alle rechtlichen und sonstigen Regelungen für die Erstellung und Veröffentlichung eines Jahresabschlusses, der in seinen Auswirkungen über eine rein nationalstaatliche Grenze hinausgeht und Vorschriften für die Unternehmen auf internationaler Ebene beinhaltet.

Die Ursachen für das Zurückdrängen nationaler Regeln zugunsten international anerkannter Rechnungslegungsvorschriften sind vielfältig. Sie lassen sich wie folgt zusammenfassen:

- weltweite Globalisierung der Märkte,
- Dominanz der New Yorker Börse,
- nationale und internationale Börsenvorschriften,
- Verordnungen der Europäischen Union (EU) und
- Interesse der Kapitalanleger an international vergleichbaren Informationen und erhöhter Transparenz über konkurrierende Unternehmen.

Die nationalen Produkt- und Absatzmärkte wichtiger Industriestaaten sind in den vergangenen zehn Jahren im Wege der Globalisierung stärker zusammengewachsen als je zuvor. Hinzu kommt, dass die nationalen Kapitalmärkte nur über begrenzte Mittelkapazitäten verfügen. Die Frage der Finanzierung von Expansionen ist dabei eng verknüpft mit der Diskussion um den richtigen Produktionsstandort.

Die Produktion und die Finanzierung von Produkten und Dienstleistungen folgen zunehmend den Märkten. So fertigt **BMW** seinen Roadster in den USA, **DaimlerChrysler** den Kleinstwagen smart aus Kosten- und Marktüberlegungen in Frankreich. Neue Märkte, wie z. B. China, gilt es zu erobern. Fusionen von international tätigen Großunternehmen nehmen zu. Dies alles erfordert eine neue Sicht der Dinge.

Internationale Finanzplätze gewinnen als Folge der Globalisierung zunehmend an Bedeutung. Allen voran spielt der US-amerikanische Kapitalmarkt mit der größten Börse der Welt, der **New York Stock Exchange** (NYSE), eine herausragende Rolle. Das Listing von Aktien an der NYSE setzt bislang voraus, dass die Konzernjahresabschlüsse der Aktiengesellschaften nach US-amerikanischen Rechnungslegungsvorschriften (US-GAAP) erstellt werden. Jahresabschlüsse nach deutschem Handelsrecht (HGB) werden an der NYSE nicht anerkannt.

Der erhöhte Druck zur internationalen Bilanzierung stammt auch aus nationalen, z. B. deutschen Börsenvorschriften. So müssen Unternehmen, die am »Neuen Markt« notiert sind, ihren Konzernabschluss nach IAS oder nach US-GAAP aufstellen. Selbst für kleine Unternehmen, die im **SMAX** notiert sind, die so genannten »small caps«, verlangt die **Deutsche Börse AG** ab 2002 eine Konzernbilanzierung nach IAS oder US-GAAP.

Daneben wird die **Europäische Union** (EU) ab 2005 zumindest für den Konzernabschluss börsennotierter Unternehmen in der EU einen IAS-Abschluss verlangen.

Der Vorteil international anerkannter Rechnungslegungsvorschriften besteht in einer erhöhten Vergleichbarkeit der nationalen Jahresabschlüsse unterschiedlicher Unternehmen. Hieran sind in erster Linie Kapitalanleger und Finanzanalysten interessiert, die zumeist im Auftrag der Banken die Finanzlage eines Unternehmens zu beurteilen haben.

Selbst diesen Finanzanalysten war nur schwer zu vermitteln, warum **Daimler-Benz** für 1993, dem Jahr als die Aktien des Unternehmens erstmals an der NYSE in Form von Anteilsscheinen, »American Depository Receipts« (ADR), notiert wurden, nach HGB einen Gewinn in Höhe von 615 Mio. DM auswies und gleichzeitig nach US-GAAP ein Verlust von 1 839 Mio. DM entstand.

Dies war der entscheidende Anlass, auf den deutschen Gesetzgeber dahingehend einzuwirken, dass dieser in Zukunft zumindest auf Konzernebene nur noch einen einheitlichen Bilanzierungsstandard zulassen möge.

Ein internationaler Jahresabschluss hat eine Normierungsfunktion, wie folgende Abbildung verdeutlichen soll. Bei Anwendung nationalstaatlicher Bilanzierungsvorschriften entsteht der Eindruck, dass das Unternehmen 3 den absolut höchsten Gewinn erzielt. Dies könnte Anleger veranlassen, Aktien des Unternehmens 3 zu kaufen.

Bei Anwendung eines einheitlichen internationalen Standards, z. B. US-GAAP, könnte die Reihenfolge, bewertet nach der erzielten Gewinngröße, genau umgekehrt zugunsten von Unternehmen 1 lauten. Ein Anleger würde sich beim Übergang zu einem internationalen Rechnungslegungsstandard eventuell anders entscheiden.

Abb. 2.1: Normierungsfunkton durch einen internationalen Rechnungslegungsstandard

Daneben führt ein international akzeptierter Rechnungslegungsstandard auch zu Bestrebungen, auf nationalstaatlicher Ebene geltende materielle Bilanzierungs- und Bewertungswahlrechte, zu vereinheitlichen. Auf nationale Standards wird ein Vereinheitlichungsdruck ausgeübt.

Formelle Gründe für internationale Bilanzierungsstandards bestehen in der Schaffung einheitlicher Gliederungsschemata, z. B. für die Bilanz und die Gewinn- und Verlustrechnung (GuV), sowie einheitlichen Positionsbezeichnungen.

Somit führt das Interesse der Kapitalanleger an Transparenz und Vergleichbarkeit international operierender Unternehmen zur Forderung nach international vergleichbaren Jahresabschlüssen.

Kontrollfragen

1. *Welche internationalen Rechnungslegungsstandards gibt es?*
2. *Zählen UK-GAAP zur internationalen Rechnungslegung? Bitte begründen.*
3. *Welche Ursachen für das Entstehen internationaler Rechnungslegungsstandards gibt es?*
4. *Wie heißt die größte Wertpapierbörse der Welt und welche Rolle spielt sie für die internationale Rechnungslegung?*
5. *Welche Vorteile bietet die Anwendung von internationalen im Vergleich zu nationalen Rechnungslegungsstandards?*

1.2   Institutionelle Merkmale von US-GAAP und IAS

1.2.1   »House of GAAP«

Die Regeln der US-GAAP sind im Gegensatz zu den IAS-Vorschriften über viele Jahrzehnte gereift und äußerst vielschichtig.

Die **United States Securities and Exchange Commission** (SEC), mit Sitz in Washington (D. C.), hat als staatliche Wertpapier- und Börsenaufsichtsbehörde festgelegt, dass Unternehmen, die eine Notierung ihrer Aktien an der NYSE planen, einen Jahresabschluss nach US-GAAP vorlegen müssen. Insofern handelt es sich bei den US-GAAP um reine nationalstaatliche Vorschriften der USA, die allein auf Grund der enormen Bedeutung der New York Stock Exchange de facto Weltgeltung haben.

> US-GAAP = nationaler Rechnungslegungsstandard mit Weltgeltung

Sämtliche SEC-Verlautbarungen setzen die Vorschriften der US-Wertpapiergesetze um, zu denen vor allem der

- Securities Act (1933),
- der Securities Exchange Act (1934),
- der Investment Company Act (1940) und
- der Investment Advisers Act (1940) zählen.

Die wesentlichen **Aufgaben der SEC** bestehen in

- der Börsenaufsicht und
- dem Erlass von Rechnungslegungsvorschriften.

Die Rechnungslegungsvorschriften der SEC setzen sich vor allem aus folgenden An-ordnungen zusammen:

– **Regulation S-X** (Financial Statements Requirements): Diese Richtlinie beinhaltet Vorschriften hinsichtlich Form, Inhalt, Prüfung und Offenlegung der bei der SEC einzureichenden Jahres- und Quartalsabschlüsse.
– **Regulation S-K** (Nonfinancial Statements Requirements): Hierbei handelt es sich um Regelungen zur Veröffentlichung von nicht unmittelbar im Jahres- und Quar-talsabschluss enthaltenen Informationen. Dies sind z. B. Erläuterungen zum Ge-schäftsverlauf, gerichtliche Klagen, Aktienkursentwicklung sowie detaillierte Aus-künfte über das Management einschließlich etwaiger Familienbeziehungen.
– **Forms**: Hierunter fallen detaillierte und teilweise vorformulierte Schemata für die bei der SEC einzureichenden Berichte. Dies sind vor allem hinsichtlich der Regis-trierung der Unternehmen die
  a) S-Formblätter für US-Firmen und die
  b) F-Formblätter für ausländische Emittenten.
  c) K- und Q-Formblätter sind für die periodische Berichterstattung an die SEC ab-zugeben. US-Firmen müssen Form 10-K oder Form 10-Q für ihre Jahres- oder Quartalsberichte benutzen, während ausländische Gesellschaften Form 20-F beim Jahresabschluss und Form 6-K für die Quartalsberichterstattung einzurei-chen haben.
– **Financial Reporting Releases** (FRR) und
– **Staff Accounting Bulletins** (SAB): Bei FRR und SAB handelt es sich um Stellung-nahmen der SEC zu aktuellen Problemen der Rechnungslegung.

Die staatliche SEC hat in den zurückliegenden Jahren verschiedene privatrechtliche Normierungsgremien zur weiteren Entwicklung von Rechnungslegungsvorschriften ins Leben gerufen und teilweise wieder aufgelöst.

Von 1938 bis 1959 wurde das **Committee on Accounting Procedures** (CAP) als Standardsetter beauftragt. Es erließ insgesamt 51 Accounting Research Bulletins (ARB).

Nachfolger des CAP war das **Accounting Principles Board** (APB), das insgesamt 31 Opinions (APB Opinions) und 4 Statements veröffentlichte.

Seit 1973 wirkt, als wichtigste Institution zur Entwicklung von US-GAAP, das **Fi-nancial Accounting Standards Board** (FASB).

APB Opinions und Statements sowie ARB bleiben noch so lange gültig, bis sie durch entsprechende FASB-Verlautbarungen aufgehoben, geändert oder ersetzt werden.

Das **FASB** hat bislang vor allem folgende Vorschriften erlassen:

– 7 CON (Statements of Financial Accounting Concepts), auch gelegentlich als SFAC abgekürzt,
– 145 FAS (Statements of Financial Accounting Standards) oder SFAS und
– 44 Interpretations (FIN).

Die noch wirksamen sechs **CON** (CON 3 wurde 1985 durch CON 6: »Elements of Fi-nancial Statements« ersetzt) bilden zusammen mit den mehr theoretisch orientierten **APB Statements** die Grundlagen der US-amerikanischen Rechnungslegung.

Die CON-Vorschriften und die APB Statements zählen heute zum so genannten **Conceptual Framework** des FASB. Auf dem Conceptual Framework bauen die ein-zelnen Standards des FASB auf.

Die **Standards** (FAS) geben konkrete Detailvorschriften zur Behandlung von Rech-nungslegungsproblemen vor.

Die **FASB Interpretations** (FIN) sollen dabei helfen, noch bestehende Unklarheiten zu beseitigen.

SEC-berichtspflichtige und somit börsennotierte Unternehmen müssen die in Abbildung 1.2 dargestellten US-GAAP beachten, die für in- und ausländische Unternehmen gelten.

4. Ebene: Literatur und wissenschaftliche Theorie	Rechnungslegungsliteratur		Sonstige Rechnungslegungs- verlautbarungen: (z. B.) – Issues Papers (AICPA)
3. Ebene: Praxis	Angewandte Praktiken in der Industrie		
2. Ebene: Institution »Sonstige Vorschriften«	AICPA »SOP«	FASB »Consensus Positions« in: »Abstracts« der EITF	FASB »Technical Bulletins«
1. Ebene: Institution »Ausführungsvorschriften«	FASB »FAS«/ »FIN«	ABP »Opinions«	CAP »ARB«	(SEC) (»FRR«) (»SAB«)
Institution »Basisvorschriften«	ABP »Statements«		FASB »CON« (= «SFAC«)

Abb. 2.2: »House of GAAP«

US-GAAP werden darüber hinaus regelmäßig freiwillig von nicht börsennotierten Unternehmen angewendet.

Das »House of GAAP« besteht aus dem dargestellten Fundament und darauf aufbauenden vier Ebenen.

Die grau gerasterten Regelungen der **Ebene 1** sind auf Grund der Vorschriften der SEC verpflichtend anzuwenden und werden zu den GAAP i. e. S. gerechnet. Rechnungslegungsbezogene SEC-Verlautbarungen werden in der überwiegenden Literaturmeinung aus formalrechtlichen Gründen nicht zu den US-GAAP gezählt. Gleichwohl haben FRR und SAB normativen Charakter, wenn die SEC mit den FASB-Regelungen nicht einverstanden ist. In diesen Fällen gehören auch die in Klammern gesetzten FRR und SAB zu den GAAP i. e. S.

Die Vorschriften der **Ebene 2** haben reinen Empfehlungscharakter. Hierzu zählen:

– Statements of Position (SOP) des Berufsstands der US-amerikanischen Wirtschaftsprüfer (American Institute of Certified Public Accountants = AICPA) sowie die
– Technical Bulletins und die
– Consensus Positions der EITF (Emerging Issues Task Force)

veröffentlicht im Rahmen der EITF Abstracts, die beide vom FASB herausgegeben werden.

Auf der **dritten Ebene** werden die Vorgehensweisen der industriellen Anwendungen von Unternehmen auf Grund praktischer Erfahrungen als GAAP berücksichtigt.

Auf der **vierten Ebene** gehen die rechnungslegungsrelevante Literatur sowie sonstige Verlautbarungen beispielsweise des AICPA in die GAAP im weiteren Sinne ein.

Kontrollfragen

1. *Welche US-Wertpapiergesetze dienen als Basis für die SEC-Verlautbarungen?*
2. *Wie heißen die wichtigsten SEC-Vorschriften?*
3. *Welche privatrechtlichen Normierungsgremien hat die SEC bislang ins Leben gerufen?*
4. *Welche wichtigen Vorschriften erlässt das FASB?*
5. *Was versteht man unter dem »House of GAAP«?*
6. *Welche Bestandteile des House of GAAP zählen zu den US-GAAP im engeren Sinne?*
7. *Welche Bestandteile des House of GAAP zählen zu den US-GAAP im weiteren Sinne?*

Aufgabe 2.01 *Institutionelle Merkmale nach US-GAAP und HGB S. 422*

Aufgabe 2.02 *Aussagen nach US-GAAP S. 422*

1.2.2 IASB als Gestalter des IAS-Regelwerks

Das International Accounting Standards Committee (IASC), mit Sitz in London, wurde 1973 durch eine Vereinbarung von sich mit der Rechnungslegung befassenden Berufsverbänden aus Australien, Kanada, Frankreich, Deutschland, Japan, Mexico, den Niederlanden, Großbritannien, Irland sowie den USA errichtet.

Ziel des IASC ist es, weltweit einheitliche Standards der Rechnungslegung für alle Unternehmen aufzustellen. Im Gegensatz zu den US-GAAP sind die IAS somit ein echtes internationales Rechnungslegungssystem.

Zwischen 1983 und 2001 gehörten zu den **Mitgliedern** des IASC alle mit der Rechnungslegung befassten Berufsverbände, die Mitglieder in der International Federation of Accountants (IFAC) waren. 2001 waren dies 143 Mitgliedsorganisationen aus 104 verschiedenen Ländern.

Die IAS wurden bis 2001 von dem IASC entwickelt. Durch eine Umstrukturierung wurde das IASC mit Wirkung ab 1. 4. 2001 umbenannt in **International Accounting Standards Board** (IASB).

IASC seit 2001 in IASB umbenannt

Durch eine Satzungsänderung des IASC wurde mit Wirkung ab 1. 1. 2001 die Mitgliederidentität zwischen IFAC und IASC aufgehoben, so dass die Mitglieder in Zukunft auch aus anderen beruflichen Bereichen kommen werden.

Aus deutscher Sicht sind das Institut der Wirtschaftsprüfer in Deutschland e. V. (IDW), die Wirtschaftsprüferkammer (WPK), beide mit Sitz in Düsseldorf, sowie das DRSC im IASB vertreten.

Trägerorganisation des IASB ist die im März 2001 gegründete **IASC Foundation** (IASCF).

Die wesentlichen Organe dieser Organisation sind die im Rahmen der Restrukturierung des IASC neu geschaffenen

- Trustees (Treuhänder),
- das Board,
- das Standing Interpretations Committee (SIC), seit 2001 International Financial Reporting Interpretations Committee (IFRIC) genannt und
- der Standards Advisory Council (SAC).

Die IASCF-Struktur ist in folgender Abbildung dargestellt:

Abb. 2.3: Organe des IASCF

Das **IASCF** ist eine unabhängige juristische Person unter der Führung von 19 Trustees (Treuhändern), deren Aufgaben im Wesentlichen darin bestehen, die Mitglieder des IASB, des IFRIC (SIC) und des SAC zu ernennen, die Aktivitäten des IASB zu überwachen, seine Finanzierung zu sichern und über mögliche Satzungsänderungen zu entscheiden.

Das **International Accounting Standards Board** (IASB) führt gemäß der von der IASC beschlossenen Satzung die Geschäfte und dient als Normierungsgremium. Seine Aufgaben bestehen vor allem in der Verabschiedung des Regelwerks und in der Kontaktpflege zu nationalen Standardsettern.

Das Board besteht aus 14 Mitgliedern. Für die Verabschiedung eines Standards sind acht Stimmen notwendig. Der derzeitige deutsche Vertreter im IASB heißt Dr. Hans-Georg Bruns, ehemaliger Bilanzchef von DaimlerChrysler. Zu seinen wichtigsten Aufgaben zählt die Kontaktpflege zum DRSC.

Neben den IAS werden so genannte SIC-Interpretationen durch das 1997 gegründete **Standing Interpretations Committee** (SIC) herausgegeben, mit der Aufgabe, strittige Fragen der Auslegung von einzelnen IAS zu klären. Dieses aus 12 Mitgliedern bestehende Committee ist durch die Umstrukturierung des IASC 2001 in **International Financial Reporting Interpretations Committee** (IFRIC) umbenannt worden.

Die SIC-Interpretationen sollen bis zu einer Überarbeitung durch das Board weiterhin gültig bleiben. Zukünftige Interpretationen werden demnach als »IFRIC Interpretations« herausgegeben werden.

Der **Standards Advisory Council** (SAC) umfasst rund 50 Personen und Organisationen sowie offizielle Beobachter unterschiedlicher geographischer und beruflicher Herkunft. Die vorrangige Aufgabe des SAC ist es, das Board und teilweise auch die Trustees in fachlichen und sonstigen Fragen zu beraten.

Neben den IAS und IFRIC/(SIC)-Interpretationen hat das IASB ein **Rahmenkonzept** (Framework) für die Aufstellung und Darstellung von Abschlüssen den IAS vorangestellt sowie eine **Vorwort** (Preface) zu den IAS entwickelt, das die Ziele und Verfahrensregeln des IASB erläutert. In Einzelfällen veröffentlicht das IASB **Hintergrund-materialien** (Basis for Conclusions) zu einzelnen IAS.

Das Rahmenkonzept stellt somit die Basis der IAS-Rechnungslegung dar, auf dem die einzelnen IAS aufbauen und durch IFRIC/(SIC) Interpretations näher konkretisiert werden.

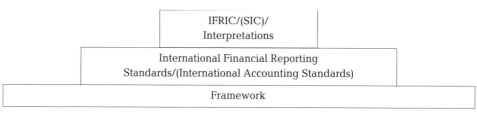

IFRIC/(SIC)/
Interpretations

International Financial Reporting
Standards/(International Accounting Standards)

Framework

Abb. 2.4: Struktur der Rechnungslegungsvorschriften nach IAS

Die wesentlichen IASB-Vorschriften sind in folgender Abbildung dargestellt:

41 »Standards«	25 »Inter-pretations«	»Framework«	»Preface«	»Basis for Conclusions«

Abb. 2.5: Regulierungsvorschriften des IASB

Die »**Standards**« sind grundsätzlich folgendermaßen aufgebaut:

- Zielsetzung des Standards (»Objective«),
- Anwendungsbereich (»Scope«),
- Definitionen (»Definitions«),
- anzuwendende Vorschriften und Erläuterungen,
- erläuternde Angaben (»Disclosure«),
- u. U. Übergangsvorschriften (»Transitional Provisions«),
- Zeitpunkt des Inkrafttretens (»Effective Date«).

Die **IAS** lassen sich hinsichtlich ihrer Überarbeitungsstufe einteilen in

- unüberarbeitete Standards,
- redaktionell überarbeitete und umgegliederte Standards (»reformatted versions«),
- vollständig überarbeitete Standards (»revised versions«).

Sie befassen sich mit abgegrenzten Bereichen der Rechnungslegung und folgen keiner einheitlichen Systematik.

2001 hat das IASB beschlossen, künftig neue Standards als **International Financial Reporting Standards** (IFRS) zu benennen. Die bestehenden IAS sollen weiterhin als solche bezeichnet werden, bis sie vom Board überarbeitet werden.

IAS = bestehende IAS + neue IFRS (nach 2001)

Die »**Interpretations**« des IFRIC/(SIC) legen Sachverhalte im Rahmen der bestehenden IAS aus, ohne neue Sachverhalte zu schaffen.

Ein Abschluss gilt als mit den IAS übereinstimmend, wenn er den Anforderungen der einzelnen Standards und der eventuell vorhandenen einzelnen Interpretationen genügt (IAS 1.11).

Das »**Framework**« gilt als konzeptionelle Grundlage für die IAS und wird herangezogen, wenn für ein bestimmtes Rechnungslegungsproblem entweder kein Standard existiert oder dieser Standard keine eindeutige Aussagen zulässt. Es dient somit als Auslegungs- und Orientierungshilfe (IAS 1.22).

Das Rahmenkonzept beinhaltet folgende Erläuterungen:

– Zielsetzung von Abschlüssen,
– zugrunde liegende Annahmen des Abschlusses,
– qualitative Anforderungen an den Abschluss,
– Definition der Abschlussposten,
– Ansatz von Abschlussposten,
– Bewertung der Abschlussposten.

Es richtet sich an das

– IASB,
– den Jahresabschlussersteller und deren
– Prüfer sowie an die
– Jahresabschlussadressaten und sonstige an der Rechnungslegung Interessierte

und dient damit als Grundlage für die Erarbeitung neuer sowie die Auslegung bestehender IAS. Bei Kollisionen zwischen Standard und Framework geht ein IAS dem Framework vor.

Der Regelungsumfang des IASB ist im Vergleich zu US-GAAP deutlich geringer. Bislang wurden 41 IAS-Regeln erlassen, von denen 7 wieder aufgehoben wurden. Bei den SIC-Regelungen ist man bei SIC-25 angelangt, von denen 24 anzuwenden sind.

Im Gegensatz zu US-GAAP gibt es im Normensystem des IASB keine voneinander abweichenden Hierarchieebenen, die mit unterschiedlichen Standardsettern besetzt sind. Nur die Organe des IASB gelten als Standardsetter.

> Im Gegensatz zu US-GAAP gibt es **kein** »House of IAS« mit unterschiedlichen hierarchiebezogenen Standardsettern.

Kontrollfragen

1. *Warum sind die IAS im Gegensatz zu US-GAAP ein echtes internationales Rechnungslegungssystem?*
2. *Wer war bis 2001 Mitglied im IASC?*
3. *Wie heißen die Organe des IASB?*
4. *Welche Aufgaben hat ein Trustee?*
5. *Welche Aufgaben hat ein Mitglied des Board?*
6. *Was verbirgt sich hinter den Abkürzungen SIC oder IFRIC?*
7. *Wie heißen die künftigen IAS?*
8. *Gibt es ein den US-GAAP-Regeln vergleichbares »House of IAS«?*

Aufgabe 2.03 *Institutionelle Merkmale nach IAS S. 423*

Aufgabe 2.04 *Aussagen nach IAS S. 423*

1.3   Internationale Rechnungslegung aus deutscher Sicht

1.3.1   Befreiende Konzernabschlüsse nach § 292a HGB

Die Diskussion über die internationale Rechnungslegung wurde in Deutschland 1993 eröffnet, als Daimler-Benz-Aktien erstmals an der New Yorker Börse notierten. Das »Listing« verpflichtete das Unternehmen, in Übereinstimmung mit Regulation S-X, für eine Übergangsphase, zumindest eine Konzern-Überleitungsrechnung (Reconciliation), gemäß »Option 1«, von Ergebnis und Eigenkapital nach HGB zum »Net Income« und »Stockholders' Equity« nach US-GAAP vorzulegen. Ein vollständiger Konzernjahresabschluss nach US-GAAP gemäß »Option 2« wurde dann erstmals für das Geschäftsjahr 1996 erstellt.

In der Folgezeit publizierten eine Vielzahl deutscher Unternehmen internationale Abschlüsse, sei es aus Wettbewerbsgründen oder in Verbindung mit der Börsennotierung in New York. Die betreffenden Unternehmen waren verpflichtet, neben der Steuerbilanz drei weitere Jahresabschlüsse (Einzelabschluss nach HGB, Konzernabschluss nach HGB und IAS oder US-GAAP) einschließlich handelsrechtlichen Lageberichten für Einzel- und Konzernabschluss vorzulegen.

1997 wurde in Deutschland ein neues Börsensegment geschaffen. Die Zulassungsvoraussetzungen für diesen »Neuen Markt« verpflichten seither die teilnehmenden Unternehmen zur Konzernbilanzierung nach internationalen Maßstäben (IAS oder US-GAAP).

Der deutsche Gesetzgeber hatte ein Einsehen und erließ mit dem **Kapitalaufnahmeerleichterungsgesetz** (KapAEG v. 20. 4. 1998, BGBL I 1998, S. 707 ff.) eine Befreiungsregelung dahingehend, dass börsennotierte Mutterunternehmen, die einen internationalen Konzernjahresabschluss vorlegen, auf einen HGB-Konzernabschluss verzichten können.

Diese Bestimmung ist letztmals auf das Geschäftsjahr anzuwenden, das spätestens am 31. 12. 2004 endet. Danach muss der deutsche Gesetzgeber eine Festlegung des dann endgültig anzuwendenden Bilanzierungsstandards treffen (§ 292a HGB).

> Befreiende Konzernabschlüsse nach § 292a HGB:
> Ein IAS- oder ein US-GAAP-Konzernabschluss
> kann einen HGB-Konzernabschluss ersetzen.

Nur wenige Tage später wurde das **Gesetz zur Kontrolle und Transparenz im Unternehmensbereich** (KonTraG v. 27. 4. 1998, BGBL I 1998, S. 786 ff.) veröffentlicht. Für die Konzernberichterstattung verlangt das Artikelgesetz von börsennotierten Mutterunternehmen seither eine Erweiterung des Konzernanhangs um eine Kapitalflussrechnung und eine Segmentberichterstattung.

Unter **börsennotiert** wird seit KonTraG in Auslegung von § 3 AktG eine Zulassung der Aktien in den Börsenhandelsegmenten »Amtlicher Handel«, »Geregelter Markt« und »Neuer Markt« verstanden.

Darüber hinaus schuf KonTraG in Anlehnung an internationale Bräuche einen deutschen Standardsetter (Deutsches Rechnungslegungs Standards Committee e. V. – **DRSC**), der, wie das IASB in London oder das FASB in den USA, an der Weiterentwicklung des nationalen deutschen Bilanzrechts maßgeblich mitzuwirken hat. Rechtsgrundlage für das DRSC ist § 342 Abs. 1 HGB.

Die **Aufgaben des DRSC** bestehen gemäß § 342 Abs. 1 HGB in:

(1) Entwicklung von Empfehlungen zur Anwendung der Grundsätze über die Konzernrechnungslegung,
(2) Beratung des Bundesministeriums der Justiz bei Gesetzgebungsvorhaben zu Rechnungslegungsvorschriften und
(3) Vertretung der Bundesrepublik Deutschland in internationalen Standardisierungsgremien.

Im Gegensatz zu IASB und FASB ist das DRSC ein nationaler Standardsetter. Durch den **Deutschen Standardisierungsrat (DSR)** wirkt es an der Gestaltung nationaler Rechnungslegungsstandards mit.

Abb. 2.6: Standardsetter

Das **Kapitalgesellschaften- und Co-Richtlinie-Gesetz** (KapCoRiLiG v. 24. 2. 2000, BGBL I 2000, S. 154 ff.) erweiterte die Befreiungsregelung von § 292a HGB, wonach nicht mehr das Mutterunternehmen selbst börsennotiert sein muss, vielmehr reicht es aus, wenn ein Tochterunternehmen des Konzerns börsennotiert ist.
    Der Begriff »Börsennotierung« wurde durch eine Änderung von § 292a HGB im Rahmen von KapCoRiLiG ausgeweitet und auf Unternehmen jedweder Rechtsform ausgedehnt, die einen organisierten Markt im Sinne des § 2 Abs. 5 Wertpapierhandelsgesetz (WpHG) in Anspruch nehmen.
    Dies bedeutet konkret, dass z. B. die Robert Bosch GmbH, da sie eine Anleihe begeben hat, in Zukunft im Konzern international bilanzieren könnte, was durch KapAEG in der ursprünglichen Form nicht möglich war.

> Eine GmbH kann unter bestimmtem Voraussetzungen mit befreiender Wirkung international bilanzieren.

Kontrollfragen
1. *Was versteht die SEC unter einer Option 1 und einer Option 2?*
2. *Wie viele Abschlüsse musste ein deutsches Unternehmen, dessen Aktien an der New Yorker Börse notieren, vor KapAEG 1998 aufstellen?*

3. *Wie viele Abschlüsse waren es nach Einführung von KapAEG?*
4. *Welche wesentlichen Neuerungen für die Rechnungslegung brachte das KonTraG 1998?*
5. *Wie lauten die Aufgaben des DRSC?*
6. *Welche zusätzlichen Neuerungen für die internationale Rechnungslegung brachte das KapCoRiLiG 2000?*

Aufgabe 2.05 *Nationale und internationale Abschlüsse S. 424*

1.3.2 Aktuelle Entwicklungen und Perspektiven

2000 hat die **International Organization of Securities Commissions** (IOSCO), der internationale Dachverband der Wertpapier- und Börsenaufsichtsstellen, empfohlen, die IAS bei grenzüberschreitenden Börsennotierungen anzuwenden. Allerdings stellt sie ihren Mitgliedern, zu denen auch die SEC zählt, frei, weitere Überleitungen zu nationalem Recht zu verlangen. Auch sind einige IAS-Regelungen durch die Empfehlung nicht abgedeckt.

Den aktuellsten Beitrag zur internationalen Bilanzierung hat der EU-Ministerrat geleistet, der am 6. 6. 2002 die Verordnung über die Anwendung internationaler Rechnungslegungsgrundsätze verabschiedet hat.

Danach müssen für Geschäftsjahre, die am oder nach dem 1. 1. 2005 beginnen, alle börsennotierten Unternehmen in der EU einen Konzernabschluss nach IAS vorlegen. Da es sich um ein so genanntes Komitologie-Verfahren handelt, ist ein gesetzlicher Umsetzungsakt in den einzelnen EU-Ländern nicht notwendig.

> EU verlangt ab 2005 einen Konzernabschluss nach IAS.

Der EU-Beschluss hat die Wiedereinführung einer Diskriminierung zur Folge. Ein US-GAAP-Abschluss, wie z. B. der von DaimlerChrysler oder SAP, wird ab 2005 nicht mehr befreiend wirken. Diese Unternehmen sind, auf Grund der Notierung ihrer Aktien an der NYSE, gezwungen, neben der Steuerbilanz, wie in den Zeiten vor KapAEG, drei weitere Jahresabschlüsse vorzulegen. Es sei denn, die SEC akzeptiert bis zu diesem Zeitpunkt IAS-Abschlüsse für die NYSE.

Aus diesem Grund hat der EU-Ministerrat eine wesentliche Änderung im ursprünglichen Entwurf beschlossen. Diese soll bewirken, dass europäische Unternehmen, die auch in den USA gelistet sind, einen Aufschub zur Anwendung der IAS-Regeln bis 2007 erhalten.

Eine mögliche Diskriminierung von US-GAAP-Abschlüssen ist somit zumindest um zwei weitere Jahre hinausgeschoben worden.

> US-GAAP-Abschlüsse werden ab 2007 eventuell diskriminiert.

Der Chief Accountant der SEC, Robert Herdman, ist anlässlich einer Tagung der Schmalenbach-Gesellschaft für Betriebswirtschaft der Gefahr einer möglichen Diskriminierung von US-GAAP-Abschlüssen entgegengetreten. Er ließ durchblicken, dass er die Hoffnung habe, IAS und US-GAAP könnten sich bis 2005/2007 so weit angeglichen haben, dass es keine Rolle mehr spiele, ob nach IAS oder US-GAAP bilanziert werde (FAZ v. 20.04.2002, S. 14).

Als noch weitreichender stellt sich die Absicht der EU heraus, den Mitgliedsstaaten die Option einzuräumen, den **Einzel- und Konzernabschluss** aller Unternehmen (Personengesellschaften und Kapitalgesellschaften einschließlich & Co-Gesellschaften) auf IAS umstellen zu können.

Inwieweit sich dies mit dem deutschen Maßgeblichkeitsprinzip der Handelsbilanz für die Steuerbilanz verträgt (vgl. § 5 Abs. 1 EStG), wird intensiv diskutiert (vgl. z. B. Niehus, R. J.: »Auch für Einzelabschlüsse gelten grundsätzlich die IAS«? In: WPg, 2001, S. 737 ff.).

Eine Ausdehnung der IAS-Regeln auch auf den Einzelabschluss hätte für Deutschland weitreichende nationale steuerrechtliche Konsequenzen.

> EU empfiehlt die Anwendung der IAS für den Einzelabschluss.

Ab 2002 verlangt die Deutsche Börse AG von den Unternehmen, die im **SMAX** notieren, eine Konzernbilanzierung nach internationalen Grundsätzen.

Wie weit die internationale Konzernbilanzierung in Deutschland fortgeschritten ist, zeigt die Tatsache, dass derzeit sämtliche im DAX 30 notierten Unternehmen internationale Standards anwenden. Im MDAX sind dies schon rund 50 % aller notierten Gesellschaften.

Eine wichtige Frage wird in Zukunft sein, ob die SEC für ausländische Unternehmen die Anwendung von IAS-Regeln für eine Notierung in New York zulässt. Bislang war die SEC davon weit entfernt. Sie gab vor, dass sie in der Anerkennung von IAS-Regeln auf internationaler Ebene eine potenzielle Benachteiligung US-amerikanischer Firmen sehe, für die, auch nach einer möglichen Akzeptanz von IAS, die US-GAAP-Regeln maßgeblich blieben. Inwieweit inzwischen ein Sinneswandel eingetreten ist, wie obige Stellungnahme des Chief Accountant der SEC, Robert Herdman, vermuten lässt, bleibt abzuwarten.

Eine Zusammenstellung der wichtigsten Fakten zur Entwicklung der internationalen Rechnungslegung aus deutscher Sicht enthält folgender Überblick:

Jahr	Ereignis	Konsequenzen für deutsche Unternehmen
1993	Daimler-Benz AG: Notierung von Aktien an der New York Stock Exchange	Erstellung von vier Jahresabschlüssen durch Daimler-Benz: – Einzelabschluss/Lagebericht nach HGB – Konzernabschluss/Lagebericht nach HGB – Konzernabschluss nach US-GAAP – Steuerbilanz gemäß Steuerrecht
1993 ff.	Die Anzahl deutscher Unternehmen, die international bilanzieren nimmt deutlich zu. Ursachen: – intensiver globaler Wettbewerb – Notierung der Aktie an der New Yorker Börse	Weitere Unternehmen (z. B. BASF und Deutsche Bank) erstellen ebenfalls vier Jahresabschlüsse ohne zu diesem Zeitpunkt in New York notiert zu werden: – Einzelabschluss/Lagebericht nach HGB – Konzernabschluss/Lagebericht nach HGB – Konzernabschluss nach IAS oder US-GAAP – Steuerbilanz gemäß Steuerrecht

Abb. 2.7: Meilensteine der internationalen Rechnungslegung aus deutscher Sicht

Jahr	Ereignis	Konsequenzen für deutsche Unternehmen
1997	Einführung des »Neuen Markts«	Unternehmen des »Neuen Markts« müssen Konzernbilanz nach IAS oder US-GAAP erstellen
1998	KapAEG: Befreiende Konzernabschlüsse für »börsennotierte Mutterunternehmen« (Aktiengesellschaften) gemäß § 292a HGB (Regelung gültig bis Ende 2004)	Erstellung von nur noch drei Jahresabschlüssen: – Einzelabschluss/Lagebericht nach HGB – Konzernabschluss/Lagebericht nach HGB oder IAS oder US-GAAP – Steuerbilanz gemäß Steuerrecht
	KonTraG	Für börsennotierte Mutterunternehmen konzernweite Einführung von Kapitalflussrechnung und Segmentberichterstattung sowie Einrichtung des DRSC
2000	KapCoRiLiG	Ausdehnung von § 292a HGB auf Unternehmen jedweder Rechtsform, die einen organisierten Fremdkapitalmarkt in Anspruch nehmen, wie z. B. eine GmbH, die eine Anleihe begibt
2000	IOSCO spricht sich für die weltweite Anwendung von IAS bei grenzüberschreitenden Börsenzulassungen aus	Empfehlung wird mit Einschränkungen ausgesprochen. Spielraum für SEC, auf US-GAAP für ausländische Unternehmen zu beharren
2001	EU-Kommission: Entwurf einer EU-Verordnung für die verbindliche Vorgabe von IAS ab 2005 für den Konzernabschluss und eventuell den Einzelabschluss	Ab **2005** für börsennotierte Unternehmen Erstellung zumindest von drei Jahresabschlüssen: – Einzelabschluss nach HGB und/oder nach IAS – Konzernabschluss nach IAS – Steuerbilanz gemäß Steuerrecht Gefahr der Diskriminierung bei US-GAAP-Bilanzierung: Für deutsche Unternehmen, die an der New Yorker Börse notiert sind, Erstellung eines zusätzlichen Konzernabschlusses nach US-GAAP, falls SEC weiterhin auf US-GAAP für gelistete ausländische Unternehmen beharrt Ab 2005 für alle Unternehmen Erstellung von mindestens drei Jahresabschlüssen: – Einzelabschluss nach HGB und/oder nach IAS – Konzernabschluss nach HGB und/oder nach IAS – Steuerbilanz gemäß Steuerrecht
2002	EU-Ministerrat verabschiedet überarbeitete Verordnung zur Einführung von IAS	Zustimmung zum Entwurf der EU-Kommission aus 2001, verbunden mit einem Aufschub zur Anwendung der IAS-Regeln für europäische Unternehmen, die auch in den USA gelistet sind, bis **2007**.
2002	Deutsche Börse AG: IAS oder US-GAAP für SMAX-Unternehmen vorgeschrieben	Ausdehnung der internationalen Konzernbilanzierung nach IAS oder US-GAAP auch auf kleine börsennotierte Unternehmen (»small caps«)

Abb. 2.7: Meilensteine der internationalen Rechnungslegung aus deutscher Sicht (Fortsetzung)

Kontrollfragen

1. *Wie lautet die Empfehlung der IOSCO aus dem Jahr 2000 hinsichtlich der internationalen Rechnungslegung?*
2. *Wie hat sich die EU bezüglich der Festlegung auf einen internationalen Bilanzierungsstandard entscheiden?*
3. *Welche Art von Abschlüssen werden unter bestimmten Voraussetzungen als Folge der EU-Regelung dann diskriminiert?*
4. *Welche Konsequenzen könnten sich eventuell für das deutsche Steuerrecht aus dem Kampf zwischen der EU – für IAS – und der SEC – für US-GAAP – ergeben?*

Aufgabe 2.06 *Möglicher Konflikt zwischen US-GAAP- und IAS-Abschluss S. 424*

2 Grundlagen internationaler Rechnungslegungsvorschriften im Vergleich zum HGB

2.1 Rechtliche Prinzipien und Rechnungslegungszwecke

Im Gegensatz zum deutschen Handelsrecht, das auf der Basis gesetzlicher Vorschriften (»code law«) funktioniert, stellen die US-GAAP-Regeln »case law« dar. Diese Regeln werden neben der SEC von privatrechtlichen Normierungsgremien, wie z. B. dem FASB, erlassen und einzelfallbezogen durch Richter entschieden.

Die vom IASB herausgegebenen IAS stellen bislang reine privatwirtschaftliche Empfehlungen ohne Rechtskraft (»soft law«) dar. Dies wird sich durch die oben erwähnte EU-Initiative ab 2005 ändern, wenn IAS-Regelungen, z. B. in das HGB, übernommen werden.

Neben rechtsformspezifischen Vorschriften, wie z. B. AktG und GmbHG, sind sämtliche handelsrechtlichen Vorschriften im HGB enthalten. Neben den gesetzlichen Vorschriften kommt in Deutschland der höchstrichterlichen Rechtsprechung eine erhebliche Bedeutung zu.

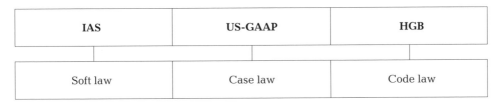

Abb. 2.8: Rechtliche Einordnung der Rechnungslegungsvorschriften

Die IAS sind in erster Linie am Informationsinteresse von Investoren ausgerichtet, die als repräsentativ für andere Gruppen gelten (F.10).

Die US-GAAP wenden sich an gegenwärtige und potenzielle Investoren, Gläubiger und andere Adressaten, um ihnen eine Entscheidungsgrundlage zu liefern (CON 1.34 ff.).

Das deutsche Handelsrecht richtet sich nicht an einen besonderen Adressatenkreis. Das im HGB geltende Vorsichtsprinzip und die Ermittlung eines unbedenklich ausschüttungsfähigen Gewinns bewirken, dass im Zweifel das Gläubigerinteresse höher zu gewichten ist als das Interesse der Eigentümer.

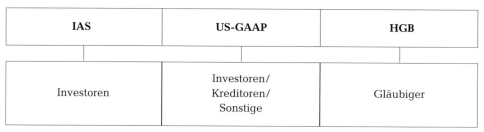

IAS	US-GAAP	HGB
Investoren	Investoren/ Kreditoren/ Sonstige	Gläubiger

Abb. 2.9: Adressaten der Rechnungslegung nach IAS/US-GAAP und HGB

Die Anwendung des Vorsichtsprinzips nach HGB führt dazu, dass Erfolge oder Vermögenswerte eher zu niedrig und Aufwendungen und Schuldenpositionen eher zu hoch ausgewiesen werden. Rechnungslegungsziel ist es, einen Gewinn auszuschütten, der genügend Haftungssubstanz für die Gläubiger übrig lässt.

Nach IAS und US-GAAP steht die periodengerechte Erfolgsermittlung im Mittelpunkt der Rechnungslegung. Das Interesse der Investoren oder Aktionäre soll durch möglichst hohe Gewinnausweise geweckt werden. Das Vorsichtsprinzip rückt in den Hintergrund.

Kriterien	IAS/US-GAAP	HGB
Zweck der Rechnungslegung	Schutz der Aktionäre oder Investoren	Schutz der Gläubiger
Umsetzung	möglichst hohe Periodengewinne	Ausweis angemessener Gewinne
Vorsichtsprinzip	weniger wichtig	fundamental

Abb. 2.10: Konzepte internationaler Rechnungslegung im Vergleich zum HGB

Die Rechnungslegung nach steuerrechtlichen Vorschriften wird nach IAS völlig getrennt von nationalen steuerlichen Vorschriften. Eine Übernahme steuerrechtlicher Werte in einen IAS-Abschluss ist grundsätzlich ausgeschlossen.

Die US-GAAP-Rechnungslegung ist streng getrennt von der steuerlichen Gewinnermittlung. Beide Rechenwerke sind vollständig voneinander losgelöst. Nur für den Sonderfall der Anwendung des Lifo-Verbrauchsfolgeverfahrens gibt es zumindest teilweise eine umgekehrte Maßgeblichkeit.

Nach HGB und Steuerrecht gilt das Maßgeblichkeitsprinzip, wonach der Einzelabschluss nach HGB Grundlage für die steuerliche Gewinnermittlung (§ 5 Abs. 1 EStG) und für die Ausschüttungsbemessung ist. Die aktuellen Änderungen im Steuerrecht haben diesen Grundsatz verstärkt aufgehoben.

Die IAS gelten gleichermaßen für den Einzel- und Konzernabschluss, soweit nicht bestimmte Regelungen auf ein Rechenwerk abstellen. Für US-GAAP ist nur der Konzernabschluss aussagekräftig. Soweit nicht spezifische Vorschriften es verlangen, ersetzt der Konzernabschluss den Einzelabschluss.

Kriterien	IAS	US-GAAP	HGB
Einfluss des Steuerrechts	Strikte Trennung von IAS und Steuerrecht	Steuerrecht getrennt von US-GAAP (Ausnahme: Lifo)	Handelsbilanz maßgeblich für Steuerbilanz
Einzelabschluss	Wenige Vorschriften	Unbedeutend	Bedeutend mit Rechtsfolgen
Konzernabschluss	Vorrangiger Abschluss	Wichtigster Abschluss	Rein informativer Abschluss

Abb. 2.11: Das Maßgeblichkeitsprinzip und die internationale Rechnungslegung

Der Konzernabschluss nach HGB ist bislang rein betriebswirtschaftlicher Natur und ergänzt den Einzelabschluss um zusätzliche Informationen. Rechtliche Ansprüche lassen sich nur aus dem Einzelabschluss ableiten.

Kontrollfragen

1. *Was bedeuten die Begriffe »code law«, »case law« und »soft law« im Zusammenhang mit internationalen Rechnungslegungsstandards?*
2. *An wen richten sich IAS, US-GAAP und HGB?*
3. *Welche wesentlichen Konzepte der Rechnungslegung verbergen sich hinter IAS, US-GAAP und HGB?*
4. *Welche Rolle spielt das Steuerrecht im Rahmen der internationalen Rechnungslegung im Vergleich zum HGB?*

Aufgabe 2.07 *Das Vorsichtsprinzip S. 424*

2.2   Bestandteile des Jahresabschlusses

2.2.1   IAS im Vergleich zum HGB

Die Bestandteile eines Jahresabschlusses (financial statements) nach IAS sind in folgender Abbildung dargestellt:

(1) Balance sheet	Bilanz
(2) Income statement	Gewinn- und Verlustrechnung
(3) Statement of changes in equity	Eigenkapitalveränderungsrechnung
(4) Cash flow statement	Kapitalflussrechnung
(5) Accounting policies and Explanatory notes	Bilanzierungs- und Bewertungsmethoden sowie erläuternde Anhangangaben

Abb. 2.12: Bestandteile des Jahresabschlusses nach IAS

Sie sind in IAS 1 festgelegt sowie in SIC-8 und SIC-18 hinsichtlich erstmaliger Anwendung und Stetigkeit ergänzend erläutert. Sie gelten für den Einzel- und Konzernabschluss.

Nach IAS 1.7 wird neben Bilanz, GuV und Anhang eine Eigenkapitalveränderungsrechnung und eine Kapitalflussrechnung verlangt. Die Eigenkapitalveränderungsrechnung hat entweder sämtliche Veränderungen des Eigenkapitals oder die Veränderungen darzustellen, die nicht durch Kapitaltransaktionen mit Eigentümern und Ausschüttungen an Eigentümer entstehen.

Ein **Lagebericht** ist nach IAS nicht vorgeschrieben. Gleichwohl empfiehlt IAS 1.8 den Unternehmen, außerhalb des Abschlusses einen Bericht über die Unternehmenslage durch das Management zu veröffentlichen, der die wesentlichen Merkmale der Vermögens-, Finanz- und Ertragslage des Unternehmens sowie die wichtigsten Unsicherheiten beschreibt und erläutert, denen sich das Unternehmen gegenübersieht.

> IAS schreiben keinen, dem HGB vergleichbaren Lagebericht vor.

Bei börsennotierten Unternehmen ist obiger Jahresabschluss um eine **Segmentberichterstattung** (segment reporting) gemäß IAS 14 (rev. 1997) und um die Kennzahl »**Ergebnis je Aktie**« (earnings per share) nach IAS 33.1 zu ergänzen.

Die IAS-Vorschriften sind umfangreicher als die Regelungen nach HGB. Das deutsche **Handelsrecht** zählt zum Jahresabschluss Bilanz, GuV und Anhang, die jeweils für den Einzel- (§ 264 Abs. 1 HGB) und den Konzernabschluss (§ 297 Abs. 1 HGB) zu erstellen sind. Die Lageberichte für den Einzel- und den Konzernabschluss ergänzen den Jahresabschluss, ohne Bestandteil des Abschlusses zu sein. Sie sind größenabhängig nach § 267 HGB zu erstellen.

(1) Bilanz
(2) Gewinn- und Verlustrechnung (GuV)
(3) Anhang

Abb. 2.13: Bestandteile des Jahresabschlusses nach HGB

Seit KonTraG müssen börsennotierte Mutterunternehmen gemäß § 297 Abs. 1 HGB den Jahresabschluss um eine **Kapitalflussrechnung** und eine **Segmentberichterstattung** innerhalb des Konzernanhangs ergänzen. Das HGB hat sich damit den IAS angenähert.

Die Befolgung der gesetzlichen Vorschriften sowie der Grundsätze ordnungsmäßiger Buchführung (GoB, z. B. in § 238 Abs. 1 HGB) führt zu einem Abschluss, der ein den tatsächlichen Verhältnissen entsprechendes Bild der Vermögens-, Finanz- und Ertragslage vermittelt.

Wird die Vermögens-, Finanz- und Ertragslage nach IAS anhand der financial statements angemessen dargestellt, so ist der Grundsatz der »**fair presentation**« (IAS 1.10) realisiert. Der Abschluss vermittelt einen wahren und richtigen Einblick in das Unternehmen (»true and fair view«).

Vermittlung eines den tatsächlichen Verhältnissen
entsprechenden Bildes der Vermögens-, Finanz- und Ertragslage
gemäß IAS 1.10 oder § 264 Abs. 2 HGB
▼
Generalklausel der Rechnungslegung nach IAS/HGB:
»True and fair view«/»Fair presentation«

Dieser Grundsatz ist als »**overriding principle**« ausgelegt und kann in äußerst seltenen Umständen zum Abweichen von einzelnen IAS führen, wenn die Generalnorm erfüllt werden soll (IAS 1.13).

Generalnorm der »fair presentation«
▼
Auslegung als »overriding principle«
▼
Generalnorm kann Einzelvorschriften brechen

Nach IAS 1.49/1.52 ist ein Abschluss mindestens jährlich aufzustellen und sollte sechs Monate nach dem Bilanzstichtag offen gelegt werden. Das IASB verpflichtet kein Unternehmen zur **Quartalsberichterstattung**. IAS 34 (Interim Financial Reporting) enthält Vorschriften zur Zwischenberichterstattung, die durch nationale Gesetze, Börsenverordnungen oder freiwillig vorgegeben oder erstattet werden.

Börsennotierte Unternehmen müssen in Deutschland dagegen Quartalsberichte erstellen. DRS 6 hat hierzu nähere Ausführungsbestimmungen definiert. Für die Offenlegung der Jahresabschlüsse besteht eine einheitliche Frist von bis zu einem Jahr (§ 325 Abs. 1 HGB).

Das deutsche Handelsrecht verlangt einen detaillierten **Anlagenspiegel** für das gesamte Anlagevermögen (§§ 268 Abs. 2, 298 Abs. 1 HGB). Nach IAS beschränkt sich der Anlagenspiegel (reconciliation of the carrying amount at the beginning and end of the period of each class of property, plant and equipment) auf das Sachanlagevermögen und den Goodwill (IAS 1.73 i. V. m. 16.60e, 22.88 und 22.91).

Größenabhängige Befreiungen bei Aufstellung, Prüfung und Offenlegung des Jahresabschlusses sind nach IAS nicht vorgesehen. Es bestehen allerdings Erleichterungen für nicht börsennotierte Unternehmen bezüglich

– Segmentberichterstattung
– Ergebnis je Aktie und
– Zwischenberichterstattung.

Nach § 267 HGB gibt es für die Aufstellung, Prüfung und Offenlegung des Jahresabschlusses und des Lageberichts für den Einzelabschluss Formatregelungen nach klein, mittel und groß. Für den Konzernabschluss enthält § 293 HGB größenabhängige Befreiungen.

2.2.2   Besonderheiten nach US-GAAP

Ein vollständiger Jahresabschluss setzt sich auf Basis von CON 5.7, 5.13 und SEC Regulation S-X, Rule 5-03 und WP-Handbuch N 69 aus folgenden Abschlussbestandteilen zusammen:

(1) Balance sheet	Bilanz
(2) Income statement	Gewinn- und Verlustrechnung
(3) Statement of cash flows	Kapitalflussrechnung
(4) Statement of changes in stockholders' equity	Eigenkapitalveränderungsrechnung
(5) Statement of comprehensive income	Gesamtleistungsrechnung
(6) Notes	Anhang

Abb. 2.14: Bestandteile des Jahresabschlusses nach US-GAAP

Bei einem Unternehmen mit mindestens einer Tochtergesellschaft handelt es sich grundsätzlich um einen Konzernabschluss, da nur dieser die Anforderungen der »fair presentation« erfüllt.

Es wird deutlich, dass der Umfang des Jahresabschlusses, von einigen unterschiedlichen Bezeichnungen abgesehen, mit den IAS-Regelungen vergleichbar ist. Die Gesamtleistungsrechnung (FAS 130) wird von den Unternehmen in der Praxis zumeist innerhalb der Eigenkapitalveränderungsrechnung abgehandelt.

Es gibt nur wenige Unterschiede, auf die kurz eingegangen werden soll.

So ist die Segmentberichterstattung ein Teil der Notes.

SEC-berichtspflichtige Unternehmen müssen einen »**Management's Discussion and Analysis of Financial Condition and Results of Operations**« (MD&A) publizieren (SEC Regulation S-K, Item 303).

Der MD&A soll Angaben zur

– Liquiditätslage,
– Kapitalausstattung und
– Ertragslage enthalten.

Neben einer Darstellung des Geschäftsverlaufes und der Lage des Unternehmens muss auf Entwicklungen eingegangen werden, die zum Verständnis der Vermögens-, Finanz- und Ertragslage notwendig sind. Es wird angeregt, über die zukünftige Entwicklung des Unternehmens zu berichten.

Der MD&A ist somit nur eingeschränkt vergleichbar einem Lagebericht nach § 289 HGB, der z. B. auch die Darstellung der Risiken der künftigen Entwicklung sowie Aussagen zu Forschung und Entwicklung verlangt.

Darüber hinaus sind diese Unternehmen verpflichtet, ausgewählte Finanzdaten der letzten fünf Jahre (**selected financial data**) zu veröffentlichen (SEC Regulation S-K, Item 301).

Ein **Anlagenspiegel** (fixed assets schedule) zählt derzeit nicht zu den Pflichtbestandteilen der Rechnungslegung. Es wird nur die Angabe kumulierter Abschreibungen und historischer Anschaffungs- und Herstellungskosten je Anlagenkategorie in der Bilanz oder im Anhang verlangt. Die SEC erwägt (FRR 34.42354) einen umfassenden Anlagenspiegel einzuführen.

Die **Quartalsberichterstattung** leitet sich für US-Gesellschaften aus Form 10-Q und für Auslandsgesellschaften aus Form 6-K ab. Dabei richten sich die Rechnungslegungsinhalte an APB 28 aus.

Der Jahresabschluss von SEC-berichtspflichtigen US-Unternehmen hat innerhalb von 90 Tagen nach dem Bilanzstichtag bei der SEC vorzuliegen. Für Auslandsunternehmen mit SEC-registrierten Wertpapieren gilt eine Frist von 180 Tagen. Für die Quartale 1 bis 3 bleiben jeweils 45 Tage Zeit nach Ablauf des Quartals.

Der Grundsatz der »**fair presentation**« ist nach US-GAAP kein Grundsatz der Rechnungslegung, sondern ein zentraler Grundsatz der Abschlussprüfung (SAS 69). Die Generalnorm kann, wie nach IAS, als »overriding principle« gelten und dabei in absolut seltenen und ungewöhnlichen Fällen Detailvorschriften außer Kraft setzen, wenn die Abbildung der wirtschaftlichen Lage dies erfordert (AICPA, Professional Standards, Sec. 203). Dies ist nach HGB auf Grund der Verpflichtung der Darstellung der wirtschaftlichen Lage im Rahmen der GoB nicht möglich.

Kontrollfragen

1. *Stimmt die Aussage, dass nach IAS kein HGB-ähnlicher Lagebericht vorgeschrieben ist? Bitte begründen.*
2. *Was versteht man nach IAS und US-GAAP unter einem »overriding principle«?*
3. *Welche Inhalte sind in einem MD&A nach US-GAAP darzustellen? Ist dieser Bericht einem Lagebericht nach HGB gleichzusetzen?*

Aufgabe 2.08 *Bestandteile des Jahresabschlusses nach IAS/US-GAAP und HGB
S. 425*

2.3   Grundsätze ordnungsmäßiger internationaler Rechnungslegung

2.3.1   IASB-Grundsätze im Vergleich zum HGB

Um der Generalnorm »fair presentation« zu genügen, hat das IASB Rechnungslegungsgrundsätze im Framework sowie in IAS 1 definiert. Sie sind Abb. 2.15 zu entnehmen.

2.3.1.1 Underlying Assumptions

Die Basis der Rechnungslegungsgrundsätze nach IAS bilden die **Grundannahmen** (underlying assumptions)

- going concern und
- accrual basis of accounting.

Die **Annahme der Unternehmensfortführung** (going concern: IAS 1.23 u. IAS 1.24, F.23 u. F.24) bedeutet, dass bei der Bilanzierung dem Grunde und der Höhe nach, von der Fortführung der Unternehmenstätigkeit zumindest für einen Zeitraum von zwölf Monaten nach dem Bilanzstichtag auszugehen ist, sofern dem nicht tatsächliche oder rechtliche Gegebenheiten entgegenstehen.

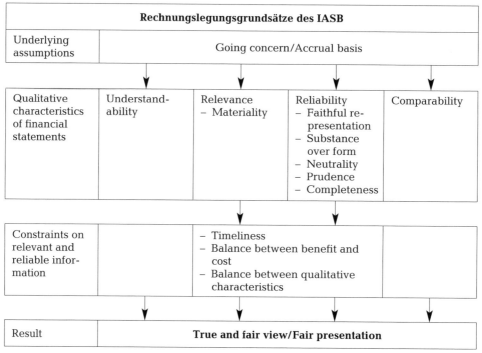

Abb. 2.15: Rechnungslegungsgrundsätze des IASB

Bei der Einstellung von Bereichen des Unternehmens (discontinuing operations) sind spezielle Ausweisvorschriften (IAS 35) anzuwenden.

Nach **Handelsrecht** gelten entsprechende Vorschriften gemäß § 252 Abs. 1 Nr. 2 HGB hinsichtlich der Bewertung. Für abgehende Einheiten gibt es keine speziellen Regelungen.

Das **Konzept der Periodenabgrenzung oder der periodengerechten Erfolgsermittlung** (accrual basis of accounting: IAS 1.25, 1.26, F.22) verlangt die Erfassung von Geschäftsvorfällen und anderen Ereignissen, zum Zeitpunkt des Auftretens und nicht, wenn Zahlungsmittel oder Zahlungsmitteläquivalente zugehen. Die Erträge sind nach dem »realisation principle« (Realisationsprinzip) und die Aufwendungen nach dem »matching principle« (sachliche Abgrenzung) zu erfassen.

Abschreibungen oder Gehälter, die sich auf einen künftigen Zeitraum beziehen, sind zeitlich als »deferral« abzugrenzen:

– aktiv als vorausbezahlter Aufwand (prepaid expenses) oder
– passiv als im Voraus erhaltene Erträge (deferred income).

Es gelten die Grundsätze der Bilanzidentität von Schlussbilanz des Vorjahres und Eröffnungsbilanz des Folgejahres. Jeder Posten der Bilanz ist einzeln zu bewerten.

Das deutsche **Handelsrecht** sieht in § 252 Abs. 1 Nr. 5 HGB ebenfalls den Grundsatz der Periodenabgrenzung (accrual principle) vor. Bilanzidentität und Stichtagsprinzip gelten auch im HGB. Ein wesentlicher Unterschied zu den IAS besteht darin, dass zum Grundsatz der Periodenabgrenzung auch das Imparitätsprinzip als Folge des Vorsichtsprinzips zählt, wonach nicht realisierte Gewinne nicht verbucht werden dürfen. Diese Unterschiede werden im nächsten Abschnitt verdeutlicht.

2.3.1.2 Qualitative Characteristics of Financial Statements

Die qualitativen Anforderungen an Jahresabschlüsse (qualitative characteristics of financial statements) sind in F.24–42 enthalten.

F.25 verlangt, dass die Rechnungslegung **verständlich** sein muss **(understandability)**. Dieser Grundsatz richtet sich an die Adressaten des Abschlusses. Bei diesen Adressaten der Rechnungslegung wird vorausgesetzt, dass sie eine angemessene Kenntnis geschäftlicher und wirtschaftlicher Tätigkeiten und der Rechnungslegung sowie die Bereitschaft besitzen, die Informationen mit entsprechender Sorgfalt zu lesen. Informationen zu komplexen Themen dürfen nicht allein deswegen weggelassen werden, weil sie für bestimmte Adressaten schwer verständlich sind.

Im **HGB** existieren ähnliche Grundsätze. So muss nach § 243 Abs. 2 HGB der Jahresabschluss klar und übersichtlich sein. Zusätzlich existieren gesetzlich vorgeschriebene Gliederungsschemata für die Bilanz (§ 266 HGB) und die GuV (§ 275 HGB).

Der Grundsatz der **Relevanz** (F.26–28) verlangt, dass die für Anleger aufbereiteten Informationen entscheidungsrelevant sind. Dieses Kriterium wird durch den Grundsatz der **Wesentlichkeit** (materiality) in F.29 f. untermauert.

Quantitative Kriterien für die Wesentlichkeit sind in den IAS nicht enthalten. Im Gegensatz zu den **HGB**-Regelungen, die z. B. bei »Geringwertigen Wirtschaftsgütern« eine Wertgrenze von 410 € bei Anwendung der steuerrechtlichen Regelungen vorsieht (§ 6 Abs. 2 EStG).

Der Grundsatz der **Verlässlichkeit** (reliability) in F.31–38 beinhaltet zunächst, dass der Abschluss »keine wesentlichen Fehler enthält und frei von verzerrenden Einflüssen ist«.

Das Kriterium der Verlässlichkeit wird konkretisiert durch die **Sekundärgrundsätze**

– der Richtigkeit und Abbildungstreue (faithful representation),
– der wirtschaftlichen Betrachtungsweise (substance over form),
– der Willkürfreiheit oder Neutralität (neutrality),
– der Vorsicht (prudence) und
– der Vollständigkeit (completeness).

IAS 1.20 unterstreicht die Bedeutung dieser Kriterien, die neben dem Kriterium der Relevanz als Beurteilungsmaßstab für vom IASB ungeregelte Bilanzierungsfragen heranzuziehen ist. Beim Sekundärgrundsatz substance over form erfolgt die Bilanzierung nach der wirtschaftlichen und nicht nach der rechtlichen Betrachtungsweise. Das wirtschaftliche Eigentum und nicht die juristische Zuordnung bestimmt über die Art der Bilanzierung.

Das **HGB** sieht in seinen GoB ähnliche geschriebene und ungeschriebene Regelungen vor. Deutliche Unterschiede gibt es beim Vorsichtsprinzip.

Das **Vorsichtsprinzip** ist im **Handelsrecht** (z. B. in § 252 Abs. 1 Nr. 4 HGB) von zentraler Bedeutung. Vermögenswerte sind eher niedrig zu bewerten. Für Aktiva gilt das Niederstwertprinzip. Schulden und Verbindlichkeiten sind in umgekehrter Weise eher höher zu bewerten. Es gilt das Höchstwertprinzip. In der GuV sind Erträge nach dem Realisationsprinzip tendenziell später und niedriger auszuweisen. Aufwendungen sind demzufolge eher früher und höher zu verbuchen.

Nach **IAS** soll das **Vorsichtsprinzip** sicherstellen, dass Unsicherheiten und Risiken aus bilanzwirksamen Vorgängen angemessen berücksichtigt werden (F.37, IAS 1.20). Eine vorsichtige Vorgehensweise gestattet nicht, stille Reserven zu bilden oder Rückstellungen zu hoch anzusetzen sowie Vermögenswerte oder Erträge bewusst zu niedrig oder Schulden bzw. Aufwendungen bewusst zu hoch anzusetzen (F.37).

Das Vorsichtsprinzip ist nach IAS kein Bestandteil der »underlying assumptions«, sondern nur eines von mehreren Unterprinzipien des Reliability-Grundsatzes. Das Prinzip der Vorsicht nach IAS ist somit von untergeordneter Bedeutung.

> Das Vorsichtsprinzip ist nach IAS
> kein zentrales Rechnungslegungsprinzip.

Die unterschiedliche Anwendung des Vorsichtsprinzips lässt sich bei der Bilanz anhand der Berücksichtigung der Entwicklungskosten (development costs) verdeutlichen. Diese dürfen nach HGB nicht aktiviert werden, wenn sie nicht auftrags- oder objektbezogen sind. Nach IAS 38.45 sind die Entwicklungskosten unter bestimmten weiter gefassten Voraussetzungen zu aktivieren.

	Ansatz in der Bilanz		Ansatz in der GuV	
	Aktiva	Passiva	Erträge	Aufwendungen
IAS	realistisch	realistisch	realistisch	realistisch
HGB	niedrig	hoch	niedrig und spät	hoch und früh

Abb. 2.16: Unterschiede beim Vorsichtsprinzip zwischen IAS und HGB

In der GuV ergeben sich vergleichbare Unterschiede im Rahmen der Berücksichtigung von langfristigen Fertigungsaufträgen. Nach HGB bewirkt das strenge Realisationsprinzip, dass die Gewinne erst nach Fertigstellung gezeigt werden dürfen. Nach IAS 11.22 hat der Erfolgsausweis nach dem Grad des Leistungsfortschritts (stage of completion) zu erfolgen.

Der Grundsatz der **Vergleichbarkeit** (comparability) in F.39–42 verlangt, dass die Abschlüsse des erstellenden Unternehmens und die Abschlüsse verschiedener Unternehmen »über die Zeit hinweg« miteinander verglichen werden können. Dieses Prinzip fordert somit eine stetige Bewertung und Darstellung der Unternehmen, z. B. anhand von vorgegebenen Gliederungsschemata.

In § 252 Abs. 1 Nr. 6 **HGB** ist ein ähnlicher Stetigkeitsgrundsatz festgehalten.

2.3.1.3 Constraints

Die bislang beschriebenen Informationen eines Abschlusses stehen unter bestimmten Beschränkungen (constraints), die in F.43–45 festgehalten sind.

Die Informationen, die ein Abschluss enthält, müssen **zeitnah** (timeliness) sein, ohne dass die Zuverlässigkeit der Daten gefährdet wird. Hierzu dienen z. B. Offenlegungsfristen von sechs Monaten (IAS 1.52). In §§ 264 Abs. 1, 325 Abs. 1 **HGB** sind Aufstellungs- und Offenlegungsfristen von drei bis zu zwölf Monaten für Kapitalgesellschaften (& Co) vorgesehen.

IAS verlangen zusätzlich eine **Abwägung von Nutzen und Kosten** (balance between benefit and cost) der Informationen. »Der aus einer Information abzuleitende Nutzen muss höher sein als die Kosten für die Bereitstellung der Information« (F.44). Der Grundsatz der Wirtschaftlichkeit gilt im HGB als ungeschriebener GoB.

Zu den Beschränkungen zählt abschließend noch der Grundsatz, dass eine **Abwägung der qualitativen Anforderungen an den Abschluss** (balance between qualitative characteristics) stattzufinden hat, da die Befolgung einzelner Grundsätze, wie z. B. Vollständigkeit, Relevanz oder Wesentlichkeit zu Zielkonflikten führen kann.

2.3.2 »Conceptual Framework« nach US-GAAP

Die allgemeinen Rechnungslegungsgrundsätze der US-GAAP sind in CON 2 festge-

Primäre Entscheidungs-ebene	**Relevance** – Predictive value – Feedback value – Timeliness	**Reliability** – Representational faithful-ness – Verifiability – Neutralitiy
Sekundäre Entscheidungs-ebene	Comparability	

Abb. 2.17: Entscheidungsnützliche Informationen nach US-GAAP

legt und entsprechen weitestgehend den IAS-Vorschriften.

Wesentliche Unterschiede gibt es bei den Grundsätzen »relevance« und »reliability«. Im Zentrum der Betrachtungen steht dabei der Gedanke der »decision usefulness« (Entscheidungsnützlichkeit) gemäß CON 2.36.

Unter Berücksichtigung der Informationsbedürfnisse verschiedener Adressaten-gruppen des Abschlusses sind solche Informationen bereitzustellen, die für unter-schiedliche Entscheidungen der Adressaten nützlich sein können. Die Nützlichkeit kann nur individuell vom jeweiligen Entscheidungsträger selbst beantwortet werden.

Zu der **ersten Ebene der entscheidungsbezogenen Merkmale** zählt das FASB die Kriterien

– Relevanz (relevance) und
– Verlässlichkeit (reliability).

Das Merkmal der **Relevanz** wird durch folgende Unterkriterien konkretisiert (CON 2.46–57):

– Voraussagetauglichkeit (predictive value),
– Erwartungsüberprüfung (feedback value) und
– Aktualität (timeliness).

Somit muss ein Jahresabschluss hinsichtlich der enthaltenen Daten folgende Kriterien erfüllen:

– Vorhersagen über die zukünftige Entwicklung des Unternehmens,
– Soll/Ist-Vergleiche zwischen geplanten und tatsächlichen Entwicklungen und
– rechtzeitige Bereitstellung von Jahresabschlussinformationen für die Kapitaleigner.

Hierfür gibt es Offenlegungsvorschriften, die in 1.5.2 schon erläutert wurden.

Das Merkmal der **Verlässlichkeit** (reliability) wird durch folgende Unterkriterien konkretisiert (CON 2.58–110):

– Abbildungstreue (representational faithfulness),
– Nachprüfbarkeit (verifiability) und
– Neutralität (neutrality).

Die Grundsätze der **Neutralität** und der **Abbildungstreue** entsprechen den IAS-Regeln. Neutralität der Darstellung verlangt, dass die Abschlussinformationen subjektiv richtig die Sicht des Bilanzierenden darstellt. Der Grundsatz der Abbildungstreue basiert auf der objektiv richtigen Vermittlung von Informationen.

Der Grundsatz der **Nachprüfbarkeit** beinhaltet, dass sämtliche Bilanz- und GuV-Positionen durch Belege oder vergleichbare Dokumente nachgewiesen werden müssen.

Der **zweiten Ebene entscheidungsbezogener Merkmale** ist die Vergleichbarkeit (comparability) unter Einbeziehung der Stetigkeit (consistency) zuzuordnen (CON 2.111-122). Dieser Grundsatz entspricht den IAS-Regeln und fordert die formelle und materielle Stetigkeit z.B. bei der Beibehaltung von Gliederungsschemata der Bilanz oder von durchgeführten Bewertungen.

Neben dem Grundsatz **fair presentation**, der schon weiter oben erläutert wurde, zählen folgende Grundsätze zu den zentralen Rechnungslegungsgrundsätzen nach US-GAAP:

- accrual principle,
- going concern,
- conservatism und
- substance over form.

Das **Unternehmensfortführungsprinzip** (going concern) nach US-GAAP entspricht inhaltlich den IAS- und HGB-Regeln. Das **Accrual-Prinzip** nach US-GAAP findet man in CON 6.134, 6.139. Es entspricht dem Konzept der Periodenabgrenzung nach IAS.

Das **Imparitätsprinzip nach US-GAAP** wird in CON 91-97 (conservatism) erwähnt und zählt, im Gegensatz zum HGB, nicht zum Grundsatz der Periodenabgrenzung, sondern zum Vorsichtsprinzip, das wiederum dem Prudence-Prinzip nach IAS entspricht. Das Imparitätsprinzip, wonach nicht realisierte Gewinne nicht ausgewiesen werden dürfen und nicht realisierte Verluste auszuweisen sind, wird nach US-GAAP hinsichtlich möglicher Verluste wesentlich enger ausgelegt.

So werden beispielsweise in den USA nur in seltenen Fällen **Rückstellungen für Schadenersatzansprüche** vor annähernder Beilegung des Streitfalls bilanziert, da dies u.U. als Schuldeingeständnis gewertet würde (siehe hierzu Pellens u.a. S. 167). Nicht realisierte Verluste werden somit erst verbucht, wenn sie hinreichend wahrscheinlich sind.

Der **Grundsatz der wirtschaftlichen Betrachtungsweise** (substance over form) wird bei allen drei Standards ähnlich ausgelegt. Unterschiede gibt es vor allem bei der Erfassung von Leasinggegenständen, die im Kapitel 3.4.1.4 behandelt werden.

Insgesamt lässt sich feststellen, dass die Rechnungslegungsgrundsätze nach US-GAAP stärker entscheidungsbezogen als nach IAS definiert sind. Dies liegt vor allem am Grundsatz der Relevanz, der, anders als nach IAS und HGB, stärker die Beschreibung der Zukunftsaussichten des Unternehmens einfordert und somit die Entscheidungen der Kapitalanleger beeinflussen soll.

US-GAAP sind stärker entscheidungsorientiert ausgerichtet als IAS.

Kontrollfragen

1. Welche Rechnungslegungsgrundsätze des IASB sind Ihnen bekannt?
2. Was versteht man unter den »underlying assumptions« nach IAS?
3. Existiert nach IAS ein Imparitätsprinzip? Bitte erläutern.

4. *Erläutern Sie das Imparitätsprinzip aus Sicht der US-GAAP.*
5. *Welchen Stellenwert haben stille Reserven nach IAS/US-GAAP im Vergleich zum HGB?*
6. *Welche wesentlichen Unterschiede bestehen beim Vorsichtsprinzip nach IAS im Vergleich zum HGB?*
7. *Wie lauten die wesentlichen allgemeinen Rechnungslegungsgrundsätze nach US-GAAP?*
8. *Welche Elemente bilden die zentralen US-GAAP-Rechnungslegungsgrundsätze?*
9. *Worauf lässt es sich zurückführen, dass US-GAAP-Rechnungslegungsgrundsätze stärker entscheidungsorientiert formuliert sind?*

Aufgabe 2.09 *Realisation principle und matching priciple S. 425*

Aufgabe 2.10 *Substance over form S. 425*

Aufgabe 2.11 *Relevance nach US-GAAP S. 425*

3 Unterschiede bei der internationalen Abschlusserstellung

Die internationale Bilanz- und GuV-Erstellung werden hinsichtlich

- allgemeiner und einzelpostenbezogener Ansatzvorschriften,
- Ausweis-/Gliederungsvorschriften und
- allgemeiner und einzelpostenbezogener Bewertungsvorschriften erörtert.

Neben den Ausweisvorschriften sollen somit die Bilanzierungsunterschiede »dem Grunde« und »der Höhe nach« verdeutlicht werden.

3.1 Allgemeine Ansatzvorschriften

3.1.1 IAS im Vergleich zum HGB

Im Rahmenkonzept wird der allgemeine Ansatz von Posten in der Bilanz (so genannte Aktivierungs- oder Passivierungspflicht) und der GuV zweistufig geregelt.
   Zunächst müssen die Abschlussposten (elements of financial statements)

- Vermögenswerte (assets),
- Schulden (liabilities) und als Saldogröße das
- Eigenkapital (equity) in der Bilanz sowie
- Erträge (income) und
- Aufwendungen (expenses) in der GuV

bestimmte **Definitionen** erfüllen, die relativ weit gefasst sind.
   Auf der zweiten Stufe müssen konkrete **Ansatzkriterien** (recognition criteria) überprüft werden, die deutlich anspruchsvoller sind. Somit werden nicht automatisch alle Vermögenswerte, Schulden, Aufwendungen und Erträge angesetzt, sondern nur die-

jenigen, die diese Ansatzkriterien erfüllen. Für spezielle Bilanz- und GuV-Posten (z. B. immaterielle Vermögenswerte) sind zusätzlich postenspezifische Ansatzkriterien vorgesehen.

> Bilanz- und GuV-Posten müssen
> 1. Definitionen und
> 2. Ansatzkriterien erfüllen.

Da bei Erfüllung der Definitionen und Ansatzkriterien generell eine Ansatzpflicht besteht, ist grundsätzlich davon auszugehen, dass nach IAS keine expliziten **Wahlrechte** bestehen. Dies steht in krassem Gegensatz zum HGB, wonach eine Vielzahl von Wahlrechten hinsichtlich Ansatz und Bewertung von Abschlusspositionen vorgesehen ist.

Allerdings bestehen über sachverhaltsgestaltende Maßnahmen oder Einschätzungsentscheidungen faktische Wahlrechte. So unterscheiden eine Reihe von IAS zwischen einer

– **bevorzugten Methode** (benchmark treatment) und einer
– **zulässigen alternativen Methode** (allowed alternative treatment),

z. B. bei der Vorratsbewertung (IAS 2.21 und IAS 2.23).

Es handelt sich dabei grundsätzlich um echte Wahlrechte, wobei die Kennzeichnung als Benchmark-Methode verdeutlicht, dass damit der Sachverhalt nach Auffassung des IASB besser abgebildet wird als mit der alternativen Methode. In der Regel sind, wenn die alternative Methode angewandt wird, zusätzliche Angaben, z. B. im Anhang, notwendig, so dass eine gleichwertige Aussagekraft erreicht wird.

> Ausübung von Wahlrechten nach IAS:
> – bevorzugte Methode (benchmark treatment) oder
> – zulässige alternative Methode (allowed alternative treatment).

3.1.1.1 Definition der Abschlussposten

Vermögenswerte und Schulden

Ein **Vermögenswert** (asset) ist nach F.49a eine in der Verfügungsmacht des Unternehmens stehende Ressource, die ein Ergebnis von Ereignissen der Vergangenheit darstellt, und von der erwartet wird, dass dem Unternehmen aus ihr künftiger wirtschaftlicher Nutzen (future economic benefits) zufließt.

Somit führen Kauf oder Produktion von Gütern zum Ansatz von Vermögenswerten aber auch beispielsweise die Entdeckung von Bodenschätzen. Einen Vermögenswert stellt auch die Überlassung eines Grundstücks auf Grund eines staatlichen Förderprogramms dar. Die Absicht, Vorräte zu kaufen, erfüllt dagegen nicht die Definition eines Vermögenswerts (F.58).

Der wirtschaftliche Nutzen eines Vermögenswerts besteht nach F.53 in der Fähigkeit, direkt oder indirekt zum Zufluss von Zahlungsmitteln und Zahlungsmitteläquivalenten beizutragen.

Dabei ist es ausreichend, wenn das Unternehmen wirtschaftlicher Eigentümer des Vermögenswerts ist. Das rechtliche Eigentum ist nicht entscheidend (substance over form).

Da der Vermögensbegriff nach IAS nicht auf derzeitige Eigenschaften, sondern auf zukünftige Auswirkungen abstellt, geht er über den Vermögenswertbegriff nach **HGB** hinaus. Somit sind nach IAS auch Entwicklungskosten, Bilanzierungshilfen, wie z. B. aktive Steuerlatenzen und aktive Rechnungsabgrenzungsposten Vermögenswerte.

Schulden (liabilities) definiert F.49b als gegenwärtige Verpflichtung des Unternehmens aus Ereignissen der Vergangenheit, von deren Erfüllung erwartet wird, dass aus dem Unternehmen Ressourcen abfließen, die wirtschaftlichen Nutzen verkörpern.

Dies gilt im Regelfall beispielsweise für Beträge, die für erhaltene Waren und Dienstleistungen zu zahlen sind. Rückstellungen (provisions) zählen dabei auch zu den Schulden, obwohl der Umfang der Verpflichtung nur geschätzt werden kann (F.64). Bei Schulden muss es sich zwingend um eine Verpflichtung gegenüber Dritten und nicht gegen das Unternehmen selbst handeln.

Im **Verhältnis zum Handelsrecht** ist der Schuldenbegriff insofern weiter gefasst, als er auch passive Rechnungsabgrenzungsposten umfasst. Allerdings zählen bestimmte Rückstellungen, wie z. B. die Aufwandsrückstellungen gemäß § 249 Abs. 1 HGB, da sie eine Verpflichtung gegen das Unternehmen selbst darstellen, nicht zu den Schulden und sind deshalb nicht ansatzfähig.

Das **Eigenkapital** (equity) ergibt sich aus dem Saldo der Vermögenswerte und der Schulden eines Unternehmens (F.49c) und ist somit von deren Bewertung abhängig. Die Definition des Eigenkapitals gilt für alle Rechtsformen (F.68).

Die zum Eigenkapital zählenden **Rücklagen** (reserves) können, wie nach **HGB**, in gesetzliche, satzungsmäßige und steuerliche Komponenten eingeteilt werden (F.66).

Erträge und Aufwendungen

Erträge (income) werden nach F.70a definiert als Zunahme künftigen wirtschaftlichen Nutzens während einer Rechnungsperiode. Dies können direkte Ertragszuflüsse, Zunahmen bei Vermögenswerten oder Abnahmen der Schulden sein. Erträge zeigen sich in einer Veränderung des Eigenkapitals, die nicht auf Einlagen der Anteilseigner zurückzuführen sind (F.70a).

Erträge (income) werden eingeteilt in

– Erträge aus der gewöhnlichen Tätigkeit eines Unternehmens (revenue) und
– andere Erträge (gains).

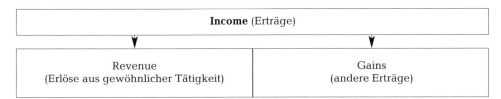

Abb. 2.18: Ertragsarten nach IAS

Zu **revenue** zählen nach F.74 und IAS 18.1 und IAS 18.7 Umsatzerlöse, Dienstleistungsentgelte (Honorare und Gebühren), Zinsen, Dividenden sowie Lizenz- und Mieteinnahmen im Rahmen der gewöhnlichen Geschäftstätigkeit.

In Abgrenzung hierzu entstehen **gains** vor allem durch Wertsteigerungen von Vermögenswerten und Wertminderungen von Schulden. Gains sind in der GuV gesondert auszuweisen. Ein Nettoausweis nach Abzug der zugehörigen Aufwendungen ist möglich (F.76).

Aufwendungen (expenses) i. w. S. sind nach F.70b definiert als Abnahme des wirtschaftlichen Nutzens während einer Rechnungsperiode. Dies können direkte Abflüsse, Wertminderungen von Vermögenswerten oder Werterhöhungen von Schulden sein. Aufwendungen zeigen sich in einer Veränderung des Eigenkapitals, die nicht auf Auszahlungen an Anteilseigner zurückzuführen sind.
Unterschieden wird hierbei zwischen

– Aufwendungen i. e. S.(expenses) im Rahmen der gewöhnlichen Tätigkeit, wie z. B. Umsatzkosten, Löhne, Gehälter sowie Abschreibungen (F.78) und
– anderen Aufwendungen (losses), wie z. B. Naturkatastrophen sowie Aufwendungen für Veräußerungen von Gegenständen des Anlagevermögens (F.80).

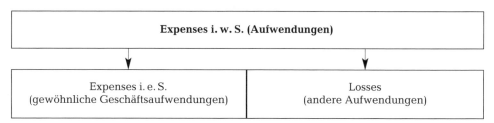

Abb. 2.19: Aufwandsarten nach IAS

Losses sind wie die gains in der GuV gesondert auszuweisen. Ein Nettoausweis nach Abzug der zugehörigen Aufwendungen ist möglich (F.80).

3.1.1.2 Erfassungskriterien von Abschlussposten

Erfüllen die oben aufgeführten Abschlussposten (elements of financial statements) die Definitionsanforderungen, so erscheinen sie als Bilanz- oder GuV-Posten erst dann, wenn sie zusätzlich zwei Kriterien nach F.83a und F.83b erfüllen:

– Erreichen einer Mindestwahrscheinlichkeit von zukünftigem wirtschaftlichen Nutzen (probability of future economic benefit) und
– Verlässlichkeit der Bewertung (reliability of measurement).

Das Kriterium der **Wahrscheinlichkeit** verlangt, dass der Nutzenzu- oder Nutzenabfluss mit einer Wahrscheinlichkeit von über 50 % eintritt. So ist z. B. eine Forderung immer dann zu bilanzieren, wenn ihr Ausgleich wahrscheinlich ist. Da mit dem Ausfall eines gewissen Anteils der Forderungen erfahrungsgemäß immer zu rechnen ist, sind pauschale Wertkorrekturen in dem Umfang vorzunehmen, der dem erwarteten Nutzenausfall entspricht (F.85).

> **Beispiel:**
> Die FUZZY! Informatik AG erwirbt einen Server zur Bearbeitung von Datenmaterial für Kunden zum Preis von 1 Mio. €. In den kommenden Jahren werden Kundenzahlungen mit folgenden Wahrscheinlichkeiten (W) erwartet:
> (1) 2,0 Mio. € mit 70 % W und 1 Mio. € mit 30 % W oder
> (2) 0,8 Mio. € mit 60 % W und 0,3 Mio. € mit 40 % W oder
> (3) 0,6 Mio. € mit 45 % W und – 0,3 Mio. € mit 55 % W.

Lösung:
Nach IAS ist der Server in den Fällen (1) und (2) zu aktivieren, da mit über 50 % Wahrscheinlichkeit zu erwarten ist, dass ein Zahlungsmittelzufluss erfolgt und somit ein wirtschaftlicher Nutzen entsteht. Im Fall (3) besteht ein Aktivierungsverbot, da ein Zahlungsmittelzufluss nur mit einer Wahrscheinlichkeit von unter 50 % stattfinden wird.

Das Kriterium der **Verlässlichkeit der Bewertung** verlangt, dass den Posten des Jahresabschlusses Anschaffungs- oder Herstellungskosten oder andere Werte beizumessen sind, die verlässlich ermittelt werden können. Die Verlässlichkeit ist anhand der in Kapitel 2.3.1 geschilderten Grundsätze (F.31–38), wie z. B. »substance over form«, zu beurteilen.

Sind die Wertmaßstäbe nicht genau zu ermitteln, so hat eine hinreichend genaue Schätzung stattzufinden. Ist eine solche Schätzung nicht möglich, so ist der Sachverhalt im Abschluss nicht ansetzbar. Dies gilt insbesondere für mögliche Erlöse aus Rechtsstreitigkeiten, die sowohl den Definitionen eines Vermögenswerts und eines Ertrags entsprechen sowie das Wahrscheinlichkeitskriterium erfüllen. Ist eine Bewertung dieser Abschlussposten nicht verlässlich möglich, so hat ein Ansatz zu unterbleiben (F.86). Auf mögliche Konsequenzen für die finanzielle Situation des Unternehmens ist im Anhang hinzuweisen.

Beispiel:
Die FUZZY! Informatik AG schickt ihren Buchhalter, Bruno Glück, zu einer Schulung, welche die Umstellung von HGB- auf IAS-Bilanzierung zum Inhalt hat. Durch die Weiterbildungsmaßnahme soll Bruno Glück in die Lage versetzt werden, als Wissensmultiplikator zu wirken. Die Kursgebühren betragen 5 000 €. Das Unternehmen rechnet mit »Einspareffekten« von 100 000 €, die mit einer Wahrscheinlichkeit von 75 % eintreten sollen. FUZZY! beabsichtigt, die Kursgebühren zu aktivieren.

Lösung:
Es liegt ein Vermögenswert vor, da das Wissenspotenzial der Mitarbeiter mit sehr hoher Wahrscheinlichkeit zunehmen wird und somit ein wirtschaftlicher Nutzen für das Unternehmen entsteht. Eine verlässliche Ermittlung der zukünftigen Einspareffekte in Höhe von 100 000 € ist nicht möglich. Es kann durchaus sein, dass Bruno Glück auf dem Kurs nichts oder sehr wenig dazulernt. Der Posten darf nach IAS nicht aktiviert werden.

3.1.1.3 Ansatz von Bilanz- und GuV-Posten

Ein **Vermögenswert** ist nach IAS in der Bilanz anzusetzen, wenn es wahrscheinlich ist, dass der künftige wirtschaftliche Nutzen dem Unternehmen zufließen wird, und wenn seine Anschaffungs- oder Herstellungskosten oder ein anderer Wert verlässlich ermittelt werden können (F.89).

Eine **Schuld** ist in der Bilanz anzusetzen, wenn es wahrscheinlich ist, dass sich aus der Erfüllung einer gegenwärtigen Verpflichtung ein direkter Abfluss von Ressourcen ergibt, die wirtschaftlichen Nutzen enthalten, und dass der Erfüllungsbetrag verlässlich ermittelt werden kann (F.91).

Die Darstellung von **Aufwendungen** und **Erträgen** erfolgt korrespondierend mit der Abnahme oder Zunahme des Werts der »assets« und »liabilities«. Entscheidend ist dabei der Zeitpunkt, an dem die Wertzunahme oder die Wertabnahme zuverlässig ermittelt werden kann (F.92, 94).

Dabei ist das **matching principle** zu beachten (siehe hierzu Kapitel 2.3.1 sowie das Kapitel 3.4.2.3 »Langfristige Auftragsfertigung«). Aufwendungen und Erträge sind zu erfassen, wenn sie auftreten und wenn Liquiditätszu- oder -abflüsse stattfinden.

§§ 246–251 HGB enthalten die **handelsrechtlichen Ansatzvorschriften**. Nach § 246 Abs. 1 HGB sind sämtliche Vermögensgegenstände, Schulden, Rechnungsabgrenzungsposten, Aufwendungen und Erträge im Abschluss zu erfassen. Eine den IAS vergleichbare Definition dieser Posten gibt es im HGB nicht. Die Inhalte haben die Rechtsprechung sowie die wissenschaftliche Diskussion festgelegt.

§§ 252 ff. HGB beinhalten wesentliche **Bewertungsvorschriften**. Hiernach müssen Vermögensgegenstände und Schulden zum Abschlussstichtag einzeln bewertet werden. Es muss ein konkreter Wert vorliegen. Die Aufwendungen sind den einzelnen Posten zuzurechnen. Vermögensgegenstände müssen selbständig verwertbar, d. h. veräußerbar, sein.

> HGB verlangt einzelne
> – Bewertbarkeit und
> – Verwertbarkeit der Vermögensgegenstände.

Die Unterschiede hinsichtlich der Aktivierung von Vermögensgegenständen sind in nachfolgender Abbildung dargestellt:

Assets nach IAS	Vermögensgegenstände nach HGB
Definition: Zukünftiger Zufluss wirtschaftlichen Nutzens	Keine Definition: Konkreter Wert von z. B. Sachen und Rechten
Erfassungskriterien – Wahrscheinlichkeit – Verlässlichkeit	– –
Zukunftsorientiert	Stichtagsbezogenheit
–	Selbständige Bewertbarkeit und Veräußerbarkeit

Abb. 2.20: Ansatzvergleich von Assets nach IAS und Vermögensgegenständen nach HGB

Kontrollfragen

1. *Welche Abschlussposten (in englischer Sprache) gibt es nach IAS? Wie lauten die deutschen Begriffe?*
2. *Welche Anforderungen werden an Abschlussposten nach IAS gestellt?*
3. *Wie lautet die Definition eines Vermögenswerts nach IAS?*
4. *Welche Ertragsarten gibt es nach IAS?*
5. *Was versteht man unter den Erfassungskriterien nach IAS?*
6. *Welchen Inhalt hat das matching principle?*
7. *Welche wesentlichen Ansatzunterschiede gibt es zwischen HGB und IAS?*

Aufgabe 2.12 *Assets nach IAS und HGB S. 426*

3.1.1.4 Bilanzierungshilfen, Sonderposten und Rechnungsabgrenzungen

Das **HGB** berücksichtigt neben Vermögensgegenständen und Schulden eine Reihe weiterer Posten, für die eine Ansatzpflicht oder ein Ansatzwahlrecht besteht. Hierzu zählen folgende, in der Literatur als solche anerkannte, Bilanzierungshilfen:

- Aufwendungen für die Ingangsetzung und Erweiterung des Geschäftsbetriebs gemäß § 269 HGB und
- aktive Steuerlatenzen nach § 274 Abs. 2 HGB.

Durch den bilanziellen Ansatz von Bilanzierungshilfen sollen bestimmte Aufwendungen erfolgserhöhend neutralisiert werden. **Aufwendungen für die Ingangsetzung und Erweiterung des Geschäftsbetriebs** umfassen alle Aufwendungen für den Aufbau der Innen- und Außenorganisation sowie der Ingangsetzung oder der wesentlichen Erweiterung des Geschäftsbetriebs eines Unternehmens. Für diese Aufwendungen darf nach § 269 HGB ein Aktivposten vor dem Anlagevermögen in der Bilanz gebildet werden.

Aktive latente Steuern dürfen nach HGB als Bilanzierungshilfe ausgewiesen werden, da sie Aufwendungen der Periode darstellen, die in Zukunft zu Steuererstattungen führen werden.

Nach **IAS** ist die Bildung von Bilanzierungshilfen als eigenständiges Abschlusselement nicht vorgesehen. Aktive Steuerlatenzen (deferred tax assets) sind dagegen nach IAS im Einzel- und Konzernabschluss zu aktivieren (IAS 12).

Aktive Steuerlatenzen stellen nach IAS 12.69 Steueransprüche auf zukünftige Steuererstattungen dar und sind somit als zu bilanzierender Vermögenswert einzustufen. Sie sind getrennt von anderen Vermögenswerten darzustellen.

Sonderposten mit Rücklageanteil dürfen nach §§ 247 Abs. 3, 273 HGB gebildet werden. Hierbei handelt es sich um steuerrechtlich gebildete Rücklagen, die handelsrechtlich als Folge einer umgekehrten Maßgeblichkeit in die Handelsbilanz übernommen werden. Da die IAS völlig losgelöst von nationalen steuerlichen Überlegungen anzuwenden sind, besteht für diese Posten ein Ansatzverbot.

Aktive und passive Rechnungsabgrenzungsposten (prepaid expenses/deferred income) sind nach **HGB** keine Vermögensgegenstände, da sie nicht selbständig verwertbar sind. Sie sind gemäß § 250 HGB gesondert, außerhalb des Vermögens oder der Schulden, in der Bilanz anzusetzen. Ferner dürfen auch beispielsweise Zölle und Verbrauchsteuern (§ 250 Abs. 1 Ziffer 1 HGB) sowie ein Disagio (§ 250 Abs. 3 HGB) als aktive Rechnungsabgrenzungsposten angesetzt werden.

IAS verlangen auch einen Ansatz der transitorischen Rechnungsabgrenzungsposten, allerdings nicht gesondert, sondern als Vermögens- oder Schuldenbestandteil. Die Abgrenzung hat nach dem Grundsatz der Periodenabgrenzung (accrual basis) im Rahmen der Grundannahmen (underlying assumptions) nach IAS 1.25 zu erfolgen.

> Rechnungsabgrenzungsposten sind nach IAS
> assets oder liabilities.

Beispiel:
(1) Die FUZZY! Informatik AG zahlt Miete für Januar 03 schon im Dezember 02.
(2) Das Unternehmen erhält zu den gleichen Terminen Miete im Voraus.
Angenommen, das Unternehmen bilanziert nach IAS. Wie erklärt sich der Ansatz einer aktiven/passiven Rechnungsabgrenzung als Vermögens- oder Schuldenbestandteil?

Lösung:

(1) Durch die Vorauszahlung im Dezember 02 entsteht ein Vermögenswert im Sinne eines »Zahlungszuflusses«, da dadurch die zukünftige Zahlung im Januar 03 vermieden wird (zukünftiger Zufluss wirtschaftlichen Nutzens).

(2) Die vorzeitige Einnahme der Miete hat zur Folge, dass für FUZZY! eine Verpflichtung (Schuld) entsteht, die Räumlichkeiten zur Vermietung freizugeben. Andernfalls hätte das Unternehmen eine Rückzahlung zu leisten (gegenwärtige Verpflichtung mit erwartetem Ressourcenabgang).

Die unterschiedliche Behandlung von Ansatzwahlrechten und -verboten nach IAS und HGB sind in folgender Abbildung zusammengefasst:

	IAS	HGB
Bilanzierungshilfen – Aufwendungen für Ingangsetzung und Erweiterung des Geschäftsbetriebes	Ansatzverbot	Ansatzwahlrecht
– Aktive Steuerlatenzen	Ansatzpflicht	Ansatzwahlrecht
Sonderposten mit Rücklageanteil	Ansatzverbot	Ansatzwahlrecht
Aktive und passive Rechnungsabgrenzungsposten	Ansatzpflicht	Ansatzpflicht

Abb. 2.21: Ansatz bestimmter Posten nach IAS und HGB

Eine Sonderregelung gilt nach IAS für die nach HGB als aktive Rechnungsabgrenzungsposten ausweisbaren **Zölle und Verbrauchsteuern** (import duties and other taxes). Sie sind nach IAS dem Vorratsvermögen zuzuordnen (IAS 2.8).

Ein **Disagio** (discount) darf nach IAS nicht aktiviert werden. Es reduziert vielmehr den Betrag, der zu passivierenden Verbindlichkeit (siehe hierzu Kapitel 3.4.4).

Insgesamt lässt sich feststellen, dass die Ansatzvorschriften nach IAS umfassender als nach HGB sind. Dies hängt damit zusammen, dass sich das HGB in erster Linie an Gläubiger wendet, die eher an einem vorsichtigen Ausweis des Vermögens interessiert sind. Wohingegen sich die IAS vorwiegend an Investoren richten, die an einem umfassenden Vermögensausweis interessiert sind, um möglichst hohe Renditen zu erzielen.

3.1.2 Besonderheiten nach US-GAAP

Die allgemeinen Ansatzvorschriften nach US-GAAP entsprechen weitestgehend den IAS-Vorschriften. Sie sind festgehalten in:

– CON 6 (Elements of Financial Statements) und
– CON 5 (Recognition and Measurement in Financial Statements of Business Enterprises).

In CON 6 sind die Definitionen für Aktiva, Passiva, Eigenkapital, Aufwendungen und Erträge festgelegt. CON 5 enthält die Ansatzkriterien.

Das Schema für den Ansatz von Jahresabschlusspositionen entspricht hinsichtlich der Definitionen im Wesentlichen den IAS-Regeln. Daneben gibt es auch besondere Aktivierungskriterien für bestimmte Abschlussposten, wie z. B. immaterielle Vermögensgegenstände.

Die Erfassungskriterien (recognition criteria in CON 5.58 ff.) sind umfangreicher und genauer als nach IAS formuliert.

Ansatzkriterien für Abschlussposten nach US-GAAP:

– Messbarkeit (measurability) in CON 5.65,
– Entscheidungsrelevanz (relevance) in CON 5.73 f.,
– Verlässlichkeit (reliability) in CON 5.75–77

Das Kriterium der **Messbarkeit** verlangt, als Voraussetzung für den Ansatz eines Postens, dass dieser mit ausreichender Sicherheit in Geldeinheiten quantifiziert werden kann.

Das Kriterium der **Entscheidungsrelevanz** erfordert, dass ein Abschlussposten die Eigenschaft haben muss, die Entscheidungen vor allem von Kapitalanlegern zu beeinflussen.

Das Kriterium der **Verlässlichkeit** verlangt von einem Abschlussposten, dass für ihn eine verlässliche und nachprüfbare Bestimmung des Werts möglich ist.

Bilanzierungshilfen dürfen, wie nach IAS, nicht angesetzt werden.

Aufwendungen für Ingangsetzung und Erweiterung sind nach SOP 98-5.12 in der Periode ihres Anfalls als solche zu buchen und nicht zu aktivieren.

Aktive Steuerlatenzen müssen, ebenso wie nach IAS, angesetzt werden (FAS 109.41).

Ein **Sonderposten mit Rücklageanteil** ist auf Grund der Trennung von Steuer- und US-GAAP-Bilanz ebenfalls nicht bildungs- und ansatzfähig.

Ein **Disagio** kann nach US-GAAP nicht als aktive Rechnungsabgrenzung angesetzt werden, sondern reduziert den Betrag der zu passivierenden Darlehensverbindlichkeit (siehe hierzu näher unter Kapitel 3.4.4).

Nach US-GAAP sind, wie nach IAS, keine expliziten **Wahlrechte** vorgesehen, da die Erfüllung der Ansatzkriterien für Abschlusselemente nur eine Ansatzpflicht, oder bei Nichterfüllung, ein Ansatzverbot zur Folge haben kann. Gleichwohl bestehen über sachverhaltsgestaltende Maßnahmen oder Einschätzungsentscheidungen faktische Wahlrechte, so z. B. bei der Möglichkeit, unter bestimmten Umständen, unentgeltlich erworbene immaterielle Vermögenswerte aktivieren zu können (APB, Opinion 17).

Kontrollfragen

1. *Was versteht man im HGB unter Bilanzierungshilfen?*
2. *Dürfen Sonderposten mit Rücklageanteil nach IAS oder US- GAAP angesetzt werden? Begründen Sie die Entscheidung.*
3. *In welcher Form ist ein Disagio nach IAS und US- GAAP im Vergleich zum HGB zu bilanzieren?*
4. *Welcher Unterschied besteht nach IAS im Vergleich zum HGB in der Behandlung von Zöllen und Verbrauchsteuern?*

Aufgabe 2.13 *Ansatzkriterien nach IAS/US-GAAP und HGB S. 426*

3.2 Gliederungsvorschriften der Bilanz

3.2.1 Detaillierte HGB-Gliederung

Das **Handelsrecht** macht für Kapitalgesellschaften in § 266 Abs. 2 und 3 HGB detaillierte, feste Vorgaben zur Bilanzgliederung eines Einzelabschlusses, die in Abb. 3.5 dargestellt ist. Für & Co-Gesellschaften, wie z. B. die GmbH & Co KG, gelten nach § 264c HGB einige Besonderheiten. Kleine Kapitalgesellschaften (& Co), gemäß § 267 Abs. 1 HGB, können schon bei der Aufstellung der Bilanz bestimmte Bilanzpositionen zusammenfassen und eine verkürzte Bilanz aufstellen (§ 266 Abs. 1 Satz 3 HGB).

Die Bilanz ist in Kontoform aufzustellen (§ 266 Abs. 1 Satz 1 HGB). Allgemeine Grundsätze für die Gliederung, z. B. hinsichtlich Darstellungsstetigkeit und Angabe von Vorjahresbeträgen, enthält § 265 HGB.

Aktiva	**Bilanz**	Passiva

A. Anlagevermögen	**A. Eigenkapital**
I. Immaterielle Vermögensgegenstände	I. Gezeichnetes Kapital
1. Konzessionen, gewerbliche Schutzrechte und ähnliche Rechte und Werte sowie Lizenzen an solchen Rechten und Werten	II. Kapitalrücklage
2. Geschäfts- oder Firmenwert	III. Gewinnrücklagen
3. geleistete Anzahlungen	1. gesetzliche Rücklage
II. Sachanlagen	2. Rücklage für eigene Anteile
	3. satzungsmäßige Rücklagen
1. Grundstücke, grundstücksgleiche Rechte und Bauten einschließlich der Bauten auf fremden Grundstücken	4. andere Gewinnrücklagen
2. technische Anlagen und Maschinen	IV. Gewinnvortrag/Verlustvortrag
3. andere Anlagen, Betriebs- und Geschäftsausstattung	V. Jahresüberschuss/Jahresfehlbetrag
4. geleistete Anzahlungen und Anlagen im Bau	**B. Rückstellungen**
III. Finanzanlagen	1. Rückstellungen für Pensionen und ähnliche Verpflichtungen
	2. Steuerrückstellungen
1. Anteile an verbundenen Unternehmen	3. sonstige Rückstellungen
2. Ausleihungen an verbundene Unternehmen	**C. Verbindlichkeiten**
3. Beteiligungen	
4. Ausleihungen an Unternehmen, mit denen ein Beteiligungsverhältnis besteht	1. Anleihen, davon konvertibel
5. Wertpapiere des Anlagevermögens	2. Verbindlichkeiten gegenüber Kreditinstituten
6. sonstige Ausleihungen	3. erhaltene Anzahlungen auf Bestellungen
B. Umlaufvermögen	4. Verbindlichkeiten aus Lieferungen und Leistungen
I. Vorräte	5. Verbindlichkeiten aus der Annahme gezogener Wechsel und der Ausstellung eigener Wechsel

1. Roh-, Hilfs- und Betriebsstoffe
2. unfertige Erzeugnisse, unfertige Leistungen
3. fertige Erzeugnisse und Waren
4. geleistete Anzahlungen

II. Forderungen und sonstige Vermögensgegenstände

1. Forderungen aus Lieferungen und Leistungen
2. Forderungen gegen verbundene Unternehmen
3. Forderungen gegen Unternehmen, mit denen ein Beteiligungsverhältnis besteht
4. sonstige Vermögensgegenstände

III. Wertpapiere

1. Anteile an verbundenen Unternehmen
2. eigene Anteile
3. sonstige Wertpapiere

IV. Kassenbestand, Bundesbankguthaben, Guthaben bei Kreditinstituten und Schecks

C. Rechnungsabgrenzungsposten

6. Verbindlichkeiten gegenüber verbundenen Unternehmen
7. Verbindlichkeiten gegenüber Unternehmen, mit denen ein Beteiligungsverhältnis besteht
8. sonstige Verbindlichkeiten,
   davon aus Steuern,
   davon im Rahmen der sozialen Sicherheit

D. Rechnungsabgrenzungsposten

Abb. 2.22: Bilanz nach HGB

Wichtig ist, dass nach HGB, im Gegensatz zu US-GAAP, der Jahresüberschuss/-fehlbetrag der GuV direkt in der Bilanz erscheint.

3.2.2 IAS-Regelungen im Vergleich zum HGB

3.2.2.1 Grundsätze und Gliederung

IAS geben kein festes Gliederungsschema für die Bilanz vor, sondern nennen nur eine Reihe von mindestens auszuweisenden Posten, die unabhängig von der Rechtsform anzuwenden sind.

Es gilt, wie im HGB, das Prinzip der Darstellungsstetigkeit (consistency of presentation)(IAS 1.27), wonach die gewählte Gliederung des Abschlusses, die Bezeichnung der Posten und deren Abgrenzung beibehalten werden muss.

IAS 1.38 verlangen eine Darstellung mit Vorjahresangaben (comparative information).

Nach IAS 1.33 besteht ein allgemeines Saldierungsverbot (offsetting), das nur durch eine andere IAS-Regelung aufgehoben werden darf.

In Anlehnung an IAS 1.66 ergibt sich ein Mindestpostenumfang der Bilanz gemäß Abb. 2.23.

Ein bestimmtes Präsentationsformat (Konto- oder Staffelform) schreiben IAS, im Gegensatz zum HGB, nicht vor.

BALANCE SHEET (Bilanz)

ASSETS (Aktiva)	EQUITY AND LIABILITIES (Eigenkapital und Schulden)
(a) Property, plant and equipment (Sachanlagen)	(h) Trade and other payables (Verbindlichkeiten aus Lieferungen und Leistungen und sonstige Ver- bindlichkeiten)
(b) Intangible assets (Immaterielle Vermögenswerte)	(i) Tax liabilities and assets as required by IAS 12, Income Taxes (Steuerschulden und -erstattungsan-
(c) Financial assets ohne d), f) und g) (Finanzielle Vermögenswerte)	sprüche nach IAS 12)
(d) Investments accounted for using the equity method (Equity-Beteiligungen)	(j) Provisions (Rückstellungen)
(e) Inventories (Vorräte)	(k) Non-current interest-bearing liabilities (Langfristige verzinsliche Schulden)
(f) Trade and other receivables (Forderungen aus Lieferungen und Leistungen und sonstige Forderungen)	(l) Minority interest (Minderheitsanteile)
(g) Cash and cash equivalents (Zahlungsmittel und Zahlungsmittel- äquivalente)	(m) Issued capital and reserves (Gezeichnetes Kapital und Rücklagen)

Abb. 2.23: Minimalanforderungen für Bilanzposten nach IAS

Jedes Unternehmen hat entsprechend der Art seiner Geschäftstätigkeit zu bestimmen, ob es kurzfristige und langfristige Vermögenswerte sowie kurzfristige und langfristige Schulden als getrennte Gliederungsgruppen in der Bilanz darstellt. Entscheidet sich ein Unternehmen, diese Untergliederung nicht zu machen, sind die Vermögenswerte und Schulden grob nach ihrer Liquiditätsnähe anzuordnen (IAS 1.53).

Der Anhang zu IAS 1 enthält ein Beispiel für eine erweiterte Konzernbilanz (siehe Abb. 2.24).

Bei einer Einteilung der Bilanz in kurz- und langfristige Positionen (items) wird der Trennstrich bei 12 Monaten gesetzt. Kurzfristig sind alle Vermögenswerte oder Schulden mit einer Laufzeit von unter einem Jahr (IAS 57 und IAS 60). Die Langfristigkeit der Positionen beginnt mit einer Laufzeit von über einem Jahr.

BALANCE SHEET (Bilanz)	
ASSETS (Vermögenswerte)	**EQUITY AND LIABILITIES** (Eigenkapital und Schulden)
Non-current assets (Langfristige Vermögenswerte) – Property, plant and equipment (Sachanlagen) – Goodwill (Geschäfts- oder Firmenwert) – Manufacturing licenses (Produktionslizenzen) – Investments in associates (Anteile an assoziierten Unternehmen) – Other financial assets/investments (Andere Finanzanlagen) **Current assets** (Kurzfristige Vermögenswerte) – Inventories (Vorräte) – Trade and other receivables (Forderungen aus Lieferungen und Leistungen und sonstige Forderungen) – Prepayments (Vorauszahlungen) – Cash and cash equivalents (Zahlungsmittel und Zahlungsmitteläquivalente)	**Capital and reserves** (Eigenkapital und Rücklagen) – Issued capital/share capital (Gezeichnetes Kapital) – Reserves (Rücklagen) – Accumulated profits/(losses) (Angesammelte Ergebnisse) – Minority interest (Minderheitsanteile) **Non-current liabilities** (Langfristige Schulden) – Interest bearing borrowings (Verzinsliche Darlehen) – Deferred tax (Latente Steuern) – Retirement benefit obligation (Pensionsverpflichtungen) **Current liabilities** (Kurzfristige Schulden) – Trade and other payables (Verbindlichkeiten aus Lieferungen und Leistungen und sonstige Verbindlichkeiten) – Short-term borrowings (Kurzfristige Darlehen) – Current portion of interest-bearing borrowings (Kurzfristiger Teil der verzinslichen Darlehen) – Warranty provision (Garantie-/Gewährleistungsverpflichtungen)
Total assets (Summe Vermögenswerte)	Total equity and liabilities (Summe Eigenkapital und Schulden)

Abb. 2.24: Erweiterte Bilanz nach IAS

3.2.2.2 Erläuterung einzelner Positionen

Die Aktiva beinhalten im Detail:

1. Property, plant and equipment (Sachanlagen) gemäß IAS 16.35:

- – Unbebaute Grundstücke (land),
- – Grundstücke und Gebäude (land and buildings),
- – Maschinen und technische Anlagen (machinery),
- – Schiffe (ships),
- – Flugzeuge (aircraft),
- – Kraftfahrzeuge (motor vehicles),
- – Betriebsausstattung (furniture and fixtures) und
- – Geschäftsausstattung (office equipment).

Die Abgrenzung der Positionen erfolgt analog der HGB-Betrachtung. Gebäude sind Bauwerke, die der Produktion oder der Verwaltung dienen. Technische Anlagen und Maschinen ermöglichen, dass in einem Unternehmen produziert werden kann. Die Betriebs- und Geschäftsausstattung beinhaltet auch Produktionsfaktoren, wie z.B. Computer, die die Produktion gestalten oder nur erfassen, ohne direkt beim Produktionsprozess eingesetzt zu werden.

Unter obiger Bilanzposition dürfen nur betriebsnotwendige Vermögenswerte ausgewiesen werden. Die nicht betriebsnotwendigen Werte sind unter »other financial assets« oder »other financial investments« zu erfassen.

2. Immaterielle Vermögensgegenstände (intangible assets) gemäß IAS 22 und IAS 38 in der Form von:

  – Geschäfts- oder Firmenwert (Goodwill),
  – Entwicklungskosten (development costs),
  – sonstigen immateriellen Vermögensgegenständen (Rechte, Patente, Lizenzen).

3. Finanzanlagen (financial assets) in der Form z. B. von:

  – Anteilen an Tochterunternehmen (investments in subsidiaries)
  – Anteilen an assoziierten Unternehmen (investments in associates),
  – sonstigen Wertpapieren (other investments).

Die Definitionen entsprechen den HGB-Regelungen, wonach Anteile an Tochterunternehmen vorliegen, wenn das Mutterunternehmen am Tochterunternehmen direkt oder indirekt mehr als 50 % der Anteile hält oder wenn bei assoziierten Unternehmen ein maßgeblicher Stimmrechtseinfluss von mindestens 20 % vorliegt.

Unter den **sonstigen Wertpapieren des Anlagevermögens** sind alle langfristig gehaltenen Papiere zu bilanzieren, die nicht zu Tochtergesellschaften oder assoziierten Unternehmen zählen.

Hierunter fallen gemäß IAS 39

– Available-for-sale- (bei langfristiger Anlagestrategie) und
– Held-to-maturity-Wertpapiere.

So genannte Trading-Wertpapiere und Available-for-sale-Wertpapiere (mit kurzfristigem Anlagehorizont von unter einem Jahr) sind im Umlaufvermögen als current financial asset (IAS 1.57) auszuweisen (siehe hierzu näher unter Kapitel 3.4.2.1).

4. Vorräte (inventories) beinhalten gemäß IAS 2.5:

  – Waren (merchandise),
  – Rohstoffe (materials), Hilfs- und Betriebsstoffe (supplies),
  – fertige Erzeugnisse (finished goods),
  – unfertige Erzeugnisse (work in progress).

Die handelsrechtlich als aktive Rechnungsabgrenzungsposten ausweisbaren **Zölle und Verbrauchsteuern** (§ 250 Abs. 1 Ziffer 1 HGB) sind nach IAS als Vermögenswert dem Vorratsvermögen zuzuordnen (WP-Handbuch N 751).

Erhaltene Anzahlungen von Kunden dürfen, entgegen dem Ausweiswahlrecht nach HGB, nicht offen von den Vorräten abgesetzt werden, es sei denn, im Rahmen der Langfristfertigung (IAS 11.42b). Sie sind unter den Verbindlichkeiten auszuweisen.

5. **Forderungen aus Lieferungen und Leistungen und sonstige Forderungen** (trade and other receivables):

Der Ausweis von Forderungen aus Lieferungen und Leistungen und sonstigen Forderungen entspricht im Wesentlichen den HGB-Regelungen.

Zu den sonstigen Forderungen zählen, wie im HGB, beispielhaft Vorsteuerforderungen gegen das Finanzamt sowie sonstige Erstattungen betrieblicher Steuern, Versicherungsansprüche, Vorschüsse und antizipative aktive Rechnungsabgrenzungsposten in der Form »Erträge vor Einnahmen« (z. B. verspätete Einnahme von Mieterträgen).

Zweifelhafte Forderungen sind unter »doubtful account« gesondert auszuweisen.

Bei Anwendung der percentage-of-completion method (PoC) im Rahmen der Langfristfertigung (siehe unter Kapitel 3.4.2.3) sind **Aufträge in Bearbeitung** oder **künftige Forderungen aus Fertigungsaufträgen** unter einem gesonderten Forderungsposten, vorzugsweise unter den geleisteten Anzahlungen, als »gross amount due from customers for contract work« zu aktivieren (IAS 11.42a).

6. **Vorauszahlungen** (prepayments) und **Zahlungsmittel und Zahlungsmitteläquivalente** (cash and cash equivalents):

IAS 1.73 gibt vor, dass unter den Forderungen auch Vorauszahlungen zu aktivieren sind, die ein Unternehmen beispielsweise für den Ankauf von Rohstoffen leistet.

Sonstige Beträge, wie z. B. eine **aktive transitorische Rechungsabgrenzung** in der Form von vorausbezahlter Miete, sind gesondert als »prepaid expenses« anzusetzen.

Unter Zahlungsmittel fallen Kassenbestände und Bankguthaben. Auf Zahlungsmitteläquivalente wird im Kapitel 5.2 »Kapitalflussrechnung« näher eingegangen.

Die Passiva beinhalten im Detail:

1. **Eigenkapital** (equity):
Bei Kapitalgesellschaften gliedert sich das Eigenkapital, wie nach HGB, in gezeichnetes Kapital und Rücklagen. Der Gewinn/Verlust der laufenden Periode wird, um eventuelle Dividendenzahlungen bereinigt, als »accumulated profits/(losses)« ausgewiesen.

Die Rücklagen enthalten mit der **revaluation reserve** (Neubewertungsrücklage) eine Besonderheit auf die im Kapitel 3.4.1.3 gesondert eingegangen werden soll. Hierbei handelt es sich um Rücklagen, die im Rahmen von erfolgsneutralen Wertzuschreibungen vorgenommen werden. Sie spielen vor allem im Rahmen der Bewertung von Sachanlagen und Wertpapieren eine wichtige Rolle.

Für **eigene Aktien** (treasury shares) ist ein Ausweis auf der Aktivseite, wie nach HGB, nicht möglich. Dementsprechend kann auch keine Rücklage für eigene Anteile gebildet werden. Eigene Anteile kürzen vielmehr das Eigenkapital (SIC 16.4 i. V. m. IAS 32.8). Sie sind entweder in der Bilanz oder im Anhang gesondert anzugeben (IAS 1.74 i. V. m. SIC 16).

Eine Ausnahme stellen die **Belegschaftsaktien** dar, die auch nach IAS aktivierungsfähig sind.

2. **Minderheitsanteile** (minority interest):
In einer Konzernbilanz ist der Ausgleichsposten für Minderheitsanteile außerhalb des Konzerneigenkapitals und getrennt von den Schulden gesondert darzustellen (IAS 27.15c).

Nach § 307 Abs. 1 **HGB** ist dieser Posten innerhalb des Eigenkapitals auszuweisen.

3. Langfristige Schulden (non-current liabilities):
Neben verzinslichen Darlehen zählen hierzu vor allem Steuerlatenzen, Pensionsverpflichtungen und Erneuerungsverpflichtungen. Sie sind unter »deferred credits« auszuweisen. Unverzinsliche Kredite sind gesondert anzugeben (IAS 1.62).

Aktive und passive Steuerlatenzen (deferred tax assets/deferred tax liabilities) sind unter langfristigen Vermögenswerten bzw. langfristigen Schulden als eigenständiger Posten auszuweisen, wenn das Unternehmen den Abschluss nach kurz- und langfristigen Positionen gliedert (IAS 12.70). Sie sind unter bestimmten Voraussetzungen saldiert zu bilanzieren (IAS 12.74).

Nach **HGB** sind die passiven Steuerlatenzen unter den Steuerrückstellungen aufzuführen (§ 306 Satz 1 HGB). Aktive Steuerlatenzen stellen im Einzelabschluss eine Bilanzierungshilfe dar. Im Konzernabschluss sind sie unter den Rechnungsabgrenzungsposten zu aktivieren (§ 306 Satz 1 HGB).

4. Kurzfristige Schulden (current liabilities):

- Verbindlichkeiten aus Lieferungen und Leistungen und sonstige Verbindlichkeiten (trade and other payables),
- kurzfristige Darlehen (short-term borrowings),
- Rückstellungen (provisions),
- passive Rechnungsabgrenzung (deferred income).

Unter **sonstigen Verbindlichkeiten** (other payables) werden alle Positionen aufgeführt, die, wie die Umsatzsteuer oder Löhne und Gehälter, vollständig in ihrer Höhe feststehen. Ebenso sind die **accruals** unter diesem Posten zu erfassen (IAS 1.61). Hierbei handelt es sich z.B. um Rückstellungen für personalbezogene Aufwendungen, deren Bestimmtheitsgrad zu annähernd 100 % feststeht (siehe hierzu Kapitel 3.4.3).

Analog dem Vorgehen bei sonstigen Forderungen sind **Verpflichtungen aus Aufträgen in Bearbeitung** unter den sonstigen Verbindlichkeiten, vorzugsweise unter den erhaltenen Anzahlungen, als »gross amount due *to* customers for contract work« zu passivieren (IAS 11.42b).

Kurzfristige Darlehen (short-term borrowings) beinhalten kurzfristige unverzinsliche Kredite eines Unternehmens, wie z.B. Dividendenverbindlichkeiten, Ertragsteuern oder Kontokorrentkredite, die getrennt von den verzinslichen Darlehen auszuweisen sind (IAS 1.62).

3.2.3 Besonderheiten nach US-GAAP

3.2.3.1 Grundsätze und Gliederung

US-GAAP schreiben wie die IAS kein festes Gliederungsschema vor, sondern geben nur Mindestpositionen für SEC-berichtspflichtige Unternehmen an (SEC Regulation S-X, Rule 5-02). Andere Gesellschaften übernehmen in der Regel diese Mindestpositionen. Somit ergibt sich folgende Gliederung einer US-GAAP-Konzernbilanz mit einigen erläuternden Ergänzungen:

BALANCE SHEET (Bilanz)

Assets and Other Debits (Aktiva)	**Liabilities and Stockholders' Equity** (Passiva)
Current Assets (Umlaufvermögen)	**Current Liabilities** (Kurzfristige Schulden)
1. Cash and cash items (Zahlungsmittel und Zahlungsmitteläquivalente)	16. Accounts and notes payable (Kurzfristige Verbindlichkeiten) – to trade creditors (… aus Lieferungen und Leistungen) – to related companies (… gegenüber verbundenen Unternehmen und Gesellschaften) – to others (… gegenüber Kreditinstituten oder Eigentümern, z. B. Dividende)
2. Marketable securities (Wertpapiere des Umlaufvermögens)	
3. Accounts and notes receivable (Forderungen und Besitzwechsel) – Trade receivables (… aus Lieferungen und Leistungen) – Other receivables (Sonstige Forderungen)	
4. Unearned income (Aktive antizipative Rechnungsabgrenzungsposten)	17. Other current liabilities (Sonstige kurzfristige Schulden) – Deferred income (Passive transitorische Rechnungsabgrenzungsposten)
5. Inventories (Vorräte)	18. **Total current liabilities** (Summe der kurzfristigen Schulden)
6. Prepaid expenses (Aktive transitorische Rechnungsabgrenzungen)	**Long-term debt** (Langfristige Schulden)
7. Other current assets (Sonstige Gegenstände des Umlaufvermögens)	19. Bonds, mortgages and other long-term debt, included capitalized leases (Ausgegebene Wertpapiere des Fremdkapitals, langfristige Darlehen)
8. **Total current assets** (Summe des Umlaufvermögens)	
9. Securities of related parties (Wertpapiere von verbundenen Unternehmen)	20. Indebtedness to related parties – non-current (Langfristige Schulden gegenüber eng verbundenen Unternehmen oder Personen)
10. Indebtedness of related parties – not current (Beteiligungen an verbundenen Unternehmen)	21. Other liabilities (Sonstige langfristige Schulden) 22. Commitments and contingent liabilities (Unsichere Außenverpflichtungen)
11. Other investments (Wertpapiere und Beteiligungen)	23. Deferred credits (Passive antizipative Rechnungsabgrenzungsposten und Rückstellungen mit längerfristigem Charakter) – Deferred tax liabilities (Latente Steuern) – Other deferred credits (Leasing-, Pensionsverpflichtungen etc.)
12. Property, plant and equipment (Sachanlagevermögen)	
13. Intangible assets (Immaterielles Anlagevermögen) – Goodwill	

Abb. 2.25: Bilanz nach US-GAAP

14. Other assets (Sonstige langfristige Vermögenswerte, wie z. B. nicht betriebsnotwendiges Sachanlagevermögen und Grundstücke)	24. Minority interests in consolidated subsidiaries (Minderheitsanteile)
	Stockholders' equity (Eigenkapital) (Capital stock = Gezeichnetes Kapital, Positionen 25 + 26)
	25. Preferred stock (Vorzugsaktienkapital)
	26. Common stock (Stammaktienkapital, eigene Aktien hier abzuziehen)
	27. Other stockholders' equity (Sonstiges Eigenkapital)
	– Additional paid-in capital (Kapitalrücklage)
	– Retained earnings (Gewinnrücklagen)
15. **Total assets** (Summe der Aktiva)	28. **Total liabilities and stockholders' equity** (Summe des Fremd- und Eigenkapitals)

Abb. 2.25: Bilanz nach US-GAAP (Fortsetzung)

Anders als nach HGB und IAS orientiert sich die Gliederung der Bilanzposten nach US-GAAP am **Liquiditätsprinzip**.

Das kurzfristige und liquide Vermögen ist vor dem langfristigen und weniger liquiden Vermögen auszuweisen.

Die Passiva sind somit nach zunehmender Restlaufzeit anzuordnen.

Der Ausweis des Fremdkapitals hat vor dem Eigenkapital zu erfolgen, da das Eigenkapital der Gesellschafter/Aktionäre dem Unternehmen zumeist längerfristiger als das Fremdkapital zur Verfügung steht.

Bilanzposten	HGB/IAS	US-GAAP
Erster Aktivposten	Immaterielle Vermögensgegenstände	Liquide Mittel
Erster Passivposten	Eigenkapital	Kurzfristige Verbindlichkeiten
Letzter Aktivposten	Liquide Mittel	Immaterielle Vermögensgegenstände/Sonstige Vermögenswerte
Letzter Passivposten	Kurzfristige Verbindlichkeiten	Eigenkapital

Abb. 2.26: Anordnung der Bilanzposten nach HGB, IAS und US-GAAP

Auch der innerhalb eines Jahres fällige Anteil der langfristigen Forderungen und Verbindlichkeiten ist im Umlaufvermögen oder unter den kurzfristigen Verbindlichkeiten zu zeigen (ARB 43 Chapter 3 Section A).

Unternehmen, die der SEC-Berichtspflicht unterliegen, müssen Posten, die 5 % der jeweiligen kurz- oder langfristigen Schulden oder Forderungen übersteigen, gesondert in der Bilanz angeben (SEC Regulation S-X, Rules 5-02.20/5-02.3/5-02.8).

Somit ergibt sich zu IAS und HGB ein wesentlicher Unterschied hinsichtlich der Anordnung der Bilanzposten, der in Abb. 2.26 zusammengefasst ist.

An dieser Stelle ist darauf hinzuweisen, dass deutsche Unternehmen, die an der New Yorker Börse notieren (z. B. SAP oder DaimlerChrysler), hinsichtlich der Bilanzgliederung neben US-GAAP auch europäische Bilanzierungsrichtlinien beachten müssen. Dies führt dazu, dass die Bilanzgliederung dieser Unternehmen einen Kompromiss darstellt, den auch die SEC akzeptiert.

Die Aktiva beginnen z. B. bei SAP oder DaimlerChrysler, entgegen der Gliederungsvorschrift nach US-GAAP, nicht mit den liquiden Mitteln, sondern mit dem Anlagevermögen.

> Bei der Bilanzgliederung gelten Ausnahmen für deutsche
> Unternehmen, deren Aktien an der NYSE notieren.

3.2.3.2 Erläuterung einzelner Positionen

Bei den **Aktiva** gibt es folgende Besonderheiten gegenüber IAS:
Beginnend mit dem **Umlaufvermögen** (current assets) werden, wie schon erwähnt, zunächst die liquiden Mittel ausgewiesen.

Unter kurzfristig marktfähigen Wertpapieren (marketable securities) sind die Trading-Wertpapiere anzusetzen, mit denen spekuliert wird, sowie die Available-for-sale-Wertpapiere, für die ein kurzfristiger Anlagehorizont von bis zu einem Jahr besteht.

Die **Forderungen** (accounts and notes receivable) bestehen aus

– Forderungen aus Lieferungen und Leistungen (trade receivables),
– Wechselforderungen (notes receivable) und
– und sonstigen Forderungen (other receivables).

Die Wechselforderungen sind bei börsennotierten Unternehmen nur dann gesondert aufzuführen, wenn sie 10 % der Gesamtforderungen betragen (SEC Regulation S-X, Rule 5-02.3b).

Unter den sonstigen Forderungen sind, wie bei HGB und IAS, eine Reihe unterschiedlicher Forderungsarten auszuweisen (z. B. Gehaltsvorschüsse).

Aktive antizipative Rechnungsabgrenzungsposten (unearned income) sind gesondert auszuweisen (z. B. erst im folgenden Geschäftsjahr vereinnahmte Miete).

Vorräte (inventories) und **aktive transitorische Rechnungsabgrenzungen** (prepaid expenses), wie z. B. im Voraus bezahlte Miete, umfassen im Wesentlichen die gleichen Positionen wie bei IAS.

Erhaltene Anzahlungen von Kunden dürfen, wie nach IAS, entgegen dem Ausweiswahlrecht nach HGB, nicht offen von den Vorräten abgesetzt werden, es sei denn, im Rahmen der Langfristfertigung. Sie sind unter den Verbindlichkeiten auszuweisen.

Im Rahmen der **Langfristfertigung** ist ein Überschuss der bisher aufgelaufenen Auftragskosten und der bisher realisierten Gewinne über die bisher in Rechnung gestellten Beträge unter »current assets« (»costs and profit in excess of billing«) gesondert aufzuführen.

Beim **Anlagevermögen** (non-current assets) sind betriebsnotwendige Teile, wie z. B. Produktionsanlagen unter Sachanlagevermögen (property, plant and equipment) aufzuführen. Nicht betriebsnotwendige Anlagen sind innerhalb des Anlagevermögens unter »other assets« zu zeigen.

Held-to-maturity-Wertpapiere sind über die gesamte Laufzeit unter »other investments« anzusetzen (siehe hierzu Kapitel 3.4.2.1).

Sachanlagen sind nach SEC-Regulation S-X, Rule 12-06 wie folgt auszuweisen:

- Grund und Boden (land),
- Gebäude (buildings),
- technische Anlagen und Maschinen (machinery and equipment),
- Mietereinbauten (leasehold improvements),
- Leasingobjekte (capital lease),
- Anlagen im Bau (construction in progress)

Bei den **immateriellen Vermögenswerten** (intangible assets) ist ein **Goodwill** gesondert anzusetzen.

Bei den **Passiva** gibt es folgende Besonderheiten gegenüber IAS: Der Bilanzausweis beginnt mit den **kurzfristigen Schulden** (current liabilities). Hier erfolgt eine Trennung zwischen Verbindlichkeiten aus Lieferungen und Leistungen (... to trade creditors) und z.B. Schulden, die im Rahmen einer Konzernverflechtung gegenüber der Muttergesellschaft eingegangen werden (... to related companies).

Die Verbindlichkeiten gegenüber anderen Gläubigern, vor allem Kreditinstituten oder die geplante Dividende für die Aktionäre, werden unter sonstigen Verbindlichkeiten erfasst (... to others).

Zu den **sonstigen kurzfristigen Schulden** (other current liabilities) zählen kurzfristige Rückstellungen als Teil der **contingent liabilities**, die am Bilanzstichtag noch nicht rechtlich entstanden sind, wie z.B. drohende Verluste aus schwebenden Geschäften (siehe hierzu unter 3.4.3.2).

Passive transitorische Rechnungsabgrenzungsposten, z.B. im Voraus vereinnahmte Miete, sind als »deferred income« unter den kurzfristigen sonstigen Schulden auszuweisen.

Im Rahmen der **Langfristfertigung** ist ein Überschuss, der in Rechnung gestellten Beträge über die bisher aufgelaufenen Auftragskosten und die bisher realisierten Gewinne als »billings in excess of costs and profit« unter »current liabilities« aufzuführen. Unter den langfristigen Schulden sind die Positionen unsichere **Außenverpflichtungen** (contingent liabilities) und die **passiven antizipativen Rechnungsabgrenzungsposten** und **Rückstellungen mit längerfristigem Charakter** (deferred credits) auszuweisen.

Der bilanzielle Ausweis **aktiver und passiver latenter Steuern** erfolgt unter den Positionen »deferred tax asset« oder »deferred tax liabilities«. Entsprechend der Fristigkeit der Vermögensgegenstände und Schulden, welche für die Unterschiede zwischen Jahresabschluss und Steuerbilanz ursächlich sind, ist der Ausweis unter den Posten des Anlagevermögens oder Umlaufvermögens bzw. den langfristigen Verbindlichkeiten oder kurzfristigen Verbindlichkeiten vorzunehmen.

Ist eine Zuordnung zu einzelnen Vermögensgegenständen oder Schulden nicht möglich (z.B. bei **Verlustvorträgen**), so ist der Posten dem jeweiligen Current-Bereich zuzuordnen, wenn mit einem Ausgleich innerhalb des nächsten Jahres gerechnet wird. Andernfalls hat eine Bilanzierung im langfristigen Bereich zu erfolgen (FAS 109.41 f.).

Beim **Eigenkapital** (stockholders' equity) ist das gezeichnete Kapital (capital stock) in Vorzugsaktien (preferred stock) und Stammaktien (common stock) einzuteilen. Die Kapitalrücklage (additional paid-in capital) entspricht im Wesentlichen der HGB-Version und enthält vor allem das Aufgeld (Agio), das bei Kapitalerhöhungen über den Nennwert oder den anteiligen Wert hinaus erzielt wird.

In die **Gewinnrücklagen** (retained earnings) werden thesaurierte Gewinne eingestellt. Auch die noch nicht ausgeschütteten Gewinne werden hier erfasst. Nach erfolgtem Dividendenbeschluss der Gesellschafter wird die Dividende von den Gewinnrücklagen in die kurzfristigen Schulden gegenüber Gesellschaftern umgegliedert. Bei Auszahlung wird die Verbindlichkeit zu Lasten des Bankguthabens aufgelöst.

Ein gesonderter **Ausweis des Gewinns** analog der HGB-Gliederung erfolgt nach US-GAAP nicht. Der Jahresüberschuss ist nur aus der GuV-Rechnung ersichtlich. Deswegen wird eine gesonderte Darstellung der Entwicklung des Eigenkapitals in der Form einer Eigenkapitalveränderungsrechnung notwendig, die im Kapitel 5.1 erläutert werden soll.

Zusätzlich sind im Eigenkapital ergebnisneutrale, nicht durch Transaktionen mit Anteilseignern bedingte Veränderungen des Eigenkapitals (other comprehensive income) darzustellen (CON 6.70). Hierbei handelt es sich beispielsweise um Umrechnungsdifferenzen aus der Fremdwährungsumrechnung (siehe hierzu Kapitel 4.3) oder um Wertveränderungen bestimmter Wertpapiere.

Eigene Aktien (treasury stocks) sind, wie nach IAS, nicht als eigenständige Vermögenswerte zu aktivieren, sondern werden offen vom Stammaktienkapital abgesetzt. Ein Ausweis auf der Aktivseite ist nur in seltenen Ausnahmefällen möglich (ARB 43 Chapter 1 Section A).

Der den **Minderheitsaktionären** zustehende Anteil am Eigenkapital (minority interests) ist, wie nach IAS, im Konzernabschluss getrennt von Fremd- und Eigenkapital und damit gesondert auszuweisen (hierzu näher in CON 6.254).

Zusammenfassend lässt sich feststellen, dass die Gliederungsvorschriften nach HGB sehr detailliert sind und somit gegenüber den Positionen nach IAS und US-GAAP eine bessere Vergleichbarkeit zwischen den Unternehmen ermöglichen.

Die IAS- und US-GAAP-Bilanzgliederungsschemata sind im Vergleich zum HGB weiter auslegbar.

HGB-Bilanzgliederungsvorschriften
➤ erleichtern Unternehmensvergleiche,

IAS und US-GAAP-Bilanzgliederungshinweise
➤ erschweren Unternehmensvergleiche

Kontrollfragen

1. *Welche wesentlichen Grundsätze und Gliederungsvorschriften nach HGB gibt es?*
2. *Wie lauten die wichtigsten Posten einer Bilanz nach IAS 1.66?*
3. *Ist eine Einteilung der IAS-Bilanzposten nach kurz- und langfristigen Positionen zwingend vorgeschrieben?*
4. *Unter welcher Position sind Entwicklungskosten nach IAS aufzuführen?*
5. *Welche Art von Wertpapieren ist nach IAS als gesonderter Posten im Umlaufvermögen zu aktivieren?*
6. *Was beinhaltet die IAS-Position »gross amount due from customers for contract work«?*
7. *Unter welcher Position sind accruals nach IAS zu bilanzieren?*
8. *Welche wesentlichen Unterschiede bestehen zwischen einer IAS- und einer US-GAAP-Bilanzgliederung?*
9. *Wo muss eine langfristige Forderung, die innerhalb eines Jahres fällig wird, nach US-GAAP ausgewiesen werden?*
10. *Mit welchen Bilanzpositionen beginnt oder endet eine HGB-/IAS-Bilanz im Vergleich zu einer US-GAAP-Bilanz?*
11. *Wird in einer US-GAAP-Bilanz, wie im HGB, der Jahresüberschuss als gesonderter Posten des Eigenkapitals aufgeführt?*

Aufgabe 2.14 *Bilanzgliederung nach IAS S. 426*

Aufgabe 2.15 *Bilanzgliederung nach HGB S. 427*

Aufgabe 2.16 *Bilanzgliederung nach US-GAAP S. 427*

3.3 Allgemeine Bewertungsunterschiede

3.3.1 IAS im Vergleich zum HGB

3.3.1.1 Grundlegende Wertansätze

Im Rahmenkonzept (IAS-Framework.100) werden folgende grundlegende Wertansätze definiert:

– historische Anschaffungs- oder Herstellungskosten (historical cost),
– Tageswert (current cost),
– Veräußerungswert (realisable value) von Aktiva oder
– Erfüllungswert (settlement value) von Schulden,
– Barwert (present value).

Neben diesen fünf IAS-Grundwertansätzen werden in einzelnen IAS vor allem folgende weitere Werte erwähnt:

– beizulegender Zeitwert (fair value),
– Markt- oder Verkehrswert (market value),
– Nettoveräußerungswert (net realisable value),
– Nutzungswert (value in use),
– erzielbarer Betrag (recoverable amount).

Die **historischen Anschaffungs- oder Herstellungskosten** bedeuten, dass Vermögenswerte mit dem Betrag der entrichteten Zahlungsmittel oder Zahlungsmitteläquivalente oder dem beizulegenden Zeitwert der Gegenleistung für ihren Erwerb zum Erwerbszeitpunkt erfasst werden. Schulden sind danach mit dem Betrag des im Austausch für die Verpflichtung erhaltenen Erlöses oder beispielsweise bei Ertragsteuern mit dem Betrag an liquiden Mitteln anzusetzen, der erwartungsgemäß gezahlt werden muss (F.100a). Die historical cost entsprechen den Anschaffungs- und Herstellungskosten nach HGB.

Der **Tageswert** (current cost) entspricht durch Berücksichtigung der aktuellen Marktbedingungen den Wiederbeschaffungskosten (F.100b). Im deutschen Handelsrecht gibt es diesen Wertansatz nicht. Eine Wiederbeschaffung ist nur bis zur Wertobergrenze der Anschaffungs- und Herstellungskosten möglich.

Der **Veräußerungswert von Vermögensgegenständen** (realisable value) ist dem Zufluss an liquiden Mitteln gleichzusetzen, der durch eine Veräußerung entsteht. Im HGB wird der Veräußerungswert nicht besonders erwähnt.

Der **Erfüllungsbetrag von Schulden** entspricht analog einem Mittelabfluss, der zur Tilgung der Schuld notwendig ist (F.100c). Nach HGB ist dies der Wert, der bei einer Schuld zu tilgen ist.

Der **Barwert** (present value) eines Vermögenswertes ergibt sich aus der Abzinsung aller künftigen Zuflüsse liquider Mittel. Schulden entsprechen somit den vergleichbaren Nettomittelabflüssen (F.100d). Dieser Wertansatz wird bei der Bewertung von unverzinslichen Forderungen angewendet. Im Handelsrecht ist der Barwert gemäß

§ 253 Abs. 1 HGB nur für Rentenverpflichtungen anzusetzen, für die eine Gegenleistung nicht mehr zu erwarten ist.

Der **beizulegende Zeitwert** (fair value) wird zugelassen im Rahmen der Neubewertung von Sachanlagen (IAS 16.30), bei bestimmten Finanzinstrumenten (IAS 39.69), immateriellen Anlagegegenständen (IAS 38.64) und bei als Finanzinvestition gehaltenen Immobilien (investment property) (IAS 40.27).

Der »fair value« ist der Betrag, zu dem ein Vermögenswert zwischen sachverständigen, vertragswilligen und voneinander unabhängigen Geschäftspartnern getauscht werden könnte (IAS 16.6b). Dieser Wertbegriff entspricht handelsrechtlich in etwa dem Tageswert.

Der **Markt- oder Verkehrswert** (market value) wird vor allem bei der Bewertung von Finanzinstrumenten benötigt. Es handelt sich dabei um den Betrag, der in einem aktiven Markt aus dem Verkauf erzielt werden könnte oder der für einen entsprechenden Erwerb zu zahlen wäre (IAS 32.5).

Der Begriff des aktiven Markts wird in IAS 36.5 definiert. Besonderes Kennzeichen eines aktiven Markts ist danach vor allem die Homogenität der gehandelten Produkte.

Der **Nettoveräußerungswert** (net realisable value) dient in erster Linie bei der Vorratsbewertung als Vergleichswert zu den Anschaffungs- oder Herstellungskosten (IAS 2.7). Hierbei handelt es sich um einen geschätzten erzielbaren Verkaufserlös abzüglich der geschätzten Kosten bis zur Fertigstellung und der geschätzten notwendigen Vertriebskosten (IAS 2.4).

Der **Nutzungswert** (value in use) ist ein unternehmensinterner Wertbegriff für einzelne assets. Es handelt sich um einen Barwert, bei dem zukünftige Einzahlungsüberschüsse der assets auf den Bilanzstichtag abgezinst werden (IAS 36.26).

Der **erzielbare Betrag** (recoverable amount) ist definiert als der höhere der beiden Beträge aus Nettoveräußerungswert und Nutzungswert (IAS 36.5).

3.3.1.2 Anschaffungs- und Herstellungskosten

Die historischen Anschaffungs- und Herstellungskosten stellen die zentralen Bewertungsgrundlagen für Vermögenswerte dar. Sie lassen sich einteilen in:

– Anschaffungskosten (costs of purchase) für den Erwerb von Dritten und
– Herstellungskosten (costs of conversion) für eigenerstellte Güter- und Dienstleistungen.

Die **Anschaffungskosten** sind in IAS 2.8f. und IAS 16.15ff. definiert und entsprechen hinsichtlich ihrer Einteilung den Bestandteilen gemäß § 255 Abs. 1 HGB:

	Anschaffungspreis (purchase price)
+	Nebenkosten (other costs directly attributable)
·/·	Minderungen (deducted costs)
=	Anschaffungskosten (costs of purchase) nach IAS

Die Anschaffung ist abgeschlossen, wenn der Vermögensgegenstand betriebsbereit sowie der vorgesehenen Verwendung zurechenbar ist.

Zu den Anschaffungskosten zählen neben dem Kaufpreis auch Einfuhrzölle (import duties) und andere Steuern, außer solchen, die das Unternehmen von den Finanzbehörden zurückverlangen kann. Weitere Nebenkosten sind beispielsweise Transport-

und Versicherungskosten. Skonti (trade discounts), Rabatte (rebates) und ähnliche Posten sind als Minderungen abzuziehen.

Die **Herstellungskosten** sind als produktionsbezogene Vollkosten definiert, die aus Einzel- und Gemeinkosten bestehen.

> Einzelkosten (directly related costs)
> + systematisch zugerechnete Gemeinkosten (overheads)
> = Herstellungskosten (costs of conversion) nach IAS

Beim Vorratsvermögen zählen hierzu (IAS 2.7 ff.):

- Materialeinzelkosten,
- Fertigungseinzelkosten,
- fixe und variable Material- und Fertigungsgemeinkosten auf Basis Normalbeschäftigung, wie z. B. Abschreibungen des Anlagevermögens oder Managementkosten, die mit der Produktion zusammenhängen und
- Sonderkosten der Fertigung.

Nachträgliche Anschaffungs- oder Herstellungskosten (subsequent expenditure) sind zu aktivieren, wenn wahrscheinlich ist, dass dadurch über den ursprünglichen Zustand hinausgehende Nutzenzuflüsse erzielt werden. Dies ist z. B. der Fall bei Maschinen mit Verlängerung der Nutzungsdauer bei gleichzeitiger Kapazitätserhöhung (IAS 16.23 f.).

Nach IAS dürfen **Forschungsaufwendungen** (expenditure on research) – definiert als Aufwendungen für neues Wissen ohne Produktbezug – im Rahmen der immateriellen Vermögenswerte nicht aktiviert werden (IAS 38.42).

Entwicklungskosten (expenditure on development) – definiert als Verwendung von Forschungserkenntnissen, mit dem Hauptziel, neue Produkte zu entwickeln – sind dagegen nur dann zu aktivieren, wenn sie verlässlich ermittelt werden können und vor allem eine realistische Vermarktungschance besteht (IAS 38.45).

Fremdkapitalkosten (borrowing costs) dürfen nach der bevorzugten Methode nicht aktiviert werden, sondern sind als Aufwand zu erfassen (IAS 23.7). Für einen qualifizierten Vermögenswert (qualifying asset) dürfen nach der alternativen Methode Zinsen für Fremdkapital aktiviert werden (IAS 23.10).

Hierbei handelt es sich um Zinsaufwendungen für Vermögensgegenstände für deren Anschaffung und Herstellung ein beträchtlicher Zeitraum erforderlich ist.

> **Qualifying asset**
> = Vermögensgegenstand mit erheblicher
> Anschaffungs- oder Herstellungsdauer

Beispiel:

Die Speedy GmbH erwirbt zum Stanzen von Blechteilen eine Presse zum Kaufpreis von 100 000 €, der von der Bank mit einem Zinssatz von 10 % jährlich finanziert wird. Die Lieferung der Presse erfolgt am 1. 7. 01. Durch komplizierte und aufwendige Softwareentwicklungsarbeiten von jeweils 30 000 € in 01 und 02 kann die Maschine erst zum 1. 7. 02 in Betrieb genommen werden. Wie lauten die bilanziellen Wertansätze von der Anschaffung bis zur Fertigstellung bei Bilanzierung nach IAS?

Lösung:
Da der Vorgang längere Zeit in Anspruch nimmt, liegt bei der Blechpresse ein qualifying asset vor. Die Finanzierungskosten in Höhe von halbjährlich 5 000 € können zusätzlich zum Anschaffungspreis und den Nebenkosten aktiviert werden. Die bilanziellen Wertansätze von der Anschaffung bis zur Fertigstellung lauten wie folgt (in €):

Anschaffungswert zum 1. 7. 01	Bilanzwert zum 31. 12. 01	Wert bei Fertigstellung zum 30. 06. 02
	100 000 + 30 000 + 5 000	135 000 + 30 000 + 5 000
100 000	135 000	170 000

Öffentliche Zuschüsse (government grants) sind entweder als passiver Rechnungsabgrenzungsposten zu erfassen oder bei Ermittlung des Buchwerts des Vermögenswertes abzusetzen (IAS 20.24).

Fremdwährungsdifferenzen (exchange differences) dürfen im Einzelabschluss nur unter sehr restriktiven Voraussetzungen bei den Anschaffungs- und Herstellungskosten berücksichtigt werden. Dies ist nur möglich, wenn erhebliche Abwertungen entstehen, gegen die keine Absicherung möglich war (IAS 21.22).

Für **kalkulatorische Kosten** besteht ein Aktivierungsverbot, da ihnen keine Zahlungen zugrunde liegen.

In die **Herstellungskosten** dürfen demnach **nicht** einbezogen werden (z. B. in IAS 2.14):

– nicht produktionsbezogene Verwaltungsgemeinkosten, z. B. Gehalt des Buchhalters,
– Vertriebskosten (selling costs),
– Forschungs- und nicht aktivierungsfähige Entwicklungskosten,
– bestimmte Fremdkapitalkosten,
– Zwischengewinne,
– unüblich hohe Kosten (z. B. Ausschuss),
– Kosten vor der eigentlichen Produktion,
– Anlaufverluste,
– Lagerkosten (soweit nicht für Produktionsprozess erforderlich),
– Leerkosten und
– kalkulatorische Kosten.

Die Ermittlung der **Anschaffungskosten** ist **handelsrechtlich** mit den IAS-Vorschriften vergleichbar. Finanzierungskosten dürfen nach HGB nur aktiviert werden, wenn die Kredite dazu dienen, die Herstellung zu beschaffender Neuanlagen mit längerer Bauzeit durch Anzahlungen oder Vorauszahlungen zu finanzieren (WP-Handbuch E 238).

Der **Einzelkostenansatz** von § 255 Abs. 2 HGB setzt die untere Wertgrenze der **Herstellungskosten** deutlich niedriger an (Summe aus Material- und Fertigungseinzelkosten sowie Sondereinzelkosten der Fertigung) und ermöglicht durch umfangreiche Wahlrechte ein enormes Gestaltungspotenzial (siehe hierzu Abb. 2.27).

Für **Forschungs- und Entwicklungsaufwendungen** besteht ein generelles Aktivierungsverbot im Rahmen der Ansatzvorschriften für immaterielle Vermögensgegenstände. Für Weiterentwicklungskosten bestehender Produkte ist eine Aktivierung im Rahmen der Fertigungsgemeinkosten möglich (§ 255 Abs. 2 HGB).

Vertriebskosten und **Fremdkapitalzinsen** dürfen generell ebenfalls nicht in die Herstellungskosten einbezogen werden (§ 255 Abs. 2 und 3 HGB).

Allerdings gibt es eine **Ausnahme bei Fremdkapitalzinsen**: Fremdkapitalzinsen dürfen nach HFA 5/1991 bei den Herstellungskosten angesetzt werden, wenn es sich um Zinsen für Fremdkapital handelt, das in zeitlicher und sachlicher Hinsicht zur Finanzierung der Herstellung eines Vermögensgegenstandes verwendet wird (so genannte objektbezogene Finanzierung).

Herstellungskosten	Ansatz nach HGB			Ansatz nach IAS		
	Pflicht	Wahlrecht	Verbot	Pflicht	Wahlrecht	Verbot
Materialeinzelkosten	x			x		
Fertigungseinzelkosten	x			x		
Sondereinzelkosten der Fertigung	x			x		
Materialgemeinkosten		x		x		
Fertigungsgemein-kosten		x		x		
Abschreibungen auf Anlagevermögen		x		x		
Verwaltungskosten		x		x (ferti-gungs-bezogen)		
Aufwendungen – für soziale Einrich-tungen – freiwillige soziale Leistungen – betriebliche Alters-versorgung		x x x		x x x		
Vertriebskosten			x			x
Fremdkapitalzinsen		x (objektbe-zogene Finanzie-rung)			x (qualifying assets)	
Aufwendungen für – Forschung – Entwicklung			x x	x (be-stimmte Voraus-setzun-gen)		x
Kalkulatorische Kosten			x			x

Abb. 2.27: Bestandteile der Herstellungskosten nach HGB und IAS

3.3.2 Besonderheiten nach US-GAAP

Die allgemeinen Bewertungsvorschriften nach US-GAAP sind in den »Statements of Financial Accounting Concepts« (CON) des FASB enthalten. Wie nach IAS gibt es eine Reihe von Wertmaßstäben, die sich verstärkt hin zu einer marktorientierten Bilanzierung entwickeln. Einzelne FAS enthalten spezielle Bewertungsvorschriften, so z. B. den »fair value« im Rahmen der Bewertung eines Geschäftswerts. Hierbei handelt es sich um einen Marktwert, der absatzbestimmt definiert ist und sich am erzielbaren Ertrag nach IAS orientiert.

Bei den **Anschaffungs- und Herstellungskosten** erfolgt die Ermittlung in nahezu gleicher Weise wie bei IAS.

Es gibt allerdings zwei wichtige Unterschiede:

– Ansatzpflicht der **Fremdkapitalzinsen** für qualifying assets,
– **Forschungs- und Entwicklungskosten** dürfen insgesamt nicht aktiviert werden.

Grundlegender Bewertungsansatz	Historical cost: – Costs of purchase – Costs of conversion	Anschaffungskosten Herstellungskosten
Alternativen	Current cost	Tageswert oder Wiederbeschaffungskosten
	Current market value	Marktwert
	Net realizable value	Nettoverkaufserlös
	Present (or discounted) value of future cash flows	Barwert zukünftiger Zahlungen

Abb. 2.28: Allgemeine Wertansätze nach US-GAAP gemäß CON 5.67

Die **Wiederbeschaffungskosten** und der Ansatz des **Marktwerts** entsprechen den IAS-Ansätzen.

Der **Nettoverkaufserlös** ist ein zusätzlicher genereller Wertansatz nach US-GAAP, der nach IAS vor allem im Rahmen der Vorratsbewertung erwähnt wird. Ausgehend von einem bestimmten Nettoverkaufspreis werden bestimmte weitere Kosten für Fertigung und Vertrieb abgezogen. Somit wird eine retrograde Wertermittlung vorgenommen.

Der Ansatz eines **Barwerts** entspricht dem nach IAS. Auch dieser Wertbegriff wird vorwiegend für die Bewertung unverzinslicher Forderungen verwendet.

Zusammenfassend lässt sich feststellen, dass im Gegensatz zum HGB, mit Anschaffungs- und Herstellungskosten (§ 255 HGB) als zentraler Bewertungsgrundlage, bei den internationalen Standards kein einheitlicher Bewertungsmaßstab gilt, der für die meisten Bilanzpositionen verbindlich ist.

Die internationalen Standards sind so konstruiert, dass sie mehrere allgemeine Wertbegriffe beinhalten, die zwar auch auf den Anschaffungs- und Herstellungskosten aufbauen, aber stärker als diese mehr die aktuellen Marktwerte in den Vordergrund rücken. Einzelne IAS und US-GAAP bauen auf diesen Wertbegriffen auf und verwenden spezielle Vorschriften für die Bewertung spezieller Bilanzpositionen, die in den folgenden Kapiteln erläutert werden.

Im Ergebnis führt der Vollkostenansatz nach IAS und US-GAAP zu einem höheren Wertansatz der Vermögenswerte als nach dem Einzelkostenansatz des HGB und somit tendenziell zu einem höheren Vermögens- und damit Gewinnausweis.

> Der Vollkostenansatz nach IAS und US-GAAP bewirkt höheren
> Wertansatz als nach dem Einzelkostenansatz des HGB.

Kontrollfragen

1. *Welche grundlegenden Wertansätze kennen die IAS?*
2. *Wie lassen sich die historical cost einteilen?*
3. *Nennen Sie die Bestandteile der Anschaffungskosten nach IAS?*
4. *Wie setzen sich die Herstellungskosten nach IAS zusammen?*
5. *Was verstehen IAS und US-GAAP unter einem qualifying asset?*
6. *Welche wichtigen Posten dürfen in die Herstellungskosten nach IAS nicht einbezogen werden?*
7. *Was beinhaltet der Vollkostenansatz nach IAS/US-GAAP im Vergleich zum Einzelkostenansatz nach HGB?*
8. *Welche Konsequenzen ergeben sich aus den in Kontrollfrage 7 festgestellten Unterschieden für die Höhe der Wertansätze nach HGB im Vergleich zu IAS und US-GAAP?*
9. *Welche zwei wichtigen Unterschiede zwischen IAS und US-GAAP gibt es bei der Berechnung der Anschaffungs- und Herstellungskosten?*

Aufgabe 2.17 *Herstellungskosten nach HGB/IAS S. 427*

Aufgabe 2.18 *Herstellungskosten nach HGB/US-GAAP/IAS S. 427*

3.4 Ansatz- und Bewertung einzelner Bilanzposten: IAS im Vergleich zum HGB und US-GAAP

3.4.1 Anlagevermögen

3.4.1.1 Immaterielle Vermögenswerte

Ansatz

Immaterielle Vermögenswerte (intangible assets) werden in **IAS 38** behandelt.

IAS 38.7 definiert einen immateriellen Vermögenswert »als identifizierbaren, nicht monetären Vermögenswert ohne physische Substanz, der für die Herstellung von Erzeugnissen oder Erbringung von Dienstleistungen, die Vermietung an Dritte oder Zwecke der eigenen Verwaltung genutzt wird«.

IAS 38.8 benennt folgende Rechte und Werte als Beispiele für immaterielle Vermögenswerte:

- Computersoftware,
- Patente (patents),
- Urheberrechte (copyrights),
- Filmmaterial (motion picture films),

- Kundenlisten (customer lists),
- Hypothekenbedienungsrechte (mortgage servicing rights)
- Fischereilizenzen (fishing licenses),
- Importquoten (import quotas),
- Franchiseverträge (franchises),
- Kunden- oder Lieferantenbeziehungen (customer or supplier relationships),
- Kundenloyalität (customer loyalty),
- Marktanteile (market share) und
- Absatzrechte (marketing rights).

Damit diese Rechte und Werte als immaterielle Vermögenswerte nach IAS anerkannt werden können, sind neben den allgemeinen Ansatzkriterien für assets, die in Kapitel 3.1.1 behandelt wurden,

- die Wahrscheinlichkeit des Nutzenzuflusses und
- die verlässliche Wertermittlung,

drei zusätzliche spezielle Ansatzkriterien zu erfüllen.
Gemäß IAS 38.9 sind dies:

- Identifizierbarkeit (identifiability),
- Verfügungsmacht (control),
- künftiger wirtschaftlicher Nutzen (future economic benefits).

Das Kriterium der **Identifizierbarkeit** dient dazu, den immateriellen Vermögenswert von einem Geschäfts- oder Firmenwert (Goodwill) zu trennen. Dieses Kriterium gilt als erfüllt, wenn das asset allein vermietet, verkauft oder getauscht werden kann. Der Wert eines Goodwill besteht aus mehreren ertragsbeeinflussenden Komponenten, die einzeln nicht identifiziert werden können (IAS 38.10 ff.).

Das Kriterium der **Verfügungsmacht** verlangt zusätzlich, dass der Vermögenswert durch juristische Durchsetzbarkeit gekennzeichnet ist (IAS 38.13 ff.).

Die nochmalige Betonung **des zukünftigen wirtschaftlichen Nutzens**, der ja schon bei der Qualifizierung als asset verlangt wird, dokumentiert, dass der Vermögenswert nachhaltig werthaltig sein muss (IAS 38.17).

Gemäß § 248 Abs. 2 **HGB** besteht für immaterielle Vermögensgegenstände (IVG) des Anlagevermögens, die nicht entgeltlich erworben wurden, ein Aktivierungsverbot. Demzufolge sind entgeltlich erworbene (z. B. durch Kauf, Tausch oder Einbringung) immaterielle Vermögensgegenstände zu aktivieren. Für entsprechende Werte des Umlaufvermögens (z. B. EDV-Programme), die zur Veräußerung bestimmt sind, ist eine Aktivierung über § 246 Abs. 1 HGB geboten.

Nach HGB ist eine Aktivierung von der **Verwendung des IVG** abhängig. Soll der Gegenstand im Unternehmen verbleiben (Anlagevermögen), so ist nur bei entgeltlichem Erwerb zu aktivieren. Soll der IVG veräußert werden (Umlaufvermögen), so besteht immer eine Aktivierungspflicht. Der Gegenstand ist unter den Vorräten als fertiges oder unfertiges Produkt auszuweisen.

Kriterien	Anlagevermögen	Umlaufvermögen
Selbst erstellte IVG	Aktivierungsverbot	Aktivierungspflicht
Entgeltlich erworbene IVG	Aktivierungspflicht	Aktivierungspflicht

Abb. 2.29: HGB-Ansatzvorschriften für immaterielle Vermögensgegenstände (IVG)

Somit führt das Vorsichtsprinzip des HGB dazu, dass selbst erstellte Vermögensgegenstände des Anlagevermögens im Vergleich zur IAS-Regelung nicht ausgewiesen werden dürfen.

IAS weisen **unabhängig vom Kriterium der Entgeltlichkeit** das Vermögen vollständiger aus, was im Sinne der Anteilseigner liegen sollte. Über Abschreibungen wird der Erfolg periodengerecht ermittelt. Tendenziell führt dies zu einem höheren Ergebnisausweis nach IAS im Vergleich zum HGB.

Beispiel:

Die Peter Adler AG erhält ein Lackierverfahren patentiert. Für das Verfahren sind aktivierungsfähige Aufwendungen in Höhe von 10 Mio. € entstanden. Das Unternehmen hat mehrere Angebote erhalten, das Patent für rund 25 Mio. € verkaufen zu können. Ist das Patent nach HGB zu aktivieren? Wie ist nach IAS zu verfahren?

Lösung:

Das selbst erstellte Patent des Anlagevermögens darf nach § 248 Abs. 2 HGB nicht aktiviert werden.

Ein Vermögenswert liegt nach IAS vor, da der Gegenstand von anderen Werten abzugrenzen ist und rechtlich abgesichert ist. Wie die Angebote zeigen, ist auch ein zukünftiger wirtschaftlicher Nutzen zu erwarten.

Gemäß IAS 38.22 ist der immaterieller Vermögenswert des Anlagevermögens mit den Herstellungskosten in Höhe von 10 Mio. € zu aktivieren.

Bewertung

Die Bewertung immaterieller Vermögenswerte ist in **IAS 38** (Intangible Assets) und in **IAS 36** (Impairment of Assets = Wertminderung von Vermögenswerten) festgelegt.

Ein immaterieller Vermögenswert ist beim Erwerb von Dritten zu Anschaffungs- oder bei Selbsterstellung zu Herstellungskosten zu aktivieren (IAS 38.22). Hierzu zählen z. B. Fahrtkosten, Rechtsanwaltsgebühren, bezahlte Löhne. Die vorher entstandenen Kosten für die Computernutzung oder notwendige Schreibarbeiten zählen zu den Entwicklungskosten.

Für die Verrechnung von Abschreibungen im Zugangsjahr ist der Zeitpunkt der Entstehung des »intangible asset« entscheidend. Die Höhe der Abschreibung bemisst sich nach diesem Zeitpunkt. Liegt der Zeitpunkt in der ersten Jahreshälfte, so kann der volle Betrag angesetzt werden. Bei Zugang in der zweiten Jahreshälfte nur der halbe Betrag.

Im **HGB** ist nur der entgeltlich erworbene immaterielle Vermögenswert zu Anschaffungskosten aktivierungspflichtig. Für selbst erstellte immaterielle Vermögensgegenstände besteht nur für Posten des Umlaufvermögens eine Aktivierungspflicht zu Anschaffungskosten.

Für die **Folgebewertung** ist als bevorzugte Methode der Ansatz zu den fortgeführten Anschaffungs- oder Herstellungskosten unter Berücksichtigung planmäßiger und außerplanmäßiger Abschreibungen vorgesehen (IAS 38.63).

Als alternativ zulässige Methode ist die Neubewertung mit dem »fair value« (beizulegender Zeitwert) zum Zeitpunkt der Neubewertung abzüglich Wertminderungen in Form von Abschreibungen möglich (IAS 38.64).

Die Anwendung dieser Methode ist nur zulässig, wenn für den betreffenden Vermögenswert ein **aktiver Markt** existiert, auf dem die assets gehandelt werden können. Auf einem aktiven Markt werden nur homogene, d. h. gleichartige Güter gehandelt (IAS 38.71).

Aktiver Markt = Markt für homogene Güter

Da Märkte für homogene Güter in der Realität kaum vorkommen, ist die Neubewertungsmethode somit vorwiegend theoretischer Natur. Entscheidet sich ein Unternehmen für die Neubewertungsmethode, müssen in regelmäßigen Zeitabständen Neubewertungen durchgeführt werden, um eine Überbewertung der assets zu vermeiden (IAS 38.64).

Unabhängig von der Bewertungsmethode sind »intangible assets« **planmäßig** über die Nutzungsdauer abzuschreiben. Es besteht die widerlegbare Vermutung, dass die Nutzungsdauer 20 Jahre nicht überschreitet (IAS 38.79). Als Abschreibungsmethode ist die lineare Abschreibung dann anzuwenden, wenn der Verlauf des Nutzenverzehrs nicht zuverlässig bestimmbar ist (IAS 38.88 ff.). Ansonsten können andere Methoden angewendet werden.

Außerplanmäßige Abschreibungen sind im Rahmen eines Niederstwerttests (impairment test) durchzuführen. Dies ist der Fall, wenn bestimmte Anhaltspunkte dafür vorliegen, dass der Wert eines assets zum Bilanzstichtag gesunken ist. Ein Indiz hierfür können beispielsweise die Überalterung von Produktionsanlagen oder sinkende Absätze der Produkte sein (IAS 36.9).

Entscheidend für eine außerplanmäßige Abschreibungspflicht ist dabei, dass der erzielbare Betrag (recoverable amount) unterhalb des Buchwerts (carrying amount) liegt (IAS 36.58).

Der erzielbare Betrag ist definiert als der höhere der beiden Beträge aus Nettoveräußerungspreis (net selling price) und Nutzungswert (value in use) (IAS 36.15).

Der Nettoveräußerungspreis wird vom Absatzmarkt bestimmt, bei dem die notwendigen Veräußerungskosten abgezogen wurden (IAS 36.21 ff.).

Der Nutzungswert ist ein unternehmensinterner Wertbegriff, der für jedes asset errechenbar ist. Es handelt sich um einen Barwert, bei dem zukünftige Einzahlungsüberschüsse des assets auf den Bilanzstichtag abgezinst werden (IAS 36.26 ff.).

Planmäßige Abschreibungen	Außerplanmäßige Abschreibungen
Linear	Buchwert > erzielbarer Betrag
maximal über 20 Jahre	Abschreibungspflicht

Abb. 2.30: Abschreibung immaterieller Vermögenswerte nach IAS

Beispiel:
Der Buchwert eines Patents beträgt unter Berücksichtigung planmäßiger Abschreibungen in Höhe von 20 000 € zum 31. 12. 01 noch 200 000 €. Bei einer möglichen Veräußerung zu diesem Zeitpunkt wären 190 000 € zu erzielen. Allerdings wären noch Veräußerungskosten in Höhe von 10 000 € zu berücksichtigen. Das Unternehmen rechnet mit Einzahlungsüberschüssen in den nächsten fünf Jahren von jeweils 50 000 €. Ein Kapitalanleger würde jährlich mit mindestens 6 % Verzinsung rechnen.

Lösung:
Buchwert: 200 000 €
Nettoveräußerungspreis: 180 000 €
(190 000 ·/· 10 000)

Nutzungswert: 186 815 €
(Abzinsung von 250 000 € über fünf Jahre zu jeweils 6 %)
Erzielbarer Betrag: 186 815 €
(höherer Betrag von Nettoveräußerungsbetrag und Nutzungswert sowie unterhalb des Buchwerts)
In Höhe der Differenz des Buchwerts zum erzielbaren Betrag (13 185 €) ist eine außerplanmäßige Abschreibung zu verbuchen.
Die Buchungssätze für die Abschreibungen in 01 lauten:

Konto Soll	€	Konto Haben	€
❶ Planmäßige Abschreibungen (Amortisation)	20 000	Immaterielle Vermögens-gegenstände (Intangible assets)	20 000
❷ Außerplanmäßige Abschrei-bungen (Impairment losses)	13 185	Immaterielle Vermögens-gegenstände (Intangible assets)	13 185

Die Behandlung von **Wertaufholungen** bei außerplanmäßigen Abschreibungen (reversals of an impairment loss) ist von der angewendeten Methode bei der Abschreibungsbildung abhängig.

Bei der bevorzugten Methode erfolgt eine Zuschreibung bis auf den erzielbaren Betrag. Allerdings dürfen die fortgeführten historischen Anschaffungs- oder Herstellungskosten nicht überschritten werden (IAS 36.102).

Bei der alternativen Neubewertungsmethode ist eine Werterhöhung erfolgsneutral in eine Neubewertungsrücklage (revaluation reserve) innerhalb des Eigenkapitals einzustellen, sofern nicht durch die Neubewertung eine erfolgswirksam erfasste Wertminderung rückgängig gemacht wird. In diesem Umfang ist die Werterhöhung als Ertrag zu erfassen (IAS 38.76).

Wertminderungen auf Grund einer Neubewertung sind zunächst mit einer Neubewertungsrücklage für den betreffenden Vermögenswert zu verrechnen. Ein verbleibender Restbetrag ist als Aufwand zu erfassen (IAS 38.77).

Im **HGB** sind **immaterielle Vermögensgegenstände des Anlagevermögens** planmäßig abzuschreiben (§ 253 Abs. 2 Satz 1 HGB). Außerplanmäßige Abschreibungen auf den beizulegenden Wert müssen nur bei dauernder Wertminderung vorgenommen werden (§ 253 Abs. 2 Satz 3 HGB). Für Kapitalgesellschaften (& Co) besteht bei vorübergehender Wertminderung ein Abschreibungsverbot (§ 279 Abs. 1 Satz 2 HGB).

Für **immaterielle Vermögensgegenstände des Umlaufvermögens** gilt stets das strenge Niederstwertprinzip (§ 253 Abs. 3 HGB). Ein niedrigerer Börsen- oder Marktpreis oder ein anderer beizulegender Wert, der unterhalb der Anschaffungs- oder Herstellungskosten liegt, ist über die Bildung außerplanmäßiger Abschreibungen anzusetzen.

Wertaufholungen von Vermögensgegenständen sind für Kapitalgesellschaften (& Co) nach § 280 Abs. 1 HGB zu berücksichtigen. Ein niedrigerer Wertansatz darf von allen Kaufleuten gemäß § 253 Abs. 5 HGB beibehalten werden. Für Kapitalgesellschaften (& Co) gilt in Verbindung mit der Änderung von § 6 Abs. 1 Ziffer 1 EStG eine Zuschreibungspflicht. Die Anschaffungs- oder Herstellungskosten bilden dabei auf Grund des geltenden Vorsichtsprinzips die Wertobergrenze.

US-GAAP

Die Regelungen zu immateriellen Vermögenswerten sind in APB 17 enthalten. APB 17.1 trennt identifizierbare von nicht identifizierbaren assets. Im Gegensatz zu den nicht identifizierbaren assets (goodwill-type assets) können die anfallenden Kosten beim Erwerb oder der Erstellung eines identifizierbaren assets direkt zugerechnet werden.

US-GAAP stellen beim Ansatz von »intangible assets«, wie das HGB, auf die Kriterien Entgeltlichkeit oder Unentgeltlichkeit ab.

Identifizierbare Intangible Assets		Nicht identifizierbare Intangible Assets	
Software, Patente, Urheberrechte, Handelsmarken, Adresskarteien über Kunden, geheime Formeln oder Fertigungsverfahren, etc.		Goodwill	
entgeltlich	selbst erstellt	entgeltlich	selbst erstellt
Aktivierungs- pflicht	Aktivierungs- wahlrecht	Aktivierungs- pflicht	Aktivierungs- verbot

Abb. 2.31: Aktivierung von Intangible Assets nach US-GAAP

Entgeltlich erworbene immaterielle Vermögenswerte, die die allgemeinen und speziellen Ansatzvorschriften für Vermögensgegenstände erfüllen, sind gemäß APB 17 mit ihren Anschaffungskosten aktivierungspflichtig. Hierunter fällt der Kaufpreis einschließlich Anschaffungsnebenkosten oder der Marktwert der hingegebenen Vermögenswerte.

Für **selbst erstellte identifizierbare immaterielle Vermögenswerte,** die die allgemeinen und speziellen Ansatzvorschriften für Vermögensgegenstände erfüllen, besteht ein **Aktivierungswahlrecht** (APB 17.24). Für die Aktivierung von selbst erstellter Software gelten gesonderte Regelungen, die weiter unten erläutert werden. In der Bilanzierungspraxis werden interne Aufwendungen im Zusammenhang mit der Erstellung von immateriellen Vermögenswerten zumeist als Aufwand erfasst (WP-Handbuch N 232), zumal Forschungs- und Entwicklungskosten nach FAS 2.12 nicht aktiviert werden dürfen.

Ein selbst geschaffener Goodwill darf nicht angesetzt werden (APB 17.24).

Aktivierte »intangible assets« sind über die geschätzte Nutzungsdauer, maximal bis zu 40 Jahren, **planmäßig abzuschreiben** (APB 17.29). Dies gilt auch für Vermögenswerte mit unbestimmter Nutzungsdauer (APB 17.29). In der Regel ist gemäß APB 17.30 linear abzuschreiben (straight-line method of amortization). Andere Abschreibungsmethoden sind auf ihre Angemessenheit zu überprüfen (APB 17.30).

Goodwill-Abschreibungen dürfen seit 2001 nur noch außerplanmäßig durchgeführt werden (siehe unter 3.4.1.2).

Außerplanmäßige Abschreibungen sind zu buchen, sofern der immaterielle Vermögenswert keinen oder nur einen eingeschränkten zukünftigen Nutzenzufluss erwarten lässt (FAS 121.9).

Eine **vollständige Abschreibung im Entstehungsjahr** ist ausgeschlossen (APB 17.28).

Zur Erinnerung, eigenentwickelte Software ohne Kundenbezug darf nach HGB nicht aktiviert werden. Nach IAS ist das Kriterium der Entgeltlichkeit unerheblich für eine mögliche Aktivierung.

Nach **US-GAAP** ist für die Aktivierung von **selbst erstellter Software**, wie nach HGB, dahingehend zu unterscheiden, ob diese an einen Kunden veräußert werden soll (FAS 86) oder ob sie vom Unternehmen selbst genutzt wird (SOP 98-1).

Kundenbezug	Unternehmensinterne Verwendung
Aktivierung aller Entwicklungskosten erst ab der Einsatzfähigkeit (technical feasibility) bis zur Marktreife	Aktivierung aller Entwicklungskosten nach Abschluss der Planungsphase unter bestimmten Voraussetzungen

Abb. 2.32: Aktivierung von eigenentwickelter Software nach US-GAAP

Bei **kundenorientierter Eigenentwicklung** der Software kommt es bezüglich der Aktivierung auf den Zeitpunkt der technischen Einsatzfähigkeit (technical feasibility) an. Vorher sind sämtliche internen und externen Entwicklungsaufwendungen ergebniswirksam als Aufwand zu erfassen. Danach sind sämtliche Entwicklungskosten zu aktivieren. Dies sind folglich vor allem die Aufwendungen für Programmierarbeiten und Funktionstests.

In der betrieblichen Praxis wird diese Art der Software unter den Sachanlagen ausgewiesen.

Die Vereinigung der US-amerikanischen Wirtschaftsprüfer (AICPA) hat für eigenentwickelte **Software, die für den internen Gebrauch bestimmt sind**, Regeln aufgestellt (SOP 98-1.27), die auch für die Erstellung einer Webside im Internet gelten (EITF 00-2).

Eine Aktivierung von sämtlichen Entwicklungskosten hat hierfür stattzufinden, wenn

- die Planungsphase (preliminary project stage) abgeschlossen ist (SOP 98-1.19) und
- die Genehmigung des Managements vorliegt und
- der Nachweis der Finanzierungsmittel erfolgt ist und
- mit einem wahrscheinlichen Projektabschluss zu rechnen ist und
- die Software für den beabsichtigten Zweck genutzt wird.

Aktivierungsfähig sind nur direkt auf das Projekt zurechenbare Kosten, wie z. B. Material, Leistungen und Lohn. Gemeinkosten der EDV-Abteilung und Schulungskosten der Mitarbeiter dürfen nicht angesetzt werden (SOP 98-1.23).

Verbesserungen der Software (upgrades) sind nur aktivierungsfähig, wenn zusätzliche Funktionalitäten geschaffen wurden (SOP 98-1.24).

Kontrollfragen

1. *Welche Beispiele für intangible assets benennt IAS 38.8?*
2. *Wie lauten die speziellen Ansatzkriterien für intangible assets?*
3. *Welches ist der wichtigste Unterschied zwischen einem intangible asset nach IAS und einem immateriellen Vermögensgegenstand nach HGB?*
4. *Welche Bewertungsvorschriften von intangible assets gibt es nach IAS?*
5. *Erläutern Sie die Begriffe aktiver Markt und erzielbarer Betrag.*
6. *Was verstehen US-GAAP unter nicht identifizierbaren assets?*
7. *Welche Aktivierungsvorschriften für Software gibt es nach US-GAAP? Welche Unterschiede bestehen zu IAS und zum HGB?*

Aufgabe 2.19 *Immaterielle Vermögenswerte nach HGB/IAS/US-GAAP S. 427*

3.4.1.2 Geschäfts- oder Firmenwert

Ansatz

Ein Firmen- oder Geschäftswert (Goodwill) kann

- originär (selbst geschaffen oder ursprünglich) oder
- derivativ (käuflich erworben) sein.

Der **originäre Firmenwert** entsteht im Laufe der Geschäftstätigkeit eines Unternehmens und lässt sich nur schwer messen. Dies kann z. B.

- der Ruf,
- der Kundenstamm oder
- das Ansehen der Mitarbeiter eines Unternehmens sein.

Der originäre Firmenwert hat somit rein subjektiven Charakter.

Beim Kauf eines anderen Unternehmens wird ein Anschaffungspreis ausgehandelt, der über oder unter dem Wert aller Vermögenswerte abzüglich der Schulden liegen kann. Ist das übernehmende Unternehmen bereit, mehr zu zahlen als der Zeitwert des Eigenkapitals (equity) der zu übernehmenden Gesellschaft ausmacht, so zeigt es seinen »guten Willen« und erwartet, dass sich das Tochterunternehmen wirtschaftlich gut entwickelt. Im umgekehrten Fall entsteht ein Badwill, der im Kapitel 4 »Konzernrechnungslegung« näher behandelt wird.

Nach **IAS** ist ein **originärer Goodwill** nicht aktivierungsfähig, da dessen Wert nicht verlässlich ermittelt werden kann. Es fehlt an der Erfüllung des Ansatzkriteriums der Verlässlichkeit (IAS 38.36 ff.).

Bei einem **Unternehmenskauf in Form von Vermögenswerten** (asset deal) sind entgeltlich erworbene Firmenwerte zu aktivieren, da sie die Kriterien eines assets erfüllen (IAS 22.41).

Beim **Unternehmenskauf in Form von Anteilen** (share deal) gelten gesonderte Regelungen, die im Kapitel 4 behandelt werden sollen.

> **Beispiel für einen asset deal:**
> Die Quicky GmbH hat für den vollständigen Erwerb der Kerkerbachbahn AG einen Kaufpreis von 5 000 000 € bezahlt. Der Buchwert des Eigenkapitals der Kerkerbachbahn AG beträgt 3 500 000 €. Bei der Bewertung des Zeitwerts des Eigenkapitals sind stille Reserven in Höhe von 1 Mio. € ansatzfähig, die den Zeitwert des Eigenkapitals auf 4 500 000 € erhöhen. Die Differenz zum Kaufpreis (5 ·/· 4,5 Mio. €) in Höhe von 500 000 € stellt den zu aktivierenden Firmenwert dar.

Handelsrechtlich ist ein Firmenwert nicht selbständig verwertbar und somit kein Vermögensgegenstand. Folglich besteht generell ein Aktivierungsverbot. Gemäß § 255 Abs. 4 HGB wird für den derivativen Geschäftswert allerdings ein **Aktivierungswahlrecht** eingeräumt: »Als Geschäfts- oder Firmenwert darf der Unterschiedsbetrag angesetzt werden, um den die für die Übernahme eines Unternehmens bewirkte Gegenleistung den Wert der einzelnen Vermögensgegenstände des Unternehmens abzüglich der Schulden im Zeitpunkt der Übernahme übersteigt.«

Dieses Aktivierungswahlrecht kann handelsrechtlich als Bilanzierungshilfe interpretiert werden, um einer Überschuldung durch die Zahlung des Kaufpreises entgegen zu wirken.

Bewertung

Die Bewertungsvorschriften für derivative Firmenwerte sind in **IAS 22** (Business Combinations) und **IAS 36** (Impairment of Assets) geregelt.

Die **planmäßige Abschreibung** kann entsprechend der Nutzungsdauer über maximal 20 Jahre erfolgen (IAS 22.44). Diese maximale Abschreibungsdauer ist als »widerlegbare Vermutung« (»rebuttable presumption«) definiert. Eine darüber hinausgehende Abschreibungsdauer muss spätestens zum Ende jedes Geschäftsjahres einem Werthaltigkeitstest unterzogen werden (IAS 22.56).

Als Abschreibungsmethode ist die lineare Methode anzuwenden. Es sei denn, andere Verfahren erzielen ein »angemesseneres Ergebnis« (IAS 22.45).

Eine **Sofortabschreibung im Zugangsjahr** ist nicht möglich (IAS 22 i. V. m. IAS 36).

Für **außerplanmäßige Abschreibungen** sieht IAS 36 einen Niederstwerttest vor, der weiter oben schon bei den »intangible assets« dargestellt wurde.

Liegt der erzielbare Betrag (recoverable amount) unterhalb des Buchwerts, so ist außerplanmäßig abzuschreiben. Der erzielbare Betrag ist der höhere der beiden Beträge aus Nettoveräußerungspreis (net selling price) und Nutzungswert (value in use) eines Vermögenswertes. Von diesen Wertansätzen ist jeweils der Zeitwert des Eigenkapitals abzusetzen, um einen unter Umständen niedrigeren Firmenwert festzustellen.

Entfällt der Grund für die außerplanmäßige Abschreibung, so besteht gemäß IAS 36.109 ein **Zuschreibungsverbot** (nonreversal of an impairment loss), das nur unter außergewöhnlichen Umständen umgangen werden kann.

> **Beispiel:**
> Der käuflich erworbene Geschäftswert eines Unternehmens beträgt, zum Anfang des Geschäftsjahres 01, 1 Mio. €. Die Nutzungsdauer ist auf 20 Jahre festgelegt. Bis zum Ende des Geschäftsjahres 02 hat sich das Unternehmen durch eine Reihe von Skandalen des Managements unrühmlich hervorgetan. Ein möglicher fiktiver Veräußerungspreis (net selling price) liegt bei 10 Mio. €. Der Zeitwert des Eigenkapitals erreicht 9,4 Mio. €. Der Fortführungswert des Unternehmens (value in use) beträgt 9,5 Mio. €.
>
> Veräußerungswert ·/· Zeitwert = 10 ·/· 9,4 = 0,6 Mio. €
> Fortführungswert ·/· Zeitwert = 9,5 ·/· 9,4 = 0,1 Mio. €.
>
> Der erzielbare Wert (der höhere Wert von net selling price und value in use abzüglich Zeitwert) liegt somit bei 0,6 Mio. €.
> Der **Buchwert des Geschäftswerts** erreicht nach zweijähriger planmäßiger Abschreibung 1 ·/· 0,1 = 0,9 Mio. €. Der erzielbare Wert liegt demnach um 0,3 Mio. € unter dem Buchwert. Folglich ist im Geschäftsjahr 02 eine außerplanmäßige Abschreibung in Höhe von 0,3 Mio. € vorzunehmen. Sollte das chaotische Management bis zum Jahr 05 ausgetauscht und folglich verbesserte Erträge möglich sein, so darf eine Zuschreibung nicht gebucht werden.
> Aus IAS-Sicht ist diese Vorgehensweise verständlich, da der bis zu diesem Zeitpunkt durch den Austausch des Managements neu geschaffene unentgeltliche Geschäftswert nicht aktiviert werden darf.

Nach **Handelsrecht** ist gemäß § 255 Abs. 4 Satz 2 und 3 HGB ein aktivierter derivativer Geschäfts- oder Firmenwert entweder

- längstens in den vier folgenden Jahren mit jeweils 25 % **pauschal** oder
- **planmäßig** über den Zeitraum seiner Nutzung

abzuschreiben.

Diese gesetzliche Grundlage ermöglicht mehrere Abschreibungsmodi und damit eine nicht unerhebliche bilanzpolitische Flexibilität.

Auch eine **Sofortabschreibung im Zugangsjahr** ist möglich.

Das **deutsche Steuerrecht** sieht gemäß § 7 Abs. 1 Satz 3 EStG eine betriebsgewöhnliche Nutzungsdauer von 15 Jahren vor. Eine Teilwertabschreibung ist zulässig.

Eine **außerplanmäßige Abschreibung** ist im HGB nicht ausdrücklich geregelt. Gleichwohl ist gemäß der allgemeinen Wertansätze für Vermögensgegenstände und Schulden der Goodwill immer dann außerplanmäßig abzuschreiben, wenn dessen fortgeführter Buchwert seinen beizulegenden Wert am Abschlussstichtag dauerhaft überschreitet.

Wertzuschreibungen, die für Kapitalgesellschaften (& Co) nach § 280 Abs. 1 HGB möglich sind, können für den Geschäftswert nicht beansprucht werden, da der Firmenwert keinen einzelnen Vermögenswert darstellt.

US-GAAP

Auch nach US-GAAP besteht für den originären Geschäfts- oder Firmenwert ein Ansatzverbot (APB 17.24). Das Ansatzkriterium »Verlässlichkeit« der Ermittlung lässt eine entsprechende Wertermittlung nicht zu.

Ein aus einem asset deal resultierender Goodwill ist zu aktivieren (APB 17.9).

Seit 2001 ist die Abschreibung des Goodwill nur noch außerplanmäßig möglich. Diesen so genannten **impairment-only approach** (IOA) gemäß FAS 142 hat das FASB im Rahmen einer Neuordnung seiner Konzernrechnungslegung vorgenommen (FAS 141: Business Combinations), auf die im 4. Kapitel eingegangen wird.

Die Neuregelung soll der verbesserten Information der Aktionäre dienen, da eine willkürliche Abschreibung über bis zu 40 Jahre einem »true and fair view« entgegensteht (Summary of FAS 142).

Der IOA gilt bei bestehenden Goodwill für Geschäftsjahre, die nach dem 15. 12. 01 beginnen und für Goodwill aus neuen Übernahmen ab 1. 7. 2001.

Die Neuregelung der Abschreibung ermöglicht erhebliche bilanzielle Gestaltungsspielräume für US-GAAP-Konzernabschlüsse. Wie erste Kommentare zum Geschäftsjahr 2001 zeigen, haben viele US-amerikanische Unternehmen von der Möglichkeit, den Goodwill außerplanmäßig abzuschreiben, Gebrauch gemacht.

> **Impairment-only approach** (IOA):
> – nur noch außerplanmäßige Abschreibung eines Goodwill
> – höhere bilanzielle Bewertungsspielräume nach US-GAAP

Basierend auf dem Unterschiedsbetrag zwischen Kaufpreis und Zeitwert des Eigenkapitals ist, wie nach IAS und HGB, ein Geschäftswert anzusetzen.

Eine **Sofortabschreibung im Zugangsjahr** (APB 17.28) ist, wie nach IAS, nicht möglich.

Bei der Folgebewertung ist einmal jährlich zu prüfen, ob der **fair value** (beizulegender Wert) des Firmenwerts, der in etwa dem erzielbaren Betrag nach IAS entspricht, niedriger ist als der zugehörige Buchwert. Ist der Betrag niedriger, so muss außerplanmäßig abgeschrieben werden. Ist der Wert höher, so besteht ein Zuschreibungsverbot.

Der IOA kann dazu führen, dass ein originärer Firmenwert aktiviert wird, obwohl dies nach US-GAAP nicht möglich sein darf.

Beispiel:
Verliert ein entgeltlich erworbener Firmenwert in Höhe von 1 Mio. € in mehreren Jahren nach jeweils jährlich durchgeführten impairment tests nicht seinen »fair value« und bleibt somit unverändert, so kann dies auf mehrere Faktoren zurückzuführen sein. Z. B. können

– neue Kunden die alten Kunden ersetzt haben oder
– eine neue EDV-Software hat flexiblere Arbeitsabläufe ermöglicht.

Aus dem derivativen Goodwill wird ein originärer Goodwill in unveränderter Höhe von 1 Mio. €.

IOA

führt zur Aktivierung von
unentgeltlich erworbenen Geschäftswerten

In der Abbildung 2.33 sind die wesentlichen Unterschiede bei der Goodwill-Bilanzierung nach internationalen Grundsätzen und nach HGB noch einmal zusammengefasst:

Goodwill-Bilanzierung		
IAS	**US-GAAP**	**HGB**
Aktivierungsverbot für originären Goodwill	Aktivierungsverbot für originären Goodwill	Aktivierungsverbot für originären Goodwill
Aktivierungspflicht für derivativen Goodwill (asset deal)	Aktivierungspflicht für für derivativen Goodwill (asset deal)	Aktivierungswahlrecht (asset deal); Aktivierungspflicht gem. § 5 Abs. 2 EStG
Planmäßige und außerplanmäßige Abschreibung von bis zu 20 Jahren	Seit 2001 nur noch außerplanmäßige Abschreibung möglich, »impairment-only approach« gem. FAS 142	Planmäßige/pauschale oder außerplanmäßige Abschreibung; planmäßige Abschreibung über 15 Jahre gem. § 7 Abs. 1 Satz 3 EStG
Keine Sofortabschreibung im Zugangsjahr	Keine Sofortabschreibung im Zugangsjahr	Sofortabschreibung im Zugangsjahr möglich
Zuschreibungsverbot	Zuschreibungsverbot	Zuschreibungsverbot

Abb. 2.33: Geschäfts- oder Firmenwert nach IAS, US-GAAP und HGB

Kontrollfragen

1. Welche Aktivierungsunterschiede zwischen IAS, HGB und US-GAAP gibt es beim originären Geschäftswert?
2. Erläutern Sie die Bewertungsvorschriften für den derivativen Firmenwert nach IAS im Unterschied zum HGB.

3. *Wie lauten die Zuschreibungsregeln für den Goodwill nach IAS, HGB und US-GAAP?*
4. *Was versteht FAS 142 unter dem impairment-only approach?*
5. *Welche Möglichkeit besteht nach US-GAAP, wenn nur noch außerplanmäßig abgeschrieben werden darf und ein originärer Goodwill eigentlich nicht ansatzfähig ist?*

Aufgabe 2.20 *Goodwill nach IAS/HGB und US-GAAP S. 428*

3.4.1.3 Property, Plant and Equipment

Ansatz und Abschreibungen
Die bilanzielle Behandlung von Sachanlagen (property, plant and equipment) regelt **IAS 16**.

Sachanlagen sind definiert als materielle Vermögenswerte, die ein Unternehmen für Zwecke der Herstellung oder der Lieferung von Gütern und Dienstleistungen, zur Vermietung an Dritte oder für Verwaltungszwecke besitzt und die erwartungsgemäß länger als eine Periode genutzt werden (IAS 16.6).

Beim **Ansatz** gelten die allgemeinen Kriterien für die Erfassung von Vermögensgegenständen sowie IAS 16.7-13.

Innerhalb der Sachanlagen kommt nur das **betriebsnotwendige Vermögen** (owner-occupied investment) zum Ausweis.

Die **Bewertung** der Sachanlagen hat zu Anschaffungs- oder Herstellungskosten zu erfolgen (IAS 16.14).

Die Sachanlagen sind im Rahmen der **Folgebewertung** planmäßig und außerplanmäßig abzuschreiben.

Bei der **planmäßigen Abschreibung** besteht im Vergleich zum HGB die Besonderheit, dass die möglichen Abschreibungsverfahren gemäß IAS 16.47 vorgegeben sind:

- lineare Abschreibung (straight-line method),
- degressive Abschreibung (diminishing balance method) und
- leistungsabhängige Abschreibung (sum-of-the-units method).

Die Nutzungsdauer (useful life) ist periodisch zu überprüfen (IAS 16.49) und gegebenenfalls anzupassen.

Das **HGB** stellt im Gegensatz zu IAS auf die **Fristigkeit** ab und weist unter dem Anlagevermögen nur Gegenstände aus, die dem Geschäftsbetrieb dauernd dienen (§ 247 Abs. 2 HGB).

Nach HGB verlangt das Gesetz nur die planmäßige Verteilung der Abschreibung auf die Nutzungsjahre. In der Bilanzierungspraxis werden hierfür die steuerlich vorgegebenen AfA-Tabellen angewendet.

Bei **außerplanmäßigen Abschreibungen** ist ein Niederstwerttest nach IAS 36 vorzunehmen, der schon bei der Behandlung der »intangible assets« und des Goodwill dargestellt worden ist.

Liegt der erzielbare Betrag (recoverable amount) unter dem Buchwert (carrying amount), so ist außerplanmäßig abzuschreiben.

Abschreibungswahlrechte sehen IAS nicht vor.

Handelsrechtlich sind Sachanlagen rechtsformunabhängig nach dem gemilderten Niederstwertprinzip zu bewerten (§ 253 Abs. 2 Satz 3 HGB).

Eine außerplanmäßige Wertminderung ist nur anzusetzen, wenn sie von Dauer ist. Ist dies nicht der Fall, so dürfen nur Finanzanlagen und keine Sachanlagen von Kapitalgesellschaften (& Co) mit dem niedrigeren beizulegenden Wert angesetzt werden (§ 279 Abs. 1 Satz 2 HGB).

Nach IAS sind außerplanmäßige Abschreibungen unabhängig von der Dauer der Wertminderung zu verrechnen.

Ein marktorientierter Niederstwerttest ist nach HGB nicht vorgeschrieben.

Zuschreibungen

Entfallen die Gründe für eine außerplanmäßige Abschreibung, so besteht nach **IAS** eine **Zuschreibungspflicht** (IAS 36.99 und 36.104) entweder nach der bevorzugten Methode (IAS 16.28) oder nach der alternativ zulässigen Methode (IAS 16.29).

Bei der bevorzugten Methode wird vorausgesetzt, dass eine Zuschreibung nur

– bei vorheriger außerplanmäßiger Abschreibung und
– bis zur Höhe der Anschaffungs- und Herstellungskosten vorgenommen werden darf, hinzu kommt, dass
– der erzielbare Betrag (recoverable amount) größer sein muss als der Buchwert.

Die Wertzuschreibung darf maximal bis zu den Anschaffungskosten ohne berücksichtigte Abschreibungen erfolgen oder bis zur Höhe des erzielbaren Betrags, wenn dieser niedriger ist als die fortgeführten Anschaffungskosten.

> **Beispiel:**
> Der Buchwert einer Maschine liegt nach außerplanmäßiger Abschreibung bei 400 000 €. Der erzielbare Betrag ist auf 450 000 € angestiegen. Die fortgeführten Anschaffungskosten betragen ❶ 460 000 € oder ❷ 410 000 €.
> Bei ❶ hat eine Zuschreibung bis zum erzielbaren Betrag in Höhe von 450 000 € zu erfolgen.
> Bei ❷ muss eine Zuschreibung auf 410 000 € gebucht werden.

Nach § 280 Abs. 1 **HGB** gilt für Kapitalgesellschaften (& Co) eine **Zuschreibungspflicht**. Die Obergrenze bilden dabei die Anschaffungs- und Herstellungskosten. Für Kaufleute gilt generell, dass ein niedrigerer Wertansatz beibehalten werden darf (Wahlrecht), auch wenn die Gründe dafür nicht mehr bestehen.

Bei der alternativ zulässigen Methode der **Neubewertung** (revaluation) können Zuschreibungen über den Buchwert vorgenommen werden, ohne dass vorher eine außerplanmäßige Abschreibung stattgefunden haben muss.

Neubewertungen sind planmäßig und in hinreichenden Abständen durchzuführen, um wesentliche Abweichungen zwischen Buchwert und »fair value« (beizulegender Zeitwert) am Bilanzstichtag zu vermeiden (IAS 16.29 ff.).

Der »fair value« von Grundstücken und Gebäuden ist durch Sachverständigengutachten zu ermitteln. Bei den technischen Anlagen und der Betriebs- und Geschäftsausstattung kann es ein geschätzter Marktwert sein. Ist eine Schätzung nicht möglich, so ist mit fortgeführten Wiederbeschaffungskosten zu bewerten (IAS 16.30 ff.).

Ermittlung des fair value (beizulegender Zeitwert) durch

– Sachverständigengutachten
– geschätzter Marktwert
– fortgeführte Wiederbeschaffungskosten

Die Neubewertung hat für Gruppen von hinsichtlich ihrer Art und ihrem Verwendungszweck ähnlichen Vermögenswerten einheitlich zu erfolgen (IAS 16.34 ff.).

Beispiel:
Eine Bewertung der Gebäude X nach der bevorzugten Methode und der Gebäude Y nach der alternativen Methode ist ausgeschlossen.

Eine Werterhöhung auf Grund einer Neubewertung ist erfolgsneutral in eine **Neubewertungsrücklage** (revaluation reserve) innerhalb des Eigenkapitals einzustellen, sofern nicht durch die Neubewertung eine erfolgswirksam erfasste Wertminderung rückgängig gemacht wird. In diesem Umfang ist die Werterhöhung als Ertrag zu erfassen (IAS 16.37).

Die Neubewertungsrücklage ist bei Stilllegung oder Veräußerung sowie entsprechend der Nutzung, d. h. in Höhe der Differenz zwischen der Abschreibung auf Basis des Buchwerts nach Neubewertung und der Abschreibung auf Basis der ursprünglichen Anschaffungs- oder Herstellungskosten, aufzulösen und in die Gewinnrücklagen umzubuchen (IAS 16.39).

Beispiel:
Buchwert eines Gebäudes zum 31.12.01	1 Mio. €
Fair value	1,1 Mio. €

Restnutzungsdauer: 10 Jahre
Nach der Neubewertungsmethode kann das Gebäude mit 1,1 Mio. € aktiviert werden. Der Zuschreibungsbetrag in Höhe von 100 000,– € ist im Entstehungsjahr erfolgsneutral der Neubewertungsrücklage zuzuführen:

Konto Soll	€	Konto Haben	€
Property, plant and equipment (Sachanlagen)	100 000	Revaluation reserve (Neubewertungsrücklage)	100 000

In der Bilanz schlägt sich der Geschäftsfall wie folgt nieder:

Bilanz zum 31.12.01 (€)			
Aktiva			**Passiva**
Property, plant and equipment (Sachanlagen)	1 100 000	Equity (Eigenkapital)	1 100 000

Im Folgejahr sind planmäßige Abschreibungen zu verrechnen. Bei einer restlichen Nutzungsdauer von 10 Jahren sind dies 1 100 000 : 10 = 110 000 € (❶). Ohne die Neubewertung lägen die Abschreibungen bei 1 000 000 : 10 = 100 000 €. Die Differenz in Höhe von 10 000 € mindert die Neubewertungsrücklage und wird in die Gewinnrücklagen (reserves) umgebucht (❷). Ein Teil eines möglichen Veräußerungserlöses wird durch Nutzung realisiert.

Konto Soll	€	Konto Haben	€
❶ Abschreibungen auf Sachanlagen	110 000	Sachanlagen	110 000
❷ Neubewertungsrücklage	10 000	Gewinnrücklagen	10 000

Wertminderungen auf Grund einer Neubewertung sind zunächst mit einer Neubewertungsrücklage für den Vermögenswert zu verrechnen. Ein verbleibender Restbetrag ist als Aufwand zu erfassen (IAS 16.38).

Während nach IAS eine stichtagsbezogene Neubewertung zum Marktwert möglich ist, darf **handelsrechtlich** nach dem Vorsichtsprinzip keine Bewertung stattfinden, die die Anschaffungs- oder Herstellungskosten übersteigt.

Investment Property

Für »investment property« (als Finanzinvestition gehaltene Immobilien) gelten **IAS 40**.

Diese Immobilien werden gehalten, um Mieteinnahmen oder Wertsteigerungen außerhalb der gewöhnlichen Geschäftstätigkeit zu erzielen (IAS 40.4).

IAS 40 bietet für die Folgebewertung die Wahl zwischen dem Anschaffungskostenmodell (cost model) nach IAS 40.50 und dem Modell des beizulegenden Zeitwerts (fair value model) nach IAS 40.27 ff.

Das **cost model** beinhaltet für die Folgebewertung den Ansatz zu Anschaffungs- oder Herstellungskosten gemäß der oben geschilderten Benchmark-Methode von IAS 16 in Verbindung mit besonderen Angabepflichten hinsichtlich des beizulegenden Werts.

Das **fair value model** basiert bei der Folgebewertung auf dem »fair value« und damit auf den Marktverhältnissen am Bilanzstichtag. Erträge (gains) und Aufwendungen (losses) aus Veränderungen des »fair value« sind in der Periode der Entstehung erfolgswirksam zu erfassen (IAS 40.28).

Bei der Übernahme betrieblich genutzten Sachanlagevermögens (owner-occupied investment) in zum »fair value« zu bewertendes »investment property« sind die Differenzen zu behandeln wie die oben dargestellten Neubewertungen nach IAS 16 (IAS 40.55).

Wird Vorratsvermögen in »investment property« übertragen, so sind etwaige Differenzen erfolgswirksam zu verbuchen (IAS 40.57 ff.). Auf diese Weise kann das »fair value model« zum Ausweis nicht realisierter Gewinne führen.

> Das Fair value-Modell kann zum Ausweis
> nicht realisierter Gewinne führen.

Bei zum »fair value« bewerteten »investment property« ist zu beachten, dass bei einem **Nutzungswechsel** eine Umgliederung innerhalb der Bilanz vorzunehmen ist.

Beispiel:
In einem bislang vermieteten Gebäude werden ab sofort eigene Pkw hergestellt. Eine bilanzielle Umgliederung von »other assets« in »property, plant and equipment« ist zu buchen.

> Bei Nutzungswechsel von investment property
> wird eine bilanzielle Umgliederung notwendig.

Im **HGB** sind keine Regelungen für als Finanzinvestition gehaltene Immobilien vorgesehen.

US-GAAP

Die Bewertung der Sachanlagen erfolgt, wie nach IAS, zu »historical cost« abzüglich planmäßiger Abschreibungen.

Die planmäßige Abschreibung beginnt in der Bilanzierungspraxis US-amerikanischer Unternehmen im Zugangsmonat. Wie bei IAS und HGB gibt es verschiedene Vereinfachungsmethoden, auf die nicht weiter eingegangen werden soll.

Vorrangig wird die lineare Abschreibungsmethode angewendet. Im Vergleich zu IAS kommt zusätzlich die arithmetisch-degressive Methode (sum-of-the-years'-digits method) zum Einsatz.

> **Beispiel:**
> Ein Gebäude im Wert von 1 Mio. € soll über zehn Jahre nach der arithmetisch-degressiven Methode abgeschrieben werden.
> Die Summe der Jahresraten (sum of the years' digits) beträgt:
>
> $10 + 9 + 8 + 7 + 6 + 5 + 4 + 3 + 2 + 1 = 55.$
>
> Im ersten Jahr werden 10/55 abgeschrieben, im zweiten Jahr 9/55 usw.

Wie bei IAS hat sich die wirtschaftliche Nutzungsdauer an den tatsächlichen Verhältnissen zu orientieren und unabhängig von steuerlichen Abschreibungstabellen zu erfolgen. Die Nutzungsdauer von Anlagegegenständen ist regelmäßig zu überprüfen (APB 17.19).

Die Bedingungen zur Durchführung von außerplanmäßigen Abschreibungen sind in FAS 121 (impairment of long-lived assets) und FAS 144 (impairment or disposal of long-lived assets) dargestellt.

Anzeichen für eine durchzuführende Wertminderung können z. B. sein (FAS 121.5):

- Überkapazitäten,
- rückläufige Marktwerte der Aktiva,
- Fehlplanungen und
- Katastrophen.

Sind demnach außerplanmäßige Abschreibungen zu erfassen, dann ist im Rahmen eines **recoverability test** zu überprüfen, ob die undiskontierten zukünftigen Nettozahlungsströme des Vermögenswertes kleiner oder größer als der Buchwert sind.

Unterschreitet der Zeitwert (fair value) den Buchwert, so ist der Vermögenswert außerplanmäßig auf den »fair value« abzuschreiben. Liegt der »fair value« über dem Buchwert, besteht ein Abschreibungsverbot (FAS 121.7). Die Dauer der Wertminderung ist ohne Bedeutung.

Außerplanmäßige Abschreibungen sind ergebniswirksam zu erfassen. Die Möglichkeit einer späteren Wertaufholung (restoration), falls der Grund für die außerplanmäßige Abschreibung entfallen ist, besteht bei Vermögenswerten, die weiterhin betrieblich genutzt werden (assets to be held and used), nicht (FAS 121.11).

Für Anlagegegenstände, die zur Veräußerung bestimmt sind, gilt ein Zuschreibungsgebot (FAS 121.15).

Zuschreibungsverbot für betrieblich genutzte Sachanlagen,
Zuschreibungspflicht für Sachanlagen, die veräußert werden

Eine allgemeine Neubewertung der Sachanlagen, wie nach IAS, ist nach US-GAAP nicht möglich. Eine Bewertung, die über die fortgeführten Anschaffungs- und Herstellungskosten hinausgeht, ist derzeit noch untersagt. Das FASB diskutiert in Anlehnung an IAS-Vorschriften eine generelle Bilanzierung zum Marktzeitwert als Alternative zur noch gültigen Bewertung nach Anschaffungs- oder Herstellungskosten.

Für **investment property** gibt es nach **US-GAAP** im Vergleich zu IAS keine gesonderten Regeln. Es ist im Rahmen der allgemeinen Regeln von FAS 121 für langfristige Anlagegegenständen zu verfahren, die veräußert werden sollen.

Aufgabe 2.21: *Sachanlagevermögen nach US-GAAP/IAS und HGB S. 428*

3.4.1.4 Leasing

Im **HGB** sind keine Vorschriften über Leasing enthalten. Die Bilanzierung erfolgt zumeist nach den Leasingerlassen der Finanzverwaltung. Danach kommt es selten zu einer Zurechnung des Leasinggegenstandes zum Leasingnehmer.

Die Anforderungen der Leasing-Bilanzierung sind schwerpunktmäßig in **IAS 17** (Leases) enthalten, während nach US-GAAP die Regelungen vor allem in **FAS 13** (Accounting for Leases) beschrieben sind.

Ein Leasingverhältnis ist definiert als Vertrag zwischen Leasinggeber (lessor) und Leasingnehmer (lessee), der die zeitlich befristete Nutzung von Grund und Boden oder abnutzbaren Vermögenswerten regelt (FAS 13.1).

Für die Bilanzierung derartiger Verträge ist entscheidend, ob der Leasinggegenstand dem Leasinggeber oder dem Leasingnehmer zuzurechnen ist. Dies hängt davon ab, welche Vertragspartei überwiegend die Risiken und Chancen, die sich aus der Nutzung des Leasinggegenstands ergeben, trägt.

Die Aktivierung von Leasinggegenständen wird nach **US-GAAP** nicht beim rechtlichen, sondern beim wirtschaftlichen Eigentümer vorgenommen.

Beim **capital lease** (Finanzierungsleasing), der die Voraussetzungen von FAS 13.7 erfüllt, liegen die Risiken und Chancen aus dem Eigentum am Leasinggegenstand überwiegend beim Leasingnehmer, ohne dass das rechtliche Eigentum übergeht. US-GAAP behandelt den »capital lease«, der vorwiegend langfristig ausgestaltet ist, wie einen Kauf.

Der Leasingnehmer aktiviert den Leasinggegenstand und weist eine entsprechende Verbindlichkeit aus.

Der Leasinggeber bucht: Forderungen aus Absatzfinanzierung an Umsatzerlöse.

Umgekehrt verhält es sich beim **operating lease** (Mietleasing), der alle anderen Leasingfälle, mit vorwiegend kurzfristiger Laufzeit, beinhaltet, die nicht zum Finanzierungsleasing zählen. Diese Form des Leasing kommt einem Mietverhältnis gleich. Chancen und Risiken liegen vorwiegend beim Leasinggeber. Der Leasinggegenstand wird in der Bilanz des Leasinggebers unter dem Sachanlagevermögen aktiviert. Die Leasingraten sind grundsätzlich linear über die Laufzeit des Vertrages als Mietaufwand in der GuV zu erfassen (FAS 13.15).

Während die deutsche Finanzverwaltung und US-GAAP auf quantitative Grenzwerte zur Abgrenzung von Finanzierungs- und Mietleasing zurückgreifen, orientieren sich die **IAS** ausschließlich am wirtschaftlichen Gehalt des Leasinggeschäfts. Wie bei US-GAAP ist nach IAS eine Bilanzierung beim Leasingnehmer vorzunehmen, wenn dieser wirtschaftlicher Eigentümer ist, während andernfalls die Bilanzierung beim Leasinggeber zu erfolgen hat.

Nach IAS werden »capital leases« als »finance leases« und »operating leases« als »operate leases« bezeichnet.

Leasingbegriffe		
Deutsches Steuerrecht	**US-GAAP**	**IAS**
Finanzierungsleasing	Capital leases	Finance leases
Operating-Leasing (Mietleasing)	Operating leases	Operate leases

Abb. 2.34: Leasingbegriffe nach Steuerrecht, US-GAAP und IAS

Bei **Sale and leaseback-Transaktionen** (FAS 13.32-34 und IAS 17.49 ff.) handelt es sich um den Verkauf eines Gegenstandes durch den Hersteller an den Käufer, der diesen wiederum an den Verkäufer zurückvermietet. Hierbei sind die aufgelösten stillen Reserven beim Verkauf nach IAS und US-GAAP im Gegensatz zur »steuerlichen HGB-Lösung« nicht sofort zu realisieren, sondern als passivischer Rechnungsabgrenzungsposten anzusetzen und erfolgswirksam aufzulösen.

IAS sehen beim »operate lease«, im Gegensatz zu US-GAAP, nur eine Abgrenzung für den über dem Zeitwert liegenden Betrag vor, ansonsten ist eine sofortige erfolgswirksame Vereinnahmung vorzunehmen.

Kontrollfragen

1. *Mit welchem Wertansatz sind Sachanlagen nach IAS zu bewerten?*
2. *Welche Methoden der planmäßigen Abschreibung von Sachanlagen sehen IAS vor?*
3. *Welche Unterschiede gibt es zwischen HGB und IAS bei planmäßigen und außerplanmäßigen Abschreibungen von Sachanlagen?*
4. *Erläutern Sie die Neubewertungsmethode nach IAS und deren Unterschiede zum HGB.*
5. *Welche Ansatz-, Ausweis- und Bewertungsgrundsätze nach IAS gelten für investment property?*
6. *Was verstehen US-GAAP unter der sum-of-the-years'-digits method?*
7. *Welche wesentlichen Unterschiede bestehen bei der Wertzuschreibung von Sachanlagen zwischen IAS und US-GAAP?*
8. *Kommentieren Sie die wesentlichen Unterschiede von IAS, HGB und US-GAAP bei der Bilanzierung von Leasinggegenständen.*

3.4.2   Umlaufvermögen

3.4.2.1 Finanzvermögen

Ansatz und Bewertung

IAS und US-GAAP kennen wegen des Grundsatzes der wirtschaftlichen Betrachtungsweise (substance over form) weder einheitliche Postenbezeichnungen noch eine normierte Gliederung der Bilanz. Die wesentlichen Komponenten des Finanzvermögens werden trotzdem, ähnlich wie nach HGB, als Wertpapiere, Beteiligungen, Forderungen, Ausleihungen und liquide Mittel (Zahlungsmittel und Zahlungsmitteläquivalente) bezeichnet.

Diese Teile der Bilanz werden nach **IAS 39** im Rahmen der **Finanzinstrumente** (financial instruments) behandelt.

Zu den Finanzinstrumenten (IAS 39.8 ff.) zählen:

– originäre Instrumente (primary instruments), wie z. B. Forderungen (einschließlich Ausleihungen und Wertpapiere des Anlage- und Umlaufvermögens), flüssige Mittel, Verbindlichkeiten und Eigenkapitaltitel sowie
– derivative Instrumente (derivatives), wie z. B. Optionen und Futures. Das Wertpapier wird als Derivat nicht originär gehandelt, sondern nur die Ansprüche darauf, wie Kauf- oder Verkaufsrechte zu einem bestimmten Termin und Kurs.

Bei den liquiden Mitteln (cash and cash equivalents) werden nach IAS/US-GAAP im Vergleich zum HGB zusätzlich zu Schecks, Kassenbestand und Bankguthaben auch kurzfristige Wertpapiere, deren Bewertung zum Nennwert erfolgt, ausgewiesen.

Beteiligungen und Ausleihungen werden im 4. Kapitel, Forderungen aus Lieferungen und Leistungen im Abschnitt 3.4.2.4 behandelt.

Bei den Finanzinstrumenten und somit auch bei den **Wertpapieren** (securities) sind nach IAS 39.69 drei Kategorien zu unterscheiden:

– held-to-maturity (bis zur Endfälligkeit gehaltene Wertpapiere),
– available-for-sale (zur Veräußerung verfügbare Wertpapiere),
– trading (zu Handels- oder Spekulationszwecken gehaltene Wertpapiere).

Alle drei Wertpapierarten sind zu Anschaffungskosten zu aktivieren. Hierzu zählen auch direkt zurechenbare Nebenkosten, wie z. B. Bankgebühren (IAS 39.66).

Es lassen sich analog der handelsrechtlichen Bezeichnungen Teilhaberpapiere (equity securities), wie z. B. Aktien, von Gläubigerpapieren (debt securities), wie z. B. festverzinsliche Wertpiere in der Form von Industrieanleihen, unterscheiden.

Die **Trading-Wertpapiere** werden mit der Absicht erworben, kurzfristig spekulativ Erträge zu erzielen. Sie sind im Umlaufvermögen auszuweisen. Trading-Wertpapiere können Aktien und festverzinsliche Wertpapiere sein, die Kursschwankungen unterliegen (IAS 39.10).

Held-to-maturity-Wertpapiere werden bis zum Ende der Laufzeit gehalten und sind ausschließlich Gläubigerpapiere. Hierunter fallen auch Null-Kupon-Anleihen (zero bonds), die unter pari erworben werden, zinslos notieren und erst zum Laufzeitende zum Nennwert zurückgezahlt werden. Diese Wertpapiere sind im Anlagevermögen zu bilanzieren (IAS 39.10).

Available-for-sale-Wertpapiere (A-f-s-Wertpapiere) sind als Restgröße definiert und somit keine Trading- oder Held-to-maturity-Wertpapiere. Ihr Ansatz erfolgt in Abhängigkeit von der gewählten Anlagestrategie im Anlage- oder im Umlaufvermögen (IAS 39.10).

Nach der **Erstbewertung** zu den Anschaffungskosten, die zum Zeitpunkt des Erwerbs dem »fair value« (beizulegender Zeitwert) entsprechen (IAS 39.66), hat die **Folgebewertung** grundsätzlich zum »fair value« und damit zum Kurswert zu erfolgen (IAS 39.69).

	Held-to-maturity	Available-for-sale	Trading
Wertansatz	Fortgeführte Anschaffungskosten	Kurswert (fair value)	Kurswert (fair value)
Realisierte Kursgewinne/ -verluste	Erfolgswirksame Zinszuschreibung/ Außerplanmäßige Abschreibungen/ Zuschreibungen	Einmaliges Wahlrecht bei Erwerb: Erfolgswirksam oder Verrechnung mit Rücklagen	Erfolgswirksam
Nicht realisierte Kursgewinne/ -verluste	–	Erfolgswirksam oder Verrechnung mit Rücklagen	Erfolgswirksam

Abb. 2.35: Bewertung von Wertpapieren nach IAS

Ausgenommen von dieser Regelung sind die Held-to-maturity-Wertpapiere. Sie sind mit den fortgeführten Anschaffungskosten (at amortised cost) zu bewerten (IAS 39.73), da sich die während der Laufzeit anfallenden unrealisierten Gewinne und Verluste bis zum Fälligkeitstag ausgleichen.

Für **Trading-Wertpapiere** ist die Folgebewertung bei Kursschwankungen zum Kurswert (fair value) durchzuführen. Nicht realisierte Kursgewinne oder Kursverluste sind stets erfolgswirksam zu verbuchen (IAS 39.103a). Somit ist ein Wertansatz möglich, der über den Anschaffungskosten liegt.

Held-to-maturity-Wertpapiere sind mit ihren fortgeführten Anschaffungskosten zu bewerten. Null-Koupon-Anleihen müssen zunächst mit dem abgezinsten Wert angesetzt werden. Der Buchwert steigt gemäß dem vertraglich zugesicherten Rückzahlungsbetrag, der per Zinseszinsrechnung jährlich umzulegen ist und erfolgswirksam zu erfassen ist.

Eine außerplanmäßige Abschreibung ist bei Held-to-maturity-Wertpapieren nur durchzuführen, wenn es Indizien für eine mögliche Zahlungsunfähigkeit des Schuldners gibt (IAS 39.111). Kursrückgänge reichen hierfür nicht aus.

Held-to-maturity-Wertpapiere

▼

Nur bei drohender Zahlungsunfähigkeit des Schuldners ist außerplanmäßig abzuschreiben.

Eine mögliche Zuschreibung nach Wegfall des Abschreibungsgrundes ist nur bis zu den fortgeführten Anschaffungskosten möglich (IAS 39.114).

Bei **Available-for-sale-Wertpapieren** sind Gewinne oder Verluste (einschließlich nicht realisierter Gewinne oder Verluste) aus der Neubewertung entweder erfolgswirksam oder erfolgsneutral in der Aufstellung über die Veränderungen des Eigenkapitals (IAS 1.86 bis IAS 1.88) zu verbuchen, bis das Wertpapier verkauft, eingezogen oder anderweitig veräußert wird oder bis eine dauerhafte Wertminderung erfolgswirksam zu erfassen ist (IAS 39.103b).

Das **Wahlrecht** ist beim Erwerb einmalig auszuüben.

Abb. 2.36: Erfolgswirksame oder erfolgsneutrale Bewertung von Available-for-sale-Wertpapieren nach IAS

Eine **erfolgsneutrale Bewertung** ist nur möglich, wenn keine dauerhafte Wertminderung stattfindet.

Dauerhafte Wertminderungen sind **erfolgswirksam** zu verbuchen, wenn sie eine vorher gebildete Neubewertungsrücklage (revaluation reserve) übersteigen.

Bei Zuschreibungen sind wieder Rücklagen zu bilden. Bei einer dauerhaften Wertminderung muss der zuvor als Aufwand erfasste Betrag erfolgswirksam zugeschrieben werden. Ein übersteigender Betrag ist in die Rücklage einzustellen.

Beispiel:
Die Bactross AG erwirbt am 1.9.02 Available-for-sale-Aktien zum Anschaffungswert von 100 000 €.
Folgende Wertentwicklung (fair value) findet statt:
31.12.02: 120 000 €
31.12.03: 80 000 €
31.12.04: 130 000 €

Das Unternehmen entscheidet sich für **die erfolgsneutrale Verrechnung**, wobei die **Wertminderung** in 03 als **nicht dauerhaft** eingestuft wird.
Folgende Abschlussbuchungen sind vorzunehmen:

Konto Soll	€	Konto Haben	€
31.12.02: ❶ Wertpapiere	20 000	Neubewertungsrücklage	20 000
31.12.03: ❷ Neubewertungsrücklage	40 000	Wertpapiere	40 000
31.12.04: ❸ Wertpapiere	50 000	Neubewertungsrücklage	50 000

Bei einer **dauernden Wertminderung** muss eine **erfolgswirksame Bewertung** vorgenommen werden.

Der Wert des »fair value«, der unterhalb der Anschaffungskosten liegt, ist erfolgswirksam zu erfassen.

In 03 ist ein Aufwand in Höhe von 20 000 € zu verbuchen. In 04 sind 20 000 € ertragswirksam anzusetzen.

Konto Soll	€	Konto Haben	€
31. 12. 02:			
❶ Wertpapiere	20 000	Neubewertungsrücklage	20 000
31. 12. 03:			
❷ Abschreibungen auf Wertpapiere (Loss on impairment)/	20 000	Wertpapiere	40 000
Neubewertungsrücklage	20 000		
31. 12. 04:			
❸ Wertpapiere	50 000	Sonstiger betrieblicher Ertrag (Finance gains)/	20 000
		Neubewertungsrücklage	30 000

Nach IAS 39.112 besteht zusätzlich die Möglichkeit, **gleichartige Vermögenswerte**, die nicht einzeln als wertgemindert identifiziert werden, auf Portfoliobasis zu bewerten. Konkret heißt dies, dass von einer Einzelbewertung abgesehen werden kann, wenn die Wertpapiere einer Gruppe, wie z. B. dem »Neuen Markt« zuzuordnen sind.

Beispiel:
Die Bactross AG bilanziert Available-for-sale-Aktien erfolgswirksam im Portfolio als DAX- und SDAX-Wertpapiere.

Die DAX-Aktien wurden in 02 zum Anschaffungswert von 200 000 € und die SDAX-Aktien mit 300 000 € aktiviert. In 03 haben sich die Werte (fair value) auf 150 000 € verringert bzw. auf 350 000 € erhöht.

Der Wert des gesamten Portfolios hat sich nicht verändert.

Es brauchen keine Wertveränderungen gebucht werden.

Wertpapiere sind **handelsrechtlich** im Anlagevermögen nur bei dauerhafter Wertminderung abzuschreiben.

Papiere des Umlaufvermögens sind auch bei nur vorübergehender Wertminderung abzuschreiben.

Kapitalgesellschaften (& Co) dürfen bei nicht dauerhaften Wertminderungen auch im Anlagevermögen außerplanmäßig abschreiben.

Im Umlaufvermögen besteht für alle Kaufleute ein Abschreibungswahlrecht gemäß § 253 Abs. 3 Satz HGB (Wertschwankungen).

Kapitalgesellschaften (& Co) haben nach § 280 Abs. 1 HGB **Wertaufholungen** zu buchen. Gemäß dem Vorsichtsprinzip bilden dabei die Anschaffungskosten die Wertobergrenze. Die Verbuchung der Null-Koupon-Anleihen erfolgt nach HGB entsprechend den IAS-Vorschriften.

US-GAAP

Die Regeln zur Bewertung von Wertpapieren nach US-GAAP sind in **FAS 115** (Accounting for Certain Investments in Debt and Equity Securities) festgelegt. Sie bilden die Grundlage für die Behandlung der Finanzderivate nach IAS 39, der seit 2001 gilt.

Bei **Trading-Wertpapieren** bestehen keine Unterschiede zu IAS. Die den IAS entsprechenden Vorschriften sind in FAS 115.12 f. enthalten.

Zuschreibungen zu **Held-to-maturity-Wertpapieren** sind nicht erlaubt (FAS 115.16). Ansonsten entsprechen die US-Vorschriften den IAS-Regeln.

Bei **Available-for-sale-Wertpapieren** (A-f-s-Wertpapiere) findet nur eine erfolgsneutrale Bewertung auf Basis Kurswert statt. Ein **Wahlrecht** zwischen erfolgswirksamer und erfolgsneutraler Behandlung von Kursgewinnen und -verlusten gibt es nach US-GAAP nicht (FAS 115.13).

> A-f-s-Wertpapiere dürfen nur erfolgsneutral bewertet werden.

Außerplanmäßige Abschreibungen wegen **dauerhafter Wertminderungen** sind bei A-f-s-Wertpapieren erfolgswirksam vorzunehmen. Der niedrigere Börsen- oder Marktpreis fungiert als neue Wertbasis der Folgejahre. Entfällt der Grund für die Abschreibung, muss eine erfolgsneutrale Wertaufholung erfolgen (FAS 115.16).

Unrealisierte Gewinne und Verluste sind in einer Gewinnrücklage als »unrealized holding gains and losses« (FAS 115.13) zu verbuchen.

Beispiel: Nicht dauerhafte erfolgsneutrale Wertminderung bei A-f-s-Wertpapieren

Die Bactross AG erwirbt am 1.9.02 Available-for-sale-Aktien zum Anschaffungswert von 100 000 €.
Folgende Wertentwicklung (fair value) findet statt:
31.12.02: 120 000 €
31.12.03: 80 000 €
31.12.04: 130 000 €
Folgende Abschlussbuchungen sind vorzunehmen:

Konto Soll	€	Konto Haben	€
31.12.02: ❶ Wertpapiere (Long-term investments)	20 000	Neubewertungsrücklage (Unrealized holding gain)	20 000
31.12.03: ❷ Gewinnrücklage (Unrealized holding loss)	40 000	Wertpapiere (Long-term investments)	40 000
31.12.04: ❸ Wertpapiere (Long-term investments)	50 000	Gewinnrücklagen (Unrealized holding gain)	50 000

Zum vorher behandelten IAS-Beispiel bestehen bis auf Kontenbezeichnungen keine wesentlichen Unterschiede.

Beispiel: Dauerhafte erfolgsneutrale Wertminderung bei A-f-s-Wertpapieren
(Die Werte des obigen Sachverhalts bleiben unverändert)

Konto Soll	€	Konto Haben	€
31. 12. 02: ❶ Wertpapiere (Long-term investments)	20 000	Gewinnrücklagen (Unrealized holding gain)	20 000
31. 12. 03: ❷ Abschreibungen auf Wert- papiere (Loss on impairment)/ Gewinnrücklage (Unrealized holding loss)	20 000 20 000	Wertpapiere (Long-term investments)	40 000
31. 12. 04: ❸ Wertpapiere (Long-term investments)	50 000	Gewinnrücklagen (Unrealized holding gain)	50 000

Die zum 31. 12. 02 gebildete Rücklage ist in 03 in Höhe von 20 000 € aufzulösen und ein zusätzlicher Aufwand in Höhe von 20 000 € zu erfassen.

Steigen die Aktienkurse in 04 wieder, so bilden 80 000 € die neue Berechnungsbasis. Die Zuschreibung in Höhe von 50 000 € muss, im Gegensatz zu IAS, in voller Höhe in die Gewinnrücklagen gebucht werden (grau gerasterte Zeile).

Kontrollfragen

1. *Welche Aufteilung der financial instruments nach IAS 39 gibt es?*
2. *Welche drei Kategorien von Wertpapieren kennen IAS und US-GAAP?*
3. *Wie sind Wertpapiere nach IAS zu bewerten?*
4. *Bei welchen Wertpapieren sind Bewertungen oberhalb der Anschaffungskosten nach IAS und US-GAAP möglich?*
5. *Wie werden Available-for-sale-Wertpapiere nach IAS/US-GAAP bewertet?*
6. *Worin bestehen die wesentlichen Unterschiede bei der Bewertung der Wertpapiere nach IAS/US-GAAP und HGB?*

Aufgabe 2.22 *Nicht realisierte Gewinne bei Wertpapieren nach IAS/US-GAAP und HGB S. 428*

Aufgabe 2.23 *Fair value nach IAS/US-GAAP und Bewertung nach HGB S. 428*

3.4.2.2 Vorräte

Ansatz und Bewertung

Vorräte (inventories) beinhalten gemäß **IAS 2.5**:

– Waren (merchandise),
– Rohstoffe (materials), Hilfs- und Betriebsstoffe (supplies),
– fertige Erzeugnisse (finished goods),
– unfertige Erzeugnisse (work in progress).

Sie entsprechen den Positionen nach § 266 Abs. 2 HGB.

Nach IAS 2.19 f. sind die Vorräte grundsätzlich einzeln zu bewerten. Aus Vereinfachungsgründen dürfen Verbrauchsfolgeverfahren verwendet werden.

Die **bevorzugte Methode** nach IAS 2.21 f. sieht als Normalfall die Fifo- oder die gewogene Durchschnittsmethode vor.

Alternativ ist die Lifo-Methode erlaubt (IAS 2.23 f.), für die allerdings besondere Berichtspflichten im Anhang vorgesehen sind. Andere Verbrauchsfolgeverfahren dürfen nach IAS grundsätzlich nicht angewendet werden.

Festwertansätze für Vermögenswerte von nachrangiger Bedeutung, z. B. Nägel, sind nach IAS nicht vorgesehen, da eine solche Bewertung zu stillen Reserven führen könnte.

Ein Übernahme von nach HGB gebildeten Festwerten in einen IAS-Abschluss wird für zulässig gehalten, da der Festwert eine Annäherung an den tatsächlichen Wert darstellen soll und mit einem Festwert bewertete Vermögensgegenstände für das Unternehmen von nachrangiger Bedeutung sein müssen (WP-Handbuch N 724 i. V. m. F.29 f.).

Die Vorräte sind grundsätzlich zu Anschaffungs- oder Herstellungskosten oder einem niedrigeren Nettoveräußerungswert (net realisable value) zu bewerten. Im Gegensatz zum HGB sind stets Vollkosten, vermindert um Abschreibungen auf den niedrigeren Tageswert, anzusetzen.

Beispiel:
Die Herstellungskosten eines Pkw betragen 20 000 € zum Bilanzstichtag 31. 12. 01. Der Pkw wird erst in 02 veräußert. Hierbei fallen noch Nachbesserungsaufwendungen in Höhe von 1 000 € an. Der Verkaufspreis betrage entweder (a) 21 500 € oder (b) 20 500 €.

Zum 31. 12. 01 ist wie folgt zu bewerten:
(a) zu Herstellungskosten von 20 000 €, da der Nettoveräußerungswert (21 500 ·/· 1 000 = 20 500 €) nicht niedriger als die Herstellungskosten ist.
(b) zum Nettoveräußerungswert von 19 500 €, da dieser um 500 € unterhalb der Herstellungskosten liegt. In Höhe von 500 € ist eine Abschreibung vorzunehmen.

Durch den Ansatz des Nettoveräußerungspreises in Höhe von 19 500 € wird der Verlust in Höhe von 500 € (Erlöse: 20 500 ·/· Aufwendungen: 21 000) von der zahlungswirksamen Periode 02 in die aufwandswirksame Periode 01 übertragen. Dies entspricht begrifflich einer verlustfreien Bewertung (WP-Handbuch E 328).

Der Nettoveräußerungspreis ist in den Folgejahren zu überprüfen. Bei Wegfall des Grundes der Abschreibung ist auf die Anschaffungs- oder Herstellungskosten oder einen niedrigeren Nettoveräußerungswert zuzuschreiben (IAS 2.30).

Handelsrechtlich sind Vorräte grundsätzlich einzeln zu bewerten. Verbrauchsfolgeverfahren dürfen nach § 256 HGB angewendet werden. Zusätzlich zu Lifo, Fifo und Durchschnittsbewertung sind Hifo- und Lofo-Methoden möglich. Für bestimmte Vermögenswerte von nachrangiger Bedeutung können Festwerte angesetzt werden (§ 256 i. V. m. § 240 Abs. 3 HGB).

Die sich ergebenden Werte dürfen auf keinen Fall den Börsen- oder Marktpreis, der am Bilanzstichtag gilt, überschreiten. Insofern ist das Niederstwertprinzip anzuwenden. Gemäß § 253 Abs. 3 Satz 3 HGB können weitere Abschreibungen vorgenommen werden, um künftige Wertschwankungen zu vermeiden.

Fällt der Grund für die Abschreibung weg, so sind Kapitalgesellschaften (& Co) zur Zuschreibung verpflichtet (§ 279 Abs. 1 HGB). Alle anderen Kaufleute dürfen den geringeren Wertansatz beibehalten (§ 253 Abs. 5 HGB).

Erhaltene Anzahlungen auf Bestellungen können nach § 268 Abs. 5 Satz 2 HGB offen von den Vorräten abgesetzt werden. Nach IAS und US-GAAP sind diese unter den Verbindlichkeiten auszuweisen. Eine Absetzung ist nur im Rahmen der Langfristfertigung nach IAS 11.42 möglich.

US-GAAP

Vorräte sind nach US-GAAP mit den historischen Anschaffungs- oder Herstellungskosten zu bewerten.

Bei den Herstellungskosten sind neben den produktionsbezogenen Gemeinkosten die folgenden Aufwendungen zu aktivieren, soweit sie durch den Produktionsprozess veranlasst sind:

– gewöhnliche Kosten für Nachbearbeitung, Schwund oder Verschrottung,
– Aufwendungen für die Altersversorgung,
– Kosten der Einkaufsabteilung,
– Kosten der Personalabteilung,
– EDV-Kosten.

Zinsaufwendungen für die Massenproduktion dürfen bei der Vorratsbewertung nicht aktiviert werden (FAS 34.10).

Als **Verbrauchsfolgeverfahren** kommen, wie bei IAS,

– Fifo,
– Lifo und das
– Durchschnittsverfahren zur Anwendung.

Andere Methoden dürfen angewendet werden (ARB 43 Chapter 4.4). Eine Festbewertung ist, wie nach IAS, untersagt.

Vorräte sind abzuschreiben, wenn die Wiederbeschaffungskosten (current replacement costs) unterhalb der Anschaffungs- oder Herstellungskosten liegen. Wertminderungen können sich z. B. wegen

– Beschädigungen,
– technologischem Wandel,
– gesunkenen Einkaufs-/Verkaufspreisen oder
– zu hohen Beständen

ergeben (ARB 43 Chapter 4.8).

Die Vorräte sind einem **Niederstwerttest** (»rule of cost or market, whichever is lower«; so genanntes Prinzip: »lower of cost or market«) zu unterziehen (ARB 43 Chapter 4.7). Dabei werden die Anschaffungs- oder Herstellungskosten mit den aktuellen Wiederbeschaffungskosten verglichen, wobei der niedrigere Wert in der Bilanz anzusetzen ist. Allerdings ist für die Höhe der Wiederbeschaffungskosten eine Obergrenze (ceiling) und eine Untergrenze (floor) zu beachten.

Die **Obergrenze** (ceiling) der Wiederbeschaffungskosten stellt der Nettoveräußerungserlös (net realizable value) dar. Dies ist der Verkaufspreis abzüglich noch aller anfallenden Kosten. Zu diesen noch anfallenden Kosten zählen jene, die zur Fertigstellung dienen und die Vertriebskosten.

Liegen die Wiederbeschaffungskosten oberhalb des net realizable value, so muss der Nettoveräußerungserlös mit den Anschaffungs- oder Herstellungskosten verglichen, und falls er niedriger ist, angesetzt werden. Somit wird verhindert, dass ein Ansatz zu niedrigeren Wiederbeschaffungskosten durch den Verkaufspreis nicht gedeckt ist.

Die Wiederbeschaffungskosten dürfen die Nettoveräußerungserlöse abzüglich einer gewöhnlichen Gewinnmarge nicht unterschreiten. Ist dies der Fall, so ist der Floor-Wert als **Untergrenze** anzusetzen. Somit soll verhindert werden, dass rückläufige Materialpreise nicht automatisch einen Preisrückgang bei den gefertigten Produkten auf dem Absatzmarkt bewirken.

Abschreibungspflicht der Vorräte, wenn gilt: Wiederbeschaffungskosten < historical cost		
		Obergrenze (ceiling)
		Nettoveräußerungserlös
Untergrenze (floor)	Wiederbeschaffungskosten (current replacement costs)	
Nettoveräußerungserlös ./. Gewinnmarge		

Abb. 2.37: Bewertung »lower of cost or market« nach US-GAAP

Beispiel:

Historische Anschaffungskosten (Blechplatine): 100 000 €

Wiederbeschaffungskosten: 80 000 €

(Es besteht Abschreibungsbedarf, da Wiederbeschaffungskosten unter die historischen Anschaffungskosten gesunken sind.

Die Nettoveräußerungserlöse betragen alternativ:

a) 90 000 € b) 70 000 €

Die Blechplatinen sind mit einer durchschnittlichen Gewinnspanne von 25 % zu kalkulieren. Die Nettoverkaufserlöse sind um diese Spanne zu bereinigen.

a) 0,25 : 1,25 x 90 000 = 18 000 €

b) 0,25 : 1,25 x 70 000 = 14 000 €

	a)	b)
Nettoveräußerungserlös	90 000	70 000
Nettoveräußerungserlös ./. Gewinnspanne	72 000	56 000
Vergleichswert	Wiederbeschaffungskosten: 80 000	Nettoveräußerungserlös (ceiling): 70 000

	a)	b)
Anschaffungskosten	100 000	100 000
Vergleichswert	80 000	70 000
Abschreibung	**20 000**	**30 000**

Ausnahme:

Der oben dargestellte Grundsatz gilt nicht bei Gegenständen des Vorratsvermögens, die eine hohe Marktgängigkeit aufweisen und für die ein Marktpreis existiert (z. B. Edelmetalle, landwirtschaftliche Produkte oder Mineralien). In diesen Fällen ist ein Wertansatz auch über den historischen Anschaffungs- oder Herstellungskosten möglich (ARB 43 Chapter 4.9).

> Wertansatz über den Anschaffungs- oder Herstellungskosten
> nur bei Gütern mit hoher Marktgängigkeit möglich

Entfällt der Grund für eine außerplanmäßige Abschreibung der Vorräte, so darf entgegen den Vorschriften von IAS und HGB keinerlei Zuschreibung gebucht werden.

> Zuschreibungsverbot bei Vorräten nach US-GAAP

Aufgabe 2.24 *Vorratsbewertung nach US-GAAP (lower of cost or market) S. 429*

3.4.2.3 Langfristige Auftragsfertigung

Nach **HGB** sind wegen des Vorsichtsprinzips die Gewinne aus einer langfristigen Fertigung, die sich über mehrere Abrechnungsperioden hinzieht (z. B. Elektrizitätswerk, Schiffbau, Straßen, Brücken, Hochhäuser), erst zu erfassen, sofern der Auftrag überwiegend beendet ist.

Diese **completed-contract method** (CC-Methode) kann auch nach US-GAAP angewendet werden, wenn die Schätzannahmen unsicher sind (AICPA 1981, SOP 81-1.23, ARB Chapter 45.15). Neben dem auszuweisenden Gewinn sind auch die gesamten bisher nicht aktivierten Aufwendungen des Projekts (Vertriebs- und allgemeine Verwaltungskosten) zu erfassen. Wobei die Einbeziehungswahlrechte bei den Herstellungskosten nach HGB (Teilkostenansatz) zu erheblichen Erfolgsverzerrungen führen können.

> Completed-contract-Methode nach US-GAAP
> nur bei unsicheren Schätzannahmen möglich

Ansonsten verlangen US-GAAP die Anwendung der **percentage of completion method** (PoC-Methode), bei der, gemäß dem Grad der Fertigstellung, bereits der auf die Periode entfallende Teilgewinn, der neben der Gewinnspanne auch die nicht aktivierten Aufwendungen umfasst, als realisierter Ertrag innerhalb der Umsatzerlöse gebucht werden muss.

IAS schreiben bei Langfristfertigung die **stage of completion method** (SoC-Methode) (IAS 11.22) vor, die im Wesentlichen der PoC-Methode entspricht. Sind die Voraussetzungen für eine Bilanzierung nach der PoC-Methode nicht erfüllt, kommt nach IAS eine modifizierte »stage of completion method« (IAS 11.32) zum Ansatz. Eine Verwendung der CC-Methode ist nach IAS nicht möglich.

> Completed-contract method ist nach IAS nicht möglich.

Die **Auftragserlöse** (contract revenue) setzen sich gemäß IAS 11.11 aus dem vertraglich vereinbarten Preis sowie Abweichungen (variations), Nachforderungen (claims) und Prämien (incentive payments) zusammen.

Die **Auftragskosten** (contract costs) umfassen alle dem Auftrag direkt zurechenbaren Kosten (IAS 11.17) sowie allgemeine Kosten der Auftragsfertigung, die dem einzelnen Auftrag zugerechnet werden können (z. B. Versicherungsprämien) und weitere Kosten, die auf Grund der vertraglichen Regelungen dem Kunden in Rechnung gestellt werden; so z. B. Teile der allgemeinen Verwaltungskosten oder bestimmte Entwicklungskosten (IAS 11.17 ff.).

Die Feststellung des Fertigungsgrades kann nach mehreren Methoden vorgenommen werden. Zumeist wird die **cost-to-cost method** (Kostenvergleichsmethode) angewendet (IAS 11.30a/SOP 81), wonach das Verhältnis der zum Stichtag angefallenen Auftragskosten zu den geschätzten Gesamtkosten gemessen wird.

Ermittlung des Fertigstellungsgrads
durch cost-to-cost method
= Angefallene Auftragskosten zu geschätzten Gesamtkosten

Unabhängig von der angewendeten Methode sind Rückstellungen für eventuelle Verluste aus einem langfristigen Fertigungsauftrag zu bilden, sofern die laufenden Schätzungen der Gesamtkosten einen Verlust prognostizieren (ARB Chapter 45.10, IAS 11.36 f.).

Beispiel für die Completed-contract-Methode:
Die Anlagenbau GmbH erstellt ein Elektrizitätswerk. Baubeginn: 1. 1. 03; Datum der Fertigstellung voraussichtlich zum 31. 12. 04. Aufwendungen entstehen voraussichtlich in Höhe von 10 Mio. €. Der fest vereinbarte Abnahmepreis beträgt 15 Mio. €. Annahme: Der Baufortschritt schreitet stetig voran.

Lösung:
03: Aufwendungen 5 Mio. €; Erträge 0 €; Verlust 5 Mio. €
04: Aufwendungen 5 Mio. €; Erträge 15 Mio. €; Gewinn 10 Mio. €.
Man erkennt, dass der ausgewiesene Verlust in 03 wirtschaftlich nicht zu rechtfertigen ist, da Ende 03 anteilige Erträge in Höhe von 7,5 Mio. € verrechnet werden müssten.

Diese Vorgehensweise entspricht der nach **HGB,** und unter seltenen Umständen (siehe oben), der nach US-GAAP. Hier werden die Gewinne aus langfristigen Fertigungsaufträgen, dem Vorsichtsprinzip folgend, erst nach Beendigung des Auftrages gebucht.

IAS und US-GAAP, dem Accrual-Prinzip (Periodenabgrenzung) folgend, schreiben zwingend eine Teilgewinnerfassung vor (IAS) oder präferieren diese Methode (US-GAAP).

Die unterschiedlichen Bilanzauswirkungen auf der Basis des obigen Beispiels sind in folgender Tabelle zusammengefasst:

Geschäftsjahr	SoC/PoC-Methode (IAS und US-GAAP)		CC-Methode (HGB/ev. US-GAAP)	
03	»Gross amount …«:	7,5 Mio. €	Vorräte:	5,0 Mio. €
	Umsätze:	7,5 Mio. €		
	Aufwendungen:	– 5,0 Mio. €	Aufwendungen:	– 5,0 Mio. €
	Gewinn:	**2,5 Mio. €**	**Gewinn:**	**0 €**
04	Forderungen:	15,0 Mio. €	Forderungen:	15,0 Mio. €
	»Gross amount …«:	– 7,5 Mio. €	Umsätze:	15,0 Mio. €
	Umsätze:	7,5 Mio. €	Bestandsabbau:	– 5,0 Mio. €
	Aufwendungen:	– 5,0 Mio. €	Aufwendungen:	– 5,0 Mio. €
	Gewinn:	**2,5 Mio. €**	**Gewinn:**	**5,0 Mio. €**
Insgesamt: (03 + 04)	**Gewinn:**	**5,0 Mio. €**	**Gewinn:**	**5,0 Mio. €**

Abb. 2.38: Langfristfertigung in IAS-, US-GAAP- und HGB-Bilanz

Bei der **PoC-Methode** werden in 03 die anteiligen Forderungen und Umsätze unter einem speziellen Posten verbucht: »Gross amount due from customers for contract work« (Buchungssatz: »gross amount …« an Umsätze). In 03 entsteht ein Teilgewinn in Höhe von 2,5 Mio. € (7,5 ·/· 5 Mio.). In 04 sind Forderungen gegen Umsätze in Höhe von 15 Mio. € zu verbuchen und Aufwendungen in Höhe von 5 Mio. € zu erfassen. Der »gross amount …« nimmt ertragswirksam um 7,5 Mio. € ab.

Bei der **CC-Methode** sind in 03 Vorräte (unfertige Produkte) in Höhe von 5 Mio. € über Bestandsveränderungen (changes in inventories) zu aktivieren. In 04 erfolgt bei Fertigstellung die Umsatzerfassung in Höhe von 15 Mio. € bei gleichzeitigem Bestandsabbau der Vorräte um 5 Mio. € und einer Aufwandserfassung um 5 Mio. €.

Die »percentage of completion method« weist den Erfolg periodengerecht aus, wohingegen die »completed-contract method« eine Erfolgsverbuchung erst zum Abschluss der Fertigung vornimmt.

Insofern ist die PoC-Methode aus Anlegersicht zweckmäßiger. Die CC-Methode bringt stärker das Vorsichtsprinzip und somit die Interessen der Gläubiger zum Ausdruck.

Kontrollfragen

1. *Warum dürfen Festwerte für Vorräte nach IAS nicht benutzt werden?*
2. *Was verstehen IAS unter verlustfreier Bewertung?*
3. *Wie werden erhaltene Anzahlungen auf Bestellungen nach IAS und HGB bilanziert?*
4. *Welche Verbrauchsfolgeverfahren kennen US-GAAP?*
5. *Was verstehen US-GAAP unter dem Prinzip »lower of cost or market«?*
6. *Welche Bewertungsunterschiede gibt es zwischen der PoC-Methode und der CC-Methode bei der langfristigen Auftragsfertigung?*

Aufgabe 2.25 *Langfristfertigung im Rahmen der PoC-Methode S. 429*

3.4.2.4 Forderungen aus Lieferungen und Leistungen

Forderungen aus Lieferungen und Leistungen (Fa.LL.) (trade receivables) werden unter den Finanzinstrumenten (**IAS 39**) behandelt.

Auf Grund ihrer Kurzfristigkeit, zumeist unter einem Jahr, sind sie im Umlaufvermögen auszuweisen. Voraussetzung für die Erfassung in der Bilanz ist, dass das Unternehmen Vertragspartei geworden ist und infolgedessen das Recht auf Empfang von flüssigen Mitteln hat (IAS 39.27). Bei Kaufverträgen ist die Übergabe der Sache als Realisationszeitpunkt von Fa.LL. zu betrachten.

Die **Erstbewertung** hat zu Anschaffungskosten (»at its cost« = cost), die dem beizulegenden Zeitwert (fair value) der gegebenen Gegenleistung entsprechen, zu erfolgen (IAS 39.66).

Sofern keine ungewöhnlich langen Zahlungsziele vereinbart wurden und der vereinbarte Kaufpreis keine Zinskomponenten enthält, sind die Fa.LL. somit in Höhe des mit dem Abnehmer vereinbarten Preises einschließlich Umsatzsteuer anzusetzen (IAS 39.74).

Im **Handelsrecht** erfolgt eine Erstbewertung der Fa.LL. ebenfalls zu Anschaffungskosten und somit zum Nominalbetrag einschließlich Umsatzsteuer.

Für die **Folgebewertung** sind »receivables originated by the enterprise« (vom Unternehmen ausgereichte Forderungen) nach IAS 39.19 anzusetzen.

Diese Forderungen sind, wenn sie über eine **feste Laufzeit** verfügen, grundsätzlich mit den fortgeführten Anschaffungskosten (amortised cost) unter der Verwendung der Effektivzinsmethode (IAS 39.10) zu bewerten.

Ohne feste Laufzeit erfolgt der Ansatz zu Anschaffungskosten (cost).

Soweit eine Forderung wahrscheinlich nicht einbringbar ist, muss ein Wertminderungsaufwand gebucht werden. Existieren hierfür Hinweise, ist der erzielbare Betrag, der keine Vorsichtskomponenten enthalten darf, zu schätzen und die Wertminderung zu erfassen (IAS 39.109).

Für Gruppen gleichartiger finanzieller Vermögenswerte ist die Bewertung und die Erfassung einer Wertminderung oder Uneinbringlichkeit auf Portfoliobasis möglich (IAS 39.112).

Die IAS-Standards enthalten für **Pauschalwertberichtigungen**, die ein allgemeines Kreditrisiko berücksichtigen, keine Vorschriften. Gleichwohl vertreten einige Autoren durch den Hinweis auf F.85 (Wahrscheinlichkeit zukünftigen Nutzenzuflusses bzw. -abflusses) die Ansicht, dass eine Bildung von Pauschalwertberichtigungen auch nach IAS möglich sein sollte.

> Pauschalwertberichtigungen sind nach IAS
> explizit nicht vorgesehen.

Nach **HGB** dürfen für nicht einzelkundenbezogene Risiken Pauschalwertberichtigungen angesetzt werden.

Beispiel:
Der CD-Versandshop »Like a Rolling Stone« rechnet pauschal damit, dass 5 % aller bestellten und ausgelieferten CD's nicht bezahlt werden. Nach HGB darf dieses allgemeine Risiko mit einer Pauschalwertberichtigung angesetzt werden. Nach IAS ist dies nicht möglich.

Bei einer großen Anzahl unwesentlicher Einzelforderungen dürfen dagegen Einzelwertberichtigungen pauschal anhand von Erfahrungswerten der Vergangenheit sowie unter Berücksichtigung des allgemeinen wirtschaftlichen Umfeldes gebildet werden **(pauschalierte Einzelwertberichtigungen)**.

Eine Korrektur der Umsatzsteuer ist nach deutschem Umsatzsteuerrecht erst möglich, wenn sicher ist, dass die Zahlung ausfällt. Nach IAS ist eine Verbuchung der Umsatzsteuerminderung schon beim Ansatz der Wertminderung vorzunehmen.

Entfallen die Gründe für die Wertminderung, so ist maximal bis zu den fortgeführten Anschaffungskosten zuzuschreiben (IAS 39.114).

Nach **US-GAAP** bestehen nur geringfügige Unterschiede zu IAS. Die Bewertung hat zum Nettoverkaufserlös (net realizable value) unter Berücksichtigung einer Wertberichtigung für zweifelhafte Forderungen zu erfolgen.

Fa.LL. sind generell, unabhängig von der Laufzeit, nicht zu diskontieren (APB 21.3).

Pauschalierte Einzelwertberichtigungen können mittels folgender Methoden geschätzt werden:

– Prozentsatz der Umsätze,
– Prozentsatz der Forderungen,
– entsprechend ihrer Altersstruktur.

Pauschalwertberichtigungen zur Berücksichtigung genereller nicht einzelfallbezogener Risiken sind, wie nach IAS, nicht vorgesehen.

Kontrollfragen

1. Welche Unterschiede zwischen IAS/US-GAAP und HGB bestehen beim Ansatz von Pauschalwertberichtigungen?

2. Was verstehen IAS und US-GAAP unter einer pauschalierten Einzelwertberichtigung?

3. Welche Besonderheiten bei der Verrechnung von Wertberichtigungen auf Forderungen sind hinsichtlich der Umsatzsteuer nach IAS/US-GAAP im Vergleich zum HGB zu berücksichtigen?

Aufgabe 2.26 *Bewertung von Forderungen S. 430*

3.4.3   Rückstellungen

3.4.3.1 Ansatz und Bewertung

Rückstellungen (provisions) werden zusammen mit Eventualschulden und -forderungen (contingent liabilities/contingent assets) in **IAS 37** behandelt.

Für einzelne Verpflichtungen gibt es spezielle IAS, wie z. B. **IAS 19**, der die Leistungen an Arbeitnehmer (employee benefits) darstellt sowie laufende und latente Steuern gemäß **IAS 12** im Rahmen der Ertragsteuern (income taxes).

Rückstellungen gelten nach IAS als Teil der Schulden (F.64).

IAS kennen vier Arten von Verpflichtungen, die nur teilweise in der Bilanz auszuweisen sind:

– Eventualschulden (contingent liabilities),
– Rückstellungen (provisions),
– bestandssichere Verpflichtungen (accruals),
– Verbindlichkeiten.

Eventualverbindlichkeiten, wie z. B. Bürgschaften oder mögliche Verbindlichkeiten aus einem Wechselrückgriff dürfen nach IAS 37.27 in der Bilanz nicht angesetzt werden. Sie sind im Anhang (notes) zu erläutern. Es handelt sich um eine mögliche Verpflichtung, deren Eintrittswahrscheinlichkeit sehr gering ist.

Bei **provisions** (IAS 37.14) und **accruals** (IAS 37.11b) handelt es sich in beiden Fällen um Rückstellungen, deren Verpflichtungscharakter wahrscheinlich ist.

Accruals können im Gegensatz zu provisions zuverlässiger ermittelt werden. Ein Beispiel wäre die Bildung einer Steuerrückstellung für Gewerbesteuern, bei der die letztjährige Steuerzahlung bei der Bildung zugrunde gelegt werden kann. Rückstellungen für Prozessrisiken können weniger zuverlässig bestimmt werden und sind demnach generell als »provisions« einzustufen.

> **Beispiele für accruals**:
> Prüfungsgebühren des Wirtschaftsprüfers, Kosten der Hauptversammlung, Gesellschafterversammlung oder Mitgliedsbeiträge.

»Provisions« und »accruals« sind zu passivieren. Die »provisions« erscheinen in der Bilanz als eigenständige Bilanzposition (IAS 1.66j). Die »accruals« sind unter den sonstigen Verbindlichkeiten (other payables) auszuweisen.

Verbindlichkeiten stellen eine sichere Verpflichtung dar. Höhe, Betrag und Zeitpunkt der Verpflichtung sind bekannt. Verbindlichkeiten sind wie die Rückstellung in der Bilanz unter kurz- oder langfristigen Schulden auszuweisen (siehe hierzu Kapitel 3.4.4).

Eine Rückstellung ist dann anzusetzen (IAS 37.14),

– wenn einem Unternehmen aus einem vergangenen Ereignis eine gegenwärtige Verpflichtung (rechtlich oder faktisch) entstanden ist und
– es wahrscheinlich ist, dass für den Ausgleich der Verpflichtung ein Abfluss von Ressourcen mit wirtschaftlichem Nutzen erforderlich ist, und
– eine zuverlässige Schätzung der Höhe der Verpflichtung möglich ist.

Daraus ergeben sich folgende **Ansatzkriterien für Rückstellungen**:

– reine Außenverpflichtung,
– gegenwärtige Verpflichtung mit Vergangenheitsbezug,
– Eintrittswahrscheinlichkeit über 50 % (»more likely than not«),
– zuverlässige Schätzung.

IAS 37.10 verlangen, dass **Verpflichtungen nur gegen andere Parteien** und nicht gegen das Unternehmen selbst gerichtet sein dürfen. Daraus folgt, dass z. B. die gemäß § 249 Abs. 2 HGB möglichen Aufwandsrückstellungen nach IAS nicht gebildet werden dürfen.

Hierzu zählen Rückstellungen für:

– unterlassene Großreparaturen,
– freiwillige Prüfungen des Jahresabschlusses,
– unterlassene freiwillige Sozialleistungen,
– unterlassene Entsorgungsmaßnahmen und
– unterlassene Abbruchvorhaben.

> Keine Aufwandsrückstellungen nach IAS

Die Möglichkeiten zur Rückstellungsbildung sind nach IAS deutlich restriktiver geregelt als nach HGB.

Nach **HGB** sind für ungewisse und drohende Verluste aus schwebenden Geschäften Rückstellungen zu bilden, wenn der Eintritt einer Verbindlichkeit möglich ist. Somit wird der Ermessensspielraum nach HGB deutlich größer.

Künftig erwartete oder geplante Ereignisse können im Sinne von IAS 37 nicht zur Bildung einer Rückstellung führen. Neben dem Verbot einer Aufwandsrückstellung dürfen demnach auch für künftige operative Verluste keine Rückstellungen gebildet werden (IAS 37.63).

Zukünftige Aufwendungen zur Restrukturierung eines Unternehmens (z. B. Versetzung von Mitarbeitern, Anschaffung neuer Produktionsanlagen, Abschreibung alter Anlagen etc.) sind nur rückstellungsfähig, wenn für das Unternehmen eine faktische Verpflichtung besteht (IAS 37.72). Bei den

– möglichen Aufwendungen für die Versetzung von Mitarbeitern,
– die Anschaffung neuer Produktionsanlagen,
– die Abschreibung alter Anlagen

ist dies zu verneinen, da es an einer Verpflichtung fehlt, der sich der Bilanzierende faktisch nicht mehr entziehen kann.

Die **Eintrittswahrscheinlichkeit** muss über 50 % liegen. IAS 37.15 und IAS 37.23 sprechen von »… more likely than not«. Bei einer Reihe ähnlicher Verpflichtungen, wie z. B. Produktgarantien, ist die Wahrscheinlichkeit des Ressourcenabflusses gemeinsam zu beurteilen und es darf nicht auf die einzelne Verpflichtung abgestellt werden (IAS 37.24).

Garantierückstellungen sind somit zu bilden, auch wenn die Wahrscheinlichkeit eines einzelnen Garantiefalls bei unter 50 % liegt.

Das letzte Ansatzkriterium verlangt, dass eine zuverlässige **Schätzung** der Verpflichtung möglich ist (IAS 37.25).

Die **Bewertung** von Rückstellungen wird in IAS 37.36 bis IAS 37.41 behandelt.

Der als Rückstellung angesetzte Betrag stellt die **bestmögliche Schätzung** (best estimate) der Ausgabe dar, die zur Erfüllung der gegenwärtigen Verpflichtung zum Bilanzstichtag erforderlich ist (IAS 37.36).

IAS 37.39 schreibt vor, dass bei unterschiedlichen Eintrittswahrscheinlichkeiten der höchste Wert anzusetzen ist. Bei gleichen Eintrittswahrscheinlichkeiten ist ein Mittelwert zu bilden.

Beispiel:
Für eine Rückstellung für Prozessrisiken wird im Fall A mit unterschiedlichen Wahrscheinlichkeiten (w) und im Fall B mit gleichen Wahrscheinlichkeiten gerechnet (Werte in €).

Fall A		Fall B	
w = 0,6	w = 0,4	w = 0,5	w = 0,5
Bewertetes Risiko: 2 000 000	Bewertetes Risiko: 1 000 000	Bewertetes Risiko: 2 000 000	Bewertetes Risiko: 1 000 000
Rückstellung: 2 000 000 (Wert mit höchster Wahrscheinlichkeit)		Rückstellung: 1 500 000 (Mittelwert)	

Abb. 2.39: Bewertung einer Rückstellung für Prozessrisiken nach IAS

Im Fall A, bei ungleicher Wahrscheinlichkeit, ist der Wert mit der höchsten Wahrscheinlichkeit anzusetzen. Im Fall B, bei gleicher Wahrscheinlichkeit, ist der Mittelwert auszuweisen.

Im **Handelsrecht** werden die »contingent liabilities« (Eventualschulden) ähnlich wie nach IAS behandelt. Haftungsverhältnisse und sonstige finanzielle Verpflichtungen gemäß §§ 251, 268 Abs. 7, 285 Ziffer 3 HGB sind unter der Bilanz oder im Anhang zu erläutern.

Rückstellungen und Verbindlichkeiten sind zu passivieren. »Accruals« gibt es nach HGB nicht, gleichwohl dürfte ein Großteil der handelsrechtlichen Rückstellungen als zuverlässig ermittelbar sein und damit den »accruals« entsprechen.

Ein fundamentaler Unterschied besteht hinsichtlich des Ansatzes von **Innenverpflichtungen**. Rückstellungen, die auf Risiken gegen das Unternehmen selbst lauten, dürfen nach HGB angesetzt werden oder sind zu bilden. Hierzu zählen insbesondere die Aufwandsrückstellungen von § 249 Abs. 1 und 2 HGB.

Bei der Bewertung gilt nach HGB das Vorsichtsprinzip. In obigem Beispiel ist der Fall B mit dem Höchstwert von 2 000 000 € anstelle des IAS-Werts von 1 500 000 € anzusetzen.

Beispiel für eine Aufwandsrückstellung:

In der Kluge GmbH wird in 02 festgestellt, dass die Dachrinne der Lackiererei erhebliche Schäden aufweist. Es wird beschlossen, die Dachrinne in 04 zu reparieren. Hierzu werden handelsrechtliche Aufwandsrückstellungen gemäß § 249 Abs. 2 HGB gebildet. Die Reparatur soll insgesamt 1 Mio. € betragen. In 02 und 03 werden jeweils 500 000 € hierfür zurückgestellt. Ende 03 sind dies insgesamt 1 Mio. €.

Würde Kluge nach IAS bilanzieren, so wären diese Verpflichtungen gegen sich selbst nicht rückstellungsfähig. Der gesamte Aufwand in Höhe von 1 Mio. € fiel in das Geschäftsjahr 04.

Nach HGB wird im Gegensatz zu IAS die Entwicklung des Vermögens pro Geschäftsjahr dargestellt sowie der Aufwand periodengerecht erfasst.

3.4.3.2 US-GAAP

Rückstellungen sind auch nach US-GAAP unter den »liabilities« auszuweisen. Eine gesonderte Bilanzposition ist im Gegensatz zu IAS nicht vorgesehen.

Neben den Verpflichtungen aus Mitarbeiterzusagen in **FAS 87** (employers' accounting for pensions) sowie laufenden und latenten Ertragsteuern (accounting for income taxes) in **FAS 109** werden die Rückstellungen in **FAS 5** (accounting for contingencies) behandelt.

Rückstellungen sind zu bilden, soweit folgende Voraussetzungen kumulativ erfüllt sind (FAS 5.8, FIN 14, CON 6.36):

(1) Vor der Veröffentlichung des Abschlusses weisen verfügbare Informationen darauf hin, dass am Bilanzstichtag eine Verpflichtung wahrscheinlich entstanden ist.
(2) Die Verpflichtungshöhe ist zuverlässig bestimmbar.

Hinzu kommen folgende Kriterien:

- Vorliegen einer ungewissen Außenverpflichtung,
- wirtschaftliche oder rechtliche Verursachung,
- Wahrscheinlichkeit der Inanspruchnahme,
- Quantifizierbarkeit der Verpflichtung.

Wie nach IAS sind somit **Rückstellungen nur für Außenverpflichtungen des Unternehmens** anzusetzen.

Aufwandsrückstellungen dürfen ebenso wie Rückstellungen für künftige operative Verluste nicht gebildet werden (FAS 5.8).

Für Aufwandsrückstellungen gibt es allerdings unter sehr restriktiven Voraussetzungen branchenspezifische Abweichungen, z. B. für die Flugzeugindustrie.

> In der Flugzeugindustrie dürfen
> Aufwandsrückstellungen gebildet werden.

Nach US-GAAP lassen sich zwei Arten von Rückstellungen unterschieden:

– **Determinable liabilities** sind am Bilanzstichtag rechtlich entstanden, ihre Höhe ist allerdings ungewiss. Somit fallen hierunter z. B. Rückstellungen für ungewisse Verbindlichkeiten, wie z. B. Steuerabschlusszahlungen, gewinnabhängige Bonizahlungen an das Management, Kosten des Jahresabschlusses etc. Die »determinable liabilities« entsprechen somit in etwa den »accruals« nach IAS.
– **Loss Contingencies** (auch: contingent liabilities) sind am Bilanzstichtag rechtlich noch nicht entstanden, ihre Höhe ist ungewiss. Somit fallen hierunter Rückstellungen für Prozess- und Umweltrisiken. Aber auch Garantie- und Kulanzrückstellungen sowie Rückstellungen für drohende Verluste (contract losses) zählen hierzu. Ein Ansatz von Rückstellungen für Personalstrukturmaßnahmen und sonstige Strukturmaßnahmen ist nur möglich, wenn z. B. bei Personalstrukturmaßnahmen (involuntary termination benefits) ein detaillierter Plan vorliegt sowie die Öffentlichkeit und vor allem die Arbeitnehmer informiert wurden.

Für die Beurteilung der Wahrscheinlichkeit des Eintritts von Verlusten wird eine Dreiteilung vorgenommen (FAS 5.3):

– »probable«: bei einer Wahrscheinlichkeit von über 50 % (»likely to occur«) ist eine Rückstellungsbildung vorzunehmen.
– »reasonably possible«: bei einer Wahrscheinlichkeit von unter 50 %, aber mehr als unwahrscheinlich hat eine Anhangsangabe zu erfolgen.
– »remote«: (unwahrscheinlich) keine Angabe.

Die Rückstellungsbildung für **determinable liabilities** lässt sich relativ sicher durchführen, da die Verpflichtungen bereits entstanden sind.

Die **contingencies** nach US-GAAP, die in die Kategorie »reasonably possible« fallen, entsprechen den Eventualschulden (contingent liabilities) nach IAS sowie den Haftungsverhältnissen und sonstigen finanziellen Verpflichtungen nach HGB. Alle drei sind außerhalb der Bilanz im Anhang darzustellen.

Die **Bewertung** der Rückstellungen orientiert sich am Vorgehen nach IAS (»best estimate«). Einzelrisiken sind mit dem Wert der höchsten Eintrittswahrscheinlichkeit zu passivieren.

Bei **gleich hohen Werten für die Wahrscheinlichkeit** ist im Gegensatz zu IAS kein Mittelwert anzusetzen, sondern der **niedrigste Wert** ist zu passivieren (FIN 14.3).

Verbindlichkeits- und Drohverlustrückstellungen sind entsprechend den für die verlustfreie Bewertung im Vorratsvermögen im Kapitel 3.4.2.2 gemachten Ausführungen zu bewerten.

Sämtliche auftragsbezogenen fixen und variablen Kosten sind in die Bewertung einzubeziehen. Allgemeine Verwaltungs- und Vertriebsgemeinkosten dürfen ebenso wie Forschungs- und Entwicklungskosten nicht einbezogen werden.

Bei **drohenden Verlusten im Zusammenhang mit Langfristaufträgen**, die nach der Completed-contract-Methode bilanziert wurden, gewährt ARB 45 ein Wahlrecht zur Einbeziehung der Verwaltungskosten in die Rückstellungsberechnung (SOP 81-1.87).

Kontrollfragen

1. *Was verstehen IAS unter contingent liabilities?*
2. *Sind contingent liabilities nach IAS zu bilanzieren?*
3. *Wie heißen die Eventualschulden nach US-GAAP? Unter welchen Voraussetzungen sind sie im Anhang zu erläutern?*
4. *Welche wesentlichen Unterschiede bestehen bei Ansatz und Bewertung von Rückstellungen zwischen IAS, US-GAAP und HGB?*
5. *Was versteht man unter accruals oder determinable liabilities?*

Aufgabe 2.27 *Bilanzierung von Rückstellungen S. 430*

3.4.3.3 Pensionsrückstellungen

Nach **IAS** und **US-GAAP** besteht für unmittelbare leistungsorientierte Zusagen sowie Unterdeckungen von mittelbaren leistungsorientierten Zusagen von Pensionen und Pensionsnebenleistungen (z. B. Gesundheitsfürsorgeleistungen, Lebensversicherungen, Beihilfen für Rechtsbeistand etc.) eine Ansatzpflicht. Ähnlich wird im HGB verfahren, allerdings besteht nach § 249 Abs. 1 Satz 1 HGB i. V. m. Art. 28 EGHGB für mittelbare Pensionszusagen nur ein Passivierungswahlrecht.

Für den **Wertansatz** schreiben IAS 19.64 und FAS 87.39 die **projected unit credit method** (Anwartschaftsbarwertverfahren) vor. Danach werden die bis zum Bilanzstichtag erarbeiteten planmäßigen Pensionsanwartschaften mit dem versicherungsmathematischen Barwert bewertet.

In die Ermittlung dieses Anwartschaftsbarwertes gehen verstärkt zukünftige Aspekte ein. Neben Lohn- und Gehaltssteigerungen (z. B. Karrieretrends) und Rententrends sind dies vor allem die Veränderung eines Diskontierungssatzes sowie Ausscheidewahrscheinlichkeiten, wie z. B. Fluktuation, Tod oder Invalidität.

Das **handelsrechtliche Teilwertverfahren** nach § 6a EStG berücksichtigt nur die zukünftige Erlebenswahrscheinlichkeit und einen Diskontierungszinssatz der handelsrechtlich gemäß HFA 2/1988 zwischen 3 und 6 % zu liegen hat und steuerrechtlich bei 6 % fixiert ist (§ 6a EStG). Inflationsbedingte Veränderungen gemäß § 16 BetrAVG (Gesetz zur Verbesserung der betrieblichen Altersversorgung) werden dagegen einbezogen.

Abb. 2.40: Methoden der Bewertung von Pensionsrückstellungen nach IAS/US-GAAP und HGB

Aufgrund des »matching principle« (Zuordnung von Aufwendungen zu Erträgen) ist der Pensionsaufwand verursachungsgerecht den Perioden zuzurechnen. Der periodisch zu verrechnende Aufwand richtet sich nach der jährlichen Änderung des Barwerts der Pensionsanwartschaft. Die zu Jahresbeginn prognostizierten Größen, wie z. B. der Verpflichtungsumfang, der Wert des Fondsvermögens und der Zinseinfluss werden am Jahresende mit den tatsächlich aufgelaufenen Beträgen verglichen, wobei ein Unterschiedsbetrag über künftige Perioden umgelegt wird.

Die zu berücksichtigenden Gewinne oder Verluste aus der Korrektur von Fehleinschätzungen, die aus Abweichungen zwischen tatsächlichen Daten und versicherungsmathematischen Annahmen folgen, wie z. B. die Invaliditäts- oder Sterbewahrscheinlichkeit, werden nach IAS und US-GAAP in gleicher Weise ermittelt.

Nach US-GAAP können diese Differenzen entweder sofort in voller Höhe oder nach dem **10 %-Korridoransatz** (FAS 87.32 ff./IAS 19.92) über die durchschnittliche Restdienstzeit verrechnet werden. Der Korridoransatz bezieht sich dabei auf den Barwert der leistungsorientierten Verpflichtung bzw. den beizulegenden Zeitwert eines etwaigen Planvermögens. Eine schnellere Verteilung ist nach FAS 87.24 ff. und nach IAS 19.93 möglich.

Nach IAS 19.92 ist nur die Verrechnung der versicherungsmathematischen Gewinne und Verluste (actuarial gains and losses) über die Restdienstzeit möglich.

3.4.4 Verbindlichkeiten

Schulden beinhalten nach **IAS** und **US-GAAP** Verbindlichkeiten und Rückstellungen sowie die passive Rechnungsabgrenzung. Alle drei Bestandteile erfüllen nach internationalen Standards die Liability-Definition.

Nach IAS und US-GAAP wird grundsätzlich eine Differenzierung zwischen kurz- und langfristigen Verbindlichkeiten vorgenommen. Die zeitliche Trennlinie zwischen kurz- und langfristig liegt bei einem Jahr (IAS 1.60).

Nach **HGB** gibt es zusätzlich eine mittelfristige Rubrik (§ 314 Abs. 1 Ziffer 1 HGB).

Eine Besonderheit im Vergleich zum HGB weisen IAS und US-GAAP hinsichtlich der **Bewertung** von Verbindlichkeiten auf. Bei kurzfristigen Verbindlichkeiten wird, wie nach HGB, auf eine Abzinsung in der Regel verzichtet. Verbindlichkeiten mit einer Laufzeit von über einem Jahr sind abzuzinsen.

> Verbindlichkeiten mit einer Laufzeit von über
> einem Jahr sind nach IAS und US-GAAP abzuzinsen.

Die handelsrechtliche Orientierung am Gläubigerschutz verbietet die direkte Abzinsung von Verbindlichkeiten.

Wird eine Verbindlichkeit, z. B. eine Anleihe unter pari begeben, entsteht ein **Disagio** (discount) in der Form von vorausbezahltem Zinsaufwand. Nach Handelsrecht ist es möglich, dieses Disagio gemäß § 250 Abs. 3 HGB als aktive Rechnungsabgrenzung in der Bilanz auszuweisen und entsprechend der Laufzeit in den Folgejahren linear aufzulösen oder direkt im Jahr des Zugangs erfolgswirksam zu verrechnen. Bei der Abschreibung über die Laufzeit erfolgt somit nach HGB eine periodengerechte Erfolgsermittlung.

Nach IAS/US-GAAP ist der Wert eines Disagios von der Höhe der entstandenen Schuld abzusetzen und in den Folgejahren wertmäßig zuzuschreiben. Die Zuschreibung des Disagios hat nach der Effektivzinsmethode zu erfolgen (IAS 39.10 und ARB 43). Hierzu wird der jährliche Unterschiedsbetrag der Zinsaufwendungen, der sich aus der Nominalverzinsung und der effektiven Marktverzinsung ergibt, mit dem Rentenbarwertfaktor multipliziert (siehe hierzu Aufgabe 2.28).

Der Ausweis der langfristigen Schuld (non-current liability) erfolgt unter Anleihen (bonds payable) im Rahmen der »interest bearing borrowings«.

Disagio darf nach IAS und US-GAAP nicht aktiviert werden.

Wird eine Anleihe mit einem **Aufgeld** (Premium) emittiert, so sind die Verbindlichkeiten nach IAS/US-GAAP bei der Erstbewertung entsprechend höher auszuweisen und bei der Folgebewertung bis zum Rückzahlungsbetrag abzuschreiben.

Zu den kurzfristigen Verbindlichkeiten (current liabilities) zählen vor allem die Verbindlichkeiten aus Lieferungen und Leistungen, deren Ansatz zum Nennwert erfolgt.

Zu den langfristigen Verbindlichkeiten (non-current liabilities) zählen z. B.

– commercial papers (Inhaberteilschuldverschreibungen von Unternehmen) und
– mortgages (Hypotheken), deren Bewertung bei un- oder unterverzinslichen Verpflichtungen zum Barwert (present value) erfolgt.

Ein dem deutschen Höchstwertprinzip vergleichbaren Ansatz der Verbindlichkeiten gibt es nach IAS und US-GAAP nicht. So sind Fremdwährungsverbindlichkeiten bei sinkenden Wechselkursen immer zum Stichtagskurs anzusetzen.

Aufgabe 2.28: *Bilanzierung eines Disagios S. 431*

3.4.5   Latente Steuern

Latente Steuern sind nach HGB seit dem Bilanzrichtliniengesetz (BiRiLiG) 1985 anzusetzen. Hierbei handelt es sich um »Kosmetik-Steuern«, die weder einnahme- noch ausgabewirksam sind. Sie sollen den Leser einer Handelsbilanz darauf hinweisen, dass zwischen dem Ergebnis nach Steuerrecht und dem Ergebnis nach Handelsrecht Unterschiede bestehen. Diese zusätzliche Erkenntnis war bis dato, insbesondere für Aktionäre, die nur die Handelsbilanz einsehen können, nicht vorhanden.

Latente Steuern sind nicht einnahme- oder ausgabewirksam.

Der Ausweis latenter Steuern soll dazu führen, dass die effektiv gezahlten Ertragsteuern an den Gewinn nach IAS/US-GAAP oder HGB angepasst werden.

Aktive latente Steuern (deferred tax assets) deuten darauf hin, dass das Steuerbilanzergebnis höher ausgefallen ist als das Handelsbilanzergebnis. Dieser Ergebnisunterschied wird sich über mehrere Geschäftsjahre verteilt wieder ausgleichen. Der Steueraufwand ist gemessen am handelsrechtlichen Ergebnis zu hoch. Es entsteht ein latenter Steueranspruch, der zu späteren Steuererstattungen führt.

Passive latente Steuern (deferred tax liabilities) machen auf einen umgekehrten Tatbestand aufmerksam. Das Steuerbilanzergebnis ist geringer ausgefallen als das

Handelsbilanzergebnis. Der Ansatz einer Rückstellung für latente Steuern soll darauf hinweisen, dass aus Handelsbilanzsicht mit zukünftigen Steuerschulden zu rechnen ist, die sich im Zeitablauf jedoch wieder ausgleichen werden.

Beispiel:
Eine Maschine wird handelsrechtlich anders abgeschrieben als steuerrechtlich. Das Ergebnis vor Abschreibungen und Steuern beträgt 1 Mio. €. Die Abschreibungsraten in der Handelsbilanz betragen in den Geschäftsjahren
01: 160 000 €
02: 120 000 €
03: 80 000 € und
04: 40 000 €.
Steuerrechtlich wird linear abgeschrieben: jeweils 100 000 €. Der Steuersatz möge unverändert bei 40 % liegen.
Im ersten und zweiten Abschreibungsjahr fallen 60 000 bzw. 20 000 € höhere handelsrechtliche Abschreibungen an. Ab dem dritten Jahr sind höhere steuerrechtliche Abschreibungen über 20 000 bzw. 60 000 € anzusetzen.
Somit fallen in den Geschäftsjahren 1 bis 4 folgende Steuerlatenzen an:
01: 24 000 € zukünftige Steuererstattungen,
02: 8 000 € zukünftige Steuererstattungen,
03: 8 000 € Realisation der Steuererstattungen,
04: 24 000 € Realisation der Steuererstattungen.
Die Bildung der aktiven Steuerlatenz im ersten Abschreibungsjahr ist in folgender Abbildung dargestellt:

	Steuerrecht (in T€)	Handelsrecht (in T€)	Fiktive Werte (in T€)
Ergebnis vor Abschreibungen und Steuern	+ 1 000	+ 1 000	
Abschreibungsdifferenz		– 60	
Ergebnis vor Steuern	+ 1 000	+ 940	
Ertragsteuern: Effektive + latente Steuern = Steuern vom Einkommen und vom Ertrag			
Effektive Steuern (40 % von 1 000)	**– 400**	– 400	
Fiktive Steuern (40 % von 940)			**– 376**
Latente Steuern (Fiktive minus effektive Steuern)		**+ 24**	
Steuern vom Einkommen und vom Ertrag	– 400	– 400 + 24 ――― – 376	
Ergebnis nach Steuern	**+ 600**	+ 564	

Abb. 2.41: Aktive latente Steuern

Die latenten Steuern werden in IAS 12 und FAS 109 behandelt.

Das **erfolgsorientierte Timing-Konzept** (Periodisierungsabweichungen) der deutschen Rechnungslegung berücksichtigt grundsätzlich nur Unterschiede, die auf Bewertungsmaßnahmen in der Handelsbilanz zurückgehen und zu einem anderen Aufwand führen als steuerrechtlich anerkannt, z. B. andere Abschreibungshöhen oder die Nichtaktivierung immaterieller Vermögensgegenstände (z. B. Geschäftswert) oder die Bildung steuerrechtlich nicht anerkannter Rückstellungen (z. B. Drohverlustrückstellungen).

Permanente Differenzen, die sich im Zeitablauf nicht ausgleichen, dürfen nicht mit latenten Steuern belegt werden (Bsp.: Nur 50 % der Aufsichtsratsvergütung werden steuerrechtlich als abzugsfähiger Aufwand anerkannt; § 10 Nr. 4 KStG).

Das **bilanzorientierte Temporary-Konzept** von IAS und US-GAAP ist umfassender und berücksichtigt nur temporäre Differenzen zwischen steuerlichen Wertansätzen und Wertansätzen in der Bilanz. Erfolgswirksame und erfolgsneutrale temporäre Unterschiede werden erfasst. Ebenso ist es unbedeutend, wann sich diese Differenzen ausgleichen werden.

Quasi-permanente Ergebnisdifferenzen werden beim Temporary-Konzept im Gegensatz zum HGB-Ansatz ebenfalls berücksichtigt. Diese Differenzen lösen sich im normalen Geschäftsablauf nicht auf, sondern z. B. erst bei einer Liquidation. Dies ist z. B. bei der Abschreibung eines nicht-abnutzbaren Vermögensgegenstandes des Anlagevermögens, das steuerlich nicht anerkannt wird, der Fall.

Permanente Differenzen, wie z. B. nicht abzugsfähige Betriebsausgaben, bleiben bei der Ermittlung der latenten Steuern ebenfalls unberücksichtigt.

Aktive Steuerlatenzen müssen auf Grund des weiter gefassten Vermögensbegriffs nach IAS/US-GAAP ausgewiesen werden. Nach HGB besteht ein Ansatzwahlrecht.

Ansatzpflicht für aktive Steuerlatenzen nach IAS/US-GAAP

Erwartete zukünftige Steuerentlastungen aus einem **Verlustvortrag** werden nach **IAS und US-GAAP** als Vermögensgegenstand interpretiert. Auf noch nicht genutzte steuerliche Verlustvorträge und noch nicht genutzte Steuergutschriften sind aktive latente Steuern abzugrenzen. Sie erhöhen das IAS-/US-GAAP-Ergebnis.

Beispiel:
Daimler-Benz hat als erstes deutsches Unternehmen 1996 hiervon massiv Gebrauch gemacht. Im Konzernabschluss 1996 nach US-GAAP wurden aktive Steuerlatenzen auf Verlustvorträge in Höhe von 9,6 Mrd. DM ausgewiesen.

Nach **HGB** besteht aufgrund des geltenden Vorsichtsprinzips ein **Ansatzverbot für latente Steuern auf Verlustvorträge**.

Latente Steuern auf Verlustvorträge:

▼

– Ansatzpflicht nach IAS/US-GAAP
– Ansatzverbot nach HGB

Die **Bewertung** erfolgt nach IAS/US-GAAP für jeden einzelnen Geschäftsvorfall. Wohingegen nach HGB das steuerliche Ergebnis dem handelsrechtlichen Ergebnis gegenübergestellt wird. Die ermittelte Gesamtdifferenz ist um permanente und quasi-permanente Differenzen zu korrigieren. Anzusetzen sind die geltenden Steuersätze oder die in Aussicht stehenden künftigen Steuersätze.

Bei so genannten **gespaltenen Steuersätzen** für Thesaurierung und Ausschüttung ist mit dem Thesaurierungssatz zu bewerten (IAS 12.52A).

Nach EITF 95-10 darf im Einzelabschluss eines Tochterunternehmens kein aktiver Steuerabgrenzungsposten für eine zukünftige Steuerminderung bei Dividendenausschüttung gebildet werden. Eine Verringerung des Steueraufwands kann erst in der Periode realisiert werden, in der sich der Steuervorteil in der Körperschaftsteuererklärung der Gesellschaft niederschlägt.

Im Konzernabschluss des Mutterunternehmens dürfen latente Steuern hierfür angesetzt werden, sofern die Muttergesellschaft eine Gewinnausschüttung plant.

Nach FAS 109.41 ist bei der Bewertung der Steuerabgrenzung deren Werthaltigkeit zu überprüfen und nötigenfalls ein **Sicherheitsabschlag** (valuation allowance) zu bilden, der getrennt von den latenten Steueransprüchen abzusetzen ist. Es ist beispielsweise zu überprüfen, mit welcher Wahrscheinlichkeit zukünftige Steuererstattungen eintreten werden. Diese Wahrscheinlichkeit muss über 50 % liegen (»more likely than not«).

IAS 12.81 und FAS 109.47 verlangen eine offen zu legende **Steuerüberleitung** (tax reconciliation) vom erwarteten Steueraufwand zum tatsächlich ausgewiesenen Steueraufwand aus laufenden und latenten Steuern.

Die wichtigsten Unterschiede bei der Behandlung latenter Steuern nach IAS/US-GAAP und HGB sind in folgender Abbildung zusammengefasst:

		IAS (IAS 12)/ US-GAAP (FAS 109)	HGB
Ansatz	Differenzen	Temporäre bilanzielle Unterschiede (Bilanzansatz)	Zeitliche Ergebnisunterschiede (GuV-Ansatz)
	Aktive Steuerlatenzen	Ansatzpflicht IAS 12.15/FAS 109.92	Ansatzwahlrecht § 274 Abs. 2 HGB
	Passive Steuerlatenzen	Ansatzpflicht IAS 12.15/FAS 109.75	Ansatzpflicht § 274 Abs. 1 HGB
	Verlustvorträge	Ansatzpflicht IAS 12.34 bis IAS 12.36/FAS 109.21	Ansatzverbot
Bewertung	Ermittlung	Einzeldifferenzenbetrachtung	Gesamtdifferenzenbetrachtung
	Abzinsung	Abzinsungsverbot	Abzinsungsverbot
	Werthaltigkeit	Sicherheitsabschlag nach FAS 109.41	–
Ausweis	Aktive Steuerlatenzen	»Davon-Vermerk« unter Steuererstattungsansprüchen IAS 1.66/SEC Regulation S-X, Rule 5-02	Bilanzierungshilfe § 274 Abs. 2 Satz 1 HGB
	Passive Steuerlatenzen	»Davon-Vermerk« unter Steuerschulden IAS 1.66/SEC-Regulation S-X, Rule 5-02	»Davon-Vermerk« unter Steuerrückstellungen § 266 Abs. 3 HGB

Abb. 2.42: Latente Steuern nach IAS/US-GAAP und HGB

		IAS (IAS 12)/ US-GAAP (FAS 109)	HGB
	Saldierung	Verbot: Ausnahme IAS 12.74 (Pflicht)/ FAS 109.42 (Wahlrecht)	Wahlrecht für Konzernabschluss gemäß § 306 HGB
	GuV	Steueraufwand und -ertrag IAS 1.75/ SEC Regulation S-X, Rule 5-03	Steuern vom Einkommen und vom Ertrag § 275 Abs. 2 und 3 HGB
	Steuerüberleitungsrechnung	Pflicht IAS 12.81/FAS 109.47	–

Abb. 2.42: Latente Steuern nach IAS/US-GAAP und HGB (Fortsetzung)

Kontrollfragen

1. *Welche wesentlichen Unterschiede gibt es bei der Bilanzierung von Pensionsrückstellungen nach IAS/US-GAAP im Vergleich zum HGB?*
2. *Welche wesentlichen Unterschiede gibt es bei der Bilanzierung von Verbindlichkeiten nach IAS/US-GAAP im Vergleich zum HGB?*
3. *Latente Steuern werden auch als »Kosmetiksteuern« bezeichnet. Warum?*
4. *Was fängt ein Handelsbilanzleser mit dem Begriff latente Steuern an?*
5. *Was unterscheidet das Timing-Konzept vom Temporary-Konzept?*
6. *Was beinhaltet ein Sicherheitsabschlag nach US-GAAP?*
7. *Was verstehen IAS und US-GAAP unter einer Steuerüberleitung?*

Aufgabe 2.29 *Latente Steuern nach IAS S. 431*

3.5   Aufwendungen und Erträge in der Gewinn- und Verlustrechnung

3.5.1   IAS im Vergleich zum HGB

3.5.1.1 Gesamtkosten- oder Umsatzkostenverfahren

Wie in Kapitel 3.1.1.1 ausgeführt, teilen die IAS die Erträge auf in:

– betriebsbedingte Erträge (revenues), wie z. B. Umsätze, und
– sonstige nicht betrieblich verursachte Erträge (gains), wie z. B. Wertpapiergewinne.

Die Aufwendungen werden eingeteilt in:

– betriebsbedingte Aufwendungen (expenses), wie z. B. Löhne, und
– sonstige nicht betrieblich verursachte Aufwendungen (losses), wie z. B. Wertpapierverluste.

Betriebsbedingte Aufwendungen und betriebsbedingte Erträge:	Sonstige Aufwendungen und sonstige Erträge:
– Expenses und revenues	– Losses und gains

Abb. 2.43: Aufwendungen und Erträge nach IAS

Eine Besonderheit besteht hinsichtlich der Neubewertungsrücklage (revaluation reserve), die zu einer Eigenkapitalveränderung in der Bilanz führt und erfolgsneutral verbucht wird. Somit entspricht eine Eigenkapitalveränderung in der Bilanz nicht automatisch einer Eigenkapitalveränderung durch die Ergebnisse der Gewinn- und Verlustrechnung (GuV).

IAS 1.75 enthält eine Zusammenstellung der Posten, die eine GuV (income statement) mindestens enthalten muss.

Nach IAS 1.77 kann die GuV nach dem

- Gesamtkostenverfahren (nature of expense method) oder nach
- dem Umsatzkostenverfahren (function of expense method) aufgestellt werden.

Das **Gesamtkostenverfahren** (GKV) weist sämtliche Aufwendungen und Erträge aus und stellt sie den erzielten Erträgen gegenüber. Hierzu zählen auch die Bestandsveränderungen an fertigen und unfertigen Erzeugnissen (changes in inventories of finished goods and work in progress).

Kennzeichnend für das GKV sind neben den Bestandsveränderungen die Positionen Personalaufwand und Materialaufwand.

Beim **Umsatzkostenverfahren** (UKV) werden nur die Kosten berücksichtigt, die zu Umsätzen in der Rechnungsperiode geführt haben. Diese Kosten werden als Funktionskosten bezeichnet. Kennzeichnend für das UKV sind neben den Herstellungskosten, die Vertriebskosten und Verwaltungskosten.

Das UKV setzt eine funktionierende Kostenstellenrechnung voraus, da z. B. die Personal- und Materialaufwendungen auf die Kostenstellenbereiche Herstellung, Vertrieb und Verwaltung aufgeteilt werden müssen. Es ist ein Aufriss der Funktionskosten nach Aufwandsarten aufzustellen.

Das UKV wird als informativer eingestuft, da es zusätzliche Auskünfte darüber gewährt, in welchen Kostenstellenbereichen wichtige Kosten entstanden sind.

Beide Verfahren führen zum gleichen Jahresergebnis.

> GKV und UKV weisen den gleichen Gewinn aus.

Die Posten, die nach IAS 1 (Anhang) beim Gesamtkostenverfahren aufgeführt werden müssen, sind unter Berücksichtigung der Angabepflicht des Ergebnisses je Aktie (IAS 33.47) in folgender Abbildung dargestellt:

1. **Revenue**	1. **Umsatzerlöse**
2. Other operating income	2. Sonstige betriebliche Erträge
3. Changes in inventories of finished goods and work in progress	3. Veränderung des Bestands an Fertigerzeugnissen und unfertigen Erzeugnissen
4. Work performed by the enterprise and capitalised	4. Andere aktivierte Eigenleistungen
5. Raw material and consumables used	5. Roh-, Hilfs- und Betriebsstoffe
6. Staff costs	6. Personalaufwand

Abb. 2.44: Gewinn- und Verlustrechnung (Income Statement) nach IAS – Gesamtkostenverfahren (Nature of Expense Method)

7. Depreciation and amortisation expense	7. Aufwand für planmäßige Abschreibungen
8. Other operating expenses	8. Sonstige betriebliche Aufwendungen
= Profit from operations	= Gewinn der betrieblichen Tätigkeit
9. Finance cost	9. Finanzierungsaufwendungen
10. Income from associates/ Finance revenues (gains)	10. Erträge aus assoziierten Unternehmen/ Zinserträge
= Profit before tax	**= Ergebnis vor Steuern**
11. Income tax expense	11. Ertragsteueraufwand
= Profit after tax	**= Gewinn nach Steuern**
12. Minority interest	12. Gewinnanteil von Minderheitsgesellschaftern
= Net profit or loss from ordinary activities	**= Ergebnis aus der gewöhnlichen Tätigkeit**
13. Extraordinary items	13. Außerordentliche Posten
= Net profit for the period	**= Periodengewinn**
14. Earnings per share	14. Ergebnis je Aktie

Abb. 2.44: Gewinn- und Verlustrechnung (Income Statement) nach IAS – Gesamtkostenverfahren (Nature of Expense Method) (Fortsetzung)

Die einzelnen Posten lassen sich wie folgt kurz erläutern:

1. **Revenue:** Hierzu zählen die für die Unternehmenstätigkeit typischen Umsatzerlöse. Zeitanteilige Gewinne aus der Langfristfertigung sind ebenfalls unter dieser Position auszuweisen.

2. **Other operating income:** Hierunter werden alle Erträge aufgeführt, die nicht zu den Umsätzen zählen, wie z. B. Mieterträge, Zuschreibungen bei Sachanlagen oder Erträge aus der Auflösung von Rückstellungen.

3. **Changes in inventories of finished goods and work in progress:** Hierunter fallen die Bestandsveränderungen an fertigen und unfertigen Erzeugnissen.

4. **Work performed by the enterprise and capitalised:** Diese Position entspricht den »anderen aktivierten Eigenleistungen« nach § 275 Abs. 2 Nr. 3 HGB. Die für eigene Leistungen aufgewendeten Kosten, z. B. für die Erstellung eines Transportbandes, werden als Ertrag gegengebucht, damit keine Ergebniswirkungen eintreten.

5. **Raw material and consumables used (material expenses):** Dies sind Materialaufwendungen, die bei der Fertigung oder bei der Erbringung einer Dienstleistung anfallen. Außerplanmäßige Abschreibungen auf den Nettoveräußerungswert der Vorräte (net realisable value) sind ebenfalls hier zu verbuchen.

6. **Staff costs:** Zu den Personalaufwendungen zählen üblicherweise die Lohn- und Gehaltszahlungen sowie die Sozialaufwendungen.

7. **Depreciation and amortisation expense:** Hierunter fallen die planmäßigen Abschreibungen auf Sachanlagen (depreciation expense).
   Außerplanmäßige Abschreibungen sind gesondert als »loss on impairment« auszuweisen.
   Abschreibungen auf immaterielle Vermögenswerte (Patente, Goodwill, Entwicklungskosten etc.) werden unter »amortisation expense« verbucht.

8. **Other operating expenses:** Unter die sonstigen betrieblichen Aufwendungen fallen z. B. Mietaufwendungen, Spenden, Zuführungen zu Rückstellungen und Werbeaufwendungen.

9. **Finance cost:** Hierzu zählen in erster Linie die Zinsaufwendungen zur Investitionsfinanzierung. Wertpapierwertminderungen sind gesondert als »loss on impairment« auszuweisen.

10. **Income from associates oder finance revenues** (gains): Hierunter fallen Beteiligungserträge sowie Zinserträge als »finance revenues.«
Erfolgswirksame Erträge aus Wertpapieren sind unter »finance gains« auszuweisen, da sie mit der betrieblichen Tätigkeit nichts zu tun haben.

11. **Income tax expense:** Hierzu zählen die effektiven Ertragsteuern und die latenten Steuern. Aufwendungen und Erträge aus Steuerlatenzen müssen getrennt von den laufenden Steuern ausgewiesen werden (IAS 12.77).

12. **Minority interest:** Im Konzernabschluss ist der Gewinnanteil von Minderheitsgesellschaftern gesondert auszuweisen, um das auf die Anteilseigner des Mutterunternehmens entfallende Jahresergebnis darzustellen (IAS 27.15 und IAS 27.16).

13. **Extraordinary items:** Im Posten für außerordentliche Aufwendungen und Erträge sind außergewöhnliche und seltene Fälle zu erfassen, wie z. B. Enteignungen, Stoßen auf Erdölquellen, Erdbeben oder andere Naturkatastrophen.

Die Positionen 1 bis 8 zeigen den **Gewinn der betrieblichen Tätigkeit**.

Das Finanzergebnis ist in den Positionen 9 und 10 enthalten und setzt sich aus dem **Zins- und Beteiligungsergebnis** zusammen.

Das **außerordentliche Ergebnis** ist in Position 13 ausgewiesen.

> Bestandteile des Periodengewinns (net profit):
> 1. Operatives Ergebnis
> 2. Finanzergebnis = Zins- + Beteiligungsergebnis
> 3. Außerordentliches Ergebnis

Das Umsatzkostenverfahren ist in folgender Abbildung dargestellt (IAS 1 – Anhang i. V. m. IAS 33.47):

1.	Revenue	1.	Umsatzerlöse
2.	Cost of sales	2.	Umsatzkosten (Herstellungskosten)
=	Gross profit	=	Bruttogewinn
3.	Other operating income	3.	Sonstige betriebliche Erträge
4.	Distribution costs	4.	Vertriebskosten
5.	Administrative expenses	5.	Verwaltungsaufwendungen
6.	Other operating expenses	6.	Sonstige betriebliche Aufwendungen
=	Profit from operations	=	Gewinn der betrieblichen Tätigkeit
7.	Finance cost	7.	Finanzierungsaufwendungen
8.	Income from associates	8.	Erträge aus assoziierten Unternehmen
=	**Profit before tax**	=	**Ergebnis vor Steuern**

Abb. 2.45: Gewinn- und Verlustrechnung (Income Statement) nach IAS – Umsatzkostenverfahren (Function of Expense Method)

9. Income tax expense	9. Ertragsteueraufwand
= Profit after tax	**= Gewinn nach Steuern**
10. Minority interest	10. Gewinnanteil von Minderheitsgesellschaftern
= Net profit from ordinary activities	**= Ergebnis aus der gewöhnlichen Tätigkeit**
11. Extraordinary items	11. Außerordentliche Posten
= Net profit for the period	**= Periodengewinn**
12. Earnings per share	12. Ergebnis je Aktie

Abb. 2.45: Gewinn- und Verlustrechnung (Income Statement) nach IAS – Umsatzkostenverfahren (Function of Expense Method) (Fortsetzung)

Signifikantes Merkmal des Umsatzkostenverfahrens sind die Funktionskosten der Bereiche Herstellung, Vertrieb und Verwaltung. Das Umsatzkostenverfahren gibt nähere Auskünfte darüber, in welchen Unternehmensbereichen die operativen Aufwendungen entstanden sind (Positionen 1 bis 6).

Im **Handelsrecht** sind in § 275 Abs. 2 und 3 HGB **detaillierte fest vorgegebene Gliederungsschemata** für die Anwendung des Gesamt- und Umsatzkostenverfahrens enthalten. Sie umfassen beim GKV insgesamt 20 Positionen und beim UKV 19 Positionen.

1. Umsatzerlöse
2. Erhöhung oder Verminderung des Bestands an fertigen und unfertigen Erzeugnissen
3. andere aktivierte Eigenleistungen
4. sonstige betriebliche Erträge
5. Materialaufwand: a) Aufwendungen für Roh-, Hilfs- und Betriebsstoffe und für bezogene Waren   b) Aufwendungen für bezogene Leistungen
6. Personalaufwand: a) Löhne und Gehälter   b) soziale Abgaben und Aufwendungen für Altersversorgung und für Unterstützung, davon für Altersversorgung
7. Abschreibungen: a) auf immaterielle Vermögensgegenstände des Anlagevermögens und Sachanlagen sowie auf aktivierte Aufwendungen für die Ingangsetzung und Erweiterung des Geschäftsbetriebs   b) auf Vermögensgegenstände des Umlaufvermögens, soweit diese die in der Kapitalgesellschaft üblichen Abschreibungen überschreiten
8. sonstige betriebliche Aufwendungen
9. Erträge aus Beteiligungen,   davon aus verbundenen Unternehmen
10. Erträge aus anderen Wertpapieren und Ausleihungen des Finanzanlagevermögens, davon aus verbundenen Unternehmen

Abb. 2.46: Gewinn- und Verlustrechnung nach § 275 Abs. 2 HGB (Gesamtkostenverfahren – GKV)

11. sonstige Zinsen und ähnliche Erträge, davon aus verbundenen Unternehmen
12. Abschreibungen auf Finanzanlagen und auf Wertpapiere des Umlaufvermögens
13. Zinsen und ähnliche Aufwendungen, davon an verbundene Unternehmen
14. Ergebnis der gewöhnlichen Geschäftstätigkeit
15. außerordentliche Erträge
16. außerordentliche Aufwendungen
17. außerordentliches Ergebnis
18. Steuern vom Einkommen und vom Ertrag
19. sonstige Steuern
20. Jahresüberschuss/Jahresfehlbetrag

Abb. 2.46: Gewinn- und Verlustrechnung nach §275 Abs. 2 HGB (Gesamtkostenverfahren – GKV) (Fortsetzung)

1. Umsatzerlöse
2. Herstellungskosten der zur Erzielung der Umsatzerlöse erbrachten Leistungen
3. Bruttoergebnis vom Umsatz
4. Vertriebskosten
5. allgemeine Verwaltungskosten
6. sonstige betriebliche Erträge
7. sonstige betriebliche Aufwendungen
8. Erträge aus Beteiligungen, davon aus verbundenen Unternehmen
9. Erträge aus anderen Wertpapieren und Ausleihungen des Finanzanlagevermögens, davon aus verbundenen Unternehmen
10. sonstige Zinsen und ähnliche Erträge, davon aus verbundenen Unternehmen
11. Abschreibungen auf Finanzanlagen und auf Wertpapiere des Umlaufvermögens
12. Zinsen und ähnliche Aufwendungen, davon an verbundene Unternehmen
13. Ergebnis der gewöhnlichen Geschäftstätigkeit
14. außerordentliche Erträge
15. außerordentliche Aufwendungen
16. außerordentliches Ergebnis
17. Steuern vom Einkommen und vom Ertrag
18. sonstige Steuern
19. Jahresüberschuss/Jahresfehlbetrag

Abb. 2.47: Gewinn- und Verlustrechnung nach § 275 Abs. 3 HGB (Umsatzkostenverfahren – UKV)

Ähnlich wie nach IAS lässt sich der Gesamtgewinn in ein operatives Ergebnis, in ein Finanzergebnis und in ein außerordentliches Ergebnis einteilen.

Das operative Ergebnis ist nicht gesondert aufzuführen. Es lässt sich aus den einzelnen Positionen errechnen.

Erfolgsneutrale Zuschreibungen, z. B. in Form einer Neubewertungsrücklage, sind nach HGB nicht vorgesehen. Somit entspricht der Jahresüberschuss der GuV nach der Zuführung zu den Gewinnrücklagen der Eigenkapitalmehrung in der Bilanz, unter der Voraussetzung, dass keine Kapitalveränderungen stattgefunden haben.

3.5.1.2 Earnings per Share und Discontinuing Operations

In der GuV (»on the face of the income statement«) müssen börsennotierte Unternehmen und Unternehmen, die die Vorbereitungen eines bevorstehenden Börsenganges abgeschlossen haben (IAS 33.1), den **Gewinn je Aktie** (earnings per share – EPS) darstellen (IAS 33.47). Bei freiwilliger Veröffentlichung verlangt IAS 33.4 automatisch die Anwendung des Standards IAS 33 (Ergebnis je Aktie).

Die Offenlegung von EPS-Daten ist für den **Jahresabschluss** und für **Quartalsabschlüsse**, auch wenn die letzteren freiwillig erstellt werden, vorgeschrieben (IAS 33.47 i. V. m. IAS 34.11).

Nach IAS 35 gelten besondere Angabepflichten für Aufwendungen und Erträge im Zusammenhang mit **einzustellenden Bereichen** (discontinuing operations). Hierbei handelt es sich um betrieblich für Zwecke der Rechnungslegung abgrenzbare Bestandteile des Unternehmens in Form von geographisch oder anders bestimmten Tätigkeitsbereichen, die das Unternehmen im Rahmen eines einheitlichen Plans in seiner Gesamtheit oder stückweise veräußert oder durch Aufgabe einstellt (IAS 35.2).

In der GuV sind die Höhe des Gewinns oder Verlusts vor Steuern darzustellen, die bei Abgang der Vermögenswerte oder Tilgung der Schulden, die dem einzustellenden Bereich zuzuordnen sind, erfasst werden (IAS 35.39 i. V. m. IAS 35.31).

IAS empfehlen die Angabe des Betrags der Erlöse, Aufwendungen, Gewinne oder Verluste vor Steuern aus gewöhnlicher Geschäftstätigkeit, die dem einzustellenden Bereich im Geschäftsjahr zuzurechnen sind. Der damit verbundene Ertragsteueraufwand sollte in der GuV dargestellt werden (IAS 35.40 i. V. m. IAS 35.27 f.).

Ein einzustellender Bereich darf nicht als außerordentlicher Posten ausgewiesen werden (IAS 35.41).

> Einstellung von Unternehmensbereichen ist
> kein außerordentlicher Tatbestand nach IAS

Nach **HGB** ist ein Ergebnis je Aktie nicht aufzustellen und zu veröffentlichen. Das HGB enthält keine Regelungen zu einzustellenden Bereichen. Auf einzustellende Bereiche ist folglich in der Gliederung der GuV nicht gesondert einzugehen.

3.5.2   US-GAAP

In der US-amerikanischen Rechnungslegung gilt die GuV als wichtigstes Berichtsinstrument. Sie wird vor der Bilanz publiziert. Hierin kommt noch stärker als nach IAS der Grundsatz zum Ausdruck, dass die Periodenabgrenzung wichtiger ist als das Vorsichtsprinzip.

> Gewinn- und Verlustrechnung vor der Bilanz platziert

Die Ansatzkriterien für Aufwendungen und Erträge sind in CON 6 enthalten und wurden in Kapitel 3.1.2 behandelt. Wie nach IAS werden Erträge/Aufwendungen mit operativem Charakter als »revenues/expenses« bezeichnet. Die sonstigen Erträge/Aufwendungen werden als »gains/losses« definiert.

Nach US-GAAP existieren insgesamt drei offizielle Gewinnbegriffe (CON 5.30-44):

– earnings,
– net income,
– comprehensive income.

Die Definition der **earnings** stellt auf den Periodenerfolg des Unternehmens ab. Von den außerbetrieblichen Aufwendungen und Erträgen werden nur die Teile berücksichtigt, die der entsprechenden Periode zuzuordnen sind. Aperiodische Erfolgskomponenten, wie z. B. eine Änderung der Rechnungslegungsmethoden, sind nicht Bestandteil dieses Gewinnbegriffs.

Durch die Änderung von Bilanzierungsmethoden oder durch eine erstmalige Anwendung neuer Bilanzierungsgrundsätze entstandene Wirkungen (»cumulative effect of a change in accounting principles«) sind ergänzend zu den »earnings« im **net income** zu berücksichtigen.

Das »net income« und das **comprehensive income** unterscheiden sich dann nur noch durch das »other comprehensive income«. Hierunter sind zusätzlich noch die erfolgsneutralen Eigenkapitalveränderungen, z. B. bei den Wertänderungen der Availability-for-sale-Wertpapiere zu erfassen.

Neben diesen drei offiziellen Gewinndefinitionen nach US-GAAP wurden betriebsindividuelle Kenngrößen entwickelt. So verwendet beispielsweise DaimlerChrysler den Begriff **Operating Profit**. Dies ist eine operative Kennzahl, bei der steuerliche Überlegungen und neutrale Einflüsse aus dem Finanzergebnis nicht berücksichtigt werden.

Gesamte Eigenkapitalveränderungen		
Comprehensive income		Eigenkapital-veränderungen durch Eigentümer
Operative Aufwendungen/ Erträge	Sonstige Aufwendungen/ Erträge	
Net income	Other comprehensive income	
Earnings	Veränderung der Bilanzierungs-methoden	

Abb. 2.48: Gewinnbegriffe und Veränderungen des Eigenkapitals nach US-GAAP

Die **gesamten Eigenkapitalveränderungen** erhält man, wenn zum »comprehensive income« noch die Eigenkapitalveränderungen, die durch die Eigentümer verursacht wurden (Gewinnausschüttungen und Kapitalmaßnahmen), hinzu gezählt werden (CON 5.30 ff.).

Für SEC-berichtspflichtige Unternehmen ist folgendes Mindestgliederungs-schema, das nur nach dem Umsatzkostenverfahren erstellt werden darf, vorgesehen (SEC Regulation S-X, Rule 5-03).

> GuV muss nach dem Umsatzkostenverfahren aufgestellt werden.

Es wurde in Anlehnung an Gräfer, H. (Annual Report 1992, S. 19) der praktischen Anwendung in Industrieunternehmen angepasst.

Gewinn- und Verlustrechnung	
Operating section	**Betriebstätigkeit**
1. Sales revenues	1. Umsatzerlöse
2. Sales discounts, sales returns and allowances	2. Rabatte, Skonti, Retouren
= Net sales revenue	= Nettoumsatzerlöse
3. Cost of goods sold	3. Umsatzkosten
= Gross profit/margin	= Bruttoergebnis vom Umsatz
4. Selling expenses	4. Vertriebskosten
5. Administrative or general expenses	5. Verwaltungskosten
= Income from operations	**= Betriebsergebnis**
Non-operating section	**Betriebsfremde Tätigkeit**
6. Interest income/expenses	6. Zinserträge/-aufwendungen
7. Equity in profit/loss of affiliated companies	7. Beteiligungserträge/- aufwendungen
8. Other revenues/gains	8. Sonstige betriebliche Erträge
9. Other expenses/losses	9. Sonstige betriebliche Aufwendungen
10. Income taxes	10. Steueraufwand/-ertrag
11. Discontinued operations (net of tax)	11. Außergewöhnliche Netto-Aufwendungen/-Erträge aus der Einstellung von Unternehmensbereichen
12. Extraordinary items (net of tax)	12. Ungewöhnliche und seltene Ereignisse (netto)
13. Tax on extraordinary items	13. Steuern auf außerordentliche Vorgänge
14. Cumulative effect of a change in accounting principles (net of tax)	14. Netto-Aufwendungen/-Erträge durch Wechsel der Bilanzierungsmethoden
= Net income/net loss	**= Jahresüberschuss/-fehlbetrag**
15. Earnings per share	15. Ergebnis je Aktie

Abb. 2.49: Gewinn- und Verlustrechnung (Income Statement) nach US-GAAP – Umsatzkostenverfahren

Die Aufwendungen und Erträge werden schon in der Gliederungsstruktur in einen operativen und in einen betriebsfremdem Teil getrennt.

Im **betriebsfremden Teil** sind

- das Finanzergebnis,
- die sonstigen betrieblichen Aufwendungen und Erträge sowie
- der außerordentliche Teil des Ergebnisses darzustellen.

Im Gegensatz zu IAS und HGB enthalten die **sonstigen betrieblichen Erträge und Aufwendungen** nur solche Bestandteile, die nicht operativer Natur sind, wie z. B. Aufwendungen oder Erträge aus dem Kauf und Verkauf von Wertpapieren oder Sachanlagevermögen.

Die **außerordentlichen Bestandteile des Ergebnisses**, wie z. B. **discontinued operations**, sind um Steuern bereinigt darzustellen.

Die Regelungen für einzustellende Bereiche (discontinued operations) findet man in APB 30 (Reporting the Effects of Disposal of a Segment of a Business, and Extraordinary, Unusual and Infrequently Occuring Events and Transactions). Sie sind den IAS-Vorschriften vergleichbar.

Unterschiede bestehen hinsichtlich der Behandlung durch gesonderte Rechnungslegungsgrundsätze und einer zeitlichen Beschränkung der Vorgänge auf ein Jahr (phase-out-period). Nach einem Jahr sind die Nettoveräußerungswerte anzupassen.

Wie nach IAS ist der auf die Minderheitsaktionäre entfallende Gewinnanteil als Aufwand in der GuV zu zeigen **(minority interests)**.

Wie nach IAS ist im Anschluss an die GuV das Ergebnis je Aktie zum Jahresabschluss und zu den Quartalsberichten zu berechnen (FAS 128.36 u. FAS 128.43).

Die wesentlichen Unterschiede nach IAS/US-GAAP und HGB hinsichtlich der Bedeutung und der Gliederung der GuV sind in nachstehender Abbildung zusammengefasst.

	IAS	**US-GAAP**	**HGB**
Gliederungsumfang	gering	gering	hoch
Gewinn je Aktie	Pflicht	Pflicht	nein
Trennung in operativen/sonstigen Teil	ja	ja	ja
Einzustellende Bereiche	Pflicht	Pflicht	nein
Stellenwert der GuV	nach der Bilanz	vor der Bilanz	nach der Bilanz

Abb. 2.50: Wesentliche Merkmale der GuV nach IAS, US-GAAP und HGB

Kontrollfragen

1. *Welche wesentlichen Unterschiede bestehen zwischen GKV und UKV?*
2. *Was verstehen IAS unter der Position »other operating income«?*
3. *Unter welchem Posten sind erfolgswirksame Erträge aus Wertpapieren nach IAS zu verbuchen?*
4. *Kann nach US-GAAP eine GuV nach dem Gesamtkostenverfahren erstellt werden?*
5. *Was verstehen IAS unter discontinuing operations?*
6. *Welche offiziellen Gewinnbegriffe gibt es nach US-GAAP?*

7. *Wie lautet ein inoffizieller Gewinnbegriff nach US-GAAP, der unternehmensspezifisch verwendet wird? Erläutern Sie den Inhalt dieses Begriffs.*

Aufgabe 2.30 *Ermittlung des Erfolgs nach US-GAAP S. 431*

4   Besonderheiten bei der internationalen Konzern-rechnungslegung

4.1   Grundkonzeption

Spezielle Vorschriften zur Konzernrechnungslegung enthalten folgende **IAS**:

- IAS 27: Konzernabschlüsse und Bilanzierung von Anteilen an Tochterunternehmen (Consolidated Financial Statements and Accounting for Investments in Subsidiaries),
- IAS 22: Unternehmenszusammenschlüsse (Business Combinations)
- IAS 28: Bilanzierung von Anteilen an assoziierten Unternehmen (Accounting for Investments in Associates),
- IAS 31: Rechnungslegung über Anteile an Gemeinschaftsunternehmen (Financial Reporting of Interests in Joint Ventures),
- IAS 12: Latente Steuern (Deferred Tax Assets/Liabilities) im Rahmen der Ertragsteuern (Income Taxes),
- IAS 21: Währungsumrechnung (The Effects of Changes in Foreign Exchange Rates).

Spezielle **US-GAAP**-Vorschriften bezüglich der Konzernrechnungslegung findet man vor allem

- in FAS 94, der die Methoden der Vollkonsolidierung (Consolidation of All Majority-Owned Subsidiaries) behandelt,
- in FAS 141 »Unternehmenszusammenschlüsse« (Business Combinations),
- in FAS 142 »Immaterielle Vermögenswerte« (Goodwill and Other Intangible Assets) sowie
- in einigen ergänzenden Ausführungsbestimmungen.

Ansonsten gelten sämtliche FAS nur für den Konzernabschluss, da der Einzelabschluss nach US-GAAP keine Rolle spielt.

Im **Handelsrecht** sind die gesetzlichen Regelungen in §§ 290–315 HGB aufgeführt.

Jedes Mutterunternehmen mit mindestens einem Tochterunternehmen hat unabhängig von Rechtsform, Größe oder Sitzland einen Konzernabschluss vorzulegen (IAS 27.7/FAS 94.1). Nach Handelsrecht haben Kapitalgesellschaften (& Co) sowie Unternehmen, die unter das Publizitätsgesetz (PublG) fallen, einen Konzernabschluss aufzustellen (§§ 290 HGB, 11 PublG).

Befreiungsmöglichkeiten von der Aufstellung sehen US-GAAP nicht vor. Dies gilt im Grundsatz auch für IAS, mit der Ausnahme einer Befreiung von der Erstellung eines Teilkonzerns bei mindestens 90 % Kapitalanteil. Nach HGB und PublG gibt es diverse Befreiungsmöglichkeiten hinsichtlich

- Rechtsform (§ 290 HGB),
- Größe (§ 293 HGB und § 11 PublG) und
- Erstellung befreiender Konzernabschlüsse (§§ 291–292a HGB).

Im Gegensatz zur Konzernrechnungslegung nach HGB, die auf der Einheitstheorie (entity theory) basiert, liegt den Konzernabschlüssen nach IAS/US-GAAP die Interessentheorie (parent company theory) zu Grunde.

Die **Einheitstheorie** betrachtet den Konzern als wirtschaftliche und rechtliche Einheit. Nach der **Interessentheorie** ist der Konzernabschluss als erweiterter Abschluss des Mutterunternehmens zu betrachten, mit der Zielsetzung, den Eigentümern des Mutterunternehmens entscheidungsrelevante Informationen zu vermitteln.

Dies hat Konsequenzen vor allem hinsichtlich

– dem Ausweis von Minderheitsgesellschaftern und -aktionären und
– dem Konzernabschlussstichtag.

Minderheitsgesellschafter werden nach der Interessentheorie wie außenstehende Gläubiger behandelt. Der den Minderheitsgesellschaftern zuzurechnende Kapitalanteil in der Konzernbilanz wird nach IAS/US-GAAP getrennt von Fremd- und Eigenkapital, das auf Anteilseigner des Mutterunternehmens entfällt, ausgewiesen (IAS 27.26/CON 6.254).

Minderheitenanteile am **Jahresergebnis** sind vom konsolidierten Jahresergebnis abzusetzen, um das auf die Anteilseigner des Mutterunternehmens entfallende Jahresergebnis auszuweisen (IAS 27.26/CON 6.254).

Gemäß § 307 Abs. 1 HGB erfolgt der Ausweis der Minderheiten unter gesondertem Posten als »Ausgleichsposten für Anteile anderer Gesellschafter« (Anteile im Fremdbesitz) innerhalb des Eigenkapitals. Der auf die Minderheiten entfallende Anteil am Konzernergebnis ist in der Konzern-GuV nach dem Posten Jahresüberschuss/-fehlbetrag gesondert auszuweisen (§ 307 Abs. 2 HGB).

Der **Konzernabschlussstichtag** wird nach IAS 27.20 und ARB 51.4 durch den Abschlussstichtag der Muttergesellschaft bestimmt. Nach § 299 Abs. 1 HGB bestehen mehrere Optionen, die nicht zwangsläufig zu einer Vorgabe durch die Muttergesellschaft führen müssen.

Im Gegensatz zu IAS und HGB bestehen nach US-GAAP keine expliziten Regelungen zur **konzerneinheitlichen Bilanzierung** und Bewertung. Sofern die Abschlüsse der Tochtergesellschaften, die konsolidiert werden sollen, nach den Regeln von US-GAAP erstellt wurden, können sie ohne weitere Anpassungen übernommen werden. Einen dem deutschen Recht entsprechenden Übergang von einem bewerteten Einzelabschluss (HB I) zu einer HB II umbewerteten Konzernbilanz kennen US-GAAP nicht.

> Keine speziellen Bewertungsvorschriften (»HB II«)
> für den Konzernabschluss nach US-GAAP

4.2   Konsolidierungskreis

Entscheidendes Kriterium zur Einbeziehung in einen Konzernabschluss ist das Vorliegen eines **beherrschenden Einflusses** (Control-Konzept) der Muttergesellschaft.

US-GAAP sehen dies vorwiegend bei Stimmrechtsmehrheit gegeben (FAS 94.2), wohingegen IAS mehr die Machtausübung (IAS 27.12) zur Bestimmung der Geschäftspolitik in den Vordergrund rücken.

So besteht nach IAS die Möglichkeit, dass auch eine stabile Hauptversammlungsmehrheit die Konzernrechnungslegungspflicht begründen könnte.

Das FASB plant, das Control-Konzept auch auf die faktische Beherrschung von Tochterunternehmen auszudehnen.

Nach § 290 Abs. 2 HGB ist die Stimmrechtsmehrheit nur ein Kriterium neben weiteren um das Control-Konzept darzustellen.

US-GAAP	IAS	HGB
– Stimmrechtsmehrheit	– Machtausübung (power)	– Stimmrechtsmehrheit – Sonstige Rechte

Abb. 2.51: Schwerpunkte des Control-Konzepts nach US-GAAP/IAS und HGB

IAS 27.13a und ARB 51.2/FAS 94.13 sehen bei wahrscheinlich nur vorübergehender Konzernzugehörigkeit und bei einer fehlenden Möglichkeit zur Ausübung des beherrschenden Einflusses ein **Konsolidierungsverbot** vor. Nach § 295 HGB ist dies nur bei stark abweichender Tätigkeit möglich.

Beispiel:
Unterstützungskassen von Automobilkonzernen, die Pensionszahlungen ausführen, haben mit der Pkw-Produktion ursächlich nichts zu tun. Sie dürfen im automobilen Konzernabschluss nach § 295 Abs. 1 HGB nicht konsolidiert werden. Nach IAS und US-GAAP wäre eine Einbeziehung in den Konzernabschluss möglich.

Abweichende Tätigkeiten führen nach IAS 27.14 und US-GAAP nicht zum Ausschluss von der Konsolidierung.

Konsolidierungswahlrechte analog § 296 HGB sehen IAS und US-GAAP nicht vor. Lediglich mit Bezug auf den Materiality-Grundsatz kann bei untergeordneter Bedeutung von einer Konsolidierung abgesehen werden.

Nach US-GAAP sind **Gemeinschaftsunternehmen** mittels der Equity-Methode in den Konzernabschluss einzubeziehen (siehe hierzu unter 4.4.1). Die Möglichkeit zur Quotenkonsolidierung (proportionate consolidation) ist bis auf wenige Ausnahmen (vor allem Unternehmen der Erdöl- und Erdgasgewinnung) nicht gegeben (FAS 69.14b).

Ausnahmen hat die SEC in der Vergangenheit für Unternehmen zugelassen, die ein Joint Venture vor dem Gang an die New Yorker Börse quotenkonsolidiert haben.

Beispiel:
Adtranz, als ehemaliges Gemeinschaftsunternehmen von Daimler-Benz und ABB, durfte für eine Übergangszeit quotal (zu 50 %) in den Daimler-Benz-Konzern einbezogen werden, da das Unternehmen schon zum Zeitpunkt des Börsengangs nach New York 1993 quotenkonsolidiert wurde.

> Keine Quotenkonsolidierung nach US-GAAP

4.3 Bewertung im Konzernabschluss

Bei der Aufstellung eines Konzernabschlusses sind für ähnliche Geschäftsfälle und andere Ereignisse unter vergleichbaren Umständen **einheitliche Bilanzierungs- und Bewertungsmethoden** (uniform accounting policies) anzuwenden (IAS 27.21). Von

IAS ermöglichte Wahlrechte sind unabhängig von der Ausübung im Einzelabschluss bei vergleichbaren Sachverhalten einheitlich auszuüben. Ausnahmen sind zulässig, wenn die Anwendung einheitlicher Methoden, nicht praktikabel ist. Dieser Tatbestand sowie der Anteil an den einzelnen Abschlussposten, auf den abweichende Methoden angewandt wurden, ist angabepflichtig (IAS 27.21). Die Übernahme rein steuerlich bedingter Wertansätze ist generell nicht möglich.

Die **handelsrechtliche Bewertung** des Konzernabschlusses hat einheitlich zu erfolgen (§ 308 Abs. 1 HGB). Die Ausnahmen hiervon sind festgelegt (§ 308 Abs. 2 und 3 HGB). Hierzu zählen z.B. rein steuerlich motivierte Ansätze, die der umgekehrten Maßgeblichkeit unterliegen. Diese Maßnahmen sind zu begründen und die betragsmäßige Auswirkung im Konzernanhang anzugeben.

Wie oben schon erwähnt, weisen **US-GAAP** keine besonderen Konzernbewertungsvorschriften aus, da US-GAAP immer an einem Konzernabschluss ausgerichtet sind.

Für die **Umrechnung von Währungsdifferenzen** gibt es im **HGB** keine Rechtsvorschriften. Die Grundlagen für die Umrechnung sind allerdings im Anhang zu erläutern (§ 313 Abs. 1 Satz 2 Nr. 2 HGB). Betrachtet man die Geschäftsberichte deutscher Unternehmen, so findet man als Methoden vorwiegend

- die modifizierte Stichtagskursmethode,
- die Zeitbezugsmethode und
- das Konzept der funktionalen Währung.

Der HFA hat in einem Entwurf einer Stellungnahme zur Währungsumrechnung 1998 ausschließlich das Konzept der funktionalen Währung für zulässig erklärt (WP-Handbuch M 274).

Bei der **modifizierten Stichtagskursmethode** wird das Eigenkapital zu historischen Kosten, die restlichen Bilanzpositionen zu Stichtagskursen (closing rate) und die GuV-Posten mit Ausnahme des Ergebnisses zu Durchschnittskursen (average rate) umgerechnet. Der Jahresüberschuss ist zum Stichtagskurs zu erfassen.

Entstehende Umrechnungsdifferenzen sind erfolgsneutral in einen Sonderposten im Eigenkapital einzustellen und bis zur teilweisen oder vollständigen Endkonsolidierung fortzuführen.

Bei der **Zeitbezugsmethode** werden die Buchwerte mit dem Wechselkurs umgerechnet, auf den sich auch die Bewertung der Positionen bezieht. Tageswerte sind somit mit Stichtagskursen, Vergangenheitswerte mit historischen Devisenkursen und Zukunftswerte mit Zukunftswerten anzusetzen. Liquide Mittel, Rückstellungen, Verbindlichkeiten und Forderungen werden in der Praxis folglich mit Stichtagswerten bewertet. Anlagevermögen, Vorräte, gezeichnetes Kapital und Rücklagen sind zu historischen Kosten auszuweisen.

Vergangenheitsorientierte Aufwendungen, wie z.B. Abschreibungen, Zuschreibungen und Materialaufwendungen, werden mit den historischen Kosten erfasst; die restlichen GuV-Posten dagegen mit Durchschnittskursen.

Die entstehenden Umrechnungsdifferenzen sind erfolgswirksam zu verbuchen.

IAS 21 und **FAS 52.5** schreiben als Umrechnungsprinzip die **funktionale Währung** (functional currency) vor.

Die funktionale Währung ist dabei die Währung, in der das einzubeziehende Unternehmen vorwiegend seine Geschäftstätigkeit ausübt. Somit entsteht im Konzernabschluss eine differenzierte Umrechnung der einzubeziehenden Tochterunternehmen nach dem Grad ihrer Abhängigkeit.

Beispiel:
Ein deutscher Konzern hat zwei Tochtergesellschaften im Ausland. Das US-amerikanische Unternehmen setzt seine Waren vorwiegend in Nordamerika ab.

Die wirtschaftlichen Beziehungen zur Konzernmutter sind nur gering. Die chinesische Gesellschaft ist wirtschaftlich sehr eng mit der Muttergesellschaft in Deutschland verbunden. Die funktionale Währung für das US-Unternehmen wäre in diesem Fall der US-Dollar und für das chinesische Unternehmen der €.

IAS und US-GAAP unterscheiden dabei zwischen

– selbständigen Auslandsunternehmen (foreign entities) und
– unselbständige ausländische Betriebsstätten (foreign operations).

Funktionale Währung	
Selbstständige Auslandsunternehmen (foreign entities)	Unselbständige ausländische Betriebsstätten (foreign operations)
Modifizierte Stichtagskursmethode	**Zeitbezugsmethode**

Abb. 2.52: Methoden der funktionalen Währung nach IAS und US-GAAP

Die modifizierte Stichtagskursmethode (current rate method) ist für relativ selbständige und unabhängige Tochterunternehmen (foreign entities) anzuwenden (IAS 21.30/ FAS 52.5). Die entstehenden Währungsdifferenzen sind erfolgsneutral in einen Sonderposten im Eigenkapital einzustellen (translation reserve nach IAS 21.32/cumulative translation adjustment nach FAS 52.13) und bis zur teilweisen oder vollständigen Entkonsolidierung fortzuführen (IAS 21.30/FIN 37).

In **Hochinflationsländern**, deren Inflationsrate innerhalb von drei Jahren um insgesamt bei oder über 100 % liegt, gelten nach IAS 29.3 ff. gesonderte Regeln für Tochtergesellschaften, um vor allem beim Sachanlagevermögen nicht zu rechtfertigende Unterbewertungen oder unrealisierte Gewinne im Falle der Aufwertung zu vermeiden. Nach US-GAAP dürfen diese Tochtergesellschaften nicht in der eigenen Landeswährung berichten.

Bei relativ abhängigen Tochtergesellschaften (foreign operations) kommt die **Zeitbezugsmethode** (temporal method) zur Anwendung, wobei IAS 21.28 zur Errechnung eines »fair value«, den Niederstwerttest empfiehlt, der nach US-GAAP nicht ausdrücklich vorgesehen ist. Die entstehenden Umrechnungsdifferenzen sind erfolgswirksam zu verbuchen.

IAS	US-GAAP	HGB
Funktionale Methode	Funktionale Methode	Keine gesetzlichen Vorschriften

Abb. 2.53: Methoden der Währungsumrechnung nach IAS, US-GAAP und HGB

4.4 Konsolidierungsverfahren

4.4.1 Grundlagen

In der Konzernrechnungslegung werden unabhängig vom Rechnungslegungsstandard verschiedene Konsolidierungsverfahren hinsichtlich

– Kapital,
– Schulden,

– Zwischenergebnissen,
– Aufwendungen und Erträgen angewendet.

In der weiteren Betrachtung wollen wir uns auf die Kapitalkonsolidierung konzentrieren, da auf diesem Gebiet wesentliche Abweichungen des HGB zur internationalen Rechnungslegung auftreten.

Die Art der Einbeziehung in einen Konzernabschluss wird im Folgenden anhand der HGB-Regelungen dargestellt, da diese in weiten Bereichen mit den internationalen Vorschriften übereinstimmen.

Die verschiedenen Arten der Konsolidierung werden nach **HGB** auf **vollkonsolidierte Tochtergesellschaften** (verbundene Unternehmen – majority-owned subsidiaries) und auf **anteilsmäßig einbezogene Gemeinschaftsunternehmen** (jointly controlled entities) angewendet.

Bei Unternehmen, auf die nur maßgeblichen Einfluss genommen werden kann (über 20 % der Stimmrechte), so genannte **assoziierte Unternehmen** (associates), finden diese Methoden keine Anwendung. Sie werden nicht konsolidiert, sondern anhand einer Chancen- und Risikobewertung des Eigenkapitals **at equity** bewertet.

Liegen die Beteiligungsquoten unter 20 %, so sind die Unternehmen zu Anschaffungskosten (**at cost**) zu bilanzieren und ebenfalls nicht zu konsolidieren.

Konsolidierungsverfahren	
Verbundene Unternehmen (§ 290 HGB) zumeist bei über 50 %-Kapitalanteilen	**Vollkonsolidierung** (Konsolidierung i. e. S.) sämtliche Aktiva und Passiva sowie Aufwendungen und Erträge der Einzelabschlüsse werden konsolidiert
Gemeinschaftsunternehmen (§ 310 HGB) »gemeinsame Führung« Regelfall: 50/50 joint ventures	**Quotenkonsolidierung** Einbeziehung der Aktiva und Passiva in die Konzernbilanz nach Maßgabe der Beteiligungsquote
Assoziierte Unternehmen (§ 311 HGB) »maßgeblicher Einfluss« vermutet bei Stimmrechtsanteilen von über 20 %	**keine Voll- oder Quotenkonsolidierung** Ausweis als gesonderter Posten im Finanzanlagevermögen; **Bewertung at equity**
Sonstige Beteiligungen Geringfügige Beteiligungsquoten von unter 20 % und bei höheren Anteilen, wenn die Assoziierungsvermutung widerlegt wird	**keine Konsolidierung** Ausweis unter »Beteiligungen« oder »Wertpapiere des Anlagevermögens«; **Bewertung at cost** (zu Anschaffungskosten)

Abb. 2.54: Konsolidierungsverfahren nach Art der einzubeziehenden Unternehmen (HGB)

4.4.2   Kapitalkonsolidierung

Bei der **Kapitalkonsolidierung** wird beim **asset deal** (Kauf der bewerteten Aktiva und Passiva eines Tochterunternehmens) die **Erwerbsmethode** (purchase method) in zwei Formen angewendet:

– Buchwertmethode und
– Neubewertungsmethode.

Der wesentliche Unterschied beider Methoden besteht darin, dass die Neubewertungsmethode auf den Umbewertungen durch die Muttergesellschaft aufsetzt (so genannte HB II-Bewertung). Die Werte der Tochtergesellschaft sind konzerneinheitlich umbewertet. Bei der Buchwertmethode wird auf den Wertansätzen der Tochtergesellschaften aufgesetzt (HB I).

Die Kapitalkonsolidierung ist nach **US-GAAP** stets nach der Buchwertmethode durchzuführen, da nach US-GAAP keine HB II-Bewertungen notwendig sind, wohingegen **IAS** 22.32 und IAS 22.34 und § 301 Abs. 1 Ziffer 2 **HGB** die Neubewertungsmethode als alternative Möglichkeit vorsehen.

IAS	US-GAAP	HGB
– Buchwertmethode – Neubewertungsmethode	– Buchwertmethode	– Buchwertmethode – Neubewertungsmethode

Abb. 2.55: Anwendung der Erwerbsmethode nach IAS/US-GAAP und HGB

Wichtigstes Problem der Kapitalkonsolidierung ist die Erfassung von **aktiven** und **passiven Unterschiedsbeträgen**. Die Regelungen hinsichtlich des Firmenwerts wurden schon in Kapitel 3.4.1.2. dargestellt. Seit 2001 kann ein Geschäftswert nach FAS 142 nur noch außerplanmäßig abgeschrieben werden (impairment-only approach – IOA).

Diese außerplanmäßige Abschreibung eines Geschäftswertes gemäß FAS 142 verstößt nach DRS 1a nicht gegen die 4. und 7. EG-Richtlinie, da diese auch eine unbestimmbare Nutzungsdauer für den Geschäftswert zulasse und somit eine außerplanmäßige Abschreibung erlaube. Das Einklangerfordernis von § 292a HGB mit den EG-Richtlinien sei somit nicht beeinträchtigt.

Die wichtigsten HGB-Regelungen zu den Unterschiedsbeträgen sind in folgender Abbildung für den Einzel- und Konzernabschluss zusammengefasst.

Bei den **negativen Unterschiedsbeträgen** kann es sein, dass beim Beteiligungserwerb die Anschaffungskosten unter dem Wert des anteiligen Eigenkapitals des Tochterunternehmes liegen. Hierin zeigt sich der »schlechte Wille« (Badwill) des Erwerbers. Das Mutterunternehmen rechnet mit einer negativen Geschäftsentwicklung. Alternativ kann dem erwerbenden Unternehmen auch nur ein »Schnäppchen« (Lucky Buy) geglückt sein.

In beiden Fällen ist in der Konzernbilanz unter den Rücklagen ein Unterschiedsbetrag aus der Kapitalkonsolidierung auszuweisen (§ 301 Abs. 3 HGB). Lucky Buy

Unterschiedsbeträge (§§ 255 Abs. 4, 309 i. V. m. § 301 Abs. 3 HGB)		
Goodwill (Geschäfts- oder Firmenwert)	**Lucky Buy** (Unterschiedsbetrag aus der Kapitalkonsolidierung)	**Badwill** (Unterschiedsbetrag aus der Kapitalkonsolidierung)
Aktiver Unterschiedsbetrag	**Passiver Unterschiedsbetrag**	**Passiver Unterschiedsbetrag**
(AK > AEK, als aufwandswirksame Ausgabe)	(AK > AEK, als ertragswirksame Einnahme)	(AK > AEK, als ertragswirksame Einnahme)
Gute Ertragslage	»Schnäppchen«	Schlechte Ertragslage

Abb. 2.56: Unterschiedsbeträge beim Erwerb von Beteiligungen nach HGB

Unterschiedsbeträge (§§ 255 Abs. 4, 309 i. V. m. § 301 Abs. 3 HGB)		
❶ **Ergebniswirksam:** als Aufwand im Entstehungs-jahr oder Aktivierung und Abschreibung: – Pauschal (ohne Abschrei-bungsplan) spätestens in den folgenden vier Jahren zu mindestens 25 % – planmäßig über Nutzungs-dauer – über 15 Jahre gemäß § 7 EStG oder	❶ **Ergebnisneutral:** Erhöhung der Gewinnrück-lagen	❶ **Ergebnisneutral:** Erhöhung der Gewinnrück-lagen, anschließend Um-buchung auf Rückstellungen
❷ **Ergebnisneutral:** Goodwill wird mit Gewinn-rücklagen verrechnet	❷ **Ergebniswirksam:** Verbuchung zum Bilanz-stichtag, da der Gewinn rea-lisiert wurde	❷ **Ergebniswirksam:** Auflösung der Rückstellung erst bei Eintritt der schlech-teren Ertragslage
AK = Anschaffungskosten; AEK = Anteiliges Eigenkapital		
Im **Einzelabschluss kann** ein entgeltlich erworbener (derivativer) Geschäftswert handels-rechtlich angesetzt werden; ein negativer Betrag ist nicht bilanzierungsfähig, er ist durch »Abstockung der Vermögenswerte« entsprechend zu berücksichtigen. Steuerrechtlich ist nur ein aktiver, entgeltlich erworbener Geschäftswert aktivierungspflichtig. Ein negativer Wert darf nicht ausgewiesen werden.		
Im **Konzernabschluss müssen** alle Unterschiedsbeträge erfasst werden, darüber hinaus kann ein Goodwill mit den Rücklagen verrechnet werden.		

Abb. 2.56: Unterschiedsbeträge beim Erwerb von Beteiligungen nach HGB (Fortsetzung)

und Badwill unterscheiden sich bei der Verbuchung der Ergebniswirksamkeit. Der **Badwill** wird von den Rücklagen in die Rückstellungen umgebucht und erst dann, wenn die erwartete schlechte Geschäftsentwicklung eintritt, ergebniswirksam aufge-löst.

Beispiel:
Bildung eines Badwill:

Konto Soll	€	Konto Haben	€
Beteiligungen	100	Bank	80
		Badwill (passivischer Unterschieds-betrag	20
Badwill	20	Sonstige Rückstellungen	20

Auflösung eines Badwill erst beim Eintritt der ungünstigen Geschäftsentwick-lung:

Konto Soll	€	Konto Haben	€
Sonstige Rückstellungen	20	Sonstige betriebliche Erträge	20

Beim **Lucky Buy** ist die Erfolgswirksamkeit spätestens zum Ende des Geschäftsjahres zu verbuchen, da durch die Minderzahlung der Gewinn schon realisiert wurde.

Beispiel:
Bildung eines Lucky Buy:

Konto Soll	€	Konto Haben	€
Beteiligungen	100	Bank	80
		Lucky Buy (passivischer Unter-schiedsbetrag	20

Auflösung Lucky Buy am Bilanzstichtag:

Konto Soll	€	Konto Haben	€
Lucky Buy	20	Sonstige betriebliche Erträge	20

Nach **IAS** ist ein **negativer Unterschiedsbetrag** (negative goodwill) auf der Aktivseite als Minderung der Vermögenswerte, und zwar in der gleichen Bilanzierungsgruppe wie der Geschäfts- oder Firmenwert, auszuweisen (IAS 22.59 und IAS 22.64). Der negative Geschäfts- oder Firmenwert ist vom Goodwill auf der Aktivseite offen abzusetzen.

Die erfolgswirksame Verbuchung eines negativen Unterschiedsbetrags (Auflösung) erfolgt nach der bevorzugten Methode gemäß IAS 22.61, wenn die künftigen Verluste oder Aufwendungen entstehen. Dies entspricht der Methode einer Badwillverbuchung nach HGB.

Weichen die geplanten künftigen Verluste oder Aufwendungen von dem Wert bei der Erfassung des negativen Unterschiedsbetrags ab, so sind diese über die gewichtete, durchschnittliche Nutzungsdauer der abzuschreibenden Vermögenswerte der Beteiligung ertragswirksam zu vereinnahmen (IAS 22.61 und IAS 22.62). Der Betrag ist somit im Gegensatz zum HGB planmäßig aufzulösen.

Nach **US-GAAP** wird ein **negativer Unterschiedsbetrag** (»excess of acquired net assets over cost« nach APB 16.91) den übernommenen »non-current assets« (Anlagevermögen) mit Ausnahme von börsennotierten Wertpapieren des Anlagevermögens anteilig zugerechnet und verringert somit deren Zeitwert. Werden infolge der Herabsetzung sämtliche langfristigen Aktiva auf Null verringert, ist ein verbleibender negativer Unterschiedsbetrag als »deferred credit« (Rechnungsabgrenzungsposten) zu passivieren. Im Gegensatz zum HGB und IAS ist der negative Unterschiedsbetrag generell über die Nutzungsdauer aufzulösen.

Beim **Konsolidierungsgoodwill** räumt das HGB die Möglichkeit ein, alternativ zur Aktivierung und Abschreibung eine Verrechnung mit den Rücklagen vorzunehmen. Für einen Goodwill aus der Konsolidierung sehen **IAS** und **US-GAAP** eine Aktivierungspflicht mit Abschreibungsregelungen vor.

Beispiel:
Daimler-Benz hat in den neunziger Jahren sämtliche Konsolidierungsgoodwill, die mit der Umstrukturierung des Konzerns zusammenhingen (AEG, Dornier

etc.) durch Rücklagenverrechnung nicht im Ergebnis gezeigt. Somit ging in diesen Jahren das Eigenkapital des Unternehmens deutlich zurück. Der Gang an die New Yorker Börse 1993 war die notwendige Folge.

> Keine Verrechnung eines Konsolidierungsgoodwill
> mit den Rücklagen nach IAS und US-GAAP

Beim **share deal** (Anteilstausch) war bzw. ist die **Interessenzusammenführungsmethode** (pooling of interests method – PoI) nach US-GAAP oder die »uniting of interests method« nach IAS anerkannt. Der Zusammenschluss zwischen Daimler-Benz und Chrysler 1998 wurde nach der PoI-Methode gemäß US-GAAP bilanziert.

Im Falle von **fusionsähnlichen Vorgängen**, bei denen der Erwerb der Beteiligung an einem anderen Unternehmen nicht durch Kauf (asset deal), sondern durch Hergabe eigener Aktien erfolgt (share deal) konnte bis 2001 die Kapitalkonsolidierung nach **US-GAAP** gemäß der PoI-Methode durchgeführt werden. Hierbei war die erfolgsneutrale Verrechnung des Goodwill mit dem gezeichneten Kapital möglich. Durch FAS 141 wurde diese Möglichkeit per 30.6.2001 abgeschafft. Somit kann die Kapitalkonsolidierung nach US-GAAP nur noch einheitlich nach der Erwerbsmethode durchgeführt werden. **FAS 141** wird deswegen vom FASB auch als **single-method approach** bezeichnet.

> US-GAAP: Kapitalkonsolidierung seit 2001
> nur noch nach der Erwerbsmethode

Diese Änderung ist im Zusammenhang mit der Neuregelung der Abschreibung eines Geschäftswerts (FAS 142) durchgeführt worden, wonach nur noch außerplanmäßige Abschreibungen möglich sind. Durch den Wegfall der Verrechnungsmöglichkeit mit den Rücklagen werden als Folge der Aktivierung Abschreibungen notwendig, diese allerdings nur noch in außerplanmäßigem Umfang.

Die Technik der Pooling of interests-Methode entspricht nach **IAS** 22.77 bis IAS 22.83 der nach § 302 **HGB** anzuwendenden Methode. Bei Vorliegen der entsprechenden Voraussetzungen (IAS 22.13 bis IAS 22.16) ist diese Methode nach IAS zwingend anzuwenden, während nach HGB ein Wahlrecht besteht.

Methode der Interessenzusammenführung		
IAS	**US-GAAP**	**HGB**
Pflicht (falls Voraussetzungen erfüllt sind)	Seit 2001 abgeschafft	Wahlrecht

Abb. 2.57: Pooling of interests-Methode/Uniting of interest-Methode nach IAS, US-GAAP und HGB

Bei **Gemeinschaftsunternehmen** besteht bei der Bilanzierung nach **IAS** oder **HGB** ein **Wahlrecht**, diese im Rahmen der Quotenkonsolidierung (bevorzugte Methode nach IAS 31.25) oder als Equity-Bewertung (alternative Methode nach IAS 31.32f.) zu berücksichtigen (IAS 31.25/§ 310 HGB).

Nach **US-GAAP** ist die Kapitalkonsolidierung von Gemeinschaftsunternehmen grundsätzlich nach der Equity-Methode vorzunehmen (APB 18.19c).

Konsolidierung von Gemeinschaftsunternehmen		
IAS	**US-GAAP**	**HGB**
Wahlrecht zwischen Quoten-konsolidierung und »At equity Bewertung«	Verbot der Quotenkonsoli-dierung, stattdessen »At equity Bewertung«	Wahlrecht zwischen Quoten-konsolidierung und »At equity Bewertung«

Abb. 2.58: Berücksichtigung von Gemeinschaftsunternehmen im Konzernabschluss nach IAS, US-GAAP und HGB

Kontrollfragen

1. *An welchen Stellen findet man Vorschriften für den Konzernabschluss nach IAS, US-GAAP und HGB?*
2. *Wie werden Anteile von Minderheitsgesellschaftern in der Bilanz und GuV nach IAS/US-GAAP und HGB ausgewiesen?*
3. *Welche wesentlichen Gründe führen zur Einbeziehung in einen IAS-Konzernab-schluss? Erläutern Sie die Unterschiede zu US-GAAP.*
4. *Erläutern Sie den Begriff Gemeinschaftsunternehmen. Nach welcher Methode sind diese Gesellschaften gemäß US-GAAP im Konzern zu bilanzieren?*
5. *Was verstehen IAS und US-GAAP unter der funktionalen Methode der Währungs-umrechnung?*
6. *Welche Umstände führten zum single-method approach nach FAS 141?*
7. *Welche Besonderheit gibt es bei der Erfassung eines Konsolidierungsgoodwill nach HGB im Vergleich zu IAS und US-GAAP?*
8. *Welche Unterschiede bestehen bei der Bilanzierung eines negativen Unter-schiedsbetrags nach IAS/US-GAAP und HGB?*
9. *Die Interessenzusammenführungsmethode beim share deal ist nach HGB ein Wahlrecht. Welche Alternative gibt es?*

Aufgabe 2.31 *Negativer Unterschiedsbetrag nach HGB, IAS und US-GAAP S. 431*

Aufgabe 2.32 *Pooling of interests-Methode S. 432*

5   Weitere Abschlussbestandteile und Zwischenberichterstattung

5.1   Eigenkapitalveränderungsrechnung

5.1.1   Statement of Changes in Equity nach IAS im Vergleich zum HGB

Nach **IAS** 1.7c ist eine Aufstellung über Veränderungen des Eigenkapitals (statement of changes in equity) Pflichtbestandteil des IAS-Abschlusses.

Die **Aufstellung** kann in **zwei alternativen Formen** durchgeführt werden. Entweder sind alle Eigenkapitalveränderungen zu zeigen (1) oder nur die Veränderungen, die nicht durch Kapitaltransaktionen mit den Eigentümern und Ausschüttungen an die Eigentümer entstehen (2). Die restlichen Angaben haben dann im Anhang zu erfolgen (IAS 1.86).

Für beide Varianten enthält IAS 1 im Anhang (appendix) ein Beispiel. Variante (1) ist in folgender Abbildung, ergänzt um ein Zahlenbeispiel (in T€), dargestellt:

Statement of Changes in Equity						
	Share capital (Gez. Kapital)	Share premium (Agio)	Revaluation reserve (Neubewertungsrücklage)	Translation reserve (Umrechnungsrücklage)	Accumulated profit (Angesammelter Gewinn)	Total
31.12.00	**100**	**50**	**10**	**10**	**5**	**175**
Zugänge	–	–	20	20	100	140
Abgänge	–	–	–	–	–	–
31.12.01	**100**	**50**	**30**	**30**	**105**	**315**
Zugänge	10	10	–	–	80	100
Abgänge	–	–	(5)	(10)	–	(15)
31.12.02	**110**	**60**	**25**	**20**	**185**	**400**

Abb. 2.59: Eigenkapitalveränderungsrechnung nach IAS

Folgende Veränderungen sind auszuweisen:
– Gezeichnetes Kapital (share capital) bei Kapitalmaßnahmen,
– Agio (share premium) bei Kapitalerhöhungen,
– Neubewertungsrücklage (revaluation reserve) für Umbewertungen, z. B. bei A-f-s-Wertpapieren,
– Umrechnungsrücklage (translation reserve) aus Differenzen der Währungsumrechnung,
– angesammelter Gewinn (accumulated profit) als Differenz aus dem »net profit for the period« (Jahresüberschuss) der GuV und der Dividendenzahlung.

Dem Beispiel liegen folgende Annahmen zugrunde:

01: Gewinn abzüglich Dividendenzahlung in Höhe von 100 T€, Zuführung zur Neubewertungsrücklage in Höhe von 20 T€, Erhöhung der Umrechnungsrücklage für
Währungsdifferenzen in Höhe von 20 T€,

02: Gewinn abzüglich Dividendenzahlung in Höhe von 80 T€, Abbau der Neubewertungsrücklage um 5 T€, Abbau der Umrechnungsrücklage für Währungsdifferenzen um 10 T€, Kapitalerhöhung um nominell 10 T€, Agio 10 T€.

Im Eigenkapital der Bilanz ist das gezeichnete Kapital, der Rücklagenbestand und der
angesammelte Gewinn auszuweisen (siehe hierzu auch Kapitel 3.2.2).

Eine gesonderte Eigenkapitalveränderungsrechnung oder ein Eigenkapitalspiegel
zählt nicht zu den Pflichtbestandteilen eines Jahresabschlusses nach **HGB**.

Aktiengesellschaften und Kommanditgesellschaften auf Aktien müssen die Veränderung der Kapital- und Gewinnrücklagen sowie eine Ergebnisverwendungsrech-
nung aufstellen (§§ 152, 158, 278 Abs. 3 AktG).

Hierdurch wird nicht die Veränderung des Eigenkapitals aufgezeigt. Ausgehend
vom Jahresüberschuss werden Veränderungen der Gewinn- und Kapitalrücklagen
zugerechnet, um so, unter Berücksichtigung eines Gewinn- oder Verlustvortrags, den
Bilanzgewinn zu ermitteln.

Vereinfachend lässt sich das Schema aus § 158 Abs. 1 AktG zusammenfassen als:

Bilanzgewinn = Jahresüberschuss +/– Rücklagen

Der Bilanzgewinn wird erst im Anschluss an die Berechnung des Jahresüberschusses
in der GuV unter Berücksichtigung der Veränderung der Rücklagen ermittelt.

Das DRSC hat mit **DRS 7** einen Standard zur Darstellung des Konzerneigenkapitals
im Anhang veröffentlicht. Dieser entspricht bis auf die Behandlung der Minderheitsanteile und einigen Details zum Ausweis weitgehend den US-GAAP-Vorschriften.

Zusätzlich verlangt DRS 7.7 ein bestimmtes Format der Darstellung des gesamten
Konzerneigenkapitals.

5.1.2 Statement of Changes in Stockholders' Equity nach US-GAAP

Die Veränderungen der einzelnen Eigenkapitalposten sind nach APB 12.10 und SEC
Regulation S-X, Rule 3-04 im **US-GAAP**-Abschluss anzugeben.

Hierzu ist für jeden Posten eine Überleitung vom Anfangsbestand des Geschäftsjahres auf den Endbestand in der Weise vorzunehmen, dass alle wesentlichen Veränderungen sichtbar werden. Diese Bewegungen sind in einem »statement of changes
in stockholders' equity« (Eigenkapitalveränderungsrechnung) zusammenzufassen.

Folgende **Eigenkapitalbestandteile** sind anzugeben:

– Gezeichnetes Kapital (capital stock) in der Form von Stammaktien (common stock)
und Vorzugsaktien (preferred stock),
– Kapitalrücklage (additional paid-in capital), z. B. als Agio,
– Gewinnrücklagen (retained earnings), einschließlich der Differenz aus »net income« (net loss) der GuV und Dividendenzahlungen,
– »other comprehensive income«, z. B. in der Form von Neubewertungsrücklagen für
A-f-s-Wertpapiere oder Unterschiedsbeträge aus der Währungsumrechnung.

Wie aus Kapitel 3.5.2 (Abb. 2.48) bekannt ist, besteht die Veränderung des gesamten Eigenkapitals nach US-GAAP aus dem »comprehensive income« und den Eigenkapitalveränderungen durch die Eigentümer (Kapitalmaßnahmen). Das »comprehensive income« (CI) enthält das »net income« der GuV sowie das »other comprehensive income« (OCI) beispielsweise in Form der Rücklagenbildung für A-f-s-Wertpapiere oder die Unterschiedsbeträge aus der Währungsumrechnung.

FAS 130 verlangt als Bestandteil eines Jahresabschlusses nach US-GAAP eine Gesamtleistungsrechnung, welche die Entwicklung des »comprehensive income« und des »other comprehensive income« darzustellen hat.

In der unternehmerischen Praxis ist man deswegen dazu übergegangen die Gesamtleistungsrechnung im Rahmen der Eigenkapitalveränderungsrechnung zumeist über mehrere Jahre hinweg zu integrieren und darzustellen.

Für zwei Jahre kann eine Eigenkapitalveränderungsrechnung, die eine Gesamtleistungsrechnung nach FAS 130 berücksichtigt, wie folgt aussehen (in T€):

Statement of Changes in Stockholders' Equity					
Stand/ Veränderungen	Capital stock (Gez. Kapital)	Additional paid-in capital (Kapital-rücklage)	Retained earnings (Gewinn-rücklagen)	Other compre-hensive income (OCI)	Total
Stockholders' equity (Eigenkapital) **31.12.00**	**100**	**20**	**100**	**50**	**270**
Net income (Jahresüberschuss)	–	–	50	–	50
Other compre-hensive income (OCI)	–	–	–	10	10
Total compre-hensive income (Total CI)					**330**
Issuance of capital stock (Kapitalerhöhung)	10	20	–	–	30
Dividends paid (Dividenden-zahlung)	–	–	(10)	–	(10)
Stockholders' equity (Eigenkapital) **31.12.01**	**110**	**40**	**140**	**60**	**350**

Abb. 2.60: Eigenkapitalveränderungsrechnung nach US-GAAP

Statement of Changes in Stockholders' Equity				
Net income	–	–	30	–	30
OCI	–	–	–	(10)	(10)
Total CI					**370**
Issuance of capital stock (Kapitalerhöhung)	5	10	–	–	15
Dividends paid (Dividenden-zahlung)	–	–	(10)	–	(10)
Stockholders' equity (Eigenkapital) **31.12.02**	**115**	**50**	**160**	**50**	**375**

Abb. 2.60: Eigenkapitalveränderungsrechnung nach US-GAAP (Fortsetzung)

Dem Beispiel liegen folgende Annahmen zu Grunde:

01: Gewinn in Höhe von 50 T€, Zuführung zur Neubewertungsrücklage in Höhe von 10 T€, Kapitalerhöhung um nominell 10 T€, Agio 20 T€, Auszahlung einer Dividende in Höhe von 10 T€.

02: Gewinn in Höhe von 30 T€, Abbau der Neubewertungsrücklage um 10 T€, Kapitalerhöhung um nominell 5 T€, Agio 10 T€, Auszahlung einer Dividende in Höhe von 10 T€.

Nach US-GAAP wird der Gewinn nicht in der Bilanz ausgewiesen. Er erscheint in thesaurierter Form unter den Gewinnrücklagen. Auszuschüttende Dividenden sind als sonstige Verbindlichkeiten gegenüber den Eigentümern zu passivieren (siehe unter Kapitel 3.2.3).

> US-GAAP: Kein Gewinnausweis in der Bilanz

Kontrollfragen

1. *Welche wesentlichen Unterschiede bei der Darstellung der Eigenkapitalentwicklung nach IAS, HGB und US-GAAP gibt es?*
2. *Der Gewinn wird in der Bilanz nach US-GAAP nicht als eigenständiger Bilanzposten ausgewiesen. Erläutern Sie die Zusammenhänge.*

Aufgabe 2.33 *Statement of changes in equity S. 433*

5.2 Kapitalflussrechnung

5.2.1 Grundlagen

Die Kapitalflussrechnung hat die Aufgabe, den Zu- und Abfluss von Finanzierungs-mitteln anhand von Zahlungsströmen darzustellen und somit den Jahresabschluss eines Unternehmens zu ergänzen.

Die Daten der Bilanz und der GuV dienen vor allem der Ermittlung eines perio-dengerechten Ergebnisses und entstehen aus der Periodisierung der zugrunde lie-genden Geschäftsfälle. Die vor allem für Geschäftsleitung und Investoren sowie Gläu-biger notwendigen Informationen zur Finanzlage eines Unternehmens setzen hingegen die Angabe unperiodisierter Daten anhand von Zahlungsströmen voraus.

Hierzu ist die GuV aus zwei Gründen nicht in der Lage:

– Aufwendungen und Erträge führen nicht immer im gleichen Zeitraum zu Ausga-ben oder Einnahmen, wie z. B. bei Abschreibungen, Rückstellungsbildungen oder Werterhöhungen (Zuschreibungen),
– auch gibt es Zahlungsvorgänge, die sich in der GuV nicht niederschlagen. Beispiele für diese erfolgsneutralen Zahlungsvorgänge der Außenfinanzierung sind die Auf-nahme und die Tilgung von Darlehen sowie Kapitaleinlagen und -entnahmen der Eigentümer.

Die Kapitalflussrechnung ist nicht identisch mit der Cashflow-Rechnung. Der **Cash-flow** wird von den Unternehmen vielfach nur als absolute Zahl angegeben und be-schränkt sich auf die Darstellung von Innenfinanzierungsvorgängen. Häufig wird der Cashflow als Bestandteil der Kapitalflussrechnung ausgewiesen und um die Mittelbe-wegungen der Außenfinanzierung ergänzt (z. B. Dr. Ing. h.c. F. Porsche AG: Geschäfts-bericht 2000/2001, S. 25).

Die Kapitalflussrechnung lässt sich aus der Bilanz über mehrere Entwicklungsstu-fen, wie z. B. der Ableitung einer Bewegungsbilanz, entwickeln (zu den Details siehe Küting/Weber: Die Bilanzanalyse, Stuttgart 2001).

5.2.2 Deutsche und internationale Vorschriften

Im Gegensatz zu internationalen Rechnungslegungsstandards sah das **HGB** bis 1998 ebenso wenig wie die bestehenden EG-Richtlinien eine Darstellung der Finanzlage durch eine zusätzliche Kapitalflussrechnung vor. Erst durch das Gesetz zur Kontrolle und Transparenz im Unternehmensbereich (KonTraG) wurden börsennotierte Mut-terunternehmen durch Einfügung von § 297 Abs. 1 Satz 2 HGB verpflichtet, den Kon-zernanhang um eine Kapitalflussrechnung zu erweitern.

Im Gegensatz zu Bilanz und GuV verlangt diese Gesetzesnorm nur die Aufstellung einer Kapitalflussrechnung ohne die Vorgabe formaler Gliederungsvorschriften, wie sie in §§ 266, 275 HGB für Bilanz und GuV vorgegeben sind.

Das Kriterium »börsennotiert« lehnt sich an die ebenfalls durch KonTraG einge-führte Definition des § 3 AktG an, wonach dies Gesellschaften sind, deren Aktien zu einem Markt zugelassen sind, der von staatlich anerkannten Stellen geregelt und überwacht wird, regelmäßig stattfindet und für das Publikum mittelbar oder unmittel-bar zugänglich ist. Diese Definition lässt somit nur Aktiengesellschaften zu, deren Aktien im »Amtlichen Handel«, im »Geregelten Markt« oder im »Neuen Markt« ge-handelt werden. Nicht berührt sind dagegen Mutterunternehmen, deren Aktien im

»Freiverkehr« angeboten oder von denen nur Fremdkapitaltitel (z. B. Anleihen) an Börsen gehandelt werden.

Beispiel:
Die Robert Bosch GmbH müsste keine Kapitalflussrechnung aufstellen, obwohl sie eine Anleihe begeben hat.

Gesellschaften, die keinen Konzernabschluss vorzulegen brauchen, sind – ob börsennotiert oder nicht – von der Verpflichtung zur Publikation der Kapitalflussrechnung ausgenommen. Dies trifft auf alle Unternehmen zu, die nur einen Einzelabschluss vorlegen.

Diese gesellschaftsrechtliche Lücke wird dann teilweise geschlossen, wenn eine Zulassung zum Börsenhandel gemäß Börsenzulassungsverordnung (BörsZulV) beantragt wurde. § 23 BörsZulV verlangt für solche Unternehmen eine Bewegungsbilanz oder eine Finanzflussrechnung. Für am Neuen Markt notierte Gesellschaften ist die internationale Rechnungslegung nach IAS oder US-GAAP vorgeschrieben. Somit wird die Publikation einer Kapitalflussrechnung zur Pflicht. Gleiches gilt für ein SMAX-Unternehmen, dessen Geschäftsjahr nach dem 31. 12. 2001 beginnt.

Mit der Einführung der Pflicht zur Aufstellung einer Konzern-Kapitalflussrechnung verfolgt der deutsche Gesetzgeber das Ziel, den Inhalt des nach den Vorschriften des HGB aufgestellten Konzernabschlusses an den international üblichen Umfang anzupassen.

Die gesetzliche Festlegung der Ausgestaltungsregeln wurde dem Deutschen Rechnungslegungs Standards Committee **(DRSC)** übertragen, dessen Standardisierungsrat am 29. 10. 1999 den Deutschen Rechnungslegungsstandard (DRS) Nr. 2 »Kapitalflussrechnung« verabschiedete.

DRS 2 lehnt sich stark an die internationalen Standards **FAS 95** »**Statement of Cash Flows**« und **IAS 7** »**Cash Flow Statements**« an. Durch die 1992 von der IASC überarbeitete Version von IAS 7 haben sich FAS 95 und IAS 7 in hohem Maße angenähert. IAS 7 (rev. 1992) wurde daher von der SEC ausdrücklich anerkannt (IASC 1998, S. 30). Insofern besteht bei der Abschlusserstellung ein Wahlrecht zwischen der Kapitalflussrechnung nach FAS 95 und IAS 7 im Rahmen der US-GAAP-Berichterstattung.

> IAS und US-GAAP haben sich bei der
> Kapitalflussrechnung stark angenähert.

DRS 2 versucht eine vermittelnde Position zwischen FAS 95 und IAS 7 einzunehmen, um somit eine Kompatibilität mit beiden Standards zu erreichen. Dies wird durch die Einräumung von Wahlrechten und durch die Übernahme der jeweils spezifischen Einzelregelungen erreicht, die es den Unternehmen erlauben, eine mit FAS 95 oder IAS 7 übereinstimmende Konzern-Kapitalflussrechnung aufzustellen.

Einen Unterschied gibt es hinsichtlich der Unternehmen, die die Regelungen anwenden müssen. Nach IAS 7.1 und FAS 95.3 sind alle Unternehmen – und nicht wie nach HGB nur die börsennotierten Muttergesellschaften von Konzernen –, die publizitätspflichtig sind, zur Aufstellung einer Kapitalflussrechnung verpflichtet.

Der Arbeitskreis »Finanzierungsrechnung« der Schmalenbach-Gesellschaft/Deutsche Gesellschaft für Betriebswirtschaft e. V. und der Hauptfachausschuss (HFA) des Instituts der Wirtschaftsprüfer (IDW) legten bereits einige Jahre vor der Verabschiedung von DRS 2 einen deutschen Vorschlag zur Gestaltung einer Kapitalflussrechnung vor (HFA 1/1995), der sich ausdrücklich an IAS 7 orientierte. DRS 2 zur Konzern-Kapitalflussrechnung löst nun diesen Vorschlag ab.

Im Vergleich zu HFA 1/95 beinhaltet DRS 2 vor allem ausdrücklich

– die Pflicht zur Staffelform,
– die Pflicht zur Angabe von Vorjahreszahlen und
– gewährt zusätzliche Ausnahmen vom Bruttoprinzip.

5.2.3 Abgrenzung des Finanzmittelfonds und Ermittlungsmethoden

In den **Finanzmittelfonds** dürfen nur Zahlungsmittel und Zahlungsmitteläquivalente einbezogen werden (DRS 2.16). Der Finanzmittelfonds besteht nur aus liquiden Mitteln ersten Grades (DRS 2.17), wobei grundsätzlich davon auszugehen ist, dass der Finanzmittelfonds dem gebuchten Wert der Bilanzposition B. IV. »Kassenbestand, Bundesbankguthaben, Guthaben bei Kreditinstituten und Schecks« gemäß § 266 Abs. 2 HGB entspricht (DRS 2.52c) oder »cash and cash equivalents/cash items« nach IAS 1.66 und SEC Regulation S-X, Rule 5-02.

DRS 2.6 und DRS 2.18 verlangen, dass es sich bei Zahlungsmitteläquivalenten um »als Liquiditätsreserve gehaltene, kurzfristige, äußerst liquide Finanzmittel, die jederzeit in Zahlungsmittel umgewandelt werden können« handeln muss, die »nur unwesentlichen Wertschwankungen unterliegen«. Dies können z. B. Wertpapiere des Umlaufvermögens sein. Aktien fallen aufgrund möglicher starker Wertschwankungen nicht darunter.

Ein Einbezug von **Aktien** in den Fonds ist nach FAS 95.8 ff. nicht vorgesehen und nach IAS 7.7 nur für Vorzugsaktien unter bestimmten Voraussetzungen möglich.

Unrealisierte Gewinne und Verluste zählen nach IAS 7.28 und FAS 95.25 nicht zu den liquiden Mitteln, da keine Mittelzu- oder -abflüsse stattfinden. Für HGB gilt dies nur für die unrealisierten Verluste. Da die nichtrealisierten Gewinne gemäß dem Vorsichtsprinzip nicht gebucht werden dürfen.

Die **Restlaufzeiten der Zahlungsmitteläquivalente** beschränkt DRS 2.18 auf in der Regel nicht mehr als drei Monate ab Erwerbszeitpunkt.

Jederzeit fällige Bankverbindlichkeiten (bank overdrafts/Kontokorrentkredite), soweit sie zur Disposition der liquiden Mittel gehören, dürfen in den Finanzmittelfonds einbezogen werden (Wahlrecht) (DRS 2.19). Nach **IAS 7.8** müssen sie einbezogen werden. Gemäß **FAS 95.7** ist dies nur unter bestimmten Voraussetzungen möglich.

Bankkredite und Liquidität		
HGB	**IAS**	**US-GAAP**
Wahlrecht	Pflicht	unter bestimmten Voraussetzungen

Abb. 2.61: Einbeziehung kurzfristig fälliger Bankverbindlichkeiten in die Liquidität nach HGB, IAS und US-GAAP

Die Kapitalflussrechnung lässt sich generell nach der originären oder der derivativen Methode ermitteln.

Bei der **originären Methode** werden die internen Ausgangsdaten der Finanzbuchhaltung verwendet. Jeder Geschäftsvorfall ist daraufhin zu überprüfen, ob ein Zahlungsvorgang vorliegt oder nicht. Die Zahlungsströme werden somit unmittelbar erfasst. Diese Darstellungsmethode ist nur aus firmeninterner Sicht nachvollziehbar.

Bei der **derivativen Methode** unterscheidet man die

- direkte von der
- indirekten Methode

der Ermittlung. Beide Verfahren leiten die Kapitalflussrechnung aus Bewegungsbilanz und GuV ab.

Bei der **direkten Methode** werden Einzahlungen und Auszahlungen miteinander saldiert.

Bei der **indirekten Methode** wird das Jahresergebnis um nichtzahlungswirksame Aufwendungen und Erträge korrigiert.

Die derivative Methode bildet die Grundlage für Untersuchungen von externen Finanzanalysten.

Die Kapitalflussrechnung eines Konzerns kann darüber hinaus auch durch Konsolidierung der Kapitalflussrechnungen der einbezogenen Unternehmen ermittelt werden (DRS 2.13).

5.2.4 Schema der Kapitalflussrechnung

In Anlehnung an **IAS 7.11** sieht **DRS 2.7** vor, dass die Fonds »liquide Mittel« entsprechend der wirtschaftlichen Tätigkeit (»Aktivitäten«) des Unternehmens einem der drei Bereiche

- laufende Geschäftstätigkeit (operating activities),
- Investitionstätigkeit (investing activities) oder
- Finanzierungstätigkeit (financing activities)

zuzuordnen sind.

Somit wird jeweils der Betrag errechnet, den diese Tätigkeitsfelder zu den liquiden Mitteln beitragen und zwar getrennt nach der Verwendung der Mittel (z. B. Auszahlungen für Material, Sachanlagen oder Tilgungszahlungen für Kredite) und ihrer Herkunft, den Mittelquellen (z. B. Einzahlungen aus Umsatzerlösen, Anlagenabgängen oder Kapitalaufnahmen).

Bei der **laufenden Geschäftstätigkeit** handelt es sich um eine an der GuV orientierten Umsatzüberschussrechnung hinsichtlich Produktion, Verkauf und Dienstleistung, in der die liquiditätswirksamen Umsatzerlöse mit den zugehörigen liquiditätswirksamen Aufwendungen saldiert werden. Hier wird zunächst der bekannte Cashflow, der die zahlungsunwirksamen Positionen Jahresüberschuss, Zu- und Abschreibungen und langfristige Rückstellungsänderungen darstellt, ausgewiesen und z. B. noch um die Bestandsänderungen der Vorräte, Forderungen und Verbindlichkeiten aus Lieferungen und Leistungen sowie der kurzfristigen Rückstellungen korrigiert.

DRS 2.23 und DRS 2.26 f. grenzen die laufende Geschäftstätigkeit von den anderen beiden Bereichen negativ ab. Somit sind auch Zahlungen, die von ihrem Charakter her nicht zur laufenden Geschäftstätigkeit zählen, diesem Bereich zuzuordnen, soweit sie nicht eindeutig zur Investitions- oder Finanzierungstätigkeit zu rechnen sind. Dies gilt beispielsweise für Versicherungsleistungen, Prozessgewinne und Spenden.

Der Bereich **Investitionstätigkeit** ist allein auf Zu- und Abnahmen des Anlagevermögens ausgerichtet und deckt die betriebliche Investitionstätigkeit ab. Liquiditätswirksame Vorgänge im Umlaufvermögen, wie z. B. Lagerauf- und Lagerabbau, werden nicht berücksichtigt.

Der Bereich **Finanzierungstätigkeit** umfasst die Außenfinanzierung durch Eigenkapital und Finanzschulden. Moderne Finanzierungsinstrumente, wie z. B. Leasing und Factoring, sowie Handelskredite werden hier nicht berücksichtigt und erscheinen gegebenenfalls unter »laufender Geschäftstätigkeit«.

Diese geschilderten Zusammenhänge der Kapitalflussrechnung sind in folgender Abbildung erfasst:

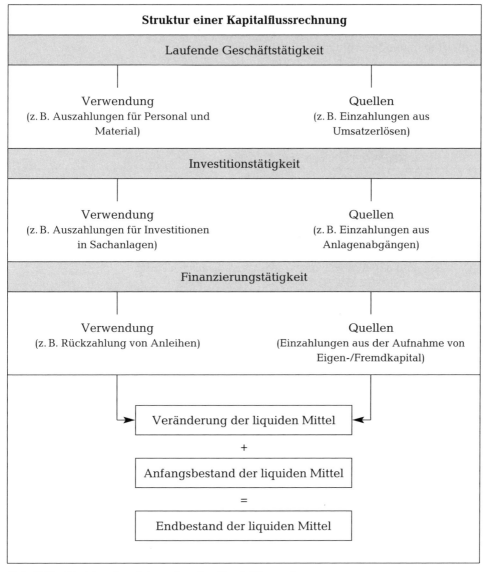

Abb. 2.62: Struktur einer internationalen Kapitalflussrechnung

5.2.5 Aktivitätsformate nach DRS

Die Gliederung der Kapitalflussrechnung nach dem so genannten Aktivitätsformat erlaubt im Gegensatz zur Einteilung nach Innen- und Außenfinanzierung eine qualifiziertere Beurteilung der Struktur der betrieblichen Zahlungsströme.

Die im Folgenden aufgeführten Gliederungen sind Mindestgliederungen. Vorgänge von wesentlicher Bedeutung sind stets gesondert auszuweisen (DRS 2.25).

Die Zahlungsströme der Ein- und Auszahlungen sind für alle Bereiche unsaldiert, d. h. direkt auszuweisen (Bruttoprinzip), ausgenommen bei der indirekten (d. h. über die liquiditätsunwirksamen Gegenpositionen) Darstellung des Cashflows aus laufender Geschäftstätigkeit (DRS 2.15).

Die Gliederungen für den Cashflow nach direkter und indirekter Methode sind international üblich (vgl. IAS 7.18, 7.20 und FAS 95.29).

Der **Cashflow aus laufender Geschäftstätigkeit nach der direkten Methode** (DRS 2.26) ist in folgender Abbildung dargestellt:

1.		Einzahlungen von Kunden für den Verkauf von Erzeugnissen, Waren und Dienstleistungen (Cash receipts from customers from the sale of goods and services)
2.	–	Auszahlungen an Lieferanten und Beschäftigte (Cash paid to suppliers and employees)
3.	+	Sonstige Einzahlungen, die nicht der Investitions- oder Finanzierungstätigkeit zuzuordnen sind (Other cash receipts, not attributable to investing or financing activities)
4.	–	Sonstige Auszahlungen, die nicht der Investitions- oder Finanzierungstätigkeit zuzuordnen sind (Other cash payments, not attributable to investing or financing activities)
5.	+/–	Ein- und Auszahlungen aus außerordentlichen Posten (Receipts and payments for extraordinary items)
6.	=	**Cashflow aus laufender Geschäftstätigkeit** (1a) (Cash flows from operating activities)

Abb. 2.63: Cashflow aus laufender Geschäftstätigkeit nach der direkten Methode

Es fällt auf, dass Zeile 2 die Positionen »Auszahlungen an Lieferanten und Beschäftigte« zusammenfasst und, entgegen der GuV-Gliederung nach dem Gesamtkostenverfahren (§ 275 Abs. 2 HGB), ohne weitere Unterteilungen auskommt.

Der **Cashflow aus laufender Geschäftstätigkeit nach der indirekten Methode** (DRS 2.27) ist folgender Abbildung zu entnehmen:

1.		Periodenergebnis (einschließlich Ergebnisanteilen von Minderheitsgesellschaftern) vor außerordentlichen Posten (Net result – including minority's share of result – before extraordinary items)
2.	+/–	Abschreibungen/Zuschreibungen auf Gegenstände des Anlagevermögens (Write-downs/write-ups on non-current assets)

Abb. 2.64: Cashflow aus laufender Geschäftstätigkeit nach der indirekten Methode

3.	+/−	Zunahme/Abnahme der Rückstellungen (Increase/decrease in accruals)
4.	+/−	Sonstige zahlungsunwirksame Aufwendungen/Erträge (bspw. Abschreibung auf ein aktiviertes Disagio) (Other non-cash income and expenses) (e. g. amortisation of capitalised loan discount/disagio)
5.	−/+	Gewinn/Verlust aus dem Abgang von Gegenständen des Anlagevermögens (Profit/loss on disposals of property, plant and equipment)
6.	−/+	Zunahme/Abnahme der Vorräte, der Forderungen aus Lieferungen und Leistungen sowie anderer Aktiva, die nicht der Investitions- oder Finanzierungstätigkeit zuzuordnen sind (Increase/decrease of inventories, trade receivables and other assets not attributable to investing or financing activities)
7.	+/−	Zunahme/Abnahme der Verbindlichkeiten aus Lieferungen und Leistungen sowie anderer Passiva, die nicht der Investitions- oder Finanzierungstätigkeit zuzuordnen sind (Increase/decrease of trade payables and other liabilities not attributable to investing or financing activities)
8.	+/−	Ein- und Auszahlungen aus außerordentlichen Posten (Receipts and payments for extraordinary items)
9.	=	**Cashflow aus laufender Geschäftstätigkeit** (1b) (Cash flows from operating activities)

Abb. 2.64: Cashflow aus laufender Geschäftstätigkeit nach der indirekten Methode (Fortsetzung)

Die alternative »indirekte Methode« führt prinzipiell zum gleichen Cashflow aus laufender Geschäftstätigkeit. Die Ursachen für die Veränderungen der liquiden Mittel bleiben jedoch im Vergleich zur direkten Ermittlung verborgen. Weder die Quellen der Liquidität (v. a. Umsatzerlöse) noch die Verwendung für Material- und Personalauszahlungen werden deutlich gemacht.

Der **Cashflow aus der Investitionstätigkeit** (DRS 2.32) wird wie folgt berechnet:

1.		Einzahlungen aus Abgängen von Gegenständen des Sachanlagevermögens (Proceeds from disposals of property, plant and equipment)
2.	−	Auszahlungen für Investitionen in das Sachanlagevermögen (Purchase of property, plant and equipment)
3.	+	Einzahlungen aus Abgängen von Gegenständen des immateriellen Anlagevermögens (Proceeds from disposals of intangible assets)
4.	−	Auszahlungen für Investitionen in das immaterielle Anlagevermögen (Purchase of intangible assets)
5.	+	Einzahlungen aus Abgängen von Gegenständen des Finanzanlagevermögens (Proceeds from disposals of non-current financial assets)
6.	−	Auszahlungen für Investitionen in das Finanzanlagevermögen (Acquisition of non-current financial assets)

Abb. 2.65: Cashflow aus der Investitionstätigkeit

7.	+	Einzahlungen aus dem Verkauf von konsolidierten Unternehmen und sonstigen Geschäftseinheiten (Receipts from the disposal of subsidiaries and business units)
8.	−	Auszahlungen aus dem Erwerb von konsolidierten Unternehmen und sonstigen Geschäftseinheiten (Acquisition of subsidiaries and business units)
9.	+	Einzahlungen aufgrund von Finanzmittelanlagen im Rahmen der kurzfristigen Finanzdisposition (Receipts relating to the short-term financial management of cash investments)
10.	−	Auszahlungen aufgrund von Finanzmittelanlagen im Rahmen der kurzfristigen Finanzdisposition (Payments relating to the short-term financial management of cash investments)
11.	−	**Cashflow aus der Investitionstätigkeit** (2) (Cash flows from investing activities)

Abb. 2.65: Cashflow aus der Investitionstätigkeit (Fortsetzung)

Der Cashflow aus der Investitionstätigkeit stammt aus Zahlungsströmen im Zusammenhang mit den Ressourcen des Unternehmens, mit denen langfristig, meist länger als ein Jahr, ertragswirksam gewirtschaftet werden soll (DRS 2.30).

Der Cashflow aus der Investitionstätigkeit umfasst auch Zahlungsströme aufgrund von Finanzmittelanlagen im Rahmen der kurzfristigen Finanzdisposition, sofern diese nicht zum Finanzmittelfonds gehören oder zu Handelszwecken gehalten werden (DRS 2.31).

DRS 2.32 verlangt eine differenzierte Darstellung der Investitionstätigkeit. Neben den Einzahlungen aus Abgängen von Gegenständen des Anlagevermögens sind die Auszahlungen für Investitionen in das Anlagevermögen auszuweisen. Die Zahlungsströme sind nach Gegenständen des Sachanlagevermögens, Gegenständen des immateriellen Anlagevermögens, Gegenständen des Finanzanlagevermögens, dem Verkauf/Erwerb von konsolidierten Unternehmen und sonstigen Geschäftseinheiten sowie nach Finanzmittelanlagen im Rahmen der kurzfristigen Finanzdisposition aufzuführen.

Cashflow aus der Finanzierungstätigkeit (DRS 2.35):

1.		Einzahlungen aus Eigenkapitalzuführungen (Kapitalerhöhungen, Verkauf eigener Anteile, etc.) (Cash receipts from the issue of capital – capital increases, sale of enterprise's shares, etc.)
2.	−	Auszahlungen an Unternehmenseigner und Minderheitsgesellschafter (Dividenden, Erwerb eigener Anteile, Eigenkapitalrückzahlungen, andere Ausschüttungen) (Cash payments to owners and minority shareholders – dividends, acquisition of enterprise's shares, redemption of shares, other distributions)

Abb. 2.66: Cashflow aus der Finanzierungstätigkeit

3.	+	Einzahlungen aus der Begebung von Anleihen und der Aufnahme von (Finanz-) Krediten (Cash proceeds from issuing bonds/loans and short or long-term borrowings)
4.	–	Auszahlungen aus der Tilgung von Anleihen und (Finanz-)Krediten (Cash repayments of bonds/loans or short or long-term borrowings)
5.	=	**Cashflow aus der Finanzierungstätigkeit** (3) (Cash flows from financing activities)

Abb. 2.66: Cashflow aus der Finanzierungstätigkeit (Fortsetzung)

Dem Cashflow aus der Finanzierungstätigkeit sind grundsätzlich die Zahlungsströme zuzuordnen, die aus Transaktionen mit den Unternehmenseignern und Minderheitsgesellschaftern konsolidierter Tochterunternehmen sowie aus der Aufnahme oder Tilgung von Finanzschulden resultieren. Somit werden die Zahlungsströme aus der Außenfinanzierung mit Eigenkapital und Fremdkapital erfasst.

DRS 2.35 verlangt entsprechend der Bilanzgliederung in § 266 Abs. 3 HGB den Ausweis der Eigenkapitalgeberzahlungen vor den Fremdkapitalgeberzahlungen.

FAS 95.131 ff. sehen eine umgekehrte Reihenfolge vor und erlauben durch die Bildung einer Zwischensumme nach den Zahlungen von oder an Fremdkapitalgebern den Ausweis von Einzahlungsüberschüssen oder Finanzbedarfe bei Eigenkapitalgeberzahlungen.

5.2.6 Abgrenzungsvorschriften und Zusammenfassung der Kapitalbewegungen

Zahlungsströme, die **mehreren Tätigkeitsbereichen** zugerechnet werden können, sind, wie z. B. Auszahlungen aufgrund von Annuitätendarlehen – Zinsanteile der laufenden Geschäftstätigkeit bzw. Tilgungsanteile der Finanzierungstätigkeit –, nach vernünftiger kaufmännischer Beurteilung aufzuteilen oder dem vorrangig betroffenen Bereich zuzuordnen (DRS 2.9).

Zahlungsströme im Zusammenhang mit **Sicherungsgeschäften** (Hedging) sind grundsätzlich dem Bereich zuzuordnen, dem die Zahlungen aus dem Grundgeschäft zugehören (DRS 2.47).

Geschäftsvorfälle, die nicht zu einer Veränderung des Finanzmittelfonds führen, sind nicht in die Kapitalflussrechnung aufzunehmen. Beispiele hierfür sind (DRS 2.48 f.):

– Erwerb von Vermögenswerten mit Stundung des Erwerbspreises durch Übernahme fremder Verbindlichkeiten oder durch Finanzierungsleasing,
– Erwerb eines Unternehmens gegen Ausgabe eigener Anteile oder
– Umwandlung von Schulden in Eigenkapital.

Erhaltene und gezahlte Zinsen, erhaltene Dividenden sowie **gezahlte Ertragsteuern** sollen der laufenden Geschäftstätigkeit zugeordnet werden (DRS 2.36/2.41). DRS 2 lässt ausnahmsweise eine Zuordnung zu den anderen Bereichen zu, wenn dies sachlich begründet werden kann (DRS 2.39/2.42).

Dieses Wahlrecht erschwert den Unternehmensvergleich und ist sachlich u. U. nicht gerechtfertigt. So wäre es bei Finanzinvestitionen sinnvoller, erhaltene Zinsen und Dividenden dem Investitionsbereich zuzurechnen. Auch die Zuordnung von Steuerzahlungen zu einem anderen Bereich als der laufenden Geschäftstätigkeit ist dann sinnvoll, sofern der Zahlungsstrom diesen anderen Bereichen zuordenbar ist, z. B. bei Veräußerungsgewinnen aus Anlageverkäufen.

Die zahlungswirksamen Veränderungen der liquiden Mittel (1a) bis (3) sind noch um wechselkurs-, konsolidierungskreis- und bewertungsbedingte Änderungen der liquiden Mittel zu bereinigen (4). Hierunter fallen z. B. Abwertungen von Wertpapieren gemäß dem Niederstwertprinzip aufgrund von nicht realisierten Kursverlusten, die nicht zahlungswirksam sind.

Den Endbestand an liquiden Mitteln (6), erhält man durch Addition der bislang ermittelten Finanzmittelfonds (1a/1b bis 3), einschließlich der Änderungen unter (4), mit dessen Anfangsbestand (5).

Dieser Schlussbestand an liquiden Mitteln entspricht der Bilanzposition B. IV. »Kassenbestand, Bundesbankguthaben, Guthaben bei Kreditinstituten, Schecks« gemäß § 266 Abs. 2 HGB oder »cash and cash equivalents/cash items« nach IAS 1.66/SEC Regulation S-X, Rule 5-02.

Überleitungsrechnung		
	Zahlungswirksame Veränderungen des Finanzmittelfonds (Change in cash funds from cash relevant transactions)	(1a)/(1b) + (2) + (3)
+/−	Wechselkurs-, konsolidierungskreis- und bewertungsbedingte Änderungen des Finanzmittelfonds (Change in cash funds from exchange rate movements, changes in group structure and in valuation procedures for cash funds)	(4)
+	Finanzmittelfonds am Anfang der Periode (Cash funds at the beginning of period)	(5)
=	**Finanzmittelfonds am Ende der Periode** (Cash funds at the end of period)	(6)

Abb. 2.67: Überleitung von den Aktivitätsformaten zu den liquiden Mitteln nach DRS 2

5.2.7 Ergänzende Angaben im Anhang

Ergänzende Angaben im Anhang sind zu machen, falls sich die Definition und die Zusammensetzung der Finanzmittelfonds ändern sowie Auswirkungen von Veränderungen dieser Definition auf Anfangs- und Endbestände sowie die Zahlungsströme der Vorperiode sich ergeben (DRS 2.52).

Führen z. B. Kreditvereinbarungen zu Verwendungsbeschränkungen der liquiden Mittel, so müssen diese im Konzernanhang offen gelegt und ihre Höhe beziffert werden (DRS 2.53).

Insbesondere sind bedeutende zahlungsunwirksame Investitions- und Finanzierungsvorgänge und Geschäftsfälle zu erläutern. Ebenso sind Angaben zum Verkauf und Erwerb von Unternehmen und sonstigen Geschäftseinheiten, wie z. B. Kauf- und Verkaufspreise zu machen (DRS 2.52).

Zins-, Ertragsteuerzahlungen und erhaltene Dividenden sind im Anhang näher zu erläutern, falls diese Angaben nicht in den Bereichen ausgewiesen werden (DRS 2.38/ 2.43).

Kontrollfragen

1. *Was versteht man unter einer Kapitalflussrechnung?*
2. *Worin besteht der Unterschied zwischen einer Cashflow-Rechnung und einer Kapitalflussrechnung?*
3. *Welche wesentlichen Vorschriften für die Aufstellung einer Kapitalflussrechnung gibt es auf deutscher und internationaler Ebene?*
4. *Was ist ein Finanzmittelfonds?*
5. *Zählen Kontokorrentkredite zur Liquidität?*
6. *Welche Ermittlungsmethoden und Schemata zur Aufstellung einer Kapitalflussrechnung gibt es?*
7. *Was versteht man unter einem Aktivitätsformat?*
8. *Welcher Zusammenhang besteht zwischen den Aktivitätsformaten einer Kapitalflussrechnung und dem Ausweis der liquiden Mittel in der Bilanz?*

Aufgabe 2.34 *Cash flow statement S. 433*

5.3   Segmentberichterstattung

Für ein Unternehmen und dessen Eigentümer ist es wichtig, zu wissen,

– mit welchen Produkten oder Dienstleistungen,
– in welchen Regionen oder Ländern,
– wieviel Umsatz und Gewinn oder Verlust

entsteht.

> **Beispiel:**
> Die Porsche AG verzeichnete mit Nordamerika im Geschäftsjahr 2000/2001 einen Anteil am Konzernumsatz von rund 42 %. Auf der Bilanzpressekonferenz ist dieser hohe Umsatzanteil immer wieder Gegenstand der Erörterungen. Die interessierte Öffentlichkeit will wissen, welche Vorkehrungen das Management trifft, um beispielsweise die Dollarforderungen gegenüber dem € währungsseitig abzusichern oder welche Konsequenzen die Ereignisse des 11. September 2001 für Porsche hatten.

Aufgabe der Segmentberichterstattung ist es, Chancen und Risiken der Geschäftstätigkeit eines Unternehmens zu verdeutlichen.

Die internationalen Standards hierzu findet man in

– **IAS 14** (Segment Reporting) und in
– **FAS 131** (Disclosures about Segments of an Enterprise and Related Information).

Das **Handelsrecht** kennt keine detaillierten gesetzlichen Vorschriften zur Segmentberichterstattung. Für börsennotierte Konzernunternehmen wird als Folge des KonTraG 1998 eine Erweiterung des Konzernanhangs um eine Segmentberichterstattung verlangt (§ 297 Abs. 1 HGB). Das DRSC hat durch **DRS 3** einen entsprechenden Standard veröffentlicht.

Um die Zielsetzung nach verbesserter unternehmerischer Transparenz zu verwirklichen, werden in den betroffenen Unternehmen zwei methodische Ansätze gewählt,

– der Management Approach (Management-Konzept) und
– der Risks and Rewards Approach (Industriespartenkonzept).

Der **Management Approach** setzt für die externe Berichterstattung auf der firmenintern festgelegten Abgrenzung des Berichtswesens auf. Firmeninterne Abgrenzungen entsprechen den nach außen dargestellten Definitionen.

Nach dem **Risks and Rewards Approach** werden für die externe Berichterstattung Bereiche mit übereinstimmenden Risiken und Chancen zu Segmenten zusammengefasst.

Der Management Approach scheint sich durchzusetzen. DRS 3 und US-GAAP orientieren sich daran. Die IAS werden unterschiedlich ausgelegt. Zumeist wird gemäß IAS 14.26 f. der Ansatz als zumindest Soft Management Approach eingestuft.

IAS 14.9 teilt die Segmente des Unternehmens, über die berichtet werden soll, in einen operativen und einen geographischen Teil ein:

– **Business segment** (Geschäftssegment) und
– **geographical segment** (Geographisches Segment).

Zusätzlich wird noch eine Aufteilung in ein Hauptkriterium (primary reporting format) und ein Nebenkriterium (secondary reporting format) verlangt.

Resultieren die Risiken und Chancen eines Unternehmens im Wesentlichen aus unterschiedlichen Produkten/Dienstleistungen, dann stellen diese Segmente die primären Segmente dar. Resultieren die Risiken und Chancen dagegen vorwiegend aus der Tatsache, dass das Unternehmen in unterschiedlichen geographischen Regionen tätig ist, dann stellen diese Segmente die primären Segmente dar. Über das Hauptkriterium ist ausführlicher zu berichten als über das Nebenkriterium.

DRS 3.9 definiert operative Segmente, als Segmente die primär produktorientiert aber auch geographisch aufgebaut sein können. Die Berichterstattung hat nur aufgrund eines Kriteriums zu erfolgen.

Nach **FAS 131.10 bis 16** werden nur operative Segmente (operating segments) zugelassen. Eine zusätzliche Unterteilung nach Produktkennzeichen oder Regionen wird nicht verlangt.

Entsprechend dem Grundsatz der Wesentlichkeit ist über ein Segment nur zu berichten, wenn bestimmte Größenmerkmale überschritten werden. Nach IAS 14.35, FAS 131.18 und DRS 3.15 ist hierzu ein nahezu einheitlich gestalteter **10%-Test** erforderlich.

Bei Überschreiten einer der folgenden 10 %-Grenzen liegt ein berichtspflichtiges Segment vor:

– Segmentumsatz ab 10 % des Gesamtumsatzes,
– Segmentgewinn/-verlust ab 10 % des Gesamtgewinns/-verlusts,
– Segmentvermögen ab 10 % des Gesamtvermögens.

Die Anzahl der Berichtsgrößen pro Segment ist nach US-GAAP am umfangreichsten, gefolgt von DRS 3 (zu den Details siehe: Hahn, Klaus: Segmentberichterstattung).

DRS 3 verlangt im Vergleich zu IAS 14 zusätzlich die Angaben der Zinserträge und Zinsaufwendungen, wenn als Segmentergebnis das Ergebnis der gewöhnlichen Geschäftstätigkeit ausgewiesen wird. Sollte das Periodenergebnis erwähnt werden, müssen zusätzlich der Ertrag oder die Aufwendungen für die Ertragsteuern genannt werden (DRS 3.32 f.).

DRS 3.36 empfiehlt, zusätzlich den Cashflow aus laufender Geschäftstätigkeit je Segment zu beziffern, da dann auf die Angabe der Abschreibungen und anderer wesentlicher nicht zahlungswirksamer Posten nach DRS 3.31 verzichtet werden kann.

Ein Beispiel für eine Segmentberichterstattung nach DRS 3 enthält folgende Abbildung (in Mio. €):

	Deutsch-land (D)	Nord-amerika	Europa ohne D	Rest der Welt	Summe vor Konsoli-dierung	Konsoli-dierung	Konzern
Umsätze mit Dritten	1 354,5	1 880,3	891,8	314,9	4 441,5	–	**4 441,5**
Umsätze mit Seg-menten	2 013,6	1,4	0,8	–	2 015,8	–2 015,8	–
Segment-ergebnis	563,9	218,4	57,1	20,7	860,1	–267,7	**592,4**
Zinser-träge	56,6	22,7	24,8	0,1	104,2	–38,0	**66,2**
Zinsauf-wen-dungen	–9,2	–10,7	–31,4	–1,5	–52,8	39,3	**–13,5**
Ergebnis aus Beteil. an assoz. Untern.	0,5	–5,3	–	–	–4,8	–	**–4,8**
Cashflow	438,9	177,4	46,3	14,8	677,4	–259,0	**418,4**
Segment-vermögen	2 322,8	680,4	975,0	171,8	4 150,0	–1 364,2	**2 785,8**
Segment-schulden	1 484,1	321,4	825,5	122,6	2 753,6	–939,5	**1 814,1**
Investi-tionen	283,8	22,0	5,7	5,3	316,8	–23,0	**293,8**

Abb. 2.68: Segmentberichterstattung Porsche-Konzern Geschäftsjahr 2000/2001

»Im Rahmen der Segmentberichterstattung werden die Aktivitäten des Porsche-Konzerns in die geografischen Segmente Deutschland, Nordamerika, Europa ohne Deutschland und Rest der Welt unterteilt. Die Aufteilung der Segmente spiegelt die Chancen und Risiken der Geschäftsaktivitäten des Konzerns wider und basiert auf den Standorten der Gesellschaften, die in den Segmenten tätig sind. Das Segmenter-gebnis entspricht dem Ergebnis der gewöhnlichen Geschäftstätigkeit. Als Verrech-nungspreise zwischen den Segmenten wurden Marktpreise zu Grunde gelegt« (Por-sche-Geschäftsbericht 2000/2001, S. 102 f.).

Kontrollfragen

1. *Warum verlangen DRS 3 und internationale Rechnungslegungsstandards eine Seg-mentberichterstattung?*
2. *Welche wesentlichen Unterschiede bestehen zwischen DRS, IAS und US-GAAP bezüglich der Segmentberichterstattung?*
3. *Der Porsche-Konzern weist die Segmente geographisch aus. Welche Alternative hätte das Unternehmen? Warum wurde diese alternative Darstellung wahrscheinlich nicht gewählt?*

Aufgabe 2.35 *Segmentberichterstattung S. 433*

5.4   Anhang

Die Angabe der Bilanzierungs- und Bewertungsmethoden (accounting policies) und erläuternde Angaben (explanatory notes) sind nach **IAS** 1.7e Pflichtbestandteil eines IAS-Abschlusses.

Folgende Angaben müssen gemäß IAS 1.91 enthalten sein:

– Grundlagen der Aufstellung des Abschlusses (basis of preparation) und der besonderen Bilanzierungs- und Bewertungsmethoden (specific accounting policies) für bedeutsame Geschäftsvorfälle und Ereignisse (siehe hierzu IAS 1.99),
– die von den einzelnen IAS verlangten Informationen, sofern sie nicht an anderer Stelle im Abschluss gegeben werden und
– zusätzliche Informationen, die für die Darstellung eines den tatsächlichen Verhältnissen entsprechenden Bildes (fair presentation) notwendig sind (siehe hierzu IAS 1.102).

Folgenden **Gliederungsvorschlag des Anhangs** enthält IAS 1.94:

– Aussage zur Übereinstimmung mit den IAS,
– Darstellung der angewandten Bewertungsgrundlagen (statement of the measurement basis) und angewandten Bilanzierungs- und Bewertungsmethoden (statement of the accounting policies applied),
– ergänzende Angaben zu den in den einzelnen Abschlussbestandteilen dargestellten Posten in der Reihenfolge der Abschlussbestandteile und der darin enthaltenen Posten,
– andere Angaben (disclosures) einschließlich Erfolgsunsicherheiten (contingencies), Verpflichtungen (commitments) und andere finanzielle Angaben (other financial disclosures) und nicht finanzielle Angaben (non-financial disclosures).

Angaben über **Beziehungen zu nahe stehenden Unternehmen und Personen** (related parties) sind gesondert angabepflichtig (IAS 24- Related Party Disclosures).

Im **Handelsrecht** wird bei der Darstellung eine ähnliche Vorgehensweise erforderlich. § 284 Abs. 2 Nr. 1 HGB verlangt die Angabe der Bilanzierungs- und Bewertungsmethoden. Spezielle handelsrechtliche und sonstige Gesetze verlangen zusätzliche insbesondere postenspezifische Angaben (vor allem §§ 285, 313 HGB). Abweichungen von den GoB sind gemäß § 264 Abs. 2 Satz 2 HGB zu dokumentieren.

Checklisten zur Aufstellung eines handelsrechtlichen Anhangs sind somit zumeist wie folgt gegliedert:

– allgemeine Vorschriften hinsichtlich Form und Inhalt,
– postenspezifische Bilanz- und GuV-Angaben,
– Zusatzangaben.

»Related parties« werden im Handelsrecht nicht behandelt. Nach §§ 15 AktG, 271 Abs. 2 HGB i. V. m. §§ 285, 313 HGB sind verbundene Unternehmen zu kommentieren. Der Einfluss beispielsweise natürlicher Personen auf die Geschäftsentscheidungen des Unternehmens müssen nicht dargestellt werden.

Im April 2002 hat das DRSC durch die Bekanntmachung von **DRS 11** (Berichterstattung über Beziehungen zu nahe stehenden Personen) diese Lücke geschlossen und einen Standard veröffentlicht, der sich weitestgehend an den Vorschriften von IAS und US-GAAP orientiert.

Auch **US-GAAP** fordern Anhangangaben, die sich ähnlich wie nach IAS und HGB in die Kategorien

- Angabe zu Bilanzierungs- und Bewertungsgrundsätzen,
- Angabepflichten spezifischer FAS und
- Angabeerfordernisse in Bezug auf die Erfüllung der Generalnorm »fair presentation«

aufteilen lassen.

Die Vorschriften sind weit über nahezu alle FAS gestreut und deswegen im Vergleich zu IAS und HGB nicht auf wenige Regelungen zu komprimieren.

Die Angaben über **Beziehungen zu nahe stehenden Unternehmen und Personen** sind in ähnlicher Weise wie nach IAS zu erfassen (FAS 57 – Related Party Disclosures).

SEC-berichtspflichtige Unternehmen haben diverse weitere Angaben auszuweisen. Die wichtigsten zu publizierenden Berichte sind

- Form 10-K für US-Gesellschaften und
- Form 20-F für Auslandsgesellschaften.

Da diese Anforderungen sehr umfangreich sein können, werden sie oft getrennt vom Anhang in einem eigenen Bericht publiziert (z. B. DaimlerChrysler Annual Report on Form 20-F 2002 mit rund 200 Seiten).

5.5   Zwischenberichte

IAS 34.1 verlangen **keine Quartalsberichte** von den Unternehmen. Eine Zwischenberichterstattung wird für börsennotierte Unternehmen mindestens auf Halbjahresbasis empfohlen. Der Zwischenbericht ist spätestens 60 Tage nach Ende des Quartals vorzulegen.

Soweit Zwischenberichte publiziert werden, sind die Vorschriften von IAS 34 (Interim Financial Reporting) zwingend anzuwenden. So genannte Ad-hoc-Mitteilungen über wichtige Unternehmensvorgänge werden nicht verlangt.

Der Zwischenbericht kann einen vollständigen Jahresabschluss nach IAS 1.7 oder einen verkürzten Abschluss des Quartals beinhalten (IAS 34.4).

Der verkürzte Abschluss hat mindestens die Bestandteile nach IAS 34.8 zu enthalten:

- verkürzte Bilanz und GuV,
- verkürzte Eigenkapitalveränderungsrechnung,
- verkürzte Kapitalflussrechnung,
- ausgewählte Anhangangaben.

Das Ergebnis je Aktie ist im Rahmen der GuV anzugeben (IAS 34.11).

Die Werte sind mit dem Vorjahresquartal zu vergleichen (IAS 34.20).

Die Bilanzierungs- und Bewertungsmethoden des Jahresabschlusses sind beizubehalten.

Das **Handelsrecht** enthält keine Vorschriften für die Zwischenberichterstattung.

Das DRSC hat Anfang 2001 **DRS 6** zur Zwischenberichterstattung herausgeben. Danach müssen börsennotierte Mutterunternehmen gemäß den Regelungen des Börsengesetzes innerhalb von 60 Tagen nach Ende des Quartals einen Zwischenbericht aufstellen und im Bundesanzeiger veröffentlichen (§ 44b Abs. 2 BörsG). Der Zwischenbericht muss nur ausgewählte Unternehmensdaten enthalten (DRS 6.13 und § 54 BörsZulV). Ad-hoc-Mitteilungen zu wichtigen Unternehmensvorgängen sind darzustellen.

DRS 6.14 erlaubt die freiwillige Veröffentlichung zusätzlicher Informationen. Für alle Daten müssen die entsprechenden Vorjahreswerte vorgelegt werden. Zwischenberichte sind nicht prüfungspflichtig.

§ 54 BörsZulV beschreibt den Inhalt der Pflichtangaben und die Wahlrechte bei der Berichterstattung näher.

Entgegen IAS gibt es im Handelsrecht keine speziellen Vorschriften zu Bilanzierungs- und Bewertungsmethoden für die Zwischenberichterstattung.

Die **US-GAAP-Vorschriften** zu Zwischenberichten findet man vorwiegend in:

- APB 28 (Interim Financial Reporting),
- FAS 3 (Reporting Accounting Changes in Interim Financial Statements) und
- FIN 18 (Accounting for Income Taxes in Interim Periods).

SEC-berichtspflichtige Unternehmen müssen 45 Tage nach dem Ende der Quartale 1 bis 3 einen quarterly report bei der SEC einreichen. Ad-hoc-Mitteilungen sind nach Form 8-K zu publizieren. Bei freiwilliger Berichterstattung müssen sich die Unternehmen an die Vorschriften zur Zwischenberichterstattung halten.

Der Zwischenbericht muss eine Segmentrechnung enthalten (FAS 131.33).

Der Zwischenbericht unterliegt nicht der Prüfungspflicht. Es wird allerdings eine Durchsicht (review) empfohlen.

Die Berichterstattung an die SEC erfolgt als

- Form 10-Q für US-Unternehmen und als
- Form 6-K für ausländische Unternehmen.

Ähnlich wie nach IAS und HGB sind bestimmte Mindestumfänge für die Zwischenberichterstattung vorgeschrieben:

- Bilanz und GuV dürfen nicht gekürzt vorgelegt werden,
- Rechtsstreitigkeiten sind zu kommentieren.

Die Bilanzierungs- und Bewertungsmethoden des Jahresabschlusses sind beizubehalten. APB 28.14 gewährt bestimmte Ausnahmen.

Kontrollfragen

1. *Welche wesentlichen Unterschiede gibt es hinsichtlich der Anhangberichterstattung nach IAS, HGB und US-GAAP?*
2. *Was sind related parties?*
3. *Welche wesentlichen Unterschiede gibt es bei der Zwischenberichterstattung nach IAS, HGB und US-GAAP?*

Aufgabe 2.36 *Zwischenberichterstattung S. 434*

Aufgabe 2.37 *Permanente Konflikte zwischen IAS/US-GAAP und HGB S. 434*

6   IAS im Überblick

IAS	Bezeichnung	
1	Presentation of Financial Statements	Darstellung des Abschlusses
2	Inventories	Vorräte
7	Cash Flow Statements	Kapitalflussrechnungen
8	Net Profit or Loss for the Period, Fundamental Errors and Changes in Accounting Policies	Periodenergebnis, grundlegende Fehler und Änderungen der Bilanzierungs- und Bewertungsmethoden
10	Events After the Balance Sheet Date	Ereignisse nach dem Bilanzstichtag
11	Construction Contracts	Fertigungsaufträge
12	Income Taxes	Ertragsteuern
14	Segment Reporting	Segmentberichterstattung
15	Information Reflecting the Effects of Changing Prices	Informationen über die Auswirkungen von Preisänderungen
16	Property, Plant and Equipment	Sachanlagen
17	Leases	Leasingverhältnisse
18	Revenue	Erträge
19	Employee Benefits	Leistungen an Arbeitnehmer
20	Accounting for Government Grants and Disclosure of Government Assistance	Bilanzierung und Darstellung von Zuwendungen der öffentlichen Hand
21	The Effects of Changes in Foreign Exchange Rates	Auswirkungen von Änderungen der Wechselkurse
22	Business Combinations	Unternehmenszusammenschlüsse
23	Borrowing Costs	Fremdkapitalkosten
24	Related Party Disclosures	Angaben über Beziehungen zu nahe stehenden Unternehmen und Personen
26	Accounting and Reporting by Retirement Benefit Plans	Bilanzierung und Berichterstattung von Altersversorgungsplänen
27	Consolidated Financial Statements and Accounting for Investments in Subsidiaries	Konzernabschlüsse und Bilanzierung von Anteilen an Tochterunternehmen
28	Accounting for Investments in Associates	Bilanzierung von Anteilen an assoziierten Unternehmen
29	Financial Reporting in Hyperinflationary Economies	Rechnungslegung in Hochinflationsländern
30	Disclosures in the Financial Statements of Banks and Similar Financial Institutions	Angaben im Abschluss von Banken und ähnlichen Finanzinstitutionen
31	Financial Reporting of Interests in Joint Ventures	Rechnungslegung über Anteile an Joint Ventures
32	Financial Instruments: Disclosure and Presentation	Finanzinstrumente: Angaben und Darstellung

Abb. 2.69: IAS im Überblick

IAS	Bezeichnung	
33	Earnings Per Share	Ergebnis je Aktie
34	Interim Financial Reporting	Zwischenberichterstattung
35	Discontinuing Operations	Einstellung von Bereichen
36	Impairment of Assets	Wertminderung von Vermögenswerten
37	Provisions, Contingent Liabilities and Contingent Assets	Rückstellungen, Eventualschulden und Eventualforderungen
38	Intangible Assets	Immaterielle Vermögenswerte
39	Financial Instruments: Recognition and Measurement	Finanzinstrumente: Ansatz und Bewertung
40	Investment Property	Als Finanzinstrumente gehaltene Immobilien
41	Agriculture (effective 1 January 2003)	Landwirtschaft (gültig ab 01. Januar 2003)

Abb. 2.69: IAS im Überblick (Fortsetzung)

3. Hauptteil: Internationales Steuerrecht

Bearbeitet von: Dipl.-Finanzwirt (FH) Angelika Leuz
Dipl. oec. Norbert Leuz, Steuerberater

1 Allgemeines

1.1 Problematik grenzüberschreitender Sachverhalte

Ausfluss der Souveränität eines Staates, derzufolge diesem die Entscheidungsgewalt auf seinem Hoheitsgebiet zukommt (**Souveränitätsprinzip**), ist u. a. auch das Recht, Steuern zu erheben. Sofern ein steuerlicher Sachverhalt sich ausschließlich auf dem Hoheitsgebiet **eines Staates** auswirkt, werden auch nur Steueransprüche dieses Staates verwirklicht. Bei **grenzüberschreitenden steuerlich relevanten Sachverhalten** kann es dagegen aufgrund des Souveränitätsprinzips zu einer doppelten bzw. mehrfachen Besteuerung des gleichen Sachverhalts durch verschiedene Staaten kommen.

1.2 Anknüpfungspunkte der unbeschränkten und der beschränkten Ertragssteuerpflicht

Die unbeschränkte Steuerpflicht knüpft i. d. R. an die Ansässigkeit der auf einem Staatsgebiet befindlichen Personen an. Man spricht von **Wohnsitzbesteuerung**. Diese erfolgt nach dem **Welteinkommensprinzip** (auch **Universalitätsprinzip** genannt), d. h., sie erfasst auch steuerliche Sachverhalte, die von den im Inland ansässigen Personen im Ausland verwirklicht werden. Die Besteuerung des Welteinkommens wird durch das Prinzip der Besteuerung nach der wirtschaftlichen Leistungsfähigkeit begründet (**Leistungsfähigkeitsprinzip**).

Die beschränkte Steuerpflicht knüpft dagegen an die Einkommensquellen an, die auf dem eigenen Staatsgebiet liegen (**Quellenbesteuerung**). Diese erfolgt nach dem **Territorialitätsprinzip,** d. h., sie erfasst nur steuerliche Sachverhalte, die auf dem eigenen Staatsgebiet verwirklicht werden (vgl. Handzik in Littmann/Bitz/Pust: Das Einkommensteuerrecht, § 2 Rn 143). Als zusätzlicher Anknüpfungspunkt dient in einigen Staaten auch die Staatsangehörigkeit (z. B. USA).

Zu einer Doppelbesteuerung bei grenzüberschreitenden Sachverhalten kann es aus dem oben Gesagten kommen

- bei einem Nebeneinander von unbeschränkter und beschränkter Steuerpflicht (wenn ein Staat aufgrund Wohnsitzbesteuerung und Welteinkommensprinzip Ansprüche erhebt, ein anderer aufgrund Quellenbesteuerung),
- bei doppelter unbeschränkter Steuerpflicht (wenn eine Person in mehreren Staaten ansässig ist) oder
- bei doppelter beschränkter Steuerpflicht (wenn die Anknüpfungspunkte der beschränkten Steuerpflicht in zwei Staaten nicht identisch sind, z. B. Einkommensquelle und Staatsangehörigkeit).

1.3 Maßnahmen zur Vermeidung bzw. Milderung der Doppelbesteuerung

Aus wirtschaftlichen Erwägungen sind die Nationalstaaten allerdings bemüht, Doppelbesteuerungen zu vermeiden oder zu mildern, da sie sich nachteilig auf den wirtschaftlichen Leistungsaustausch und die internationale Wettbewerbsfähigkeit auswirken. Je nach dem rechtlichen Status solcher Vermeidungsvorschriften spricht man von

– einseitigen bzw. unilateralen Bestimmungen (beruhend auf nationalen Regelungen) oder
– zweiseitigen bzw. bilateralen Bestimmungen (sog. Doppelbesteuerungsabkommen – DBA –, beruhend auf völkerrechtlichen Verträgen zwischen zwei Staaten).

Im **OECD-Musterabkommen (OECD-MA**, vgl. Anhang 1 S. 509) sind folgende zwei Methoden zur Vermeidung bzw. Milderung der Doppelbesteuerung aufgeführt:

(1) **Freistellung** mit Progressionsvorbehalt (Befreiungsmethode, Art. 23A OECD-MA): Hier werden die im ausländischen Staat (Quellenstaat) befindlichen Einkünfte vom Ansässigkeitsstaat von der Besteuerung freigestellt, allerdings mit sog. **Progressionsvorbehalt** (bei der Bemessung des Steuersatzes werden die ausländischen Einkünfte mit berücksichtigt, vgl. hierzu S. 280).
(2) **Anrechnungsmethode** (Art. 23B OECD-MA): Hier werden die Einkünfte sowohl im Ansässigkeitsstaat als auch im Quellenstaat besteuert, der Ansässigkeitsstaat rechnet aber die Auslandssteuer auf die Inlandssteuer an, vgl. hierzu S. 241ff.).

Darüber hinaus sind im deutschen Ertragsteuerrecht als **einseitige nationale Vermeidungsmaßnahmen** zu erwähnen

(1) Abzug der ausländischen Steuern bei Ermittlung der Einkünfte (§ 34c Abs. 2, 3 EStG, vgl. S. 243f.),
(2) Pauschalierung oder Erlass der Steuer auf ausländische Einkünfte (§ 34c Abs. 5 EStG, vgl. S. 245).

Eine **Sonderstellung** nimmt das **Umsatzsteuerrecht** ein, das innerhalb der EU supranationalen Vorschriften folgt. Zu den dort geltenden Prinzipien der Vermeidung der Doppelbesteuerung vgl. S. 311ff.

1.4 Rechtsquellen

Die Regelungen des internationalen Steuerrechts lassen sich nach unterschiedlichen Gesichtspunkten gliedern (vgl. Zenthöfer/Schulze zur Wiesche: Einkommensteuer, Stuttgart 2001, S. 1040):

(1) **Kollisionsbegründende** Normen (z. B. § 1 EStG und §§ 1, 2 KStG zur Abgrenzung der unbeschränkten von der beschränkten Steuerpflicht)
(2) **Kollisionsvermeidende** Normen (unilateral: z. B. § 34c EStG; bilateral: DBA)
(3) **Steuerflucht**-Normen (Regelungen des Außensteuergesetzes)

Eine ausführliche Zusammenstellung nach den Rechtsquellen ist aus der nachfolgenden Tabelle ersichtlich.

Gliederung	Norm	Inhalt der Norm
Allgemeines Außensteuerrecht	§ 1 EStG	Abgrenzung zwischen begrenzter und unbegrenzter Steuerpflicht
	§ 1a EStG	Fiktive unbeschränkte Steuerpflicht von EU- und EWR-Familienangehörigen
	§ 2a EStG	Abzugsbeschränkung negativer Einkünfte mit Auslandsbezug
	§ 32b Abs. 1 Nr. 2, 3 EStG	Progressionsvorbehalt
	§ 34c EStG	Steuerermäßigung bei ausländischen Einkünften
	§ 34d EStG	Definition ausländischer Einkünfte
	§ 49 EStG	Beschränkt steuerpflichtige Einkünfte
	§ 50 EStG	Sondervorschriften für beschränkt Steuerpflichtige
	§ 50a EStG	Steuerabzug bei beschränkt Steuerpflichtigen
	§ 50d EStG	Besonderheiten im Fall von DBA
	§ § 1,2 KStG	Abgrenzung zwischen begrenzter und unbegrenzter Steuerpflicht
	§ 8b Abs. 5 KStG	Fiktiver Betriebsausgabenabzug aus Auslandsdividenden
	§ 12 KStG	Verlegung der Geschäftsleitung ins Ausland
	§ 26 KStG	Besteuerung ausländischer Einkünfte
Besonderes Außensteuerrecht Außensteuergesetz (AStG)	§ 1 AStG	Berichtigung von Einkünften
	§§ 2–5 AStG	Erweiterung der beschränkten Steuerpflicht bei Wohnsitzverlegung in niedrigbesteuertes Ausland
	§ 6 AStG	Vermögenszuwachsbesteuerung bei wesentlichen Beteiligungen
	§§ 7–14 AStG	Hinzurechnungsbesteuerung bei Zwischengesellschaften
	§ 15 AStG	Hinzurechnungsbesteuerung bei Familienstiftungen
Völkerrechtliche Verträge zwischen zwei Staaten	Doppelbesteuerungsabkommen	Bilaterale Maßnahmen zur Vermeidung von Doppelbesteuerung
EU-Vorschriften (supranationales Recht)	Mutter-/Tochter-Richtlinie 90/435/EWG	Richtlinie über das gemeinsame Steuersystem für Mutter- und Tochtergesellschaften verschiedener Mitgliedstaaten
	Sechste Richtlinie 77/388/EWG	Harmonisierung der Rechtsvorschriften der Mitgliedstaaten über die Umsatzsteuer – gemeinsames Mehrwertsteuersystem – einheitliche steuerpflichtige Bemessungsgrundlage

Abb. 3.1: Rechtsquellen des internationalen Steuerrechts

1.5 Erhöhte Mitwirkungs- und Aufklärungspflichten bei Auslandssachverhalten

Steuerpflichtige sind nach § 90 Abs. 1 AO angehalten, die für die Besteuerung erheblichen Tatsachen vollständig und wahrheitsgemäß offenzulegen. § 90 Abs. 2 AO verstärkt die Mitwirkungspflichten bei Auslandssachverhalten, weil in diesen Fällen die **Ermittlungsmöglichkeiten der Finanzverwaltung erheblich eingeschränkt** sind. Steuerpflichtige haben

- die ausschließliche Verpflichtung, den Sachverhalt aufzuklären (Wegfall der amtlichen Ermittlungspflicht nach § 88 AO) und
- die erforderlichen Beweismittel zu beschaffen (die bloße Benennung von Beweismitteln reicht nicht aus).

Bei Erfüllung dieser Mitwirkungspflicht haben die Steuerpflichtigen alle für sie bestehenden rechtlichen und tatsächlichen Möglichkeiten auszuschöpfen.

Konkrete Ausprägungen dieses allgemeinen Grundsatzes sind

(1) die **besondere Anzeigepflicht des § 138 Abs. 2 AO** zu

- Gründung und Erwerb von Betrieben/Betriebsstätten im Ausland,
- Beteiligungen an ausländischen Personengesellschaften,
- Erwerb von Beteiligungen an ausländischen Gesellschaften von (unmittelbar) mehr als 10 % bzw. (mittelbar) mehr als 25 %,

die spätestens dann zu erstatten ist, wenn nach dem meldepflichtigen Ereignis eine Einkommen- oder Körperschaftsteuererklärung oder eine Erklärung zur gesonderten Gewinnfeststellung einzureichen ist (§ 138 Abs. 3 AO).

(2) die **besondere Mitwirkungspflicht des § 16 AStG** bei Gläubigern und Zahlungsempfängern in einem Niedrigsteuerland (d.h. mit keiner oder nur unwesentlicher Besteuerung):

- Offenlegung aller Beziehungen, die unmittelbar oder mittelbar zwischen dem Steuerpflichtigen und der Gesellschaft, Person oder Personengesellschaft bestehen und bestanden haben.
- Auf Verlangen des Finanzamts ist über die Auskünfte eine Versicherung an Eides Statt abzugeben.

(3) die **besondere Sachverhaltsaufklärung nach § 17 AStG** bei zwischengeschalteten Gesellschaften (§ 5 AStG), Beteiligungen an ausländischen Zwischengesellschaften (§§ 7 ff. AStG) und Familienstiftungen (§ 15 AStG):

- Offenbarung der Geschäftsbeziehungen,
- Vorlegung sachdienlicher Unterlagen (auf Verlangen auch geprüfte Jahresabschlüsse).

Bei **Verletzung der den Beteiligten treffenden Mitwirkungspflichten** ist die Finanzbehörde zur **Schätzung** berechtigt und verpflichtet (§ 162 AO). Ein Verstoß gegen die Meldepflicht des § 138 Abs. 2 AO ist im Fall der vorsätzlichen oder leichtfertigen Verletzung in § 379 Abs. 2 Nr. 1 und Abs. 4 AO mit **Bußgeld** bis 5 000 € bedroht. Eine unzureichende Mitwirkung, aus der Vorteile für den Steuerpflichtigen erwachsen würden, geht zu Lasten des Steuerpflichtigen.

1.6   Fallorientierte Vorgehensweise

Bei steuerlich relevanten Auslandssachverhalten sind folgende Fallkonstellationen möglich:

Nicht DBA! *Nicht DBA!*

	Steuerinländer mit Bezügen im Ausland		Steuerausländer mit Bezügen im Inland	
	Natürliche Person	Juristische Person	Natürliche Person	Juristische Person
Nationales Recht	Fallgruppe 1	Fallgruppe 2	Fallgruppe 3	Fallgruppe 4
DBA	Fallgruppe 5			

Hinsichtlich der Fallgruppe 5 zu DBA ist es – im Gegensatz zu den Fallgruppen 1 bis 4 – nicht notwendig, Fälle mit Steuerinländern und Steuerausländern zu unterscheiden, weil eine Aufsplittung aufgrund des Aufbaus der DBA nicht sinnvoll ist.

Als **Steuerinländer** werden hier Personen bezeichnet, die ihren Wohnsitz oder gewöhnlichen Aufenthalt im Inland haben und daher der unbeschränkten Steuerpflicht unterliegen, während **Steuerausländer** unter die beschränkte Steuerpflicht fallen (vgl. Handzik in Littmann/Bitz/Pust: Das Einkommensteuerrecht, § 2 Rn 143).

Zur Lösung von Fällen grenzüberschreitender ertragsteuerlicher Sachverhalte – die Umsatzsteuer folgt eigenen Regeln, vgl. S. 311ff. – dient **obiges Tableau** unter Beachtung der Interdependenz bilateraler und unilateraler Vorschriften <u>**als Prüfungsschema**</u>: Nach Feststellung des Steuersubjekts – ob Steuerinländer oder Steuerausländer, natürliche oder juristische Person – sind immer folgende zwei Prüfschritte zu absolvieren:

(1) Liegt ein **Sachverhalt zwischen Ländern mit DBA** vor?
    Falls ja (vgl. hierzu Verzeichnis der Abkommen in Anhang 2 S. 518), ergibt sich aus dem DBA die Besteuerungskompetenz und die Methode, nach der eine eventuelle Doppelbesteuerung zu vermeiden bzw. zu mildern ist. Erst danach ist nach deutschem Steuerrecht das Ob und Wie der Besteuerung zu ermitteln unter Berücksichtigung eventueller ausländischer Steuer.
(2) Liegt ein **Sachverhalt zwischen Ländern ohne DBA** vor?
    Ausgehend von der entsprechenden Fallgruppe ist die deutsche Besteuerung zu ermitteln und dann zu prüfen, wie eine eventuelle ausländische Steuer zu berücksichtigen ist.

Die folgenden Ausführungen zu grenzüberschreitenden ertragsteuerlichen Sachverhalten gliedern sich bewusst nicht nach den Steuergesetzen, sondern sind fallgeprägt und orientieren sich an dem oben dargestellten Tableau und den dort aufgezeigten Fallkonstellationen, was die Lösung praktischer Sachverhalte erleichtert.

– **Fallgruppe 1:** Steuerinländer (natürliche Person) mit ausländischen Einkünften aus einem Nicht-DBA-Staat: vgl. Kapitel 2 (S. 236ff.),
– **Fallgruppe 2:** Steuerinländer (juristische Person) mit ausländischen Einkünften aus einem Nicht-DBA-Staat: vgl. Kapitel 3 (S. 253ff.),
– **Fallgruppe 3:** Steuerausländer (natürliche Person aus einem Nicht-DBA-Staat) mit inländischen Einkünften: vgl. Kapitel 4 (S. 259ff.),

- **Fallgruppe 4:** Steuerausländer (juristische Person aus einem Nicht-DBA-Staat) mit inländischen Einkünften: vgl. Kapitel 5 (S. 267ff.),
- **Fallgruppe 5:** Funktion und Systematik der DBA vgl. Kapitel 6 (S. 270ff.).

Manche **Fragestellungen sind allerdings fallübergreifend** und werden deshalb in gesonderten Kapiteln angesprochen, wie z. B.

- Aufteilung der Einkünfte bei **Betriebsstätten** international tätiger Unternehmen vgl. Kapitel 7 (S. 282ff.) und
- Einkunftsabgrenzung bei **international verbundenen Unternehmen** vgl. Kapitel 8 (S. 290ff.).

Danach folgen Ausführungen

- zum **Außensteuergesetz** (vgl. Kapitel 9, S. 300ff.) und
- zu grenzüberschreitenden **umsatzsteuerlichen Sachverhalten** (vgl. Kapitel 10, S. 311ff.).

Kontrollfragen

1. *Worin liegt die Problematik grenzüberschreitender steuerlich relevanter Sachverhalte?*
2. *Definieren Sie die Begriffe Welteinkommensprinzip, Territorialitätsprinzip, Wohnsitzbesteuerung und Quellenbesteuerung.*
3. *In welchen Fällen kann es zu einer Doppelbesteuerung bei grenzüberschreitenden Sachverhalten kommen?*
4. *Was ist der Unterschied zwischen unilateralen und bilateralen Maßnahmen zur Vermeidung einer Doppelbesteuerung?*
5. *Wie lassen sich die Rechtsquellen des internationalen Steuerrechts gliedern?*
6. *Warum sind die Mitwirkungs- und Aufklärungspflichten bei Auslandssachverhalten im Vergleich zu Inlandssachverhalten verschärft?*
7. *In welchen Vorschriften sind Mitwirkungs- und Aufklärungspflichten bei Auslandssachverhalten kodifiziert?*
8. *Beschreiben Sie das Prüfungsschema zur Lösung von Fällen grenzüberschreitender ertragsteuerlicher Sachverhalte.*

2 Steuerinländer (natürliche Person) mit ausländischen Einkünften aus einem Nicht-DBA-Staat (Fallgruppe 1)

Gesetzliche Vorschriften: Für die hierunter fallenden Sachverhalte mit ausländischen Einkünften sind folgende Paragraphen des Einkommensteuerrechts zu beachten:

- §§ 1, 1a EStG: Abgrenzung zwischen unbeschränkter und beschränkter Steuerpflicht,
- § 34d EStG: Definition ausländischer Einkünfte,
- § 34c EStG: Steuerermäßigung bei ausländischen Einkünften,
- § 2a Abs. 1 und 2 EStG: eingeschränkte Berücksichtigung negativer ausländischer Einkünfte.

Wichtige Verwaltungsanweisungen: Im Rahmen der Pauschalierung sind folgende Erlasse der Finanzverwaltung zu beachten:

– Auslandstätigkeitserlass (BMF BStBl I 1983, 470),
– Pauschalierungserlass (BMF BStBl I 1984, 252).

2.1 Arten der unbeschränkten Steuerpflicht im EStG

Das EStG unterscheidet

– unbeschränkte Steuerpflicht nach § 1 Abs. 1 EStG,
– erweiterte unbeschränkte Steuerpflicht nach § 1 Abs. 2 EStG (für deutsche Auslandsbeamte, insbesondere Beamte der diplomatischen Missionen),
– unbeschränkte Steuerpflicht auf Antrag nach § 1 Abs. 3 EStG,
– fiktive unbeschränkte Steuerpflicht auf Antrag nach § 1a EStG (für EU- und EWR-Familienangehörige).

2.2 Unbeschränkte Steuerpflicht nach § 1 Abs. 1 EStG

Natürliche Personen, die im Inland einen Wohnsitz oder ihren gewöhnlichen Aufenthalt haben, sind unbeschränkt einkommensteuerpflichtig (§ 1 Abs. 1 EStG). Die unbeschränkte Einkommensteuerpflicht erstreckt sich auf sämtliche Einkünfte im Sinne des § 2 Abs. 1 EStG, gleichgültig, wo sie entstanden sind, d. h. sie erstreckt sich auf sämtliche inländischen und ausländischen Einkünfte (Welteinkommensprinzip), soweit nicht für bestimmte Einkünfte abweichende Regelungen bestehen, z. B. in DBA (H 1 EStR).

2.2.1 Wohnsitz

Gemäß § 8 AO hat jemand einen Wohnsitz dort, wo er eine Wohnung unter Umständen innehat, die darauf schließen lassen, dass er die Wohnung beibehalten und benutzen will.

Der Wohnsitzbegriff knüpft an die tatsächlichen Verhältnisse an. Die bloße Absicht, einen Wohnsitz zu begründen, entfaltet allein keine steuerliche Wirkung. Unerheblich ist die An- oder Abmeldung bei der Ordnungsbehörde (AEAO zu § 8 Nr. 2).

Mit Wohnung sind die objektiv zum Wohnen geeigneten Wohnräume gemeint. Es genügt eine bescheidene Bleibe. Nicht erforderlich ist eine abgeschlossene Wohnung mit Küche und separater Waschgelegenheit (AEAO zu § 8 Nr. 3).

Die Wohnung muss innegehabt werden, d. h. der Berechtigte muss über sie verfügen können, muss sie beibehalten und benutzen (Letzteres ist eine Tatfrage). Es genügt, dass die Wohnung z. B. über Jahre hinweg jährlich regelmäßig zweimal zu bestimmten Zeiten über einige Wochen benutzt wird (BFH BStBl II 1989, 182; AEAO zu § 8 Nr. 4).

2.2.2 Gewöhnlicher Aufenthalt

Gemäß § 9 AO hat jemand den gewöhnlichen Aufenthalt dort, wo er sich unter Umständen aufhält, die erkennen lassen, dass er an diesem Ort oder in diesem Gebiet nicht nur vorübergehend verweilt. Als gewöhnlicher Aufenthalt ist stets und von Beginn an ein **zeitlich zusammenhängender Aufenthalt von mehr als sechs Monaten Dauer** anzusehen; kurzfristige Unterbrechungen (z. B. Weihnachtsurlaub, Familienheimfahrten) bleiben unberücksichtigt. Die sechs Monate können in zwei Veranlagungszeiträume fallen.

Der Sechs-Monatszeitraum gilt nicht, wenn der Aufenthalt ausschließlich zu Besuchs-, Erholungs-, Kur- oder ähnlichen privaten Zwecken genommen wird und nicht länger als ein Jahr dauert (§ 9 Satz 3 AO).

> **Beispiel 1:**
> A ist Arbeitnehmer und fährt täglich vom Ausland zur Arbeit nach Deutschland; nach Beendigung der Arbeit fährt er wieder zu seinem ausländischen Wohnsitz zurück.
>
> **Lösung:**
> A ist ein sog. **Grenzgänger**. Er arbeitet zwar in Deutschland, begründet aber durch seine Arbeit weder einen Wohnsitz noch einen gewöhnlichen Aufenthalt (BFH BStBl II 1989, 755; 1997, 15; AEAO zu § 9 Nr. 2). Er unterliegt deshalb nicht der Fallgruppe der Steuerinländer und daher nicht der unbeschränkten Einkommensteuerpflicht. Zu prüfen wäre hier der Fall des Steuerausländers mit inländischen Einkünften.

> **Beispiel 2:**
> Der Arbeitnehmer A arbeitet in Deutschland. Er übernachtet im Inland und begibt sich am Wochenende, an Feiertagen und im Urlaub zu seiner Wohnung im Ausland.
>
> **Lösung:**
> A hat am inländischen Arbeitsort seinen gewöhnlichen Aufenthalt. Er unterliegt deshalb der unbeschränkten Einkommensteuerpflicht nach § 1 Abs. 1 EStG (AEAO zu § 9 Nr. 2).

2.2.3 Inland

Zum Inland im Sinne des EStG gehört neben dem Gebiet der Bundesrepublik Deutschland

– der Festlandsockel, soweit dort Naturschätze des Meeresgrunds erforscht oder ausgebeutet werden (§ 1 Abs. 1 Satz 2 EStG),
– Schiffe unter Bundesflagge auf hoher See (BFH BStBl II 1987, 377; H 1 EStH).

2.3 Unbeschränkte Steuerpflicht auf Antrag nach § 1 Abs. 3 und § 1a EStG

Der EuGH (Schumacker-Urteil vom 14.02.1995, DB 1995, 407) hat zu Art. 48 EWG-Vertrag – Freizügigkeit der Arbeitnehmer – entschieden, dass beschränkt einkommensteuerpflichtige Staatsangehörige anderer Mitgliedsstaaten der EU oder des Europäischen Wirtschaftsraums (EWR),

– die ihr Einkommen ganz oder fast ausschließlich aus nichtselbständiger Tätigkeit in Deutschland erzielen, mit unbeschränkt einkommensteuerpflichtigen Arbeitnehmern gleichzustellen sind, wenn der Familienwohnsitz in einem anderen EU/EWR-Mitgliedstaat liegt,

– auch wenn sie ihr Einkommen aus nichtselbständiger Tätigkeit nur zum Teil in Deutschland erzielen, nicht von der Einkommensteuerveranlagung ausgeschlossen werden dürfen (H 1 EStH; BMF BStBl I 1996, 1506).

Die Umsetzung dieser Forderungen erfolgt in § 1 Abs. 3 und § 1a EStG.

2.3.1 Unbeschränkte Steuerpflicht auf Antrag nach § 1 Abs. 3 EStG

§ 1 Abs. 3 EStG gilt auf Antrag für natürliche Personen ohne Wohnsitz oder gewöhnlichen Aufenthalt in Deutschland,

– deren Einkünfte in Deutschland zu mindestens 90 % einkommensteuerpflichtig sind oder
– deren nicht der deutschen Einkommensteuer unterliegenden Einkünfte nicht mehr als 6 136 € im Kalenderjahr betragen.

Die Höhe der nicht der deutschen Einkommensteuer unterliegenden Einkünfte muss durch eine Bescheinigung der ausländischen Steuerbehörde nachgewiesen sein.

Der **Vorteil der Behandlung als unbeschränkt Steuerpflichtige** liegt darin, dass die nachteiligen Sondervorschriften für beschränkt Steuerpflichtige (§ 50 EStG) nicht zur Anwendung kommen. Nicht möglich ist allerdings das Splitting-Verfahren für diesen Personenkreis (§ 26 Abs. 1 EStG).

2.3.2 Fiktive unbeschränkte Steuerpflicht auf Antrag nach § 1a EStG (für EU- und EWR-Familienangehörige)

§ 1a EStG setzt **familien- und personenbezogenen Steuerentlastungen** (Berücksichtigung von in der EU oder im EWR-Wirtschaftsraum lebenden Ehegatten und Kindern) des Schumacker-Urteils um. Voraussetzung ist, dass ein Ehegatte nach § 1 Abs. 1 oder Abs. 3 EStG unbeschränkt einkommensteuerpflichtig ist. Zum EWR-Wirtschaftsraum zählen Island, Norwegen und Liechtenstein.

Als familienbedingte Erleichterungen werden gewährt:

– Realsplitting (§ 1a Abs. 1 Nr. 1 EStG),
– Zusammenveranlagung (Splitting-Verfahren auf Antrag, § 1a Abs. 1 Nr. 2 EStG),
– Haushaltsfreibetrag (§ 1a Abs. 1 Nr. 3 EStG).

2.4 Ausländische Einkünfte nach § 34d EStG

§ 34d EStG enthält einen **abschließenden Katalog** ausländischer Einkünfte (**aus Nicht-DBA-Staaten**). Einkünfte, die nicht unter den Katalog des § 34d EStG zu subsumieren sind, fallen nicht unter die Rechtsfolgen des § 34c EStG (Anrechnung nach Absatz 1, Abzug nach Absatz 2, Pauschalierung bzw. Erlass nach Absatz 5); gegebenenfalls könnte aber ein Abzug nach § 34c Abs. 3 EStG in Betracht kommen (vgl. Handzik in Littmann/Bitz/Pust: Das Einkommensteuerrecht, § 34d Rn 3):

Die Klassifizierung der ausländischen Einkünfte nach § 34d EStG richtet sich nach deutschem, nicht nach ausländischem Recht (R 212b Satz 2 EStR).

Einkunftsart	Anknüpfungsmerkmal
(1) Einkünfte aus Land- und Forstwirtschaft (§§ 13, 14 EStG)	– der im ausländischen Staat belegene Betrieb
(2) Einkünfte aus Gewerbebetrieb (§§ 15, 16 EStG)	– die im ausländischen Staat belegene Betriebsstätte oder – der im ausländischen Staat tätige ständige Vertreter – Bürgschafts- und Avalprovisionen, wenn der Schuldner Wohnsitz, Geschäftsleitung oder Sitz in einem ausländischen Staat hat – Einkünfte aus Seeschiffen und Luftfahrt
(3) Einkünfte aus selbständiger Arbeit (§ 18 EStG)	– die Ausübung oder – die Verwertung im ausländischen Staat
(4) Einkünfte aus Veräußerung	– die Belegenheit des zu einem Betrieb gehörenden Anlagevermögens im ausländischen Staat – bei Anteilen an Kapitalgesellschaften, Geschäftsleitung oder Sitz im ausländischen Staat
(5) Einkünfte aus nichtselbständiger Arbeit (§ 19 EStG)	– die Ausübung oder – die Verwertung im ausländischen Staat
(6) Einkünfte aus Kapitalvermögen (§ 20 EStG)	– Schuldner hat Wohnsitz, Geschäftsleitung oder Sitz in einem ausländischen Staat, – das Kapitalvermögen ist durch ausländischen Grundbesitz gesichert
(7) Einkünfte aus Vermietung und Verpachtung (§ 21 EStG)	– soweit das unbewegliche Vermögen oder die Sachinbegriffe in einem ausländischen Staat belegen oder – die Rechte zur Nutzung in einem ausländischen Staat überlassen worden sind
(8) Sonstige Einkünfte (§ 22 EStG)	– wenn der zur Leistung der wiederkehrenden Bezüge Verpflichtete Wohnsitz, Geschäftsleitung oder Sitz in einem ausländischen Staat hat, – wenn bei Spekulationsgeschäften die veräußerten Wirtschaftsgüter in einem ausländischen Staat belegen sind, – wenn bei Einkünften aus Leistungen einschließlich der Einkünfte aus Leistungen im Sinne des § 49 Abs. 1 Nr. 9 EStG der zur Vergütung der Leistung Verpflichtete Wohnsitz, Geschäftsleitung oder Sitz in einem ausländischen Staat hat.

Abb. 3.2: Ausländische Einkünfte nach §34d EStG

2.5   Übersicht über die Steuerermäßigung bei ausländischen Einkünften nach § 34c EStG

§ 34c EStG sieht im Falle unbeschränkter Einkommensteuerpflicht folgende Methoden zur Vermeidung der Doppelbesteuerung bei ausländischen Einkünften vor:

- Anrechnungsmethode (§ 34c Abs. 1 EStG),
- Abzugsmethode (§ 34c Abs. 2, 3 EStG),
- Pauschalierung (§ 34c Abs. 5 EStG).

§ 34 Abs. 6 EStG regelt die Nichtanwendbarkeit des § 34c EStG, wenn ein DBA vorliegt, es sei denn, das DBA sieht die Anrechnungsmethode vor. Dann besteht nach § 34c Abs. 6 Satz 2 EStG das Wahlrecht zur Abzugsmethode nach § 34c Abs. 2 EStG.

2.6   Anrechnungsmethode (§ 34c Abs. 1 EStG)

Die Anrechnungsmethode ist in § 34c Abs. 1 EStG beschrieben. Dort heißt es: Bei unbeschränkt Steuerpflichtigen, die mit ausländischen Einkünften in dem Staat, aus dem die Einkünfte stammen, zu einer der deutschen Einkommensteuer entsprechenden Steuer herangezogen werden, ist die festgesetzte und gezahlte und keinem Ermäßigungsanspruch mehr unterliegende ausländische Steuer auf die deutsche Einkommensteuer anzurechnen, die auf die Einkünfte aus diesem Staat entfällt.

Für die **Umrechnung** sind die von der Europäischen Zentralbank täglich veröffentlichten €-Referenzkurse anzuwenden (R 212a Abs. 1 EStR).

Anrechnung bedeutet, dass die ausländische von der deutschen Steuer abgezogen wird (nicht von der Bemessungsgrundlage).

Beispiel:

	€
Ausländische Steuer	3 000
Deutsche Steuer (vor Berücksichtigung der ausländischen)	5 000
Verbleibende deutsche Steuer	2 000

2.6.1   Tatbestandsmerkmale der Anrechnung nach § 34c Abs. 1 EStG

Die Anwendung der Anrechnungsmethode setzt das Vorliegen folgender Tatbestandsmerkmale voraus:

(1) Unbeschränkte Einkommensteuerpflicht
(2) Ausländische Einkünfte:
Die ausländischen Einkünfte im Sinne des § 34c EStG sind in § 34d EStG definiert (vgl. S. 239f.).
(3) Die Besteuerung der ausländischen Einkünfte im Quellenstaat:
Besteuert ausnahmsweise nicht der Quellenstaat, sondern ein Drittstaat, scheidet die Anrechnung aus.
(4) Der deutschen Einkommensteuer entsprechende ausländische Steuern.
Hierzu hat die Finanzverwaltung ein Verzeichnis herausgegeben, das in der Anlage 8 zu R 212a EStR abgedruckt ist.

(5) Die ausländische Steuer muss festgesetzt und gezahlt sein und darf keinem Ermäßigungsanspruch mehr unterliegen.

(6) Nachweispflichten:

Nach § 68b EStDV hat der Steuerpflichtige den Nachweis über die Höhe der ausländischen Einkünfte und über die Festsetzung und Zahlung der ausländischen Steuern durch Vorlage entsprechender Urkunden (Steuerbescheid, Quittung über die Zahlung) zu führen. Beglaubigte Übersetzung kann verlangt werden.

2.6.2 Durchführung der Anrechnung (§ 34c Abs. 1 Satz 2 EStG)

Die auf die ausländischen Einkünfte entfallende deutsche Einkommensteuer ist in der Weise zu ermitteln, dass die sich bei der Veranlagung des zu versteuernden Einkommens – einschließlich der ausländischen Einkünfte – nach den §§ 32a, 32b, 34 und 34b EStG ergebende deutsche Einkommensteuer im Verhältnis dieser ausländischen Einkünfte zur Summe der Einkünfte aufgeteilt wird. Die ausländischen Steuern sind nur insoweit anzurechnen, als sie auf die im Veranlagungszeitraum bezogenen Einkünfte entfallen (§ 34c Abs. 1 Satz 2 und 3 EStG).

Die Formel hierfür lautet (vgl. H 212b EStR):

$$\frac{\text{Maximal anrechenbare}}{\text{ausländische Steuer}} = \frac{\text{Deutsche Gesamt-ESt} \cdot \text{ausländische Einkünfte}}{\text{Summe der Einkünfte}}$$

Die deutsche Einkommensteuer berechnet sich hier nach dem Welteinkommensprinzip. Zur Ermittlung des zu versteuernden Einkommens und der festzusetzenden Einkommensteuer vgl. die Berechnungsschemata in R 3 und R 4 EStR. Die Anrechnung ist von Amts wegen durchzuführen.

Beispiel:

Der in Deutschland unbeschränkt steuerpflichtige ledige A erzielt im Veranlagungszeitraum (VZ) 2002 folgende Einkünfte:

	€
Inländische Einkünfte	80 000
Ausländische Einkünfte (aus Nicht-DBA-Staat)	10 000
Sonderausgaben	5 000

A hat für die ausländischen Einkünfte umgerechnet

a) 3 000 € Steuer
b) 4 000 € Steuer

gezahlt. Wie hoch ist die Anrechnung?

Lösung:

	€
Inländische Einkünfte	80 000
+ Ausländische Einkünfte (aus Nicht-DBA-Staat)	10 000
= Summe der Einkünfte	90 000
·/· Sonderausgaben	5 000
= zu versteuerndes Einkommen	85 000

Einkommensteuer 2002 lt. Grundtabelle   31 359

$$\text{Anteiliger Höchstbetrag:} \quad \frac{31\,359 \cdot 10\,000}{90\,000} = \qquad\qquad 3\,484$$

Ergebnis:
Im Fall a) hat A 3 000 € Steuern bezahlt. Es sind 3 000 € anrechenbar. Die deutsche Einkommensteuer beträgt (31 359 ·/· 3 000) = 28 359 €.
Im Fall b) hat A 4 000 € Steuern bezahlt. Es sind 3 484 € anrechenbar. Die deutsche Einkommensteuer beträgt (31 359 ·/· 3 484) = 27 875 €.

Zu beachten ist, dass bei der Anrechnungsmethode die Einkommensteuer höchstens auf 0 € reduziert werden kann, eine Erstattung also nicht möglich ist.

2.6.3 Einkünfte aus mehreren ausländischen Staaten (§ 68a EStDV)

Stammen die Einkünfte aus mehreren ausländischen Staaten, so sind die Höchstbeträge der anrechenbaren ausländischen Steuern für jeden einzelnen ausländischen Staat gesondert zu berechnen (sog. **Saldierungsverbot** bzw. **Per-Country-Limitation**, § 68a Satz 2 EStDV). Liegt eine anrechenbare ausländische Steuer unter und die andere über dem Höchstbetrag, so darf nicht saldiert werden.

2.7 Abzugsmethode (§ 34c Abs. 2, 3 EStG)

2.7.1 Abzug auf Antrag (§ 34c Abs. 2 EStG)

§ 34c Abs. 2 EStG gestattet **auf Antrag** statt der Anrechnung den Abzug der ausländischen Steuer bei der Ermittlung der Einkünfte. Die Anrechnungs- und Abzugsmethode unterscheiden sich dabei wie folgt:

(1) Bei der Anrechnungsmethode nach § 34c Abs. 1 EStG wird die ausländische Steuer von der inländischen abgezogen; als Folge verringert sich die deutsche Einkommensteuer.
(2) Bei der Abzugsmethode nach § 34c Abs. 2 EStG wird die ausländische Steuer von der Bemessungsgrundlage für die deutsche Einkommensteuer abgezogen, setzt also systematisch früher ein.

Für die **Wahl der einen oder anderen Methode** lassen sich folgende Regeln aufstellen:

(1) Die Anrechnungsmethode ist günstiger, falls die ausländische Steuer voll anrechenbar ist.
(2) Die Abzugsmethode ist günstiger, wenn
   – die Auslandssteuern im Verhältnis zur anteiligen Einkommensteuer relativ hoch sind,
   – insgesamt negative Einkünfte vorliegen oder
   – positive Einkünfte unterhalb des Grundfreibetrags vorliegen.

Im Zweifel wird man jeweils eine Vergleichsrechnung durchführen müssen.

2.7.2   Durchführung des Abzugs

Um einen direkten Vergleich mit der Wirkung der Anrechnungsmethode zu ermöglichen, sei hier auf die Daten des vorherigen Beispiels zurückgegriffen:

Beispiel:
Der in Deutschland unbeschränkt steuerpflichtige ledige A erzielt im Veranlagungszeitraum (VZ) 2002 folgende Einkünfte:

	€
Inländische Einkünfte	80 000
Ausländische Einkünfte (aus Nicht-DBA-Staat)	10 000
Sonderausgaben	5 000

A hat für die ausländischen Einkünfte umgerechnet

a) 3 000 € Steuer
b) 4 000 € Steuer

gezahlt. Wie hoch ist die deutsche Einkommensteuer bei Anwendung der Abzugsmethode?

Lösung a:

	€
Inländische Einkünfte	80 000
+ Ausländische Einkünfte (aus Nicht-DBA-Staat)	10 000
·/· Ausländische Steuer	3 000
= Summe der Einkünfte	87 000
·/· Sonderausgaben	5 000
= zu versteuerndes Einkommen	82 000

Einkommensteuer 2002 lt. Grundtabelle	29 893

Lösung b:

	€
Inländische Einkünfte	80 000
+ Ausländische Einkünfte (aus Nicht-DBA-Staat)	10 000
·/· Ausländische Steuer	4 000
= Summe der Einkünfte	86 000
·/· Sonderausgaben	5 000
= zu versteuerndes Einkommen	81 000

Einkommensteuer 2002 lt. Grundtabelle	29 421

Vergleicht man nun die Ergebnisse zwischen Anrechnungs- und Abzugsmethode, so ergibt sich eine deutsche Einkommensteuer von:

	Anrechnungsmethode	Abzugsmethode
a)	28 359 €	29 893 €
b)	27 875 €	29 421 €

Die Wahl der Anrechnungsmethode ist in beiden Fällen günstiger.

2.7.3 Abzug von Amts wegen (§ 34c Abs. 3 EStG)

Bei unbeschränkt Steuerpflichtigen, bei denen eine ausländische Steuer vom Einkommen nach § 34c Abs. 1 EStG **nicht angerechnet werden kann**, weil

– die Steuer nicht der deutschen Einkommensteuer entspricht (was wohl selten vorkommt) oder
– nicht in dem Staat erhoben wird, aus dem die Einkünfte stammen (z. B. Steuern eines Drittstaates auf eine Betriebsstätte in einem anderen ausländischen Staat), oder weil
– keine ausländischen Einkünfte vorliegen (was wohl größte Praxisrelevanz hat, z. B. wenn ein ausländischer Staat Einkünfte besteuert, die nach deutschem Recht inländisch zu besteuern sind wie Liefergewinne bei Auslandsmontagen),

ist die festgesetzte und gezahlte und keinem Ermäßigungsanspruch mehr unterliegende ausländische Steuer bei der Ermittlung der Einkünfte abzuziehen, soweit sie auf Einkünfte entfällt, die der deutschen Einkommensteuer unterliegen (§ 34c Abs. 3 EStG).

Dieser Bestimmung kommt somit eine **Auffangfunktion** zu. Das **Saldierungsverbot** bzw. die **Per-Country-Limitation** ist bei § 34c Abs. 3 EStG **nicht** zu beachten (vgl. Handzik in Littmann/Bitz/Pust: Das Einkommensteuerrecht, § 34c Rn 70 ff.).

2.8 Pauschalierung (§ 34c Abs. 5 EStG)

Gemäß § 34c Abs. 5 EStG können die obersten Finanzbehörden der Länder oder die von ihnen beauftragten Finanzbehörden mit Zustimmung des Bundesministeriums der Finanzen die auf ausländische Einkünfte entfallende deutsche Einkommensteuer **ganz oder zum Teil erlassen oder in einem Pauschbetrag festsetzen**, wenn

– es aus volkswirtschaftlichen Gründen zweckmäßig ist oder
– die Anwendung des § 34c Abs. 1 EStG besonders schwierig ist.

Diese Ermessensvorschrift hat Auffangcharakter und soll Nachteile der Anrechungsmethode ausgleichen.

Im Erlasswege hat die Finanzverwaltung **ermessenskonkretisierende Verwaltungsanweisungen** herausgegeben:

– den Auslandstätigkeitserlass (BMF BStBl I 1983, 470),
– den Pauschalierungserlass (BMF BStBl I 1984, 252).

2.8.1 Auslandstätigkeitserlass

Der Auslandstätigkeitserlass (ATE, BMF BStBl I 1983, 470) soll den deutschen Anlagenbau und die vorbereitende Beratertätigkeit insbesondere in Entwicklungsländern fördern, indem unter bestimmten Voraussetzungen Einkünfte aus einer im Ausland ausgeübten nichtselbständigen Tätigkeit **von der deutschen Einkommensteuer freigestellt** werden (Anreiz für längerfristige Auslandseinsätze; vgl. Handzik in Littmann/Bitz/Pust, Das Einkommensteuerrecht, § 34c Rn 104).

Er findet nach Tz V.2 ATE nur Anwendung, wenn die Tätigkeit in einem Staat ausgeübt wird, mit dem **kein DBA** besteht (Nebeneinander unbeschränkter Steuerpflicht in Deutschland aufgrund des Welteinkommensprinzips und beschränkter Steuerpflicht im Ausland aufgrund Quellenbesteuerung).

2.8.1.1 Voraussetzungen des Auslandstätigkeitserlasses

Für die Anwendung des Auslandstätigkeitserlasses müssen folgende Tatbestandsvoraussetzungen vorliegen (Tz I ATE):

(1) Begünstigt ist die Auslandstätigkeit für einen inländischen Lieferanten, Hersteller, Auftragnehmer oder Inhaber ausländischer Mineralaufsuchungs- oder -gewinnungsrechte.

(2) Begünstigte Tätigkeiten:

   a) Planung, Errichtung, Einrichtung, Inbetriebnahme, Erweiterung, Instandsetzung, Modernisierung, Überwachung oder Wartung von Fabriken, Bauwerken, ortsgebundenen großen Maschinen oder ähnlichen Anlagen sowie dem Einbau, der Aufstellung oder Instandsetzung sonstiger Wirtschaftsgüter; außerdem ist das Betreiben der Anlagen bis zur Übergabe an den Auftraggeber begünstigt,

   b) Aufsuchen oder Gewinnung von Bodenschätzen,

   c) Beratung (Consulting) ausländischer Auftraggeber oder Organisationen im Hinblick auf Vorhaben im Sinne der Nummern (a) oder (b),

   d) deutsche öffentlichen Entwicklungshilfe im Rahmen der technischen oder finanziellen Zusammenarbeit.

(3) Die Auslandstätigkeit muss mindestens drei Monate ununterbrochen in **Nicht-DBA-Staaten** ausgeübt werden. Sie beginnt mit Antritt der Reise ins Ausland und endet mit der endgültigen Rückkehr ins Inland.

2.8.1.2 Rechtsfolgen des Auslandstätigkeitserlasses

Bei Arbeitnehmern eines inländisches Arbeitgebers wird **von der Besteuerung des Arbeitslohns abgesehen**, den der Arbeitnehmer für eine begünstigte Tätigkeit im Ausland erhält. Hierzu sind folgende **Verfahrensvorschriften** zu beachten (Tz VI ATE):

(1) Der Verzicht auf die Besteuerung im Steuerabzugsverfahren ist vom Arbeitgeber oder Arbeitnehmer beim Betriebsstättenfinanzamt zu **beantragen**.

(2) a) Ist glaubhaft gemacht worden, dass die Voraussetzungen vorliegen, so kann die **Freistellungsbescheinigung** erteilt werden, solange dem Arbeitgeber eine Änderung des Lohnsteuerabzugs möglich ist (§ 41c EStG).

   b) Ein Nachweis, dass der ausländische Staat eine der deutschen Lohnsteuer entsprechende Steuer erhebt, ist nicht erforderlich.

(3) a) Der begünstigte Arbeitslohn ist im **Lohnkonto**, auf der Lohnsteuerkarte, der besonderen Lohnsteuerbescheinigung sowie dem Lohnzettel getrennt von dem übrigen Arbeitslohn anzugeben.

   b) Die Freistellungsbescheinigung ist als Beleg zum Lohnkonto des Arbeitnehmers zu nehmen.

   c) Für Arbeitnehmer, die während des Kalenderjahrs begünstigten Arbeitslohn bezogen haben, darf der Arbeitgeber weder die Lohnsteuer nach dem voraussichtlichen Jahresarbeitslohn (sog. permanenter Jahresausgleich) ermitteln noch einen Lohnsteuer-Jahresausgleich durchführen.

   d) Der Arbeitgeber ist bis zur Ausschreibung der Lohnsteuerbescheinigung sowie des Lohnzettels berechtigt, bei der jeweils nächstfolgenden Lohnzahlung bisher noch nicht erhobene Lohnsteuer nachträglich einzubehalten, wenn er erkennt, dass die Voraussetzungen für den Verzicht auf die Besteuerung nicht vorgelegen haben.

(4) Soweit nicht bereits vom Lohnsteuerabzug abgesehen worden ist, hat der Arbeitnehmer den Verzicht auf die Besteuerung bei seinem Wohnsitzfinanzamt zu beantragen.

2.8.2 Pauschalierungserlass

Nach Tz 3 Pauschalierungserlass (BMF BStBl I 1984, 252) kann die Einkommenbzw. Körperschaftsteuer von unbeschränkt steuerpflichtigen natürlichen Personen, Körperschaften, Personenvereinigungen und Vermögensmassen, die ihren Gewinn durch Betriebsvermögensvergleich ermitteln, **pauschal festgesetzt** werden. Wie beim Auslandstätigkeitserlass sollen hierdurch Tätigkeiten in Entwicklungsländern gefördert werden.

Der Pauschalierungserlass gilt nur für **Einkünfte aus Nicht-DBA-Staaten** (Tz 10 Pauschalierungserlass).

2.8.2.1 Einkünfte, für die eine Pauschalierung beantragt werden kann

Eine Pauschalierung kann beantragt werden (Tz 3 Pauschalierungserlass) für

– Einkünfte aus Gewerbebetrieb, die durch die Tätigkeit einer in einem ausländischen Staat befindlichen Betriebsstätte erzielt werden,
– Einkünfte aus der Beteiligung an einer ausländischen Personengesellschaft, bei der der Gesellschafter als Unternehmer (Mitunternehmer) anzusehen ist, wenn die Beteiligung zum Betriebsvermögen eines inländischen gewerblichen Unternehmens gehört,
– Einkünfte aus selbständiger Arbeit, wenn diese Einkünfte auf der technischen Beratung, Planung und Überwachung bei Anlagenerrichtung beruhen und in einer in einem ausländischen Staat unterhaltenen Betriebsstätte (festen Einrichtung, vgl. S. 283) erzielt werden.

Ferner kann die Körperschaftsteuer einer unbeschränkt steuerpflichtigen Körperschaft (Muttergesellschaft) für Einkünfte aus einer zu ihrem inländischen Betriebsvermögen gehörenden Beteiligung an einer Kapitalgesellschaft mit Geschäftsleitung und Sitz im Ausland (Tochtergesellschaft) pauschal festgesetzt werden, wenn die Muttergesellschaft nachweislich seit mindestens 12 Monaten vor dem Ende des Veranlagungszeitraums oder des davon abweichenden Gewinnermittlungszeitraums mindestens zu einem Zehntel unmittelbar am Nennkapital der Tochtergesellschaft beteiligt ist (**Schachtelprivileg**).

Eine Pauschalierung ist **nur möglich für laufende Einkünfte**, sie gilt nicht für Einkünfte aus der Veräußerung der Betriebsstätte und von Anteilen an einer Personengesellschaft oder an einer Tochtergesellschaft (Tz 4 Pauschalierungserlass).

2.8.2.2 Aktivitätsklausel

Die pauschale Besteuerung setzt voraus, dass die ausländische Betriebsstätte, Personengesellschaft oder Tochtergesellschaft, aus der die Einkünfte bezogen werden, jeweils ausschließlich oder fast ausschließlich (d. h. 90 % oder mehr) sog. **aktiven Tätigkeiten** nachgeht, nämlich

– die Herstellung oder Lieferung von Waren außer Waffen,
– die Gewinnung von Bodenschätzen oder die Bewirkung gewerblicher Leistungen

zum Gegenstand hat, soweit diese nicht in der Errichtung oder dem Betrieb von Anlagen, die dem Fremdenverkehr dienen, oder in der Vermietung und Verpachtung von Wirtschaftsgütern einschließlich der Überlassung von Rechten, Plänen, Verfahren, Erfahrungen und Kenntnissen oder im Betrieb von Handelsschiffen im internationalen Verkehr bestehen (Tz 5 Pauschalierungserlass).

2.8.2.3 Berücksichtigung von Verlusten

Bezieht der Steuerpflichtige aus einem ausländischen Staat Einkünfte aus mehreren Einkunftsquellen, so ist auf das Gesamtergebnis abzustellen, d. h. Gewinne und Verluste der einzelnen Einkunftsquellen sind zu **saldieren**. Ein negatives Gesamtergebnis mindert pauschal zu besteuernde Einkünfte der folgenden Veranlagungszeiträume nicht, ist also **nicht vortragsfähig** (Tz 6 Pauschalierungserlass).

2.8.2.4 Umfang des Pauschalierungsantrags

Stammen Einkünfte aus mehreren ausländischen Staaten, so kann der Steuerpflichtige den Antrag auf Pauschalierung auf die Einkünfte aus einem oder mehreren dieser Staaten beschränken (**staatenweiser Pauschalierungsantrag**).

Der Antrag auf pauschale Besteuerung kann **nicht auf einen beliebigen Teilbetrag** der Einkünfte, für die die pauschale Besteuerung in Betracht kommt, **begrenzt werden**, um z. B. durch die Inanspruchnahme der in den Steuertabellen enthaltenen Freibeträge insgesamt einen Steuersatz zu erreichen, der unter 25 % liegt (Tz 7 Pauschalierungserlass).

2.8.2.5 Rechtsfolgen der Pauschalierung

Die Einkommen- bzw. Körperschaftsteuer auf die pauschal zu besteuernden Einkünfte beträgt

– 25 % der Einkünfte,
– höchstens 25 % des zu versteuernden Einkommens.

Wird die Steuer pauschal festgesetzt, so folgt daraus (Tz 8 Pauschalierungserlass):

– Auf diese Einkünfte ggf. entfallende ausländische Steuer kann **weder** auf die deutsche Einkommen- bzw. Körperschaftsteuer **angerechnet noch** bei der Ermittlung des Gesamtbetrags der Einkünfte **abgezogen** werden.
– Die pauschale Besteuerung schließt aber weder die Anrechnung noch den Abzug ausländischer Steuern aus demselben Staat aus, die auf andere als die pauschal besteuerten Einkünfte erhoben worden sind.
– Die pauschal besteuerten Einkünfte sind bei der Ermittlung der auf die übrigen Einkünfte anzuwendenden Steuersätze nicht zu berücksichtigen (d. h. **kein Progressionsvorbehalt**).
– Kommt im selben Veranlagungsfall neben der pauschalen Besteuerung die Anrechnung ausländischer Steuern nach § 34c Abs. 1 EStG in Betracht, so sind **vor** der Berechnung des Anrechnungshöchstbetrags der Betrag der pauschal zu besteuernden Einkünfte aus der Summe der Einkünfte und die Pauschsteuer aus dem aufzuteilenden Steuerbetrag herauszurechnen.

Beispiel:
Der in Deutschland unbeschränkt steuerpflichtige ledige A erzielt im Veranlagungszeitraum (VZ) 2002 folgende Einkünfte:

	€
Inländische Einkünfte	40 000
Ausländische Einkünfte (aus Nicht-DBA-Staat) ohne Besteuerung im Ausland, für die die Voraussetzungen des Pauschalierungserlasses erfüllt sind	200 000

Wie hoch ist die deutsche Einkommensteuer

a) ohne Pauschalierung?
b) mit Pauschalierung?

Lösung a:

	€
Einkommensteuer 2002 lt. Grundtabelle auf 240 000 €	106 525

Lösung b:

	€
Einkommensteuer 2002 lt. Grundtabelle auf 40 000 €	10 158
+ Ausländische Einkünfte 200 000 · 25 %	50 000
= Summe Steuerbelastung	60 158

Die Wahl der Pauschalierung ist günstiger.

2.9 Eingeschränkte Berücksichtigung negativer ausländischer Einkünfte (§ 2a Abs. 1 und 2 EStG)

§ 2a EStG erfasst in den Absätzen 1 und 2 einerseits und den Absätzen 3 und 4 andererseits zwei völlig verschiedene Regelungsbereiche:

– Im Bereich der Absätze 1 und 2 gilt das **Welteinkommensprinzip** mit der Folge, dass ausländische Verluste eigentlich im Inland berücksichtigt werden müssten; ihre Berücksichtigung wird aber durch die Regelungen der Absätze 1 und 2 eingeschränkt.
– Die Absätze 3 und 4 sind **ab Veranlagungszeitraum 1999 aufgehoben**. Sie enthielten eine systemwidrige Begünstigung für Verluste ausländischer Betriebsstätten, für die eine Steuerbefreiung nach DBA greift. Durch eine **Übergangsregelung bis zum Jahr 2008** sind hier Nachversteuerungstatbestände zu beachten (§ 52 Abs. 3 Satz 2–5 EStG).

Die **Funktion des § 2a Abs. 1 und 2 EStG** besteht darin, aus volkswirtschaftlichen Erwägungen das Welteinkommensprinzip teilweise außer Kraft zu setzen. Bestimmte Auslandsinvestitionen ohne erkennbaren Nutzen für die deutsche Volkswirtschaft sollen nicht zu Lasten des inländischen Steueraufkommens verrechnet werden können (vgl. Hellwig in Littmann/Bitz/Pust: Das Einkommensteuerrecht, § 2a Rn 2).

§ 2a Abs. 1 und 2 gilt für **Einkünfte aus Nicht-DBA-Staaten** sowie für solche Einkünfte, die nach DBA von der deutschen Besteuerung nicht freigestellt sind (H 5 »Allgemeines« EStH).

2.9.1 Aufbau des § 2a Abs. 1 und 2 EStG

Die Absätze 1 und 2 des § 2a EStG sind systematisch wie folgt aufgebaut:

(1) **Absatz 1** schränkt für die dort abschließend aufgeführten Einkünfte aus ausländischen Quellen den Verlustausgleich und Verlustabzug ein.

(2) Hiervon ausgenommen sind nach **Absatz 2** insbesondere negative Einkünfte aus einer gewerblichen Betriebsstätte im Ausland, die die dort genannten **Aktivitäts-voraussetzungen** erfüllt.

2.9.2   Vom Ausgleichs- und Abzugsverbot betroffene Verluste (§ 2a Abs 1 Nr. 1–7 EStG)

§ 2a Abs. 1 und 2 EStG gilt für die folgend aufgeführten Auslandsverluste:

Betroffene Verluste	Aktivitäts-vorbehalt
(1) Verluste aus ausländischer Land- und Forstwirtschaft	nein
(2) Verluste aus gewerblichen Betriebsstätten im Ausland	ja
(3) Teilwertabschreibungen auf sowie Veräußerungen oder Entnahmen von Anteilen an ausländischen Körperschaften	ja
(4) Veräußerungsverluste von Anteilen an ausländischen Kapitalgesellschaften im Sinne von § 17 EStG	ja
(5) Verluste aus ausländischen stillen Beteiligungen und partiarischen Darlehen	nein
(6) a) Verluste aus der Vermietung oder Verpachtung ausländischer Grundstücke und Sachinbegriffe, oder b) aus der entgeltlichen Überlassung von Schiffen oder c) aus dem Ansatz des niedrigeren Teilwerts oder der Übertragung dieser Wirtschaftsgüter	nein
(7) Verluste aus Teilwertabschreibungen, Veräußerungen und Entnahmen von Beteiligungen an inländischen zwischengeschalteten Kapitalgesellschaften	ja

Abb. 3.3: Diskriminierung von Verlusten (§ 2a Abs. 1 Nr. 1–7 und Abs. 2 EStG)

2.9.3   Beschränkung der Verlustverrechnung (§ 2a Abs. 1 EStG)

Während positive Einkünfte der in § 2a Abs. 1 Nr. 1–7 EStG aufgezählten Art in die Summe der Einkünfte des Steuerpflichtigen eingehen, dürfen negative nicht mit inländischen positiven Einkünften verrechnet werden. Negative Einkünfte, die auf einen Tatbestand nach Nr. 1–7 zurückzuführen sind, unterliegen nur einem **einge-schränkten Verlustausgleich**, d. h., dass die negativen Einkünfte nur mit positiven Einkünften

– derselben Art (mit Ausnahme der Nummer 6 Buchstabe b)
– und aus demselben Staat

ausgeglichen werden dürfen (§ 2a Abs. 1 Satz 1 EStG).
   Darüber hinaus dürfen sie **in den folgenden Veranlagungszeiträumen** mit positiven Einkünften derselben Art und aus demselben Staat verrechnet werden (§ 2a Abs. 1 Satz 3 EStG).
   Die in einem Veranlagungszeitraum nicht ausgeglichenen oder verrechneten negativen Einkünfte sind zum Schluss des Veranlagungszeitraums gesondert festzustellen (§ 2a Abs. 1 Satz 5 EStG).

2.9.4 Ausnahmen vom Verbot der Verlustverrechnung, Aktivitätsvorbehalt (§ 2a Abs. 2 EStG)

Bestimmte Auslandsbetätigungen sind vom Verlustverrechnungsverbot befreit, sie unterliegen einem sog. **Aktivitätsvorbehalt**. Es handelt sich um Verluste bzw. Gewinnminderungen, die nachweislich ausschließlich oder fast ausschließlich betreffen:

– die Herstellung oder Lieferung von Waren, außer Waffen,
– die Gewinnung von Bodenschätzen sowie
– die Bewirkung gewerblicher Leistungen, soweit diese nicht in der Errichtung oder dem Betrieb von Anlagen, die dem Fremdenverkehr dienen, oder in der Vermietung oder der Verpachtung von Wirtschaftsgütern einschließlich der Überlassung von Rechten, Plänen, Mustern, Verfahren, Erfahrungen und Kenntnissen bestehen,
– Holdingfunktion einschließlich Finanzierung gegenüber Gesellschaften, die ausschließlich oder fast ausschließlich die vorgenannten Tätigkeiten zum Gegenstand haben.

Die Voraussetzung, dass ausschließlich oder fast ausschließlich durch die Aktivitätsklausel begünstigte Tätigkeiten abgewickelt werden, ist erfüllt, wenn

– auf der Ebene einer gewerblichen Betriebsstätte (§ 2a Abs. 1 Nr. 2 EStG),
– auf der Ebene des Beteiligungsunternehmens (§ 2a Abs. 1 Nr. 3, 4, 7 EStG)

das Betriebsergebnis zu mindestens 90 % diesen Tätigkeiten dient (§ 2a Abs. 2 Satz 1 EStG). Bei Beteiligungsunternehmen muss diese Bedingung über einen Fünfjahreszeitraum erfüllt sein (§ 2a Abs. 2 Satz 2 EStG).

Beispiel 1:
Der in Deutschland unbeschränkt steuerpflichtige D erzielt **in 01** folgende ausländische Einkünfte aus Nicht-DBA-Staaten:

		€
(1)	Einkünfte einer land- und forstwirtschaftlichen Betriebsstätte (in Staat A)	·/· 10 000
(2)	Einkünfte aus einer ausländischen gewerblichen Betriebsstätte (in Staat A), die Waren herstellt	+ 20 000
(3)	Einkünfte einer land- und forstwirtschaftlichen Betriebsstätte (in Staat B)	5 000

Lösung:
Die Verluste aus Land- und Forstwirtschaft in Staat A erfüllen einen Tatbestand des § 2a Abs. 1 Nr. 1 EStG. Da eine Ausnahme vom Verbot der Verlustverrechnung nach § 2a Abs. 2 EStG nicht vorliegt, dürfen sie

– weder mit den positiven Einkünften aus Land- und Forstwirtschaft aus Staat B
– noch mit den gewerblichen Einkünften aus Staat A

ausgeglichen werden.
Nach § 2a Abs. 1 S. 5 EStG sind die verbleibenden negativen Einkünfte gesondert festzustellen.

Beispiel 2:
Wie Beispiel 1. D erzielt **in 02** folgende ausländische Einkünfte aus Nicht-DBA-Staaten:

	€
(1) Einkünfte einer land- und forstwirtschaftlichen Betriebsstätte (in Staat A)	+ 4 000
(2) Einkünfte aus einer ausländischen gewerblichen Betriebsstätte (in Staat A), die Waren herstellt	·/· 10 000
(3) Einkünfte einer land- und forstwirtschaftlichen Betriebsstätte (in Staat B)	·/· 2 000

Lösung:

(1) Die positiven Einkünfte aus Land- und Forstwirtschaft in 02 sind nach § 2a Abs. 1 Satz 3 EStG mit dem aus dem Vorjahr vorgetragenen Verlust verrechenbar. Es verbleibt ein vorzutragender verrechenbarer Verlust nach § 2a Abs. 1 Satz 5 EStG von ·/· 6 000 € (= ·/· 10 000 + 4 000).

(2) Die negativen Einkünfte aus der ausländischen gewerblichen Betriebsstätte erfüllen zwar den Tatbestand nach § 2a Abs. 1 Nr. 2 EStG. Da jedoch Waren hergestellt werden, greift die Ausnahmeregelung des § 2a Abs. 2 EStG, d. h., die ausländischen Verluste sind bei der Einkommensteuerveranlagung voll ausgleichs- und abzugsfähig.

(3) Die Verluste aus Land- und Forstwirtschaft in Staat B erfüllen einen Tatbestand des § 2a Abs. 1 Nr. 1 EStG. Vgl. hierzu Lösung aus Beispiel 1. Ein Verlustrücktrag ins Vorjahr nach § 10d EStG ist nach § 2a Abs. 1 Satz 1 Halbsatz 2 EStG nicht möglich. Es bleibt nur die künftige Verrechnung mit eventuellen positiven Einkünften aus derselben Einkunftsart aus demselben Staat.

Kontrollfragen

1. *Welche Vorschriften des Einkommensteuerrechts sind zu beachten, wenn ein Steuerinländer (natürliche Person) ausländische Einkünfte aus einem Nicht-DBA-Staat hat?*
2. *Welche Arten der unbeschränkten Steuerpflicht sind im Einkommensteuerrecht verankert?*
3. *Was versteht man unter den Begriffen Wohnsitz und gewöhnlicher Aufenthalt? Wo sind die Begriffe geregelt?*
4. *Welche Vergünstigungen brachte das EuGH-Urteil zum Schumacker-Fall für beschränkt einkommensteuerpflichtige Staatsangehörige der EU?*
5. *In welcher Vorschrift des EStG sind ausländische Einkünfte definiert? Welche Bedeutung hat diese Vorschrift?*
6. *Welche Steuerermäßigungen gewährt das EStG bei ausländischen Einkünften aus einem Nicht-DBA-Staat?*
7. *Welche Tatbestandsmerkmale setzt die Anrechnungsmethode voraus?*
8. *Was versteht man unter dem Begriff Per-Country-Limitation?*
9. *Worin liegen die Unterschiede zwischen der Anrechnungs- und der Abzugsmethode?*
10. *Gibt es Regeln für die Vorteilhaftigkeit der Anrechnungs- oder der Abzugsmethode?*
11. *Welche Bedeutung hat die Pauschalierungsmethode?*
12. *Welche Voraussetzungen müssen für die Anwendung des Auslandstätigkeitserlasses vorliegen? Was sind die Rechtsfolgen seiner Anwendung?*
13. *Welche Tätigkeiten sollen durch den Pauschalierungserlass gefördert werden? Welche Rechtsfolgen hat die Pauschalierung?*

14. *Welche Funktion hat die Verlustbeschränkung nach § 2a Abs. 1 und 2 EStG?*
15. *Welche Systematik liegt dem § 2a EStG inne?*
16. *Welche Ausnahmen vom Verbot der Verlustverrechnung nach § 2a EStG kennen Sie? Unter welchem Begriff fasst man diese Ausnahmen zusammen?*

Aufgabe 3.01 *Anrechnungs- und Abzugsmethode S. 435*

Aufgabe 3.02 *Einkünfte aus mehreren ausländischen Staaten S. 435*

Aufgabe 3.03 *Negative ausländische Einkünfte S. 435*

3 Steuerinländer (juristische Person) mit ausländischen Einkünften aus einem Nicht-DBA-Staat (Fallgruppe 2)

Gesetzliche Vorschriften: Für die hierunter fallenden Sachverhalte mit ausländischen Einkünften sind folgende Paragraphen des Körperschaftsteuerrechts zu beachten:

– §§ 1, 2 KStG: Abgrenzung zwischen unbeschränkter und beschränkter Steuerpflicht,
– § 26 KStG: Besteuerung ausländischer Einkunftsteile,
– § 8b KStG: Behandlung von Beteiligungen an anderen Gesellschaften.

3.1 Unbeschränkte Steuerpflicht nach § 1 KStG

Hinsichtlich der Unterscheidung zwischen unbeschränkter und beschränkter Steuerpflicht folgt das Körperschaftsteuerrecht prinzipiell der gleichen Systematik wie das Einkommensteuerrecht.

Unbeschränkt körperschaftsteuerpflichtig sind die in § 1 Abs. 2 KStG aufgezählten Körperschaften, die ihre **Geschäftsleitung oder ihren Sitz im Inland** haben. Der Inlandsbegriff in KStG und EStG ist identisch (vgl. § 1 Abs. 1 Satz 2 EStG, § 1 Abs. 3 KStG).

Die unbeschränkte Körperschaftsteuerpflicht erstreckt sich auf **sämtliche inländischen und ausländischen Einkünfte** (§ 1 Abs. 2 KStG), soweit nicht für bestimmte Einkünfte abweichende Regelungen bestehen, z. B. in DBA (Abschn. 2 Abs. 5 KStR).

Was als Einkommen gilt und wie das Einkommen zu ermitteln ist, bestimmt sich nach den Vorschriften des EStG (§ 8 Abs. 1 KStG, Abschn. 27 KStR). Vgl. auch die Schemata zur Ermittlung des zu versteuernden Einkommens in Abschn. 24 und 25 KStR.

3.1.1 Geschäftsleitung

Gemäß § 10 AO ist die Geschäftsleitung der Mittelpunkt der geschäftlichen Oberleitung. Das ist dort, wo die zur Leitung und zur Vertretung eines Unternehmens befugten Personen die ihnen obliegende geschäftsführende Tätigkeit entfalten (BFH BFH/NV 1988, 63), d. h., wo hinsichtlich der Geschäftsführung eines Unternehmens das entscheidende Wort gesprochen bzw. der maßgebende Wille der Geschäftsleitung gebildet wird (BFH BStBl II 1991, 554; vgl. Kühn/Hofmann: Abgabenordnung, Stuttgart 1995, § 10 Tz 2).

3.1.2   Sitz

Den Sitz hat nach § 11 AO eine Körperschaft an dem Ort, der durch Gesetz, Gesellschaftsvertrag, Satzung, Stiftungsgeschäft oder dergleichen bestimmt ist.

Die Bedeutung des Sitzes liegt darin, dass er als alternativer Anknüpfungspunkt der unbeschränkten Steuerpflicht dient. Es handelt sich um ein rechtlich bestimmtes Merkmal. Ein **Scheinsitz** (sog. Briefkastendomizil) ist steuerlich unbeachtlich (§ 41 Abs. 2 AO; vgl. Kühn/Hofmann: Abgabenordnung, Stuttgart 1995, § 11).

Sitz und Ort der Geschäftsleitung können zusammenfallen, sich aber auch an verschiedenen Orten befinden. Ein inländischer Sitz hat nur Bedeutung, wenn sich die Geschäftsleitung nicht im Inland befindet (vgl. Dötsch u. a.: Körperschaftsteuer, Stuttgart 2002, Rn 94).

3.1.3   Besonderheiten bei ausländischen Körperschaften

Haben ausländische Körperschaften Sitz oder Geschäftsleitung im Inland, so beurteilt sich

- die Rechtsfähigkeit (juristische Person ausländischen Rechts) nach internationalem Privatrecht,
- die Steuerpflicht nach deutschem Steuerrecht.

Körperschaftsteuerpflichtig sind juristische Personen ausländischen Rechts mit Sitz oder Geschäftsleitung im Inland aber nur, wenn sie eine **organisatorische Struktur wie eine Körperschaft haben** (Abschn. 2 Abs. 1 KStR), ansonsten sind sie wie eine Mitunternehmerschaft zu behandeln, d. h. der Einkommensteuerpflicht zu unterwerfen (z. B. OHG nach italienischem Recht ist zwar juristische Person, wird aber als Mitunternehmerschaft behandelt; vgl. Dötsch u. a.: Körperschaftsteuer, Stuttgart 2002, Rn 97). Dies führt in Bezug auf Staaten, in denen Personengesellschaften als juristische Personen behandelt werden, dazu, dass eine besondere Prüfung der Aufteilung des Besteuerungsrechts vorzunehmen ist (Tz 1.1.5.2 Betriebsstättenerlass). Eine Übersicht der Rechtsformen internationaler Unternehmen enthält der Anhang 3 (vgl. S. 522).

3.2   Vermeidung der Doppelbesteuerung bei ausländischen Einkünften (§ 26 KStG)

Die § 34c EStG entsprechende Vorschrift im Bereich der Körperschaftsteuer ist **§ 26 KStG**. Dieser Paragraph besteht heute nur noch aus Absatz 1 und Absatz 6; die anderen Absätze wurden durch das StSenkG im Zusammenhang mit der Einführung des **Halbeinkünfteverfahrens** aufgehoben.

§ 26 Abs. 6 KStG verweist auf die **entsprechende Anwendung des § 34c EStG**, so dass die dort gemachten Ausführungen auch für das Körperschaftsteuerrecht gelten. Wie das Einkommensteuerrecht sieht daher das Körperschaftsteuerrecht im Falle unbeschränkter Steuerpflicht folgende Methoden zur Vermeidung der Doppelbesteuerung bei ausländischen Einkünften vor:

– Anrechnungsmethode (§ 26 Abs. 1, 6 KStG i. V. m. § 34c Abs. 1 EStG),
– Abzugsmethode (§ 26 Abs. 6 KStG i. V. m. § 34c Abs. 2, 3 EStG),
– Pauschalierung (§ 26 Abs. 6 KStG i. V. m. § 34c Abs. 5 EStG).

Da im Zusammenhang mit dem Halbeinkünfteverfahren der Körperschaftsteuersatz auf 25 % gesenkt wurde (§ 23 Abs. 1 KStG) und der Steuersatz bei der **Pauschalierungsmethode** ebenfalls 25 % beträgt, bringt die pauschale Festsetzung der Körperschaftsteuer nach der Pauschalierungsmethode keine Vorteile mehr. Im Körperschaftsteuerrecht ist daher die Pauschalierung ohne praktische Relevanz.

Beispiel zur Anrechnungsmethode:

Die in Deutschland unbeschränkt steuerpflichtige A-GmbH erzielt im Veranlagungszeitraum (VZ) 2002 folgende Einkünfte:

	€
Inländische Einkünfte	150 000
Ausländische Einkünfte (aus Nicht-DBA-Staat)	100 000

Die A-GmbH hat für die ausländischen Einkünfte umgerechnet

a) 20 000 € Steuer
b) 30 000 € Steuer

gezahlt. Wie hoch ist die Anrechnung?

Lösung:

		€
	Inländische Einkünfte	150 000
+	Ausländische Einkünfte (aus Nicht-DBA-Staat)	100 000
=	Summe der Einkünfte	250 000
=	zu versteuerndes Einkommen	250 000
	Körperschaftsteuer 2002: 25 %	62 500

Anteiliger Höchstbetrag: $\dfrac{62\,500 \cdot 100\,000}{250\,000} =$ 25 000

Ergebnis:

Im Fall a) hat die A-GmbH 20 000 € Steuern bezahlt. Es sind 20 000 € anrechenbar. Die deutsche Körperschaftsteuer beträgt (62 500 ·/· 20 000) = 42 500 €.
Im Fall b) hat A 30 000 € Steuern bezahlt. Es sind 25 000 € anrechenbar. Die deutsche Einkommensteuer beträgt (62 500 ·/· 25 000) = 37 500 €.

Beispiel zur Abzugsmethode:

Wie Beispiel oben. Wie hoch ist die Körperschaftsteuer bei der Abzugsmethode?

Lösung a:

		€
	Inländische Einkünfte	150 000
+	Ausländische Einkünfte (aus Nicht-DBA-Staat)	100 000
·/·	Ausländische Steuer	20 000
=	Summe der Einkünfte	230 000
=	zu versteuerndes Einkommen	230 000
	Körperschaftsteuer 2002: 25 %	57 500

Lösung b:

	€
Inländische Einkünfte	150 000
+ Ausländische Einkünfte	
(aus Nicht-DBA-Staat)	100 000
./. Ausländische Steuer	30 000
= Summe der Einkünfte	220 000
= zu versteuerndes Einkommen	220 000
Körperschaftsteuer 2002: 25 %	55 000

3.3 Behandlung von Beteiligungen an anderen Gesellschaften (§ 8b KStG)

§ 8b KStG ist eine der zentralen Vorschriften des KStG. Diese Vorschrift soll Mehrfachbelastungen auf der Ebene verbundener Unternehmen im Zusammenhang mit dem Halbeinkünfteverfahren verhindern.

3.3.1 Steuerbefreiung der zwischen Körperschaften gezahlten Dividenden (§ 8b Abs. 1 KStG)

Das in § 8b Abs. 1 KStG geregelte generelle **Dividendenprivileg** soll sicherstellen, dass auf der Ebene verbundener Unternehmen der Gewinn nur einmal mit 25 % besteuert wird; alle Ausschüttungen sind steuerfrei, ansonsten käme es zu einer beim Halbeinkünfteverfahren **systemwidrigen Doppel- oder Mehrfachbesteuerung mit Körperschaftsteuer.** Erst die Ausschüttung an natürliche Personen als Anteilseigner unterliegt der (hälftigen) Steuerpflicht (§ 3 Nr. 40 EStG).

Der **Anwendungsbereich des § 8b Abs. 1 KStG** umfasst (nach Dötsch/Pung in Dötsch/Eversberg/Jost/Witt: Kommentar zum KStG, § 8b Tz 6)

– sachlich alle Inlands- und Auslandsdividenden und
– personell sämtliche Kapitalgesellschaften als Bezieher solcher Dividenden.

Für **ausländische Dividenden** reicht die Steuerbefreiung des § 8b Abs. 1 KStG weiter als die in DBA, weil sie weder an Aktivitätsklauseln noch an eine Mindestbeteiligung anknüpft. Trotzdem bleiben die DBA vorrangig, so dass im Falle von DBA die Steuerfreiheit von Auslandsdividenden doppelt geregelt ist, nämlich in den DBA und in § 8b Abs. 1 KStG (vgl. Dötsch/Pung in Dötsch/Eversberg/Jost/Witt: Kommentar zum KStG, § 8b Tz 10).

Beispiel:
Die in Deutschland unbeschränkt steuerpflichtige A-GmbH erhält von der ausländischen (in einem Nicht-DBA-Staat ansässigen) Kapitalgesellschaft B, an der sie zu 20 % beteiligt ist, eine Dividende von 20 000 €.

Lösung:
Die Dividende ist nach § 8b Abs. 1 KStG von der Körperschaftsteuer befreit, d. h. sie bleibt somit bei der Einkommensermittlung außer Ansatz (außerbilanzmäßige Abrechnung).

3.3.2 Steuerbefreiung für Gewinne aus der Veräußerung von Kapitalbeteiligungen (§ 8b Abs. 2 KStG)

Gewinne aus der Veräußerung von Anteilen, aus der Herabsetzung des Nennkapitals oder einer steuerlichen Wertzuschreibung nach § 6 Abs. 1 Satz 1 Nr. 2 Satz 3 EStG sind nach § 8b Abs. 2 Satz 1 KStG steuerbefreit.

Die Befreiung gilt nicht, soweit der Anteil in früheren Jahren steuerwirksam auf den niedrigeren Teilwert abgeschrieben und die Gewinnminderung nicht durch den Ansatz eines höheren Werts ausgeglichen worden ist (§ 8b Abs. 2 Satz 2 KStG); ansonsten läge eine Doppelbegünstigung vor.

3.3.3 Veräußerungsverluste, Teilwertabschreibungen u. Ä. i. V. m. einer Kapitalbeteiligung (§ 8b Abs. 3 KStG)

Da Veräußerungsgewinne u. Ä. steuerfrei sind, müssen Veräußerungsverluste steuerlich unberücksichtigt bleiben (Dötsch/Pung in Dötsch/Eversberg/Jost/Witt: Kommentar zum KStG, § 8b Tz 42). Deshalb sind nach § 8b Abs. 3 KStG Gewinnminderungen nicht zu berücksichtigen, die

– durch den Ansatz des niedrigeren Teilwerts oder
– durch Veräußerung des Anteils oder
– bei Auflösung oder
– Herabsetzung des Nennkapitals entstehen.

3.3.4 Ausnahmen vom Grundsatz der Steuerfreiheit (§ 8b Abs. 4 KStG)

Die Befreiung von Gewinnen aus der Veräußerung von Kapitalgesellschaftsanteilen wird durch § 8b Abs. 4 KStG **eingeschränkt**, wenn die Anteile

– einbringungsgeboren im Sinne des § 21 UmwStG sind oder
– unmittelbar oder mittelbar über eine Mitunternehmerschaft von einem nicht nach § 8b Abs. 2 KStG begünstigten Steuerpflichtigen zu einem Wert unter dem Teilwert erworben worden sind.

Die **Einschränkung greift allerdings nicht** (Steuerfreiheit ist wieder gegeben), wenn die Voraussetzungen des Satzes 2 des § 8b Abs. 4 KStG vorliegen, insbesondere Veräußerung erst nach Ablauf einer Sperrfrist von 7 Jahren.

3.3.5 Pauschales Betriebsausgaben-Abzugsverbot bei steuerfreien Auslandsdividenden (§ 8b Abs. 5 KStG)

§ 8b Abs. 5 KStG enthält ein pauschales Betriebsausgaben-Abzugsverbot bei steuerfreien Auslandsdividenden. Unabhängig davon, ob und in welcher Höhe tatsächlich Betriebsausgaben entstanden sind, gelten stets 5 % der Einnahmen (vor Abzug ausländischer Steuern) als Betriebsausgaben, die mit den Einnahmen in unmittelbarem Zusammenhang stehen. Insoweit tritt die Rechtsfolge des § 3c EStG ein (Abzugsverbot). Im Ergebnis werden damit 5 % der Einnahmen der Besteuerung unterworfen (Körperschaftsteuer und Gewerbesteuer) und gelten 95 % der Einnahmen als Einkünfte aus den Dividenden. Auf die tatsächlichen Betriebsausgaben findet § 3c EStG daneben keine Anwendung (BMF BStBl I 2000, 71).

Beispiel:

Das Jahresergebnis der A-GmbH vor Gewerbesteuer und Körperschaftsteuer beträgt 100 000 €. Darin enthalten sind steuerfreie Dividenden aus einem Nicht-DBA-Staat von 30 000 € und damit zusammenhängende Betriebsausgaben von 8 000 €.

Lösung:

	€
Jahresüberschuss vor Steuern	100 000
./. Ausländische Dividende (aus Nicht-DBA-Staat)	30 000
+ Nichtabziehbare Betriebsausgaben	1 500
(§ 8b Abs. 5 KStG) = 5 % von 30 000	
= Zwischensumme	71 500
./. Gewerbesteuer bei Hebesatz von 400 % und 5/6-Methode	11 917
(R 20 Abs. 2 EStR)	
= Bemessungsgrundlage KSt	59 583
Körperschaftsteuer (§ 23 KStG) 25 %	17 875

3.4   Verlegung der Geschäftsleitung ins Ausland (§ 12 KStG)

Der Vollständigkeit halber sei hier kurz ein **Sonderproblem** erwähnt: Verlegt eine unbeschränkt steuerpflichtige Körperschaft Geschäftsleitung und Sitz ins Ausland und scheidet dadurch aus der unbeschränkten Steuerpflicht aus, ist die **Liquidationsbesteuerung nach § 11 KStG** entsprechend anzuwenden (Entsprechendes gilt bei Auflösung oder Verlegung inländischer Betriebsstätten ins Ausland). **Sinn und Zweck** dieser Vorschrift ist es, beim Ausscheiden eines Körperschaftsteuerpflichtigen aus der deutschen Steuerhoheit die im inländischen Betriebsvermögen vorhandenen **stillen Reserven aufzudecken und zu besteuern (sog. Steuerentstrickung)**. Es handelt sich hier um eine »Auswanderungsbesteuerung« (Dötsch in Dötsch/Eversberg/Jost/Witt: Kommentar zum KStG, § 12 Tz 1 ff.).

Kontrollfragen

1. *Welche Vorschriften des Körperschaftsteuerrechts sind zu beachten, wenn ein Steuerinländer (juristische Person) ausländische Einkünfte aus einem Nicht-DBA-Staat hat?*
2. *Was versteht man unter den Begriffen Geschäftsleitung und Sitz? Wo sind die Begriffe geregelt?*
3. *Welche Struktur müssen Körperschaften ausländischen Rechts mit Sitz oder Geschäftsleitung im Inland aufweisen, um unter das KStG zu fallen?*
4. *Welche Steuerermäßigungen gewährt das KStG bei ausländischen Einkünften aus einem Nicht-DBA-Staat?*
5. *Welche Bedeutung hat die Pauschalierungsmethode im Körperschaftsteuerrecht?*
6. *Wie werden ausländische Beteiligungen körperschaftsteuerlich behandelt?*
7. *Was versteht man unter dem Dividendenprivileg?*
8. *Wie ist der Abzug von Betriebsausgaben im Zusammenhang mit ausländischen Dividenden geregelt?*

Aufgabe 3.04 *Anrechnungs- und Abzugsmethode bei der Körperschaftsteuer S. 436*

Aufgabe 3.05 *Ausländische Dividenden S. 436*

4   Steuerausländer (natürliche Person aus einem Nicht-DBA-Staat) mit inländischen Einkünften (Fallgruppe 3)

Gesetzliche Vorschriften: Für die hierunter fallenden Sachverhalte mit inländischen Einkünften sind folgende Paragraphen des Einkommensteuerrechts zu beachten:

- § 1 EStG: Abgrenzung zwischen unbeschränkter und beschränkter Steuerpflicht,
- § 49 EStG: beschränkt steuerpflichtige Einkünfte,
- § 50 EStG: Sondervorschriften für beschränkt Steuerpflichtige,
- § 50a EStG: Steuerabzug bei beschränkt Steuerpflichtigen,
- §§ 73a–73g EStDV: Durchführungsbestimmungen zu § 50a EStG,
- § 39d EStG: Durchführung des Lohnsteuerabzugs für beschränkt einkommensteuer-pflichtige Arbeitnehmer,
- §§ 43–45d EStG: Steuerabzug vom Kapitalertrag (Kapitalertragsteuer).

4.1   Beschränkte Steuerpflicht (§ 1 Abs. 4 EStG)

Natürliche Personen, die im Inland weder einen Wohnsitz noch ihren gewöhnlichen Aufenthalt haben, sind vorbehaltlich des § 1 Abs. 2 und 3 EStG und des § 1a EStG beschränkt einkommensteuerpflichtig, wenn sie **inländische Einkünfte** im Sinne des § 49 EStG haben (§ 1 Abs. 4 EStG). D. h., die beschränkte Steuerpflicht

- **erstreckt sich** nur auf diejenigen inlandsbezogenen Einkünfte, die in § 49 Abs. 1 EStG ausdrücklich aufgeführt sind,
- alle anderen Einkünfte (Einkünfte, die nicht in § 49 Abs. 1 EStG aufgeführt sind oder die der beschränkt Steuerpflichtige im Wohnsitzstaat und/oder Drittstaaten bezieht), **unterfallen der deutschen Einkommensteuer nicht.**

Weil die beschränkt Steuerpflichtigen sich entweder gar nicht oder nur vorübergehend in Deutschland aufhalten, wäre die Veranlagung dieses Personenkreises erheblich schwieriger und unzuverlässiger als der Steuerabzug. Aus diesem Grund kommt bei der beschränkten Steuerpflicht die Erhebung der Einkommensteuer durch Steuerabzug häufiger zum Zug als im Rahmen der unbeschränkten Steuerpflicht.

Die beschränkte Einkommensteuerpflicht knüpft an bestimmte objektive Sachverhalte an, die dem Inland zugeordnet werden (**Quellenbesteuerung**). Persönliche Verhältnisse bleiben im Falle der Veranlagung weitgehend unberücksichtigt, was sich in Besonderheiten bei der Steuererhebung äußert, z. B. kein Ansatz von Sonderausgaben oder außergewöhnlichen Belastungen, lediglich Anwendung der Grundtabelle (vgl. S. 265f.). Ein Antrag auf unbeschränkte Steuerpflicht nach § 1 Abs. 3 und § 1a EStG ist jedoch möglich, falls die dort genannten Voraussetzungen vorliegen.

Zur **erweiterten beschränkten Steuerpflicht** vgl. die Ausführungen von S. 302ff.

4.2   Einkunftszuordnung in Sonderfällen (isolierende Betrachtungsweise, § 49 Abs. 2 EStG)

Die Abgrenzung der im Katalog des § 49 Abs. 1 EStG genannten Einkünfte richtet sich nach der Abgrenzung der Einkunftsarten gem. § 2 Abs. 1 EStG i. V. m. §§ 13ff. EStG. Allerdings muss zusätzlich der Inlandsbezug durch weitere Tatbestandsmerkmale

(z. B. Betriebsstätte, Tätigkeit, Schuldner der Erträge/Vergütung im Inland) hergestellt werden.

Im **Einzelfall kann die Zuordnung jedoch schwierig** sein. Deshalb wird durch die Regelung der so genannten **isolierenden Betrachtungsweise** gem. § 49 Abs. 2 EStG klargestellt, dass im Ausland gegebene Besteuerungsmerkmale außer Betracht bleiben, soweit bei ihrer Berücksichtigung inländische Einkünfte im Sinne des § 49 Abs. 1 EStG nicht angenommen werden könnten (R 223 EStR). Hiervon betroffen sind Einkünfte, die aufgrund einer **Subsidiaritätsklausel** einer anderen Einkunftsart zugeordnet werden können, z. B. Einkünfte aus Kapitalvermögen (§ 20 Abs. 3 EStG) oder Einkünfte aus Vermietung und Verpachtung (§ 21 Abs. 3 EStG); vgl. Eicher in Littmann/ Bitz/ Pust: Das Einkommensteuerrecht, § 49 Rn 101).

Beispiel:

Zum Betriebsvermögen eines Gewerbebetriebs, der in einem Nicht-DBA-Staat ansässig ist, gehört ein Mietwohngrundstück im Inland (das nicht als Betriebsstätte einzustufen ist).

Lösung:

Die dadurch erzielten Einkünfte würden bei einem inländischen Gewerbebetrieb aufgrund der Subsidiaritätsklausel des § 21 Abs. 3 EStG als Einkünfte aus Gewerbebetrieb gelten.

§ 49 Abs. 1 Nr. 6 EStG nimmt ohne Einschränkung auf § 21 EStG Bezug. Das hat zunächst zur Folge, dass die Subsidiaritätsklausel auch bei Anwendung des § 49 EStG gilt. Gewerbliche Einkünfte nach § 49 Abs. 1 Nr. 2 EStG setzen aber eine Betriebsstätte im Inland voraus. Mangels einer Betriebsstätte hätte Deutschland kein Besteuerungsrecht, obwohl die Quelle der Einkünfte in Deutschland belegen ist.

Hier greift nun die isolierende Betrachtungsweise gem. § 49 Abs. 2 EStG. Diese besagt, dass jede Einkunft nach ihrem originären Charakter – unter Außerachtlassung einer Subsidiaritätsklausel – zu qualifizieren und dementsprechend in den Katalog des § 49 Abs. 1 EStG einzuordnen ist. Daraufhin gelangt man doch noch zur beschränkten Steuerpflicht aufgrund § 49 Abs. 1 Nr. 6 EStG (Einkünfte aus Vermietung und Verpachtung).

4.3 Inländische Einkünfte nach § 49 Abs. 1 EStG

Ob die Voraussetzungen des § 49 EStG vorliegen, ist nach deutschem Recht zu entscheiden; ein DBA kann nur noch zusätzlich die Ausübung dieses Besteuerungsrechts regeln (d. h. einschränken).

Beispiel 1:

Der in einem Nicht-DBA-Staat ansässige N hat Festgeldanlagen bei einer Münchner Bank in Höhe von 1 Mio. €. Seine Zinsen darauf belaufen sich auf 40 000 €.

Lösung:

Bei unbeschränkter Steuerpflicht wären Einkünfte aus Kapitalvermögen gem. § 20 Abs. 1 Nr. 7 EStG gegeben.

In § 49 Abs. 1 Nr. 5 Buchstabe c EStG ist § 20 Abs. 1 Nr. 7 EStG zwar aufgezählt, fällt aber nur dann unter die beschränkte Einkommensteuerpflicht, wenn das

Einkunftsart	Anknüpfungsmerkmal
(1) Einkünfte aus Land- und Forstwirtschaft (§§ 13, 14 EStG)	– der im Inland belegene Betrieb
(2) Einkünfte aus Gewerbebetrieb (§§ 15–17 EStG)	– die im Inland belegene Betriebsstätte oder – der im Inland tätige ständige Vertreter – Betrieb von Seeschiffen und Luftfahrzeugen – im Inland ausgeübte oder verwertete künstlerische, sportliche artistische oder ähnliche Darbietungen, soweit gewerblich – Veräußerung maßgeblicher Beteiligungen mit Sitz oder Geschäftsleitung im Inland – Veräußerung inländischen Grundbesitzes, inländischer Sachinbegriff und Rechte
(3) Einkünfte aus selbständiger Arbeit (§ 18 EStG)	– die Ausübung oder – die Verwertung im Inland
(4) Einkünfte aus nichtselbständiger Arbeit (§ 19 EStG)	– die Ausübung oder – die Verwertung im Inland – Gewährung aus inländischen Kassen – Vergütung für eine Tätigkeit als Geschäftsführer, Prokurist oder Vorstandsmitglied einer Gesellschaft mit Geschäftsleitung im Inland
(5) Einkünfte aus Kapitalvermögen	– § 20 Abs. 1 Nr. 1, 2, 4, 6, 9 EStG: Schuldner hat Wohnsitz, Geschäftsleitung oder Sitz im Inland – § 20 Abs. 1 Nr. 5, 7 EStG: das Kapitalvermögen ist durch inländischen Grundbesitz gesichert, besteht aus Genussrechten oder wird im Inland ausbezahlt (Tafelgeschäfte) – § 20 Abs. 2 EStG: Ersatz- oder Zusatzbezüge
(6) Einkünfte aus Vermietung und Verpachtung (§ 21 EStG)	soweit das unbewegliche Vermögen, die Sachinbegriffe oder Rechte – im Inland belegen oder – in ein inländisches öffentliches Buch oder Register eingetragen oder – in einer inländischen Betriebsstätte oder einer anderen Einrichtung verwertet werden
(7) Sonstige Einkünfte (§ 22 Nr. 1 EStG)	– derzeit gegenstandslos
(8) Sonstige Einkünfte (§ 22 Nr. 2 EStG)	Spekulationsgewinne aus der Veräußerung – inländischer Grundstücke und Grundstücksrechte – von Beteiligungen an Kapitalgesellschaften im Sinne des § 17 Abs. 1 EStG im Privatvermögen
(8a) Sonstige Einkünfte (§ 22 Nr. 4 EStG)	– Versorgungsbezüge von Abgeordneten
(9) Sonstige Einkünfte (§ 22 Nr. 3 EStG)	Auffangtatbestand für Überlassung – von beweglichen Sachen im Inland – von Know-how, das im Inland genutzt wird

Abb. 3.4: Inländische Einkünfte nach § 49 Abs. 1 EStG

Kapitalvermögen durch inländischen Grundbesitz gesichert ist, aus Genussrechten besteht oder ein Tafelgeschäft darstellt. Diese Voraussetzungen liegen
bei Festgeldanlagen nicht vor. Folglich unterliegen die Zinsen aus der Festgeld-
anlage nicht der beschränkten Einkommensteuerpflicht.

Beispiel 2:
Der in einem Nicht-DBA-Staat ansässige N hat 100 VW-Aktien im Sammeldepot
einer Münchner Bank. Besteht Steuerpflicht für die Dividenden?

Lösung:
Bei unbeschränkter Steuerpflicht wären Einkünfte aus Kapitalvermögen gem.
§ 20 Abs. 1 Nr. 1 EStG gegeben.

In § 49 Abs. 1 Nr. 5 Buchstabe a EStG ist § 20 Abs. 1 Nr. 1 EStG aufgezählt; daher
fallen die Dividenden unter die beschränkte Einkommensteuerpflicht.

4.4   Ermittlung der Einkünfte und Erhebung der Steuer (§§ 50, 50a EStG)

Für die Besteuerung beschränkt Steuerpflichtiger kommen drei Verfahren zur Anwendung:

- das Abzugsverfahren (Quellensteuerabzug, § 50 Abs. 5 EStG),
- das Veranlagungsverfahren und
- die Pauschalbesteuerung nach § 50 Abs 7 EStG.

§ 50 EStG bestimmt, welches Verfahren im Einzelnen zur Anwendung kommt.

4.5   Abzugsverfahren

Der Quellensteuerabzug kommt bei beschränkter Steuerpflicht häufiger vor als bei
unbeschränkter Steuerpflicht, da in vielen Fällen der Steueranspruch nur auf diese
Art und Weise durchgesetzt werden kann. Der Abzug erstreckt sich auf

- Lohnsteuer (§ 39d EStG),
- Kapitalertragsteuer (§§ 43 ff. EStG),
- Aufsichtsratsteuer (§ 50a Abs. 1–3 EStG),
- Quellensteuer bei anderen Vergütungen (§ 50a Abs. 4 EStG).

Weitere Vorschriften zu Begriffsbestimmungen, Aufzeichnungspflichten, Berechnung des Steuerabzugs u. Ä. enthalten §§ 73a–73g EStDV sowie R 227a–227c EStR.

4.5.1   Abgeltungswirkung

Abweichend zur unbeschränkten Steuerpflicht hat der Quellensteuerabzug im Regelfall **Abgeltungswirkung** (50 Abs. 5 EStG), d. h. mit dem Einbehalt der Steuer an
der Quelle ist der Steuerpflicht Genüge getan.

In folgenden Fällen sieht das Gesetz **Ausnahmen von der Abgeltungswirkung** vor
(§ 50 Abs. 5 Satz 2 EStG; vgl. Ramackers in Littmann/Bitz/Pust: Das Einkommensteuerrecht, § 50 Rn 51 ff.):

(1) **Betriebseinnahmen eines inländischen Betriebs:**

Bei Vorliegen einer inländischen Betriebsstätte oder eines inländischen Vertreters erfolgt eine Veranlagung. Wurde dennoch Quellensteuer einbehalten (z. B. für unternehmerisch tätige Künstler nach § 50a Abs. 4 EStG), so wird sie bei der Veranlagung angerechnet.

(2) **Nachträglich sich ergebende beschränkte Steuerpflicht:**

Bei zu Unrecht vorgenommener Eingruppierung in die unbeschränkte Einkommensteuerpflicht im Sinne des § 1 Abs. 2 oder 3 EStG oder des § 1a EStG wird die Quellensteuer nachgefordert.

(3) **Antragsveranlagung bei EU-/EWR-Arbeitnehmern:**

Hierdurch lässt sich für die angesprochenen Arbeitnehmer eine gewisse Angleichung an die unbeschränkte Steuerpflicht erreichen. In diesem Fall wird eine Veranlagung durch das für den Arbeitgeber zuständige Betriebsstättenfinanzamt durchgeführt.

(4) **Antrag auf Steuererstattung für beschränkt steuerpflichtige Künstler, Berufssportler, Schriftsteller, Journalisten und Bildberichterstatter nach § 50a Abs. 4 Nr. 1 und 2 EStG:**

Die Erstattung setzt voraus, dass die mit den Einnahmen in unmittelbarem wirtschaftlichem Zusammenhang stehenden Betriebsausgaben oder Werbungskosten höher sind als die Hälfte der Einnahmen. Die Steuer wird erstattet, soweit sie 50 % des Unterschiedsbetrags zwischen den Einnahmen und mit diesen in unmittelbarem wirtschaftlichem Zusammenhang stehenden Betriebsausgaben oder Werbungskosten übersteigt. Der Antrag ist bis zum Ablauf des Kalenderjahrs, das dem Kalenderjahr des Zuflusses der Vergütung folgt, nach amtlich vorgeschriebenem Muster beim Bundesamt für Finanzen zu stellen.

4.5.2 Lohnsteuer (§ 39d EStG)

Für die Durchführung des Lohnsteuerabzugs für beschränkt einkommensteuerpflichtige Arbeitnehmer sind die Vorschriften des § 39d und § 50 Abs. 1 EStG zu beachten. Für die Durchführung des Lohnsteuerabzugs werden beschränkt einkommensteuerpflichtige Arbeitnehmer in die **Steuerklasse I** eingereiht (§ 39d Abs. 1 Satz 1 EStG), sofern eine Bescheinigung nach Satz 3 vorgelegt wird (ansonsten Steuerklasse VI, vgl. BFH BFH/NV 2001, 963 und R 125 Abs. 7 LStR). Das Betriebsstättenfinanzamt erteilt auf Antrag des Arbeitnehmers über die maßgebende Steuerklasse eine **Bescheinigung**, die die Besteuerungsmerkmale enthält, die sonst auf der Lohnsteuerkarte aufgeführt sind (§ 39d Abs. 1 Satz 3 EStG). Dabei werden berücksichtigt (§ 39d Abs. 2 EStG):

– Werbungskosten, die bei den Einkünften aus nichtselbständiger Arbeit anfallen (§ 9 EStG), soweit sie den Arbeitnehmer-Pauschbetrag (§ 9a Satz 1 Nr. 1 EStG) übersteigen,

– Sonderausgaben im Sinne des § 10b EStG, soweit sie den Sonderausgaben-Pauschbetrag (§ 10c Abs. 1 EStG) übersteigen,

– den Freibetrag oder den Hinzurechnungsbetrag nach § 39a Abs. 1 Nr. 7 EStG,

– Vorsorgepauschale (§ 10c Abs. 2 und 3 EStG) ohne die Möglichkeit, die tatsächlichen Aufwendungen nachzuweisen (§ 50 Abs. 1 Satz 5 Halbsatz 2 EStG).

4.5.3 Kapitalertragsteuer (§§ 43 ff. EStG)

Die Kapitalertragsteuer ist wie die Lohnsteuer eine besondere Erhebungsform der Einkommensteuer. Sie beruht auf den §§ 43–45d EStG.

Die Kapitalertragsteuer entsteht zu dem Zeitpunkt, in dem Kapitalerträge dem Gläubiger zufließen (§ 44 Abs. 2 EStG). Zu diesem Zeitpunkt hat der Schuldner der Kapitalerträge oder die die Kapitalerträge auszahlende Stelle den Steuerabzug für Rechnung des Gläubigers vorzunehmen (§ 44 Abs. 1 Satz 2 und 3 EStG).

Die Kapitalertragsteuer beträgt (§ 43a EStG)

– für Dividenden und dividendenähnliche Erträge 20 %, wenn der Gläubiger sie trägt, 25 %, wenn der Schuldner sie trägt,
– beim Zinsabschlag auf Zinsforderungen sowie in Veräußerungsfällen 30 %, wenn der Gläubiger sie trägt, 42,85 %, wenn der Schuldner sie trägt,
– bei Tafelgeschäften 35 %, wenn der Gläubiger sie trägt, 53,84 %, wenn der Schuldner sie trägt.

Für Auslandsansässige mit beschränkter Steuerpflichtig gilt das Prinzip der Bruttobesteuerung (Ansatz des vollen Betrags ohne Abzüge) und der Abgeltungswirkung nach § 50 Abs. 5 Satz 1 EStG (d. h. die Kapitalertragsteuer ist endgültig).

4.5.4 Aufsichtsratsteuer (§ 50a Abs. 1–3 EStG)

Der Quellensteuer unterliegen die Vergütungen an beschränkt steuerpflichtige Mitglieder eines Aufsichtsrats und aller Gremien, die die Geschäftsführung zu überwachen haben (§ 50a Abs. 1 EStG). Die Aufsichtsratsteuer beträgt **30 %** der Aufsichtsratsvergütungen (§ 50a Abs. 2 EStG). **Bemessungsgrundlage** ist der **Bruttobetrag** ohne jeden Abzug (also kein Ansatz von Betriebsausgaben). Eine Einschränkung gilt nur für Reisekostenerstattungen; nur die über die tatsächlichen Aufwendungen (bzw. steuerlich anerkannten Pauschbeträge) hinausgehenden Zahlungen unterliegen dem Steuerabzug (§ 50a Abs. 3 EStG; vgl. Ramackers in Littmann/Bitz/Pust: Das Einkommensteuerrecht, § 50a Rn 21 ff.).

4.5.5 Quellensteuer bei anderen Vergütungen (§ 50a Abs. 4 EStG)

Dem Quellensteuerabzug unterliegen

– Einkünfte aus der Tätigkeit als Künstler, Berufssportler, Schriftsteller, Journalist oder Bildberichterstatter (im Sinne § 49 Abs. 1 Nr. 2 Buchstabe d und § 49 Abs. 1 Nr. 2–4 EStG) sowie
– Einkünfte, die aus Vergütungen für die Nutzung beweglicher Sachen oder für die Überlassung der Nutzung oder des Rechts auf Nutzung von Rechten, insbesondere von Urheberrechten und gewerblichen Schutzrechten, von gewerblichen, technischen, wissenschaftlichen und ähnlichen Erfahrungen, Kenntnissen und Fertigkeiten, z. B. Plänen, Mustern und Verfahren (Know-how), herrühren (§ 49 Abs. 1 Nr. 2, 3, 6 und 9 EStG).

Dem Abzug unterliegt der volle Betrag der Einnahmen (**Bruttobesteuerung**), also ohne Abzug von Betriebsausgaben, Werbungskosten, Sonderausgaben und Steuern. Der Steuersatz beträgt grundsätzlich 25 % und ist bei Künstlern u. a. nach der Höhe der Einnahmen gestaffelt (§ 50a Abs. 4 Satz 2–5 EStG).

> **Beispiel:**
> Sachverhalt wie oben Beispiel 2: Der in einem Nicht-DBA-Staat ansässige N hat 100 VW-Aktien im Sammeldepot einer Münchner Bank. Wie erfolgt die Besteuerung der Dividenden?

Lösung:

In § 49 Abs. 1 Nr. 5 Buchstabe a EStG ist § 20 Abs. 1 Nr. 1 EStG aufgezählt; die Dividenden fallen daher unter die beschränkte Einkommensteuerpflicht. Da es sich um inländische Einkünfte handelt, unterliegen sie dem Kapitalerstragsteuerabzug gemäß § 43 Abs. 1 Nr. 1 EStG. Nach § 50 Abs. 5 Satz 1 EStG gilt für beschränkt Steuerpflichtige das Abgeltungsprinzip; d. h. die Einkommensbesteuerung ist mit dem Kapitalertragsteuerabzug abgegolten, eventuelle Werbungskosten können nicht geltend gemacht werden.

4.6   Veranlagungsverfahren

Es ist zu veranlagen, soweit nicht ein abgeltender Quellenabzug greift (für die Betriebsstätte kann zu veranlagen sein, für die daneben gehaltene Beteiligung an Kapitalgesellschaften aber das Abzugsverfahren gelten). Wie bei der unbeschränkten Steuerpflicht ergeht hierbei ein **Steuerbescheid**. Weil – im Gegensatz zum Abzugsverfahren – auch bestimmte Abzüge vorgenommen werden, wird dieses Verfahren als **Nettobesteuerung** bezeichnet. Die Veranlagung beschränkt Steuerpflichtiger folgt zwar den Vorschriften für die unbeschränkte Steuerpflicht, es kommen aber die Sondervorschriften des § 50 Abs. 1–3 und 6 EStG zur Anwendung, die Ausschlusstatbestände bzw. Einschränkungen beinhalten (vgl. Ramackers in Littmann/Bitz/Pust: Das Einkommensteuerrecht, § 50 Rn 10 ff.).

Vorschrift	Inhalt

§ 50 Abs. 1 EStG	(1) Einschränkung des Betriebsausgaben- und Werbungskostenabzugs
	   – Betriebsausgaben und Werbungskosten sind nur insoweit abzugsfähig, als sie mit inländischen Einkünften in wirtschaftlichem Zusammenhang stehen.
	   – Keine Werbungskostenpauschalen nach § 9a EStG (Nachweis der Werbungskosten notwendig, ausgenommen Arbeitnehmerpauschbetrag zeitanteilig nach § 50 Abs. 1 Satz 5, 6 EStG).
	
	(2) Keine Berücksichtigung von Sonderausgaben, ausgenommen
	   – Spenden
	   – Sonderausgaben-Pauschbetrag und Vorsorgepauschale für beschränkt steuerpflichtige Arbeitnehmer (§ 50 Abs. 1 Satz 5, 6 EStG)
	
	(3) Verlustabzug nach § 10d EStG nur für inländische Verluste möglich
	
	(4) Keine Berücksichtigung von außergewöhnlichen Belastungen nach §§ 33, 33a, 33b und 33c EStG
	
	(5) Nichtanwendbare Freibeträge
	   – Freibetrag für Veräußerungsgewinne (§ 16 Abs. 4 EStG)
	   – Sparerfreibetrag (§ 20 Abs. 4 EStG)
	   – Altersentlastungsbetrag (§ 24a EStG)
	   – Kinderfreibeträge (§ 32 Abs. 6 EStG)
	   – Haushaltsfreibetrag (§ 32 Abs. 7 EStG)
	
	(6) Keine Ermäßigungen für außerordentliche Einkünfte nach § 34 EStG, ausgenommen
	   – für Veräußerungsgewinne nach §§ 14, 16 und 18 Abs. 3 EStG
	
	(7) Kein Splittingverfahren (§ 26 EStG setzt unbeschränkte Steuerpflicht voraus) und Witwensplitting nach § 32a Abs. 6 EStG

Abb. 3.5: Sondervorschriften für die Veranlagung beschränkt Steuerpflichtiger
(§ 50 Abs. 1–3 und 6 EStG)

Vorschrift	Inhalt
§ 50 Abs. 2 EStG	Ausschluss des Verlustausgleichs und kein Verlustabzug bei Einkünften, – die dem Steuerabzug unterliegen und – im Sinne des § 20 Abs. 1 Nr. 5 und 7 EStG
§ 50 Abs. 3 EStG	Bemessung der Einkommensteuer nach der **Grundtabelle**, wobei ein Mindeststeuersatz von 25 % zur Anwendung kommt
§ 50 Abs. 6 EStG	Anrechnung bzw. Abzug ausländischer Steuern nach § 34c Abs. 1–3 EStG bei Einkünften aus Land- und Forstwirtschaft, Gewerbebetrieb oder selbständiger Arbeit, ausgenommen – Steuern aus Wohnsitzstaat

Abb. 3.5: Sondervorschriften für die Veranlagung beschränkt Steuerpflichtiger
(§ 50 Abs. 1–3 und 6 EStG) (Fortsetzung)

Beispiel:

Der in einem Nicht-DBA-Staat ansässige verheiratete N hat Einkünfte aus einer inländischen Betriebsstätte von 50 000 €.

Lösung:

N unterliegt der beschränkten Einkommensteuerpflicht gemäß § 49 Abs. 1 Nr. 2 Buchstabe a EStG. Die Voraussetzungen des § 50 Abs. 5 EStG für das Abzugsverfahren sind nicht gegeben, so dass eine Einkommensteuerveranlagung zu erfolgen hat.

Es greifen aber die Sondervorschriften des § 50 EStG für beschränkt Steuerpflichtige, d. h. hier kein Splittingverfahren, sondern Anwendung der Grundtabelle, kein Abzug von Sonderausgaben o. Ä.

	€
Inländische Einkünfte	50 000
= zu versteuerndes Einkommen	50 000
Einkommensteuer 2002 lt. Grundtabelle	14 440

Mindeststeuer 25 % gem. § 50 Abs. 3 Satz 2 EStG: 12 500 €
Es ist der höhere Betrag, also 14 440 €, der Einkommensteuer zu unterwerfen.

4.7   Pauschalbesteuerung nach § 50 Abs. 7 EStG

Die obersten Finanzbehörden der Länder oder die von ihnen beauftragten Finanzbehörden können mit Zustimmung des Bundesministeriums der Finanzen die Einkommensteuer bei beschränkt Steuerpflichtigen

– ganz oder zum Teil erlassen oder
– in einem Pauschbetrag festsetzen,

wenn es aus volkswirtschaftlichen Gründen zweckmäßig ist oder eine gesonderte Berechnung der Einkünfte besonders schwierig ist (§ 50 Abs. 7 EStG). Vgl. hierzu z. B. die Bestimmungen in R 125 Abs. 3, 5 und 6 LStR.

4.8 Wechsel von der beschränkten in die unbeschränkte Steuerpflicht und umgekehrt (§ 2 Abs. 7 Satz 3 EStG)

Die Einkommensteuer ist eine Jahressteuer. Die Grundlagen für ihre Festsetzung sind jeweils für ein Kalenderjahr zu ermitteln. Besteht während eines Kalenderjahrs sowohl unbeschränkte als auch beschränkte Einkommensteuerpflicht, so sind die während der beschränkten Einkommensteuerpflicht erzielten inländischen Einkünfte in eine Veranlagung zur unbeschränkten Einkommensteuerpflicht einzubeziehen (§ 2 Abs. 7 EStG); dann gelten die Einschränkungen des § 50 EStG nicht.

Kontrollfragen

1. *Welche Vorschriften des Einkommensteuerrechts sind zu beachten, wenn ein Steuerausländer (natürliche Person) aus einem Nicht-DBA-Staat inländische Einkünfte hat?*
2. *Was versteht man unter der so genannten isolierenden Betrachtungsweise?*
3. *In welcher Vorschrift des EStG sind inländische Einkünfte definiert, die der beschränkten Einkommensteuerpflicht unterliegen?*
4. *Welche Verfahren kommen für die Besteuerung beschränkt Steuerpflichtiger zur Anwendung?*
5. *Was versteht man unter dem Begriff Abgeltungswirkung? Wann kommt sie in Betracht?*
6. *Auf welche Einkünfte erstreckt sich der Abzug von der Quelle?*
7. *In welchen Fällen kommt bei der beschränkten Steuerpflicht eine Veranlagung in Betracht?*
8. *Wodurch ist die Veranlagung beschränkt Steuerpflichtiger gekennzeichnet? Zählen Sie einige wichtige Sondervorschriften auf.*
9. *Wie ist ein Wechsel von der beschränkten in die unbeschränkte Steuerpflicht und umgekehrt geregelt?*

Aufgabe 3.06 *Inländischer Vertreter S. 436*

Aufgabe 3.07 *Inländische Betriebsstätte S. 436*

5 Steuerausländer (juristische Person aus einem Nicht-DBA-Staat) mit inländischen Einkünften (Fallgruppe 4)

Gesetzliche Vorschriften: Für die hierunter fallenden Sachverhalte mit inländischen Einkünften sind folgende Paragraphen des Körperschaftsteuerrechts zu beachten:

– §§ 1, 2 KStG: Abgrenzung zwischen unbeschränkter und beschränkter Steuerpflicht,
– § 8 Abs. 1 KStG: Ermittlung des Einkommens,

- § 8b KStG: Behandlung von Beteiligungen an anderen Gesellschaften,
- § 31 KStG: Steuererklärungspflicht, Veranlagung und Erhebung der KSt,
- § 32 Abs. 1 Nr. 2 und Abs. 2 Nr. 1 KStG.

5.1 Beschränkte Steuerpflicht nach § 2 Nr. 1 KStG

Beschränkt körperschaftsteuerpflichtig sind nach § 2 Nr. 1 KStG Körperschaften, Personenvereinigungen und Vermögensmassen, die

- weder ihre Geschäftsleitung
- noch ihren Sitz im Inland haben,

mit ihren inländischen Einkünften.

5.2 Ermittlung der Einkünfte

Über § 8 Abs. 1 KStG – der besagt, dass, was als Einkommen gilt und wie es zu ermitteln ist, sich nach den Vorschriften des Einkommensteuergesetzes bestimmt – knüpft die sachliche Steuerpflicht auf die in **§ 49 EStG** abschließend aufgezählten Einkünfte an. Ohne inländische Einkünfte im Sinne des § 49 EStG besteht für beschränkt körperschaftsteuerpflichtige Körperschaften (i. S. v. § 2 Nr. 1 KStG) auch keine Steuerpflicht. Insofern kann hier auf die obigen Ausführungen (vgl. S. 260ff.) verwiesen werden.

Bei Steuerpflichtigen, die nach den Vorschriften des HGB zur Führung von Büchern verpflichtet sind, sind alle Einkünfte als Einkünfte aus Gewerbebetrieb zu behandeln (§ 8 Abs. 2 KStG). Darunter fallen auch ausländische Körperschaften mit ihren **im Handelsregister eingetragenen inländischen Zweigniederlassungen** (§ 13b HGB). In solchen Fällen ist die oben besprochene isolierende Betrachtungsweise (S. 259f.) zu beachten.

Darüber hinaus ist darauf hinzuweisen, dass beschränkt Körperschaftsteuerpflichtige **keine Einkünfte**

- aus nichtselbständiger Arbeit (§ 49 Abs. 1 Nr. 4 EStG) und
- aus Abgeordnetenbezügen (§ 49 Abs. 1 Nr. 8a EStG)

haben können (mangels des Merkmals »natürliche Person«) und darüber hinaus

- auch keine Einkünfte aus selbständiger Arbeit beziehen können (Dötsch u. a., Körperschaftsteuer: Stuttgart 2002, Rn 109).

Darüber hinaus ist im Rahmen der beschränkten Steuerpflicht die Vorschrift des **§ 8b KStG über Beteiligungen** an anderen Körperschaften zu beachten (vgl. S. 256), da der Anwendungsbereich des § 8b KStG sachlich alle Inlands- und Auslandsdividenden sowie personell sämtliche Körperschaften als Bezieher solcher Dividenden erfasst (Dötsch/ Pung in Dötsch u. a.: Kommentar zum Körperschaftsteuergesetz, § 8b KStG Rn 6). Die Befreiung nach § 86 KStG gilt jedoch nicht für den Kapitalertragsteuerabzug (§ 43 Abs. 1 Satz 3 EStG).

5.3 Veranlagung/Abgeltung

Zur verfahrensmäßigen Durchführung der Besteuerung enthält das KStG nur insoweit Vorschriften, als dies aufgrund der Besonderheiten bei Körperschaften erforderlich ist. Ansonsten verweist § 31 Abs. 1 KStG auf die Vorschriften im EStG und erklärt diese für entsprechend anwendbar.

Die Abgeltung kommt im Körperschaftsteuerrecht in Betracht bei

- Kapitalertragsteuer (§§ 43 ff. EStG),
- Quellensteuer bei anderen Vergütungen (§ 50a Abs. 4 EStG).

§ 32 Abs. 1 Nr. 2 KStG regelt, in welchen Fällen der Steuerabzug vom Kapitalertrag (§ 43 EStG) oder der Steuerabzug gem. § 50a EStG

- **Abgeltungswirkung** entfaltet (die Einkünfte also dem Steuerabzug unterliegen) oder
- in eine **Körperschaftsteuerveranlagung** einbezogen werden.

Danach ist die Körperschaftsteuer für Einkünfte, die dem Steuerabzug unterliegen, durch den Steuerabzug **abgegolten**, wenn

- der Bezieher der Einkünfte beschränkt steuerpflichtig ist und
- die Einkünfte nicht in einem inländischen gewerblichen oder land- oder forstwirtschaftlichen Betrieb angefallen sind.

In allen anderen Fällen greift die Abgeltung nicht, ist also eine **Veranlagung** durchzuführen.

Beispiel 1:
Die Kapitalgesellschaft K mit Sitz und Geschäftsleitung in einem Nicht-DBA-Staat hat Einkünfte aus einer inländischen Betriebsstätte von 100 000 €.

Lösung:
K ist nach § 2 Nr. 1 KStG beschränkt körperschaftsteuerpflichtig mit ihren inländischen Einkünften. Gemäß § 8 Abs. 1 KStG i. V. m. § 49 Abs. 1 Nr. 2 Buchstabe a EStG sind die Einkünfte der Betriebsstätte beschränkt steuerpflichtig. Da keine Einkünfte vorliegen, die unter das Abzugsverfahren fallen, erfolgt eine Körperschaftsteuerveranlagung. Der Steuersatz beträgt 25 % (§ 23 Abs. 1 KStG).

Beispiel 2:
Die Kapitalgesellschaft K mit Sitz und Geschäftsleitung in einem Nicht-DBA-Staat bezieht Dividenden von einer inländischen AG. K hat keine Betriebsstätte im Inland.

Lösung:
K ist nach § 2 Nr. 1 KStG beschränkt körperschaftsteuerpflichtig mit ihren inländischen Einkünften.

Die im Inland erzielten Einkünfte würden bei einer inländischen Kapitalgesellschaft aufgrund der Subsidiaritätsklausel des § 8 Abs. 2 KStG als Einkünfte aus Gewerbebetrieb gelten. Mangels einer Betriebsstätte hätte Deutschland aber kein Besteuerungsrecht, obwohl die Quelle der Einkünfte in Deutschland belegen ist.
    Isoliert betrachtet (§ 49 Abs. 2 EStG) liegen Einkünfte nach § 49 Abs. 1 Nr. 5 Buchstabe a EStG i. V. m. § 20 Abs. 1 Nr. 1 EStG vor. Die Dividenden fallen daher unter die beschränkte Steuerpflicht. Da es sich um inländische Einkünfte handelt, unterliegen sie dem Kapitalerstragsteuerabzug gemäß § 43 Abs. 1 Nr. 1 EStG. Nach § 32 Abs. 1 Nr. 2 KStG greift das Abgeltungsprinzip; d. h. die deutsche Körperschaftsteuer ist mit dem Kapitalertragsteuerabzug abgegolten.

Kontrollfragen

1. *Welche Vorschriften des Körperschaftsteuerrechts sind zu beachten, wenn ein Steuerausländer (juristische Person) aus einem Nicht-DBA-Staat inländische Einkünfte hat?*
2. *In welcher Vorschrift sind inländische Einkünfte definiert, die der beschränkten Körperschaftsteuerpflicht unterliegen?*
3. *Welche Arten von Einkünften kann eine Körperschaft nicht haben?*
4. *Auf welche Steuern erstreckt sich bei Körperschaften der Abzug von der Quelle?*
5. *In welchen Fällen kommt bei der beschränkten Körperschaftsteuerpflicht eine Veranlagung in Betracht?*

6 Funktion und Systematik der DBA (Fallgruppe 5)

Grundlage der folgenden Ausführungen ist das **OECD-Musterabkommen 2000 zur Vermeidung der Doppelbesteuerung auf dem Gebiet der Steuern vom Einkommen und vom Vermögen** (BMF BStBl I 2001, 72). Es ist diesem Werk als Anhang 1 auf S. 509 beigefügt. Es wird im Folgenden kurz **OECD-MA** genannt.

Die von Deutschland mit anderen Staaten abgeschlossenen DBA haben das OECD-MA als Grundlage. Neuerungen des OECD-MA 2000 gegenüber seinen Vorläufern OECD-MA 1992 bzw. OECD-MA 1977 sind nur geringfügig. Der Stand der abgeschlossenen DBA wird jährlich in einem der ersten Bundessteuerblätter veröffentlicht, für das Jahr 2002 in BStBl 2002, 135 (vgl. Anhang 2 auf S. 518).

6.1 Rechtsnatur und Verhältnis zu innerstaatlichem Recht

Die Rechtsnatur der DBA und ihr Verhältnis zu innerstaatlichem Recht lassen sich wie folgt zusammenfassen (vgl. Eicher in Littmann/Bitz/Pust: Das Einkommensteuerrecht, § 49 Rn 8 ff.):

(1) DBA sind **unmittelbar geltendes Recht**. Ihre völkerrechtliche Verbindlichkeit ergibt sich aus der **Ratifikation**. Hiervon zu unterscheiden ist die innerstaatliche Anwendbarkeit der DBA, die durch ein Zustimmungsgesetz gemäß Art. 59 Abs. 2 GG bewirkt wird.

(2) Das DBA-Recht hat **Vorrang vor innerstaatlichen Rechtsnormen** (§ 2 AO), seine innerstaatliche Wirkung kann aber durch ein späteres Gesetz beseitigt oder eingeschränkt werden (**Treaty Override**), unabhängig von einer Verletzung des Völkerrechts (BFH BStBl II 1995, 129 zu § 50d Abs. 1 EStG).

(3) DBA-Recht will **normalerweise keine Ansprüche begründen** (dürfte dies aber können); es ist jedoch geeignet, einen aufgrund innerstaatlichen Rechts bestehenden Steueranspruch (z. B. nach § 49 EStG) einzuschränken oder auszuschließen. Die Abkommensnormen wirken insoweit als sachliche Steuerbefreiungen oder Steuerermäßigungen.

(4) Weist ein DBA ein Steuergut nur einem der Vertragsstaaten zur Besteuerung zu, so darf der andere Vertragsstaat diese Steuerquelle selbst dann nicht erfassen, wenn der nach dem DBA berechtigte Staat von seinem Besteuerungsrecht keinen Gebrauch machen sollte (**Verbot der virtuellen Doppelbesteuerung**). Dies gilt nur

dann nicht, wenn das DBA für diesen Fall ausdrücklich etwas anderes bestimmt, z. B. Art. 23 Abs. 3 DBA-Dänemark (**Rückfallklausel bzw. Subject-to-tax-Klausel**).

(5) DBA habe ihre **eigene Begriffssprache**. Soweit in einem DBA verwendete Begriffe dort definiert sind, hat diese Definition für die Auslegung des DBA Vorrang. Enthält das Abkommen keine Definition, so ist der Ausdruck nach dem Sinn- und Vorschriftenzusammenhang des Abkommens abzugrenzen. Nur dann, wenn ein solcher abkommensspezifischer Sinnzusammenhang nicht erkennbar ist, hat der Ausdruck die Bedeutung, die ihm nach dem Recht des Staates über die Steuer zukommt, für die das Abkommen gilt (Art. 3 Abs. 2 OECD-MA).

6.2 Struktur des OECD-MA 2000

Das OECD-MA 2000 ist wie folgt aufgebaut:

Struktur des OECD-MA 2000	
Abschnitt I: Geltungsbereich des Abkommens	
Art. 1	Unter das Abkommen fallende Personen
Art. 2	Unter das Abkommen fallende Steuern
Abschnitt II: Begriffsbestimmungen	
Art. 3	Allgemeine Begriffsbestimmungen
Art. 4	Ansässige Personen
Art. 5	Betriebsstätte
Abschnitt III: Besteuerung des Einkommens	
Art. 6	Einkünfte aus unbeweglichem Vermögen
Art. 7	Unternehmensgewinne
Art. 8	Seeschifffahrt, Binnenschifffahrt und Luftfahrt
Art. 9	Verbundene Unternehmen
Art. 10	Dividenden
Art. 11	Zinsen
Art. 12	Lizenzgebühren
Art. 13	Gewinne aus der Veräußerung von Vermögen
Art. 14	(aufgehoben)
Art. 15	Einkünfte aus unselbständiger Arbeit
Art. 16	Aufsichtsrats- und Verwaltungsratsgebühren
Art. 17	Künstler und Sportler
Art. 18	Ruhegehälter
Art. 19	Öffentlicher Dienst
Art. 20	Studenten
Art. 21	Andere Einkünfte
Abschnitt IV: Besteuerung des Vermögens	
Art. 22	Vermögen
Abschnitt V: Methoden zur Vermeidung der Doppelbesteuerung	
Art. 23A	Befreiungsmethode
Art. 23B	Anrechnungsmethode

Abb. 3.6: Inhaltsübersicht des OECD-MA 2000

Struktur des OECD-MA 2000

Abschnitt VI: Besondere Bestimmungen

Art. 24	Gleichbehandlung
Art. 25	Verständigungsverfahren
Art. 26	Informationsaustausch
Art. 27	Diplomaten und Konsularbeamte
Art. 28	Ausdehnung des räumlichen Geltungsbereichs

Abschnitt VII: Schlussbestimmungen

Art. 29	Inkrafttreten
Art. 30	Kündigung

Schlussklausel

Abb. 3.6: Inhaltsübersicht des OECD-MA 2000 (Fortsetzung)

6.3   Geltungsbereich des Abkommens

Die Art. 1 und 2 OECD-MA regeln den persönlichen und sachlichen Geltungsbereich.

– Es gilt für Personen, die in einem Vertragsstaat oder in beiden Vertragsstaaten ansässig sind (Art. 1 OECD-MA).
– Es gilt, ohne Rücksicht auf die Art der Erhebung, für die im Abkommen aufgeführten Steuerarten, i. d. R. für Steuern vom Einkommen und vom Vermögen, die für Rechnung eines Vertragsstaates oder seiner Gebietskörperschaften erhoben werden (Art. 2 OECD-MA).

6.4   Begriffsbestimmungen

6.4.1   Allgemeine Begriffsbestimmungen

Unter den in Art. 3 OECD-MA aufgeführten allgemeinen Begriffsbestimmungen sind folgende besonders hervorzuheben:

– Der Ausdruck »**Person**« umfasst natürliche Personen, Gesellschaften und alle anderen Personenvereinigungen.
– Der Ausdruck »**Gesellschaft**« bedeutet juristische Personen oder Rechtsträger, die für die Besteuerung wie juristische Personen behandelt werden.
– Der Ausdruck »**Unternehmen**« bezieht sich auf die Ausübung einer Geschäftstätigkeit.
– Der Ausdruck »**Geschäftstätigkeit**« schließt auch die Ausübung einer freiberuflichen oder sonstigen selbständigen Tätigkeit ein.

6.4.2   Ansässigkeit

Der Begriff »Ansässigkeit« in Art. 4 Abs. 1 OECD-MA knüpft an die Merkmale an, die zur unbeschränkten Steuerpflicht führen, nämlich Wohnsitz, ständiger Aufenthalt, Ort der Geschäftsleitung oder ein anderes ähnliches Merkmal. Art. 4 Abs. 2 OECD-

MA beschreibt im Detail, nach welchen Kriterien die Ansässigkeit im Falle eines Doppelwohnsitzes zu bestimmen ist.

Beispiel:

Der Arbeitnehmer A hat einen Wohnsitz im Ausland, wo seine Familie lebt, und einen Wohnsitz am Arbeitsort im Inland. Montags bis donnerstags arbeitet und wohnt er im Inland, freitags bis sonntags kehrt er zu seiner Familie zurück und betätigt sich im Familienbetrieb als Gastwirt.

Lösung:

A erfüllt in beiden Ländern die Merkmale der unbeschränkten Steuerpflicht, da er in beiden über einen Wohnsitz verfügt. Nach Art. 4 Abs. 2 Buchstabe a OECD-MA gilt A in dem Staat als ansässig, zu dem er die engeren persönlichen und wirtschaftlichen Beziehungen hat (Mittelpunkt der Lebensinteressen). Nach BFH BStBl II 1991, 562 sind im Zweifel die persönlichen Beziehungen entscheidend für die Ansässigkeit, so dass im Beispiel der Mittelpunkt der Lebensinteressen im Ausland liegt.

6.4.3 Betriebsstätte

Der Begriff der Betriebsstätte in Art. 5 OECD-MA ist nur zum Teil inhaltsgleich mit der Definition aus § 12 AO. Nach der DBA-Definition entscheidet sich, ob eine Betriebsstätte im Sinne des DBA gegeben ist, nach § 12 AO richtet sich die Frage, ob inländische Einkünfte nach § 49 Abs. 1 Nr. 2 Buchstabe a EStG oder ausländische Einkünfte nach § 34d Nr. 2 Buchstabe a EStG vorliegen.

Definition	Betriebsstätte bejaht	Betriebsstätte verneint
Unter Betriebsstätte ist eine feste Geschäftseinrichtung zu verstehen, durch die die Tätigkeit eines Unternehmens ganz oder teilweise ausgeübt wird.	– Ort der Leitung – Zweigniederlassung – Geschäftsstelle – Fabrikationsstätte – Werkstätte – Bergwerk, ein Öl- oder Gasvorkommen, ein Steinbruch oder eine andere Stätte der Ausbeutung von Bodenschätzen – Bauausführung oder Montage, wenn ihre Dauer zwölf Monate überschreitet – abhängiger ständiger Vertreter	– Einrichtungen, die ausschließlich zur Lagerung, Ausstellung oder Auslieferung von Gütern oder Waren des Unternehmens benutzt werden – Bestände von Gütern oder Waren des Unternehmens mit dem ausschließlichen Zweck, durch ein anderes Unternehmen bearbeitet oder verarbeitet zu werden – eine feste Geschäftseinrichtung mit dem ausschließlichen Zweck, für das Unternehmen Güter oder Waren einzukaufen oder Informationen zu beschaffen – eine feste Geschäftseinrichtung mit dem ausschließlichen Zweck, für das Unternehmen andere Tätigkeiten auszuüben, die vorbereitender Art sind oder eine Hilfstätigkeit darstellen

Abb. 3.7: Betriebsstätte nach Art. 5 OECD-MA

Beispiel:

Der Unternehmer U mit Wohnsitz im Inland unterhält im Staat B ein Auslieferungslager.

Lösung:

Das Auslieferungslager stellt keine Betriebsstätte im Sinne des OECD-MA dar, denn es fällt unter den Negativkatalog des Art. 5 Abs. 4 OECD-MA. Damit fehlt es an der notwendigen engen Verbindung zum Betriebsstättenstaat, so dass dort kein Besteuerungsrecht besteht. Dieses verbleibt beim Sitzstaat des U, also im Inland.

Nach deutschem Recht fallen Einkünfte aus dem Auslieferungslager unter die unbeschränkte Steuerpflicht nach § 1 Abs. 1 EStG i. V. m. § 34d Nr. 2 Buchstabe a EStG, wenn das Auslieferungslager nach deutschem Recht als Betriebsstätte einzustufen ist. Gemäß § 12 Satz 2 Nr. 5 AO ist (im Gegensatz zur OECD-MA-Definition) eine Betriebsstätte gegeben.

6.5 Zuordnung der Quellen

6.5.1 Allgemeines

Die **Art. 6–21 OECD-MA**, die die Besteuerung des Einkommens behandeln, sind Qualifikationsnormen, d. h. sie definieren Einkunftsquellen und ordnen das Besteuerungsrecht zu. Diese Definitionen knüpfen nicht an deutsche Einkunftsarten an.

Zwei der Art. 6–21 OECD-MA sind besonders hervorzuheben:

– **Art. 14 OECD-MA ist aufgehoben**; er beinhaltete Bestimmungen zur **selbständigen Arbeit**. Diese Bestimmungen werden nun mit in **Art. 7 OECD-MA über Unternehmensgewinne** abgehandelt. Die Verlagerung der Einkünfte aus selbständiger Arbeit vom Ansässigkeitsstaat in den Staat des Arbeitsorts setzt bei selbständiger Arbeit eine feste Einrichtung voraus. Da auch der Begriff Betriebsstätte als feste Einrichtung beschrieben wird, war es möglich, auf den früheren Art. 14 zu verzichten, zumal in manchen anderen Staaten eine Unterscheidung in Einkünfte aus Gewerbebetrieb und Einkünfte aus selbständiger Arbeit wie in Deutschland nicht vorgenommen wird.

– **Art. 9 OECD-MA über verbundene Unternehmen** hat eine Sonderstellung inne. Er enthält keine Vorschriften über die Besteuerung einer Einkunftsquelle, sondern Bestimmungen zur Berichtigung der Einkünfte verbundener Unternehmen. Auf diese Problematik wird in einem gesonderten Kapitel eingegangen (vgl. S. 290 ff.).

6.5.2 Aufteilung des Besteuerungsrechts nach Art. 6–21 OECD-MA

Aufgrund des Welteinkommensprinzips steht dem **Ansässigkeitsstaat** stets das Besteuerungsrecht zu. In den Art. 6–21 wird nun festgelegt, unter welchen Voraussetzungen **auch der Quellenstaat** ein Besteuerungsrecht hat. Dieses **zusätzliche Besteuerungsrecht** und die Zuordnungsregeln werden in der folgenden Tabelle aufgezeigt. Die Vermeidung einer dadurch entstehende Doppelbesteuerung regeln dann die Art. 23A und 23B OECD-MA (vgl. hierzu S. 279 ff.).

Art.	Einkunftsquelle und Zuordnungsregel
Art. 6	**Einkünfte aus unbeweglichem Vermögen** Die Besteuerung erfolgt nach dem **Belegenheitsprinzip** (steht also dem Staat zu, in dem das unbewegliche Vermögen belegen ist). Hierher gehören: – Vermietung und Verpachtung von Grundvermögen – Land- und Forstwirtschaft – Ausbeutung von Mineralvorkommen u. Ä. – auch Einkünfte aus unbeweglichem Vermögen eines Unternehmens (Vorrang vor Art. 7 OECD-MA Unternehmensgewinne) – Einkünfte aus Veräußerungsgeschäften im Sinne des Art. 13 OECD-MA
Art. 7	**Unternehmensgewinne** Die Besteuerung erfolgt nach dem **Betriebsstättenprinzip** (erfolgt also dort, wo sich die Betriebsstätte befindet). Selbständig Tätige müssen am Ort der Berufsausübung über eine »feste Einrichtung« verfügen. Hierher gehören: – Einkünfte aus Gewerbebetrieb (auch Beteiligungen einer unbeschränkt steuerpflichtigen Person an einer ausländischen Personengesellschaft) – Einkünfte aus selbständiger Arbeit Aufgrund des **Betriebsstättenvorbehalts** zählen zu den Unternehmensgewinnen auch – Dividenden (Beteiligung im Betriebsvermögen, Art. 10 Abs. 4 OECD-MA) – Zinsen (Art. 11 Abs. 4 OECD-MA) – Lizenzen (Art. 12 Abs. 3 OECD-MA) **Nicht hierher** gehören: – Einkünfte aus unbeweglichem Vermögen (Art. 6 Abs. 4 OECD-MA) Zur Aufteilung des Betriebsvermögens zwischen Stammhaus und Betriebsstätte vgl. die Ausführungen S. 282 ff.
Art. 8	**Seeschifffahrt, Binnenschifffahrt und Luftfahrt** Gewinne aus dem Betrieb von Binnenschiffen, Seeschiffen oder Luftfahrzeugen im internationalen Verkehr können nur in dem Vertragsstaat besteuert werden, in dem sich der **Ort der tatsächlichen Geschäftsleitung** des Unternehmens befindet. Befindet sich der Ort der **tatsächlichen Geschäftsleitung an Bord eines Schiffes**, so gilt er als in dem Vertragsstaat gelegen, in dem der **Heimathafen** des Schiffes liegt, oder, wenn kein Heimathafen vorhanden ist, in dem Vertragsstaat, in dem die Person ansässig ist, die das Schiff betreibt.
Art. 10	**Dividenden** Die Besteuerung erfolgt – nach dem **Wohnsitzprinzip** (erfolgt also dort, wo der Dividendenempfänger ansässig ist). – Der **Quellenstaat** ist jedoch zum Quellensteuerabzug berechtigt (beschränkt auf 5 % bei 25 %-Mindestbeteiligung, sonst auf 15 %). Liegt der Steuerabzug darüber, muss der übersteigende Betrag erstatten werden. Der **Betriebsstättenvorbehalt** ist gem Art. 10 Abs. 4 OECD-MA zu beachten (vgl. oben Art. 7 Unternehmensgewinne).

Abb. 3.8: Aufteilung des Besteuerungsrechts nach Art. 6–21 OECD-MA

Art.	Einkunftsquelle und Zuordnungsregel
Art. 11	**Zinsen** Die Besteuerung erfolgt – nach dem **Wohnsitzprinzip** (erfolgt also dort, wo der Empfänger der Zinsen ansässig ist). – Der **Quellenstaat** ist jedoch zum Quellensteuerabzug berechtigt (beschränkt auf 10 %). Liegt der Steuerabzug darüber, muss der übersteigende Betrag erstatten werden. Der **Betriebsstättenvorbehalt** ist gem Art. 11 Abs. 4 OECD-MA zu beachten (vgl. oben Art. 7 Unternehmensgewinne). Bestehen nach Art. 11 Abs. 6 OECD-MA zwischen dem Schuldner und dem Nutzungsberechtigten besondere Beziehungen (z. B. verbundene Unternehmen) und übersteigen deshalb die Zinsen den Betrag, den Schuldner und Nutzungsberechtigter ohne diese Beziehungen vereinbart hätten, so wird Art. 11 nur auf den letzteren Betrag angewendet (**Fremdvergleich** auch als **Dealing-at-arms-length-Prinzip** bezeichnet). In diesem Fall kann der übersteigende Betrag nach dem Recht eines jeden Vertragsstaats und unter Berücksichtigung der anderen Bestimmungen dieses Abkommens besteuert werden (z. B. als verdeckte Gewinnausschüttung).
Art. 12	**Lizenzgebühren** Die Besteuerung erfolgt nach dem **Wohnsitzprinzip** (erfolgt also dort, wo der Empfänger der Lizenzgebühren ansässig ist). Der **Betriebsstättenvorbehalt** ist gem Art. 12 Abs. 3 OECD-MA zu beachten (vgl. oben Art. 7 Unternehmensgewinne). Auch hier gilt der **Fremdvergleich** bzw. **Dealing-at-arms-length-Prinzip** (Art. 12 Abs. 4 OECD-MA).
Art. 13	**Gewinne aus der Veräußerung von Vermögen** – Für Gewinne aus der Veräußerung **unbeweglichen Vermögens** gilt das **Belegenheitsprinzip** (die Besteuerung steht also dem Staat zu, in dem das unbewegliche Vermögen belegen ist). – Für Gewinne aus der Veräußerung **beweglichen Vermögens**, das Betriebsvermögen einer **Betriebstätte** ist, geht die Betriebsstättenbesteuerung vor (Betriebsstättenvorbehalt). – Gewinne aus der Veräußerung von **Binnenschiffen und Seeschiffen oder Luftfahrzeugen**, können nur in dem Vertragsstaat besteuert werden, in dem sich der **Ort der tatsächlichen Geschäftsleitung** des Unternehmens befindet. – Gewinne aus der Veräußerung des in den Absätzen 1, 2 und 3 **nicht genannten Vermögens** können nur in dem Vertragsstaat besteuert werden, in dem der Veräußerer ansässig ist (**Wohnsitzprinzip**).
Art. 15	**Einkünfte aus unselbständiger Arbeit** Die Besteuerung erfolgt nach dem **Arbeitsortprinzip** bzw. **Tätigkeitsprinzip** (erfolgt also dort, wo die Tätigkeit ausgeübt wird). Das Besteuerungsrecht verbleibt jedoch beim Wohnsitzstaat des Arbeitnehmers (**Wohnsitzprinzip**), wenn folgende Voraussetzungen gleichzeitig vorliegen: – der Empfänger sich im anderen Staat insgesamt nicht länger als 183 Tage innerhalb eines Zeitraums von 12 Monaten, der während des betreffenden Steuerjahres beginnt oder endet, aufhält **und**

Abb. 3.8: Aufteilung des Besteuerungsrechts nach Art. 6–21 OECD-MA (Fortsetzung)

Art.	Einkunftsquelle und Zuordnungsregel
	– Vergütungen von einem Arbeitgeber oder für einen Arbeitgeber gezahlt werden, der nicht im anderen Staat ansässig ist, und – die Vergütungen nicht von einer Betriebstätte getragen werden, die der Arbeitgeber im anderen Staat hat. Die **183-Tage-Klausel gilt nicht** für – Flug- und Schiffspersonal (Art. 15 Abs. 3 OECD-MA), – Künstler, Sportler (Art. 17 OECD-DBA), – Studenten, Praktikanten, Lehrlinge (Art. 20 OECD-MA), – Zahlungen aus öffentlichen Kassen (Art 19 OECD-MA); dafür hat in der Regel der Staat der zahlenden Kasse das Besteuerungsrecht (Kassenstaatsprinzip). **Ermittlung der 183 Tage:** Bei der Ermittlung der 183 Tage ist nicht maßgebend die Dauer der Tätigkeit, sondern die körperliche Anwesenheit im Tätigkeitsstaat. Als Tage der Anwesenheit im Tätigkeitsstaat werden u. a. **mitgezählt** (BMF BStBl I 1994, 11): – der Ankunfts- und Abreisetag, – alle Tage der Anwesenheit im Tätigkeitsstaat unmittelbar vor, während und unmittelbar nach der Tätigkeit, z. B. Samstage, Sonntage, öffentliche Feiertage, – Tage der Anwesenheit im Tätigkeitsstaat während Arbeitsunterbrechungen, z. B. bei Streik, Aussperrung, Ausbleiben von Lieferungen, Krankheit, – Urlaubstage, die unmittelbar vor, während und unmittelbar nach der Tätigkeit im Tätigkeitsstaat verbracht werden. **Tage der Unterbrechung der Tätigkeit**, die ausschließlich außerhalb des Tätigkeitsstaats verbracht werden, sowie Zeiten des Transits außerhalb des Tätigkeitsstaats werden nicht mitgezählt. Kehrt der Arbeitnehmer **täglich zu seinem Wohnsitz im Ansässigkeitsstaat zurück**, so ist er täglich im Tätigkeitsstaat anwesend.
Art. 16	**Aufsichtsrats- und Verwaltungsratsgebühren** Die Besteuerung erfolgt nach dem **Sitzstaat der Gesellschaft.**
Art. 17	**Künstler und Sportler** Die Besteuerung erfolgt grundsätzlich nach dem **Tätigkeitsprinzip** (erfolgt also dort, wo die Tätigkeit persönlich ausgeübt wird). Dies gilt auch dann, wenn die Einkünfte aus einer von einem Künstler oder Sportler in dieser Eigenschaft persönlich ausgeübten Tätigkeit nicht dem Künstler oder Sportler selbst, sondern einer anderen Person (z. B. Agentur) zufließen.
Art. 18	**Ruhegehälter** Die Besteuerung für Ruhegehälter und ähnliche Vergütungen, die für frühere unselbständige Arbeit gezahlt werden, erfolgt nach dem **Wohnsitzprinzip** (erfolgt also dort, wo der Empfänger der Ruhegehälter ansässig ist). Ausgenommen hiervon ist der öffentliche Dienst (Art. 19 Abs. 3 OECD-MA).
Art. 19	**Öffentlicher Dienst** Die Besteuerung für Zahlungen aus öffentlichen Kassen erfolgt nach dem **Kassenstaatsprinzip** (im Staat der zahlenden Kasse).

Abb. 3.8: Aufteilung des Besteuerungsrechts nach Art. 6–21 OECD-MA (Fortsetzung)

Art.	Einkunftsquelle und Zuordnungsregel
Art. 20	**Studenten** Zahlungen für Unterhalt, Studium oder Ausbildung, die ein Student, Praktikant oder Lehrling erhält, der sich in einem Vertragsstaat ausschließlich zum Studium oder zur Ausbildung aufhält und der im anderen Vertragsstaat ansässig, dürfen im **Aufenthaltsstaat nicht besteuert** werden, sofern diese Zahlungen **aus Quellen außerhalb** dieses Staates stammen.
Art. 21	**Andere Einkünfte** Art. 21 OECD-MA über andere Einkünfte ist eine **Auffangvorschrift**. Die Besteuerung der Einkünfte einer in einem Vertragsstaat ansässigen Person, die in den vorstehenden Artikeln nicht behandelt wurden, erfolgt nach dem **Wohnsitzprinzip** (erfolgt also dort, wo der Empfänger der Einkünfte ansässig ist).

Abb. 3.8: Aufteilung des Besteuerungsrechts nach Art. 6–21 OECD-MA (Fortsetzung)

Die folgenden Beispiele gehen davon aus, dass zwischen dem Ansässigkeitsstaat und dem anderen Staat ein DBA nach dem Muster des OECD-MA besteht. Artikelangaben beziehen sich auf das OECD-MA.

Beispiel 1:
A mit Wohnsitz im Inland vermietet im Ausland ein Ferienhaus.

Lösung:
A ist im Inland ansässig. Das Besteuerungsrecht für Einkünfte aus Vermietung unbeweglichen Vermögens wird nach Art. 6 OECD-MA dem Quellenstaat (also Ausland) zugeordnet.
Die Einkünfte werden im Inland unter Progressionsvorbehalt freigestellt (Art. 23A Abs. 1 und 3 OECD-MA).

Beispiel 2:
A mit Wohnsitz im Inland erhält Dividenden von einer ausländischen Kapitalgesellschaft.

Lösung:
A ist im Inland ansässig. Das Besteuerungsrecht für Dividenden wird nach Art. 10 OECD-MA dem Quellenstaat (also Ausland) zugeordnet. Dieser ist zum Kapitalertragsteuerabzug bis zu 15 % berechtigt, ein darüber hinausgehender Abzug ist zu erstatten.
Bei der Besteuerung im Wohnsitzstaat (Inland) wird der Betrag der im Ausland gezahlten Steuer angerechnet (Art. 23A Abs. 1 i. V. m. Abs. 2 OECD-MA).

Beispiel 3:
A ist für seinen inländischen Arbeitgeber vom 01. 01. bis 15. 06. im Ausland tätig. Vom 16.06. bis 15.07. verbringt er dort seinen Urlaub. Eine Betriebsstätte des Arbeitgebers im Ausland besteht nicht. Das Steuerjahr im Ausland entspricht dem Kalenderjahr.

Lösung:
Das Besteuerungsrecht für den Arbeitslohn hat der Tätigkeitsstaat, weil sich A länger als 183 Tage im Steuerjahr im Ausland aufgehalten hat (Art. 15 Abs. 2

OECD-MA). Der Urlaub, den A unmittelbar im Anschluss an seine Tätigkeit im Ausland verbringt, wird in die Aufenthaltsdauer eingerechnet.

Die Einkünfte werden im Inland unter Progressionsvorbehalt freigestellt (Art. 23A Abs. 1 und 3 OECD-MA; vgl. BMF BStBl I 1994, 11 Tz 5.1).

Beispiel 4:

A ist für seinen inländischen Arbeitgeber vom 01. 10. 02 bis 31. 05. des Folgejahres im Ausland tätig. Eine Betriebsstätte des Arbeitgebers im Ausland besteht nicht. Das Steuerjahr im Ausland entspricht dem Kalenderjahr.

Lösung:

Im Tätigkeitsstaat (Ausland) besteht kein Besteuerungsrecht für den Arbeitslohn. Die 183-Tage-Frist ist für jedes Kalenderjahr (= Steuerjahr) getrennt zu ermitteln. A ist weder im Kalenderjahr 02 noch im Kalenderjahr 03 länger als 183 Tage im Ausland. Da der Arbeitslohn von einem inländischen Arbeitgeber getragen wird und nicht zu Lasten einer ausländischen Betriebsstätte des Arbeitgebers geht, bleibt das Besteuerungsrecht im Inland (Art. 15 Abs. 2 OECD-MA; vgl. BMF BStBl I 1994, 11 Tz 5.2).

6.6 Methoden zur Vermeidung der Doppelbesteuerung

Wie oben einleitend bereits ausgeführt, sind im **OECD-MA** zwei Methoden zur Vermeidung bzw. Milderung der Doppelbesteuerung aufgeführt:

(1) **Freistellung** mit Progressionsvorbehalt (Befreiungsmethode, Art. 23A Abs. 1 und 3 OECD-MA):

Hier werden die im ausländischen Staat (Quellenstaat) befindlichen Einkünfte vom Ansässigkeitsstaat von der Besteuerung freigestellt, d. h., die Einkünfte werden nur im einem Staat besteuert und bleiben im anderen steuerfrei.

Die Steuerfreistellung ist allerdings mit dem sog. **Progressionsvorbehalt** verbunden, d. h., bei der Bemessung des Steuersatzes werden die ausländischen Einkünfte mit berücksichtigt, also mitgezählt.

(2) **Anrechnungsmethode** (Art. 23B OECD-MA):

Hier werden die Einkünfte sowohl im Ansässigkeitsstaat als auch im Quellenstaat besteuert, der Ansässigkeitsstaat rechnet aber die Auslandssteuer auf die Inlandssteuer an.

Welche der Methoden von den vertragsschließenden Staaten im entsprechenden DBA gewählt wird, bleibt ihnen überlassen.

6.6.1 Befreiungsmethode (Art. 23A OECD-MA)

Der Progressionsvorbehalt ist in Art. 23A Abs. 3 OECD-MA wie folgt **formuliert**: Einkünfte oder Vermögen einer in einem Vertragsstaat ansässigen Person, die nach dem Abkommen von der Besteuerung in diesem Staat auszunehmen sind, können gleichwohl in diesem Staat bei der Festsetzung der Steuer für das übrige Einkommen oder Vermögen der Person einbezogen werden.

Diese Bestimmung verfolgt den Zweck, die Besteuerung nach der Leistungsfähigkeit herzustellen. Personen, die Einkünfte aus zwei oder mehreren Staaten beziehen, sollen nicht einer doppelten Besteuerung unterliegen, aber auch nicht besser gestellt werden als diejenigen mit Einkünften aus lediglich einem Staat.

Die Umsetzung dieser Bestimmung in deutsches Recht ist für **nach DBA-steuerbefreite ausländische Einkünfte in § 32b Abs. 1 Nr. 3 und Abs. 2 Nr. 2 EStG** erfolgt.

Die Höhe der ausländischen Einkünfte ist für Zwecke des Progressionsvorbehalts nach deutschem Steuerrecht zu ermitteln (H 185 EStH; BFH BStBl II 1992, 94).

Das Prinzip Freistellung mit Progressionsvorbehalt sei an folgendem Beispiel erklärt (vgl. auch H 185 EStH):

Beispiel zum positiven Progressionsvorbehalt:
Der in Deutschland unbeschränkt steuerpflichtige ledige A hat im Veranlagungszeitraum (VZ) 2002 folgendes Einkommen:

	€
Zu versteuerndes Einkommen	80 000
Befreite ausländische Einkünfte (aus DBA-Staat)	20 000

Lösung:

	€
Zu versteuerndes Einkommen	80 000
+ Befreite ausländische Einkünfte (aus DBA-Staat)	20 000
= für die Berechnung des Steuersatzes maßgebendes zu versteuerndes Einkommen (Steuersatzeinkommen)	100 000

Einkommensteuer 2002 lt. Grundtabelle	38 623
durchschnittlicher Steuersatz (bezogen auf 100 000 €) 38,623 %	
Anwendung auf zu versteuerndes Einkommen ergibt	
Steuer in Höhe von (80 000 · 38,623 %)	30 898

Zum Vergleich: bei einem zu versteuernden Einkommen von 80 000 € **ohne Progressionsvorbehalt** ergäbe sich

eine Einkommensteuer 2002 lt. Grundtabelle von	28 932
Mehrsteuer infolge Progressionsvorbehalt	1 966

Hinweis: Sofern Einnahmen von der deutschen Besteuerung freigestellt sind, dürfen damit in **unmittelbarem wirtschaftlichem Zusammenhang stehende Ausgaben** nicht abgezogen werden. Dies ergibt sich aus der Systematik des Einkommensteuergesetzes, wonach Betriebsausgaben und Werbungskosten nur angenommen werden können, wenn sie im Rahmen einer von der Besteuerung erfassten Einkunftsart anfallen (§ 3c Abs.1 EStG; vgl. Meincke in Littmann/Bitz/Pust: Das Einkommensteuerrecht, § 3c Rn 3).

Der Progressionsvorbehalt gilt auch in negativer Form, wenn also ausländische Verluste vorliegen; diese werden allerdings nur eingeschränkt unter den Voraussetzungen des § 2a Abs. 1 und 2 EStG berücksichtigt (vgl. S. 249 ff.).

Beispiel zum negativen Progressionsvorbehalt:
Der in Deutschland unbeschränkt steuerpflichtige ledige A hat im Veranlagungszeitraum (VZ) 2002 folgendes Einkommen:

	€
Zu versteuerndes Einkommen	80 000
Befreite ausländische Verluste (aus DBA-Staat)	20 000

Lösung:

	€
Zu versteuerndes Einkommen	80 000
·/· Befreite ausländische Einkünfte (aus DBA-Staat)	20 000
= für die Berechnung des Steuersatzes maßgebendes zu versteuerndes Einkommen (Steuersatzeinkommen)	60 000

Einkommensteuer 2002 lt. Grundtabelle		19 225
durchschnittlicher Steuersatz (bezogen auf 60 000 €)	32,042 %	
Anwendung auf zu versteuerndes Einkommen ergibt		
Steuer in Höhe von (80 000 · 32,042 %)		25 633

Zum Vergleich: bei einem zu versteuernden Einkommen
von 80 000 € **ohne Progressionsvorbehalt** ergäbe sich eine
Einkommensteuer 2002 lt. Grundtabelle von   28 932
Mindersteuer infolge Progressionsvorbehalt   3 299

Der positive Progressionsvorbehalt (nicht der negative) greift auch gem. § 32b Abs. 1
Nr. 3 Halbsatz 2 EStG

– für die unbeschränkte Steuerpflicht auf Antrag nach § 1 Abs. 3 und § 1a EStG und
– für die Veranlagung nach § 50 Abs. 5 Satz 2 Nr. 2 EStG.

6.6.2 Anrechnungsmethode (Art. 23B OECD-MA)

Die Anrechnungsmethode basiert auf Art. 23B OECD-MA. Sie ist **auch als unilaterale
nationale Maßnahme** zur Vermeidung der Doppelbesteuerung durch § 34c Abs. 1 EStG
kodifiziert. Ihre Anwendung ist bereits bei der Erläuterung dieses Paragraphen geschildert (vgl. S. 241 ff.).

6.7 Weitere Vorschriften des OECD-MA (Art. 24 ff. OECD-MA)

Die weiteren Vorschriften des OECD-MA haben kurz gefasst folgenden Inhalt:

– **Art. 24 OECD-MA Gleichbehandlung:** Dieser Artikel beinhaltet verschiedene Dis-
  kriminierungsverbote, insbesondere
  – von Steuerpflichtigen aufgrund ihrer Staatsangehörigkeit und
  – von Betriebsstätten in den Vertragsstaaten.
– **Art. 25 OECD-MA Verständigungsverfahren:** Diese Bestimmung sieht ein Verständigungsverfahren zwischen den Finanzverwaltungen der beteiligten Staaten vor
  – zur Lösung bestimmter Einzelfälle oder
  – zur Auslegung des DBA.

  § 175a AO enthält eine **eigenständige Korrekturvorschrift** für Steuerbescheide zur
  Umsetzung eines Verständigungsverfahrens.
– **Art. 26 OECD-MA Informationsaustausch:** Diese Vorschrift regelt den Informationsaustausch, der zur Durchführung
  – des Abkommens (kleine Auskunftsklausel) oder
  – des innerstaatlichen Rechts (große Auskunftsklausel)

  zwischen den zuständigen Behörden erforderlich ist.
  § 117 Abs. 2 AO ist die Rechtsgrundlage für eine solche zwischenstaatliche Rechts-
  und Amtshilfe.

– **Art. 27 OECD-MA Diplomaten und Konsularbeamte:** Dieses Abkommen berührt
  nicht die steuerlichen Vorrechte, die den Diplomaten und Konsularbeamten nach
  den allgemeinen Regeln des Völkerrechts oder aufgrund besonderer Übereinkünfte zustehen.

Kontrollfragen

1. *Wie ist das Verhältnis zwischen DBA und innerstaatlichem Recht?*
2. *Was versteht man unter Treaty Override?*
3. *Was besagt das Verbot der virtuellen Besteuerung?*
4. *Wie ist das OECD-MA in groben Zügen strukturiert?*
5. *Zählen Sie Einkunftsquellen auf, deren Besteuerungsrecht aufgrund OECD-MA sich nach dem Wohnsitzprinzip richtet.*
6. *Bei welcher Einkunftsquelle kommt das Belegenheitsprinzip zur Anwendung?*
7. *Was besagt der Betriebsstättenvorbehalt?*
8. *Was versteht man unter dem Dealing-at-arms-length-Prinzip?*
9. *Nach welchem Kriterium wird das Besteuerungsrecht bei Arbeitnehmern zuge-ordnet, die in beiden Vertragsstaaten tätig sind.*
10. *Welche Methoden zur Vermeidung der Doppelbesteuerung sind im OECD-MA vorgesehen?*
11. *Beschreiben Sie die Wirkung des positiven und negativen Progressionsvorbehalts.*
12. *Ist eine zwischenstaatliche Rechts- und Amtshilfe zwischen den Finanzverwaltun-gen der Vertragsstaaten eines DBA möglich?*

Aufgabe 3.08 *Veräußerung von Vermögen S. 436*

Aufgabe 3.09 *Einkünfte aus unselbständiger Tätigkeit S. 437*

Aufgabe 3.10 *Progressionsvorbehalt S. 437*

7 Aufteilung der Einkünfte bei Betriebsstätten international tätiger Unternehmen

Im Einkommensteuergesetz ist

– in § 34d Nr. 2 Buchstabe a die im ausländischen Staat belegene Betriebsstätte,
– in § 49 Abs. 1 Nr. 2 Buchstabe a die im Inland belegene Betriebsstätte

Anknüpfungspunkt für die Besteuerung in Deutschland. Über § 8 Abs. 1 KStG gelten diese Bestimmungen auch im Körperschaftsteuerrecht.

7.1 Begriff Betriebsstätte

7.1.1 Abgrenzung zwischen nationalem und abkommensrechtlichem Betriebsstättenbegriff

Eine Begriffsbestimmung der Betriebsstätte findet sich sowohl in Art. 5 OECD-MA als auch in § 12 AO. Diese Definitionen sind leider nicht inhaltsgleich, so dass entschie-den werden muss, für welche Fragestellung welche dieser beiden Definitionen her-anzuziehen ist.

– Nach der DBA-Definition entscheidet sich die Frage, ob eine Betriebsstätte im Sinne des DBA gegeben ist und welchem der beteiligten Staaten das Besteue-rungsrecht zugeteilt wird,

- nach dem Betriebsstättenbegriff des § 12 AO entscheidet sich die Frage, ob im Falle eines deutschen Besteuerungsrechts inländische Einkünfte nach § 49 Abs. 1 Nr. 2 Buchstabe a EStG oder ausländische Einkünfte nach § 34d Nr. 2 Buchstabe a EStG vorliegen.

7.1.2 Betriebsstättenbegriff nach § 12 AO

Der abkommensrechtliche Betriebsstättenbegriff wurde oben bereits erläutert (vgl. S. 273). Der **Begriff nach § 12 AO** ist etwas weiter gefasst. Danach ist eine Betriebsstätte jede feste Geschäftseinrichtung oder Anlage, die der Tätigkeit eines Unternehmens dient.

Als Betriebsstätten sind insbesondere anzusehen:

(1) die Stätte der Geschäftsleitung,
(2) Zweigniederlassungen,
(3) Geschäftsstellen,
(4) Fabrikations- oder Werkstätten,
(5) Warenlager,
(6) Ein- oder Verkaufsstellen,
(7) Bergwerke, Steinbrüche oder andere stehende, örtlich fortschreitende oder schwimmende Stätten der Gewinnung von Bodenschätzen,
(8) Bauausführungen oder Montagen, auch örtlich fortschreitende oder schwimmende, wenn

    a) die einzelne Bauausführung oder Montage oder
    b) eine von mehreren zeitlich nebeneinander bestehenden Bauausführungen oder Montagen oder
    c) mehrere ohne Unterbrechung aufeinander folgende Bauausführungen oder Montagen

länger als sechs Monate dauern.

7.2 Gewinnermittlung

Nach welchen Grundsätzen das Betriebsvermögen und die Einkünfte eines Unternehmens zwischen

- in-/ausländischem Stammhaus und
- aus-/inländischer Betriebsstätte

nach innerstaatlichem Recht und den DBA **aufzuteilen** sind, regelt ein ausführlicher Erlass der Finanzverwaltung (**Betriebsstättenerlass**, BMF BStBl I 1999, 1076). Dessen Ausführungen gelten unabhängig davon, ob mit dem Staat der ausländischen Betriebsstätte oder des ausländischen Stammhauses ein DBA besteht oder nicht.

7.2.1 Grundsätze der Aufteilung

Der Gewinn der inländischen bzw. ausländischen Betriebsstätte ist nach den Grundsätzen des **deutschen Steuerrechts** zu ermitteln (Tz 2.1 Betriebsstättenerlass).

Ziel der Aufteilung ist es, der Betriebsstätte den Teil des Gewinnes des Gesamtunternehmens zuzuordnen, den sie nach den **Grundsätzen des Fremdvergleichs** erwirtschaftet hat. Zu diesem Zweck sind der Betriebsstätte zuzuordnen:

– die Wirtschaftsgüter nach dem Prinzip der wirtschaftlichen Zugehörigkeit und
– die mit den Wirtschaftsgütern im Zusammenhang stehenden Betriebseinnahmen und -ausgaben nach dem Veranlassungsprinzip.

Da das **Stammhaus und seine Betriebsstätte eine rechtliche und tatsächliche Einheit** bilden und schuldrechtliche Vereinbarungen zwischen Stammhaus und Betriebsstätte, wie z. B. Darlehens-, Miet- und Lizenzverträge, rechtlich nicht möglich sind, dürfen Gewinne aus solchen **Innentransaktionen**, die einer funktionsgerechten Gewinnabgrenzung nach dem Fremdvergleichsgrundsatz widersprechen, nicht berücksichtigt werden (Tz 2.2 Betriebsstättenerlass).

7.2.2   Methoden der Gewinnermittlung

Wenn das Gesamtunternehmen (Stammhaus einschließlich Betriebsstätte) einen Gewinn aufgrund ordentlicher Geschäftstätigkeit realisiert hat, ist dieser Gewinn auf Stammhaus und Betriebsstätte

– entweder nach der direkten Methode
– oder nach der indirekten Methode der Gewinnabgrenzung

aufzuteilen (Tz 2.3 Betriebsstättenerlass).

7.2.2.1   Direkte Methode (Dealing-at-arms-length-Klausel)

Bei der direkten Methode wird die Gewinnabgrenzung so durchgeführt, als sei die Betriebsstätte ein selbständiges Unternehmen (Art. 7 Abs. 2 OECD-MA, Tz 2.3.1 Betriebsstättenerlass). Hierbei verhält sich die Betriebsstätte gegenüber dem Stammhaus wie ein fremder Dritter (Dealing-at-arms-length bzw. Grundsatz des Fremdvergleichs). Die direkte Methode ist die Normal- bzw. Regelmethode und vorrangig gegenüber der indirekten.

Bei der direkten Methode wird der Gewinn der Betriebsstätte gesondert aufgrund **eigenständiger Buchführung** der Betriebsstätte nach den deutschen Gewinnermittlungsvorschriften ermittelt. Betriebseinnahmen oder Betriebsausgaben, die nicht eindeutig dem Stammhaus oder der Betriebsstätte zugerechnet werden können, sind im Wege der Schätzung sachgerecht aufzuteilen.

Hinweis: Steuerpflichtig ist aber trotzdem nicht die Betriebsstätte, sondern das Unternehmen als solches; die Betriebsstätte ist lediglich Anknüpfungspunkt des Besteuerungsrechts, sie dokumentiert nur die notwendige enge Verbindung zum Betriebsstättenstaat.

7.2.2.2   Indirekte Methode

Bei der indirekten Methode ist der Gesamtgewinn des Unternehmens aufgrund eines **sachgerechten Schlüssels** zwischen Stammhaus und Betriebsstätte **aufzuteilen** (Art. 7 Abs. 4 OECD-MA, Tz 2.3.2 Betriebsstättenerlass), was in der Praxis große Probleme bereitet.

7.2.2.3   Methodenwechsel

Nach Art. 7 Abs. 6 OECD-MA sind die der Betriebsstätte zuzurechnenden Gewinne jedes Jahr auf dieselbe Art zu ermitteln, es sei denn, dass ausreichende Gründe dafür bestehen, anders zu verfahren. Ein willkürlicher Methodenwechsel ist nicht zulässig (Tz 2.3 Betriebsstättenerlass).

7.2.3 Zuordnung der Wirtschaftsgüter

Wirtschaftsgüter können nur entweder dem Stammhaus oder der Betriebsstätte zugeordnet werden.

Einer **Betriebsstätte** sind die positiven und negativen Wirtschaftsgüter zuzuordnen, die der Erfüllung der Betriebsstättenfunktion dienen (BFH BStBl II 1993, 63). Dazu zählen vor allem die Wirtschaftsgüter,

– die zur ausschließlichen Verwertung und Nutzung durch die Betriebsstätte bestimmt sind.
– Der Betriebsstätte sind auch solche Wirtschaftsgüter zuzuordnen, aus denen Einkünfte erzielt werden, zu deren Erzielung die Tätigkeit der Betriebsstätte überwiegend beigetragen hat.

Maßgeblich sind immer die tatsächlichen Verhältnisse und insbesondere Struktur, Organisation und Aufgabenstellung der Betriebsstätte im Unternehmen.

Bei der Zuordnung ist die **Zentralfunktion des Stammhauses** zu beachten. Dem Stammhaus sind deshalb in der Regel zuzurechnen (Tz 2.4 Betriebsstättenerlass)

– das Halten der dem Gesamtunternehmen dienenden Finanzmittel,
– Beteiligungen, wenn sie nicht einer in der Betriebsstätte ausgeübten Tätigkeit dienen (BFH vom 30. 8. 1995, BStBl 1996 II S. 563).

7.2.4 Aufwands- und Ertragsaufteilung

Aufwendungen des Stammhauses für die Betriebsstätte, die nicht direkt zugeordnet werden können (z. B. Finanzierungs-, Geschäftsführungs- und allgemeine Verwaltungskosten), werden ggf. **anteilig der Betriebsstätte zugeordnet**, soweit sie nicht bereits in anderweitig verrechneten Beträgen enthalten sind. Unerheblich ist, ob die Aufwendungen im Inland oder im Ausland anfallen; entscheidend ist die unmittelbare oder mittelbare betriebliche Veranlassung (BFH BStBl II 1989, 140).

Bei der Zuordnung von Aufwendungen des Gesamtunternehmens sind Erkenntnisse einer **betrieblichen Kostenrechnung** heranzuziehen. Die Kostenrechnung des Stammhauses und der Betriebsstätte sollte nach gleichen oder vergleichbaren Kriterien erfolgen (Tz 2.7 Betriebsstättenerlass).

Beispiel:
Die inländische Betriebsstätte eines ausländischen Unternehmens tätigt Anschaffungen. Die Betriebsstätte erhält

(1) Kapital vom ausländischen Stammhaus aus eigens für die Anschaffungen der Betriebsstätte aufgenommenem Darlehen,
(2) Kapital vom ausländischen Stammhaus aus eigenen Mitteln.

Wie ist hinsichtlich der Zinsaufwendungen zu verfahren?

Lösung:
Die Zinsaufwendungen gehören im Fall (1) rechnungsmäßig zur deutschen Betriebsstätte, weil sie mit Krediten zusammenhängen, die das ausländische Stammhaus nachweislich für Zwecke der Betriebsstätte aufgenommen und an diese weitergeleitet hat.
Im Fall (2) kann das Stammhaus die Betriebsstätte nicht mit Zinsaufwand belasten, weil eine Dotation aus eigenen Mitteln vorliegt (vgl. Eicher in Littmann/ Bitz/Pust: Das Einkommensteuerrecht, § 49 Rn 30).

7.2.5 Überführung von Wirtschaftsgütern

7.2.5.1 Überführung in eine ausländische Betriebsstätte des inländischen Stammhauses

Die Überführung von Wirtschaftsgütern des Anlage- und Umlaufvermögens in eine Betriebsstätte, die

- entweder in einem Nicht-DBA-Staat unterhalten wird
- oder für die nach einem DBA die Anrechnungsmethode gilt,

löst **keine Besteuerung** aus, wenn die **Erfassung der stillen Reserven gewährleistet** ist.

Bei der Überführung von Wirtschaftsgütern des inländischen Stammhauses in dessen ausländische Betriebsstätte, deren **Einkünfte durch ein DBA freigestellt** sind, erfolgt die **Aufdeckung der stillen Reserven** grundsätzlich mit dem Fremdvergleichspreis im Zeitpunkt der Überführung, d. h. mit dem Preis, den unabhängige Dritte unter gleichen oder ähnlichen Bedingungen vereinbart hätten (Tz 2.6.1 Betriebsstättenerlass).

Im letzteren Fall handelt es sich um einen sog. **Entstrickungsfall**: Von Steuerentstrickung spricht man, wenn stille Reserven, die der nationalen Besteuerung entzogen werden (weil die Steuerverhaftung eines Gegenstandes endet), besteuert werden. Die **Versteuerung stiller Reserven ohne Vorliegen eines Umsatzgeschäftes** ist grundsätzlich an gesetzliche Vorschriften hierfür gebunden, z. B. § 12 KStG (Verlegung der Geschäftsleitung ins Ausland) oder § 6 AStG (Vermögenszuwachsbesteuerung bei Wohnsitzwechsel ins Ausland). Lediglich im hier vorliegenden Fall der Überführung eines Gegenstandes in eine ausländische Betriebsstätte, deren Einkünfte durch ein DBA freigestellt sind, wird eine Steuerpflicht im Wege der Auslegung von allgemeinen steuerlichen Vorschriften vorgenommen. Diese Handhabung wird in der Literatur zum Teil kritisiert (vgl. Eicher in Littmann/Bitz/Pust: Das Einkommensteuerrecht, § 49 Rn 34).

> **Beispiel:**
> Die A-GmbH mit Sitz und Geschäftsleitung im Inland hat eine ausländische Betriebsstätte in einem Staat mit einem DBA, das die ausländischen Betriebsstättengewinne von der deutschen Besteuerung freistellt (entsprechend Art. 23A OECD-MA).
> Die A-GmbH überführt ein Wirtschaftsgut mit einem Buchwert von 600 000 € in die Betriebsstätte. Diese veräußert das Wirtschaftsgut zu 1 Mio. €.

> **Lösung:**
> Würde die A-GmbH das Umsatzgeschäft vom Stammhaus aus realisieren (also ohne Betriebsstätte im Ausland), so würde daraus ein Gewinn von 400 000 € entstehen, der in Deutschland steuerpflichtig wäre (nach Halbeinkünfteverfahren 25 % von 400 000 € = 100 000 €).
> Wird das Umsatzgeschäft aber von der ausländischen Betriebsstätte verwirklicht, so gilt nach DBA-Recht die Befreiungsmethode (mit Progressionsvorbehalt), d. h. die Einkünfte bleiben in Deutschland steuerfrei. Da der Körperschaftsteuertarif aber nicht progressiv gestaltet ist (sondern einheitlich 25 %), geht Deutschland in diesem Fall völlig leer aus.
> Um die Umgehung der Steuerpflicht in Deutschland in solchen Fällen zu verhindern, erfolgt die **Aufdeckung der stillen Reserven** mit dem Fremdvergleichspreis, hier dem Verkaufspreis von 1 Mio. €.

Eine Doppelbesteuerung sowohl in Deutschland (aufgrund Entstrickung) als auch im Betriebsstättenstaat (aufgrund Umsatzgeschäft) wird dadurch vermieden, dass in der Betriebsstätte die Überführung des Wirtschaftsgutes mit dem Marktpreis (1 Mio. €) statt des Buchwerts eingebucht wird, so dass beim Umsatzgeschäft kein Gewinn mehr entsteht. Diese Handhabung wird aber von der Anerkennung im Betriebsstättenstaat abhängig sein.

Aus Billigkeit (Tz. 2.6.1. a Betriebsstättenerlass) ist nach der **Theorie der aufgeschobenen Gewinnverwirklichung** ein Gewinn (Verlust) im Zeitpunkt der Überführung des Wirtschaftsgutes noch nicht zu besteuern und deshalb **im inländischen Stammhaus**

– zunächst durch einen passiven (aktiven) Merkposten (Ausgleichsposten) in einer Nebenrechnung zu neutralisieren (aufgeschobene Besteuerung).
– Der Merkposten ist beim Ausscheiden des Wirtschaftsguts aus der ausländischen Betriebsstätte erfolgswirksam aufzulösen.
– Bei abnutzbaren Anlagegütern ist der Merkposten bereits vorher zeitanteilig gemäß ihrer restlichen Nutzungsdauer in der ausländischen Betriebsstätte aufzulösen.
– Ein Merkposten, der noch 10 Jahre nach Überführung des Wirtschaftsgutes im inländischen Stammhaus vorhanden ist, ist ohne Rücksicht auf die Art des Wirtschaftsgutes zu diesem Zeitpunkt erfolgswirksam aufzulösen.
– Die Entnahmebesteuerung gilt auch für selbstgeschaffene immaterielle Wirtschaftsgüter.

Korrespondierend hat die **ausländische Betriebsstätte** den Unterschiedsbetrag zwischen dem Buchwert in der Stammhausbilanz und dem Fremdvergleichspreis in einem aktiven Merkposten zu erfassen.

Aus Sicht des deutschen Steuerrechts mindern sich bei Ausscheiden oder Abschreibung des Wirtschaftsguts die aus dem Betriebsstättenstaat stammenden Einkünfte also im gleichen Umfang wie die im Inland für Besteuerungszwecke erhöhten Einkünfte.

Beispiel:
Fall wie zuvor. Die A-GmbH überführt ein Wirtschaftsgut mit einem Buchwert von 600 000 € in die Betriebsstätte im Jahr 01. Diese veräußert das Wirtschaftsgut zu 1 Mio. € im Jahr 02.

Lösung:
Im **Stammhaus** wird bei Überführung im Jahr 01 gebucht:

Konto Soll	€	Konto Haben	€
Betriebsstätten-Verrechnungskonto	1 000 000	Warenkonto (Stammhaus)	600 000
		Passiver Ausgleichsposten	400 000

Im Stammhaus wird bei Verkauf im Jahr 02 der passive Ausgleichsposten erfolgswirksam aufgelöst:

Konto Soll	€	Konto Haben	€
Passiver Ausgleichsposten	400 000	Sonstige Erträge	400 000

In Deutschland entsteht im Jahr 02 ein Gewinn von 400 000 €, der in Deutschland steuerpflichtig ist (nach Halbeinkünfteverfahren 25 % von 400 000 € = 100 000 €).

Korrespondierend wird in der **Betriebsstätte** bei Überführung im Jahr 01 gebucht:

Konto Soll	€	Konto Haben	€
Warenkonto (Betriebsstätte)	600 000	Stammhaus-Verrechnungskonto	1 000 000
Aktiver Ausgleichsposten	400 000		

In der Betriebsstätte wird bei Verkauf im Jahr 02 der aktive Ausgleichsposten erfolgswirksam aufgelöst:

Konto Soll	€	Konto Haben	€
Sonstiger Aufwand	400 000	Aktiver Ausgleichsposten	400 000

Durch diese Buchungsweise wird der Gewinn von der Betriebsstätte in das Stammhaus verlagert.

Nach Tz 2.6.1.d Betriebsstättenerlass kann der Steuerpflichtige den Gewinn (Verlust) aus der Überführung von Wirtschaftsgütern abweichend von den vorstehenden Grundsätzen bereits im Zeitpunkt der Überführung bei der inländischen Besteuerung berücksichtigen (**Wahlrecht zur sofortigen Besteuerung**).

7.2.5.2 Überführung zwischen einer inländischen Betriebsstätte und dem ausländischen Stammhaus

Wirtschaftsgüter, die bei **beschränkter Steuerpflicht** aus der inländischen Betriebsstätte **in das ausländische Stammhaus überführt werden**, scheiden aus der deutschen Besteuerungshoheit aus. Deshalb sind die stillen Reserven im Zeitpunkt der Überführung zu besteuern; der Überführungswert entspricht dem Fremdvergleichspreis im Zeitpunkt der Überführung.

Werden Wirtschaftsgüter aus dem ausländischen Stammhaus **in die inländische Betriebsstätte** überführt, sind sie mit dem Fremdvergleichspreis im Zeitpunkt der Überführung anzusetzen (Tz 2.6.3 Betriebsstättenerlass).

7.3   Buchführungspflicht

7.3.1   Buchführungspflicht bei einer inländischen Betriebsstätte

Nach § 138 Abs. 1 AO sind die **Gründung, Verlegung oder Auflösung** einer Betriebsstätte innerhalb eines Monats der Gemeinde anzuzeigen.

Mit Aufnahme des Geschäftsbetriebs ergeben sich **handelsrechtliche Buchführungspflichten** (§ 238 ff. HGB, § 140 AO), wenn die jeweilige Betriebsstätte eine nach § 13d HGB eingetragene oder eintragungspflichtige **Zweigniederlassung** ist. Falls die Betriebsstätten handelsrechtlich keine Zweigniederlassungen darstellen, entsteht die Buchführungspflicht erst nach Aufforderung durch das Finanzamt gemäß § 141 AO, wobei die dort genannten **Wertgrenzen** auf die Besteuerungsmerkmale im Inland zu beziehen sind (Tz. 1.1.3.2 Betriebsstättenerlass).

Die **Bücher sind im Inland zu führen** (§ 146 Abs. 2 AO). Erleichterungen können nach § 148 AO gewährt werden. Zu den **Vorlagepflichten** von Büchern, Aufzeichnungen, Urkunden und sonstigen Geschäftspapieren vgl. §§ 97, 200 AO.

Nach Tz. 1.1.3.2 Betriebsstättenerlass gelten die **erhöhten Aufklärungs- und Mitwirkungspflichten** bei Auslandssachverhalten (§ 90 Abs. 2 AO) und die Offenlegungs- und Mitwirkungspflicht bei Geschäftsbeziehungen zu niedrig besteuernden Gebieten (§ 16 AStG) auch für beschränkt Steuerpflichtige.

7.3.2 Buchführungspflicht bei einer ausländischen Betriebsstätte

Es gelten die allgemeinen Buchführungs-, Aufzeichnungs-, Anzeige- und Aufbewahrungspflichten nach HGB und AO. Die **Gründung und der Erwerb von Betriebsstätten im Ausland** ist dem zuständigen Finanzamt spätestens dann mitzuteilen, wenn nach dem meldepflichtigen Ereignis eine Einkommen- oder Körperschaftsteuererklärung oder eine Erklärung zur gesonderten Gewinnfeststellung einzureichen ist (§ 138 Abs. 2 AO). Wird dieser Mitteilungspflicht nicht, nicht vollständig oder nicht rechtzeitig nachgekommen, kann unter den Voraussetzungen von § 379 AO eine Ahndung als Ordnungswidrigkeit erfolgen.

Die **Buchführungspflicht nach Handels- und Steuerrecht** umfasst stets das gesamte Unternehmen einschließlich der ausländischen Betriebsstätten. Sie ist grundsätzlich ohne Rücksicht auf eine Steuerfreistellung der ausländischen Betriebsstätteneinkünfte nach einem DBA und etwaige Buchführungs- und Aufzeichnungspflichten im Betriebsstättenstaat im Inland zu erfüllen (Tz. 1.1.4.2 Betriebsstättenerlass).

Ist die Betriebsstätte nach dem Recht des Betriebsstättenstaates verpflichtet, Bücher und Aufzeichnungen zu führen, und kommt sie dieser Verpflichtung auch nach, so genügt es, dass das Ergebnis dieser Buchführung in die Buchführung des inländischen Unternehmens **übernommen wird** (§ 146 Abs. 2–4 AO). Anpassungen an die deutschen steuerlichen Vorschriften sind vorzunehmen und kenntlich zu machen. Auf eine sachgerechte **Währungsumrechnung** ist zu achten (Tz. 1.1.4.2 Betriebsstättenerlass).

Werden für die Betriebsstätte die **Bücher nicht gesondert geführt**, so sind deren Geschäftsvorfälle im Inland einzeln zu erfassen und kenntlich zu machen (§ 145 Abs. 2 i. V. m. § 146 Abs. 2 AO).

Zu den **Vorlagepflichten** von Büchern, Aufzeichnungen und sonstigen Geschäftspapieren vgl. §§ 97, 200 AO; es gelten die erhöhte **Mitwirkungspflicht bei Auslandssachverhalten** (§ 90 Abs. 2 AO) und die Offenlegungs- und Mitwirkungspflichten bei Geschäftsbeziehungen zu niedrig besteuernden Gebieten (§ 16 AStG).

7.4 Beteiligung an einer Personengesellschaft, die eine Betriebsstätte unterhält

Die mitunternehmerische Beteiligung an einer Personengesellschaft durch einen **unbeschränkt Steuerpflichtigen**

- an einer im Inland ansässigen (inländischen) Personengesellschaft, die eine Betriebsstätte unterhält, sowie
- an einer im Ausland bestehenden (ausländischen) Personengesellschaft, die eine Betriebsstätte unterhält,

führt dazu, dass die **Betriebsstätte jeweils – anteilig – dem Gesellschafter zuzurechnen ist** (BFH BStBl II 1992, 937).

Entsprechendes gilt auch für den umgekehrten Fall, dass ein **beschränkt Steuerpflichtiger** an einer inländischen Personengesellschaft beteiligt ist, die im Inland eine Betriebsstätte unterhält (Tz 1.1.5.1 Betriebsstättenerlass).

Kontrollfragen

1. *Für welche Fragestellung greift der Betriebsstättenbegriff nach DBA, für welche derjenige nach nationalem Recht?*
2. *Nach welchen Grundsätzen ist der Gewinn zwischen Stammhaus und Betriebsstätte aufzuteilen?*
3. *Welche Methoden der Gewinnermittlung sind bei Betriebsstätten anzuwenden?*
4. *Warum kann die Überführung von Wirtschaftsgütern vom Stammhaus in die Betriebsstätte und umgekehrt zum Problem werden?*
5. *Wie ist die Buchführungspflicht bei inländischen und ausländischen Betriebsstätten geregelt?*
6. *Wem ist eine Betriebsstätte zuzurechnen, wenn eine Personengesellschaft eine Betriebsstätte unterhält?*

Aufgabe 3.11   *Überführung von Wirtschaftsgütern in ausländische Betriebsstätte S. 437*

Aufgabe 3.12   *Überführung von Wirtschaftsgütern in ausländische Betriebsstätte und anschließende Veräußerung S. 438*

8   Einkunftsabgrenzung bei international verbundenen Unternehmen

Das Thema Einkunftsabgrenzung bei international verbundenen Unternehmen spielt in der Praxis eine große Rolle. Über Verrechnungspreise und Umlageverträge lassen sich Ergebnisverlagerungen zwischen verbundenen Unternehmen erzielen, z. B. um das Ergebnis eines Konzernmitglieds positiv oder negativ zu beeinflussen oder innerhalb eines Konzerns die Steuerlast zu minimieren.

Wenn derartige Verlagerungen dadurch zustande kommen, dass verbundene Unternehmen (Mutter-, Tochter-, Enkel-, Schwesterunternehmen) in ihren kaufmännischen oder finanziellen Beziehungen an Bedingungen gebunden sind, die von denen abweichen, die unabhängige Unternehmen miteinander vereinbaren würden (**Fremdvergleich**), so gestattet Art. 9 Abs. 1 OECD-MA die Vornahme von Korrekturen und entsprechender Besteuerung. Nach Art. 9 Abs. 2 OECD-MA sind diese Korrekturen in den betreffenden Staaten gegengleich vorzunehmen, d. h. der Gewinnerhöhung im Staat A folgt eine entsprechende Gewinnminderung im Staat B.

Maßstab solcher Gewinnkorrekturen ist der Fremdvergleich wie bei der Einkünfteaufteilung von Betriebsstätten. Während jedoch

– Korrekturen zwischen **Betriebsstätten und Stammhaus** berücksichtigen, dass Stammhaus und Betriebsstätte Teile eines einheitlichen Unternehmens darstellen, und deshalb nach der zutreffenden Aufwands- und Ertragszuordnung zwischen diesen Teilen gefragt wird (vgl. Tz 2.2 Betriebsstättenerlass),

– gilt bei **verbundenen Unternehmen** (die rechtlich selbständig sind) das Entgeltprinzip, weshalb sich hier die Frage stellt, ob schuldrechtliche Vereinbarungen zwischen den Beteiligten wie unter unabhängigen Dritten getroffen worden sind (vgl. Tz 2.1.1 Verwaltungsgrundsätze).

8.1   Rechtsgrundlagen

Art. 9 Abs. 1 OECD-MA erlaubt, dass der Maßstab des Fremdvergleichs international übereinstimmend angewendet wird. Er begründet jedoch unmittelbar keine Steuerpflicht (BFH BStBl II 1980, 531).

Die Abgrenzungsregelungen des **nationalen deutschen Steuerrechts** sind in den
– Grundsätzen für die Prüfung der Einkunftsabgrenzung bei international verbundenen Unternehmen (**Verwaltungsgrundsätze**), einem ausführlichen Erlass der Finanzverwaltung (BMF BStBl I 1983, 218) aufgeführt. Dieser Erlass wird ergänzt durch ein

– Schreiben zu Umlageverträgen (BMF BStBl I 1999, 1122) und ein
– Schreiben zur Arbeitnehmerentsendung (BMF BStBl I 2001, 796).

EU-Vorschriften (supranationales Recht): Darüber hinaus ist für international verbundene Unternehmen, die in der EU ansässig sind, die sog. **Mutter-/Tochter-Richtlinie** Nr. 90/435/EWG über das gemeinsame Steuersystem für Mutter- und Tochtergesellschaften verschiedener Mitgliedsstaaten zu beachten, deren Umsetzung in nationales Recht durch **§ 43b EStG** erfolgte (vgl. S. 299).

8.2   Voraussetzung einer Einkunftsabgrenzung

Voraussetzung der Einkunftsabgrenzung ist ein **Näheverhältnis zwischen den Beteiligten**, aufgrund dessen das Ergebnis ihrer Geschäftsbeziehungen so beeinflusst wird, dass es einem Fremdvergleich nicht standhält. Ein solches Näheverhältnis bei Geschäftsbeziehungen ins Ausland liegt nach Tz 1.3.1.1 und 1.3.2.1 Verwaltungsgrundsätze vor

– zwischen Kapitalgesellschaft und ihren Gesellschaftern,
– bei wesentlicher Beteiligung (§ 1 Abs. 2 Nr. 1 AStG),
– bei beherrschendem Einfluss (§ 1 Abs. 2 Nr. 2 AStG, z. B. infolge Beherrschungs- oder Gewinnabführungsvertrags im Sinne § 291 AktG),
– bei besonderen Einflussmöglichkeiten (z. B. über nahe stehende Gesellschaften),
– bei Interessenidentität (eigenes Interesse an Einkunftserzielung eines anderen (§ 1 Abs. 2 Nr. 3 AStG).

8.3   Methoden zur Prüfung von Verrechnungspreisen

Geschäftsbeziehungen zwischen Nahestehenden sind steuerlich danach zu beurteilen, ob sich die Beteiligten wie voneinander unabhängige Dritte verhalten haben (Fremdvergleich). Dabei sind Maßstab die Verhältnisse des freien Wettbewerbs. Zugrunde zu legen ist die verkehrsübliche Sorgfalt ordentlicher und gewissenhafter Geschäftsleiter gegenüber Fremden (Tz 2.1.1 Verwaltungsgrundsätze).

Als Standardmethoden zur Prüfung von Verrechnungspreisen kommen nach Tz 2.2 Verwaltungsgrundsätze in Betracht:

(1) **Preisvergleichsmethode (so genannte »Comparable uncontrolled price method«):**
Der zwischen den Nahestehenden vereinbarte Preis wird mit Preisen verglichen, die bei vergleichbaren Geschäften zwischen Fremden im Markt vereinbart worden sind. Dies kann geschehen durch

– äußeren Preisvergleich (Vergleich mit Marktpreisen),
– inneren Preisvergleich (Vergleich mit marktentstandenen Preisen, die der Steuerpflichtige mit Fremden vereinbart hat).

(2) **Wiederverkaufspreismethode (so genannte »Resale price method«):**
Diese Methode geht von dem Preis aus, zu dem eine bei einem Nahestehenden gekaufte Ware an einen unabhängigen Abnehmer weiterveräußert wird. Von diesem Preis wird auf den Preis für die Lieferung zwischen Nahestehenden zurückgerechnet. Dazu wird der Wiederverkaufspreis um marktübliche Abschläge berichtigt, die der Funktion und dem Risiko des Wiederverkäufers entsprechen.

(3) **Kostenaufschlagsmethode (so genannte »Cost plus method«):**
Diese Methode geht bei Lieferungen oder Leistungen zwischen Nahestehenden von den Kosten des Herstellers oder Leistenden aus. Diese Kosten werden nach den Kalkulationsmethoden ermittelt, die der Liefernde oder Leistende auch bei seiner Preispolitik gegenüber Fremden zugrunde legt. Es werden dann betriebs- oder branchenübliche Gewinnzuschläge gemacht.

Ein eventueller **Ausgleich zwischen vorteilhaften und nachteiligen Geschäften** eines Steuerpflichtigen mit Nahestehenden ist nur zulässig, wenn Fremde bei ihren Geschäften untereinander einen solchen Ausgleich vorgenommen hätten (Tz 2.3.1 Verwaltungsgrundsätze).

8.4   Warenlieferungen und Dienstleistungen

Liefert ein Unternehmen Güter oder Waren an ein nahe stehendes Unternehmen, so ist Fremdpreis derjenige Preis, den Fremde für Lieferungen

– gleichartiger Güter oder Waren
– in vergleichbaren Mengen
– in den belieferten Absatzmarkt
– auf vergleichbarer Handelsstufe und
– zu vergleichbaren Lieferungs- und Zahlungsbedingungen

unter den Verhältnissen wirtschaftlich vergleichbarer Märkte vereinbart hätten (Tz 3.1.1 Verwaltungsgrundsätze).

> **Beispiel:**
> Ein Konzernunternehmen liefert Halbfertigfabrikate an ein verbundenes Herstellungsunternehmen auf einer nachgeordneten Herstellungsstufe. Ein Markt für derartige Produkte besteht nicht.

> **Lösung:**
> In diesem Fall wird im allgemeinen die **Kostenaufschlagsmethode** anzuwenden sein, wenn Fremde unter gleichartigen Verhältnissen bei ihren Wertvorstellungen

von den Kosten der Ware zuzüglich eines entsprechenden Gewinnaufschlages ausgehen.

Die Kosten einer **Werbemaßnahme** sind von demjenigen nahe stehenden Unternehmen zu tragen, für dessen Aufgabenbereich durch diese Maßnahme geworben wird (Tz 3.3 Verwaltungsgrundsätze).

Für die **Kosten der Markterschließung** entstehen bei Herstellungs- und Vertriebsunternehmen während des Einführungszeitraumes häufig erhöhte Kosten oder Mindererlöse. Unter Fremden werden sie in der Regel vom Vertriebsunternehmen nur insoweit getragen, als ihm aus der Geschäftsverbindung ein angemessener Betriebsgewinn verbleibt (Tz 3.4 Verwaltungsgrundsätze).

Anlaufkosten sind grundsätzlich von der neu gegründeten, erweiterten oder umorganisierten Gesellschaft zu tragen (Tz 3.5 Verwaltungsgrundsätze).

8.5   Zinsen und ähnliche Vergütungen

Gewährt eine Person einem Nahestehenden Kredite (z. B. Darlehen, Hypotheken, Warenkredite, Kontokorrentkredite), so ist Fremdpreis der Zins, zu dem Fremde unter vergleichbaren Bedingungen den Kredit am Geld- oder Kapitalmarkt gewährt hätten. Bei der Prüfung ist von den Zinssätzen auszugehen, zu denen Banken unter vergleichbaren Verhältnissen Fremden Kredite gewähren (Sollzins, Tz 4.4.1 Verwaltungsgrundsätze).

8.6   Nutzungsüberlassung von Patenten, Know-how oder anderen immateriellen Wirtschaftsgütern

Wird einem nahe stehenden Unternehmen ein immaterielles Wirtschaftsgut zur Nutzung überlassen, so ist hierfür der Fremdpreis anzusetzen. Dies gilt auch dann, wenn das empfangende Unternehmen das immaterielle Wirtschaftsgut nicht nutzt, aber einen wirtschaftlichen Nutzen daraus erzielt oder voraussichtlich erzielen wird (z. B. Sperrwirkung bei Vorrats- und Sperrpatenten).

Die Verrechnung von Nutzungsentgelten ist steuerlich aber nicht anzuerkennen, wenn die Nutzungsüberlassung im Zusammenhang mit Lieferungen oder Leistungen steht, bei denen unter Fremden die Überlassung der immateriellen Wirtschaftsgüter im Preis der Lieferung oder Leistung mit abgegolten ist (Tz 5.1 Verwaltungsgrundsätze).

8.7   Verwaltungsbezogene Leistungen im Konzern

Unter nahe stehenden Unternehmen werden oft zentral oder regional für den Gesamtkonzern Aufgaben der Verwaltung, des Managements, der Kontrolle, der Beratung oder ähnliche Aufgaben wahrgenommen. Für diese Tätigkeiten können Entgelte in keinem Fall verrechnet werden, soweit sie ihren Rechtsgrund in den gesellschaftsrechtlichen Beziehungen oder in anderen Verhältnissen haben, die die Verflechtung begründen (Tz 6.1 Verwaltungsgrundsätze).

Verrechenbar sind nach Tz 6.3.1 Verwaltungsgrundsätze z. B. Entgelte für

– die Übernahme von Buchhaltungsarbeiten und ähnlichen Dienstleistungen,
– die zeitlich begrenzte Überlassung von Arbeitskräften,

– die Aus- und Fortbildung sowie die soziale Sicherung von Personal,
– Leistungen zum Zwecke der Beschaffung von Waren und der Inanspruchnahme von Dienstleistungen.

Demgegenüber kann eine Muttergesellschaft z. B. Entgelte **nicht verrechnen** für

– den so genannten Rückhalt im Konzern einschließlich des Rechts, den Konzernnamen zu führen,
– die Tätigkeit ihres Vorstandes und Aufsichtsrates als solche sowie für ihre Gesellschafterversammlungen,
– die rechtliche Organisation des Konzerns,
– Verwaltung der Beteiligungen,
– Konzernführung und -planung.

Die Ableitung des Entgelts für Verwaltungsleistungen erfolgt i. d. R. nach der **Kostenaufschlagsmethode**, wobei der Steuerpflichtige den Nachweis über die erbrachten Leistungen und den ihnen zuzurechnenden Kosten zu erbringen hat (Tz 6.4.2 Verwaltungsgrundsätze).

8.8   Umlageverträge

Umlageverträge sind nach BMF BStBl I 1999, 1122 Verträge, die international verbundene Unternehmen untereinander abschließen, um im gemeinsamen Interesse, in einem längeren Zeitraum, durch Zusammenwirken in einem Pool Leistungen zu erlangen bzw. zu erbringen.

Die Leistungen müssen im Interesse der empfangenden Unternehmen erbracht werden und einen Vorteil erwarten lassen, z. B. durch Ersparnis von Aufwand oder Steigerung der Erlöse. Die Leistungen erstrecken sich auf Hilfsfunktionen der Poolmitglieder und werden zusammengefasst bewertet oder können in einer Vielzahl von Einzelleistungen bestehen. Derartige Umlageverträge beruhen auf dem Gedanken des Aufwandspools. Die Aufwendungen können alle Leistungskategorien betreffen, z. B.

– die Forschung und Entwicklung,
– den Erwerb von Wirtschaftsgütern,
– verwaltungsbezogene oder andere Leistungen.

Dabei werden die für den Poolzweck entstehenden Aufwendungen nach einem Schlüssel, der sich nach dem Nutzen der Poolmitglieder bestimmt, auf diese verteilt. Die Unternehmen bilden insoweit eine Innengesellschaft, ohne eine Mitunternehmerschaft oder Betriebsstätte zu begründen.

Beispiel:
Die Gesellschaften der M-Gruppe, A, B, C in verschiedenen Ländern haben bisher Eigenforschung betrieben. Um Doppelungseffekte zu vermeiden, bilden sie einen Forschungspool, bei dem die Forschung ausschließlich bei A angesiedelt wird.

– Die Aufwendungen von A betragen 126.
– B übernimmt Koordinierungsaufgaben, da der Forschungspool außerdem Forschungsleistungen von der konzernzugehörigen Gesellschaft D bezieht.
– Die Aufwendungen der Gesellschaft B betragen 6 und von D 60.
– Die Gesellschaften A, B, C partizipieren am Ergebnis zu gleichen Teilen.

Lösung:

	A	B	C	D	gesamt
Aufwand	126	6	–	60	192
Gewinnaufschlag	–	–	–	3	3
gesamt	126	6	–	63	195
Aufwandsaufteilung	65	65	65	–	195
Erstattung	61	–	–	63	124
Zahlung	–	59	65	–	124

8.9 Durchführung von Berichtigungen

Hat der Fremdvergleich bei internationalen Geschäftsbeziehungen zwischen Nahestehenden ergeben, dass Einkünfte im Inland nicht angemessen erfasst wurden, so ist eine Berichtigung durchzuführen. Hierfür sind nach Tz 1.1.1 i. V. m. 8.1 Verwaltungsgrundsätze maßgebend die Regelungen über

(1) **die verdeckte Gewinnausschüttung (§ 8 Abs. 3 KStG):**
Eine verdeckte Gewinnausschüttung (vGA) liegt vor, wenn eine Kapitalgesellschaft einem Gesellschafter oder einer ihm nahe stehenden Person außerhalb der gesellschaftsrechtlichen Gewinnverteilung einen Vermögensvorteil zuwendet und diese Zuwendung ihre Ursache im Gesellschaftsverhältnis hat. Auf die Höhe der Beteiligung kommt es in der Regel nicht an. Wegen weiterer Einzelheiten vgl. Abschnitt 31 KStR.
Im Fall der verdeckten Gewinnausschüttung ist nach den dafür maßgebenden Grundsätzen zu verfahren. Außerdem ist zu prüfen, ob Kapitalertragsteuer festzusetzen ist.

(2) **die verdeckte Einlage:**
Eine verdeckte Einlage liegt vor, wenn einer Kapitalgesellschaft durch einen Gesellschafter oder eine ihm nahe stehende Person ein einlagefähiger Vermögensvorteil zugewendet wird und diese Zuwendung ihre Ursache im Gesellschaftsverhältnis hat. Die Veranlassung durch das Gesellschaftsverhältnis ist gegeben, wenn ein Nichtgesellschafter bei Anwendung der Sorgfalt eines ordentlichen Kaufmanns den Vermögensvorteil der Gesellschaft nicht eingeräumt hätte (Abschnitt 36a Abs. 1 Satz 5 KStR).
Wegen weiterer Einzelheiten vgl. Abschnitt 36a KStR. Sind Vermögensvorteile, z. B. weil sie nicht einlagefähig sind, nicht als verdeckte Einlage zu behandeln, so ist ggf. eine Berichtigung nach § 1 AStG durchzuführen.
Soweit die Voraussetzungen einer verdeckten Einlage gegeben sind, ist der Beteiligungswert in der Steuerbilanz zu erhöhen.

(3) **die Berichtigung nach § 1 AStG:**
Soweit eine Berichtigung auf § 1 AStG zu stützen ist, ist diese durch einen Zuschlag außerhalb der Bilanz durchzuführen.

Die Berichtigung ist für das Jahr vorzunehmen, in dem sich die Vorteilsgewährung auf den Gewinn ausgewirkt hat.
Steuern, die im Ausland von einem Nahestehenden auf den dem Berichtigungsbetrag entsprechenden Teil seines Gewinnes geschuldet werden, sind im Rahmen des

§ 34c EStG und der einschlägigen Bestimmungen der Doppelbesteuerungsabkommen nicht anrechenbar (Tz 8.2.3 Verwaltungsgrundsätze).

Beispiel zur verdeckten Gewinnausschüttung:

Das ausländische Tochterunternehmen T aus dem Staat A, mit dem ein dem OECD-MA entsprechendes DBA besteht, liefert im Jahr 01 an das deutsche Mutterunternehmen M Waren zu 40 000 €. Gegenüber Fremden verlangt T hierfür 100 000 €. M veräußert die Ware im Jahr 02.

Lösung:

M und T sind verbundene Unternehmen im Sinne des Art. 9 OECD-MA. Es ist nach Tz 1.1.1 Verwaltungsgrundsätze zu prüfen, ob die Einkünfte gegenüber dem Ausland nach dem Grundsatz des Fremdvergleichs zutreffend abgegrenzt sind.

Zur Prüfung des Verrechnungspreises ist hier die **Preisvergleichsmethode** anzuwenden, und zwar durch inneren Preisvergleich (Vergleich mit marktentstandenen Preisen, die T mit Fremden vereinbart).

	€
Angemessener Verrechnungspreis	100 000
·/· an M berechneter Preis	40 000
= Differenz	60 000

In Höhe der Differenz handelt sich um eine verdeckte Gewinnausschüttung der T an M,

– da eine Kapitalgesellschaft (T) einem Gesellschafter (M) außerhalb der gesellschaftsrechtlichen Gewinnverteilung einen Vermögensvorteil zuwendet (nämlich verbilligte Warenüberlassung)
– und diese Zuwendung ihre Ursache im Gesellschaftsverhältnis hat (vgl. Abschnitt 31 Abs. 3 KStR).

Folgen bei M im Jahr 01:

– M hat in Höhe der vGA (60 000 €) **Beteiligungserträge** im Sinne des § 20 Abs. 1 Nr. 1 Satz 2 EStG (die nach § 8 Abs. 2 KStG i. V. m. § 20 Abs. 3 EStG Einkünfte aus Gewerbebetrieb im Sinne des § 15 EStG darstellen).
Um Mehrfachbelastungen auf der Ebene verbundener Unternehmen im Zusammenhang mit dem Halbeinkünfteverfahren zu verhindern, kommt es jedoch zu keiner Besteuerung der vGA mehr: nach **§ 8b Abs. 1 KStG** sind auch **vGA steuerfrei** und bleiben somit bei der Einkommensermittlung außer Ansatz. Es greift allerdings § 8b Abs. 5 KStG, wonach 5 % der Bezüge im Sinne des § 8b Abs. 1 KStG nicht als Betriebsausgaben abgezogen werden dürfen.
Die nichtabziehbaren Betriebsausgaben aufgrund der vGA in Höhe von 3 000 € (5 % · 60 000) sind **außerhalb der Buchführung** dem Einkommen der M im Jahr 01 hinzuzurechnen.

Einkommenswirkung der nichtabziehbaren
Betriebsausgaben aufgrund vGA: + 3 000 €

– Darüber hinaus sind, da die Waren zum Geschäftsjahresende noch nicht verkauft sind, die **Anschaffungskosten** zu korrigieren, also um 60 000 € zu erhöhen. Diese Erhöhung erfolgt ebenfalls außerhalb der Buchführung.

Einkommenswirkung der AK-Erhöhung: 0 €

Folgen bei M im Jahr 02:
Aufgrund der Wechselwirkung des Warenbestands (der Wirkung des Bilanzen-zusammenhangs entsprechend) führt die Erhöhung der Anschaffungskosten im Jahr 01 bei Verkauf im Jahr 02 über einen entsprechend höheren Wareneinsatz zu einer Gewinnminderung um 60 000 €. Der Vorgehensweise im Vorjahr gemäß erfolgt die Erhöhung des Wareneinsatzes außerhalb der Buchführung.

Einkommenswirkung Wechselwirkung Warenbestand: ·/· 60 000 €

Folgen bei T im Jahr 01:
Besteht zwischen den beteiligten Staaten ein DBA, das auch Art. 9 Abs. 2 OECD-MA umsetzt, so ist im Jahr 01 im Gegenzug der Warenverkauf bei T um 60 000 € zu erhöhen, mit der Folge, dass T einen entsprechend höheren Gewinn ausweist und zu versteuern hat.

Insgesamt betrachtet hat die Einkunftsabgrenzung in diesem Beispiel folgende Auswirkungen:

(1) Die **Verrechnungspreiskorrekturen** sorgen dafür, dass das zunächst zu nie-drige Ergebnis der T berichtigt wird und einschließlich Berichtigungsbetrag der Steuer in Staat A unterliegt (wie wenn T von vornherein für die Waren anstatt 40 000 € einen Preis von 100 000 € verlangt hätte), womit die Abgren-zungsregelungen zum gleichen Ergebnis wie unter fremden Dritten führen. In Deutschland unterliegt daraufhin nur ein eventueller Wertzuwachs der Waren der Besteuerung (also bei Verkauf z. B. zu 120 000 € der Wertzuwachs von 20 000 €).

(2) Die verdeckte Gewinnausschüttung ist in Deutschland steuerfrei (§ 8b Abs. 1 KStG); lediglich 5 % der vGA sind aufgrund des besonderen Betriebsaus-gabenabzugsverbots für ausländische Bezüge steuerpflichtig.

Beispiel zur verdeckten Einlage:
Das deutsche Mutterunternehmen M liefert im Jahr 01 an das ausländische Tochterunternehmen T im Staat A Waren zu 40 000 €. Gegenüber Fremden ver-langt M hierfür 100 000 €. T veräußert die Ware im Jahr 01.

Lösung:
M und T sind verbundene Unternehmen im Sinne des Art. 9 OECD-MA. Es ist nach Tz 1.1.1 Verwaltungsgrundsätze zu prüfen, ob die Einkünfte gegenüber dem Ausland nach dem Grundsatz des Fremdvergleichs zutreffend abgegrenzt sind.
Zur Prüfung des Verrechnungspreises ist hier die **Preisvergleichsmethode** an-zuwenden, und zwar durch inneren Preisvergleich (Vergleich mit marktentstan-denen Preisen, die M mit Fremden vereinbart).

	€
Angemessener Verrechnungspreis	100 000
·/· an T berechneter Preis	40 000
= Differenz	60 000

In Höhe der Differenz handelt sich um eine verdeckte Einlage der M an T. Eine solche liegt nach Abschnitt 36a Abs. 1 KStR vor, wenn ein Gesellschafter der Ka-pitalgesellschaft einen einlagefähigen Vermögensvorteil zuwendet und diese Zuwendung durch das Gesellschaftsverhältnis veranlasst ist.

– Da zu den einlagefähigen Vermögensvorteilen auch die verbilligte Einlage von Waren gehört und
– diese Zuwendung gesellschaftsrechtlich veranlasst ist (ein Nichtgesellschafter hätte diesen Vermögensvorteil nicht eingeräumt),

sind diese Bedingungen hier erfüllt.

Folgen bei M:
M hat in Höhe der verdeckten Einlage (60 000 €) gem. Tz 8.1.1 eine Berichtigung durchzuführen, und zwar durch eine Erhöhung des Beteiligungswertes der T in der Steuerbilanz. Es ist zu buchen:

Konto Soll	€	Konto Haben	€
Beteiligungen	60 000	Sonstige betriebliche Erträge	60 000

Einkommenswirkung der verdeckten Einlage: + 60 000 €

Folgen bei T:
Besteht zwischen den beteiligten Staaten ein DBA, das auch Art. 9 Abs. 2 OECD-MA umsetzt, so ist im Jahr 01 im Gegenzug der Wareneinsatz bei T um 60 000 € zu erhöhen, mit der Folge, dass T einen entsprechend niedrigeren Gewinn ausweist und zu versteuern hat.

Insgesamt betrachtet hat die Einkunftsabgrenzung in diesem Beispiel folgende Auswirkungen: Ohne die Einkunftsabgrenzung wäre der Gewinn bei M zu niedrig, bei T zu hoch. Dies wird durch die Abgrenzungsregelungen korrigiert; der Gewinn und damit die Besteuerung wird wieder nach Deutschland verlagert (wie wenn M von vornherein für die Waren anstatt 40 000 € einen Preis von 100 000 € verlangt hätte).

Zu § 1 AStG vgl. die Ausführungen von S. 302.

8.10   Mitwirkung bei Ermittlung der Einkunftsabgrenzung

Die Beteiligten haben nach Tz 9 Verwaltungsgrundsätze Sachverhalte im Ausland selbst zu ermitteln und Beweismittel, die sich im Ausland befinden, zu beschaffen.

Umlageverträge unterliegen strengen Dokumentationsanforderungen. Die Nachweise erstrecken sich insbesondere auch auf Aufwand und Leistungen sowie Unterlagen zum zu erwartenden Nutzen (BMF BStBl I 1999, 1122).

Die Mitwirkungspflicht erstreckt sich auf alle Umstände, die für die Bildung und Beurteilung der Verrechnungspreise maßgeblich sind (Tz 9.2.1 Verwaltungsgrundsätze). Dies sind insbesondere die zur Prüfung des **Verrechnungspreises** erforderlichen

– eigenen verfügbaren Daten und
– die betrieblichen Daten, Unterlagen und Informationen von nahe stehenden Unternehmen.

Nach BFH BFH/NV 2001, 257 hat eine Tochtergesellschaft im Inland gesellschaftsrechtlich keine Möglichkeit, Kalkulationsunterlagen ihrer Muttergesellschaft im Ausland zu beschaffen. Im Zweifel kann das Finanzamt die Einkünfte aufgrund einer
Schätzung nach § 162 AO berichtigen (Tz 9.3.1 Verwaltungsgrundsätze).

8.11 Besonderheiten der Besteuerung von Mutter- und Tochter-gesellschaften verschiedener EU-Mitgliedsstaaten

Um zu verhindern, dass ein von einer (in einem EU-Staat ansässigen) Tochtergesellschaft erzielter und bei ihr bereits versteuerter Gewinn bei der in einem anderen EU-
Staat ansässigen Muttergesellschaft nochmals der Körperschaftsteuer unterliegt, wurde
die sog. **Mutter-/Tochter-Richtlinie** Nr. 90/435/EWG erlassen. Das angestrebte Ergebnis soll dadurch erreicht werden (Klein in Dötsch u.a.: Kommentar zum Körperschaftsteuergesetz, Anh. EU Rn 33)

- dass eine Besteuerung des Gewinns im Ergebnis allein im Staat der Tochtergesellschaft erfolgt.
- Der Staat der Muttergesellschaft soll den von der Tochter ausgeschütteten Gewinn entweder von der Besteuerung freistellen oder die von der Tochter bereits
  gezahlte KSt zumindest anrechnen (Art. 4 Mutter-/Tochter-Richtlinie).
- Zudem soll durch **Verzicht** des Sitzstaats der Tochtergesellschaft **auf die Kapitalertragsteuer** eine zusätzliche Quellensteuerbelastung des ausgeschütteten Gewinns vermieden werden (Art. 5 Mutter-/Tochter-Richtlinie).

Die **Umsetzung** der Mutter-/Tochter-Richtlinie **in deutsches Recht** erfolgte durch
§ 43b EStG. Danach wird **auf Antrag** die **Kapitalertragsteuer** für Kapitalerträge im
Sinne des § 20 Abs. 1 Nr. 1 EStG, die einer in einem EU-Staat ansässigen Muttergesellschaft aus Ausschüttungen einer unbeschränkt steuerpflichtigen Kapitalgesellschaft zufließen, **nicht erhoben** (§ 43b Abs. 1 EStG).

§ 43b EStG hat kurz gefasst folgenden Inhalt (vgl. Ramackers in Littman/Bitz/Pust:
Das Einkommensteuerrecht, § 43b EStG Rn 8 ff.):

- **Voraussetzungen für die Kapitalertragsteuer-Entlastung (§ 43b Abs. 1 EStG):**
  - Antrag beim Bundesamt für Finanzen auf amtlich vorgeschriebenem Vordruck
    (nach § 50d Abs. 1 EStG für das Erstattungsverfahren und § 50 Abs. 2 EStG für
    das Freistellungsverfahren),
  - Gültigkeit nur für Kapitalerträge im Sinne des § 20 Abs. 1 Nr. 1 EStG (also ins-
    besondere Dividenden, Gewinnanteile, verdeckte Gewinnausschüttungen),
  - Muttergesellschaft darf weder Sitz noch Geschäftsleitung im Inland haben,
  - Tochtergesellschaft unbeschränkt körperschaftsteuerpflichtig im Sinne des § 1
    Abs. 1 Nr. 1 KStG.
- **Voraussetzungen bei der Muttergesellschaft (§ 43b Abs. 2 EStG):**
  - Muttergesellschaft muss in Anlage 2 zu § 43b EStG aufgeführt und
  - in einem Mitgliedstaat der EU ansässig sein,
  - Mindestbeteiligung von 25 % an der inländischen Tochtergesellschaft bei Zu-
    fluss der Kapitalerträge
  - Mindestbesitzzeit der Beteiligung von 12 Monaten.
- **Ausdehnung auf weniger hohe Beteiligungen (§ 43b Abs. 3 EStG):**
  Über die Verpflichtung aus der Mutter-/Tochter-Richtlinie hinaus wird die Kapi-
  talertragsteuerentlastung auch für Beteiligungen zwischen 10 % und 25 % ge-
  währt.

– **Erweiterung auf andere Tochterunternehmen (§ 43b Abs. 4 EStG):**
Unter der Voraussetzung der Gegenseitigkeit wird zur Vermeidung von Wettbewerbsverzerrungen die Kapitalertragsteuerentlastung auf andere unbeschränkt steuerpflichtige Tochterkörperschaften ausgedehnt (nämlich inländische Erwerbs- und Wirtschaftsgenossenschaften).

Kontrollfragen

1. Worin liegt der Unterschied bei der Einkunftsabgrenzung zwischen Stammhaus und Betriebstätte sowie bei international verbundenen Unternehmen?
2. Welche Voraussetzung muss vorliegen, damit eine Einkunftsabgrenzung vorgenommen werden kann?
3. Welche Methoden zur Prüfung von Verrechnungspreisen kennen Sie? Beschreiben Sie die einzelnen Methoden.
4. Wie bestimmt sich der Fremdpreis bei Warenlieferungen?
5. Nach welchen Grundsätzen sind verwaltungsbezogene Leistungen im Konzern verrechenbar? Nennen Sie Beispiele für verrechenbare und nicht verrechenbare Leistungen.
6. Was ist Sinn und Zweck von Umlageverträgen?
7. Nach welchen nationalen Vorschriften sind Berichtigungen durchzuführen, wenn Einkünfte im Inland nicht angemessen erfasst wurden?
8. Wie ist eine Berichtigung durchzuführen, wenn die Voraussetzungen für eine verdeckte Einlage gegeben sind?
9. Worauf erstrecken sich die Mitwirkungspflichten der Beteiligten bei der Prüfung von Verrechnungspreisen?
10. Welche Rechtsfolgen ergeben sich bei unzureichender Mitwirkung?
11. Welche Ziele verfolgt die Mutter-/Tochter-Richtlinie? Wie erfolgte die Umsetzung dieser Richtlinie in deutsches Recht?

Aufgabe 3.13 *Verdeckte Gewinnausschüttung bei verbundenen Unternehmen S. 438*

9 Außensteuergesetz

Gesetzliche Vorschriften: Gesetz über die Besteuerung bei Auslandsbeziehungen (Außensteuergesetz – AStG).

Wichtige Verwaltungsanweisungen: Schreiben betreffs Grundsätze zur Anwendung des Außensteuergesetzes (Anwendungsschreiben zum AStG, BMF BStBl I 1995, Sondernummer 1).

Das Gesetz über die Besteuerung bei Auslandsbeziehungen (AStG) ist kein Steuergesetz im üblichen Sinne, sondern ein **Korrekturgesetz**, welches die wichtigsten Erscheinungsformen der **Steuerflucht bekämpft** und profiskalisch wirkt. Es verfolgt das Ziel,

– unangemessene Steuervorteile, die sich aus der Nutzung des internationalen Steuergefälles ergeben, zu beseitigen und
– damit zur Gleichmäßigkeit der Besteuerung beizutragen.

Das Außensteuergesetz tritt ergänzend zu den Bestimmungen hinzu, die in der Abgabenordnung und den anderen Steuergesetzen die Besteuerung von Auslandsbeziehungen regeln. Die DBA gehen dem Außensteuergesetz ebenso wie den übrigen Steuergesetzen vor (Tz 0 Anwendungsschreiben zum AStG).

Zur Anwendung des AStG ist ein ausführlicher Erlass der Finanzverwaltung ergangen (Schreiben betreffs Grundsätze zur Anwendung des AStG, BMF BStBl I 1995, Sondernummer 1), im Folgenden zitiert als **Anwendungsschreiben zum AStG.**

9.1   Aufbau des AStG

Das Außensteuergesetz hat folgenden Aufbau:

Norm	Inhalt
§ 1 AStG	**Berichtigung von Einkünften bei internationalen Verflechtungen:** Hier wird das **Dealing-at-arms-length-Prinzip** (Fremdvergleichsgrundsatz) über die Angemessenheit von Leistung und Gegenleistung bei Geschäftsbeziehungen im Ausland mit nahe stehenden Personen gesetzlich verankert.
§§ 2–5 AStG	**Wohnsitzwechsel in niedrig besteuerte Gebiete:** Diese Bestimmungen erweitern die beschränkte Steuerpflicht für Personen, die ihren Wohnsitz in niedrig besteuernde Gebiete verlegt haben und deshalb nicht mehr unbeschränkt steuerpflichtig sind.
§ 6 AStG	**Behandlung maßgeblicher Beteiligungen (§ 17 EStG) bei Wohnsitzwechsel ins Ausland:** Durch eine Vermögenszuwachsbesteuerung soll unter bestimmten Voraussetzungen verhindert werden, dass die in Deutschland angesammelten stillen Reserven bei Beteiligungen nach § 17 EStG durch Auswanderung der deutschen Besteuerung entzogen werden.
§§ 7–14 AStG	**Beteiligung an ausländischen Zwischengesellschaften:** Als Zwischengesellschaften werden im AStG Gesellschaften bezeichnet, die zu dem Zweck gegründet wurden, Einkünfte in niedrigbesteuerndes Ausland zu verlagern. Über §§ 7–14 AStG wird unter bestimmten Bedingungen nicht ausgeschüttetes Einkommen direkt den Gesellschaftern im Inland zugerechnet und ist von ihnen zu versteuern.
§ 15 AStG	**Familienstiftungen:** Nach § 15 AStG sind Einkommen ausländischer Familienstiftungen unbeschränkt steuerpflichtigen Stiftern, Bezugs- oder Anfallsberechtigten gemäß ihrem Anteil unmittelbar zuzurechnen. Dadurch wird im Ausland angelegtes Vermögen der deutschen Besteuerung unterworfen. DBA stehen einer solchen Zurechnung nicht entgegen.
§§ 16–18 AStG	**Ermittlung und Verfahren:** Die §§ 16, 17 AStG erweitern in erheblichem Umfang die **Mitwirkungspflichten** bei der Aufklärung der unter das AStG fallenden Auslandssachverhalte (vgl. S. 234). § 18 AStG regelt die gesonderte Feststellung von Besteuerungsgrundlagen von Zwischengesellschaften im Sinne von §§ 7–14 AStG.
§§ 19–22 AStG	**Schlussvorschriften**

Abb. 3.9: Aufbau des AStG

9.2   Berichtigung von Einkünften nach § 1 AStG

§ 1 Abs. 1 AStG verankert den **Grundsatz des Fremdverhaltens** (Dealing-at-arms-length-Prinzip) im nationalen Steuerrecht (Tz 1.1.1 Anwendungsschreiben zum AStG). Danach sind Einkünfte – unbeschadet anderer Vorschriften – wie unter fremden Dritten anzusetzen, wenn folgende Tatbestandsvoraussetzungen vorliegen:

– Einkünfte eines (beschränkt oder unbeschränkt) Steuerpflichtigen
– aus Geschäftsbeziehungen mit einer ihm nahe stehenden Person
– im Ausland
– zu Bedingungen, die von denen abweichen, die voneinander unabhängige Dritte unter gleichen oder ähnlichen Verhältnissen vereinbart hätten.

§ 1 AStG dient als **Auffangvorschrift** (»unbeschadet anderer Vorschriften«), wenn keine andere Vorschrift greift: damit sind insbesondere die oben besprochenen Rechtsinstitute der verdeckten Gewinnausschüttung und verdeckten Einlage gemeint (vgl. S. 295 ff.), die Vorrang vor § 1 AStG haben (Tz 1.1.2 Anwendungsschreiben zum AStG). Der **Anwendungsbereich** erstreckt sich auf alle unbeschränkt und beschränkt steuerpflichtigen natürlichen und juristischen Personen.

Für den Begriff der **nahe stehenden Person**, den Berichtigungsmaßstab (Grundsatz des Fremdverhaltens) und die Behandlung von Berichtigungsbeträgen gelten nach Tz 1.0.1 des Anwendungsschreibens zum AStG die Grundsätze für die Prüfung der Einkunftsabgrenzung bei international verbundenen Unternehmen (Verwaltungsgrundsätze, vgl. S. 291 ff.).

Beziehungen zwischen Nahestehenden sind stets **geschäftlich**, wenn auf die zugrunde liegenden Tätigkeiten bei dem inländischen Steuerpflichtigen oder bei der nahe stehenden Person die Bestimmungen über die Besteuerung von Einkünften aus Land- und Forstwirtschaft, aus Gewerbebetrieb, aus selbständiger Arbeit und aus Vermietung und Verpachtung anzuwenden sind (Grundtätigkeiten, § 1 Abs. 4 AStG und Tz 1.4.1 Anwendungsschreiben zum AStG).

Beispiele:
– Die Vergabe eines privaten Darlehens durch einen inländischen Steuerpflichtigen an eine ihm nahe stehende ausländische Immobiliengesellschaft fällt unter § 1 AStG. Keine Rolle spielt, ob sich deren Grundvermögen im Inland oder Ausland befindet. Keine Rolle spielt auch, ob die Gesellschaft Einkünfte aus Vermietung und Verpachtung oder gewerbliche Einkünfte erzielt; bei beiden Einkunftsarten handelt es sich um Einkünfte aus Grundtätigkeiten.
– Die Vergabe von Darlehen aus privaten Mitteln zur privaten Verwendung oder zur Erzielung von Kapitaleinkünften fällt nicht unter § 1 AStG.

9.3   Wohnsitzwechsel in niedrig besteuerte Gebiete (§§ 2–5 AStG)

9.3.1   Voraussetzungen und Umfang der erweitert beschränkten Steuerpflicht

Die §§ 2 bis 5 AStG erweitern die beschränkte Steuerpflicht für Personen, die ihren Wohnsitz in niedrig besteuernde Gebiete (Niedrigsteuerländer) verlegt haben und deshalb nicht mehr unbeschränkt steuerpflichtig sind.

Grund für die Erweiterung der Besteuerung gegenüber der beschränkten Steuerpflicht war, dass in den 60er Jahren viele Personen mit hohem Einkommen und hohem Vermögen unter Beibehaltung ihres wirtschaftlichen Engagements in Deutschland in Steueroasen (vgl. S. 306 f.) ausgewandert waren und mit dem Übergang von der unbeschränkten zur beschränkten Steuerpflicht eine erhebliche Minderung ihrer Steuerlast erreichten (Wöhrle in Wöhrle/Schelle/Gross: AStG-Kommentar Tz I Vorbemerkungen).

Voraussetzungen	Rechtsfolgen
(1) Natürliche Person (§ 2 Abs. 1 AStG) – in den letzten 10 Jahren vor Ende der unbeschränkten Steuerpflicht – als Deutscher mindestens 5 Jahre unbeschränkt einkommensteuerpflichtig	(1) Erweitert beschränkte Steuerpflicht (§ 2 Abs. 1 AStG) – für den Veranlagungszeitraum des Wohnsitzwechsels und – die folgenden 10 Jahre
(2) Ansässigkeit der Person (§ 2 Abs. 1 AStG) – im Ausland mit niedriger Besteuerung (um mehr als 1/3 niedriger als in Deutschland) – in keinem ausländischen Gebiet	(2) Der Umfang der Besteuerung erstreckt sich auf alle Einkünfte wie bei unbeschränkter Steuerpflicht, ausgenommen Auslandseinkünfte nach § 34d EStG (vgl. den Katalog nach Tz 2.5.0.1 Anwendungsgrundsätze), falls diese mehr als 16 500 € betragen
(3) Wesentliche wirtschaftliche Interessen in Deutschland (§ 2 Abs. 3 AStG) – als Einzelunternehmer oder voll haftender Mitunternehmer – als Kommanditist mit mehr als 25 % Beteiligung – als maßgeblich Beteiligter im Sinne von § 17 EStG – Inlandseinkünfte betragen mehr als 30 % sämtlicher Einkünfte oder übersteigen 62 000 €	(3) – Der Steuersatz bei erweitert beschränkter Steuerpflicht richtet sich nach Welteinkommen (Progressionsvorbehalt, § 2 Abs. 5 Satz 1 AStG) – Mindestbesteuerung beträgt 25 % des erweitert beschränkten Einkommens (§ 2 Abs. 5 Satz 3 AStG) – Obergrenze der Besteuerung ist die Steuer bei unbeschränkter Steuerpflicht (zum Nachweis muss eine »Schattenveranlagung« durchgeführt werden, § 2 Abs. 6 AStG)
(4) Als mittelbare Inlandsinteressen sind Einkünfte einer zwischengeschalteten Gesellschaft zu beachten (§ 2 Abs. 4 AStG).	(4) Unmittelbare Zurechnung von Einkünften einer zwischengeschalteten Gesellschaft beim Gesellschafter (§ 2 Abs. 4 i. V. m § 5 AStG).

Abb. 3.10: Erweitert beschränkte Steuerpflicht nach §§ 2, 5 AStG

Die erweitert beschränkte Steuerpflicht hat zur Folge, dass sie über den Katalog des § 49 EStG hinaus alle Einkünfte einbezieht, die nicht ausländische nach § 34d EStG sind (sog. **erweiterte Inlandseinkünfte**, Tz 2.5.0.1 Anwendungsschreiben zum AStG). Dadurch werden insbesondere auch Zinsen inländischer Schuldner besteuert (vgl. hierzu Beispiel S. 260).

9.3.2 Vereinbarkeit mit DBA

Solange der Steuerpflichtige in einem ausländischen Gebiet ansässig ist, für das ein DBA besteht, gilt nach Tz 2.0.2.1 Anwendungsschreiben zum AStG Folgendes:

(1) Einkünfte und Vermögensteile, für die nach dem DBA dem betreffenden Gebiet (Wohnsitzstaat) das ausschließliche Besteuerungsrecht zusteht, unterliegen nicht der erweiterten beschränkten Steuerpflicht.

(2) Begrenzt das Abkommen die deutsche Steuerberechtigung für bestimmte Einkünfte auf einen Höchstsatz (z. B. bei Dividenden), so darf auch bei der erweiterten beschränkten Steuerpflicht die Steuer von diesen Einkünften nur bis zu dieser Grenze erhoben werden.

(3) Wird nach dem DBA die deutsche Steuerberechtigung nicht begrenzt (z. B. Einkünfte aus einer im Inland belegenen Betriebsstätte oder Einkünfte aus im Inland belegenem unbeweglichen Vermögen), so bemisst sich der Steuersatz für die erweitert beschränkt steuerpflichtigen Einkünfte auch in diesen Fällen nach dem Welteinkommen.

Beispiel:

Ein Steuerpflichtiger verlegt seinen Wohnsitz in einen niedrig besteuernden DBA-Staat, unterhält aber weiterhin eine gewerbliche Betriebsstätte im Inland.

Lösung:

Die Voraussetzungen für eine erweiterte beschränkte Steuerpflicht liegen vor. Nach dem Betriebsstättenartikel dieses DBA hat die Bundesrepublik Deutschland ein Besteuerungsrecht für die Betriebsstätteneinkünfte.
Bei der Bestimmung des auf die Betriebsstätteneinkünfte anzuwendenden Steuersatzes sind sämtliche Einkünfte des Steuerpflichtigen zugrunde zu legen (§ 2 Abs. 5 Satz 1 AStG).

9.4 Behandlung maßgeblicher Beteiligungen (§ 17 EStG) bei Wohnsitzwechsel ins Ausland (§ 6 AStG)

9.4.1 Allgemeines

Nach § 6 AStG haben unbeschränkt Steuerpflichtige mit ihrem Übertritt in die beschränkte Steuerpflicht oder mit der Erfüllung gewisser anderer Tatbestände (§ 6 Abs. 3 AStG) den Vermögenszuwachs maßgeblicher Beteiligungen an inländischen Kapitalgesellschaften nach den Grundsätzen des § 17 EStG zu versteuern. Können die stillen Reserven bereits nach anderen Bestimmungen besteuert werden (z. B. § 21 UmwStG), gehen diese dem § 6 AStG vor (BFH BStBl II 1990, 615; Tz 6.0.1 Anwendungsschreiben zum AStG).

Die Notwendigkeit, die der deutsche Gesetzgeber für die Schaffung des § 6 AStG sah, wird durch folgendes Beispiel deutlich:

Beispiel:

Der 60-jährige A, der bislang in Deutschland gelebt hatte, ist alleiniger Gesellschafter einer GmbH. Er verlegt seinen Wohnsitz Ende des Jahres 01 in einen DBA-Staat und veräußert dort die Anteile an seiner GmbH im Nennwert von 1 Mio. € zu 5 Mio. €.

Lösung:
Mit dem Wegzug erfolgt ein Wechsel von der unbeschränkten zur beschränkten Steuerpflicht. Letztere erstreckt sich auf die inländischen Einkünfte im Sinne des § 49 EStG. Dazu gehören auch Gewinne aus der Veräußerung von Anteilen nach § 17 EStG (§ 49 Abs. 1 Nr. 2 Buchstabe e EStG), hier 4 Mio. DM.
Nach Art. 13 Abs. 4 OECD-MA besteht für diesen Fall aber nur ein Besteuerungsrecht beim Wohnsitzstaat, so dass der Veräußerungsgewinn in Deutschland nicht mehr nach § 49 Abs. 1 Nr. 2 Buchstabe e EStG besteuert werden kann.
§ 6 AStG fingiert für diesen Fall eine Veräußerung im Zeitpunkt der Wohnsitzverlegung und schließt mit der sog. **Vermögenszuwachsbesteuerung** eine Besteuerungslücke, die entsteht, wenn ein Auswanderer in einen DBA-Staat zieht (vgl. Wöhrle/Schelle/Gross: AStG-Kommentar § 6 Tz I).

9.4.2 Voraussetzungen und Umfang der Vermögenszuwachsbesteuerung

Die Anwendung des § 6 AStG setzt voraus, dass die unbeschränkte Steuerpflicht mindestens zehn Jahre bestanden hat (§ 6 Abs. 1 AStG). Es ist nicht erforderlich, dass die Person gleichzeitig auch die deutsche Staatsangehörigkeit besitzt (Tz 6.1.1.1 Anwendungsschreiben zum AStG).

Die Wegzugsbesteuerung im Sinne des § 6 AStG erstreckt sich auf Anteile an inländischen Kapitalgesellschaften, für die im Zeitpunkt der Beendigung der unbeschränkten Steuerpflicht die Voraussetzungen des § 17 Abs. 1 EStG – ausgenommen die Veräußerung – erfüllt sind. Es ist danach erforderlich, dass der Steuerpflichtige an einer inländischen Gesellschaft innerhalb der letzten fünf Jahre vor dem Wegzug ins Ausland zu mehr als 1 v.H. unmittelbar oder mittelbar beteiligt war (Tz 6.1.2.1 Anwendungsschreiben zum AStG).

Der nach § 6 AStG steuerpflichtige Vermögenszuwachs unterliegt der unbeschränkten Steuerpflicht. Er ist zusammen mit anderen Einkünften, die dem Steuerpflichtigen in dem betreffenden Veranlagungszeitraum bis zum Zeitpunkt der Beendigung der unbeschränkten Steuerpflicht zugeflossen sind, zu veranlagen (Tz 6.1.3.1 Anwendungsschreiben zum AStG).

§ 6 AStG gilt nur für Fälle, in denen der gemeine Wert der Anteile beim Wegzug die Anschaffungskosten übersteigt; die Bestimmung führt nicht zur Realisierung von Verlusten (BFH BStBl II 1990, 615; Tz 6.1.3.3 Anwendungsschreiben zum AStG).

9.4.3 Veräußerung von Anteilen nach dem Wohnsitzwechsel

Wird ein Anteil nach dem Wohnsitzwechsel veräußert, so unterliegt der dabei entstehende Veräußerungsgewinn nach § 49 Abs. 1 Nr. 2 Buchstabe e i. V. m. § 17 EStG der beschränkten Steuerpflicht. Hierbei ist auch der Wertzuwachs vor dem Wegzug ins Ausland in die Besteuerung einzubeziehen. Bei der Veranlagung ist der Veräußerungsgewinn um den bereits versteuerten Vermögenszuwachs zu kürzen (§ 6 Abs. 1 Satz 4 AStG; Tz 6.1.4.1 Anwendungsschreiben zum AStG).

Beispiel:
Fall wie oben. Der bislang in Deutschland lebende A verlegt seinen Wohnsitz Ende des Jahres 01 in einen DBA-Staat. Der gemeine Wert der Anteile zum 31. 12. 01 beträgt 5 Mio. €.

Im Jahr 04 veräußert er die Anteile an seiner GmbH im Nennwert von 1 Mio. € zu 6 Mio. €.

Lösung:
Für den Veranlagungszeitraum 01 ist A mit dem Wertzuwachs in Höhe von 4 Mio. € (= 5 Mio. € ·/· 1 Mio. €) unbeschränkt steuerpflichtig (§ 6 AStG i. V. m. § 17 EStG).

Im Veranlagungszeitraum 04 unterliegt der Veräußerungsgewinn von 5 Mio. € (6 Mio. € ·/· 1 Mio. €) unter Abzug der bereits versteuerten 4 Mio. € (§ 6 Abs. 1 Satz 4 AStG), insgesamt also 1 Mio. €, der beschränkten Steuerpflicht (§ 49 Abs. 1 Nr. 2 Buchstabe e EStG).

9.4.4 Vereinbarkeit mit DBA

Da die Steuerpflicht nach § 6 AStG der letzte Teil der unbeschränkten Steuerpflicht ist, wird die Vorschrift von DBA nicht berührt (Wöhrle/Schelle/Gross: AStG-Kommentar § 6 Tz II; BFH BStBl II 1998, 558).

9.4.5 Dem Wohnsitzwechsel gleichgestellte Tatbestände

Dem in § 6 Abs. 1 AStG geregelten Tatbestand der Beendigung der unbeschränkten Steuerpflicht durch Aufgabe des Wohnsitzes oder gewöhnlichen Aufenthaltes werden folgende in § 6 Abs. 3 AStG genannte Tatbestände gleichgestellt:

– unentgeltliche Übertragung der Anteile auf nicht unbeschränkt steuerpflichtige Personen,
– Begründung eines Zweitwohnsitzes in einem DBA-Staat (Herbeiführung doppelter unbeschränkter Steuerpflicht),
– Einlage der Anteile in einen ausländischen Betrieb oder Betriebsstätte der unbeschränkt steuerpflichtigen Person, wenn das deutsche Besteuerungsrecht für einen etwaigen Veräußerungsgewinn nach einem DBA ausgeschlossen wird,
– Tausch der Anteile an einer inländischen Kapitalgesellschaft gegen Anteile an einer ausländischen Kapitalgesellschaft.

9.5 Beteiligung an ausländischen Zwischengesellschaften (§§ 7–14 AStG)

9.5.1 Allgemeines

Über Zwischengesellschaften (auch als Basisgesellschaften, Briefkastenfirmen oder Auffanggesellschaften genannt) ist eine Steuerverlagerung ins Ausland aus folgenden Gründen begünstigt:

– Solche Gesellschaften haben eine **Abschirmfunktion** gegenüber ihren Gesellschaftern, da Gewinne bei Thesaurierung nur in den Gesellschaften (diese sind als juristische Person selbständiges Steuersubjekt) besteuert werden, bei den Gesellschaftern jedoch erst bei Ausschüttung.
– Durch Ansiedelung von Zwischengesellschaften in sog. Steueroasenländern lässt sich das **internationale Steuergefälle** ausnutzen. Zu Steueroasenländern zählen

z. B. Schweiz, Liechtenstein, Luxemburg, Niederländische Antillen, Bahamas, Bermudas (Wöhrle in Wöhrle/Schelle/Gross: AStG-Kommentar §§ 7–14 Vorbemerkungen Tz I).

Um solchen Gegebenheiten zu begegnen, wird durch §§ 7 ff. AStG die **Abschirmwirkung durchbrochen**, indem thesaurierte Gewinne (Zwischeneinkünfte) bei den Gesellschaftern hinzugerechnet und besteuert werden (**Hinzurechnungsbesteuerung**), als ob sie ausgeschüttet worden wären (**Ausschüttungsfiktion**).

9.5.2 Hinzurechnungsbesteuerung (§§ 7–14 AStG)

Zur Absicherung des Gesetzeszwecks ist ein Bündel an Vorschriften nötig, die die Details der Hinzurechnungsbesteuerung regeln. Hierzu werden in der folgenden Tabelle die wesentlichen Inhalte der §§ 7–14 AStG kurz aufgeführt.

Norm	Inhalt
§ 7 AStG	**Steuerpflicht inländischer Gesellschafter:** Unbeschränkt Steuerpflichtige, die – zu mehr als der Hälfte an einer ausländischen Gesellschaft beteiligt sind, – sind mit den auf sie entfallenden Zwischeneinkünften (d. h. niedrig besteuerten passiven Einkünften) der ausländischen Gesellschaft – im Inland steuerpflichtig.
§ 8 AStG	**Einkünfte von Zwischengesellschaften:** § 8 AStG stellt einen Katalog von Einkünften auf, – die **nicht unter die Hinzurechnungsbesteuerung fallen**, weil es sich um sog. aktive (bzw. werbende) Tätigkeiten handelt (z. B. Herstellung von Sachen, Handel, Dienstleistungen u. Ä.), und benennt in der jeweiligen Gruppe – die Ausnahmen, die als sog. passiver Erwerb (= nicht werbende Tätigkeit) bezeichnet werden (z. B. Dienstleistungen, bei denen sich die ausländische Gesellschaft eines inländischen Gesellschafters bedient) und **der Hinzurechnungsbesteuerung unterliegen.** Die Einkünfte aus passivem Erwerb müssen als weitere Voraussetzung einer **niedrigen Besteuerung von unter 25 %** unterliegen. **Gewinnausschüttungen sind freigestellt**, ebenso Anteilsveräußerungen (es sei denn, die Gesellschaft, deren Anteile veräußert werden, hat Einkünfte mit Kapitalanlagecharakter bezogen).
§ 9 AStG	**Freigrenze bei gemischten Einkünften:** Tätigt eine Zwischengesellschaft sog. gemischte Einkünfte (aktive und passive), so bleiben diese für die Hinzurechnungsbesteuerung außer Ansatz, sofern die Freigrenzen (Bagatellgrenze) für passive Einkünfte – höchstens 10 % der Bruttoerträge (Solleinnahmen ohne USt) und – höchstens 62 000 € nicht überschritten werden. Bei Überschreiten der Freigrenze tritt (im Unterschied zu Freibeträgen) volle Steuerpflicht ein.

Abb. 3.11: Hinzurechnungsbesteuerung (§§ 7–14 AStG)

Norm	Inhalt
§ 10 AStG	**Hinzurechnungsbetrag:** Diese Vorschrift regelt die technische Durchführung der Hinzurechnungsbesteuerung. Sie bestimmt, – wie der Hinzurechnungsbetrag zu **ermitteln** ist und – dass er zu den Einkünften aus § 20 Abs. 1 Nr. 1 EStG (Dividenden) gehört und – nach Ablauf des Wirtschaftsjahres der ausländischen Gesellschaft als zugeflossen gilt (**Ausschüttungsfiktion**). Das Halbeinkünfteverfahren (§ 3 Nr. 40 EStG) und die Freistellung nach § 8b Abs. 1 KStG sind auf den Hinzurechnungsbetrag nicht anzuwenden. Ausländische Steuern sind nur insofern abzusetzen, als sie bereits entrichtet sind. Über den Hinzurechnungsbetrag ergeht ein Feststellungsbescheid (§ 18 Abs. 1 AStG). Die Anlage 3 des Anwendungsschreibens enthält verschiedene Schemata zur Ermittlung der Besteuerungsgrundlagen.
§ 11 AStG	**Veräußerungsgewinne:** Dieser Paragraph enthält die Regelung zur Vermeidung einer Doppelbesteuerung lediglich für den Fall, dass bei der Veräußerung von Anteilen durch eine Zwischengesellschaft **im Veräußerungserlös Beträge enthalten** sind (in den Rücklagen), die bereits **durch eine Hinzurechnungsbesteuerung erfasst** wurden und noch nicht ausgeschüttet worden sind. **Hinweis:** Die Vermeidung der Doppelbesteuerung, die dadurch entsteht, wenn **nach einer erfolgten Hinzurechnungsbesteuerung ausgeschüttet** wird, ist – auf der Ebene natürlicher Personen in § 3 Nr. 41 EStG geregelt (Freistellung bei Nachweis einer Hinzurechnungsbesteuerung in den letzten 7 Jahren), – auf der Ebene von Kapitalgesellschaften in § 8b KStG (generelle Freistellung von Dividenden).
§ 12 AStG	**Steueranrechnung:** § 12 AStG ermöglicht auf **Antrag** die Anrechnung ausländischer Steuern (**Anrechnungsverfahren**), die auf Einkünfte entfallen, die der Hinzurechnungsbesteuerung unterlagen. Wird der Antrag nach § 12 AStG nicht gestellt, greift automatisch die Vorschrift des § 10 Abs. 1 AStG, nach der die Zwischeneinkünfte **nach Abzug der ausländischen Steuern** beim unbeschränkt steuerpflichtigen Gesellschafter angesetzt werden (**Abzugsverfahren**).
§ 13 AStG	**(aufgehoben)**
§ 14 AStG	**Nachgeschaltete Zwischengesellschaften:** § 14 AStG dient dazu, zu verhindern, dass die §§ 7–13 AStG dadurch umgangen werden, dass die Beteiligung an der ausländischen Zwischengesellschaft nicht vom unbeschränkt steuerpflichtigen Gesellschafter selbst, sondern von einer anderen ausländischen Gesellschaft (nachgeschaltete Gesellschaft oder Untergesellschaft) gehalten wird (oder von mehreren nachgeschalteten Gesellschaften). Hierzu werden die Zwischeneinkünfte der Untergesellschaft der Obergesellschaft zugerechnet, als hätte diese die Zwischeneinkünfte bezogen.

Abb. 3.11: Hinzurechnungsbesteuerung (§§ 7–14 AStG) (Fortsetzung)

Beispiel 1:

Der in Deutschland unbeschränkt steuerpflichtige ledige A erzielt im Veranlagungszeitraum (VZ) 2002 inländische Einkünfte von 100 000 €. Er ist darüber hinaus zu 100 % an einer ausländischen Kapitalgesellschaft beteiligt, die Einkünfte aus nicht aktiven Tätigkeiten bezieht, die zu weniger als 25 % besteuert werden. Die ausländische Kapitalgesellschaft erzielt in 2002 einen Jahresüberschuss nach Abzug ausländischer Steuern von umgerechnet von 1 Mio. €.

Lösung:

Die ausländische Kapitalgesellschaft ist als Zwischengesellschaft im Sinne der §§ 7–14 AStG einzustufen, denn ihre Einkünfte fallen durch passiven Erwerb an und unterliegen einer niedrigen Besteuerung. Deshalb sind nach § 7 Abs. 1 AStG die Zwischeneinkünfte dem A hinzuzurechnen.

Der Hinzurechnungsbetrag ermittelt sich aus den Zwischeneinkünften abzüglich entrichteter ausländischer Steuern (§ 10 Abs. 1 AStG), hier 1 Mio. €. Er gilt nach Ablauf des Wirtschaftsjahres der ausländischen Gesellschaft als zugeflossen (§ 10 Abs. 2 AStG).

Die Freigrenzen nach § 9 AStG sind nicht überschritten. Demnach gilt für A:

	€
Inländische Einkünfte	100 000
+ Hinzurechnungsbetrag nach § 10 Abs. 1 AStG	1 000 000
= zu versteuerndes Einkommen	1 100 000
Einkommensteuer 2002 lt. Grundtabelle	523 627

Beispiel 2:

Wie Beispiel 1. A erzielt im Veranlagungszeitraum (VZ) 2003 ebenfalls inländische Einkünfte von 100 000 €.

Die ausländische Zwischengesellschaft erzielt in 2003 einen Jahresüberschuss nach Abzug ausländischer Steuern von umgerechnet 1 Mio. €. Sie löst Gewinnrücklagen in Höhe von 500 00 € auf und schüttet an A 1,5 Mio. € aus.

Lösung:

Wie Beispiel 1. Es ergibt sich wie im Vorjahr ein Hinzurechnungsbetrag von 1 Mio. €. Die Ausschüttung ist wie folgt aufzuteilen:

	€
Gesamte Ausschüttung der Zwischengesellschaft	1 500 000
·/· Ausschüttung der Zwischengesellschaft bis zur Höhe des Hinzurechnungsbetrags	1 000 000
= Ausschüttungsüberschuss gem. § 3 Nr. 41 EStG	500 000

Das zu versteuernde Einkommen des A ermittelt sich wie folgt:

Inländische Einkünfte		100 000
+ Gesamte Ausschüttung der Zwischengesellschaft	1 500 000	
·/· Ausschüttungsüberschuss, soweit im Vorjahr der Hinzurechnungsbesteuerung unterlegen, steuerfrei gem. § 3 Nr. 41 EStG	500 000	
= Ausschüttung der Zwischengesellschaft bis zur Höhe des Hinzurechnungsbetrags	1 000 000	

·/· davon die Hälfte steuerfrei gem. § 3 Nr. 40		
Buchstabe d EStG (Halbeinkünfteverfahren)	500 000	
= steuerpflichtige Dividende		500 000
= zu versteuerndes Einkommen		600 000
Einkommensteuer 2003 lt. Grundtabelle		272 768

9.5.3   Verhältnis der §§ 7–14 AStG zu anderen Vorschriften

Die §§ 7 bis 14 AStG lassen eine eigene unbeschränkte Steuerpflicht ausländischer Gesellschaften im Inland unberührt (vgl. BFH BStBl II 1992, 972); die Hinzurechnungsbesteuerung greift dann nicht ein (Tz 7.0.2 Anwendungsschreiben zum AStG).

§ 42 AO geht den §§ 7 bis 14 AStG vor, soweit sich der Missbrauch aus allgemeinen Merkmalen ergibt. Dies setzt allerdings voraus, dass die gewählte Gestaltung auch bei einer Bewertung am Gesetzeszweck der §§ 7 bis 14 AStG sich noch als Missbrauch von Gestaltungsmöglichkeiten des Rechts darstellt (BFH BStBl II 1992, 1026). Um § 42 AO anwenden zu können, müssen deshalb weitere Umstände hinzutreten, die die Gestaltung als Manipulation kennzeichnen, z. B. das **Fehlen einer eigenen wirtschaftlichen Funktion** von nur formal in die Einkünfteerzielung eingeschalteten ausländischen Gesellschaften, insbesondere Briefkastengesellschaften (Tz 7.0.2 Anwendungsschreiben zum AStG).

9.6   Familienstiftungen (§ 15 AStG)

Eine **Stiftung** ist eine rechtsfähige juristische Person, in der das der Stiftung gewidmete Vermögen rechtlich verselbständigt wird, um den festgelegten Stiftungszweck nach dem Willen des Stifters dauernd zu verfolgen (§§ 80 ff. BGB).

Hinsichtlich des über die Gründungsphase hinauswirkenden Stifterwillens unterscheidet sich die Stiftung von der Körperschaft. Während eine Körperschaft vom Willen der jeweiligen Mitglieder getragen wird, kennt die **Stiftung als reine Verwaltungsinstitution keine Mitglieder** (Seifart/v. Campenhausen: Handbuch des Stiftungsrechts 1999, § 1 Tz 5, 6). Stifter, Bezugsberechtigte und Anfallsberechtigte halten daher keine Beteiligung an der Stiftung, weshalb die §§ 7–14 AStG für Stiftungen nicht greifen und mit § 15 AStG eine eigene Vorschrift für die Hinzurechnungsbesteuerung notwendig ist.

Nach § 15 Abs. 1 AStG ist das **Einkommen einer ausländischen Familienstiftung** zuzuordnen

– dem Stifter, wenn er unbeschränkt steuerpflichtig ist, sonst den unbeschränkt steuerpflichtigen Personen, die
– bezugsberechtigt oder
– anfallsberechtigt sind.

Familienstiftungen sind Stiftungen, bei denen der Stifter, seine Angehörigen und deren Abkömmlinge zur mehr als der Hälfte bezugsberechtigt oder anfallsberechtigt sind (§ 15 Abs. 2 AStG).

Stifter ist, wer die Stiftung errichtet hat, d. h., für dessen Rechnung das Stiftungsgeschäft abgeschlossen worden ist (BFH BStBl II 1993, 388). **Bezugsberechtigter** ist eine Person, die nach der Satzung der Familienstiftung in der Gegenwart oder Zukunft Vermögensvorteile aus der Stiftung erhält oder erhalten wird. **Anfallsberechtigter** ist eine Person, die die Übertragung des Stiftungsvermögens rechtlich verlangen oder tatsächlich bewirken kann (Tz 15.2.1 Anwendungsschreiben zum AStG).

Ist die Familienstiftung **an einer ausländischen Zwischengesellschaft beteiligt,** so ist die Beteiligung den Stiftern, Bezugs- oder Anfallsberechtigten entsprechend ihrem Anteil zuzurechnen. Die §§ 7, 8 und 14 AStG sind auf die Beteiligung an der Zwischengesellschaft so anzuwenden, als hielte jede dieser Personen den auf sie entfallenden Anteil unmittelbar (Tz 15.5.3 Anwendungsschreiben zum AStG).

Nach Schelle/Gross in Wöhrle/Schelle/Gross: AStG-Kommentar § 15 Tz 9 hat die deutsche **Finanzverwaltung keine Möglichkeiten**, von sich aus die Bezugs- bzw. Anfallsberechtigten zu ermitteln, die Begünstigte einer ausländischen Familienstiftung sein könnten. In der Praxis wüssten oftmals die Begünstigten nichts vom Bestehen der Stiftung, geschweige denn von einer zahlenmäßig bezifferbaren Bezugsberechtigung, weshalb für diese Fälle die Vorschrift des § 15 AStG undurchführbar ist.

Kontrollfragen

1. *Worin liegen Zweck und Bedeutung des AStG?*
2. *Wie ist das AStG aufgebaut?*
3. *Was ist in § 1 AStG geregelt? Welche Bedeutung kommt diesem Paragraphen zu?*
4. *Was versteht man unter der erweitert beschränkten Steuerpflicht? Wo ist sie geregelt?*
5. *Inwiefern schließt § 6 AStG eine Besteuerungslücke, wenn ein Auswanderer, der Anteile an einer Kapitalgesellschaft besitzt, in einen DBA-Staat zieht?*
6. *Was versteht man unter der Vermögenszuwachsbesteuerung?*
7. *Was ist unter einer Zwischengesellschaft oder Basisgesellschaft zu verstehen?*
8. *Definieren Sie den Begriff Hinzurechnungsbesteuerung. Wo findet er Anwendung?*
9. *Worin liegt der wesentliche Unterschied zwischen einer Kapitalgesellschaft und einer Stiftung?*
10. *In welchen Fällen wird die Vorschrift über Familienstiftungen im AStG als nicht durchführbar erachtet?*

Aufgabe 3.14 *Hinzurechnungsbesteuerung S. 438*

Aufgabe 3.15 *Hinzurechnungsbesteuerung bei Ausschüttung S. 438*

10 Umsatzbesteuerung im Binnenmarkt

10.1 Allgemeines

In Art. 7a EG-Vertrag (ursprünglich EWG-Vertrag) wurde durch die Einheitliche Europäische Akte (in Kraft getreten am 01.07.1987) die schrittweise Verwirklichung des Binnenmarktes bis zum 31.12.1992 festgelegt. Diese Vorschrift definiert den **Binnenmarkt** als einen Raum ohne Binnengrenzen, in dem der freie Verkehr von Waren, Personen, Dienstleistungen und Kapital gemäß den Bestimmungen des EG-Vertrages gewährleistet ist.

Ab dem 01.01.1993 entfielen nach den Vorgaben des EG-Vertrages die zoll- und außenwirtschaftlichen Kontroll- und Anmeldeverfahren im grenzüberschreitenden Warenverkehr innerhalb der Gemeinschaft. Da aber auch in einem Europa ohne Steuergrenzen die EU-Mitgliedsstaaten auf Kontrollmöglichkeiten hinsichtlich ihres Umsatzsteueraufkommens angewiesen sind, musste ein **neues Besteuerungssystem für den Warenverkehr innerhalb der Gemeinschaft** gefunden werden. Die Erhebung der hierfür benötigten Kontrolldaten ist den Unternehmen auferlegt, z. B. durch Zusammenfassende Meldung nach § 18a UStG und buch- und belegmäßige Nachweise und Aufzeichnungspflichten (§§ 17a – 17c UStDV, § 22 UStG).

10.1.1 Die Begriffe Inland, Ausland, Gemeinschaftsgebiet und Drittlandsgebiet im UStG

Aufgrund der Binnenmarktregelungen wurde es notwendig, neben den Begriffen Inland und Ausland weitere territoriale Abgrenzungen in das UStG aufzunehmen.

Lieferungen und sonstige Leistungen sind steuerbar, wenn sie im Inland bewirkt werden (§ 1 Abs. 1 Nr. 1 UStG). **Inland** im Sinne des UStG ist nach § 1 Abs. 2 UStG das Gebiet der Bundesrepublik Deutschland mit Ausnahme des Gebiets von Büsingen, der Insel Helgoland, der Freihäfen (vgl. hierzu die Aufstellung in Abschnitt 13 Abs. 1 UStR), der Gewässer und Watten zwischen der Hoheitsgrenze und der jeweiligen Strandlinie sowie der deutschen Schiffe und der deutschen Luftfahrzeuge in Gebieten, die zu keinem Zollgebiet gehören. Wird ein **Umsatz im Inland ausgeführt**, so kommt es für die Umsatzbesteuerung insbesondere nicht darauf an, ob der Unternehmer deutscher Staatsangehöriger ist oder seinen Wohnsitz oder Sitz im Inland hat.

Der Begriff Ausland wird in § 1 Abs. 2 Satz 2 UStG negativ abgegrenzt: **Ausland** im Sinne des UStG ist das Gebiet, das danach nicht Inland ist.

Nach § 1 Abs. 2a UStG umfasst das **Gemeinschaftsgebiet** im Sinne des UStG das Inland (§ 1 Abs. 2 Satz 1 UStG) und die Gebiete der übrigen Mitgliedsstaaten der EG, die nach dem Gemeinschaftsrecht als Inland dieser Mitgliedsstaaten gelten **(übriges Gemeinschaftsgebiet)**. Eine ins Detail gehende Auflistung des übrigen Gemeinschaftsgebiets enthält Abschnitt 13a Abs. 1 UStR.

Das **Drittlandsgebiet** im Sinne des UStG umfasst die Gebiete, die nicht zum Gemeinschaftsgebiet gehören, u. a. auch Andorra, Gibraltar und den Vatikan (§ 1 Abs. 2a S. 3 UStG, Abschnitt 13a Abs. 2 UStR). Drittlandsgebiet sind daher auch die in § 1 Abs. 2 Satz 1 UStG vom Inland der Bundesrepublik Deutschland genannten Ausnahmen wie die Insel Helgoland und die Gemeinde Büsingen, nicht jedoch die Freihäfen (Abschnitt 42d Abs. 3 UStR).

10.1.2 Bestimmungsland- und Ursprungslandprinzip

Für grenzüberschreitende Umsätze kommt grundsätzlich eine Besteuerung im Land des Lieferers oder des Leistungsempfängers in Betracht. Nach dem **Bestimmungslandprinzip** wird die Ausfuhr steuerfrei gestaltet (mit der Möglichkeit des Vorsteuerabzugs), das Importland erhebt auf die Einfuhr der Ware Einfuhrumsatzsteuer. Damit ist die Belastung von Einfuhren nach den Vorschriften des Bestimmungslands gewährleistet. Dieses System setzt einen Kontrollmechanismus voraus, entweder durch Grenzkontrollen und Ausfuhrbelege wie bei Ausfuhrlieferungen ins Ausland oder durch Verlagerung dieser Verwaltungspflichten zur Sicherung des Steueraufkommens auf die Unternehmen wie beim innergemeinschaftlichen Handel.

Mit der Schaffung des Binnenmarkts sollte die **Ursprungslandbesteuerung** für den grenz-überschreitenden Warenverkehr im Gemeinschaftsgebiet eingeführt werden. Nach dem Ursprungslandprinzip werden Ausfuhren von Unternehmen wie Inlandsumsätze behandelt, d. h. die Ausfuhr ist steuerpflichtig, die Einfuhr steuerfrei, allerdings verbunden mit dem Recht auf Vorsteuerabzug. Dadurch fällt das Steueraufkommen dem Ausfuhrstaat zu, die Entlastung durch Vorsteuerabzug dem Einfuhrstaat, was USt-Aufkommensverzerrungen zur Folge hat. Diese Verzerrungen sollten durch ein Ausgleichsverfahren (z. B. eine Clearingstelle) beseitigt werden. Das Misstrauen der EU-Mitgliedsstaaten mit überwiegendem Importüberhang in ein solches Clearingverfahren war jedoch so stark ausgeprägt, dass die Ursprungslandbesteuerung (obwohl vom Verwaltungsaufwand deutlich einfacher als beim Bestimmungslandprinzip) nicht durchsetzbar war.

Nur im **nichtkommerziellen innergemeinschaftlichen Reiseverkehr** sowie im grenz-überschreitenden **innergemeinschaftlichen Warenhausversand** an private Letztverbraucher, sofern der Verkäufer bestimmte länder- und jahresbezogene Lieferschwellen unterschreitet, gilt ab dem 01.01.1993 das Ursprungslandprinzip.

10.1.3   Mehrwertsteuersätze in den Mitgliedsstaaten der Europäischen Union

Im Binnenmarkt sind hinsichtlich der Umsatzbesteuerung zwar die **Bemessungsgrundlagen harmonisiert**, aber **nicht die Steuersätze** (vgl. nachfolgende Tabelle nach BfF Merkblatt Nr. 4). Zu den daraus resultierenden Besonderheiten bei Erwerb bzw. Lieferung neuer Fahrzeuge vgl. S. 336.

Mitgliedsstaat	Normalsteuersatz (v. H.)	Ermäßigte Sätze[1] (v. H.)	Nullsatz[2] (v. H.)
Belgien	21	1 / 6 / 12	für Zeitungen
Dänemark	25		für Zeitungen
Deutschland	16	7	
Finnland	22	6 / 12 / 17	ja
Frankreich	19,6	2,1 / 5,5	ja
Griechenland	18	4 / 8	
Großbritannien	17,5	8 (nur für Brennstoffe)	ja
Irland	20	4,3 / 12,5	ja
Italien	20	4 / 10 / 16	für Baugrundstücke, Rohgold, Metallabfälle
Luxemburg	15	3 / 6 / 12	
Niederlande	19	6	
Österreich	20	10	
Portugal[3]	17	5	
Schweden	25	6 / 12	ja
Spanien	16	4 / 7	

1 Insbesondere für bestimmte Warengruppen des lebensnotwendigen Bedarfs und für bestimmte Dienstleistungen im Sozial- und Kulturbereich.
2 Nullsatz = Steuerbefreiung mit Vorsteuerabzug; wird hier nur erwähnt, sofern er außer für Ausfuhrumsätze auch für bestimmte Inlandsumsätze gilt.
3 Azoren, Madeira: 4 % und 12 %.

Abb. 3.12: Mehrwertsteuersätze in den Mitgliedsstaaten der EU (Stand Jan. 2001)

10.2 Innergemeinschaftlicher Erwerb

10.2.1 Allgemeines

Die Steuerharmonisierung im Bereich der EU brachte mit dem Umsatzsteuer-Binnenmarktgesetz den Steuertatbestand des innergemeinschaftlichen Erwerbs, der an die Stelle der Besteuerung der Einfuhr getreten ist. Als innergemeinschaftlicher Erwerb wird nach § 1a UStG der Erwerb von Gegenständen aus einem anderen Mitgliedsstaat durch einen Unternehmer verstanden.

Der innergemeinschaftliche Erwerb korrespondiert mit der innergemeinschaftlichen Lieferung (vgl. S. 319), beide sind umsatzsteuerbar. Die innergemeinschaftliche Lieferung wird jedoch dem Bestimmungslandprinzip gemäß von der Umsatzsteuer des Ursprungslandes entlastet (steuerfrei gestellt, § 4 Abs. 1 Buchstabe b UStG), und wird erst im Bestimmungsland beim Importeur der Umsatzsteuer unterworfen. Um aber die umsatzsteuerliche Entlastung im Ursprungs- oder Exportland und die Umsatzsteuerbelastung im Bestimmungsland zu gewährleisten, ist ein innergemeinschaftliches Kontrollsystem notwendig (vgl. S. 316 und 323).

Hinweis: Es besteht eine Bindung zwischen innergemeinschaftlicher Lieferung und innergemeinschaftlichem Erwerb dergestalt, dass die Steuerfreiheit der Lieferung an die Steuerbarkeit des Erwerbs geknüpft ist (§ 6a Abs. 1 Nr. 3 UStG). Eine rechtliche Abhängigkeit zwischen Steuerfreiheit im Ursprungsland und Besteuerung im Bestimmungsland ist dadurch aber nicht gegeben: der innergemeinschaftliche Erwerb ist nämlich auch dann zu besteuern, wenn z. B. wegen fehlender Buch- oder Belegnachweise die Steuerbefreiung der innergemeinschaftlichen Lieferung nicht gewährt wird.

10.2.2 Tatbestandsvoraussetzungen für die Besteuerung des innergemeinschaftlichen Erwerbs (§ 1a UStG)

Die Besteuerung des innergemeinschaftlichen Erwerbs (ausgenommen von neuen Fahrzeugen und verbrauchssteuerpflichtigen Waren) erfolgt im Bestimmungsland unter folgenden Voraussetzungen (§ 1 Abs. 1 Nr. 5 i. V. m. § 1a UStG):

(1) Der Gegenstand einer Lieferung gelangt an den Erwerber aus dem Gebiet eines Mitgliedsstaates der EU in das **Inland** (vgl. § 1 Abs. 1 Nr. 5 UStG).

(2) Der **Erwerber** ist

  a) entweder **Unternehmer,** der den Gegenstand für sein Unternehmen erwirbt (also voll oder teilweise vorsteuerabzugsberechtigt ist, § 1a Abs. 1 Nr. 2 Buchstabe a UStG)

  b) oder so genannter **Halbunternehmer** (§ 1a Abs. 3 UStG), d. h.

    – Unternehmer, der nur steuerfreie vorsteuerschädliche Umsätze ausführt,
    – Kleinunternehmer (§ 19 UStG),
    – pauschalierender Land- und Forstwirt (§ 24 UStG),
    – nicht steuerpflichtige juristische Person (insbesondere die öffentliche Hand und gemeinnützige Körperschaften im Sinne des KStG),

    und dessen Entgelt für den Erwerb von Waren aus einem anderen Mitgliedsstaat (§ 1a Abs. 3 Nr. 2 UStG)

    – die **Erwerbsschwelle** von 12 500 € im vorangegangenen Kalenderjahr **überschritten hat** oder

– die **Erwerbsschwelle** von 12 500 € im laufenden Kalenderjahr voraussichtlich **überschreiten wird,**

oder der **zur Erwerbsbesteuerung optiert** hat (§ 1a Abs. 4 UStG).

(3) Der **Lieferer** ist ein Unternehmer (kein Kleinunternehmer), der die Lieferung im Rahmen seines Unternehmens gegen Entgelt ausführt (§ 1a Abs. 1 Nr. 3 UStG).

Ein innergemeinschaftlicher Erwerb ist also grundsätzlich gegeben, wenn nach § 1a Abs. 1 Nr.1 UStG an den Erwerber eine Lieferung **aus dem Gebiet eines Mitgliedsstaates in das Gebiet eines anderen Mitgliedsstaates** gelangt (§ 1a Abs. 1 Nr. 1 Halbsatz 1 UStG, Abschnitt 15a Abs. 1 Satz 1 UStR). Ein Gegenstand gelangt aber auch dann aus dem Gebiet eines Mitgliedsstaates in das Gebiet eines anderen Mitgliedsstaates, wenn die **Beförderung oder Versendung im Drittlandsgebiet beginnt** und der Gegenstand im Gebiet eines Mitgliedsstaates der Einfuhrumsatzsteuer unterworfen wird, bevor er in das Gebiet des anderen Mitgliedsstaates gelangt (Abschnitt 15a Abs. 1 Satz 4 UStR).

Beispiel:
S liefert Waren aus der Schweiz nach Frankreich zu F, der diese anschließend zu D nach Deutschland weiterliefert.

Lösung:
Die Lieferung der Waren unterliegt der Umsatzbesteuerung in Frankreich. Die Weiterlieferung nach Deutschland ist eine steuerbefreite innergemeinschaftliche Lieferung. Bei D in Deutschland liegt ein innergemeinschaftlicher Erwerb nach § 1a UStG vor.

Ein Erwerb durch Lieferung aus einem anderen EU-Mitgliedsstaat ist aber nicht anzunehmen, wenn die Ware aus einem Drittland im Wege der **Durchfuhr durch einen Mitgliedsstaat** in einen anderen Mitgliedsstaat gelangt und erst hier einfuhrumsatzsteuerlich zum freien Verkehr abgefertigt wird (Abschnitt 15a Abs. 1 Satz 5 UStR).

10.2.3 Ort des innergemeinschaftlichen Erwerbs (§ 3d Satz 1 UStG)

Nach § 3d Satz 1 UStG gilt als Ort des innergemeinschaftlichen Erwerbs von Gegenständen grundsätzlich der Ort, an dem sich die Gegenstände zum Zeitpunkt der Beendigung der Beförderung oder der Versendung an den Erwerber befinden.

Beispiel:
Der belgische Unternehmer B befördert Autoreifen zum Autohersteller D in Deutschland.

Lösung:
Ort des innergemeinschaftlichen Erwerbs ist hier Deutschland, da sich die gelieferten Gegenstände zum Zeitpunkt der Beendigung der Lieferung in Deutschland befinden. D muss den Erwerb der Gegenstände in Deutschland versteuern (§ 1 Abs. 1 Nr. 5 UStG).

10.2.4 Ort des innergemeinschaftlichen Erwerbs bei Verwendung einer von einem anderen Mitgliedsstaat erteilten USt-IdNr. (§ 3d Satz 2 UStG)

Darüber hinaus **gilt als Ort des Erwerbs** auch das Gebiet des Mitgliedsstaates, der dem Erwerber die beim Erwerb des Gegenstandes verwendete USt-IdNr. erteilt hat. Diese Vorschrift hat Bedeutung, wenn ein Erwerber Gegenstände unter Angabe einer USt-IdNr. erwirbt, die ihm nicht derjenige Mitgliedsstaat erteilt hat, in dem die Beförderung oder Versendung des Gegenstandes endet. Die innergemeinschaftliche Lieferung gilt in diesem Fall im Gebiet desjenigen Mitgliedsstaates als bewirkt, dessen USt-IdNr. der Erwerber dem Lieferer im Rahmen der Lieferung angegeben hat. Damit wird neben dem nach § 3d Satz 1 UStG bestimmten Ort des innergemeinschaftlichen Erwerbs ein zweiter Erwerbsort fingiert, der eine auflösend bedingte Steuerbarkeit zur Folge hat.

Diese Regelung hängt mit dem **innergemeinschaftlichen EDV-gestützten Kontrollverfahren** zusammen, das auf der USt-IdNr. und der Zusammenfassenden Meldung beruht und dem Mitgliedsstaat der angegebenen USt-IdNr. die (auflösend bedingte) Besteuerung ermöglicht. Um aber eine doppelte Erwerbsbesteuerung zu vermeiden (im Mitgliedsstaat, in dem sich der Gegenstand beim Ende der Beförderung oder Versendung befindet und demjenigen, der dem Importeur die USt-IdNr. erteilt hat), stellt § 17 Abs. 2 Nr. 4 UStG i. V. m. § 3d Satz 2 UStG sicher, dass bei nachträglicher Besteuerung des Erwerbs im Bestimmungsland (§ 3d Satz 1 UStG) die Besteuerung in demjenigen Mitgliedsstaat, der dem Erwerber die USt-IdNr. erteilt hat, rückgängig gemacht wird.

> **Beispiel:**
> Der deutsche Unternehmer D bestellt Ware bei einem Unternehmen in Belgien und weist den belgischen Unternehmer B an, die Ware nach Frankreich in eine Betriebsstätte des D zu transportieren. D gibt bei seiner Bestellung die deutsche USt-IdNr. an.
>
> **Lösung:**
> Nach der Grundsatzregelung des § 3d Satz 1 UStG erfolgt eine Erwerbsbesteuerung des D in Frankreich. Da D jedoch seine deutsche USt-IdNr. verwendet, gilt gem. § 3d Satz 2 UStG auch Deutschland als Ort des Erwerbs, so dass auch in Deutschland eine Erwerbsbesteuerung erfolgen kann. Zur Vermeidung einer eventuellen Doppelbelastung kann in Deutschland die Erwerbsbesteuerung rückgängig gemacht werden, unter der Voraussetzung, dass U die Erwerbsbesteuerung in Frankreich nachweist (§ 17 Abs. 2 Nr. 4 UStG). Der Erwerber hat im Falle voller Vorsteuerabzugsberechtigung jedoch keinen Nachteil, wenn er auf den Nachweis verzichtet (Wilke in Keller/Bustorff: UStG-Kommentar, § 3d Rn 22, 26).
>
> **Hinweis:** Der deutsche Unternehmer D kann eine eventuelle zweifache Erwerbsbesteuerung von vornherein dadurch vermeiden, dass er sich auch in Frankreich eine USt-IdNr. erteilen lässt. Auf der von B ausgestellten Rechnung ist dann die französische USt-IdNr. des D anzugeben.

10.2.5 Bemessungsgrundlage beim innergemeinschaftlichen Erwerb

Der innergemeinschaftliche Erwerb wird – wie bei Lieferungen und sonstigen Leistungen – nach dem Entgelt bemessen (§ 10 Abs. 1 Satz 1 UStG). Entgelt ist alles, was der Leistungsempfänger aufzuwenden hat (§ 10 Abs. 1 Satz 2 UStG), also neben dem

Nettowert z. B. in Rechnung gestellte Fracht abzüglich Entgeltsminderungen wie Skonti, Boni, Rabatte (Abschnitt 151 Abs. 1 UStR). Handelt es sich um verbrauchsteuerpflichtige Waren, so erhöht sich die Bemessungsgrundlage um die Verbrauchsteuern (§ 10 Abs. 1 Satz 4 UStG).

10.2.6 Steuersatz

Die Steuersätze für innergemeinschaftliche Erwerbe sind identisch mit denjenigen für Inlandsumsätze (§ 12 UStG) und betragen 16 % im normalen und 7 % im ermäßigten Bereich.

10.2.7 Entstehung der Steuerschuld beim innergemeinschaftlichen Erwerb

Steuerschuldner beim innergemeinschaftlichen Erwerb ist die Person, die einen steuerpflichtigen innergemeinschaftlichen Erwerb bewirkt (§ 13a Abs. 1 Nr. 2 UStG).

Nach § 13 Abs. 1 Nr. 6 UStG entsteht beim innergemeinschaftlichen Erwerb die Umsatzsteuerschuld grundsätzlich mit Ausstellung der Rechnung durch den Lieferer, jedoch spätestens mit Ablauf des dem innergemeinschaftlichen Erwerb folgenden Kalendermonats, wenn die Rechnung später ausgestellt wird.

> **Beispiel:**
> Ein innergemeinschaftlicher Erwerb wird am 10.11.2002 bewirkt. Die Rechnung wird am 18.01.2003 ausgestellt.

> **Lösung:**
> Die Steuerschuld entsteht bereits mit Ablauf des 31.12.2002.

10.2.8 Erklärung des innergemeinschaftlichen Erwerbs

Innergemeinschaftliche Erwerbe müssen in der **Umsatzsteuer-Voranmeldung** und in der **Umsatzsteuer-Jahreserklärung** angegeben werden. Dazu hat der Unternehmer in den amtlich vorgeschriebenen Vordrucken die Summe der an ihn ausgeführten steuerpflichtigen innergemeinschaftliche Erwerbe sowie den darauf entfallenden (von ihm selbst berechneten) Umsatzsteuerbetrag anzugeben (§ 18 Abs. 1 UStG). Natürliche und juristische Personen, die ausschließlich Steuern auf innergemeinschaftliche Erwerbe zu entrichten haben (z. B. Kleinunternehmer, juristische Personen des öffentlichen Rechts) müssen Voranmeldungen nur für diejenigen Voranmeldungszeiträume abgeben, in denen die Steuer für diese Umsätze zu erklären ist (§ 18 Abs. 4a UStG).

Die Erwerbssteuer führt bei Unternehmern, die zum Vorsteuerabzug berechtigt sind, nicht zu einer liquiditätsmäßigen Belastung, denn gleichzeitig mit der Erklärung der auf den innergemeinschaftlichen Erwerb entfallenden Umsatzsteuer kann nach § 15 Abs. 1 Nr. 3 UStG die Steuer für den innergemeinschaftlichen Erwerb von Gegenständen als **Vorsteuer** abgezogen werden, wenn der Unternehmer die Gegenstände für sein Unternehmen bezogen hat und die Gegenstände nicht für Ausschlussumsätze (§ 15 Abs. 2 UStG) verwendet. Weitere Voraussetzungen – insbesondere das Vorliegen einer Rechnung – sind für den Vorsteuerabzug der Erwerbsteuer nicht erforderlich (vgl. Gesetzestext § 15 Abs. 1 Nr. 3 EStG). Das **Recht auf Abzug der Erwerbsteuer als Vorsteuer** entsteht nach § 13 Abs. 1 Nr. 6 UStG mit Ausstellen der Rechnung.

10.2.9 Besondere Aufzeichnungspflichten beim innergemeinschaftlichen Erwerb

Da der innergemeinschaftliche Erwerb auch ein steuerpflichtiger Umsatz ist, ist es erforderlich, dass der Unternehmer Aufzeichnungen über die Höhe der Bemessungsgrundlage für den innergemeinschaftlichen Erwerb und über die hierauf entfallenden Steuerbeträge führt (vgl. § 22 Abs. 1 i. V. m. Abs. 2 Nr. 7 UStG). Dabei sind die einzelnen Entgelte getrennt nach den Steuersätzen aufzuführen.

Die Monatssummen je Steuersatz sind die aufzuzeichnende Bemessungsgrundlage. Form und Umfang der Aufzeichnungen entsprechen also denjenigen, wie sie bei den anderen Umsätzen des Unternehmens zu führen sind. In der Finanzbuchführung sind entsprechende Konten beim Wareneinkauf, zu Vorsteuer und Erwerbssteuer zu führen.

Beispiel (zur Darstellung des innergemeinschaftlichen Erwerbs in der Finanzbuchführung und USt-Voranmeldung):
Der Unternehmer D aus Deutschland erhält am 10.01.2002 eine Warenlieferung vom Unternehmer F aus Frankreich zum Preis von 30 000 € ohne Umsatzsteuer. Er bucht:

Lösung (nach DATEV-Kontenrahmen SKR 03):

Konto Soll	€	Konto Haben	€
3425 Ig. Erwerb	30 000	1601 Verbindlichkeiten L/L	30 000
1572 Vorsteuer aus ig. Erwerb	4 800	1772 Umsatzsteuer aus ig. Erwerb	4 800

Mit der **Umsatzsteuer-Voranmeldung** für Januar erklärt D die Erwerbsteuer und macht sie gleichzeitig als Vorsteuer geltend. Eine **Zusammenfassende Meldung** (wie bei den innergemeinschaftlichen Lieferungen) ist hierbei **nicht zu erstellen.**

Kontrollfragen

1. Wie ist der Binnenmarkt definiert?
2. Was versteht man unter den Begriffen Inland, Ausland, Gemeinschaftsgebiet und Drittlandsgebiet im Umsatzsteuerrecht?
3. Beschreiben Sie das Bestimmungs- und das Ursprungslandprinzip.
4. Wie sind die Umsatzsteuersätze in der EU eingeteilt?
5. Was versteht man unter dem Steuertatbestand des innergemeinschaftlichen Erwerbs?
6. Wie hängen innergemeinschaftlicher Erwerb und innergemeinschaftliche Lieferung zusammen?
7. Welches sind die allgemeinen Tatbestandsvoraussetzungen des innergemeinschaftlichen Erwerbs?

8. *Was ist unter den Begriffen »Halbunternehmer« und »Erwerbsschwelle« zu verstehen?*
9. *Welche Fälle der Ortsbestimmung können beim innergemeinschaftlichen Erwerb gegeben sein?*
10. *Wann entsteht die Steuerschuld beim innergemeinschaftlichen Erwerb?*
11. *Welche besonderen Aufzeichnungspflichten sind beim innergemeinschaftlichen Erwerb zu erfüllen?*

Aufgabe 3.16 *Erwerb durch Halbunternehmer S. 438*

10.3   Innergemeinschaftliche Lieferung

10.3.1 Voraussetzungen der Steuerbefreiung (§ 6a Abs. 1 UStG)

Eine **innergemeinschaftliche Lieferung liegt vor**, wenn bei einer Lieferung der Unternehmer oder der Abnehmer den Gegenstand der Lieferung in das übrige Gemeinschaftsgebiet befördert oder versendet. Eine innergemeinschaftliche Lieferung ist unter folgenden Voraussetzungen **steuerfrei** (vgl. § 4 Nr. 1 Buchstabe b i. V. m. § 6a Abs. 1 UStG):

(1) Der Unternehmer oder der Abnehmer hat den Gegenstand der Lieferung in das übrige Gemeinschaftsgebiet befördert oder versendet.
(2) Der Abnehmer ist
    a) entweder Unternehmer, der den Gegenstand für sein Unternehmen erworben hat (hiervon ist in der Regel auszugehen, wenn der Abnehmer seine **USt-IdNr.** angibt),
    b) oder eine juristische Person, die nicht Unternehmer ist oder die den Gegenstand der Lieferung nicht für ihr Unternehmen erworben hat,
(3) Der Lieferer muss der Regelbesteuerung unterliegen, darf also kein Kleinunternehmer (§ 19 Abs. 1 Satz 4 UStG) sein oder der Durchschnittsbesteuerung des § 24 UStG (Land- und Forstwirt) unterliegen (§ 24 Abs. 1 Satz 2 UStG).
(4) Der Erwerb des Liefergegenstandes unterliegt beim Abnehmer im anderen Mitgliedsstaat der Umsatzbesteuerung (**Korrespondenzprinzip**).

Darüber hinaus sind buch- und belegmäßige Nachweise (§ 6a Abs. 3 UStG) und Aufzeichnungspflichten gemäß § 22 UStG zu erbringen.

10.3.1.1 Besteuerung des Erwerbs im Bestimmungsland (§ 6a Abs. 1 Nr. 3 UStG)

Die Umsatzsteuerbefreiung der innergemeinschaftlichen Lieferung wird durch § 6a Abs. 1 Nr. 3 UStG davon abhängig gemacht, dass der Erwerber des Liefergegenstandes in einem anderen Mitgliedsstaat der Erwerbsbesteuerung unterliegt (**Korrespondenzprinzip**, vgl. S. 314). § 6a Abs. 1 Nr. 3 UStG verbindet zwar die Steuerbefreiung der innergemeinschaftlichen Lieferung mit der Steuerbarkeit des innergemeinschaftlichen Erwerbs. Es ist aber nicht erforderlich, dass im Bestimmungsland tatsächlich eine Besteuerung erfolgt, z. B. weil der Erwerb dort steuerbefreit ist oder aufgrund der Anwendung eines Nullsatzes (vgl. Tabelle S. 313) nicht besteuert wird.

10.3.1.2 Erwerb durch Halbunternehmer

Beim Erwerb durch **Halbunternehmer** (juristische Person des öffentlichen oder privaten Rechts, steuerbefreite Unternehmer, Kleinunternehmer, Land- und Forstwirte, vgl. S. 314) hängt die Erwerbsbesteuerung im Bestimmungsland davon ab (§ 1a Abs. 3 UStG),

– ob die im jeweiligen Mitgliedsstaat maßgeblichen **Erwerbsschwellen überschritten** werden oder,
– wenn diese nicht überschritten werden, ob die **Option zur Besteuerung** im Bestimmungsland ausgeübt wurde.

Soweit diese Personengruppe **nicht der Erwerbsbesteuerung im Bestimmungsland unterliegt**, ist eine Lieferung an diese Personen auch nicht als innergemeinschaftliche Lieferung steuerbefreit. In diesem Fall hat der Lieferer zu prüfen, ob die Lieferung in den anderen Mitgliedsstaat

– im Inland steuerbar und steuerpflichtig ist (dann Rechnung mit deutscher Umsatzsteuer) oder
– im Mitgliedsstaat des Empfängers steuerbar und steuerpflichtig ist (dann Rechnung mit Umsatzsteuer des anderen Mitgliedsstaates).

Die Antwort hängt davon ab, ob der Ort der Lieferung in Deutschland liegt (aufgrund § 3 Abs 7 oder § 3 Abs. 6 UStG) oder ob die speziellen Regelungen des Lieferungsortes bei Versendungskäufen (§ 3c UStG) greifen. Vgl. hierzu S. 340.

10.3.1.3 Bedeutung der USt-IdNr.

Der Unternehmer kann in der Regel davon ausgehen, dass die Lieferung beim Abnehmer in einem anderen Mitgliedsstaat der Erwerbsbesteuerung unterliegt, wenn der **Abnehmer** den Gegenstand unter Angabe einer ihm im anderen Mitgliedsstaat erteilten **USt-IdNr.** erwirbt. Die Verwendung der USt-IdNr. ist Beweisanzeichen für die Vorsteuerabzugsberechtigung des Abnehmers (vgl. Völkel/Karg: ABC-Führer Umsatzsteuer, Binnenmarkt Rn 23).

Hier zeigt sich die Hauptfunktion der USt-IdNr., der Erwerbsbesteuerung unterliegende Personen von denjenigen abzugrenzen, die der Erwerbsbesteuerung nicht unterworfen sind. Deshalb erhalten auch nur vorsteuerabzugsberechtigte Unternehmer oder, sofern von ihnen benötigt, Halbunternehmer eine USt-IdNr. (§ 27a Abs. 1 UStG). Halbunternehmer müssen jedoch die Erwerbsschwelle überschritten oder zur Erwerbsbesteuerung optiert haben (§ 1a Abs. 3 UStG).

Privatpersonen unterliegen grundsätzlich keiner Erwerbsbesteuerung (Ausnahme: Erwerb neuer Fahrzeuge, vgl. S. 336).

> **Beispiel:**
> Der Unternehmer D in Deutschland liefert Ware zum Unternehmer F in Frankreich für dessen Unternehmen. F verwendet seine französische USt-IdNr.
>
> **Lösung:**
> Die Ware gelangt von Deutschland nach Frankreich. Lieferer und Erwerber sind Unternehmer und handeln im Rahmen ihres Unternehmens gegen Entgelt.
> Ort des innergemeinschaftlichen Erwerbs ist hier gemäß der § 3d UStG entsprechenden französischen Vorschrift Frankreich, da sich die gelieferte Ware zum Zeitpunkt der Beendigung der Lieferung in Frankreich befindet und F seine

französische USt-IdNr. verwendet. Die Tatbestandsmerkmale des innergemeinschaftlichen Erwerbs in Frankreich sind somit gegeben; der Erwerb ist in Frankreich steuerbar und steuerpflichtig.

Die innergemeinschaftliche Lieferung des D ist nach § 3 Abs. 6 Satz 1 UStG
steuerbar, aber nach § 6a UStG steuerfrei, weil F den Erwerb in Frankreich
versteuern muss.

10.3.2 Nachweis der Voraussetzungen für die Steuerbefreiung

Die Voraussetzungen einer innergemeinschaftlichen Lieferung müssen vom liefernden Unternehmer nachgewiesen werden (§ 6a Abs. 3 UStG). Dies erfolgt durch

- Belegnachweis (§ 17a UStDV) und
- Buchnachweis (§ 17c UStDV).

Diese Nachweise sind materiell-rechtliche Voraussetzung für die Steuerbefreiung.

10.3.2.1 Belegmäßige Nachweise (Ausfuhrnachweis) in Beförderungs- und Versendungsfällen (§ 17a UStDV)

Nachzuweisen ist insbesondere, dass die Waren tatsächlich durch den Unternehmer
oder den Abnehmer in einen anderen Mitgliedsstaat gebracht worden sind. Dies
muss sich aus den Belegen eindeutig und leicht nachprüfbar ergeben (§ 17a Abs. 1
UStDV).

Bei einer **Beförderung** soll der Nachweis (§ 17a Abs. 2 UStDV) geführt werden
durch

- das Rechnungsdoppel (§§ 14, 14a UStG),
- einen handelsüblichen Beleg, aus dem sich der Bestimmungsort ergibt (insbesondere Lieferschein),
- eine Empfangsbestätigung des Abnehmers oder seines Beauftragten (i. d. R. auf
  dem Lieferschein) sowie
- in Abholfällen (Beförderung durch den Abnehmer) durch eine Versicherung des
  Abnehmers oder seines Beauftragten, den Liefergegenstand in das übrige Gemeinschaftsgebiet zu befördern.

Bei einer **Versendung** soll der Belegnachweis nach § 17a Abs. 4 UStDV geführt werden durch

- das Rechnungsdoppel (§§ 14, 14a UStG) und
- einen Beleg entsprechend § 10 Abs. 1 UStDV (Frachtbrief, Konnossement, Postein-
  lieferungsschein, Bescheinigung des Spediteurs, Versandbestätigung des Lieferers).

10.3.2.2 Buchmäßige Nachweise bei innergemeinschaftlichen Lieferungen (§ 17c UStDV)

Bei innergemeinschaftlichen Lieferungen (§ 6a Abs. 1 und 2 UStG) muss der Unternehmer die Voraussetzungen der Steuerbefreiung einschließlich USt-IdNr. des Abnehmers buchmäßig nachweisen. Die Voraussetzungen müssen eindeutig und leicht
nachprüfbar aus der Buchführung zu ersehen sein (§ 17c Abs. 1 UStDV).

Hierzu soll der Unternehmer nach § 17c Abs. 2 UStDV neben der USt-IdNr. des Abnehmers regelmäßig Folgendes aufzeichnen:

(1) den Namen und die Anschrift des Abnehmers,
(2) den Namen und die Anschrift des Beauftragten des Abnehmers bei einer Lieferung, die im Einzelhandel oder in einer für den Einzelhandel gebräuchlichen Art und Weise erfolgt,
(3) den Gewerbezweig oder Beruf des Abnehmers,
(4) die handelsübliche Bezeichnung und die Menge des Gegenstandes der Lieferung oder die Art und den Umfang der einer Lieferung gleichgestellten sonstigen Leistung auf Grund eines Werkvertrages,
(5) den Tag der Lieferung oder der einer Lieferung gleichgestellten sonstigen Leistung auf Grund eines Werkvertrages,
(6) das vereinbarte Entgelt oder bei der Besteuerung nach vereinnahmten Entgelten das vereinnahmte Entgelt und den Tag der Vereinnahmung,
(7) die Art und den Umfang einer Bearbeitung oder Verarbeitung vor der Beförderung oder der Versendung in das übrige Gemeinschaftsgebiet (§ 6a Abs. 1 Satz 2 UStG),
(8) die Beförderung oder Versendung in das übrige Gemeinschaftsgebiet,
(9) den Bestimmungsort im übrigen Gemeinschaftsgebiet.

Von den buchmäßigen Nachweisen sollten so viel wie möglich in die **Rechnungen** integriert werden. Der Rechnungsdurchschlag kann als **Buchnachweis** verwendet werden (vgl. Weber in: Professionell buchen und bilanzieren, Innergemeinschaftliche Lieferung S. 3).

10.3.3 Aufzeichnungspflichten nach § 22 UStG

Gemäß § 22 UStG ist der Unternehmer verpflichtet, zur Feststellung der Umsatzsteuer und der Grundlagen ihrer Berechnung noch weitere Aufzeichnungen zu machen. Hierzu müssen die vereinbarten Entgelte zu ersehen sein und wie sich die Entgelte auf steuerpflichtige Umsätze (getrennt nach Steuersätzen) und steuerfreie Umsätze verteilen. Diese allgemeine Vorschrift umfasst auch die Entgelte für steuerfreie innergemeinschaftliche Lieferungen.

10.3.4 Ausstellung von Rechnungen

Führt ein Unternehmer steuerfreie innergemeinschaftliche Lieferungen aus, so ist er zur Ausstellung von Rechnungen verpflichtet, in denen er außer den sonst notwendigen Angaben Folgendes aufzuführen hat:

– ausdrücklicher Hinweis auf die Steuerfreiheit der innergemeinschaftlichen Lieferung (§ 14a Abs. 1 UStG),
– die USt-IdNr. des Lieferers und diejenige des Leistungsempfängers (§ 14a Abs. 2 UStG).

Das Rechnungsdoppel ist zehn Jahre aufzubewahren (§ 14a Abs. 5 UStG). Bei vorsätzlicher oder leichtfertiger Nichtaufbewahrung kann ein Bußgeld bis 5 000 € verhängt werden (§ 26a UStG).

10.3.5 Erklärungen der innergemeinschaftlichen Lieferungen in Voranmeldung und Umsatzsteuer-Jahreserklärung (§ 18b UStG)

Nach § 18b UStG hat der liefernde Unternehmer in seinen Umsatzsteuer-Voranmeldungen und -Jahreserklärungen die Bemessungsgrundlagen seiner innergemeinschaftlichen Lieferung gesondert zu erklären. Die Angaben sind in dem Voranmeldungszeitraum zu machen, in dem die Rechnung für die innergemeinschaftliche Lieferung ausgestellt wird, spätestens jedoch in dem Voranmeldungszeitraum, in dem der auf die Ausführung der innergemeinschaftlichen Lieferung folgende Monat endet.

Diese Erklärungspflicht hat den Zweck, den Finanzbehörden eine Überprüfung der Angaben in den Zusammenfassenden Meldungen zu ermöglichen.

10.3.6 Zusammenfassende Meldung (§ 18a UStG)

Jeder Unternehmer (mit Ausnahme der Kleinunternehmer, § 18a Abs. 1 Satz 3 UStG) hat jeweils bis zum 10. Tag nach Ablauf eines Kalendervierteljahres (Meldezeitraum) beim Bundesamt für Finanzen eine Zusammenfassende Meldung nach amtlich vorgeschriebenem Vordruck abzugeben, in der alle **Lieferungen an Abnehmer (mit USt-IdNr.) in andere EU-Mitgliedsstaaten** anzugeben sind.

Die Zusammenfassenden Meldungen dienen zur **Kontrolle der Besteuerung des Erwerbs in den anderen EU-Mitgliedsstaaten**. Die erhobenen Daten werden zwischen den einzelnen Mitgliedsstaaten im Wege des Datenabrufs ausgetauscht (Mehrwertsteuer-Informationsaustausch-System – MIAS; vgl. Abschnitt 245a Abs. 1 UStR). Ohne die Kontrollmöglichkeit wäre die Finanzverwaltung im Bestimmungsland auf die Angaben des Erwerbers angewiesen. Missbräuchen wären dann Tür und Tor geöffnet.

Für Unternehmer, denen für die Abgabe der Umsatzsteuer-Voranmeldungen eine **Dauerfristverlängerung** gewährt wird, gilt diese auch für die Abgabe der Zusammenfassenden Meldung (§ 18a Abs. 1 Satz 4 UStG, Abschnitt 245b UStR).

Die Zusammenfassende Meldung muss bei Ausführung innergemeinschaftlicher Lieferungen neben der USt-IdNr. des Lieferers **folgende Angaben enthalten** (§ 18a Abs. 4 Nr. 1 UStG):

– die USt-IdNr. jedes im Meldzeitraum belieferten Erwerbers in den anderen Mitgliedsstaaten,
– für jeden Erwerber die Summe der Bemessungsgrundlagen der an ihn ausgeführten innergemeinschaftlichen Warenlieferungen.

Diese Angaben sind in dem **Meldezeitraum** zu machen, in dem die Rechnung ausgestellt worden ist, spätestens jedoch für den Meldezeitraum, in dem der auf die Ausführung der innergemeinschaftlichen Lieferung folgende Monat endet (§ 18a Abs. 5 UStG).

> **Beispiel:**
> Eine innergemeinschaftliche Lieferung erfolgt am 10. Juni, die Rechnung hierfür wird im August ausgestellt.
>
> **Lösung:**
> Diese innergemeinschaftliche Lieferung ist im dritten Kalendervierteljahr anzumelden.

Gegen denjenigen, der seiner Verpflichtung zur Abgabe einer Zusammenfassenden Meldung nicht oder nicht fristgerecht nachkommt, kann ein **Verspätungszuschlag** in Höhe von 1 v. H. der zu meldenden Bemessungsgrundlagen (max. 2 500 €) festgesetzt werden (§ 18a Abs. 8 UStG i. V. m. § 152 AO).

Darüber hinaus kann eine **Geldbuße** von bis zu 5 000 € verhängt werden, wenn die Zusammenfassende Meldung vorsätzlich oder leichtfertig nicht, nicht richtig, nicht vollständig oder nicht rechtzeitig abgeben bzw. nicht oder nicht rechtzeitig berichtigt wird (§ 26a Nr. 2 UStG).

Änderungen der Bemessungsgrundlagen gem. § 17 UStG (Boni, Skonti, Rabatte, Uneinbringlichkeit u. Ä.) sind in der Zusammenfassenden Meldung für den Meldezeitraum zu berücksichtigen, in dem die nachträgliche Änderung der Bemessungsgrundlage eingetreten ist. Gegebenenfalls ist der Änderungsbetrag mit der Summe der Bemessungsgrundlagen für innergemeinschaftliche Warenlieferungen, die im maßgeblichen Zeitraum ausgeführt wurden, zu saldieren. Dadurch können sich auch negative Beträge ergeben (Abschnitt 245d Abs. 1 UStR).

Von nachträglichen Änderungen der Bemessungsgrundlage sind die Berichtigungen von Angaben zu unterscheiden, die bereits bei ihrer Meldung **unrichtig oder unvollständig** sind (Abschnitt 245d Abs. 3 UStR). Erkennt der Unternehmer nachträglich die Unrichtigkeit oder Unvollständigkeit einer Zusammenfassende Meldung, so ist er verpflichtet, die ursprüngliche Zusammenfassende Meldung innerhalb von 3 Monaten zu berichtigen (§ 18a Abs. 7 UStG, Abschnitt 245e UStR).

Unter den folgenden Voraussetzungen kann – anstelle der vierteljährlichen Abgabe – die zusammenfassende Meldung **nach Ablauf eines Kalenderjahres** abgegeben werden (§ 18a Abs. 6 UStG):

– Der Gesamtumsatz (ohne Umsatzsteuer) beträgt im Vorjahr und im laufenden Kalenderjahr weniger als 200 000 €,
– die Summe der innergemeinschaftlichen Warenlieferungen liegt im Vorjahr und im laufenden Kalenderjahr unter 15 000 €,
– bei den innergemeinschaftlichen Lieferungen handelt es sich nicht um Lieferung neuer Fahrzeuge an Abnehmer mit USt-IdNr.

Die Abgabepflicht einer Zusammenfassenden Meldung erstreckt sich auch auf die Organgesellschaft bei **umsatzsteuerlicher Organschaft** (§ 18a Abs. 1 Satz 6 UStG i. V. m. § 2 Abs. 2 Nr. 2 UStG).

Beispiel (zur Darstellung der innergemeinschaftlichen Lieferung in der Finanzbuchführung, USt-Voranmeldung und Zusammenfassenden Meldung):
Unternehmer D aus Deutschland liefert am 10.02. Waren im Wert von 40 000 € mit 2 % Skonto an Unternehmer F in Frankreich. Am 19.02. zahlt F 39 200 €. D bucht wie folgt:

Lösung (nach DATEV-Kontenrahmen SKR 03):

Konto Soll	€	Konto Haben	€
1400 Forderungen L/L	40 000	8125 Steuerfreie ig. Lieferung	40 000
1200 Bank	39 200	1400 Forderungen L/L	40 000
8736 Gewährte Skonti aus steuerfreien ig. Lieferungen	800		

In der (deutschen) **Umsatzsteuer-Voranmeldung** für den Monat Februar ist die Bemessungsgrundlage für innergemeinschaftliche Lieferungen an Abnehmer mit USt-IdNr. anzugeben, hier also 39 200 €.

Dieser Betrag ist auch in der **Zusammenfassenden Meldung** vom 1. Quartal anzugeben zusammen mit der USt-IdNr. des F.

10.3.7 Vertrauensschutzregelung

Hat der liefernde Unternehmer eine Lieferung als steuerfrei behandelt, obwohl die Voraussetzungen dafür nicht vorliegen, so ist nach der Gutglaubensregelung des § 6a Abs. 4 Satz 1 UStG die Lieferung jedoch auch dann als steuerfrei anzusehen, wenn die Inanspruchnahme der Steuerbefreiung auf unrichtigen Angaben des Abnehmers beruht und der Unternehmer die Unrichtigkeit dieser Angaben auch bei Beachtung der Sorgfalt eines ordentlichen Kaufmanns nicht erkennen konnte.

Bei der Anknüpfung erstmaliger Geschäftsbeziehungen und in Abholfällen ist zu empfehlen, sich des Bestätigungsverfahrens nach § 18e UStG zu bedienen (Heiduck in Keller/Bustorff: UStG-Kommentar, § 6a Rn 74). Hierzu kann beim Bundesamt für Finanzen

- die USt-IdNr. des Empfängers der innergemeinschaftlichen Lieferung (einfache Bestätigungsanfrage) oder
- zusätzlich Name und Anschrift des Inhabers der ausländischen USt-IdNr. (qualifizierte Bestätigungsanfrage)

bestätigt werden (Abschnitt 245i UStR).

Ist die Voraussetzung der Vertrauensschutzregelung erfüllt, so schuldet nach § 6a Abs. 4 Satz 2 UStG der Abnehmer die entgangene Steuer. Wie dieser Steueranspruch realisiert werden kann, ist unklar; gem. § 16 Abs. 1 Satz 4 UStG i. V. m. § 18 Abs. 4b UStG hat der Abnehmer diese Umsatzsteuer gegenüber dem Finanzamt anzumelden und zu entrichten. An der Wirksamkeit dieser Vorschrift sind berechtigte Zweifel angebracht (Heiduck in Keller/Bustorff: UStG-Kommentar, § 6a Rn 77).

Kontrollfragen

1. *Was versteht man unter einer innergemeinschaftlichen Lieferung?*
2. *Welches sind die allgemeinen Tatbestandsvoraussetzungen der innergemeinschaftlichen Lieferung?*
3. *Welche Bedeutung kommt der USt-IdNr. zu?*
4. *Welche Nachweise müssen als Voraussetzungen für die Steuerbefreiung einer innergemeinschaftlichen Lieferung geführt werden?*
5. *Welche umsatzsteuerlichen Aufzeichnungspflichten muss ein Unternehmer bei innergemeinschaftlichen Lieferungen erfüllen?*
6. *Welche Besonderheiten sind bei der Ausstellung von Rechnungen bei innergemeinschaftlichen Lieferungen zu beachten?*
7. *Wie sind innergemeinschaftliche Lieferungen in USt-Voranmeldungen und -Jahreserklärungen anzugeben?*
8. *Welchem Zweck dient die Zusammenfassende Meldung?*

Aufgabe 3.17 *Erwerbsbesteuerung S. 439*

Aufgabe 3.18 *Lieferungen an Kunden, die keine USt-IdNr. vorlegen S. 439*

Aufgabe 3.19 *Zweifel an der Gültigkeit der Unternehmereigenschaft des Abnehmers S. 439*

10.4 Innergemeinschaftliches Verbringen als Sondertatbestand des innergemeinschaftlichen Erwerbs bzw. der innergemeinschaftlichen Lieferung (§ 1a Abs. 2, § 3 Abs. 1a UStG)

10.4.1 Allgemeines

§ 3 Abs. 1a UStG stellt durch eine **gesetzliche Fiktion** den Tatbestand des innergemeinschaftlichen Verbringens einer Lieferung gegen Entgelt gleich. Unter **innergemeinschaftlichem Verbringen** versteht das Gesetz

– das Verbringen eines Gegenstandes des Unternehmens aus dem Inland in das übrige Gemeinschaftsgebiet
– durch einen Unternehmer zu seiner Verfügung,
– ausgenommen zu einer nur vorübergehenden Verwendung.

Dieser Tatbestand findet seine **passive Entsprechung** in der Vorschrift des **§ 1a Abs. 2 UStG**, soweit Deutschland das Bestimmungsland für diesen Vorgang ist.

Fälle dieser Art liegen vor, wenn Unternehmer aus dem Unternehmensteil eines Mitgliedsstaats Gegenstände in den in einem anderen Mitgliedsstaat befindlichen Bereich ihres Unternehmens (z. B. Betriebsstätte, Lager) verbringen, und zwar **ohne Vorliegen eines Käufers**.

Das Verbringen ist im Ursprungsland steuerfrei (§§ 4 Nr. 1b, 6a Abs. 2 UStG). Im Bestimmungsland liegt grundsätzlich ein steuerpflichtiger innergemeinschaftlicher Erwerb vor (§ 1a Abs. 2 UStG).

Wird ein Gegenstand **vom Ausland nach Deutschland (oder umgekehrt)** verbracht, dann wird der Vorgang des Verbringens im Ursprungsland als nicht steuerbar behandelt, die Besteuerung im Bestimmungsland dagegen mittels der Einfuhrumsatzsteuer sichergestellt. Im **EU-Binnenmarkt** dagegen wird ein entsprechendes Ergebnis mit Hilfe der Fiktion einer steuerbefreiten Lieferung im Ursprungsland und eines innergemeinschaftlichen Erwerbs im Bestimmungsland erreicht. Die nachfolgende Übersicht (vgl. Weber in: Professionell buchen und bilanzieren, innergemeinschaftliches Verbringen, S. 2) zeigt die Zusammenhänge auf.

Behandlung in Deutschland	**Behandlung in Betriebsstätte oder Lager des deutschen Unternehmers in einem anderen EU-Mitgliedsstaat**
– Steuerfreie innergemeinschaftliche Lieferung (§ 3 Abs. 1a UStG)	– Steuerpflichtiger innergemeinschaftlicher Erwerb
– Aufzeichnung der Bemessungsgrundlagen (§ 22 Abs. 2 Nr. 1 UStG)	– Erklärungspflicht in USt-Voranmeldung und -Jahreserklärung
– buchmäßiger Nachweis des Verbringens (§ 17c Abs. 3 UStDV)	
– Erklärungspflicht in USt-Voranmeldung und -Jahreserklärung in Deutschland (§ 18b UStG)	
– Erklärungspflicht in der Zusammenfassenden Meldung (§ 18a Abs. 2 Nr. 2 UStG)	

Abb. 3.13: Übersicht zum innergemeinschaftlichen Verbringen (bei dem der Gegenstand vom Inland in das übrige Gemeinschaftsgebiet gelangt)

10.4.2   Voraussetzungen eines innergemeinschaftlichen Verbringens

Ein innergemeinschaftliches Verbringen liegt vor, wenn der Unternehmer einen Gegenstand seines Unternehmens zu einer nicht nur vorübergehenden Verwendung

– aus dem übrigen Gemeinschaftsgebiet zu seiner Verfügung in das Inland (§ 1a Abs. 2 UStG) oder
– aus dem Inland zu seiner Verfügung in das übrige Gemeinschaftsgebiet (§ 3 Abs. 1a UStG)

befördert oder versendet.

10.4.2.1 Warenbewegung

Ein Verbringen ist nach Abschnitt 15b Abs. 3 UStR innergemeinschaftlich, wenn der Gegenstand auf Veranlassung des Unternehmers vom Ausgangsmitgliedsstaat in den Bestimmungsmitgliedsstaat gelangt. Es ist unerheblich, ob der Unternehmer den Gegenstand selbst befördert oder ob er die Beförderung durch einen selbständigen Beauftragten ausführen oder besorgen lässt.

10.4.2.2 Zuordnung des Gegenstandes zum Unternehmen

Darüber hinaus setzt ein innergemeinschaftliches Verbringen nach Abschnitt 15b Abs. 4 UStR voraus, dass der Gegenstand im Ausgangsmitgliedsstaat bereits dem Unternehmen zugeordnet war und sich bei Beendigung der Beförderung oder Versendung im Bestimmungsmitgliedsstaat weiterhin in der Verfügungsmacht des Unternehmers befindet. Diese Voraussetzung ist insbesondere dann erfüllt, wenn

– der Gegenstand von dem im Ausgangsmitgliedsstaat gelegenen Unternehmensteil erworben, hergestellt oder in diesen EU-Mitgliedsstaat eingeführt,
– zur Verfügung des Unternehmers in den Bestimmungsmitgliedsstaat verbracht und
– anschließend von dem dort gelegenen Unternehmensteil auf Dauer verwendet oder verbraucht wird.

Beispiele:
(1) Der deutsche Unternehmer D verbringt eine Maschine aus seinem Unternehmen in Deutschland in seinen Zweigbetrieb nach Holland, um sie dort auf Dauer einzusetzen.
(2) Sein holländischer Zweigbetrieb kauft in Holland Heizöl und verbringt es in die deutsche Zentrale, um damit das Bürogebäude zu beheizen.

Lösung:
(1) Das Verbringen der Maschine nach Holland wird in Deutschland einer innergemeinschaftlichen Lieferung i.S. des § 3 Abs. 1a UStG i.V.m. § 6a Abs. 2 UStG gleichgestellt.
(2) Mit dem Verbringen des Heizöls bewirkt der deutsche Unternehmer D nach § 1a Abs. 2 UStG einen fiktiven innergemeinschaftlichen Erwerb in Deutschland (vgl. Abschnitt 15b Abs. 4 UStR).

10.4.2.3 Verbringen auf Dauer

Weitere Voraussetzung ist, dass der Gegenstand zu einer nicht nur vorübergehenden Verwendung durch den Unternehmer in den Bestimmungsmitgliedsstaat gelangt. Diese Voraussetzung ist immer dann erfüllt (Abschnitt 15b Abs. 5 UStR), wenn der Gegenstand in dem im Bestimmungsmitgliedsstaat gelegenen Unternehmensteil

- dem Anlagevermögen zugeführt wird oder dort
- als Roh-, Hilfs- oder Betriebsstoff verarbeitet oder verbraucht wird.

> **Beispiel zur Zuführung zum Anlagevermögen:**
> Der deutsche Bauunternehmer D hat in Holland eine Zweigniederlassung. Er verbringt Baumaschinen nach Holland und nutzt sie im Rahmen seiner Zweigniederlassung.
>
> **Lösung:**
> Die Voraussetzungen für einen Verbringungsfall in die Zweigniederlassung in Holland sind gegeben, denn die Baumaschinen werden im Bestimmungsmitgliedsstaat dem Anlagevermögen zugeführt.
>
> **Beispiel zur Verarbeitung oder zum Verbrauch als Roh-, Hilfs- oder Betriebsstoff:**
> Ein deutscher Unternehmer verbringt vorgefertigte Teile sowie Farben und Lacke in seine Niederlassung in Holland zur Verarbeitung in der dort stattfindenden Produktion.
>
> **Lösung:**
> Die Voraussetzungen für einen Verbringungsfall in die Zweigniederlassung in Holland sind gegeben, denn
>
> - die vorgefertigten Teile werden in Holland als Rohstoff verarbeitet und
> - die Farben und Lacke gehen als Hilfsstoffe in die Erzeugnisse ein.

Eine nicht nur vorübergehende Verwendung liegt auch dann vor, wenn der Unternehmer den Gegenstand mit der konkreten Absicht des Verkaufs in den Bestimmungsmitgliedsstaat verbringt, ihn dort unverändert weiterzuliefern (z. B. Verbringen auf ein Auslieferungslager, **Zuführung zum Umlaufvermögen,** Abschnitt 15b Abs. 6 Satz 1 UStR). Die spätere Lieferung an die verschiedenen Abnehmer erfolgt vom übrigen Gemeinschaftsgebiet aus und unterliegt insoweit der Umsatzsteuer des jeweiligen EU-Mitgliedsstaates.

> **Beispiel zur Zuführung zum Umlaufvermögen:**
> Ein deutscher Möbelhersteller unterhält in Holland ein Auslieferungslager, in das er Möbel mit der konkreten Absicht des Verkaufs verbringt.
>
> **Lösung:**
> Die Voraussetzungen für einen Verbringungsfall in die Zweigniederlassung in Holland sind gegeben, denn die Möbel wurden in der konkreten Absicht nach Holland verbracht, sie vom dortigen Auslieferungslager unverändert weiterzuliefern.

Für **nicht verkaufte Ware** enthält Abschnitt 15b Abs. 6 Satz 3 UStR eine **Vereinfachungsregelung.** Verbringt der Unternehmer Gegenstände zum Zwecke des Verkaufs außerhalb einer Betriebsstätte in den Bestimmungsmitgliedsstaat und gelangen die nicht verkauften Waren unmittelbar anschließend wieder in den Ausgangsmitgliedsstaat zurück, kann das innergemeinschaftliche Verbringen aus Vereinfachungsgründen auf die tatsächlich verkaufte Warenmenge beschränkt werden.

Beispiel:
Der niederländische Blumenhändler N befördert im eigenen LKW Blumen nach Köln, um sie dort auf dem Wochenmarkt zu verkaufen. Die nicht verkauften Blumen nimmt er am selben Tag wieder mit zurück in die Niederlande.

Lösung:
Soweit die **Blumen verkauft** worden sind, tätigt N einen innergemeinschaftlichen Erwerb nach § 1a Abs. 2 UStG in Deutschland. Er hat den Verkauf der Blumen als Inlandslieferung zu versteuern (§ 1 Abs. 1 Nr. 1, § 3 Abs. 1 UStG).

Das Verbringen der **nicht verkauften Blumen** ins Inland muss dagegen nicht als innergemeinschaftlicher Erwerb im Sinne des § 1a Abs. 2 UStG, und das Zurückverbringen der nicht verkauften Blumen nicht als innergemeinschaftliche Lieferung im Sinne des § 3 Abs. 1a i. V. m. § 6a Abs. 2 UStG behandelt werden (Abschnitt 15b Abs. 6 UStR).

Verkaufskommission

Bei der Verkaufskommission liegt zwar eine Lieferung des Kommittenten an den Kommissionär erst im Zeitpunkt der Lieferung des Kommissionsguts an den Abnehmer vor (BFH BStBl II 1987, 278; Abschnitt 24 Abs. 2 Satz 9 UStR). Gelangt jedoch das Kommissionsgut bei der Zurverfügungstellung an den Kommissionär vom Ausgangs- in den Bestimmungsmitgliedsstaat, kann die Lieferung nach dem Sinn und Zweck der Regelung zum innergemeinschaftlichen Verbringen bereits zu diesem Zeitpunkt als erbracht angesehen werden. Dementsprechend ist der innergemeinschaftliche Erwerb beim Kommissionär der Besteuerung zu unterwerfen (Abschnitt 15b Abs. 7 UStR).

Beispiel:
Der deutsche Unternehmer D liefert Kommissionsware nach Holland an den Kommissionär K. Der Abnehmer der Ware steht zum Zeitpunkt der Lieferung noch nicht fest.

Lösung:
Die Voraussetzungen einer innergemeinschaftlichen Lieferung des D zum Zeitpunkt der Lieferung an den Kommissionär K sind noch nicht erfüllt, da der Abnehmer der Ware noch nicht feststeht. Nach Abschnitt 15b Abs. 7 UStR kann die Lieferung jedoch schon im Zeitpunkt der Zurverfügungstellung an den Kommissionär als erbracht angesehen werden.

Grenzüberschreitende Organschaft

Bei einer grenzüberschreitenden Organschaft sind Warenbewegungen zwischen den im Inland und den übrigen im Gemeinschaftsgebiet gelegenen Unternehmensteilen Lieferungen, die

– beim liefernden inländischen Unternehmensteil als innergemeinschaftliche Lieferung nach § 3 Abs. 1 UStG i. V. m. § 6a Abs. 1 UStG,
– beim erwerbenden inländischen Unternehmensteil nach § 1a Abs. 1 Nr. 1 UStG als innergemeinschaftlicher Erwerb

zu beurteilen sind (Abschnitt 15b Abs. 8 UStR).

10.4.3 Ausnahmen

Nach dem Wortlaut der gesetzlichen Vorschriften ist das Verbringen zu einer nur vor-
übergehenden Verwendung von der Lieferungs- und Erwerbsfiktion ausgenommen.
Diese Ausnahmeregelung ist unter Beachtung von Art. 28a Abs. 5 Buchstabe b und
Abs. 7 der 6. EG-Richtlinie auszulegen. Danach liegt kein innergemeinschaftliches
Verbringen vor, wenn die Verwendung des Gegenstandes im Bestimmungsmitglieds-
staat (Abschnitt 15b Abs. 9 UStR)

– ihrer Art nach nur vorübergehend oder
– befristet ist.

10.4.3.1 Der Art nach vorübergehende Verwendung

Eine ihrer Art nach vorübergehende Verwendung liegt in folgenden Fällen vor (Abschnitt 15b Abs. 10 UStR):

(1) Der Unternehmer verwendet den Gegenstand bei einer Werklieferung, die im Bestimmungsland steuerbar ist. Es ist gleichgültig,

– ob der Gegenstand Bestandteil der Lieferung wird und im Bestimmungsmitgliedsstaat verbleibt oder
– ob er als Hilfsmittel verwendet wird und später wieder in den Ausgangsmitgliedsstaat zurückgelangt.

Beispiel:
Der deutsche Bauunternehmer errichtet in Frankreich ein Hotel. Er verbringt zu
diesem Zweck Baumaterial und einen Baukran an die Baustelle. Der Baukran
gelangt nach Fertigstellung des Hotels wieder nach Deutschland zurück.

Lösung:
Das Verbringen des Baumaterials und des Baukrans ist keine innergemeinschaftliche Lieferung im Sinne des § 3 Abs. 1a UStG und § 6a Abs. 2 UStG.
Beim Zurückgelangen des Baukrans in das Inland liegt kein innergemeinschaftlicher Erwerb im Sinne des § 1a Abs. 2 UStG vor.
Mit der Übergabe des Hotels an den niederländischen Auftraggeber bewirkt der
deutsche Bauunternehmer eine in Frankreich steuerbare Werklieferung.

(2) Der Unternehmer verbringt den Gegenstand im Rahmen oder in unmittelbarem
Zusammenhang mit einer sonstigen Leistung in den Bestimmungsmitgliedsstaat.

Beispiel:
a) Der deutsche Unternehmer D vermietet eine Baumaschine an den niederländischen Bauunternehmer N und verbringt die Maschine zu diesem Zweck in
die Niederlande.
b) Der französische Bauunternehmer F führt in Deutschland Malerarbeiten aus und
verbringt zu diesem Zweck Farbe, Arbeitsmaterial und Leitern in das Inland.

Lösung:
In beiden Fällen ist ein innergemeinschaftliches Verbringen nicht anzunehmen.

(3) Der Unternehmer tätigt eine Materialbeistellung zu einer an ihn ausgeführten
Werklieferung.

(4) Der Unternehmer lässt an dem Gegenstand im Bestimmungsmitgliedsstaat eine sonstige Leistung ausführen (z. B. Reparatur, Wartungs- oder Reinigungsarbeiten, Beschriften, Etikettieren, Sortieren, Befüllen oder Verpacken von Gegenständen).

(5) Der Unternehmer überlässt einen Gegenstand an eine Arbeitsgemeinschaft als Gesellschafterbeitrag und verbringt den Gegenstand dazu in den Bestimmungsmitgliedsstaat.

Bei einer ihrer Art nach vorübergehenden Verwendung kommt es auf die **Dauer der tatsächlichen Verwendung** des Gegenstandes im Bestimmungsmitgliedsstaat nicht an (Abschnitt 15b Abs. 11 Satz 1 UStR). Das Zurückgelangen des Gegenstandes in den Ausgangsmitgliedsstaat ist umsatzsteuerlich unbeachtlich.

Geht der Gegenstand unter, nachdem er in den Bestimmungsmitgliedsstaat gelangt ist, gilt er in diesem Zeitpunkt als geliefert. Das gleiche gilt, wenn zunächst eine ihrer Art nach vorübergehende Verwendung vorlag, der Gegenstand, aber dann im Bestimmungsmitgliedsstaat veräußert wird (Abschnitt 15b Abs. 11 Satz 2 und 3 UStR).

> **Beispiel:**
> Der deutsche Unternehmer D vermietet eine Maschine an den belgischen Unternehmer B und verbringt sie zu diesem Zweck nach Belgien. Ein Jahr danach entschließt sich B, die Maschine von D zu kaufen.

> **Lösung:**
> Ein innergemeinschaftliches Verbringen ist nicht gegeben.
> Im Zeitpunkt des Verkaufs der Maschine tätigt D eine steuerfreie innergemeinschaftliche Lieferung (§ 4 Nr. 1 Buchstabe b UStG i. V. m. § 6a Abs. 1 UStG) und B einen innergemeinschaftlichen Erwerb.

10.4.3.2 Befristete Verwendung von Gegenständen

Von einer befristeten Verwendung ist auszugehen, wenn der Unternehmer einen Gegenstand in den Bestimmungsmitgliedsstaat im Rahmen eines Vorgangs verbringt, für den bei einer entsprechenden Einfuhr aus dem Drittlandsgebiet wegen vorübergehender Verwendung eine vollständige Befreiung von den Einfuhrabgaben bestehen würde. Die zu der zoll- und einfuhrumsatzsteuerrechtlichen Abgabenbefreiung erlassenen Rechts- und Verwaltungsvorschriften sind entsprechend anzuwenden (Abschnitt 15b Abs. 12 UStR).

Anders als bei der Fallgruppe der vorübergehenden Verwendung (vgl. S. 330) führt das **Überschreiten der Verwendungsfristen** hier dazu, dass im Zeitpunkt des Überschreitens ein innergemeinschaftliches Verbringen mit den sich aus § 1a Abs. 2 und § 3 Abs. 1a UStG ergebenden Wirkungen anzunehmen ist. Entsprechendes gilt, wenn der **Gegenstand innerhalb der Verwendungsfrist untergeht oder veräußert** (geliefert) wird. Das Zurückgelangen des Gegenstands in den Ausgangsmitgliedsstaat nach einer befristeten Verwendung ist umsatzsteuerlich unbeachtlich (Abschnitt 15b Abs. 13 UStR).

Die **Höchstdauer der Verwendung (Verwendungsfrist)** ist aus den Artikeln 137–144 Zollkodex (ZK) und 670–747 ZK zu entnehmen. Sie ist danach grundsätzlich auf **24 Monate** festgelegt. Für bestimmte Gegenstände gelten kürzere Verwendungsfristen (Abschnitt 15b Abs. 12 Satz 3, 4 UStR).

Fälle der vorübergehenden Verwendung mit einer Verwendungsfrist von 24 Monaten (Abschnitt 15b Abs. 12 Satz 5 UStR) sind z. B. die Verwendung von

- Berufsausrüstung,
- Waren, die auf Ausstellungen, Messen, Kongressen und ähnlichen Veranstaltungen ausgestellt oder verwendet werden sollen,
- medizinisch-chirurgischem Material und Labormaterial,
- Modellen, Messgeräten, Spezialwerkzeugen, Vorführwaren, Mustern usw.,
- Filmen und anderen Ton- und Bildträgern zur Betrachtung vor ihrer kommerziellen Verwendung bzw. für bestimmte Verwendungen,
- Werbematerial für den Fremdenverkehr.

Beispiel:

Der deutsche Unternehmer D bringt Ausstellungsstücke zu einer Fachmesse in Frankreich, die er als Aussteller besucht.

Lösung:

Das Verbringen der Gegenstände zur befristeten Verwendung in Frankreich wäre im Fall der Einfuhr uneingeschränkt steuerfrei. Die Ausstellungsstücke sind lediglich aufzuzeichnen (§ 22 Abs. 4a Nr. 3 UStG, Abschnitt 256a Abs. 3 Nr. 3 UStR).

Eine **Verwendungsfrist von grundsätzlich 12 Monaten** (Abschnitt 15b Abs. 12 Satz 6 UStR) gilt u. a. für

- pädagogisches Material und wissenschaftliches Gerät,
- Eisenbahnfahrzeuge,
- Paletten, deren Nämlichkeit festgestellt werden kann,
- Behälter.

Eine **Verwendungsfrist von sechs Monaten** (Abschnitt 15b Abs. 12 Satz 7 UStR) gilt u. a. für

- Umschließungen,
- Austauschproduktionsmittel,
- Straßenfahrzeuge, zivile Luft- und Wasserfahrzeuge zum privaten Gebrauch innerhalb eines Zeitraumes von 12 Monaten,
- Paletten, deren Nämlichkeit nicht festgestellt werden kann.

10.4.4 Entsprechende Anwendung des § 3 Abs. 8 UStG

Die Vorschriften zum innergemeinschaftlichen Verbringen (§ 1a Abs. 2 und § 3 Abs. 1a UStG) sind nach Abschnitt 15b Abs. 14 Satz 1 UStR grundsätzlich dann nicht anzuwenden, wenn der Gegenstand im Rahmen einer im Ausgangsmitgliedsstaat steuerbaren Lieferung in den Bestimmungsmitgliedsstaat gelangt, d. h., wenn **der Abnehmer bei Beginn des Transports im Ausgangsmitgliedsstaat feststeht** und der Gegenstand an ihn unmittelbar ausgeliefert wird. In diesem Fall sind an sich die Voraussetzungen einer normalen innergemeinschaftlichen Lieferung erfüllt.

Praktische Probleme entstehen in diesem Fall insbesondere dann, wenn eine Vielzahl von Kleinabnehmern im anderen EU-Staat beliefert wird. In diesem Fall müssten für jede einzelne innergemeinschaftliche Lieferung sämtliche Aufzeichnungsvorschriften und Deklarationsvorschriften für die Umsatzsteuer-Voranmeldung und die Zusammenfassende Meldung beachtet werden (vgl. Weber a. a. 0. S. 12).

Aus Vereinfachungsgründen kann in diesen Fällen jedoch unter folgenden Voraussetzungen ein innergemeinschaftliches Verbringen angenommen werden (Abschnitt 15b Abs. 14 Satz 2 UStR):

(1) Die Lieferungen werden regelmäßig an eine größere Zahl von Abnehmern im Bestimmungsland ausgeführt.

(2) Bei entsprechenden Lieferungen aus dem Drittlandsgebiet wären die Voraussetzungen für eine Verlagerung des Orts der Lieferung in das Gemeinschaftsgebiet nach § 3 Abs. 8 UStG erfüllt.

(3) Der liefernde Unternehmer behandelt die Lieferung im Bestimmungsmitgliedsstaat als steuerbar. Er wird bei einem Finanzamt des Bestimmungsmitgliedsstaats für Umsatzsteuerzwecke geführt. Er gibt in den Rechnungen seine USt-IdNr. des Bestimmungsmitgliedsstaats an.

(4) Die beteiligten Steuerbehörden im Ausgangs- und Bestimmungsmitgliedsstaat sind mit dieser Behandlung einverstanden.

> **Beispiel:**
> Der niederländische Großhändler N in Venlo beliefert im grenznahen deutschen Raum eine Vielzahl von Kleinabnehmern (z. B. Imbissbuden, Gaststätten und Casinos) mit Pommes frites. D verpackt und portioniert die Waren bereits in Venlo nach den Bestellungen der Abnehmer und liefert sie an diese mit eigenem Lkw aus.

> **Lösung:**
> N kann die Gesamtleistung als innergemeinschaftliches Verbringen (innergemeinschaftlicher Erwerb nach § 1a Abs. 2 UStG) behandeln und aller Lieferungen als Inlandslieferungen bei dem zuständigen inländischen Finanzamt versteuern, sofern er in den Rechnungen seine deutsche USt-IdNr. angibt und seine örtlich zuständige niederländische Steuerbehörde diesem Verfahren zustimmt.

10.4.5 Bemessungsgrundlage für Verbringungsfälle

In den Verbringungsfällen liegt kein Entgelt vor, weshalb nach § 10 Abs. 4 Nr. 1 UStG der Umsatz nach

- dem Einkaufspreis (ohne Umsatzsteuer) zuzüglich der Nebenkosten für den Gegenstand oder
- mangels eines Einkaufspreises nach den Selbstkosten

zu bemessen ist, jeweils zum Zeitpunkt des Umsatzes.

10.4.6 Pro-forma-Rechnung

Die Verpflichtung zur Ausstellung von Rechnungen über steuerfreie Lieferungen im Sinne des § 6a UStG greift beim innergemeinschaftlichen Verbringen von Gegenständen nicht ein, weil Belege in Verbringungsfällen weder als Abrechnungen anzusehen sind, noch eine Außenwirkung entfalten (vgl. Abschnitt 183 Abs. 3 UStR) und deshalb keine Rechnungen im Sinne des § 14 Abs. 4 UStG sind. Zur Abwicklung von Verbringungsfällen hat der inländische Unternehmensteil nach Abschnitt 190a Abs. 3 UStR gleichwohl für den ausländischen Unternehmensteil einen Beleg auszustellen, in dem die verbrachten Gegenstände aufgeführt sind und der die Bemessungsgrundlagen, die USt-IdNr. des liefernden Unternehmensteils und die USt-IdNr. des anderen Unternehmens enthält (so genannte Pro-forma-Rechnung).

10.4.7 Entstehung der Steuer

Die Erwerbsteuer entsteht in Verbringungsfällen nach § 13 Abs. 1 Nr. 6 UStG spätestens mit Ablauf des Monats, der dem innergemeinschaftlichen Erwerb folgt. Ein z. B. im Mai 2002 ins Inland verbrachter Gegenstand braucht deshalb erst in der Umsatzsteuer-Voranmeldung für den Monat Juni 2002 zur Besteuerung des Erwerbs angemeldet zu werden.

Das Recht auf Vorsteuerabzug entsteht zum selben Zeitpunkt wie die Erwerbsumsatzsteuer (§ 13 Abs. 1 Nr. 6 UStG i. V. m. § 15 Abs. 1 Nr. 3 UStG).

10.4.8 Verfahrensvorschriften für das Verbringen als innergemeinschaftliche Lieferung

10.4.8.1 Aufzeichnungspflichten

Aufzeichnungspflichten für innergemeinschaftliche Verbringungsfälle
Bei Verbringung von Gegenständen vom Inland in das übrige Gemeinschaftsgebiet hat der Unternehmer die Bemessungsgrundlage hierfür aufzuzeichnen (§ 22 Abs. 2 Nr. 1 UStG).

Aufzeichnungspflichten für Ausnahmefälle (kein innergemeinschaftliches Verbringen)
Darüber hinaus hat der Unternehmer nach § 22 Abs. 4a UStG besondere Aufzeichnungspflichten zu beachten. Sie betreffen Gegenstände, die der Unternehmer zu seiner Verfügung in das übrige Gemeinschaftsgebiet verbringt, ohne dass die Voraussetzungen für ein steuerbares innergemeinschaftliches Verbringen vorliegen. Aufzuzeichnen sind Gegenstände, wenn

(1) an den Gegenständen im übrigen Gemeinschaftsgebiet Arbeiten ausgeführt werden,
(2) es sich um eine nur vorübergehende Verwendung handelt, mit den Gegenständen im übrigen Gemeinschaftsgebiet sonstige Leistungen ausgeführt werden und der Unternehmer in dem betreffenden Mitgliedsstaat keine Zweigniederlassung hat (vgl. S. 331), oder
(3) es sich um eine vorübergehende (befristete) Verwendung im übrigen Gemeinschaftsgebiet handelt und in entsprechenden Fällen die Einfuhr der Gegenstände aus dem Drittlandgebiet vollständig steuerfrei wäre (vgl. S. 331).

Die aufzeichnungspflichtigen Angaben müssen sich aus Buchführungsunterlagen, Versandpapieren oder anderen Unterlagen ergeben.

10.4.8.2 Erklärungspflichten

Bei Verbringung von Gegenständen vom Inland in das übrige Gemeinschaftsgebiet hat der Unternehmer die Bemessungsgrundlagen in der Umsatzsteuer-Voranmeldung und -Jahreserklärung anzugeben (§ 18b UStG).

Zudem ist im Bestimmungsland der Verbringung der innergemeinschaftliche Erwerb voranzumelden und zu erklären. Die Erwerbsbesteuerung im übrigen Gemeinschaftsgebiet richtet sich nach den Rechtsvorschriften und Steuersätzen des jeweiligen Bestimmungslandes.

10.4.8.3 Zusammenfassende Meldung (ZM)

Die innergemeinschaftliche Warenbewegung ist in die Zusammenfassenden Meldung aufzunehmen (§ 18a Abs. 2 Nr. 2 UStG). Die Zusammenfassende Meldung muss außer der deutschen USt-IdNr. folgende Angaben enthalten (§ 18a Abs. 4 Nr. 2 UStG):

– USt-IdNr. des im anderen Mitgliedsstaats belegenen Unternehmensteils, in den die Gegenstände verbracht werden,
– die auf die Warenverbringung entfallende Summe der Bemessungsgrundlagen.

10.4.8.4 Buchnachweis

Als Voraussetzung für die Steuerbefreiung in Verbringungsfällen (§ 6a Abs. 2 UStG) ist ein buchmäßiger Nachweis nach § 17c Abs. 3 UStDV zu führen. Danach soll der Unternehmer Folgendes aufzeichnen:

– die handelsübliche Bezeichnung und die Menge des verbrachten Gegenstandes,
– die Anschrift und die USt-IdNr. des Unternehmensteils im anderen EU-Mitgliedsstaat,
– den Tag des Verbringens,
– die Bemessungsgrundlage nach § 10 Abs. 4 Nr. 1 UStG.

10.4.9   Verfahrensvorschriften für das Verbringen als innergemeinschaftlicher Erwerb

10.4.9.1 Aufzeichnungspflichten

Werden Gegenstände vom übrigen Gemeinschaftsgebiet in das Inland verbracht, muss der Unternehmer

– die Bemessungsgrundlage und
– die hierauf entfallende Erwerbsteuer
aufzeichnen (§ 22 Abs. 2 Nr. 7 UStG).

Je nach der Organisation der Buchführung kann man die Aufzeichnungen innerhalb oder außerhalb der Finanzbuchführung vornehmen.

10.4.9.2 Erklärungspflichten

Das Verbringen von Gegenständen aus anderen EU-Staaten in das Inland ist in den Umsatzsteuer-Voranmeldungen und der Umsatzsteuer-Jahreserklärung als innergemeinschaftlicher Erwerb zu deklarieren.

Kontrollfragen

1. Was versteht man unter dem Steuertatbestand des innergemeinschaftlichen Verbringens?

2. *Welches sind die allgemeinen Tatbestandsvoraussetzungen des innergemeinschaftlichen Verbringens?*
3. *Warum wird zwischen Verbringen »auf Dauer« und »vorübergehend« unterschieden?*
4. *Unter welchen Umständen ist von einer befristeten Verwendung von Gegenständen auszugehen? Welche umsatzsteuerlichen Folgen hat die befristete Verwendung?*
5. *Liegt ein Verbringen vor, wenn der Abnehmer bei Beginn des Transports im Ausgangsmitgliedsstaat feststeht?*
6. *Wie ist die Bemessungsgrundlage beim innergemeinschaftlichen Verbringen definiert?*
7. *Wann entsteht die Steuerschuld beim innergemeinschaftlichen Verbringen?*
8. *Welche besonderen Aufzeichnungspflichten sind beim innergemeinschaftlichen Verbringen zu erfüllen? Warum muss man zwischen Verfahrensvorschriften für das Verbringen als innergemeinschaftliche Lieferung und als innergemeinschaftlicher Erwerb unterscheiden?*

Aufgabe 3.20 *Liegt innergemeinschaftliches Verbringen vor? S. 439*

Aufgabe 3.21 *Innergemeinschaftliches Verbringen in der Finanzbuchführung S. 439*

10.5 Innergemeinschaftlicher Erwerb und innergemeinschaftliche Lieferung neuer Fahrzeuge

10.5.1 Allgemeines

Im Binnenmarkt sind hinsichtlich der Umsatzbesteuerung zwar die Bemessungsgrundlagen harmonisiert, aber nicht die Steuersätze (vgl. S. 313). Deshalb befürchteten Mitgliedsstaaten mit höheren Steuersätzen eine Verlagerung der Nachfrage in die Länder mit niedrigerer Besteuerung. Um Steuerausfälle zu vermeiden, die entstünden, wenn Endverbraucher aus einem Mitgliedsstaat mit hohen Steuersätzen ihre Nachfrage nach Neufahrzeugen in einem Mitgliedsstaat mit niedrigeren Steuersätzen befriedigen, wurde mit § 1b UStG der innergemeinschaftliche Erwerb neuer Fahrzeuge durch diesen Personenkreis der Besteuerung im Bestimmungsland unterworfen. Liefert korrespondierend hierzu ein Nichtunternehmer ein Neufahrzeug in das übrige Gemeinschaftsgebiet, wird er nach § 2a UStG wie ein Unternehmer behandelt und nach § 4 Abs. 1 Nr. 1 Buchstabe b UStG i. V. m. § 6a Abs. 1 Nr. 2 Buchstabe c UStG von der Besteuerung befreit.

Da der innergemeinschaftliche Erwerb eines neuen Fahrzeugs durch einen Unternehmer bereits nach § 1a UStG der Erwerbsumsatzsteuer unterworfen ist, stellen die §§ 1b, 2a UStG sicher, dass jeglicher Erwerb eines neuen Fahrzeugs – unabhängig vom Status des Abnehmers – stets der Besteuerung im Bestimmungsland unterliegt. Private Endverbraucher (obwohl Nichtunternehmer) werden nach § 1b UStG erwerbsteuerpflichtig.

10.5.2 Innergemeinschaftlicher Erwerb neuer Fahrzeuge (§ 1b UStG)

In diesem Zusammenhang sind folgende weitere Vorschriften von Bedeutung:
– Der Begriff des Neufahrzeugs ist in § 1b Abs. 2 UStG definiert.
– Bei in Deutschland steuerbaren innergemeinschaftlichen Erwerben entsteht die Steuer am Tag des Erwerbs (§ 13 Abs. 1 Nr. 7 UStG).

– Steuerschuldner ist der Erwerber (§ 13a Abs. 1 Nr. 2 UStG).
– Die Steuer ist für jeden einzelnen steuerpflichtigen Erwerb zu berechnen (Fahrzeugeinzelbesteuerung, § 16 Abs. 5a UStG) und in einer besonderen Voranmeldung zu erklären; sie ist fällig am 10. Tag nach Ablauf des Tages, an dem sie entstanden ist (§ 18 Abs. 5a UStG).
– Gibt der Erwerber die Steueranmeldung nicht ab, so kann das Finanzamt die Steuer festsetzen (§ 18 Abs. 5a Satz 3 UStG).
– Zur Sicherung des Steueranspruchs teilen die Zulassungsbehörden die erstmalige Zulassung den Finanzämtern mit (§ 18 Abs. 10 UStG).

10.5.3 Innergemeinschaftliche Lieferung neuer Fahrzeuge (§ 2a UStG)

– Bei innergemeinschaftlicher Lieferung neuer Fahrzeuge an Nichtunternehmer muss aus der Rechnung ersichtlich sein, dass es sich um ein Neufahrzeug handelt (§ 14a Abs. 3 UStG).
– Der Vorsteuerabzug ist auf die im Zusammenhang mit der Lieferung entfallende Steuer beschränkt (§ 15 Abs. 4a UStG).
– In Voranmeldungen und Jahreserklärung sind die steuerfreien innergemeinschaftlichen Lieferungen und der Vorsteuerabzug anzugeben; Voranmeldungen sind nur für die Voranmeldungszeiträume abzugeben, in denen Steuer für Fahrzeugumsätze entstanden ist (§ 18 Abs. 4a UStG).
– Die Aufnahme in die Zusammenfassende Meldung entfällt (§ 18a Abs. 2 Nr. 1 UStG i. V. m. § 18a Abs. 4 Nr. 1 UStG).

10.6   Innergemeinschaftliche Werkleistung

10.6.1 Allgemeines

Nach Abschnitt 27 Abs. 1 Satz 1 UStR liegt eine **Werklieferung** vor, wenn der Werkhersteller für das Werk selbst beschaffte Stoffe verwendet, die nicht nur Zutaten oder sonstige Nebensachen sind (§ 3 Abs. 4 UStG). Verwendet der Werkunternehmer dagegen bei seiner Leistung keinerlei selbst beschaffte Stoffe oder nur Stoffe, die als Zutaten oder sonstige Nebensachen anzusehen sind, so handelt es sich um eine **Werkleistung** (Abschnitt 27 Abs. 1 Satz 3 UStR). Werklieferungen werden im Umsatzsteuerrecht als Unterfall von Lieferungen behandelt, während Werkleistungen den sonstigen Leistungen zugeordnet sind (vgl. Schneider in Völkel/Karg: ABC-Führer Umsatzsteuer, Werklieferung und Werkleistung).

Funktionsändernde Be- oder Verarbeitungen werden als sonstige Leistung behandelt.

10.6.2 Ort der sonstigen Leistung

Der Ort der sonstigen Leistung richtet sich nach § 3a Abs. 2 Nr. 3 Buchstabe c UStG.

– Arbeiten an beweglichen körperlichen Gegenständen und die Begutachtung dieser Gegenstände werden grundsätzlich dort ausgeführt, wo der leistende Unternehmer jeweils ausschließlich oder zum wesentlichen Teil tätig wird.
– Verwendet der Leistungsempfänger gegenüber dem leistenden Unternehmer eine ihm von einem anderen Mitgliedstaat erteilte USt-IdNr., gilt die unter dieser

Nummer in Anspruch genommene Leistung als in dem Gebiet des anderen Mitgliedsstaates ausgeführt.

– Das gilt nicht, wenn der Gegenstand im Anschluss an die Leistung in dem Mitgliedstaat verbleibt, in dem der leistende Unternehmer jeweils ausschließlich oder zum wesentlichen Teil tätig geworden ist.

10.6.2.1 Nach Ausführung der Werkleistung gelangt der Gegenstand zum Auftraggeber zurück

Beispiel:

Der belgische Unternehmer B übergibt dem deutschen Unternehmer D Leder und beauftragt ihn, daraus Ledermäntel zu fertigen. D erfüllt den Auftrag und befördert die Ledermäntel wieder zu B nach Belgien. B verwendet gegenüber dem deutschen Unternehmer D

(1) nicht seine belgische USt-IdNr.

(2) seine belgische USt-IdNr.

Lösung:

(1) D erbringt gegenüber B eine sonstige Leistung, die gem. § 3a Abs. 2 Nr. 3 Buchstabe c Satz 1 UStG in Deutschland steuerbar und steuerpflichtig ist.
Der belgische Auftraggeber B erhält von D eine Rechnung mit deutscher Umsatzsteuer. Sofern B in Deutschland nicht zum Vorsteuerabzug berechtigt ist (weil er im Inland keine steuerbaren Leistungen bewirkt), muss er zur Erlangung der Vorsteuer das Vorsteuervergütungsverfahren (Vergütung der Vorsteuer an im Ausland ansässige Unternehmer) nach § 18 Abs. 9 UStG i. V. m. §§ 59 ff. UStDV beschreiten.

(2) Da B dem D seine belgische USt-IdNr. bekannt gibt, verlagert sich nach § 3a Abs. 2 Nr. 3 Buchstabe c Satz 2 UStG der Leistungsort nach Belgien. Die sonstige Leistung des D ist somit nicht in Deutschland, sondern in Belgien steuerbar.
Der deutsche Unternehmer D darf in seiner Rechnung an F keine Umsatzsteuer ausweisen, sondern muss stattdessen in der Rechnung darauf hinweisen, dass der Leistungsempfänger Steuerschuldner ist (§ 14a Abs. 4 UStG i. V. m. § 13b UStG).

10.6.2.2 Gegenstand verbleibt im Anschluss an die Werkleistung im Inland

Die Regelung über die Verlagerung des Ortes der Werkleistung in das übrige Gemeinschaftsgebiet gilt jedoch nicht, wenn der Gegenstand im Anschluss an die Werkleistung im Inland verbleibt (§ 3a Abs. 2 Nr. 3 Buchstabe c Satz 3 UStG).

Beispiel:

Wie zuvor. Allerdings befördert D die Ledermäntel an den ihm von B genannten Abnehmer A in Deutschland.

Lösung:

D erbringt eine Werkleistung. Der Ort der Leistung liegt gem. § 3a Abs. 2 Nr. 3 Buchstabe c Satz 1 UStG in Deutschland. Dies gilt auch dann, wenn der belgische Auftraggeber B dem D gegenüber seine belgische USt-IdNr. verwendet, weil der Gegenstand im Anschluss an die Werkleistung im Inland verbleibt (§ 3a Abs. 2 Nr. 3 Buchstabe c Satz 3 UStG).

D muss dem belgischen Auftraggeber B eine Rechnung mit deutscher Umsatzsteuer ausstellen. Sofern B in Deutschland nicht zum Vorsteuerabzug berechtigt ist (weil er im Inland keine steuerbaren Leistungen bewirkt), muss er zur Erlangung der Vorsteuer das Vorsteuervergütungsverfahren (Vergütung der Vorsteuer an im Ausland ansässige Unternehmer) nach § 18 Abs. 9 UStG i. V. m. §§ 59 ff. UStDV beschreiten.

10.6.3   Aufzeichnungspflichten

10.6.3.1 Aufzeichnungspflichten des Auftraggebers einer Werkleistung

Nach § 22 Abs. 4a Nr. 1 UStG müssen diejenigen Gegenstände aufgezeichnet werden, die der Unternehmer in das übrige Gemeinschaftsgebiet verbringt, um dort an den Gegenständen Arbeiten ausführen zu lassen.

10.6.3.2 Aufzeichnungspflichten des Werkleistenden

Im Gegenzug regelt § 22 Abs. 4b UStG die Aufzeichnungspflichten des Werkleistenden, der Gegenstände erhält, um sie zu be- oder verarbeiten. Danach muss der Unternehmer die Gegenstände aufzeichnen, die er zur Ausführung einer sonstigen Leistung i. S. d. § 3a Abs. 2 Nr. 3 Buchstabe c UStG von einem im übrigen Gemeinschaftsgebiet ansässigen Unternehmer mit USt-IdNr. erhält.

Kontrollfragen
1. *Warum werden innergemeinschaftliche Fahrzeuglieferungen stets im Bestimmungsland besteuert? Welche Besonderheiten müssen für die Besteuerung deshalb Platz greifen?*
2. *Was ist der Unterschied zwischen einer Werklieferung und einer Werkleistung?*
3. *Nach welcher Vorschrift richtet sich der Ort der innergemeinschaftlichen Werkleistung?*
4. *Welche besonderen Aufzeichnungspflichten sind bei einer innergemeinschaftlichen Werkleistung zu erfüllen?*

Aufgabe 3.22 *Innergemeinschaftliche Werkleistung S. 439*

10.7   Innergemeinschaftlicher Versandhandel

10.7.1   Allgemeines

§ 3c UStG regelt den Lieferungsort für die Fälle, in denen der Lieferer Gegenstände – ausgenommen neue Fahrzeuge im Sinne von § 1b Abs. 2 und 3 UStG – in einen anderen EU-Mitgliedsstaat befördert oder versendet und der Abnehmer einen innergemeinschaftlichen Erwerb nicht zu versteuern hat (Abschnitt 42j Abs. 1 Satz 1 UStR); dies betrifft

– den klassischer **Versandhandel** wie Warenhausversand an Privatkunden, aber auch
– alle anderen grenzüberschreitenden innergemeinschaftlichen Versendungsumsätze an **private Letztverbraucher oder an andere Abnehmer ohne USt-IdNr.**

Abweichend von § 3 Abs. 6 bis 8 UStG ist die Lieferung danach in dem EU-Mitgliedsstaat als ausgeführt zu behandeln, in dem die Beförderung oder Versendung des Gegenstandes endet, wenn

- der Lieferer die maßgebende Lieferschwelle überschreitet oder
- auf deren Anwendung verzichtet.

Maßgeblich ist, dass der liefernde Unternehmer die Beförderung oder Versendung veranlasst haben muss (Abschnitt 42j Abs. 1 Satz 2, 3 UStR).

Mit der Verlagerung des Lieferungsortes in das Bestimmungsland wird der Lieferer dort steuerpflichtig und muss seine steuerlichen Pflichten nach den Regeln dieses EU-Mitgliedsstaates erfüllen.

10.7.2 Voraussetzungen für Anwendung der Sonderregelung des § 3c UStG

Der Unternehmer, der eine innergemeinschaftliche Versandhandelslieferung ausführt, hat diese Lieferung **im Bestimmungsland der Umsatzsteuer zu unterwerfen**, wenn folgende Voraussetzungen erfüllt sind:

(1) **Transport durch den Lieferanten:**
Beförderung oder Versand eines Gegenstandes in einen anderen EU-Mitgliedsstaat muss durch den liefernden Unternehmer erfolgen (§ 3c Abs. 1 UStG).
Im sog. Abholfall, wenn der Abnehmer die Ware selbst abholt oder damit einen Dritten beauftragt, ist der Umsatz jedoch in Deutschland steuerbar und steuerpflichtig (§ 3 Abs. 6 UStG; Abschnitt 42j Abs. 1 Satz 3 UStR).

(2) **Abnehmer nach § 3c Abs. 2 UStG:**
Die Regelung des § 3c ist in folgenden Fällen anzuwenden:

a) Zu dem in § 3 c Abs. 2 Nr. 1 UStG genannten Abnehmerkreis gehören insbesondere Privatpersonen.

b) Die in § 3c Abs. 2 Nr. 2 UStG bezeichneten Abnehmer sind im Inland mit dem Erwerberkreis identisch, der nach § 1a Abs. 3 UStG die tatbestandsmäßigen Voraussetzungen des innergemeinschaftlichen Erwerbs nicht erfüllt (**Erwerbsschwelle** nicht überschritten) und nicht für die Erwerbsbesteuerung optiert hat (vgl. Abschnitt 15a Abs. 2 und 42j Abs. 2 UStR); dies sind die so genannten **Halbunternehmer** (vgl. S. 314)
- steuerbefreite Unternehmer,
- Kleinunternehmer,
- Land- und Forstwirte,
- nicht steuerpflichtige juristische Personen.
Diese Voraussetzung liegt grundsätzlich vor, wenn der Abnehmer ohne USt-IdNr. auftritt.

(3) **Lieferschwellen überschritten:**
Die Lieferungen des Unternehmers in einen anderen EU-Mitgliedsstaat müssen im laufenden und im vorangegangenen Kalenderjahr die dort jeweils maßgebliche Lieferschwelle (Bagatellgrenze) überschreiten (§ 3c Abs. 3 UStG).
Die maßgebende Lieferschwelle für den Versand nach Deutschland beträgt 100 000 € (§ 3c Abs. 3 Nr. 1 UStG).

Steuerliche Konsequenz ist bei Vorliegen der Voraussetzungen des § 3c UStG, dass der liefernde deutschen Unternehmer im anderen EU-Staat steuerpflichtig wird und den dortigen Erklärungspflichten unterliegt. Entscheidend ist die Umsatzprognose und nicht die tatsächlich getätigten Umsätze (Wilke in Keller/Bustorff: UStG-Kommentar § 3c Rn 83).

Der liefernde Unternehmer muss, wenn er nicht ohnehin zur Besteuerung im Bestimmungsland optiert, in seinem Rechnungswesen Vorkehrungen treffen, dass er die Lieferschwelle pro Land beachtet. Zu den Erwerbs- und Lieferschwellen vgl. Merkblatt Nr. 4 BfF und Stoffers in UVR 2002 Nr. 6, S. 175.

Mitgliedsstaat	Erwerbsschwellen	Lieferschwellen
Belgien	11 200,00 €	11 200,00 €
Dänemark	800 000,00 DKK	280 000,00 DKK
Deutschland	12 500,00 €	100 000,00 €
Finnland	10 000,00 €	35 000,00 €
Frankreich	10 000,00 €	100 000,00 €
Griechenland	10 000,00 €	35 000,00 €
Großbritannien	55 000,00 GBP	70 000,00 GBP
Irland	40 632,00 €	35 000,00 €
Italien	8 263,31 €	27 888,67 €
Luxemburg	10 000,00 €	100 000,00 €
Niederlande	10 000,00 €	100 000,00 €
Österreich	11 000,00 €	100 000,00 €
Portugal	8 978,36 €	31 424,27 €
Schweden	90 000,00 €	320 000,00 €
Spanien	10 000,00 €	35 000,00 €

Abb. 3.14: Erwerbs- und Lieferschwellen in den einzelnen EU-Mitgliedsstaaten

10.7.3 Berechnung der Lieferschwelle

Für die **Berechnung der Lieferschwelle** nach § 3c Abs. 3 UStG ist folgendes Schema maßgeblich (vgl. Völkel/Karg: ABC-Führer Umsatzsteuer, Binnenmarkt Rn 75):

Gesamtbetrag der Entgelte für Lieferungen in den anderen Mitgliedsstaat
·/· Lieferentgelte neuer Fahrzeuge (§ 3c Abs. 5 Satz 1 UStG)
·/· Lieferentgelte verbrauchsteuerpflichtiger Waren (§ 3c Abs. 5 Satz 2 UStG); darunter fallen nach § 1a Abs. 5 UStG Mineralöle, Alkohol, alkoholische Getränke, Tabakwaren
·/· Lieferentgelte an Erwerber mit USt-IdNr. (da diese Lieferungen der Erwerbsumsatzsteuer unterliegen)
= Betrag, der mit jeweiliger Lieferschwelle zu vergleichen ist

Wird die maßgebende **Lieferschwelle nicht überschritten** und hat der liefernde Unternehmer nicht auf die Anwendung der Lieferschwelle verzichtet, so greift § 3c UStG nicht, sondern der Ort der Lieferung richtet sich nach § 3 Abs. 7 UStG. Der Unternehmer hat die Versendungslieferung **im Inland zu versteuern (Ursprungslandprinzip)**. Der Unternehmer kann aber auch in diesem Fall für die Besteuerung seiner Versendungslieferungen im jeweiligen Bestimmungsland optieren. Er ist an eine entsprechende Optionserklärung für mindestens zwei Jahre gebunden (§ 3c Abs. 4 UStG). Eine Option ist sinnvoll, wenn im anderen Mitgliedsstaat die Umsatzsteuersätze niedriger als in Deutschland sind.

10.7.4   Unterschiedliche Steuerfolgen beim innergemeinschaftlichen Versandhandel

Die Regelung des § 3c UStG **greift dann nicht**, wenn

– der Endverbraucher die Ware selbst beim Unternehmer **abholt** oder
– die Beförderung oder Versendung durch einen vom Abnehmer beauftragten Dritten erfolgt.

Lieferungsort ist in diesem Fall dort, wo der Unternehmer dem Empfänger oder dem von ihm Beauftragten den Gegenstand übergibt **(§ 3 Abs. 6 UStG).**

Befördert oder versendet ein Unternehmer aus Deutschland Waren (ausgenommen neue Fahrzeuge und verbrauchsteuerpflichtige Waren) in einen anderen Mitgliedsstaat, können sich je nach Fallkonstellation drei unterschiedliche Steuerfolgen beim innergemeinschaftlichen Versandhandel ergeben:

Steuerfolgen beim innergemeinschaftlichen Versandhandel	
(1) Steuerfreie inner-gemeinschaftliche Lieferung	Liegt vor, wenn der **Erwerber** – Unternehmer ist (Vorlage USt-IdNr.) oder – Halbunternehmer (vgl. S. 314) ist, der für die Besteuerung optiert hat oder die **Erwerbsschwelle** überschritten hat (Vorlage USt-IdNr.).
(2) Lieferung im EU-Bestimmungsland steuerpflichtig	Liegt vor, wenn der **Erwerber** – Halbunternehmer ist, der nicht für die Besteuerung optiert hat oder die **Erwerbsschwelle** nicht überschritten hat, oder – privater Letztverbraucher ist **und** der **Lieferant** – die jeweilige **Lieferschwelle** im Bestimmungsland überschreitet oder – für eine Besteuerung im Bestimmungsland optiert hat.
(3) Lieferung in Deutschland steuerpflichtig	Liegt vor, wenn der **Erwerber** – Halbunternehmer ist, der nicht für die Besteuerung optiert hat oder die **Erwerbsschwelle** nicht überschritten hat, oder – privater Letztverbraucher ist **und** der **Lieferant** – die jeweilige **Lieferschwelle** im Bestimmungsland nicht überschreitet oder – für eine Besteuerung im Bestimmungsland nicht optiert hat.

10.7.5 Buchführungs-, Aufzeichnungs- und Meldepflichten

Zu Buchführungs-, Aufzeichnungs- und Meldepflichten bei steuerfreien innergemeinschaftlichen Lieferungen vgl. S. 321 ff.

Für die Alternativen (2) und (3) der vorstehenden Tabelle ist Folgendes zu beachten:

Der liefernde Unternehmer muss in seinem Rechnungswesen Vorkehrungen treffen, um vertretbare Prognoseentscheidungen hinsichtlich des Erreichens der Lieferschwellen anderer EU-Staaten ermitteln zu können. Deshalb ist es sinnvoll, besondere Erlöskonten pro EU-Land anzulegen.

10.7.5.1 Lieferschwelle nicht überschritten

Werden die Lieferschwellen durch Versandumsätze in andere EU-Mitgliedsstaaten nicht überschritten, dann sind diese Umsätze bezüglich

– Rechnungserteilung,
– Aufzeichnungspflichten,
– Umsatzsteuer-Voranmeldungen und -Erklärung

wie normale Inlandsumsätze zu behandeln.

Konten für im Inland steuerpflichtige innergemeinschaftliche Versendungslieferungen (an Kunden ohne USt-IdNr., Lieferschwelle nicht überschritten und Lieferant hat nicht optiert) z. B. nach TAYLORIX Kontenrahmen KR 13	– 8459 »Erlöse aus im Inland steuerpflichtigen innergemeinschaftlichen Versendungslieferungen (Normalsteuersatz)« – 8460 »Erlösschmälerungen aus im Inland steuerpflichtigen innergemeinschaftlichen Versendungslieferungen (Normalsteuersatz)« – 8462 »Erlöse aus im Inland steuerpflichtigen innergemeinschaftlichen Versendungslieferungen (ermäßigter Steuersatz)« – 8463 »Erlösschmälerungen aus im Inland steuerpflichtigen innergemeinschaftlichen Versendungslieferungen (ermäßigter Steuersatz)«

Diese Konten sind pro EU-Land zu führen. Es kann auch ein Konto genügen, wenn jede Buchung mit der Kurzbezeichnung des jeweiligen EU-Landes erfasst wird und per EDV dann die Buchungen pro EU-Land (z. B. in einer Tabelle) zusammengestellt werden können (vgl. Weber in: Professionell buchen und bilanzieren, innergemeinschaftlicher Versandhandel, S. 6).

10.7.5.2 Lieferschwelle überschritten oder Option des Lieferanten

Bei Überschreiten der Lieferschwelle oder Option des liefernden Unternehmers wird der Lieferort in den anderen EU-Mitgliedsstaat verlagert mit der Folge, dass der Unternehmer in diesem Staat umsatzsteuerpflichtig wird. In diesem Fall greift in vollem Umfang das Umsatzsteuerrecht des betreffenden EU-Mitgliedsstaates.

Der Unternehmer erhält daraufhin eine ausländische Steuernummer, unter der er Umsatzsteuer-Voranmeldungen und -Jahreserklärungen im anderen EU-Staat abzugeben und Umsatzsteuer abzuführen hat. In der Buchführung des liefernden Unternehmers sind dann Steuercodes für die jeweiligen Steuersätze der anderen EU-Länder anzulegen (vgl. Weber a. a. O, S. 7).

Um die ausländische Versteuerung vorhalten zu können, werden Erlöskonten benötigt, nach Steuersätzen unterteilt. Daneben sind auch korrespondierende Umsatzsteuerkonten einzurichten, ebenfalls nach Steuersätzen untergliedert.

Konten für im übrigen Gemeinschaftsgebiet steuerpflichtige innergemeinschaftliche Versendungslieferungen (an Kunden ohne USt-IdNr., Lieferschwelle überschritten oder Lieferant hat optiert) z. B. nach TAYLORIX Kontenrahmen KR 13	**Erlöskonten** (und zwar jeweils getrennt nach Normalsteuersatz, ermäßigter Steuersatz und eventuell Steuersatz null): – 8465 »Erlöse aus im übrigen Gemeinschaftsgebiet steuerpflichtigen innergemeinschaftlichen Versendungslieferungen« – 8466 »Erlösschmälerungen aus im übrigen Gemeinschaftsgebiet steuerpflichtigen innergemeinschaftlichen Versendungslieferungen sowie **Umsatzsteuerkonten** (und zwar jeweils getrennt nach Normalsteuersatz, ermäßigter Steuersatz): – 1832 »Umsatzsteuer bei Versendungslieferungen ins übrige Gemeinschaftsgebiet«

Kontrollfragen

1. *Was versteht man unter innergemeinschaftlichem Versandhandel?*
2. *Welches sind die allgemeinen Tatbestandsvoraussetzungen für die Anwendung der Sonderregelung des § 3c UStG?*
3. *Was ist unter dem Begriff »Lieferschwelle« zu verstehen? Wo ist er geregelt?*
4. *Wie ist die maßgebliche Lieferschwelle zu ermitteln?*
5. *Welche Steuerfolgen sind beim innergemeinschaftlichen Versandhandel grundsätzlich möglich? Benennen Sie die Voraussetzungen hierzu.*
6. *Welche Vorkehrungen muss ein Unternehmer im Rechnungswesen treffen, um die Lieferschwellen für Versendungsumsätze in andere EU-Staaten ermitteln zu können?*

Aufgabe 3.23 *Versendungslieferungen an Halbunternehmer S. 440*

Aufgabe 3.24 *Versendungslieferungen an private Letztverbraucher S. 440*

10.8 Innergemeinschaftliche Reihengeschäfte und Dreiecksgeschäfte

10.8.1 Allgemeines

Umsatzgeschäfte im Sinne des § 3 Abs. 6 Satz 5 UStG, die von mehreren Unternehmern über denselben Gegenstand abgeschlossen werden und bei denen dieser Gegenstand im Rahmen einer Beförderung oder Versendung unmittelbar vom ersten Unternehmer (Ort der Lieferung des ersten Unternehmers) an den letzten Abnehmer gelangt, werden als **Reihengeschäfte** bezeichnet (Abschnitt 31a Abs. 1 UStR).

Beispiel für ein Reihengeschäft:
Der französische Unternehmer F bestellt eine Maschine beim deutschen Unternehmer D1. D1, der die Maschine nicht vorrätig hat, bestellt sie bei D2. D1 lässt die Maschine von D2 nach Frankreich befördern und an B ausliefern.

Ein besonderer Fall des Reihengeschäfts ist das innergemeinschaftliche **Dreiecksgeschäft** im Sinne des § 25b Abs. 1 UStG (Abschnitt 31a Abs. 1 Satz 2 UStR); hier sind (ausschließlich) drei Unternehmer beteiligt, die in jeweiligen Mitgliedsstaaten erfasst sind (§ 25b Abs. 1 Satz 1 Nr. 1 und 2 UStG).

10.8.1.1 Unterscheidung zwischen bewegter und ruhender Lieferung

Für Reihen- und Dreiecksgeschäfte ist die Unterscheidung zwischen bewegter und ruhender Lieferung von Bedeutung:

– **Bewegte Lieferung:** Wird der Gegenstand der Lieferung durch den Lieferer, den Abnehmer oder einen vom Lieferer oder Abnehmer beauftragten Dritten befördert oder versendet (also »bewegt«), gilt die Lieferung nach § 3 Abs. 6 Satz 1 UStG dort als ausgeführt, wo die Beförderung oder Versendung an den Abnehmer oder in dessen Auftrag an einen Dritten beginnt. Der **Begriff befördern** bedeutet jede Fortbewegung eines Gegenstandes. Eine **Versendung** liegt vor, wenn jemand die Beförderung durch einen selbständig Beauftragten (z. B. Spediteur oder Frachtführer) ausführen oder besorgen lässt. Sie beginnt mit der Übergabe des Gegenstandes an den Beauftragten (§ 3 Abs. 6 Satz 2–4 UStG).

– **Ruhende Lieferung:** Wird der Gegenstand der Lieferung nicht befördert oder versendet, wird die Lieferung dort ausgeführt, wo sich der Gegenstand zur Zeit der Verschaffung der Verfügungsmacht befindet (§ 3 Abs. 7 Satz 1 UStG). Unter solchen ruhenden Lieferungen werden z. B. Werklieferungen mit Montage beim Abnehmer, Grundstückslieferungen, Lieferungen per Lagerschein, Ladeschein oder Konnossement verstanden.

10.8.1.2 Bewegte und ruhende Lieferung beim Reihengeschäft

Beim Reihengeschäft werden im Rahmen einer Warenbewegung (Beförderung oder Versendung) mehrere Lieferungen ausgeführt, die in Bezug auf den Lieferort und den Lieferzeitpunkt jeweils gesondert betrachtet werden müssen. Die Beförderung oder Versendung des Gegenstandes ist **nur einer der Lieferungen zuzuordnen** (§ 3 Abs. 6 Satz 5 UStG). Diese eine Lieferung ist die Beförderungs- oder Versendungslieferung (**bewegte Lieferung**); nur bei ihr kommt die Steuerbefreiung für Ausfuhrlieferungen (§ 6 UStG) oder für innergemeinschaftliche Lieferungen (§ 6a UStG) in Betracht (Abschnitt 31a Abs. 2 Satz 1–3 UStR).

Bei allen anderen Lieferungen in der Reihe findet keine Beförderung oder Versendung statt (**ruhende Lieferungen**). Sie werden entweder vor oder nach der Beförderungs- oder Versendungslieferung ausgeführt (§ 3 Abs. 7 Satz 2 UStG; Abschnitt 31a Abs. 2 Satz 4, 5 UStR).

10.8.2 Zuordnung der Beförderung oder Versendung beim Reihengeschäft

10.8.2.1 Zuordnung der Beförderung oder Versendung zur »bewegten« Lieferung

Die Zuordnung der Beförderung oder Versendung, d. h. der bewegten Lieferung, zu nur einer der Lieferungen des Reihengeschäfts ist nach Abschnitt 31a Abs. 7 UStR davon abhängig, ob der Gegenstand der Lieferung durch den ersten Unternehmer, den letzten Abnehmer oder einen mittleren Unternehmer in der Reihe befördert oder versendet wird. Die Zuordnungsentscheidung muss dabei einheitlich für alle Beteiligten getroffen werden. Aus den vorhandenen Belegen muss sich eindeutig und leicht nachprüfbar ergeben, wer die Beförderung durchgeführt oder die Versendung veranlasst hat. Im Fall der Versendung ist dabei auf die Auftragserteilung an den selbständigen Beauftragten abzustellen.

Die Zuordnung der bewegten Lieferung (also der Beförderung oder Versendung) erfolgt dabei nach folgenden Grundsätzen (Abschnitt 31a Abs. 8 ff. UStR):

– Wird der Gegenstand der Lieferung durch den **ersten Unternehmer** befördert oder versendet, ist seiner Lieferung (d. h. der Lieferung an den zweiten Unternehmer) die Beförderung oder Versendung zuzuordnen (Abschnitt 31a Abs. 8 UStR).
– Wird der Gegenstand durch den **letzten Abnehmer** befördert oder versendet, ist die Beförderung oder Versendung der Lieferung des letzten Lieferers zuzuordnen (Abschnitt 31a Abs. 8 UStR).
– Befördert oder versendet ein **mittlerer Unternehmer** in der Reihe den Liefergegenstand, ist dieser zugleich Abnehmer der Vorlieferung und Lieferer seiner eigenen Lieferung. In diesem Fall ist die Beförderung oder Versendung nach § 3 Abs. 6 Satz 6 Halbsatz 1 UStG grundsätzlich der Lieferung des vorangehenden Unternehmers zuzuordnen (widerlegbare Vermutung, Abschnitt 31a Abs. 9 UStR).

Der befördernde oder versendende Unternehmer kann jedoch anhand von Belegen, z. B. durch eine Auftragsbestätigung, das Doppel der Rechnung oder andere handelsübliche Belege und Aufzeichnungen nachweisen, dass er als Lieferer aufgetreten und die Beförderung oder Versendung dementsprechend seiner eigenen Lieferung zuzuordnen ist (§ 3 Abs. 6 Satz 6 Halbsatz 2 UStG; Abschnitt 31a Abs. 9 UStR).

Aus den Belegen muss sich eindeutig und leicht nachprüfbar ergeben, dass der Unternehmer die Beförderung oder Versendung in seiner Eigenschaft als Lieferer getätigt hat und nicht als Abnehmer der Vorlieferung. Hiervon kann regelmäßig ausgegangen werden, wenn der Unternehmer unter der USt-IdNr. des Mitgliedsstaates auftritt, in dem die Beförderung oder Versendung des Gegenstandes beginnt, und wenn er aufgrund der mit seinem Vorlieferanten und seinem Auftraggeber vereinbarten Lieferkonditionen Gefahr und Kosten der Beförderung oder Versendung übernommen hat. Den Anforderungen an die Lieferkonditionen ist genügt, wenn handelsübliche Lieferklauseln (z. B. Incoterms) verwendet werden (Abschnitt 31a Abs. 10 UStR).

Wird die Beförderung oder Versendung der Lieferung des **mittleren Unternehmers zugeordnet**, muss dieser die Voraussetzungen der Zuordnung nachweisen, z. B. über den belegmäßigen und den buchmäßigen Nachweis der Voraussetzungen für seine Ausfuhrlieferung (§§ 8–17 UStDV) oder innergemeinschaftliche Lieferung (§§ 17a bis 17c UStDV). Vgl. Abschnitt 31a Abs. 10 UStR.

10.8.2.2 Zuordnung zur »ruhenden« Lieferung

Für den Lieferort bei ruhenden Lieferungen gelten nach § 3 Abs. 7 Satz 2 UStG folgende Grundsätze:

– Lieferungen, die der Beförderungs- oder Versendungslieferung **vorangehen**, gelten dort als ausgeführt, wo die Beförderung oder Versendung des Gegenstandes beginnt (§ 3 Abs. 7 Satz 2 Nr. 1 UStG).
– Lieferungen, die der Beförderungs- oder Versendungslieferung **folgen**, gelten dort als ausgeführt, wo die Beförderung oder Versendung des Gegenstandes endet (§ 3 Abs. 7 Satz 2 Nr. 2 UStG).

10.8.3 Prüfschritte bei innergemeinschaftlichen Reihengeschäften

Bei der umsatzsteuerlichen Behandlung von Reihengeschäften mit grenzüberschreitender Warenbewegung sind zur Bestimmung der jeweiligen Lieferungsorte folgende Prüfungsschritte vorzunehmen:

(1) **Ermittlung der bewegten Lieferung:**
Hierzu muss zunächst die Beförderung oder Versendung einer der Lieferungen in der Reihe zugeordnet werden (vgl. Ausführungen zu Abschnitt 10.8.2.1 S. 345). Die anderen Lieferungen sind dann die ruhenden Lieferungen.

(2) **Ermittlung des Lieferungsortes der bewegten Lieferung (§ 3 Abs. 6 Satz 5 UStG):**
Der Lieferort der bewegten Lieferung liegt nach § 3 Abs. 6 Satz 1 UStG dort, wo die Beförderung oder Versendung beginnt. Falls dieser Ort in Deutschland liegt, ist die Lieferung in Deutschland steuerbar.

(3) **Ermittlung des Lieferungsortes der ruhenden Lieferungen (§ 3 Abs. 7 Satz 2 UStG):**

    a) Vorgeschaltete Lieferung: Der bewegten Lieferung vorangegangene ruhende Lieferungen gelten dort als ausgeführt, wo die Beförderung oder Versendung des Gegenstandes beginnt (§ 3 Abs. 7 Satz 2 Nr. 1 UStG).

    b) Nachgeschaltete Lieferung: Der bewegten Lieferung folgende ruhende Lieferungen gelten dort als ausgeführt, wo die Beförderung oder Versendung des Gegenstandes endet (§ 3 Abs. 7 Satz 2 Nr. 2 UStG).

Die ruhende Lieferung ist in Deutschland steuerbar, wenn die Beförderung oder Versendung in Deutschland beginnt oder endet.

(4) **Prüfung der Steuerpflicht einer in Deutschland steuerbaren Lieferung:**
Ist Steuerbarkeit in Deutschland gegeben, weil der Lieferort der bewegten bzw. ruhenden Lieferungen in Deutschland liegt, ist zu prüfen, ob die Lieferungen in Deutschland steuerpflichtig oder steuerfrei sind. Bei grenzüberschreitender Warenbewegung könnte

    – entweder eine nach § 6 UStG steuerbefreite Ausfuhrlieferung (Export in ein Drittland)

    – oder eine nach § 6a UStG steuerbefreite innergemeinschaftliche Lieferung (Export in einen anderen EU-Mitliedsstaat) vorliegen.

Die in Deutschland bestehenden Steuererklärungspflichten sind zu beachten.

(5) **Steuerpflicht und Deklarationspflicht im übrigen Gemeinschaftsgebiet oder im Drittland:**
Ist Steuerbarkeit im übrigen Gemeinschaftsgebiet oder im Drittland gegeben, weil der Lieferort der bewegten bzw. ruhenden Lieferungen dort liegt, ist zu prüfen, ob die Lieferungen dort steuerpflichtig sind und welche Steuererklärungspflichten dort bestehen.

10.8.4 Beispiel zum innergemeinschaftlichen Reihengeschäft

Der niederländische Unternehmer N aus Groningen bestellt eine Ware bei dem Unternehmer D2 in Köln. D2 erwirbt die Ware bei D1 in Berlin. Der Transport von Berlin nach Groningen soll – um die unterschiedlichen Auswirkungen aufzuzeigen – im Folgenden alternativ

(1) von D1,
(2) von D2 oder
(3) von N

durchgeführt bzw. veranlasst werden. Alle Beteiligten treten unter der USt-IdNr. ihres Landes auf. Vgl. Weber in: Professionell buchen und bilanzieren, Innergemeinschaftliches Reihen- und Dreiecksgeschäft, S. 7 ff. sowie Abschnitt 31a Abs. 13 UStR.

Beispiel 1: D1 übernimmt den Transport

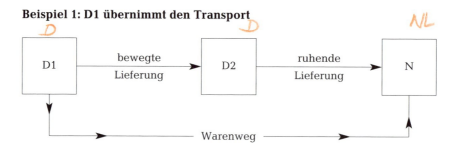

Lösung:

Nach § 3 Abs. 6 Satz 5 UStG liegt hier ein Reihengeschäft vor, da D1, D2 und N über denselben Gegenstand ein Umsatzgeschäft abgeschlossen haben und die Ware direkt vom ersten Unternehmer (D1) an den letzten Abnehmer in der Reihe (N) gelangt.

Veranlasst D1 den Transport, ist die Beförderung der ersten Lieferung zuzuordnen. Als bewegte Lieferung ist somit die Lieferung des D1 an D2 anzusehen.

(1) Behandlung der ersten Lieferung (bewegten Lieferung):
 Gemäß § 3 Abs. 6 Satz 1 UStG gilt die Lieferung dort als ausgeführt, wo die Versendung beginnt. Ort dieser bewegten Lieferung ist Berlin. Die Lieferung des D1 an D2 ist damit in Deutschland steuerbar.
 Daraufhin ist zu untersuchen, ob die Lieferung des D1 an D2

 – in Deutschland steuerpflichtig oder
 – gemäß § 4 Nr. 1 Buchstabe b UStG i. V. m. § 6a UStG als innergemeinschaftliche Lieferung steuerfrei ist.

 Trotz Transports von D1 in das übrige Gemeinschaftsgebiet liegt keine steuerfreie innergemeinschaftliche Lieferung vor. D2 tätigt zwar einen innergemeinschaftlichen Erwerb in den Niederlanden, weil die Warenbewegung dort endet (§ 3d Satz 1 UStG); solange D2 jedoch nicht über eine USt-IdNr. in den Niederlanden verfügt, die D1 als Nachweis für die Erwerbsbesteuerung des D2 in den Niederlanden benötigen würde, ist die Lieferung des D1 an D2 nach § 3d Satz 2 UStG in Deutschland steuerpflichtig.
 Tritt D2 wie im Regelfall nur mit seiner deutschen USt-IdNr. auf, kommt die Steuerbefreiung des § 6a UStG hier somit nicht zur Anwendung. D1 muss seinem deutschen Abnehmer D2 eine Rechnung mit deutscher Umsatzsteuer ausstellen, die dieser sofort als Vorsteuer wieder geltend machen kann.

(2) Behandlung der zweiten Lieferung (ruhenden Lieferung):
 Die Lieferung des D2 an N gilt nach § 3 Abs. 7 Nr. 2 UStG als ruhende Lieferung. Da die Lieferung der bewegten Lieferung folgt, gilt sie nach § 3 Abs. 7 Nr. 2 UStG dort als ausgeführt, wo die Beförderung endet, also in den Niederlanden.
 Das hat zur Folge, dass die ruhende Lieferung nach niederländischem Recht

zu beurteilen ist. D2 muss sich in den Niederlanden umsatzsteuerlich registrieren lassen.

Hinweis: Würde D2 mit niederländischer USt-IdNr. auftreten, wäre die Lieferung des D1 an D2 als innergemeinschaftliche Lieferung steuerfrei, wenn D1 die
Voraussetzungen hierfür nachweist. D2 müsste dann in den Niederlanden einen
innergemeinschaftlichen Erwerb versteuern.

Beispiel 2: D2 übernimmt den Transport

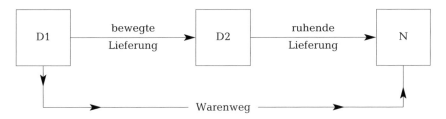

Lösung:
Übernimmt D2 als mittlerer Unternehmer in der Reihe, der gleichzeitig Abnehmer
und Lieferer ist, den Transport, gilt für die Bestimmung der bewegten Lieferung § 3
Abs. 6 Satz 6 UStG. Nach Halbsatz 1 dieser Vorschrift ist die Beförderung durch
D2 der Lieferung D1 an D2 zuzuordnen (widerlegbare Vermutung, Abschnitt 31a
Abs. 9 Satz 2 UStR). Die Lieferung des D2 an N gilt dann wiederum als ruhende
Lieferung. Die weiteren Rechtsfolgen entsprechen denjenigen des Beispiels 1.

Fallvariante: Weist D2 jedoch nach, dass er den Gegenstand als Lieferer befördert hat (z. B. Übernahme von Gefahr und Kosten wie Verkauf der Ware an N
»frei Haus« bei gleichzeitigem Erwerb von D1 »ab Werk«), so ist die Beförderung
seiner eigenen Lieferung zuzurechnen (§ 3 Abs. 6 Satz 6 Halbsatz 2 UStG, Abschnitt 31a Abs. 9 Satz 3 UStR). In diesem Fall gilt die Lieferung des D2 an N als
bewegte Lieferung.

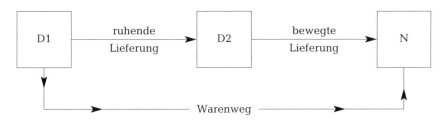

Die bewegte Lieferung ist als innergemeinschaftliche Lieferung nach § 4 Nr. 1
Buchstabe b UStG i. V. m. § 6a UStG steuerfrei. N tätigt einen innergemeinschaftlichen Erwerb in den Niederlanden. D2 muss sich in den Niederlanden
nicht umsatzsteuerlich registrieren lassen.
Die Lieferung des D1 an D2 ist dann eine ruhende Lieferung, deren Ort in Berlin liegt (§ 3 Abs. 7 Satz 2 Nr. 1 UStG). Diese Lieferung ist steuerbar und steuerpflichtig in Deutschland.

Beispiel 3: N übernimmt den Transport

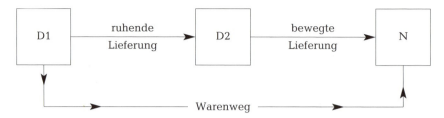

Lösung:

Die Beförderung ist in diesem Fall der zweiten Lieferung (D2 an N) zuzuordnen, da der letzte Abnehmer die Ware selbst befördert (Abholfall). Diese Lieferung ist die Beförderungslieferung. Der Ort der Lieferung liegt nach § 3 Abs. 6 Satz 5 i. V. m. Satz 1 UStG in Deutschland (Beginn der Beförderung). Die Lieferung des D2 ist bei Nachweis der Voraussetzungen des § 6a UStG als innergemeinschaftliche Lieferung nach § 4 Nr. 1 Buchstabe b UStG steuerfrei. Der Erwerb der Ware unterliegt bei N der Besteuerung des innergemeinschaftlichen Erwerbs in Belgien, weil die innergemeinschaftliche Warenbewegung dort endet (§ 3d Satz 1 UStG).

Die weiteren Rechtsfolgen entsprechen denjenigen des Beispiels 2 (Fallvariante, bei der D2 nachweist, dass er die Lieferung versendet hat).

10.8.5 Vereinfachungsregelung für das innergemeinschaftliche Dreiecksgeschäft (§ 25b UStG)

§ 25b UStG enthält eine Vereinfachungsregelung für die Besteuerung von innergemeinschaftlichen Dreiecksgeschäften mit drei beteiligten Unternehmern, die für Zwecke der Umsatzsteuer in jeweils verschiedenen Mitgliedsstaaten erfasst sind (§ 25b Abs. 1 Satz 1 Nr. 2 UStG, Abschnitt 276b Abs. 3 UStR). Die Vereinfachung besteht darin, dass eine steuerliche Registrierung des mittleren Unternehmers im Bestimmungsland vermieden wird (Abschnitt 276b Abs. 1 UStR).

10.8.5.1 Voraussetzungen für das Vorliegen eines innergemeinschaftlichen Dreiecksgeschäfts

Ein innergemeinschaftlichen Dreiecksgeschäfts liegt nach § 25b Abs. 1 UStG vor, wenn

(1) drei Unternehmer über denselben Gegenstand Umsatzgeschäfte abschließen und dieser Gegenstand unmittelbar vom ersten Lieferer an den letzten Abnehmer gelangt,

(2) die Unternehmer in jeweils verschiedenen Mitgliedsstaaten erfasst sind (keine Ansässigkeit erforderlich, sondern umsatzsteuerliche Registrierung),

(3) der Gegenstand der Lieferungen aus dem Gebiet eines Mitgliedsstaates in das Gebiet eines anderen Mitgliedsstaates gelangt und

(4) der Gegenstand der Lieferungen durch den ersten Lieferer oder den ersten Abnehmer befördert oder versendet wird.

10.8.5.2 Besonderheiten bei Rechnungserteilung

§ 25 b Abs. 2 UStG bestimmt, dass die Umsatzsteuer für die Lieferung an den letzten Abnehmer von diesem geschuldet wird. Nach § 25b Abs. 2 Nr. 3 UStG ist materielle Voraussetzung für die Übertragung der Steuerschuld, dass der erste Abnehmer dem letzten Abnehmer eine Rechnung im Sinne des § 14a Abs. 1a und Abs. 2 UStG erteilt, in der die Steuer nicht gesondert ausgewiesen ist und auf das Vorliegen eines innergemeinschaftlichen Dreiecksgeschäfts hingewiesen wird. Dadurch soll der letzte Abnehmer eindeutig und leicht erkennen können, dass er letzter Abnehmer in einem innergemeinschaftlichen Dreiecksgeschäft ist und die Steuerschuld auf ihn übertragen wird (Abschnitt 276b Abs. 9 UStR).

Bei Vorliegen der Voraussetzungen gilt dann der innergemeinschaftliche Erwerb des ersten Abnehmers als besteuert (§ 25b Abs. 3 UStG).

Beispiel für ein innergemeinschaftliches Dreiecksgeschäft
(deutscher Unternehmer in der Mitte der Lieferkette):

Der Unternehmer B in Belgien bestellt einen Gegenstand beim Unternehmer D in Deutschland. Dieser kauft den Gegenstand beim Unternehmer S in Spanien. S befördert den Gegenstand mit eigenem Lkw nach Belgien und übergibt ihn dort B. Alle beteiligten Unternehmer treten unter der USt-IdNr. ihres Mitgliedsstaates auf. D erteilt dem B eine Rechnung im Sinne des § 14a Abs. 1a und Abs. 2 UStG.

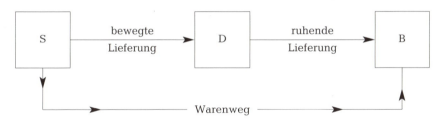

Lösung:

(1) Behandlung der ersten Lieferung (Lieferung des S an D):
Nach Abschnitt 276b Abs. 8 UStR liegt ein innergemeinschaftliches Dreiecksgeschäft im Sinne des § 25b Abs. 1 UStG vor. Die Beförderung ist der ersten Lieferung (S an D) zuzuordnen. Ort der Lieferung ist nach § 3 Abs. 6 Satz 5 i. V. m. Satz 1 UStG Spanien (Beginn der Beförderung). Die Lieferung ist als innergemeinschaftliche Lieferung in Spanien steuerfrei.
Der Erwerb des Gegenstandes unterliegt bei D grundsätzlich der Besteuerung des innergemeinschaftlichen Erwerbs in Belgien, da die Beförderung dort endet (§ 3d Satz 1 UStG), und in Deutschland, da D seine deutsche USt-IdNr. verwendet (§ 3d Satz 2 UStG).

(2) Behandlung der zweiten Lieferung (Lieferung des D an B):
Die zweite Lieferung (D an B) ist eine ruhende Lieferung. Lieferort ist nach § 3 Abs. 7 Satz 2 Nr. 2 UStG Belgien, da sie der Beförderungslieferung nachfolgt. D führt demnach eine steuerbare und steuerpflichtige Lieferung in Belgien aus. Da die Voraussetzungen des § 25 b Abs. 2 UStG erfüllt sind, wird die Steuerschuld für die belgische (Inlands-)Lieferung des D auf B übertragen:

– Der Lieferung ist ein innergemeinschaftlicher Erwerb durch D vorausgegangen;
– D ist nicht in Belgien ansässig;
– D tritt gegenüber dem ersten Lieferer und dem letzten Abnehmer mit seiner deutschen USt-IdNr. auf;
– D hat dem B eine Rechnung im Sinne des § 14a Abs. 1a und Abs. 2 UStG erteilt;
– B verwendet als letzter Abnehmer eine USt-IdNr. (belgische) des Mitgliedsstaates, in dem die Beförderung endet.

B wird Steuerschuldner für diese Lieferung des D und muss die Steuer im Rahmen seiner belgischen Steuererklärungspflichten anmelden.
D hat im Hinblick auf seine in Belgien ausgeführte Lieferung keinen umsatzsteuerlichen Verpflichtungen in Belgien nachzukommen.
Mit der wirksamen Übertragung der Steuerschuld auf B gilt auch der innergemeinschaftliche Erwerb des D in Belgien als besteuert (§ 25b Abs. 3 UStG) mit der Folge, dass D auch hierfür keinen umsatzsteuerlichen Verpflichtungen in Belgien nachkommen muss.
Mit der fiktiven Erwerbsbesteuerung in Belgien entfällt auch eine Besteuerung des innergemeinschaftlichen Erwerbs in Deutschland über § 3d Satz 2 UStG, sofern D seiner Erklärungspflicht nach § 18a Abs. 4 Satz 1 Nr. 3 UStG (für die Zusammenfassende Meldung) nachkommt.
Durch die Anwendung der Vereinfachungsregelung des § 25b UStG wird vermieden, dass sich D in Belgien aufgrund dieses innergemeinschaftlichen Dreiecksgeschäfts registrieren lassen und dort Steuererklärungen abgeben muss.
D muss in Deutschland die Erklärungspflichten nach § 18b Satz 1 UStG für die Voranmeldung und die Steuererklärung für das Kalenderjahr beachten.

Kontrollfragen

1. *Was versteht man unter einem innergemeinschaftlichen Reihengeschäft?*
2. *Was versteht man grundsätzlich unter einer bewegten und einer ruhenden Lieferung?*
3. *Wie bestimmt man eine bewegte und eine ruhende Lieferung beim innergemeinschaftlichen Reihengeschäft?*
4. *In welcher Prüfungsreihenfolge ist der Lieferort bei Reihengeschäften zu bestimmen?*
5. *Was versteht man unter einem innergemeinschaftlichen Dreiecksgeschäft?*
6. *Welche Voraussetzungen müssen für das Vorliegen eines innergemeinschaftlichen Dreiecksgeschäfts gegeben sein?*
7. *Was bezweckt die Regelung für innergemeinschaftliche Dreiecksgeschäfte?*
8. *Welche Besonderheiten sind bei der Rechnungserteilung bei innergemeinschaftlichen Dreiecksgeschäften zu beachten?*

Aufgabe 3.25 *Innergemeinschaftliche Dreiecksgeschäfte: der erste Lieferer ist der deutsche Unternehmer S. 440*

Aufgabe 3.26 *Innergemeinschaftliche Dreiecksgeschäfte: der letzte Abnehmer ist der deutsche Unternehmer S. 440*

10.9   Vermittlungsleistungen (§ 3a Abs. 2 Nr. 4 UStG)

§ 3a Abs. 2 Nr. 4 Satz 1 UStG regelt, dass Vermittlungsleistungen (vgl. hierzu Abschnitt 26 UStR) an dem Ort erbracht werden, an dem der vermittelte Umsatz ausgeführt wird. Dies gilt auch für Vermittlungsleistungen im Zusammenhang mit innergemeinschaftlichen grenzüberschreitenden Lieferungen, weshalb solche Vermittlungsleistungen dort erbracht werden, wo

– der Ort der innergemeinschaftlichen Lieferung
– oder der Ort des innergemeinschaftlichen Erwerbs der gelieferten Gegenstände liegt.

Verwendet der Leistungsempfänger gegenüber dem Vermittler eine USt-IdNr., so gilt die unter dieser Nummer in Anspruch genommene Vermittlungsleistung als in dem Gebiet des anderen Mitgliedsstaates ausgeführt (Verlagerung des Orts der Vermittlungsleistung).

10.10   Innergemeinschaftliche Beförderungsleistungen

10.10.1   Allgemeines

Grenzüberschreitende Beförderungen (und zwar zum einen Personenbeförderungen und zum anderen Güterbeförderungen gegenüber Drittland) sind nur soweit steuerbar, als sich die Beförderung auf das Inland beschränkt (§ 3b Abs. 1 UStG, Abschnitt 42a Abs. 1 UStR). Gemäß § 4 Nr. 3 Buchstabe a UStG sind die grenzüberschreitenden Güterbeförderungen jedoch auch für diesen auf das Inland entfallenden Teil steuerbefreit.

> **Beispiel:**
> Der Transportunternehmer T aus Deutschland wird beauftragt, Waren von Offenburg nach St. Gallen zu befördern.
>
> **Lösung:**
> Nach § 3b Abs. 1 UStG wird eine Beförderungsleistung dort ausgeführt, wo die Beförderung bewirkt wird. Erstreckt sich eine Beförderung nicht nur auf das Inland, so fällt nur der Teil unter das deutsche Umsatzsteuergesetz, der auf das Inland entfällt.
> Soweit bei dieser Beförderungsleistung die Schweiz betroffen ist, ist die Beförderungsleistung also nicht steuerbar. Der auf Deutschland entfallende Teil ist zwar steuerbar, aber nach § 4 Nr. 3 Buchstabe a UStG steuerbefreit.

§§ 2, 3 UStDV enthalten darüber hinaus **Sonderregelungen für Verbindungsstrecken** im Inland und im Ausland.

– Wird bei Beförderungen im Ausland das Inland berührt, so ist die Beförderungsleistung nicht steuerbar, wenn der inländische Streckenanteil nicht länger als 30 km ist (§ 2 UStDV).
– Wird bei Beförderungen im Inland das Ausland berührt, so wird die ausländische Beförderungsstrecke als inländisch angesehen, wenn der ausländische Streckenanteil nicht länger als 10 km ist (§ 3 UStDV).

Grenzüberschreitende Güterbeförderungen innerhalb der EU sind abweichend hiervon geregelt. Der Ort der Beförderungsleistung ist nicht dort, wo die Beförderung bewirkt wird (§ 3b Abs. 1 UStG), sondern wo die Beförderung beginnt (§ 3b Abs. 3 UStG).

Hinweis: Zu beachten ist, ob die Beförderungsleistung eine selbständige Hauptleistung oder eine unselbständige Nebenleistung darstellt. Wird z. B. vereinbart, dass ein Lieferer den Gegenstand zum Abnehmer zu befördern hat, ist die Beförderungsleistung unselbständiger Teil der Lieferung und teilt steuerlich deren Schicksal (BFH BStBl III 1965, 497). § 3b Abs. 1 und 3 UStG greifen daher nur, wenn die Beförderungsleistung als **selbständige Hauptleistung** zu qualifizieren ist (Wilke in Keller/Bustorff: UStG-Kommentar § 3b Rn 23).

10.10.2 Innergemeinschaftliche Güterbeförderung

Eine innergemeinschaftliche Güterbeförderung liegt dann vor, wenn der Ort, an dem die Beförderung beginnt (Abgangsort) und der Ort, an dem sie endet (Ankunftsort) in zwei verschiedenen Mitgliedsstaaten liegt. Unerheblich dabei ist, ob die Ware durch einen Drittstaat transportiert wird (z. B. Transport von Deutschland über Schweiz nach Italien). Eine Aufteilung der Beförderungsstrecke in einen inländischen und einen ausländischen Teil ist nicht vorzunehmen (Abschnitt 42d Abs. 1 UStR).

10.10.2.1 Ort der innergemeinschaftlichen Güterbeförderung im Allgemeinen

Nach der Grundregel des § 3b Abs. 3 UStG werden innergemeinschaftliche Güterbeförderungen am Abgangsort der innergemeinschaftlichen Beförderung besteuert. Steuerschuldner ist grundsätzlich der leistende Unternehmer (Beförderungsunternehmer). Dies gilt aber nicht, wenn der Beförderungsunternehmer im Ausland ansässig ist; dann besteht Steuerschuldnerschaft des Leistungsempfängers (§ 13b Abs. 1 Nr. 1 UStG i. V. m. § 13b Abs. 2 UStG), selbst wenn Letzterer im Ausland ansässig ist (BMF vom 05. 12. 2001 IV D 1 – S 7279-5/01).

Ist der Beförderungsunternehmer **in Deutschland ansässig** und beginnt die Beförderung in Deutschland, so unterscheidet sich die Behandlung der innergemeinschaftlichen Güterbeförderung in der Finanzbuchführung dabei nicht von einer Güterbeförderung innerhalb Deutschlands. Es sind eine Rechnung nach § 14 UStG zu erstellen und die üblichen Angaben in der Umsatzsteuer-Voranmeldung zu machen. Eine Zusammenfassende Meldung ist nicht notwendig.

Beispiel:
Der Transportunternehmer T aus Deutschland transportiert im Auftrag und für Rechnung des deutschen Unternehmers D Güter von Deutschland nach Frankreich. D verwendet seine deutsche USt-IdNr.

Lösung:
T erbringt gegenüber D eine innergemeinschaftliche Beförderungsleistung. Die Beförderung beginnt in einem EU-Mitgliedsstaat und endet in einem anderen Mitgliedsstaat (§ 3b Abs. 3 Satz 1 UStG).
Ort der Leistung ist Deutschland, da die Beförderung nach § 3b Abs. 3 Satz 1 UStG an dem Ort ausgeführt wird, an dem die Beförderung des Gegenstandes beginnt. Die Beförderung ist deshalb in Deutschland steuerbar und steuerpflichtig.

T ist Steuerschuldner (§ 13a Abs. 1 Nr. 1 UStG). Dieser Fall wird wie eine Güterbeförderung im Inland behandelt. T hat in Deutschland die üblichen Erklärungspflichten zu erfüllen.

Ist der Beförderungsunternehmer **in einem anderen EU-Mitgliedsstaat**, z. B. in Belgien, ansässig und beginnt die Beförderung in Deutschland, so ist die Leistung ebenfalls in Deutschland steuerbar und steuerpflichtig, allerdings schuldet diese Umsatzsteuer der Auftraggeber gemäß § 13b Abs. 1 Nr. 1 UStG. Der Beförderungsunternehmer ist zur Ausstellung einer Rechnung verpflichtet (§ 14a Abs. 4 Satz 1 UStG), in der die Steuer nicht gesondert ausgewiesen ist (§ 14a Abs. 4 Satz 3 UStG). Neben den übrigen Angaben nach § 14 Abs. 1 UStG ist in den Rechnungen auf die Steuerschuldnerschaft des Leistungsempfängers hinzuweisen (§ 14a Abs. 4 Satz 2 UStG). Für den Fall, dass in der Rechnung dieser Hinweis fehlt, wird der Leistungsempfänger von der Steuerschuldnerschaft nicht entbunden. Im Fall des gesonderten Steuerausweises durch den Beförderungsunternehmer wird die Steuer von diesem nach § 14 Abs. 2 UStG geschuldet (BMF vom 05.12.2001, Tz 16). Bemessungsgrundlage ist der in der Rechnung ausgewiesene Betrag (ohne Umsatzsteuer). Die Umsatzsteuer ist von diesem Betrag vom Leistungsempfänger zu berechnen (BMF vom 05.12.2001, Tz 12).

Beispiel:
Der Transportunternehmer T aus Belgien transportiert im Auftrag und für Rechnung des deutschen Unternehmers D Güter am 18. März von Deutschland nach Frankreich. D verwendet seine deutsche USt-IdNr. Die Rechnung des T geht D am 17. April zu.

Lösung:
Wie Beispiel zuvor: steuerbar und steuerpflichtig in Deutschland.
In diesem Fall dagegen ist Steuerschuldner der deutsche Unternehmer D als Auftraggeber gemäß § 13b Abs. 1 Nr. 1 UStG. T ist zur Ausstellung einer Rechnung verpflichtet, in der die Steuer nicht gesondert ausgewiesen ist (§ 14a Abs. 4 Satz 3 UStG) und in der er auf die Steuerschuldnerschaft des Leistungsempfängers hinzuweisen hat (§ 14a Abs. 4 Satz 2 UStG).
Die Umsatzsteuer entsteht mit Ablauf des Monats, in dem die Rechnung ausgestellt worden ist, das ist mit Ablauf des Monats April. D muss die Umsatzsteuer berechnen und in der Umsatzsteuer-Voranmeldung April anmelden. Dies würde auch dann gelten, wenn die Rechnung erst im Mai erstellt oder bei D angekommen wäre (§ 13b Abs. 1 Satz 1 UStG; BMF vom 05.12.2001, Tz 10).

10.10.2.2 Ort der innergemeinschaftlichen Güterbeförderung bei Verwendung einer USt-IdNr. durch Leistungsempfänger

Verwendet der Auftraggeber des Beförderungsunternehmers (also der Empfänger der Beförderungsleistung) gegenüber dem Beförderungsunternehmer eine ihm von einem anderen EU-Mitgliedsstaat (der nicht derjenige EU-Mitgliedsstaat ist, in dem der Abgangsort liegt) erteilte USt-IdNr., gilt die in Anspruch genommene Beförderungsleistung als in dem Gebiet des anderen Mitgliedsstaates ausgeführt (§ 3b Abs. 3 Satz 2 UStG, Abschnitt 42d Abs. 2 Satz 2 UStR).

Beispiel:
Der Transportunternehmer T aus Portugal transportiert im Auftrag und für Rechnung des deutschen Unternehmers D Güter von Portugal nach Deutschland. D verwendet seine deutsche USt-IdNr.

Lösung:

Der portugiesische Transportunternehmer T erbringt hier gegenüber dem deutschen Unternehmer D eine Beförderungsleistung. Da D gegenüber dem T seine deutsche USt-IdNr. verwendet, verlagert sich der Ort der Beförderungsleistung vom Abgangsort in Portugal nach Deutschland (§ 3b Abs. 3 Satz 2 UStG). Der im Ausland ansässige T erbringt eine im Inland steuerpflichtige Beförderungsleistung (§ 13b Abs. 1 Satz 1 Nr. 1 UStG). Die Umsatzsteuer für diese Leistung schuldet der deutsche Unternehmer D (§ 13b Abs. 2 UStG). T ist zur Ausstellung einer Rechnung verpflichtet, in der die Steuer nicht gesondert ausgewiesen ist (§ 14a Abs. 4 Satz 3 UStG) und in der er auf die Steuerschuldnerschaft des Leistungsempfängers hinzuweisen hat (§ 14a Abs. 4 Satz 2 UStG). D hat die Steuer zu berechnen und in der Umsatzsteuer-Voranmeldung anzumelden.

10.10.2.3 Ein deutscher Unternehmer erbringt im übrigen Gemeinschaftsgebiet eine innergemeinschaftliche Güterbeförderung

Liegt der Leistungsort einer von einem deutschen Unternehmer ausgeführten Beförderungsleistung im übrigen Gemeinschaftsgebiet, so richtet sich die Besteuerung nach ausländischem Recht. Es besteht Steuerschuldnerschaft des Leistungsempfängers entsprechend der Regelung des § 13b UStG. Der deutsche Transporteur hat in diesem Fall keine umsatzsteuerlichen Pflichten im anderen EU-Mitgliedstaat. Er hat in seiner Rechnung nur das Entgelt ohne Umsatzsteuer auszuweisen.

10.10.3 »Gebrochene« innergemeinschaftliche Güterbeförderung (§ 3b Abs. 3 Satz 3 UStG)

Eine **gebrochene Güterbeförderung** liegt nach Abschnitt 42e Abs. 1 UStR vor, wenn einem Beförderungsunternehmer für eine Güterbeförderung über die gesamte Beförderungsstrecke ein Auftrag erteilt wird, jedoch bei der Durchführung der Beförderung mehrere Beförderungsunternehmer nacheinander mitwirken. Liegen Beginn und Ende der gesamten Beförderung in den Gebieten verschiedener EU-Mitgliedsstaaten, ist eine **gebrochene innergemeinschaftliche Güterbeförderung** gegeben. Dabei ist jede Beförderung für sich zu beurteilen.

Darüber hinaus sind Beförderungen, die einer innergemeinschaftlichen Güterbeförderung vorangehen (**Vorläufe**) oder sich daran anschließen (**Nachläufe**) und sich auf einen EU-Mitgliedsstaat beschränken, der innergemeinschaftlichen Güterbeförderung gleichgestellt (§ 3b Abs. 3 Satz 3 UStG).

Beispiel: Güterbeförderung mit Vorlauf

Der deutsche Unternehmer U beauftragt den in Deutschland ansässigen Frachtführer S, Güter von Amsterdam nach Dresden zu befördern. S beauftragt den ebenfalls in Deutschland ansässigen Unterfrachtführer F, die Güter von Amsterdam nach Venlo zu bringen. Dort übernimmt S die Güter und befördert sie weiter nach Dresden. Dabei teilt S im Frachtbrief an F den Abgangsort und den Bestimmungsort der Gesamtbeförderung mit. U und S verwenden jeweils ihre deutsche USt-IdNr.

Lösung:

Die Beförderungsleistung des S an seinen Auftraggeber U umfasst nach Abschnitt 42e Abs. 2 Beispiel 2 UStR die Gesamtbeförderung von Amsterdam nach

Dresden. Die Leistung ist in Deutschland steuerbar und steuerpflichtig, da U gegenüber S seine deutsche USt-IdNr. verwendet (§ 3b Abs. 3 Satz 2 UStG). Steuerschuldner in Deutschland ist der leistende Unternehmer S (§ 13a Abs. 1 Nr. 1 UStG). S muss in der Rechnung an U die deutsche Umsatzsteuer gesondert ausweisen (§ 14a Abs. 1 Satz 2 UStG).

Die Beförderungsleistung des F an seinen Auftraggeber S von Amsterdam nach Venlo steht in unmittelbarem Zusammenhang mit einer innergemeinschaftlichen Güterbeförderung und ist deshalb dieser gleichgestellt (§ 3b Abs. 3 Satz 3 UStG). Da S gegenüber F seine deutsche USt-IdNr. verwendet, verlagert sich der Ort der Beförderungsleistung vom Abgangsort Amsterdam nach Deutschland (§ 3b Abs. 3 Satz 2 UStG).

Steuerschuldner in Deutschland ist der leistende Unternehmer F (§ 13a Abs. 1 Nr. 1 UStG). F muss in der Rechnung an S die deutsche Umsatzsteuer gesondert ausweisen (§ 14a Abs. 1 Satz 2 UStG).

10.10.4 Selbständige Nebenleistungen zur innergemeinschaftlichen Güterbeförderung (§ 3b Abs. 2 und 4 UStG)

Werden das **Beladen, Entladen, Umschlagen, Lagern** und ähnliche mit der Beförderung eines Gegenstandes im Zusammenhang stehende Leistungen vom befördernden Unternehmer erbracht, sind sie als **Nebenleistungen** zur Güterbeförderung anzusehen, da diese Leistungen im Vergleich zur Güterbeförderung nebensächlich sind, mit ihr eng zusammenhängen und üblicherweise bei Beförderungsleistungen vorkommen. Solche Nebenleistungen zu einer Güterbeförderung teilen deren umsatzsteuerliches Schicksal (Abschnitt 42f Abs. 1 UStR).

Sind solche **Nebenleistungen** jedoch als **selbständige Leistungen** anzusehen, so gelten die Bestimmungen des § 3b Abs. 2 und 4 UStG (die denen der Güterbeförderung entsprechen). Nebenleistungen gelten als selbständig, wenn diese Leistungen von einem anderen Unternehmer (Subunternehmer) als dem Transporteur ausgeführt werden. Sie sind grundsätzlich dort zu besteuern, wo der Unternehmer jeweils ausschließlich oder zum wesentlichen Teil tätig wird (§ 13b Abs. 2 UStG). Eine Verlegung des Leistungsorts ist möglich, wenn die verwendete USt-IdNr. von einem anderen EU-Mitgliedsstaat stammt als demjenigen, in dem der leistende Unternehmer ausschließlich oder zum wesentlichen Teil tätig wird (§ 3b Abs. 4 UStG).

10.10.5 Vermittlungsleistungen im Zusammenhang mit innergemeinschaftlichen Güterbeförderungen (§§ 3b Abs. 5 und 6 UStG)

§ 3b Abs. 5 und 6 UStG enthalten (von § 3a Abs 2 Nr. 4 UStG abweichende) Ortsbestimmungen für Vermittlungsleistungen. Eine Vermittlungsleistungen im Zusammenhang mit einer innergemeinschaftlichen Güterbeförderung liegt vor, wenn der Vermittler den Beförderungsvertrag im Namen und für Rechnung seines Auftraggebers abschließt (Abschnitt 42g Abs. 1 UStR).

Die Vermittlung einer innergemeinschaftlichen Güterbeförderung wird grundsätzlich an dem Ort erbracht, an dem die Beförderung des Gegenstandes beginnt (§ 3b Abs. 5 Satz 1 UStG). Verwendet jedoch der Empfänger der Vermittlungsleistung eine USt-IdNr., die ihm von einem anderen EU-Mitgliedsstaat erteilt worden ist, gilt die

Vermittlungsleistung als in dem Gebiet des anderen Mitgliedsstaates ausgeführt (§ 3b Abs. 5 Satz 2 UStG). Entsprechendes gilt für die Vermittlung von mit einer innergemeinschaftlichen Güterbeförderung zusammenhängenden selbständigen Nebenleistungen (§ 3b Abs. 6 UStG).

Kontrollfragen

1. *Wie sind Vermittlungsleistungen im Zusammenhang mit innergemeinschaftlichen Lieferungen steuerlich zu behandeln?*
2. *Wie sind grenzüberschreitende Beförderungen grundsätzlich steuerlich geregelt?*
3. *Worin unterscheiden sich steuerlich grenzüberschreitende Güterbeförderungen zwischen In- und Drittland gegenüber solchen innerhalb der EU?*
4. *Welches sind die allgemeinen Tatbestandsvoraussetzungen der innergemeinschaftlichen Güterbeförderung?*
5. *Was ist unter einer gebrochenen innergemeinschaftlichen Güterbeförderung zu verstehen? Wie sind Vor- und Nachläufe zu behandeln.*
6. *Unter welchen Bedingungen sind Leistungen wie Beladen, Entladen, Lagern u.Ä. selbständige Nebenleistungen, wann unselbständige?*
7. *Welche Unterschiede bestehen zwischen Vermittlungsleistungen im Zusammenhang mit innergemeinschaftlichen Lieferungen und solchen im Zusammenhang mit innergemeinschaftlichen Beförderungsleistungen?*

Aufgabe 3.27 *Innergemeinschaftliche Beförderungsleistung gegenüber einem Unternehmer S. 440*

Aufgabe 3.28 *Innergemeinschaftliche Beförderungsleistung gegenüber Privatkunden S. 440*

Aufgabe 3.29 *Innergemeinschaftliche Beförderungsleistung mit Subunternehmern S. 440*

4. HAUPTTEIL: FACHBEZOGENES ENGLISCH

Bearbeitet von: Cornelia Wobbermin, beeidigte Verhandlungsdolmetscherin

1   Englisch/Deutsch

A

accounting for contingencies	Bilanzierung von Rückstellungen
accounting for income taxes	Bilanzierung von Ertragsteuern
accounting for income taxes in interim periods	Bilanzierung von Ertragsteuern in Zwischenberichten
accounting for investments in associates	Bilanzierung von Anteilen an assoziierten Unternehmen
accounting for investments in subsidiaries	Bilanzierung von Anteilen an Tochterunternehmen
accounting for leases (US-GAAP)	Leasing-Bilanzierung
accounting policies	Bilanzierungs- und Bewertungsmethoden
accounting policies and explanatory notes	Bilanzierungs- und Bewertungsmethoden sowie erläuternde Anhangangaben
accounts and notes payable – to trade creditors – to related companies – to others	Verbindlichkeiten, kurzfristige – aus Lieferungen und Leistungen – gegenüber verbundenen Unternehmen und Gesellschaften – gegenüber Kreditinstituten, Eigentümer
accounts and notes receivable – trade receivables – notes receivable – other receivables	Forderungen – Forderungen aus Lieferungen und Leistungen – Wechselforderungen – sonstige Forderungen
accrual basis of accounting	periodengerechte Erfolgsermittlung
accrual principle	Grundsatz der Periodenabgrenzung
accruals – for contract losses – for involuntary termination benefits	Rückstellungen für bestandssichere Verpflichtungen – Rückstellungen für drohende Verluste – Rückstellungen für Personalstrukturmaßnahmen

accumulated losses (IAS)	angesammelter Verlust
accumulated profit (IAS)	angesammelter Gewinn
acquisition	Erwerb, Anschaffung, Kauf
acquisition of non-current financial assets	Auszahlungen für Investitionen in das Finanzanlagevermögen
acquisition of subsidiaries and business units	Auszahlungen aus dem Erwerb von konsolidierten Unternehmen und sonstigen Geschäftseinheiten
actuarial gains and losses	versicherungsmathematische Gewinne und Verluste
additional paid-in capital (US-GAAP)	Kapitalrücklage
administrative expenses (IAS)	Verwaltungsaufwendungen
administrative or general expenses (US-GAAP)	Verwaltungskosten, allgemeine
aircraft	Flugzeuge
allowance	Freibetrag, Rabatt, Vergütung
allowed alternative treatment (IAS)	Methode, zulässige alternative
American depository receipts	Handel von Aktien über Anteilsscheine in den USA
amortiz(s)ation	Abschreibung
amortization expense	Abschreibungen auf immaterielle Vermögenswerte
amortization of capitalized loan discount/disagio	Abschreibung auf ein aktiviertes Disagio
amortized cost	Anschaffungskosten, fortgeführte
appendix	Anhang, erläuternder
asset, backed	Forderung, gedeckt
asset deal	Kauf eines Unternehmens durch Bewertung der Aktiva und Passiva
asset, qualifying	qualifizierter Vermögenswert mit erheblicher Anschaffungs- oder Herstellungsdauer
assets	Vermögenswerte, Aktiva
assets to be held and used	Vermögenswerte, weiterhin betrieblich genutzte
associates	Unternehmen, assoziierte
at amortized cost	Bewertung zu fortgeführten Anschaffungskosten
at cost	Bewertung zu Anschaffungskosten im Konzern

at its cost	Bewertung zu Anschaffungskosten
at equity	Bewertung, equity- im Konzern- abschluss
available-for-sale securities	Wertpapiere, jederzeit veräußerbare
average rate	Durchschnittskurs

B

badwill	Unterschiedsbetrag, negativer aus der Kapitalkonsolidierung (»schlechte Zukunftsaussichten«)
balance between benefit and cost	Abwägung von Nutzen und Kosten
balance between qualitative character- istics	Abwägung der qualitativen Anforderun- gen an den Abschluss
balance sheet	Bilanz
bank overdrafts	Kontokorrentkredite
basis for conclusions	Hintergrundmaterialien
basis of preparation	Grundlagen der Aufstellung des Ab- schlusses
beggar my neighbour-policy	Politik, »die meinen Nachbarn zum Bettler macht«
benchmark treatment (IAS)	Methode, bevorzugte
best estimate	Schätzung, bestmögliche
billings in excess of costs and profit (US-GAAP)	Bilanzposition für Abrechnungen im Rahmen der Langfristfertigung
board of governors	Rat der Gouverneure, Gouverneurs- rat
bond – convertible – dual currency – warrant – zero	Anleihe – Wandel- – Doppelwährungs- – Options- – Null-Kupon-
bonds	Wertpapiere, festverzinsliche
bonds payable	Anleihen, Verpflichtungen aus
bonds, mortgages, and other long-term debt, included capitalized leases (US-GAAP)	Wertpapiere, ausgegebene des Fremd- kapitals, langfristige Darlehen
borrowing costs	Fremdkapitalkosten
broker	Makler
buildings	Gebäude

business combinations	Unternehmenszusammenschlüsse
business corporation	Aktiengesellschaft (AG)
business segment	Geschäftssegment

C

capital	Eigenkapital
capital and reserves	Eigenkapital und Rücklagen
capital lease (US-GAAP)	Finanzierungsleasing
capital stock (US-GAAP)	gezeichnetes Kapital
carrying amount	Buchwert
case law	Recht auf Basis von privatrechtlichen Normierungsgremien, das durch Richter einzelfallbezogen entschieden wird
cash and cash equivalents (IAS)	Zahlungsmittel und Zahlungsmitteläquivalente
cash and cash items (US-GAAP)	Zahlungsmittel und Zahlungsmitteläquivalente
cash flow statements (IAS)	Kapitalflussrechnungen
cash flows from financing activities	Cashflow aus der Finanzierungstätigkeit
cash flows from investing activities	Cashflow aus der Investitionstätigkeit
cash flows from operating activities	Cashflow aus laufender Geschäftstätigkeit
cash funds at the beginning of period	Finanzmittelfonds am Anfang der Periode
cash funds at the end of period	Finanzmittelfonds am Ende der Periode
cash paid to suppliers and employees	Auszahlungen an Lieferanten und Beschäftigte
cash payments to owners and minority shareholders (dividends, acquisition of enterprise's shares, redemption of shares, other distributions)	Auszahlungen an Unternehmenseigner und Minderheitsgesellschafter (Dividenden, Erwerb eigener Anteile, Eigenkapitalrückzahlungen, andere Ausschüttungen)
cash proceeds from issuing bonds/loans and short or long-term borrowings	Einzahlungen aus der Begebung von Anleihen und der Aufnahme von (Finanz-)Krediten
cash receipts from customers from the sale of goods and services	Einzahlungen von Kunden für den Verkauf von Erzeugnissen, Waren und Dienstleistungen

cash receipts from the issue of capital (capital increases, sale of enterprise's shares, etc.)	Einzahlungen aus Eigenkapitalzuführungen (Kapitalerhöhungen, Verkauf eigener Anteile, etc.)
cash repayments of bonds/loans or short or long-term borrowings	Auszahlungen aus der Tilgung von Anleihen und (Finanz-)Krediten
ceiling (US-GAAP)	Vorratsbewertung, Obergrenze der
change in cash funds from cash relevant transactions	Veränderungen, zahlungswirksame des Finanzmittelfonds
change in cash funds from exchange rate movements, changes in group structure and in valuation procedures for cash funds	Änderungen, wechselkurs-, konsolidierungskreis- und bewertungsbedingte des Finanzmittelfonds
changes in inventories of finished goods and work in progress	Bestandsveränderungen an Fertigerzeugnissen und unfertigen Erzeugnissen
characteristics of financial statements	Anforderungen, qualitative an Jahresabschlüsse
cif (cost, insurance, freight)	Kosten, Versicherung, Fracht
claims	Nachforderungen
clean payment	Zahlungsabwicklung, ungesicherte
closing rate	Stichtagskurs
code law	Recht auf Basis von gesetzlichen Vorschriften
commercial papers	Inhaberteilschuldverschreibungen von Unternehmen
commitments	Verpflichtungen
commitments and contingent liabilities (US-GAAP)	Außenverpflichtungen, unsichere
common stock	Stammaktienkapital
comparability	Kriterium der Vergleichbarkeit
comparable uncontrolled price method	Preisvergleichsmethode
comparative information	Darstellung mit Vorjahresangaben
completed-contract method (HGB/US-GAAP)	Auftragsfertigung, langfristige nach der CC-Methode
completeness	Kriterium der Vollständigkeit
components of financial statements	Bestandteile des Abschlusses
comprehensive income (US-GAAP)	Gewinn nach US-GAAP unter Einbeziehung von erfolgsneutralen Eigenkapitalveränderungen, die nicht durch Eigentümer verursacht sind

conservatism (US-GAAP)	Imparitätsprinzip
consistency of presentation	Prinzip der Darstellungsstetigkeit
consolidated financial statements	Konzernabschluss
consolidation of all majority-owned sub-sidaries (US-GAAP)	Vollkonsolidierung
consolidation, proportionate	Quotenkonsolidierung
constraints	Beschränkungen
construction in progress (US-GAAP)	Anlagen im Bau
contingencies	Erfolgsunsicherheiten
contingent assets	Eventualforderungen
contingent liabilities	Eventualschulden, unsichere Außenver-pflichtungen
contract costs	Auftragskosten
contract losses	drohende Verluste
contract revenue	Auftragserlöse
control	Einfluss, beherrschender
corporate income tax	Körperschaftsteuer
cost	Anschaffungskosten
cost model	Anschaffungskostenmodell
cost of goods sold (US-GAAP)	Herstellungskosten, Umsatzkosten
cost-plus method	Kostenaufschlagsmethode
costs and profit in excess of billing (US-GAAP)	Bilanzposition für Abrechnungen im Rahmen der Langfristfertigung
costs of conversion	Herstellungskosten
costs of purchase	Anschaffungskosten
costs of sales	Umsatzkosten (Herstellungskosten)
cost-to-cost method	Kostenvergleichsmethode bei der Lang-fristfertigung
cumulative effect of a change in accounting principles (net of tax)	Aufwendungen/Erträge (netto) durch Wechsel der Bilanzierungsmethoden
cumulative translation adjustment (US-GAAP)	Rücklage für Währungsdifferenzen
currency option	Devisenoption
current assets	Vermögenswerte, kurzfristige, Umlauf-vermögen
current cost	Tageswert, Wiederbeschaffungskosten
current liabilities	Schulden/Verbindlichkeiten, kurzfristige

current market value	Marktwert
current portion of interest-bearing borrowings	kurzfristiger Teil der Darlehen, verzinsliche
current rate method	Stichtagskursmethode
current replacement costs	Wiederbeschaffungskosten
customer lists	Kundenlisten
customer loyalty	Kundenloyalität
customer relationships	Kundenbeziehungen
dealing-at-arms-length-principle	Fremdvergleichsgrundsatz

D

debt securities	Gläubigerpapiere
debt service ratio	Schuldendienstquote
decision usefulness (US-GAAP)	Kriterium der entscheidungsnützlichen Information
deducted costs	Minderungen
deferral	Rechnungsabgrenzungsposten
deferred credits	Rechnungsabgrenzungsposten, passive antizipative
deferred income	Rechnungsabgrenzungsposten, passive transitorische
deferred payment	Terminzahlung, Stundung des Kaufpreises
deferred tax assets	Steuerlatenzen, aktive
deferred tax liabilities	Steuerlatenzen, passive
definitions	Definitionen
deport	Terminabschlag
depreciation	Abschreibung
depreciation and amortization expense	Aufwand für planmäßige Abschreibungen
depreciation expense	Abschreibungen auf Sachanlagen
derivative financial instruments (derivatives)	Finanzinstrumente, derivative
development costs	Entwicklungskosten
diminishing balance method	Abschreibungsmethode, degressive
directly related costs	Einzelkosten
disclosures	erläuternde Angaben
discontinued operations (US-GAAP)	Unternehmensbereiche, einzustellende

discontinuing operations (IAS)	Unternehmensbereiche, einzustellende
discount	Deport, Abschlag, Disagio
distribution costs	Vertriebskosten
dividend	Dividende
documentary credit	Dokumentenakkreditiv
documents against payment (D/P)	Dokumente gegen Zahlung
doubtful account	Forderungen, zweifelhafte
duties	Zölle

E

earnings (US-GAAP)	Periodenerfolg nach US-GAAP ohne aperiodische Aufwendungen und Erträge, einschließlich außerbetrieblicher Aufwendungen und Erträge
earnings per share	Ergebnis je Aktie
economies of scale	Skaleneffekte, Kostenvorteile
effective date	Zeitpunkt des Inkrafttretens
effects of changes in foreign exchange rates	Währungsumrechnung
elements of financial statements	Abschlussposten
employee benefits	Leistungen an Arbeitnehmer
employers' accounting for pensions	Bilanzierung von Zusagen an Mitarbeiter
entity theory	Einheitstheorie
equity	Eigenkapital
equity and liabilities	Eigenkapital und Schulden
equity in profit/loss of affiliated companies	Beteiligungserträge/-aufwendungen
equity securities	Teilhaberpapiere
ex works	ab Werk
excess of acquired net assets over cost (US-GAAP)	Unterschiedsbetrag, negativer
exchange differences	Fremdwährungsdifferenzen
expenditure on development	Entwicklungskosten
expenditure on research	Forschungsaufwendungen
expenditure, subsequent	nachträgliche Anschaffungs- oder Herstellungskosten
expenses	Aufwendungen, betriebsbedingte
explanatory notes	Angaben, erläuternde

extraordinary items	Posten, außerordentliche
extraordinary items (net of tax)	Ereignisse, ungewöhnliche und seltene (netto)

F

factoring	Forderungsabtretung
fair presentation	Darstellung eines den tatsächlichen Verhältnissen entsprechenden Bildes
fair value	Zeitwert, beizulegender oder Kurswert
fair value model	Modell des beizulegenden Zeitwerts
faithful representation (IAS)	Kriterium der Richtigkeit und Abbildungstreue
fas (free alongside ship)	frei Längsseite Seeschiff
feedback value	Kriterium der Erwartungsüberprüfung
finance cost	Finanzierungsaufwendungen
finance gains	Erträge, sonstige betriebliche
finance lease (IAS)	Finanzierungsleasing
finance revenues	Zinserträge
financial assets	Finanzanlagen
financial reporting of interests in joint ventures	Rechnungslegung über Anteile an Gemeinschaftsunternehmen
financial review by management (IAS)	Bericht über die Unternehmenslage
financial statements	Jahresabschluss
financing activities	Finanzierungstätigkeit
finished goods	Erzeugnisse, fertige
fishing licenses	Fischereilizenzen
fixed assets schedule (US-GAAP)	Anlagenspiegel
floating rate note	Anleihe mit variabler Verzinsung (floater)
floor (US-GAAP)	Vorratsbewertung, Untergrenze der
fob (free on board)	frei an Bord
foreign entities	Auslandsunternehmen, selbständige
foreign operations	Betriebsstätten, unselbständige ausländische
forward contract	Devisentermingeschäft
forward rate	Terminkurs
framework	Rahmenkonzept
franchises	Franchiseverträge

function of expense method	Umsatzkostenverfahren
functional currency	Währung, funktionale
furniture and fixtures	Betriebsausstattung
future economic benefits	Nutzen, künftiger wirtschaftlicher
futures	Währungsterminkontrakte

G

gains	Erträge, sonstige
general partnership	offene Handelsgesellschaft (OHG)
geographical segment	Segment, geographisches
going concern	Unternehmensfortführungsprinzip
goodwill	Geschäfts- oder Firmenwert
goodwill-type assets (US-GAAP)	Vermögenswerte, immaterielle nicht identifizierbare
government grants	Zuschüsse, öffentliche
gross amount due from customers for contract work	Forderungen aus Aufträgen in Bearbeitung
gross amount due to customers for contract work	Verpflichtungen aus Aufträgen in Bearbeitung
gross profit/margin	Bruttogewinn/Bruttoergebnis vom Umsatz

H

hedging	Absicherung gegen Wechselkurs- oder Zinsänderungen durch den Abschluss von Gegengeschäften
held-to-maturity securities	Wertpapiere, bis zum Ende der Laufzeit gehaltene
historical cost	Anschaffungs- oder Herstellungskosten, historische
»House of GAAP«	Struktur, hierarchische der US-GAAP-Vorschriften

I

identifiability	Identifizierbarkeit
impairment of assets	Wertminderung von Vermögenswerten
impairment of long-lived assets	Abschreibung auf langfristige Vermögenswerte

impairment test	Niederstwerttests
impairment-only approach (US-GAAP)	Abschreibung eines Geschäftswerts, außerplanmäßige
import cover	Importdeckung
import duties	Einfuhrzölle
import quotas	Importquoten
incentive payments	Prämien
income	Erträge
income from associates	Erträge aus assoziierten Unternehmen
income from operations	Betriebsergebnis
income statement – on the face of the	Gewinn- und Verlustrechnung – im Rahmen der
income tax	Einkommensteuer
income tax expense	Ertragsteueraufwand
income taxes	Ertragsteuern
increase/decrease in accruals	Zunahme/Abnahme der Rückstellungen
increase/decrease of inventories, trade receivables and other assets not attributable to investing or financing activities	Zunahme/Abnahme der Vorräte, der Forderungen aus Lieferungen und Leistungen sowie anderer Aktiva, die nicht der Investitions- oder Finanzierungstätigkeit zuzuordnen sind
increase/decrease of trade payables and other liabilities not attributable to investing or financing activities	Zunahme/Abnahme der Verbindlichkeiten aus Lieferungen und Leistungen sowie anderer Passiva, die nicht der Investitions- oder Finanzierungstätigkeit zuzuordnen sind
indebtedness of related parties	Beteiligungen, langfristige an verbundenen Unternehmen
indebtedness to related parties	Schulden, langfristige gegenüber eng verbundenen Unternehmen oder Personen
individual company financial statements	Einzelabschluss
initial margin	Sicherheitsleistung
intangible assets	Vermögenswerte, immaterielle
interest bearing borrowings	Darlehen, verzinsliche
interest expenses	Zinsaufwendungen
interest income	Zinserträge
interest rate futures	Zins-Futures
interim financial reporting	Zwischenberichterstattung

inventories	Vorräte
investing activities	Investitionstätigkeit
investment property (IAS)	Immobilien, als Finanzinvestition gehaltene
investments accounted for using the equity method	Beteiligungen, die at equity bewertet sind
investments in associates	Anteile an assoziierten Unternehmen
investments in subsidiaries	Anteile an Tochterunternehmen
involuntary termination benefits	Personalstrukturmaßnahmen
irrevocable credit	Akkreditiv, unwiderrufliches
issuance of capital stock	Kapitalerhöhung
issued capital (IAS)	gezeichnetes Kapital
items	Positionen

J

joint ventures	Gemeinschaftsunternehmen
jointly controlled entities	Gemeinschaftsunternehmen, anteilsmäßig in den Konzernabschluss einbezogene

L

lagging	Zahlungsverzögerung
land	Grundstücke, unbebaute
land and buildings	Grundstücke und Gebäude
lead manager	Konsortialführer
leading	Vorziehen von Zahlungen
leasehold improvements	Mietereinbauten
leases	Leasingverhältnisse
lessee	Leasingnehmer
lessor	Leasinggeber
liabilities – determinable (US-GAAP)	Schulden/Verbindlichkeiten – rechtlich entstandene
liabilities and stockholders' equity (US-GAAP)	Passiva (Schulden und Eigenkapital)
likeliness to occur	Wahrscheinlichkeit des Eintritts eines Ereignisses

limited partnership	Kommanditgesellschaft (KG)
listing	Notierung einer Aktie
long-term debt	Schulden, langfristige
long-term investments	Wertpapiere des Anlagevermögens, Beteiligungen, Ausleihungen
loss contingencies (US-GAAP)	Verpflichtungen, am Bilanzstichtag rechtlich noch nicht entstandene und in ungewisser Höhe
loss on impairment	Abschreibungen auf Wertpapiere
losses	Aufwendungen, sonstige nicht betriebsbedingte
lower of cost or market (US-GAAP)	Niederstwerttest für Vorräte
lucky buy	Unterschiedsbetrag, negativer aus der Kapitalkonsolidierung (»Schnäppchen«)

M

machinery and equipment	technische Maschinen und Anlagen
maintenance margin	Mindestquote
majority-owned subsidiaries	Unternehmen, verbundene
managed floating	Floaten, schmutziges
management approach	Managementansatz der Segmentberichterstattung
management's discussion and analysis of financial condition and results of operations (MD&A) (US-GAAP)	»Lagebericht« nach US-GAAP
manufacturing licenses	Produktionslizenzen
margin account	Sicherheitskonto
market share	Marktanteile
market value	Markt- oder Verkehrswert
marketable securities	Wertpapiere, marktfähige
marketing rights	Absatzrechte
matching	Zuordnung von Verrechnungsmöglichkeiten im konzerninternen Zahlungsverkehr
matching principle	Zuordnung von Aufwendungen zu Erträgen
mate's receipt	Steuermannsquittung

materiality	Wesentlichkeit
materials	Rohstoffe
measurability	Messbarkeit
members	Mitglieder
merchandise	Waren
merger	Fusion, Verschmelzung, Zusammenschluss
minority interest	Minderheitsanteile
more likely than not	Eintrittswahrscheinlichkeit über 50 %
mortgage servicing rights	Hypothekenbedienungsrechte
mortgages	Hypotheken
motion picture films	Filmmaterial
motor vehicles	Kraftfahrzeuge

N

nature of expense method	Gesamtkostenverfahren
negative goodwill (IAS)	Unterschiedsbetrag, negativer
net income/net loss (US-GAAP)	Jahresüberschuss/-fehlbetrag
net profit/loss for the period (IAS)	Periodengewinn/-verlust
net profit from ordinary activities	Ergebnis aus der gewöhnlichen Tätigkeit
net realiz(s)able value	Nettoveräußerungswert, Nettoverkaufswert
net result including minority's share of result before extraordinary items	Periodenergebnis einschließlich Ergebnisanteilen von Minderheitsgesellschaftern vor außerordentlichen Posten
net sales revenue (US-GAAP)	Nettoumsatzerlöse
net selling price	Nettoveräußerungspreis
netting	Forderungen, konzerninterne Saldierung von wechselseitigen
neutrality	Kriterium der Willkürfreiheit oder Neutralität
non-current assets	Vermögenswerte, langfristige; Anlagevermögen
non-current interest-bearing liabilities	Schulden, langfristige verzinsliche
non-current liabilities	Schulden, langfristige

non-financial disclosures	Angaben, nicht finanzielle
non-operating section	Tätigkeit, betriebsfremde
non-reversal of an impairment loss	Zuschreibungsverbot
notes	Anhang zu Bilanz und GuV
notes payable	Schuldwechsel
notes receivable	Besitzwechsel

O

objective	Zielsetzung eines IAS
office equipment	Geschäftsausstattung
offsetting	Saldierungsverbot
operate lease (IAS)	Miet-Leasing
operating activities	Geschäftstätigkeit, laufende
operating lease (US-GAAP)	Miet-Leasing
operating section	Betriebstätigkeit
operating segments	Segmente, operative
option – call – currency – interest rate – put – traded	Option – Kauf- – Devisen- – Zins- – Verkaufs- – börsengehandelte Devisen-
other assets	Vermögenswerte, sonstige langfristige (z. B. nicht betriebsnotwendige Anlagen)
other cash payments, not attributable to investing or financing activities	Auszahlungen, sonstige, die nicht der Investitions- oder Finanzierungstätigkeit zuzuordnen sind
other cash receipts, not attributable to investing or financing activities	Einzahlungen, sonstige, die nicht der Investitions- oder Finanzierungstätigkeit zuzuordnen sind
other comprehensive income (US-GAAP)	Eigenkapitalveränderungen, erfolgsneutrale, die nicht durch Eigentümer verursacht sind
other costs directly attributable	Nebenkosten
other current assets	Gegenstände des Umlaufvermögens, sonstige
other current liabilities	Schulden, sonstige kurzfristige

other deferred credits (US-GAAP)	Rückstellungen, langfristige, wie z. B. Leasing-, Pensionsverpflichtungen etc.
other expenses/losses	Aufwendungen, sonstige betriebliche
other financial assets/investments	Finanzanlagen, andere
other financial disclosures	Angaben, andere finanzielle
other liabilities	Schulden, sonstige langfristige
other non-cash income and expenses (e. g. amortization of capitalized loan discount/disagio)	Aufwendungen/Erträge, sonstige zahlungsunwirksame (bspw. Abschreibung auf ein aktiviertes Disagio)
other operating expenses	Aufwendungen, sonstige betriebliche
other operating income	Erträge, sonstige betriebliche
other payables	Verbindlichkeiten, sonstige
other receivables	Forderungen, sonstige
other revenues/gains	Erträge, sonstige betriebliche
outstanding debts	Schulden
over the counter	Termingeschäfte, individuell vereinbarte
overheads	Gemeinkosten, systematisch zugerechnete
overriding principle	Rechnungslegungsgrundsatz, genereller, kann Einzelvorschrift brechen
owner-occupied investment	Sachanlagevermögen, betriebsnotwendiges

P

parent company theory	Interessentheorie
partnership	offene Handelsgesellschaft (OHG)
patents	Patente
payments relating to the short-term financial management of cash investments	Auszahlungen aufgrund von Finanzmittelanlagen im Rahmen der kurzfristigen Finanzdisposition
percentage-of-completion method (US-GAAP)	Auftragsfertigung, langfristige nach der PoC-Methode
per-country-limitation	Saldierungsverbot der Höchstbeträge anrechenbarer ausländischer Steuern
phase-out-period of discontinued operations (US-GAAP)	einzustellende Bereiche, zeitliche Beschränkung der Vorgänge auf ein Jahr
pooling of interests method	Interessenzusammenführungsmethode

power	Machtausübung
predictive value	Voraussagetauglichkeit
preface	Vorwort
preferred stock	Vorzugsaktienkapital
preliminary project stage	Planungsphase
premium	Report, Aufschlag
prepaid expenses	Rechnungsabgrenzungsposten, aktive transitorische
prepayments	Vorauszahlungen
present (or discounted) value of future cash flows (US-GAAP)	Barwert zukünftiger Zahlungen
present value (IAS)	Barwert
primary financial instruments	Finanzinstrumente, originäre
primary reporting format	Hauptkriterium für Segmentberichterstattung
private company limited by shares (Ltd)	Gesellschaft mit beschränkter Haftung (GmbH)
probability of future economic benefit	Erreichen einer Mindestwahrscheinlichkeit
proceeds from disposals of intangible assets	Einzahlungen aus Abgängen von Gegenständen des immateriellen Anlagevermögens
proceeds from disposals of non-current financial assets	Einzahlungen aus Abgängen von Gegenständen des Finanzanlagevermögens
proceeds from disposals of property, plant and equipment	Einzahlungen aus Abgängen von Gegenständen des Sachanlagevermögens
profit after tax	Gewinn nach Steuern
profit before tax	Ergebnis vor Steuern
profit from operations	Gewinn der betrieblichen Tätigkeit
profit/loss on disposals of property, plant and equipment	Gewinn/Verlust aus dem Abgang von Gegenständen des Anlagevermögens
projected unit credit method	Anwartschaftsbarwertverfahren
promissory note	Solawechsel
property, plant and equipment	Sachanlagen
provisions	Rückstellungen
prudence	Vorsichtskriterium

public company limited by shares (Plc)	Aktiengesellschaft (AG)
purchase method	Erwerbsmethode
purchase of intangible assets	Auszahlungen für Investitionen in das immaterielle Anlagevermögen
purchase of property, plant and equipment	Auszahlungen für Investitionen in das Sachanlagevermögen
purchase price	Anschaffungspreis

Q

qualifying asset	qualifizierter Vermögenswert mit erheblicher Anschaffungs- oder Herstellungsdauer
qualitative characteristics of financial statements	qualitative Anforderungen an Jahresabschlüsse

R

raw material and consumables used	Roh-, Hilfs- und Betriebsstoffe
realizable value	Veräußerungswert von Aktiva
realization principle	Realisationsprinzip
rebates	Rabatte
rebuttable presumption	Vermutung, widerlegbare
receipts and payments for extraordinary items	Ein- und Auszahlungen aus außerordentlichen Posten
receipts and payments for extraordinary items	Ein- und Auszahlungen aus außerordentlichen Posten
receipts from the disposal of subsidiaries and business units	Einzahlungen aus dem Verkauf von konsolidierten Unternehmen und sonstigen Geschäftseinheiten
receipts relating to the short-term financial management of cash investments	Einzahlungen aufgrund von Finanzmittelanlagen im Rahmen der kurzfristigen Finanzdisposition
receivables originated by the enterprise	Forderungen, vom Unternehmen ausgereichte
recognition criteria	Ansatzkriterien
reconciliation	Überleitungsrechnung
reconciliation of the carrying amount at the beginning and end of the period of each class of property, plant and equipment (IAS)	Anlagenspiegel für Sachanlagen

recoverability test (US-GAAP)	Wertaufholungstest
recoverable amount	erzielbarer Betrag
reformatted versions of IAS	redaktionell überarbeitete und umgegliederte IAS
related parties	nahe stehende Unternehmen und Personen
related party disclosures	Angaben über Beziehungen zu nahe stehenden Unternehmen und Personen
relevance	Kriterium der Entscheidungsrelevanz
reliability	Kriterium der Verlässlichkeit
reliability of measurement	Kriterium der Verlässlichkeit der Bewertung
remote	unwahrscheinlich
report	Terminaufschlag
reporting accounting changes in interim financial statements	Berichterstattung über die Veränderung der Bilanzierungsmethoden in Zwischenberichten
representational faithfulness (US-GAAP)	Kriterium der Abbildungstreue
resale price method	Wiederverkaufspreismethode
reserves	Rücklagen
restoration	Wertaufholung
retained earnings	Gewinnrücklagen
retirement benefit obligation	Pensionsverpflichtungen
revaluation	Neubewertung
revaluation reserve	Neubewertungsrücklage
revenue(s) (IAS)	Umsatzerlöse, Erträge, betriebsbedingt
reversals of an impairment loss	Wertaufholungen bei außerplanmäßigen Abschreibungen
review	Durchsicht
revised	überarbeitet
revised versions of IAS	IAS, vollständig überarbeitete
revocable credit	Akkreditiv, widerrufliches
risks and rewards approach	Industriespartenkonzept der Segmentberichterstattung

S

sale and lease back transaction	Verkauf und anschließende Anmietung von Anlagegegenständen
sales discounts, sales returns and allowances	Rabatte, Skonti, Retouren
sales revenues (US-GAAP)	Umsatzerlöse
scope	Anwendungsbereich eines IAS
secondary reporting format	Nebenkriterium der Segmentbericht-erstattung
securities – available-for-sale – debt – equity – held-to-maturity – of related parties – trading	Wertpapiere – zur Veräußerung verfügbare – Gläubiger- – Teilhaber- – bis zur Endfälligkeit gehaltene – von verbundenen Unternehmen – zu Handels- oder Spekulations-zwecken gehaltene
securitization	Kreditbeziehungen, Verbriefung von
segment – business – geographical – -reporting	Segment – Geschäftssegment – geographisches – -berichterstattung
selected financial data (US-GAAP)	Finanzdaten, ausgewählte
selling costs/expenses	Vertriebskosten
selling group	Platzierungsgruppe
settlement value	Erfüllungswert von Schulden
share capital	gezeichnetes Kapital
share deal	Kauf eines Unternehmens durch Tausch von Anteilen
share premium	Agio
ships	Schiffe
short-term investments/marketable securities	Wertpapiere, kurzfristige marktfähige Wertpapiere
short-term borrowings	Darlehen, kurzfristige
single entity financial statements	Einzelabschluss
small caps	Unternehmen, kleine börsennotierte
soft law	privatwirtschaftliche Empfehlungen ohne Rechtskraft
special drawing rights	Sonderziehungsrechte

specific accounting policies	Bilanzierungs- und Bewertungs-methoden, besondere
spot rate	Kassakurs
spread	Aufschlag zum Referenzzinssatz
staff costs	Personalaufwand
stage of completion method (IAS)	Auftragsfertigung, langfristige nach der SoC-Methode
statement of cash flows (US-GAAP)	Kapitalflussrechnungen
statement of changes in equity (IAS)	Eigenkapitalveränderungsrechnung
statement of changes in stockholders' equity (US-GAAP)	Eigenkapitalveränderungsrechnung
statement of comprehensive income (US-GAAP)	Gesamtleistungsrechnung
statement of the accounting policies applied	Bilanzierungs- und Bewertungs-methoden, angewandte
statement of the measurement basis	Bewertungsgrundlagen, Darstellung der angewandten
stockholders' equity (US-GAAP)	Eigenkapital
straight bond	Inhaberschuldverschreibung mit einem festen Zinssatz für die gesamte Lauf-zeit und planmäßiger Tilgung
straight-line method of amortization (US-GAAP)	lineare Abschreibungsmethode
straight-line method of depreciation (IAS)	lineare Abschreibungsmethode
strike price – American style – European style	Basispreis, fest vereinbarter – innerhalb einer Frist – am Ende einer bestimmten Frist
strike rate	Zinsobergrenze, vertraglich festgelegte
subject-to-tax-clause	Rückfallklausel (Rückfall der Steuer-pflicht) bei DBA (Doppelbesteue-rungsabkommen)
subsequent expenditure	Anschaffungs- oder Herstellungskosten, nachträgliche
substance over form	Kriterium der wirtschaftlichen Betrach-tungsweise
summary	Zusammenfassung
sum-of-the-units method (IAS)	Abschreibungsmethode, leistungs-abhängige
sum-of-the-years'-digits method (US-GAAP)	Abschreibungsmethode, arithmetisch-degressive

supplier relationships	Lieferantenbeziehungen
supplies	Hilfs- und Betriebsstoffe
swap – basis – coupon – cross currency – interest	Swap – mit Tausch von variablen Zinsen – mit Tausch von fixen in variable Zinsen – Währungs- – Zins-

T

tax liabilities	Steuerverbindlichkeiten
tax liabilities and assets as required by IAS 12	Steuerschulden und -erstattungs-ansprüche nach IAS 12
tax on extraordinary items	Steuern auf außerordentliche Vorgänge
tax reconciliation	Steuerüberleitung
technical feasibility	Einsatzfähigkeit, technische
temporal method	Zeitbezugsmethode
temporary concept	latente Steuern, Erfassung nach der bilanzorientierten Methode
terms of trade	Austauschverhältnis, reales
timeliness	Kriterium der Aktualität
timing concept	latente Steuern, Erfassung nach der erfolgsorientierten Methode
total assets	Summe der Vermögenswerte = Aktiva (Bilanzsumme)
total current assets	Summe des Umlaufvermögens
total current liabilities	Summe der kurzfristigen Schulden
total equity and liabilities (IAS)	Summe Eigenkapital und Schulden = Passiva (Bilanzsumme)
total liabilities and stockholders' equity (US-GAAP)	Summe Eigenkapital und Schulden = Passiva (Bilanzsumme)
trade and other payables (IAS)	Verbindlichkeiten aus Lieferungen und Leistungen und sonstige Verbindlich-keiten
trade and other receivables (IAS)	Forderungen aus Lieferungen und Leis-tungen und sonstige Forderungen
trade discounts	Skonti
trade receivables	Forderungen aus Lieferungen und Leis-tungen
trading	Spekulationsgeschäfte

trading securities	Wertpapiere, zu Handels- oder Spekulationszwecken gehaltene
transaction exposure	Währungsumtauschrisiko, zahlungsbezogenes
transitional provisions	Übergangsvorschriften
translation exposure	Wechselkursrisiko, bilanzbezogene Betrachtung des
translation reserve (IAS)	Rücklage für Währungsdifferenzen
translation risk	Währungsumtauschrisiko
treasury shares (IAS)	eigene Aktien
treasury stocks (US-GAAP)	eigene Aktien
treaty override	Außerkraftsetzung einer DBA-Bestimmung durch nationales Recht
true and fair view	Kriterium des wahren und richtigen Einblicks in das Unternehmen
trustees (IAS)	Treuhänder

U

underlying assumptions (IAS)	Grundannahmen
understandability	Kriterium der Verständlichkeit
underwriters	Versicherungsagent, Mitglied eines Emissionskonsortiums
unearned income (US-GAAP)	antizipative aktive Rechnungsabgrenzungsposten
uniform accounting policies	einheitliche Bilanzierungs- und Bewertungsmethoden
uniting of interests method (IAS)	Interessenzusammenführungsmethode
unlimited company	Kapitalgesellschaft
unrealized holding gain (US-GAAP)	Gewinn, nicht realisierter
unrealized holding loss (US-GAAP)	Verlust, nicht realisierter
upgrades	Verbesserungen der Funktionalität einer Software
useful life	Nutzungsdauer

V

valuation allowance (US-GAAP)	Sicherheitsabschlag
value in use	Nutzungswert

variations	Abweichungen
verifiability	Kriterium der Nachprüfbarkeit

W

warranty provision	Garantie-/Gewährleistungsverpflich-tungen
work in progress	Erzeugnisse, unfertige
work performed by the enterprise and capitalised	Eigenleistungen, andere aktivierte
write-downs/write-ups on non-current assets	Abschreibungen/Zuschreibungen auf Gegenstände des Anlagevermögens

2   Deutsch/Englisch

A

ab Werk	ex works
Absatzrechte	marketing rights
Abschlussposten	elements of financial statements
Abschreibung	amortiz(s)ation
Abschreibung	depreciation
Abschreibung auf ein aktiviertes Disagio	amortization of capitalized loan discount/disagio
Abschreibung auf langfristige Vermögenswerte	impairment of long-lived assets
Abschreibung eines Geschäftswerts, außerplanmäßige	impairment-only approach (US-GAAP)
Abschreibungen auf immaterielle Vermögenswerte	amortization expense
Abschreibungen auf Sachanlagen	depreciation expense
Abschreibungen auf Wertpapiere	loss on impairment
Abschreibungen/Zuschreibungen auf Gegenstände des Anlagevermögens	write-downs/write-ups on non-current assets
Abschreibungsmethode,	
– arithmetisch-degressive	sum-of-the-years'-digits method (US-GAAP)
– degressive	diminishing balance method
– leistungsabhängige	sum-of-the-units method (IAS)
Absicherung gegen Wechselkurs- oder Zinsänderungen durch den Abschluss von Gegengeschäften	hedging
Abwägung der qualitativen Anforderungen an den Abschluss	balance between qualitative characteristics
Abwägung von Nutzen und Kosten	balance between benefit and cost
Abweichungen	variations
Agio	share premium
Akkreditiv, unwiderrufliches	irrevocable credit
Akkreditiv, widerrufliches	revocable credit
Aktien, eigene	treasury shares (IAS)
Aktien, eigene	treasury stocks (US-GAAP)
Aktiengesellschaft (AG)	business corporation

Aktiengesellschaft (AG)	public company limited by shares (Plc)
als Finanzinvestition gehaltene Immobilien	investment property (IAS)
Änderungen, wechselkurs-, konsolidierungskreis- und bewertungsbedingte des Finanzmittelfonds	change in cash funds from exchange rate movements, changes in group structure and in valuation procedures for cash funds
Anforderungen, qualitative an Jahresabschlüsse	characteristics of financial statements
Angaben über Beziehungen zu nahe stehenden Unternehmen und Personen	related party disclosures
Angaben, andere finanzielle	other financial disclosures
Angaben, erläuternde	explanatory notes
Angaben, nicht finanzielle	non-financial disclosures
angesammelter Gewinn	accumulated profit (IAS)
angesammelter Verlust	accumulated losses (IAS)
Anhang zu Bilanz und GuV	notes
Anhang, erläuternder	appendix
Anlagen im Bau	construction in progress (US-GAAP)
Anlagenspiegel	fixed assets schedule (US-GAAP)
Anlagenspiegel für Sachanlagen	reconciliation of the carrying amount at the beginning and end of the period of each class of property, plant and equipment (IAS)
Anleihe – Wandel- – Doppelwährungs- – Options- – Null-Kupon-	bond – convertible – dual currency – warrant – zero
Anleihen, Verpflichtungen aus	bonds payable
Ansatzkriterien	recognition criteria
Anschaffungs- oder Herstellungskosten, nachträgliche	subsequent expenditure
Anschaffungs- oder Herstellungskosten, historische	historical cost
Anschaffungskosten	cost
Anschaffungskosten	costs of purchase
Anschaffungskosten, fortgeführte	amortized cost
Anschaffungskostenmodell	cost model

Anschaffungspreis	purchase price
Anteile an assoziierten Unternehmen	investments in associates
Anteile an Tochterunternehmen	investments in subsidiaries
antizipative aktive Rechnungsabgrenzungsposten	unearned income (US-GAAP)
Anwartschaftsbarwertverfahren	projected unit credit method
Anwendungsbereich eines IAS	scope
Aufschlag zum Referenzzinssatz	spread
Auftragserlöse	contract revenue
Auftragsfertigung, langfristige nach der CC-Methode	completed-contract method (HGB/US-GAAP)
Auftragsfertigung, langfristige nach der PoC-Methode	percentage-of-completion method (US-GAAP)
Auftragsfertigung, langfristige nach der SoC-Methode	stage of completion method (IAS)
Auftragskosten	contract costs
Aufwand für planmäßige Abschreibungen	depreciation and amortisation expense
Aufwendungen, betriebsbedingte	expenses
Aufwendungen, sonstige betriebliche	other expenses/losses
Aufwendungen, sonstige betriebliche	other operating expenses
Aufwendungen, sonstige nicht betriebsbedingte	losses
Aufwendungen/Erträge (netto) durch Wechsel der Bilanzierungsmethoden	cumulative effect of a change in accounting
Aufwendungen/Erträge, sonstige zahlungsunwirksame (bspw. Abschreibungen auf ein aktiviertes Disagio)	principles (net of tax) other non-cash income and expenses (e.g. amortization of capitalized loan discount/disagio)
Auslandsunternehmen, selbständige	foreign entities
Außenverpflichtungen, unsichere	commitments and contingent liabilities (US-GAAP)
Außerkraftsetzung einer DBA-Bestimmung durch nationales Recht	treaty override
Austauschverhältnis, reales	terms of trade
Auszahlungen an Lieferanten und Beschäftigte	cash paid to suppliers and employees
Auszahlungen an Unternehmenseigner und Minderheitsgesellschafter (Dividenden, Erwerb eigener Anteile,	cash payments to owners and minority shareholders (dividends, acquisition of enterprise's shares, redemption of

Eigenkapitalrückzahlungen, andere Ausschüttungen)	shares, other distributions)
Auszahlungen aufgrund von Finanzmittelanlagen im Rahmen der kurzfristigen Finanzdisposition	payments relating to the short-term financial management of cash investments
Auszahlungen aus dem Erwerb von konsolidierten Unternehmen und sonstigen Geschäftseinheiten	acquisition of subsidiaries and business units
Auszahlungen aus der Tilgung von Anleihen und (Finanz-)Krediten	cash repayments of bonds/loans or short or long-term borrowings
Auszahlungen für Investitionen in das Finanzanlagevermögen	acquisition of non-current financial assets
Auszahlungen für Investitionen in das immaterielle Anlagevermögen	purchase of intangible assets
Auszahlungen für Investitionen in das Sachanlagevermögen	purchase of property, plant and equipment
Auszahlungen, sonstige, die nicht der Investitions- oder Finanzierungstätigkeit zuzuordnen sind	other cash payments, not attributable to investing or financing activities

B

Barwert	present value (IAS)
Barwert zukünftiger Zahlungen	present (or discounted) value of future cash flows (US-GAAP)
Basispreis, fest vereinbarter – innerhalb einer Frist – am Ende einer bestimmten Frist	strike price – American style – European style
Bericht über die Unternehmenslage	financial review by management (IAS)
Berichterstattung über die Veränderung der Bilanzierungsmethoden in Zwischenberichten	reporting accounting changes in interim financial statements
Beschränkungen	constraints
Besitzwechsel	notes receivable
Bestandsveränderungen an Fertigerzeugnissen und unfertigen Erzeugnissen	changes in inventories of finished goods and work in progress
Bestandteile des Abschlusses	components of financial statements
Beteiligungen, die at equity bewertet sind	investments accounted for using the equity method
Beteiligungen, langfristige an verbundenen Unternehmen	indebtedness of related parties

Beteiligungserträge/-aufwendungen	equity in profit/loss of affiliated companies
Betriebsausstattung	furniture and fixtures
Betriebsergebnis	income from operations
Betriebsstätten, unselbständige ausländische	foreign operations
Betriebstätigkeit	operating section
Bewertung zu Anschaffungskosten im Konzern	at cost
Bewertung zu Anschaffungskosten	at its cost
Bewertung zu fortgeführten Anschaffungskosten	at amortised cost
Bewertung, equity- im Konzernabschluss	at equity
Bewertungsgrundlagen, Darstellung der angewandten	statement of the measurement basis
Bilanz	balance sheet
Bilanzierung von Anteilen an assoziierten Unternehmen	accounting for investments in associates
Bilanzierung von Anteilen an Tochterunternehmen	accounting for investments in subsidiaries
Bilanzierung von Ertragsteuern	accounting for income taxes
Bilanzierung von Ertragsteuern in Zwischenberichten	accounting for income taxes in interim periods
Bilanzierung von Rückstellungen	accounting for contingencies
Bilanzierung von Zusagen an Mitarbeiter	employers' accounting for pensions
Bilanzierungs- und Bewertungsmethoden sowie erläuternde Anhangangaben	accounting policies and explanatory notes
Bilanzierungs- und Bewertungsmethoden, besondere	specific accounting policies
Bilanzierungs- und Bewertungsmethoden, angewandte	statement of the accounting policies applied
Bilanzierungs- und Bewertungsmethoden	accounting policies
Bilanzposition für Abrechnungen im Rahmen der Langfristfertigung	billings in excess of costs and profit (US-GAAP)
Bilanzposition für Abrechnungen im Rahmen der Langfristfertigung	costs and profit in excess of billing (US-GAAP)

Bruttogewinn/Bruttoergebnis vom Umsatz	gross profit/margin
Buchwert	carrying amount

C

Cashflow aus der Finanzierungstätigkeit	cash flows from financing activities
Cashflow aus der Investitionstätigkeit	cash flows from investing activities
Cashflow aus laufender Geschäftstätigkeit	cash flows from operating activities

D

Darlehen, kurzfristige	short-term borrowings
Darlehen, verzinsliche	interest bearing borrowings
Darstellung eines den tatsächlichen Verhältnissen entsprechenden Bildes	fair presentation
Darstellung mit Vorjahresangaben	comparative information
Definitionen	definitions
Deport, Abschlag	discount
Devisenoption	currency option
Devisentermingeschäft	forward contract
Disagio	discount
Dividende	dividend
Dokumente gegen Zahlung	documents against payment (D/P)
Dokumentenakkreditiv	documentary credit
drohende Verluste	contract losses
Durchschnittskurs	average rate
Durchsicht	review

E

Eigenkapital	capital
Eigenkapital	equity
Eigenkapital	stockholders' equity (US-GAAP)
Eigenkapital und Rücklagen	capital and reserves
Eigenkapital und Schulden	equity and liabilities

Eigenkapitalveränderungen, erfolgsneutrale, die nicht durch Eigentümer
verursacht sind

other comprehensive income
(US-GAAP)

Eigenkapitalveränderungsrechnung

statement of changes in stockholders'
equity (US-GAAP)

Eigenkapitalveränderungsrechnung

statement of changes in equity (IAS)

Eigenleistungen, andere aktivierte

work performed by the enterprise and
capitalised

Ein- und Auszahlungen aus außerordentlichen Posten

receipts and payments for extraordinary
items

Einfluss, beherrschender

control

Einfuhrzölle

import duties

einheitliche Bilanzierungs- und Bewertungsmethoden

uniform accounting policies

Einheitstheorie

entity theory

Einkommensteuer

income tax

Einsatzfähigkeit, technische

technical feasibility

Eintrittswahrscheinlichkeit über 50 %

more likely than not

Einzahlungen aufgrund von Finanzmittelanlagen im Rahmen der kurzfristigen Finanzdisposition

receipts relating to the short-term financial management of cash investments

Einzahlungen aus Abgängen von Gegenständen des Sachanlagevermögens

proceeds from disposals of property,
plant and equipment

Einzahlungen aus Abgängen von Gegenständen des Finanzanlagevermögens

proceeds from disposals of non-current
financial assets

Einzahlungen aus Abgängen von Gegenständen des immateriellen Anlagevermögens

proceeds from disposals of intangible
assets

Einzahlungen aus dem Verkauf von
konsolidierten Unternehmen und
sonstigen Geschäftseinheiten

receipts from the disposal of subsidiaries
and business units

Einzahlungen aus der Begebung von
Anleihen und der Aufnahme von
(Finanz-)Krediten

cash proceeds from issuing bonds/loans
and short or long-term borrowings

Einzahlungen aus Eigenkapitalzufüh-
rungen (Kapitalerhöhungen, Verkauf
eigener Anteile, etc.)

cash receipts from the issue of capital
(capital increases, sale of enterprise's
shares, etc.)

Einzahlungen von Kunden für den Verkauf von Erzeugnissen, Waren und
Dienstleistungen

cash receipts from customers from the
sale of goods and services

Einzahlungen, sonstige, die nicht der Investitions- oder Finanzierungstätigkeit zuzuordnen sind	other cash receipts, not attributable to investing or financing activities
Einzelabschluss	individual company financial statements
Einzelabschluss	single entity financial statements
Einzelkosten	directly related costs
einzustellende Bereiche, zeitliche Beschränkung der Vorgänge auf ein Jahr	phase-out-period of discontinued operations (US-GAAP)
Entwicklungskosten	development costs
Entwicklungskosten	expenditure on development
Ereignisse, ungewöhnliche und seltene (netto)	extraordinary items (net of tax)
Erfolgsunsicherheiten	contingencies
Erfüllungswert von Schulden	settlement value
Ergebnis aus der gewöhnlichen Tätigkeit	net profit for the period (IAS)
Ergebnis je Aktie	earnings per share
Ergebnis vor Steuern	profit before tax
erläuternde Angaben	disclosures
Erreichen einer Mindestwahrscheinlichkeit	probability of future economic benefit
Erträge	income
Erträge, sonstige	gains
Erträge, sonstige betriebliche	finance gains
Erträge, sonstige betriebliche	other operating income
Erträge, sonstige betriebliche	other revenues/gains
Ertragsteueraufwand	income tax expense
Ertragsteuern	income taxes
Erwerb, Anschaffung, Kauf	acquisition
Erwerbsmethode	purchase method
Erzeugnisse, fertige	finished goods
Erzeugnisse, unfertige	work in progress
erzielbarer Betrag	recoverable amount
Eventualforderungen	contingent assets
Eventualschulden, unsichere Außenverpflichtungen	contingent liabilities

F

Filmmaterial	motion picture films
Finanzanlagen	financial assets
Finanzanlagen, andere	other financial assets/investments
Finanzdaten, ausgewählte	selected financial data (US-GAAP)
Finanzierungsaufwendungen	finance cost
Finanzierungsleasing	capital lease (US-GAAP)
Finanzierungsleasing	finance lease (IAS)
Finanzierungstätigkeit	financing activities
Finanzinstrumente, derivative	derivative financial instruments (derivatives)
Finanzinstrumente, originäre	primary financial instruments
Finanzmittelfonds am Anfang der Periode	cash funds at the beginning of period
Finanzmittelfonds am Ende der Periode	cash funds at the end of period
Fischereilizenzen	fishing licenses
Floaten, schmutziges	managed floating
Flugzeuge	aircraft
Forderungen	accounts and notes receivable
– Forderungen aus Lieferungen und Leistungen	– trade receivables
– Wechselforderungen	– notes receivable
– sonstige Forderungen	– other receivables
Forderungen aus Aufträgen in Bearbeitung	gross amount due from customers for contract work
Forderungen aus Lieferungen und Leistungen	trade receivables
Forderungen aus Lieferungen und Leistungen und sonstige Forderungen	trade and other receivables (IAS)
Forderungen, gedeckte	backed asset
Forderungen, konzerninterne Saldierung von wechselseitigen	netting
Forderungen, sonstige	other receivables
Forderungen, vom Unternehmen ausgereichte	receivables originated by the enterprise
Forderungen, zweifelhafte	doubtful account
Forderungsabtretung	factoring
Forschungsaufwendungen	expenditure on research

Franchiseverträge	franchises
frei an Bord	fob (free on board)
frei Längsseite Seeschiff	fas (free alongside ship)
Freibetrag, Rabatt, Vergütung	allowance
Fremdkapitalkosten	borrowing costs
Fremdvergleichsgrundsatz	dealing-at-arms-length-principle
Fremdwährungsdifferenzen	exchange differences
Fusion, Verschmelzung, Zusammen-schluss	merger

G

Garantie-/Gewährleistungsverpflich-tungen	warranty provision
Gebäude	buildings
Gegenstände des Umlaufvermögens, sonstige	other current assets
Gemeinkosten, systematisch zugerech-nete	overheads
Gemeinschaftsunternehmen	joint ventures
Gemeinschaftsunternehmen, anteils-mäßig in den Konzernabschluss ein-bezogene	jointly controlled entities
Gesamtkostenverfahren	nature of expense method
Gesamtleistungsrechnung	statement of comprehensive income (US-GAAP)
Geschäfts- oder Firmenwert	goodwill
Geschäftsausstattung	office equipment
Geschäftssegment	business segment
Geschäftstätigkeit, laufende	operating activities
Gesellschaft mit beschränkter Haftung (GmbH)	private company limited by shares (Ltd)
Gewinn der betrieblichen Tätigkeit	profit from operations
Gewinn nach Steuern	profit after tax
Gewinn nach US-GAAP unter Einbezie-hung von erfolgsneutralen Eigen-kapitalveränderungen, die nicht durch Eigentümer verursacht sind	comprehensive income (US-GAAP)
Gewinn- und Verlustrechnung	income statement

Gewinn- und Verlustrechnung, im Rahmen der	on the face of the income statement
Gewinn, nicht realisierter	unrealized holding gain (US-GAAP)
Gewinn/Verlust aus dem Abgang von Gegenständen des Anlagevermögens	profit/loss on disposals of property, plant and equipment
Gewinnrücklagen	retained earnings
gezeichnetes Kapital	capital stock (US-GAAP)
gezeichnetes Kapital	issued capital (IAS)
gezeichnetes Kapital	share capital (IAS)
Gläubigerpapiere	debt securities
Grundannahmen	underlying assumptions (IAS)
Grundlagen der Aufstellung des Abschlusses	basis of preparation
Grundsatz der Periodenabgrenzung	accrual principle
Grundstücke und Gebäude	land and buildings
Grundstücke, unbebaute	land

H

Handel von Aktien über Anteilsscheine in den USA	American depository receipts
Hauptkriterium für Segmentberichterstattung	primary reporting format
Herstellungskosten	costs of conversion
Herstellungskosten, Umsatzkosten	cost of goods sold (US-GAAP)
Hilfs- und Betriebsstoffe	supplies
Hintergrundmaterialien	basis for conclusions
Hypotheken	mortgages
Hypothekenbedienungsrechte	mortgage servicing rights

I

IAS,	
– redaktionell überarbeitete und umgegliederte	reformatted versions of IAS
– vollständig überarbeitete	revised versions of IAS
Identifizierbarkeit	identifiability
Immobilien, als Finanzinvestition gehaltene	investment property (IAS)

Imparitätsprinzip	conservatism (US-GAAP)
Importdeckung	import cover
Importquoten	import quotas
Industriespartenkonzept der Segment-berichterstattung	risks and rewards approach
Inhaberteilschuldverschreibungen von Unternehmen	commercial papers
Inhaberschuldverschreibung mit einem festen Zinssatz für die gesamte Lauf-zeit und mit planmäßiger Tilgung	straight bond
Interessentheorie	parent company theory
Interessenzusammenführungsmethode	pooling of interests method
Interessenzusammenführungsmethode	uniting of interests method (IAS)
Investitionstätigkeit	investing activities

J

Jahresabschluss	financial statements
Jahresüberschuss/-fehlbetrag	net income/net loss (US-GAAP)

K

Kapitalerhöhung	issuance of capital stock
Kapitalflussrechnungen	cash flow statements (IAS)
Kapitalflussrechnungen	statement of cash flows (US-GAAP)
Kapitalgesellschaft	unlimited company
Kapitalrücklage	additional paid-in capital (US-GAAP)
Kassakurs	spot rate
Kauf eines Unternehmens durch Bewer-tung der Aktiva und Passiva	asset deal
Kauf eines Unternehmens durch Tausch von Anteilen	share deal
Kommanditgesellschaft (KG)	limited partnership
Konsortialführer	lead manager
Kontokorrentkredite	bank overdrafts
Konzernabschluss	consolidated financial statements
Körperschaftsteuer	corporate income tax
Kosten, Versicherung, Fracht	cif (cost, insurance, freight)

Kostenaufschlagsmethode	cost-plus method
Kostenvergleichsmethode bei der Langfristfertigung	cost-to-cost method
Kraftfahrzeuge	motor vehicles
Kreditbeziehungen, Verbriefung von	securitization
Kriterium der entscheidungsnützlichen Information	decision usefulness (US-GAAP)
Kriterium der Abbildungstreue	representational faithfulness (US-GAAP)
Kriterium der Aktualität	timeliness
Kriterium der Entscheidungsrelevanz	relevance
Kriterium der Erwartungsüberprüfung	feedback value
Kriterium der Nachprüfbarkeit	verifiability
Kriterium der Richtigkeit und Abbildungstreue	faithful representation (IAS)
Kriterium der Vergleichbarkeit	comparability
Kriterium der Verlässlichkeit	reliability
Kriterium der Verlässlichkeit der Bewertung	reliability of measurement
Kriterium der Verständlichkeit	understandability
Kriterium der Vollständigkeit	completeness
Kriterium der Willkürfreiheit oder Neutralität	neutrality
Kriterium der wirtschaftlichen Betrachtungsweise	substance over form
Kriterium des wahren und richtigen Einblicks in das Unternehmen	true and fair view
Kundenbeziehungen	customer relationships
Kundenlisten	customer lists
Kundenloyalität	customer loyalty
kurzfristiger Teil der Darlehen, verzinsliche	current portion of interest-bearing borrowings

L

»Lagebericht« nach US-GAAP	management's discussion and analysis of financial condition and results of operations (MD&A) (US-GAAP)

latente Steuern, Erfassung nach der bilanzorientierten Methode	temporary concept
latente Steuern, Erfassung nach der erfolgsorientierten Methode	timing concept
Leasing-Bilanzierung	accounting for leases (US-GAAP)
Leasinggeber	lessor
Leasingnehmer	lessee
Leasingverhältnisse	leases
Leistungen an Arbeitnehmer	employee benefits
Lieferantenbeziehungen	supplier relationships
lineare Abschreibungsmethode	straight-line method of amortization (US-GAAP)
lineare Abschreibungsmethode	straight-line method of depreciation (IAS)

M

Machtausübung	power
Makler	broker
Managementansatz der Segmentberichterstattung	management approach
Markt- oder Verkehrswert	market value
Marktanteile	market share
Marktwert	current market value
Maschinen und technische Anlagen	machinery (IAS)
Messbarkeit	measurability
Methode, bevorzugte	benchmark treatment (IAS)
Methode, zulässige alternative	allowed alternative treatment (IAS)
Mietereinbauten	leasehold improvements
Miet-Leasing	operate lease (IAS)
Miet-Leasing	operating lease (US-GAAP)
Minderheitsanteile	minority interest
Minderungen	deducted costs
Mindestquote	maintenance margin
Mitglieder	members
Modell des beizulegenden Zeitwerts	fair value model

N

Nachforderungen	claims
nahe stehende Unternehmen und Personen	related parties
Nebenkosten	other costs directly attributable
Nebenkriterium der Segmentbericht-erstattung	secondary reporting format
Nettoumsatzerlöse	net sales revenue (US-GAAP)
Nettoveräußerungspreis	net selling price
Nettoveräußerungswert, Nettoverkaufs-wert	net profit from ordinary activities
Neubewertung	revaluation
Neubewertungsrücklage	revaluation reserve
Niederstwerttest für Vorräte	lower of cost or market (US-GAAP)
Niederstwerttests	impairment test
Notierung einer Aktie	listing
Nutzen, künftiger wirtschaftlicher	future economic benefits
Nutzungsdauer	useful life
Nutzungswert	value in use

O

offene Handelsgesellschaft (OHG)	general partnership
offene Handelsgesellschaft	partnership
Option	option
– Kauf-	– call
– Devisen-	– currency
– Zins-	– interest rate
– Verkaufs-	– put
– börsengehandelte Devisen-	– traded

P

Passiva (Schulden und Eigenkapital)	liabilities and stockholders' equity (US-GAAP)
Patente	patents
Pensionsverpflichtungen	retirement benefit obligation
Periodenerfolg nach US-GAAP ohne aperiodische Aufwendungen und Erträge, einschließlich außerbetrieblicher Aufwendungen und Erträge	earnings (US-GAAP)

periodengerechte Erfolgsermittlung	accrual basis of accounting
Periodengewinn/-verlust	net income/net loss (US-GAAP)
Periodengewinn/-verlust	net profit/loss for the period (IAS)
Personalaufwand	staff costs
Personalstrukturmaßnahmen	involuntary termination benefits
Planungsphase	preliminary project stage
Platzierungsgruppe	selling group
Politik, »die meinen Nachbarn zum Bettler macht«	beggar my neighbour-policy
Positionen	items
Posten, außerordentliche	extraordinary items
Prämien	incentive payments
Preisvergleichsmethode	comparable uncontrolled price method
Prinzip der Darstellungsstetigkeit	consistency of presentation
privatwirtschaftliche Empfehlungen ohne Rechtskraft	soft law
Produktionslizenzen	manufacturing licenses

Q

qualifizierter Vermögenswert, mit erheblicher Anschaffungs- oder Herstellungsdauer	qualifying asset
qualitative Anforderungen an Jahresabschlüsse	qualitative characteristics of financial statements
Quotenkonsolidierung	proportionate consolidation

R

Rabatte	rebates
Rabatte, Skonti, Retouren	sales discounts, sales returns and allowances
Rahmenkonzept	framework
Rat der Gouverneure, Gouverneursrat	board of governors
Realisationsprinzip	realisation principle
Rechnungsabgrenzungsposten	deferral
Rechnungsabgrenzungsposten, aktive transitorische	prepaid expenses

Rechnungsabgrenzungsposten, passive antizipative	deferred credits
Rechnungsabgrenzungsposten, passive transitorische	deferred income
Rechnungslegung über Anteile an Gemeinschaftsunternehmen	financial reporting of interests in joint ventures
Rechnungslegungsgrundsatz, genereller, kann Einzelvorschrift brechen	overriding principle
Recht auf Basis von gesetzlichen Vorschriften	code law
Recht auf Basis von privatrechtlichen Normierungsgremien, das durch Richter einzelfallbezogen entschieden wird	case law
Report, Aufschlag	premium
Roh-, Hilfs- und Betriebsstoffe	raw material and consumables used
Rohstoffe	materials
Rückfallklausel (Rückfall der Steuerpflicht) bei DBA (Doppelbesteuerungsabkommen)	subject-to-tax-clause
Rücklage für Währungsdifferenzen	cumulative translation adjustment (US-GAAP)
Rücklage für Währungsdifferenzen	translation reserve (IAS)
Rücklagen	reserves
Rückstellungen	provisions
Rückstellungen für bestandssichere Verpflichtungen	accruals
Rückstellungen – für drohende Verluste – für Personalstrukturmaßnahmen – langfristige, wie z. B. Leasing-, Pensionsverpflichtungen etc.	accruals – for contract losses – for involuntary termination benefits – other deferred credits (US-GAAP)

S

Sachanlagen	property, plant and equipment
Sachanlagevermögen, betriebsnotwendiges	owner-occupied investment
Saldierungsverbot	offsetting
Saldierungsverbot der Höchstbeträge anrechenbarer ausländischer Steuern	per-country-limitation

Schätzung, bestmögliche	best estimate
Schiffe	ships
Schulden	outstanding debts
Schulden, langfristige	long-term debt
Schulden, langfristige	non-current liabilities
Schulden, langfristige gegenüber eng verbundenen Unternehmen oder Personen	indebtedness to related parties
Schulden, langfristige verzinsliche	non-current interest-bearing liabilities
Schulden, sonstige kurzfristige	other current liabilities
Schulden, sonstige langfristige	other liabilities
Schulden/Verbindlichkeiten – rechtlich entstandene	liabilities – determinable (US-GAAP)
Schulden/Verbindlichkeiten, kurzfristige	current liabilities
Schuldendienstquote	debt service ratio
Schuldwechsel	notes payable
Segment – Geschäftssegment – geographisches – -berichterstattung	segment – business – geographical – -reporting
Segmente, operative	operating segments
Sicherheitsabschlag	valuation allowance (US-GAAP)
Sicherheitskonto	margin account
Sicherheitsleistung	initial margin
Skaleneffekte, Kostenvorteile	economies of scale
Skonti	trade discounts
Solawechsel	promissory note
Sonderziehungsrechte	special drawing rights
Spekulationsgeschäfte	trading
Stammaktienkapital	common stock
Steuerlatenzen, aktive	deferred tax assets
Steuerlatenzen, passive	deferred tax liabilities
Steuermannsquittung	mate's receipt
Steuern auf außerordentliche Vorgänge	tax on extraordinary items
Steuerschulden und -erstattungsansprüche nach IAS 12	tax liabilities and assets as required by IAS 12
Steuerüberleitung	tax reconciliation

Steuerverbindlichkeiten	tax liabilities
Stichtagskurs	closing rate
Stichtagskursmethode	current rate method
Struktur, hierarchische der US-GAAP-Vorschriften	»House of GAAP«
Summe der kurzfristigen Schulden	total current liabilities
Summe der Vermögenswerte = Aktiva (Bilanzsumme)	total assets
Summe des Umlaufvermögens	total current assets
Summe Eigenkapital und Schulden = Passiva (Bilanzsumme)	total equity and liabilities (IAS)
Summe Eigenkapital und Schulden = Passiva (Bilanzsumme)	total liabilities and stockholders' equity (US-GAAP)

Swap
- mit Tausch von variablen Zinsen
- mit Tausch von fixen in variable Zinsen
- Währungs-
- Zins-

swap
- basis
- coupon

- cross currency
- interest

T

Tageswert, Wiederbeschaffungskosten	current cost
Tätigkeit, betriebsfremde	non-operating section
technische Anlagen und Maschinen	machinery and equipment (US-GAAP)
Teilhaberpapiere	equity securities
Terminabschlag	deport
Terminaufschlag	report
Termingeschäfte, individuell vereinbarte	over the counter
Terminkurs	forward rate
Terminzahlung, Stundung des Kaufpreises	deferred payment
Treuhänder	trustees (IAS)

U

überarbeitet	revised
Übergangsvorschriften	transitional provisions
Überleitungsrechnung	reconciliation
Umsatzerlöse	sales revenues (US-GAAP)

Umsatzerlöse, Erträge, betriebsbedingt	revenue(s) (IAS)
Umsatzkosten (Herstellungskosten)	costs of sales
Umsatzkostenverfahren	function of expense method
Unternehmen, assoziierte	associates
Unternehmen, kleine börsennotierte	small caps
Unternehmen, verbundene	majority-owned subsidiaries
Unternehmensbereiche, einzustellende	discontinued operations (US-GAAP)
Unternehmensbereiche, einzustellende	discontinuing operations (IAS)
Unternehmensfortführungsprinzip	going concern
Unternehmenszusammenschlüsse	business combinations
Unterschiedsbetrag, negativer	excess of acquired net assets over cost (US-GAAP)
Unterschiedsbetrag, negativer	negative goodwill (IAS)
Unterschiedsbetrag, negativer aus der Kapitalkonsolidierung (»schlechte Zukunftsaussichten«)	badwill
Unterschiedsbetrag, negativer aus der Kapitalkonsolidierung (»Schnäppchen«)	lucky buy
unwahrscheinlich	remote
Urheberrechte	copyrights

V

Veränderungen, zahlungswirksame des Finanzmittelfonds	change in cash funds from cash relevant transactions
Veräußerungswert von Aktiva	realisable value
Verbesserungen der Funktionalität einer Software	upgrades
Verbindlichkeiten aus Lieferungen und Leistungen und sonstige Verbindlichkeiten	trade and other payables (IAS)
Verbindlichkeiten, kurzfristige	accounts and notes payable
– aus Lieferungen und Leistungen	– to trade creditors
– gegenüber verbundenen Unternehmen und Gesellschaften	– to related companies
– gegenüber Kreditinstituten, Eigentümer	– to others
Verbindlichkeiten, sonstige	other payables
Verkauf und anschließende Anmietung von Anlagegegenständen	sale and lease back transaction

Verlust, nicht realisierter	unrealized holding loss (US-GAAP)
Vermögenswerte, Aktiva	assets
Vermögenswerte, immaterielle	intangible assets
Vermögenswerte, immaterielle nicht identifizierbare	goodwill-type assets (US-GAAP)
Vermögenswerte, kurzfristige, Umlauf-vermögen	current assets
Vermögenswerte, langfristige; Anlage-vermögen	non-current assets
Vermögenswerte, sonstige langfristige (z. B. nicht betriebsnotwendige Anla-gen)	other assets
Vermögenswerte, weiterhin betrieblich genutzte	assets to be held and used
Vermutung, widerlegbare	rebuttable presumption
Verpflichtungen	commitments
Verpflichtungen aus Aufträgen in Bearbeitung	gross amount due to customers for contract work
Verpflichtungen, am Bilanzstichtag rechtlich noch nicht entstanden und in ungewisser Höhe	loss contingencies (US-GAAP)
Versicherungsagent, Mitglied eines Emissionskonsortiums	underwriters
versicherungsmathematische Gewinne und Verluste	actuarial gains and losses
Vertriebskosten	distribution costs
Vertriebskosten	selling costs/expenses
Verwaltungsaufwendungen	administrative expenses (IAS)
Verwaltungskosten, allgemeine Verwal-tungskosten	administrative or general expenses (US-GAAP)
Vollkonsolidierung	consolidation of all majority-owned sub-sidaries (US-GAAP)
Voraussagetauglichkeit	predictive value
Vorauszahlungen	prepayments
Vorräte	inventories
Vorratsbewertung, Obergrenze der	ceiling (US-GAAP)
Vorratsbewertung, Untergrenze der	floor (US-GAAP)
Vorsichtskriterium	prudence

Vorwort	preface
Vorziehen von Zahlungen	leading
Vorzugsaktienkapital	preferred stock

W

Wahrscheinlichkeit des Eintritts eines Ereignisses	likeliness to occur
Währung, funktionale	functional currency
Währungsterminkontrakte	futures
Währungsumrechnung	effects of changes in foreign exchange rates
Währungsumtauschrisiko, zahlungs-bezogenes	transaction exposure
Waren	merchandise
Wechselkursrisiko, bilanzbezogene Betrachtung des	translation exposure
Wertaufholung	restoration
Wertaufholungen bei außerplanmäßi-gen Abschreibungen	reversals of an impairment loss
Wertaufholungstest	recoverability test (US-GAAP)
Wertminderung von Vermögenswerten	impairment of assets
Wertpapiere	securities
– zur Veräußerung verfügbare	– available-for-sale
– Gläubiger-	– debt
– Teilhaber-	– equity
– bis zur Endfälligkeit gehaltene	– held-to-maturity
– von verbundenen Unternehmen	– of related parties
– zu Handels- oder Spekulations-zwecken gehaltene	– trading
Wertpapiere des Anlagevermögens, Beteiligungen, Ausleihungen	long-term investments
Wertpapiere, ausgegebene des Fremd-kapitals, langfristige Darlehen	bonds, mortgages, and other long-term debt, included capitalized leases (US-GAAP)
Wertpapiere, bis zum Ende der Laufzeit gehaltene	held-to-maturity securities
Wertpapiere, festverzinsliche	bonds
Wertpapiere, jederzeit veräußerbare	available-for-sale securities
Wertpapiere, kurzfristige marktfähige Wertpapiere	short-term investments/marketable securities

Wertpapiere, marktfähige	marketable securities
Wertpapiere, zu Handels- oder Speku-lationszwecken gehaltene	trading securities
Wesentlichkeit	materiality
Wiederbeschaffungskosten	current replacement costs
Wiederverkaufspreismethode	resale price method

Z

Zahlungsabwicklung, ungesicherte	clean payment
Zahlungsmittel und Zahlungsmittel-äquivalente	cash and cash items (US-GAAP)
Zahlungsmittel und Zahlungsmittel-äquivalente	cash and cash equivalents (IAS)
Zahlungsverzögerung	lagging
Zeitbezugsmethode	temporal method
Zeitpunkt des Inkrafttretens	effective date
Zeitwert, beizulegender oder Kurs-wert	fair value
Zielsetzung eines IAS	objective
Zinsaufwendungen	interest expenses
Zinserträge	finance revenues
Zinserträge	interest income
Zins-Futures	interest rate futures
Zinsobergrenze, vertraglich festge-legte	strike rate
Zölle	duties
Zunahme/Abnahme der Rückstellungen	increase/decrease in accruals
Zunahme/Abnahme der Verbindlich-keiten aus Lieferungen und Leistun-gen sowie anderer Passiva, die nicht der Investitions- oder Finanzierungs-tätigkeit zuzuordnen sind	increase/decrease of trade payables and other liabilities not attributable to investing or financing activities
Zunahme/Abnahme der Vorräte, der Forderungen aus Lieferungen und Leistungen sowie anderer Aktiva, die nicht der Investitions- oder Finanzie-rungstätigkeit zuzuordnen sind	increase/decrease of inventories, trade receivables and other assets not attributable to investing or financing activities
Zuordnung von Aufwendungen zu Erträgen	matching principle

Zuordnung von Verrechnungs-möglichkeiten im konzerninternen Zahlungsverkehr	matching
Zusammenfassung	summary
Zuschreibungsverbot	non-reversal of an impairment loss
Zuschüsse, öffentliche	government grants
Zwischenberichterstattung	interim financial reporting

AUFGABEN

Aufgaben zum 1. Hauptteil: Außenwirtschaft und Internationales Finanzmanagement

Aufgabe 1.01 *Außenhandel*

Freier internationaler Handel gilt als wohlstandssteigernd, und er verschärft den Wettbewerb zwischen den Ländern.

(1) Erläutern sie das Faktorproportionentheorem von Heckscher/Ohlin.
(2) Wie lautet die Kernaussage des Theorems der komparativen Kostenvorteile von Ricardo?
(3) Beschreiben sie die Dimensionen des globalen Wettbewerbs.

Aufgabe 1.02 *Zahlungsbilanzbuchungen*

Es werden die folgenden Transaktionen getätigt:

(1) Stellen Sie die Zahlungsbilanz Deutschlands für die nachfolgenden Transaktionen auf.
  (a) Eine amerikanische Diplomatin in Berlin überweist ihrer Mutter in New York Dollar im Wert von 100 € als Geburtstagsgeschenk.
  (b) Ein deutscher Anleger erhält 5 000 € Dividendenzahlungen aus Mitsubishi-Aktien.
  (c) Ein deutscher Tourist kauft in London eine Zugfahrkarte nach Manchester für 200 €.
  (d) Ein in Stuttgart lebender deutscher Staatsbürger überweist 2 000 € Vermögenssteuer für ein Grundstück in Schweden.
  (e) Ein deutscher Anleger kauft für 50 000 € Aktien der Firma Samsung und bezahlt per Überweisung.
  (f) Eine Firma in Nürnberg zahlt für 80 000 € Löhne an ihre in Polen lebenden Arbeitnehmer.
  (g) Ein zeitweilig in Rom lebender deutscher Staatsbürger überweist die Versicherungsprämie für sein Haus in der Toscana in Höhe von 400 € an eine italienische Versicherungsgesellschaft.
  (h) Die Europäische Zentralbank interveniert am Devisenmarkt, indem sie von der Commerzbank US-Dollar im Wert von 10 Mio. € kauft.
  (i) Die Lufthansa schenkt einer indonesischen Fluggesellschaft einen älteren Airbus im Wert von 1 Mio. €.
(2) Berechnen Sie

  – den Leistungsbilanzsaldo
  – den Außenbeitrag
  – den Kapitalbilanzsaldo i. w. S.

Aufgabe 1.03 *Wechselkurskonzepte*
Erläutern Sie folgende Begriffe:

(1) nominaler Wechselkurs
(2) Wechselkurs in Mengennotierung und in Preisnotierung
(3) realer Wechselkurs
(4) Terms of Trade
(5) Aufwertung, Abwertung.

Aufgabe 1.04 *Wirkung einer Wechselkursänderung*
Überlegen Sie, wie sich eine Abwertung des € gegenüber dem US-Dollar auf den Exportwert und den Importwert Deutschlands und damit auf den deutschen Außenbeitrag auswirkt. Gehen Sie von einer Normalreaktion des Außenbeitrags aus.

Aufgabe 1.05 *Abwertung des €*
Welche Konsequenzen hat eine Abwertung des €

(1) für einen französischen Wein-Exporteur, der in US-Dollar fakturiert?
(2) für die Inflationsentwicklung in Euroland?
(3) für einen sächsischen Fahrradfabrikanten, der ausschließlich für ein italienisches Versandhaus produziert?
(4) für einen deutschen Diplomaten, der in New York lebt und sein Gehalt in US-Dollar bezieht?
(5) für einen kalifornischen Hersteller von Freizeitkleidung, die er nach Deutschland exportieren möchte?

Aufgabe 1.06 *Ausgleichsmechanismus flexibler Wechselkurse*
Angenommen, die Devisenbilanz eines Landes sei ausgeglichen. Nun nehmen die Importe dieses Landes markant zu, da die Inländer eine starke Präferenz für ausländische Güter entwickeln.

(1) Beschreiben Sie, wie sich diese Situation auf dem Devisenmarkt darstellt.
(2) Welche Wirkungen ergeben sich für den frei flexiblen Wechselkurs und die Zahlungsbilanz des betroffenen Landes?

Aufgabe 1.07 *Zahlungsbilanzdefizite bei festen Wechselkursen*
Ein Land, das in ein System fester Wechselkurse eingebunden ist, habe mit permanenten außenwirtschaftlichen Defiziten zu kämpfen.

(1) Worin besteht das hauptsächliche Problem dieser Situation für das Land?
(2) Welche Ursachen können grundsätzlich für die defizitäre Außenwirtschaftslage verantwortlich sein?
(3) Welche wirtschaftspolitischen Maßnahmen kann das Land zur Korrektur seines Zahlungsbilanzdefizits ergreifen?
(4) In welcher wirtschaftlichen Situation kommt es zu einem Konflikt zwischen binnen- und außenwirtschaftlichen Zielen? Erläutern Sie Ihre Aussage.

Aufgabe 1.08 *Währungspolitische Alternativen*
Angenommen, es ergeben sich zwischen zwei Ländern, beispielsweise aufgrund unterschiedlicher stabilitätspolitischer Ausrichtung, Diskrepanzen bei den nationalen

Inflationsraten. Das preisstabile Land verzeichne zudem eine gute, das inflationäre Land hingegen eine schlechte Beschäftigungslage.

Schildern Sie die Folgen, die sich aus dieser Entwicklung für die beiden Länder ergeben können. Unterscheiden Sie dabei zwischen

(1) einem System flexibler Wechselkurse
(2) einem System fester Wechselkurse
(3) einer Währungsunion.

Aufgabe 1.09 *Internationaler Währungsfonds*
Der Internationale Währungsfonds sieht sich mit seiner Politik der »Finanzierung und Anpassung« häufig scharfer Kritik ausgesetzt.

(1) Nach welchen Kriterien richten sich die Möglichkeiten der einzelnen Länder für die Inanspruchnahme finanzieller Mittel beim IWF?
(2) Die vom IWF bei erheblichen Zahlungsbilanzproblemen gewährten Kredite sind in der Regel an wirtschaftspolitische Auflagen geknüpft. Erläutern Sie diesbezüglich zwei typische Forderungen des IWF und ihre Auswirkungen.
(3) Beschreiben Sie die Konzeption der Sonderziehungsrechte. Berechnen Sie beispielhaft den Wert eines SZR in €, indem Sie von hypothetischen Wechselkursen und Anteilen der beteiligten Korbwährungen ausgehen.

Aufgabe 1.10 *Anforderungen an das internationale Finanzmanagement*
Wesentliches Kennzeichen grenzüberschreitender Transaktionen ist der Wechsel der Hoheitsgebiete. Das internationale Finanzmanagement muss deshalb bei seiner Tätigkeit länderspezifische Gegebenheiten beachten.

(1) Nennen Sie einige praktische Beispiele, die den in ökonomischer und rechtlicher Hinsicht erhöhten Anpassungsbedarf internationaler Unternehmen dokumentieren.
(2) Welche speziellen Chancen können sich für internationale Unternehmen aus der Heterogenität ihres globalen Umfeldes ergeben?
(3) Welche Risiken sind Ihrer Ansicht nach im internationalen Wirtschaftsverkehr besonders akut? Versuchen Sie eine Systematisierung.

Aufgabe 1.11 *Abgrenzung von Finanzmärkten*
Die internationalen Finanzmärkte werden nach verschiedenen Kriterien eingeteilt. Finden Sie jeweils ein Beispiel für ein Geschäft

(1) am traditionellen Außenmarkt
(2) am Eurokreditmarkt
(3) am Eurokapitalmarkt.

Aufgabe 1.12 *Devisenterminkurse*
Der Kassakurs für eine Fremdwährung betrage in Mengennotierung 1,5411 Geld und 1,5491 Brief. Die Swapsätze für die Terminkurse werden wie folgt angegeben:

1 Monat:	89/84
3 Monate:	245/235
6 Monate:	490/475

Es handelt sich jeweils um einen Deport.

Ein Unternehmen will zur Risikoabsicherung einer Verbindlichkeit aus einem Importgeschäft, die am 10. 08. fällig ist, die betreffende Fremdwährung heute, am. 07. 04., von der Bank per Termin kaufen.

(1) Erklären Sie die Begriffe Geld- und Briefkurs.
(2) Wie groß ist der jeweilige Terminkurs der Fremdwährung für 1, 3 und 6 Monate?

Aufgabe 1.13 *Devisentermingeschäfte*
Ein deutscher Exporteur hat aus einer Warenlieferung eine Exportforderung in Fremdwährung, die in 6 Monaten zahlbar ist. Er vermutet, dass diese Fremdwährung kurzfristig an Wert verlieren wird. Zur Absicherung seines Kursrisikos will der Exporteur deshalb die Fremdwährung per Termin verkaufen. Die Kursstellung erfolgt in Mengennotierung.

Der Kassakurs für die Fremdwährung beträgt 1,5456/1,5536; als Swapsätze (Deport) werden für 6 Monate 500/478 genannt.

(1) Zu welchem Kurs wird die Bank die Termindevisen hereinnehmen?
(2) Wie kann die Bank ihrerseits das Kursrisiko aus den Termindevisen abwälzen?

Aufgabe 1.14 *Zinsarbitrage*
Ein deutsches Unternehmen möchte anstelle eines kurzfristigen Festkredites bei einer deutschen Bank, die einen Zinssatz von 9 % p. a. verlangt, einen Fremdwährungskredit auf dem Eurogeldmarkt aufnehmen. Hier kostet der 3-Monats-Kredit nur 2,25 % p. a. Um sich vor ungünstigen Kursverläufen zu schützen, will das Unternehmen gleichzeitig ein Devisentermingeschäft abschließen. Damit soll das Risiko aus der Rückzahlung des Fremdwährungskredits abgesichert werden.

Der Kassakurs für die Fremdwährung beträgt 108,3900/108,8700; der 3-Monats-Terminkurs beträgt 107,2400/107,7200. Die Kursstellung erfolgt in Mengennotierung.

(1) In welcher Weise wird hier Zinsarbitrage durchgeführt?
(2) Wie hoch sind die Kurssicherungskosten in % p. a.?
(3) Wie groß ist der gegenwärtige Zinsvorteil für das Unternehmen? Wie wird sich daraufhin der Swapsatz ändern, und warum?

Aufgabe 1.15 *Lieferbedingungen*
Einem deutschen Importeur von Waren aus Kanada liegen zwei Angebote mit unterschiedlichen Lieferbedingungen vor.

Angebot 1	Angebot 2
Angebotspreis: 650 000 €	Angebotspreis: 500 000 €
Lieferbedingung: DEQ Hamburg	Lieferbedingung: FOB Montreal

Die Transportkosten Montreal/Hamburg benennt eine Spedition pauschal mit 23 000 €, die Versicherungskosten mit 3 000 €. Für einen kanadischen Handelsmakler werden in Montreal 3 % Provision fällig. Die Ware unterliegt einem Einfuhrzoll von 7,5 % und einer Einfuhrumsatzsteuer von 16 %. Auf dem Transportweg fallen noch Nebenkosten für die Beschaffung einschlägiger Dokumente, insbesondere für die Einfuhr nach Deutschland, in Höhe von 1 000 € an, die die Spedition nicht übernimmt.

Für welches Angebot sollte sich der Importeur entscheiden?

Aufgabe 1.16 *Exportkalkulation*

Ein Außenhandelsunternehmen in Hamburg erhält von einem Importeur in Sydney eine Anfrage zur Abgabe eines Angebots über 100 elektrotechnische Geräte (CIF-Sydney). Als Zahlungsbedingung soll Kasse gegen Dokumente bei Schiffsankunft gelten. Die Transportdauer wird mit 20 Tagen veranschlagt.

Daraufhin holt das Außenhandelsunternehmen Angebote von verschiedenen Herstellern ein. Das günstigste Angebot sei durch folgende Bedingungen gekennzeichnet:

Verkaufspreis für 100 Geräte ab Lager Dortmund, seemäßig verpackt 300 000 €. Der Hersteller ist bereit, einen Mengenrabatt von 5 % zu gewähren und bei Bezahlung innerhalb von 10 Tagen 2 % Skonto einzuräumen.

Das Außenhandelsunternehmen kalkuliert eine Handelsspanne von 20 % und durchschnittliche Kapitalkosten in Höhe von 12 % p. a.

Für den Warentransport nach Sydney ermittelt das Außenhandelsunternehmen die folgenden Kosten:

- Transportkosten bis zu einer Spedition in Höhe von 200 €. Ferner entstehen Kosten der Transportdurchführung von der Spedition, die die Geräte in Dortmund übernimmt und in Sydney wieder ausliefern lässt, in Höhe von 18 460 € (davon 17 000 € Seefracht und 1 460 € inländische Transportkosten),
- des weiteren Abladekosten Längsseite Seeschiff, Transportnebenkosten und Transportversicherung bis zum Verschiffungshafen 1 150 €.
- Außerdem fallen an: Lagergeld, Hafengebühren, Umschlagskosten auf das Schiff und Provision des Seehafenspediteurs 1 000 € sowie
- Kosten der Ausfuhrabfertigung 870 €.
- Eine (See-)Transportversicherung bietet Versicherungsschutz für eine Prämie von 2 800 €.

Ordnen Sie die einzelnen Posten in ein Exportkalkulationsschema ein und ermitteln sie den Einstandspreis des Importeurs.

Aufgabe 1.17 *Dokumenteninkasso und Dokumentenakkreditiv*

Ein Exporteur schließt einen Kaufvertrag über eine Warensendung mit einem Auftragswert von 1,8 Mio. € ab. Über die Zahlungsbedingungen konnte man sich jedoch noch nicht einigen. Der Exporteur will spätestens bei Schiffsankunft im Bestimmungshafen die Zahlung erhalten. Der Importeur dagegen möchte, dass ihm zumindest ein Zahlungsziel von 30 Tagen nach Ankunft der Ware eingeräumt wird; dafür wäre er aber auch bereit, ein Akkreditiv zu Gunsten des Exporteurs zu eröffnen.

Somit bieten sich als Zahlungsbedingung entweder ein d/p inkasso oder ein d/a credit (mit Bestätigung durch eine Bank am Ort des Exporteurs) an.

Die Transportdauer beträgt 40 Tage. Der Exporteur muss für seinen Kontokorrentkredit 9 % p. a. Zinsen zahlen und als Wechseleinreicher für gute Exportwechsel einen Diskont von 5 % p. a. in Kauf nehmen.

(1) Worin liegt der wesentliche Unterschied zwischen dem d/p inkasso und dem bestätigten d/a credit?
(2) Für welche Zahlungsbedingung sollte sich der Exporteur unter Finanzierungsaspekten entscheiden?

Aufgabe 1.18 *Auslandszahlungsverkehr*

Ein deutscher Exporteur erhält eine US-$-Zahlung per Bank-Orderscheck im Auftrag seines amerikanischen Importeurs über 300 000 US-$. Diesen Scheck legt er seiner

Bank zum Ankauf vor. Der Kassakurs (Mengennotierung) beträgt heute 0,9219/0,9299 und in 4 Monaten 0,9480/0,9560.

(1) Zu welchem Kurs kann der Exporteur den Orderscheck an die Bank verkaufen?
(2) Wäre es für den Exporteur vorteilhafter, die Devisen seinem mit 9 % p. a. verzinsten Fremdwährungskonto zunächst gutschreiben zu lassen, weil er diesen Betrag in 4 Monaten zur Bezahlung einer Importrechnung wieder benötigt? Der Zinssatz für den in diesem Falle erforderlichen Inlandswährungskredit beträgt 6 % p. a.
(3) Der Exporteur erwartet eine Wertsteigerung der Fremdwährung, die auch tatsächlich in 4 Monaten mit 0,8930/0,9010 notiert. Wäre in diesem Falle das Fremdwährungskonto vorteilhafter gewesen?
(4) Der deutsche Exporteur hat anstelle des Bank-Orderschecks einen Fremdwährungswechsel über 300 000 US-$ zuzüglich 12,5 % p. a. Zinsen erhalten und erwartet eine Wertsteigerung der Fremdwährung. Wäre es unter dieser Annnahme für den Exporteur günstiger, den Wechsel bis zur Fälligkeit zu behalten und aus dem Einlösungsbetrag in 4 Monaten die Importrechnung zu bezahlen? Es würden für die Wechseleinlösung Inkassospesen von 600 € anfallen; der Kassakurs beträgt in 4 Monaten 0,8840/0,8920.

Aufgabe 1.19 *Außenhandelsfinanzierung*
Ein Unternehmen erwartet aus einem Exportgeschäft einen Erlös in Höhe von 5 Mio. US-$ in 6 Monaten. Der Exporteur ist aufgrund schwacher Liquidität zur Refinanzierung seines Lieferantenkredits gezwungen. Der Dollar wird heute in Mengennotierung wie folgt gehandelt:

Kassakurs		Terminkurs 6 Monate	
Geld 0,9542	Brief 0,9612	Geld 0,9865	Brief 0,9945

Dem Unternehmen bieten sich drei Handlungsalternativen:

(1) Refinanzierung in US-$ durch Aufnahme eines Dollar-Kredits auf dem Eurogeldmarkt für 6 Monate zum Zinssatz von 10 % p. a. und Konvertierung der Fremdwährung in Inlandswährung. Der für die Zinszahlung notwendige Dollarbetrag wird bereits heute zum Terminkurs gekauft.
(2) Refinanzierung in Inlandswährung durch Erhöhung des Kontokorrentkredits für 6 Monate zum Zinssatz von 8 % p. a. und Abschluss eines Devisentermingeschäfts zur Absicherung des Kursrisikos.
(3) Wechselziehung auf den Importeur und Diskontierung dieses Fremdwährungswechsels mit einer Laufzeit von 6 Monaten zum Diskontsatz von 6 % p. a. bei einem Wechselankaufskurs der Bank von 0,9700.

Ermitteln Sie für jede Alternative den verfügbaren €-Betrag und treffen Sie eine Entscheidung. Würde die Entscheidung anders lauten, wenn US-$-Kredite auf dem Eurogeldmarkt nur 7 % p. a. kosten würden?

Aufgabe 1.20 *Forfaitierung*
Der deutsche Exporteur E hat – nach Rücksprache mit seiner Forfaitierungsgesellschaft – mit dem Importeur I einen Liefervertrag über einen Gesamtauftragswert von 1 Mio. € abgeschlossen. Es wurden die folgenden Modalitäten vereinbart:

– 10 % Anzahlung bei Vertragsschluss
– 30 % gegen Verschiffungsdokumente

- 60 % in drei gleichen Halbjahresraten (erste Rate 6 Monate nach Lieferung)
- Lieferzeitpunkt 01. 05. 2003 und
- Abnehmerzins 8 % p. a. zahlbar auf die Restschuld.

Die Forfaitierungsgesellschaft übernimmt die Forderung zu folgenden Bedingungen:
- Diskontsatz (Forfaitierungssatz) 6 % p. a. (nach der 360/360 Methode)
- 5 Respekttage (die für den Einzug und als Pauschale für den Inkassoweg zur Laufzeit hinzugerechnet werden) und
- Abrechnungsvaluta 01. 06. 2003.

(1) Berechnen Sie den Forfaitierungserlös zum 01. 06. 2003.
(2) Worin liegen die besonderen Vorteile der Forfaitierung gegenüber anderen Formen der Außenhandelsfinanzierung?

Aufgabe 1.21 *Finanzierung über den Eurokapitalmarkt*

Ein deutsches Unternehmen will eine Akquisition im Ausland über den Eurokapitalmarkt finanzieren. Die Laufzeit soll 30 Jahre betragen und das Emissionsvolumen in Nennwerte von 1 000 € gestückelt sein. Man entscheidet sich für einen Zero-Bond, um Anleger vor allem aus steuerlichen Gründen für eine derartig lange Laufzeit zu gewinnen. Das Disagio, das den Zins für die gesamte Laufzeit ausdrückt, wird mit 86,597 % berechnet.

(1) Welche Rendite kann ein Erwerber dieses Zero-Bonds erzielen?
(2) Als Alternative käme für das Unternehmen auch die Emission von Floating-Rate-Notes in Frage, da hier für den Anleger die lange Laufzeit durch eine Anpassung an das jeweilige Zinsniveau nicht als nachteilig bzw. bei der Erwartung langfristig steigender Zinsen sogar als attraktiv empfunden wird. Wie wäre bei einer Floating-Rate-Note die Zinsvereinbarung zu gestalten?
(3) Das Kaufobjekt (target) befindet sich auf dem amerikanischen Markt, so dass eine währungskongruente Finanzierung über die Emission von Currency-Bonds erreicht werden soll. Bei derartigen Emissionen können für den Anleger Optionsrechte im Hinblick auf die Auswahl der Währung sowohl für die Zinszahlungen als auch für die Rückzahlung bzw. die Tilgungsleistungen vereinbart werden.
Die Emission erfolgt in US-$ zu folgenden Bedingungen:
 - Nennwertstückelung: 10 000 US-$
 - Laufzeit: 30 Jahre
 - Optionswährungen: € und US-$
 - Optionsrecht: ausübbar vor jeweiligem Zinstermin
 - Zinssatz: 6 % p. a.
 - fester Umrechnungskurs: 1 US-$ = 1 €

Würde sich der Anleger beim nächsten Zinstermin für eine Zinszahlung in US-$ oder in € entscheiden, wenn zu diesem Termin der US-$ bei 0,90 je € bzw. bei 1,15 je € steht?

Aufgabe 1.22 *Wahl der Fakturierungswährung*

Ein deutsches Unternehmen bietet einer Schweizer Firma am 01. 03. 2002 eine Maschine zu einem Preis von 120 000 € an, zahlbar zum 15. 03. 2002.
    Das Schweizer Unternehmen akzeptiert das Angebot unter der Bedingung, dass

- der Kaufpreis in Schweizer Franken fakturiert wird oder
- das deutsche Unternehmen einen Rabatt von 5 000 € gewährt.

Der sfr-Devisenkurs betrage am 01. 03. 2002 0,67 €. Die Finanzabteilung des Maschinenbauers erwartet eine Abwertung des Schweizer Franken um 0,04 €/sfr bis zum 15. 03. 2002.

Zu welchen €-Einzahlungen würde eine Fakturierung in Inlandswährung einerseits und in Schweizer Franken andererseits am 15. 03. 2002 führen?

Aufgabe 1.23 *Währungsoptionsrechte*
Ein in den USA ansässiges Unternehmen verkauft am 01. 03. 2002 an einen deutschen Händler Produkte für 500 000 US-$. Es wird ein Zahlungsziel von zwei Monaten und ein Währungsoptionsrecht für den Käufer vertraglich vereinbart. Das deutsche Unternehmen erhält das Recht, den Kaufpreis am 01. 05. 2002 wahlweise in US-$ oder Schweizer Franken zu begleichen.

Der sfr-Devisenkurs, ausgedrückt in US-$, beträgt zum Zeitpunkt des Vertragsabschlusses 0,606. Die Vertragspartner vereinbaren entsprechend folgende Währungsrelation: 1 US-$ = 1,65 sfr.

Am 01. 05. 2002 liegen, gemessen in €, folgende US-$- und sfr-Kurse vor:

Währung	Preisnotierung
US-$	1,15 €
sfr	0,66 €

Welche Währung wird der deutsche Händler zur Begleichung der Verbindlichkeit heranziehen?

Aufgabe 1.24 *Leading und Lagging*
Ein deutsches Unternehmen muss am 13. 11. 2002 eine Verbindlichkeit in Höhe von 10 000 US-$ begleichen. Aufgrund des Exports von Produkten in die USA ergibt sich zum 10. 09. 2002 ein Einzahlungsüberschuss in Fremdwährung in Höhe von 10 000 US-$.

Wie kann sich das Unternehmen gegen das Währungsrisiko schützen?

Aufgabe 1.25 *Matching*
Ein deutsches Pharmaunternehmen verkauft am 15. 03. 2002 Medikamente im Wert von 200 000 sfr an einen schweizerischen Arzneimittelhändler und gewährt ihm ein Zahlungsziel von 6 Monaten.

Zur Produktion eines Impfstoffes benötigt das deutsche Unternehmen einen Rohstoff, den es von einem Schweizer Lieferanten bezieht. Geplant ist der Kauf des Rohstoffes am 15. 04. 2002 in einem Betrag von 150 000 sfr.

Wie kann sich das deutsche Unternehmen gegen das Wechselkursrisiko absichern?

Aufgabe 1.26 *Kurssicherung durch Fremdwährungskredite*
Ein deutsches Schiffbauunternehmen verkauft am 01. 03. 2002 eine Motoryacht an einen amerikanischen Kunden. Als Preis werden 1,7 Mio. US-$ bei einem Zahlungsziel von einem Jahr vereinbart. Das deutsche Unternehmen entscheidet sich, die For-

derung durch Aufnahme eines Fremdwährungskredits gegen das Wechselkursrisiko zu sichern. Folgende Informationen stehen dem Unternehmen zur Verfügung:

US-\$-Devisenkurs am 01. 03. 2002	1,10 €
Zinssatz für einen US-\$-Kredit	6,25 % p. a.
Zinssatz für eine Geldanlage in Deutschland	4,5 % p. a.

(1) Welchen Devisenkurs sichert sich das deutsche Unternehmen, indem es einen Fremdwährungskredit aufnimmt?
(2) Wie hoch sind die Absicherungskosten?

Aufgabe 1.27 *Kurssicherung durch Fremdwährungsanlagen*
Ein deutsches Handelsunternehmen vereinbart am 01. 04. 2002 mit einem Schweizer Uhrenhersteller den Kauf von Waren in Höhe von 2,625 Mio. sfr. Dabei wird ein Zahlungsziel von einem Jahr festgelegt.

Das deutsche Unternehmen beschließt, sich gegen das Wechselkursrisiko durch eine sfr-Anlage abzusichern. Allerdings verfügt es nicht über ausreichend Liquidität, um in der notwendigen Größenordnung in sfr zu investieren. Folgende Informationen stehen dem deutschen Unternehmen zur Verfügung:

sfr-Devisenkurs am 01. 04. 2002:	0,65 €
Zinssatz für einjährige sfr-Termingeldanlage:	5 % p. a.
Zinssatz für einen Kredit in €:	7 % p. a.

(1) Welchen Devisenkurs kann sich das Unternehmen durch eine Fremdwährungsanlage sichern?
(2) Wie hoch sind die Kosten der Absicherung?

Aufgabe 1.28 *Kurssicherung über ein Devisentermingeschäft*
Ein französisches Unternehmen erwirbt in den USA am 01. 05. 2002 Waren im Gesamtwert von 500 000 US-\$. Als Zahlungsziel werden zwölf Monate vereinbart.

Am 01. 05. 2002 wird der US-Dollar in der Kasse mit 1,20 Brief gehandelt. Die Kursstellung erfolgt in Preisnotierung, also € pro US-Dollar. Das französische Unternehmen beschließt, sich über ein Outright-Geschäft gegen das Risiko eines eventuell steigenden Dollarkurses abzusichern.

(1) Welchen Terminkurs sichert sich das Unternehmen, wenn der Swap-Satz für 12 Monate (Deport) 0,019 € beträgt?
(2) Wie hoch ist der in € gemessene Einkaufspreis der Waren?

Aufgabe 1.29 *Kurssicherung und Absicherungskosten*
Ein Unternehmen steht vor folgender Ausgangssituation:

– Es erhält in 3 Monaten 10 Mio. US-\$
– Der Kassakurs beträgt heute 1,0500 €
– Der 3-Monats-US-\$-LIBOR ist 3 % p. a.
– Der 3-Monats-€-LIBOR beläuft sich auf 8,5 % p. a.

Die Stellung des Dollarkurses erfolge in Preisnotierung.

Das Unternehmen erwartet in 3 Monaten einen Kurs von 0,95 €/\$ und will sich gegen einen fallenden Kurs absichern. Es stellen sich folgende Fragen:

(1) Wie kann durch eine Darlehensaufnahme in Fremdwährung eine Kurssicherung durchgeführt werden?

(2) Wie hoch sind die Absicherungskosten bzw. der Terminkurs auf 3 Monate im Falle eines Devisentermingeschäftes?

Aufgabe 1.30   *Einsatz von Devisenswaps*

Ein italienisches Unternehmen erhält am 01. 05. 2002 aus einem Exportgeschäft 200 000 US-Dollar. Am 01. 11. 2002 ist das Unternehmen verpflichtet, 200 000 US-Dollar an ein amerikanisches Handelsunternehmen zu bezahlen. Zur Liquiditätsbeschaffung entscheidet sich das Unternehmen, die erhaltenen US-Dollar zu dem am 01. 05. 2002 geltenden Geldkurs (in Preisnotierung) von 1,20 € an eine Bank zu verkaufen. Diese Entscheidung birgt ein hohes Währungsrisiko. Denn sollte sich der Wert des US-Dollar bis zum 01. 11. 2002 erhöhen, wäre das italienische Unternehmen gezwungen, die veräußerten US-Dollar zu einem höheren Kurs zurückzukaufen und würde somit einen Verlust realisieren. Deshalb vereinbart der italienische Exporteur mit der Bank ein Swapgeschäft.

Welchen Gewinn/Verlust realisiert das Unternehmen durch den Abschluss des Swapgeschäftes bei einem Kassakurs (Brief) von 1,2020 € und einem Deport sechs-Monate-Brief von 0,006 €?

Aufgabe 1.31   *Währungsterminkontrakte*

Ein deutscher Hersteller von Computerspielen veräußert am 01. 03. 2002 PC-Programme im Wert von 5 Mio. US-$ an ein amerikanisches Handelsunternehmen. Es wird ein Zahlungsziel von fünf Monaten vereinbart.

Zur Absicherung des Wechselkursrisikos entscheidet sich der Exporteur zum Einsatz eines Währungsfutures. Über die Hausbank des Exporteurs wird eine entsprechende €-Future-Position aufgebaut.

Am 01. 03. 2002 beträgt der US-$-Devisenkurs 1,10 €, und ein September-€-Future wird zu 0,90 US-$ gehandelt.

(1) Wie viele Future-Kontrakte sind bei einer fiktiven Größe eines €-Future-Kontraktes von 125 000 € zu erwerben?
(2) Welchen Gewinn oder Verlust realisiert das exportierende Unternehmen durch das Eingehen der Future-Position, wenn am 01. 08. 2002 der US-$ bei 1,05 € notiert und der September-€-Future mit 0,945 US-$ gehandelt wird?

Aufgabe 1.32   *Kauf von Devisenoptionen*

Ein deutsches Exportunternehmen schließt am 18. 01. 2002 mit einem amerikanischen Großhändler einen Vertrag über den Verkauf von Produktionsmaschinen im Gesamtwert von 2 Mio. US-$. Die Vertragspartner vereinbaren ein Zahlungsziel von 6 Monaten. Am 18. 01. 2002 entspricht 1,11 € = 1 US-$ bzw. 0,90 US-$ = 1 €. Das deutsche Unternehmen erwartet einen fallenden Dollarkurs (in Preisnotierung) in den nächsten 6 Monaten. Um die Forderung gegen die erwartete Wechselkursänderung abzusichern, entschließt sich das Unternehmen, Devisenoptionen einzusetzen. Die Hausbank des Exporteurs bietet eine US-$-Put-Devisenoption mit folgenden Ausstattungsmerkmalen an:

Typ:	europäisch
Laufzeit:	6 Monate
Ausübungspreis:	1,11 €/$
Volumen:	2 Mio.

Die Bank verlangt für diese Devisenoption eine Prämie von 0,010 €/US-$.

(1) Wie hoch ist die insgesamt zu entrichtende Optionsprämie?
(2) Welchen Devisenkurs sichert sich das Exportunternehmen unter Berücksichtigung der Absicherungskosten?

Aufgabe 1.33 *Devisenoptionsgeschäfte*
Ein deutscher Exporteur erwartet aus einer Exportlieferung vom 18. 04. einen Zahlungseingang am 18. 10. in Höhe von 1,5 Mio. US-$. Die Absicherung des Kursrisikos könnte entweder über ein Devisentermingeschäft oder ein Devisenoptionsgeschäft erfolgen.
Der Kassakurs am 18. 04. beträgt 0,9450 Geld und 0,9530 Brief, der Terminkurs für 6 Monate 0,9610 Geld und 0,9690 Brief. Die Kursstellung erfolgt in Mengennotierung. Die Optionsprämie für eine 6-monatige Verkaufsoption der Fremdwährung beläuft sich am 18. 04. bei einem Basispreis von 0,9530 US/€ auf 4,12 % vom Eurobetrag.

(1) Ermitteln Sie die Kosten der Kurssicherung in absoluter Höhe und auf Jahresbasis in Prozent sowohl für das Devisentermingeschäft als auch die Devisenoption.
(2) Diskutieren Sie die Möglichkeit, über das Optionsgeschäft nur einen Basispreis von 0,9820 US-$/€ zu einem Optionspreis von 1,74 % vom Eurobetrag abzusichern.
(3) Welche Ergebnisse sind prinzipiell denkbar, wenn der Exporteur als Verkäufer (Stillhalter) einer Kaufoption zu einem Optionspreis von 3,2 % vom Eurobetrag einen Basispreis von 0,9530 vereinbart?

Aufgabe 1.34 *Hedging mit Währungsswaps*
Ein deutsches Unternehmen A hat eine US-$-Anleihe mit einem Volumen von 80 Mio. US-$ und einer jährlichen Verzinsung von 11 % über eine Laufzeit von 7 Jahren begeben.
Ein deutsches Unternehmen B hat eine £-Anleihe mit einem Volumen von 50 Mio. £ und einer Laufzeit von 7 Jahren begeben. Zinszahlungen sind jährlich in Höhe von 9,75 % zu leisten.
Beide Zinsverpflichtungen sind jeweils zum gleichen Termin fällig, und der US-$-/£-Wechselkurs beträgt 1,40.
Unternehmen A erwartet mittelfristig eine Aufwertung des US-Dollar gegenüber dem € (und damit erhöhte Aufwendungen bei der Rückzahlung), während es bei dem britischen Pfund von einer Abwertung ausgeht. Unternehmen B hat die entgegengesetzte Erwartung. Um sich gegen vermeintliche Wechselkursrisiken abzusichern, schließen die Unternehmen einen Währungsswap über einen Zeitraum von 7 Jahren ab, wobei Unternehmen A für diese Periode eine £-Verpflichtung übernimmt und Unternehmen B eine US-$-Verpflichtung eingeht.
Welche Zahlungsströme ergeben sich durch die Swap-Vereinbarung?

Aufgabe 1.35 *Arbitrage mit Währungsswaps*
Ein amerikanisches Unternehmen A hat die Möglichkeit, am Finanzplatz New York zu günstigen Konditionen einen US-$-Kredit aufzunehmen. Für Auslandsaktivitäten in Japan benötigt es jedoch einen Yen-Kredit, für den es relativ hohe Zinsen zahlen müsste. Ein deutsches Unternehmen B kann über seine Niederlassung in Tokio billige Yen-Kredite erhalten, benötigt aber derzeit US-$, zu denen es einen schlechten

Marktzugang hat. Im Einzelnen sehen sich die Unternehmen folgenden Kapitalbeschaffungsmöglichkeiten gegenüber:

	Unternehmen A	Unternehmen B
US-$-Kredit	9,25 % p. a.	10 % p. a.
Yen-Kredit	5 % p. a.	4,4 % p. a.

Die beiden Unternehmen vereinbaren einen Währungsswap. Das Swapgeschäft wird über eine Investmentbank abgewickelt, die eine Vermittlungsprovision von 0,3 % p. a. verlangt. Der Swapvorteil soll für Unternehmen A 0,48 % p. a. und für Unternehmen B 0,57 % p. a. betragen.

(1) Ermitteln Sie die Höhe der zu zahlenden Kreditzinsen für die beiden Swappartner.
(2) Stellen Sie tabellarisch die Zahlungsströme der Swappartner gegenüber. Von der Provision für die Investmentbank trägt A 0,18 % p. a. und B 0,12 % p. a.

Aufgabe 1.36 *Zinsswaps im Liability-Management*
Einem Exporteur wird die Bedingung gestellt, die Finanzierungskosten des ausländischen Käufers für fünf Jahre zu übernehmen. Die vertraglich vereinbarte Verzinsung ist variabel und beträgt LIBOR + 0,5 %. Der Exporteur wünscht jedoch für eine sichere Kalkulation einen Festsatz und entscheidet deshalb, einen Zinsswap abzuschließen. Der von der Bank verlangte feste Zins ist 8,375 % bei einer Laufzeit von fünf Jahren. Im Gegenzug ist die Bank bereit, eine variable Verzinsung in Höhe des LIBOR-Satzes zu leisten.

(1) Stellen Sie die Zahlungsströme aus der Finanzierung des Exportgeschäfts und aus dem Zinsswap aus der Sicht des Exporteurs dar.
(2) Welchen Zinssatz zahlt der Exporteur letztlich nach Berücksichtigung der Swap-Zuflüsse und -Abflüsse?

Aufgabe 1.37 *Zinsswaps im Asset-Management*
Eine Unternehmung hat eine Floating Rate Note über 10 Mio. € im Bestand. Die Konditionen der FRN lauten: 6-Monats-LIBOR – 0,05 %, Zinszahlung jeweils nach sechs Monaten, Restlaufzeit vier Jahre. Der Treasurer des Unternehmens erwartet künftig niedrigere Geldmarktzinsen und will die Geldanlage auf aktuellem Niveau absichern. Als Festsatz eines entsprechenden Zinsswap mit einer Laufzeit von vier Jahren bietet die Bank dem Firmenkunden 8,28 % an. Im Gegenzug verlangt sie LIBOR.

(1) Stellen Sie die Zahlungsströme aus der FRN sowie aus dem Zinsswap aus Sicht des Unternehmens dar.
(2) Welchen Zinssatz sichert sich das Unternehmen für die Restlaufzeit?

Aufgabe 1.38 *Arbitrage mit Zinsswaps*
Ein international tätiger Konzern A kann festverzinsliche Mittel zu einem Zinssatz von 7,25 % am Kapitalmarkt beschaffen. Alternativ ist eine variable Finanzierung durch die Emission von Commercial Papers zu LIBOR verfügbar. Das Finanzmanagement von A erwartet langfristig sinkende Zinssätze und strebt deshalb eine variable Verzinsung an. Das regional bekannte Unternehmen B kann festverzinsliche Mittel durch einen Kredit zu 8,25 % erhalten. Variabel verzinslich ist ein Kreditzinssatz von LIBOR + 0,50 % zu zahlen. Das Unternehmen B sucht eine feste Kalkulationsgrundlage und bevorzugt deshalb einen festen Zinssatz. Um die gegebene Arbitragemöglichkeit zu

nutzen, verschuldet sich Konzern A fest, Unternehmen B begibt eine Floating Rate Note. Anschließend vereinbaren sie einen Zinsswap. Dabei teilen sich die beiden Partner den Zinsvorteil paritätisch auf.

(1) Wie groß ist der durch den Swap realisierbare Zinsvorteil?
(2) Stellen Sie die sich ergebenden Zahlungsströme für beide Unternehmen dar.
(3) Zu welchen Konditionen erhalten die beiden Unternehmen jeweils ihre Finanzmittel nach Berücksichtigung der Swap-Transaktionen?

Aufgabe 1.39 *Forward Rate Agreements*
Ein Unternehmen erwartet in 8 Monaten einen Liquiditätsüberschuss in Höhe von 10 Mio. €. Das Geld kann für 3 Monate angelegt werden, da ein geplantes Investitionsprojekt frühestens in 11 Monaten in Angriff genommen werden soll. Das Unternehmen möchte den aus seiner Sicht hohen heutigen Zinssatz über den Verkauf eines Forward Rate Agreements absichern.
Es gelten folgende Konditionen:

Referenzzinssatz:	3-Monats-LIBOR
FRA-Satz:	9,2 % = FRA-Einstand (Geld)
Abschlusstag:	01. 04. 2003
Laufzeit (Referenzperiode):	01. 12. 2003 bis 01. 03. 2004
	(90 Tage)

Der Zinsvergleichszeitpunkt, das heißt, der Termin, an dem der 3-Monats-LIBOR mit dem FRA-Kundensatz verglichen wird, liegt zwei Arbeitstage vor Beginn der Referenzperiode. Im betrachteten Beispiel sei dies der 28. 11. 2003.

Berechnen Sie jeweils die Ausgleichszahlung, die das Unternehmen zu bekommen bzw. zu leisten hat, wenn der LIBOR-Satz am 28. 11. 2003 annahmegemäß

(1) 8 % beträgt oder
(2) 10 % beträgt.

Aufgabe 1.40 *Zinsfutures gegen fallende Zinsen*
Ein institutioneller Anleger möchte in drei Monaten eine Anleihe im Volumen von 500 000 € erwerben. Allerdings befürchtet der Investor, dass die Anleihekurse bis dahin steigen, die Zinsen also fallen könnten. Um sich gegen diese Entwicklung abzusichern, kann der Anleger 4 Bund-Future-Kontrakte kaufen. Die Anleihe- und Future-Preise in dem relevanten Zeitraum seien folgende:

	Anleihe	Future
Kurse am 1. März	94,00	94,60
Kurse am 1. Juni	96,00	96,00

(1) Wie hoch sind die durch den Kursanstieg verursachten Mehrkosten für den geplanten Anleihekauf?
(2) Die Notierung von Futures erfolgt in Prozent, wobei 0,01 Prozentpunkt = 1 Tick. Der Wert eines Tick beträgt 12,5 €. Welchen Gewinn erbringt in dem betrachteten Fall der Kauf der Futures?

Aufgabe 1.41 *Zinsfutures gegen steigende Zinsen*
Der Asset-Manager eines Unternehmens verwaltet ein Rentenportfolio im Volumen von 10 Mio. €. Er rechnet mit einem Rückgang der Wertpapierkurse. Zur Absicherung

gegen fallende Kurse (bzw. steigende Zinsen) kann der Asset-Manager Bund-Future-Kontrakte verkaufen. Notwendig wären 80 Kontrakte. Der Kurs des Future beträgt am 1. März 95,50 %. Am 1. Juni hat sich durch den Kursrückgang am Anleihemarkt der Gegenwert des Depots auf 9 600 000 € reduziert. Die Future-Kontrakte können zu diesem Zeitpunkt zu 92,15 % eingedeckt werden. Das entspricht einer Differenz von 335 »Ticks«, wobei 1 Tick = 0,01 Prozentpunkt = 12,5 €.

Wie groß ist der verbleibende Buchverlust nach Berücksichtigung des aus der Glattstellung der Future-Position entstehenden Gewinns?

Aufgabe 1.42 *Kauf eines Cap*

Ein möglicher Kreditnehmer prognostiziert für die nächsten Monate deutlich sinkende Geldmarktsätze, möchte aber das Risiko unerwartet steigender Marktsätze absichern. Er interessiert sich für eine Alternative zum 5-Jahres-Festsatzkredit (mit vierteljährlicher Zinszahlung), den er zur Zeit mit 9 % realisieren könnte.

Die Bank offeriert dem Kunden einen Kredit auf Basis des 3-Monats-EURIBOR über eine Laufzeit von fünf Jahren, verbunden mit einem Cap von 8,5 %. Für den Kauf muss eine Einmalprämie von 1,5 %, das sind 0,38 % p. a., gezahlt werden. Die EURIBOR-Marge beträgt 0,5 %.

(1) Berechnen Sie die Kreditkosten für den Festsatzkredit sowie die maximalen Kreditkosten für den variablen Kredit mit Cap-Vereinbarung.
(2) Auf welchen Prozentsatz muss der EURIBOR sinken, damit die Cap-Variante günstiger als die Festsatz-Variante wird?

Aufgabe 1.43 *Verkauf eines Cap*

Ein potenzieller Anleger rechnet mit einer restriktiven Geldpolitik der Europäischen Zentralbank und dadurch bedingt tendenziell steigenden Geldmarktsätzen zwischen 9 und 9,5 %. Um eine maximale Verzinsung zu erreichen, will der Investor einen Zins-Cap an seine Bank mit 9,5 % Zinsobergrenze, Laufzeit zwei Jahre, gegen 6-Monats-EURIBOR verkaufen. Die Bank willigt ein, 0,25 % Einmalprämie (umgerechnet auf Jahresbasis sind das 0,15 % p. a.) zu zahlen. Die an die Bank zu zahlende EURIBOR-Marge beträgt 0,2 %.

Wie hoch ist der von dem Anleger maximal realisierbare Zinsertrag?

Aufgabe 1.44 *Kauf eines Floor*

Der Cash-Manager eines Unternehmens will einen kurzfristigen Liquiditätsüberhang anlegen. Allerdings rechnet er mit einem sinkenden Zinsniveau. Die Bank bietet dem Kunden den Kauf eines Floor mit 6 % Zinsuntergrenze, Laufzeit fünf Jahre, gegen 3-Monats-EURIBOR bei einer Marge von 0,2 % an. Für den Kauf verlangt sie eine Einmalprämie von 1,8 % bzw. umgerechnet 0,45 % p. a.

Welchen effektiven Mindest-Zinssatz sichert sich das Untenehmen?

Aufgabe 1.45 *Erwerb eines Collar*

Ein potenzieller Kreditnehmer möchte sich mit einem Cap gegen Zinssteigerungen absichern, scheut aber die dafür zu entrichtende hohe Einmalprämie. Die Prämie beträgt bei einer Cap-Vereinbarung über fünf Jahre 1,5 %, das heißt, umgerechnet auf Jahresbasis 0,38 % (siehe Aufgabe 1.42). Zur Reduzierung dieser Kosten bietet die

Bank dem Kunden zusätzlich zum Kauf eines Cap den Verkauf eines Floor (an die Bank) mit Zinsuntergrenze 7,5 % und einer Laufzeit von 5 Jahren gegen den 3-Monats-EURIBOR an. Die Bank ist bereit, hierfür 1,0 % Einmalprämie zu zahlen. Der Kunde kann damit den Prämienaufwand für den Kauf des Cap auf 0,5 % (= 0,13 % p. a.) verringern, allerdings verzichtet er zugleich auf die Inanspruchnahme von EURIBOR-Sätzen von unter 7,5 %. Es wird eine vom Kreditnehmer zu entrichtende Marge von 0,5 % vereinbart.

(1) Wie hoch sind die gesamten Kosten für den Kunden, wenn der EURIBOR bei 6 % p. a. notiert?

(2) Berechnen Sie die maximalen und die minimalen Finanzierungskosten des Kreditnehmers.

Aufgaben zum 2. Hauptteil: Internationale Rechnungslegung nach IAS und US-GAAP im Vergleich zum HGB

Aufgabe 2.01 *Institutionelle Merkmale nach US-GAAP und HGB*
Was bedeuten folgende Abkürzungen? Beschreiben Sie schlagwortartig deren Bedeutung oder Tätigkeit.

Abkürzungen	Definition	Bedeutung/Tätigkeit
DRSC		
DRS 1		
GAS No. 1		
US-GAAP		
SEC		
FRR		
SAB		
CAP		
APB		
FASB		
CON (= SFAC)		
FAS (= SFAS)		
FIN		
AICPA		
SOP		
EITF		

Aufgabe 2.02 *Aussagen nach US-GAAP*
Welche der folgenden Behauptungen sind richtig?

(1) Die SEC ist die Wertpapier- und Börsenaufsichtsbehörde der USA.
(2) Die SEC lässt an der New Yorker Börse HGB als Rechnungslegungsstandard zu.
(3) An der NYSE werden IAS als Standard akzeptiert.
(4) Die SEC verlangt für deutsche Unternehmen, die ihre Aktien an der NYSE listen wollen, einen US-GAAP-Konzernabschluss.
(5) Die Grundlagen der US-amerikanischen Rechnungslegung bestehen aus den APB Statements und den CON-Regelungen.

(6) IAS können für den Einzelabschluss deutscher Unternehmen befreiend verwendet werden.
(7) IAS und US-GAAP können für den Konzernabschluss einer GmbH angewendet werden, die eine Anleihe begeben hat.
(8) Die SEC erlässt keine Rechnungslegungsvorschriften.
(9) SFAC und CON sind nicht identisch.

Aufgabe 2.03 *Institutionelle Merkmale nach IAS*
Was bedeuten folgende Abkürzungen? Beschreiben Sie schlagwortartig deren Bedeutung oder Tätigkeit.

Abkürzungen	Definition	Bedeutung/Tätigkeit
IASC		
IASB		
Members		
IFAC		
IASCF		
Trustees		
SIC		
IFRIC		
SAC		
IAS		
IFRS		
Framework		
Preface		
Basis for Conclusions		

Aufgabe 2.04 *Aussagen nach IAS*
Welche der folgenden Behauptungen sind richtig?

(1) Das IASB hat seinen Sitz in Berlin.
(2) Im Gegensatz zu den US-GAAP sind die IAS ein echtes internationales Rechnungslegungssystem.
(3) Die Treuhänder gehören nicht zum IASB.
(4) Eine der wichtigsten Aufgaben des deutschen Vertreters im IASB ist die Kontaktpflege zum DRSC.
(5) Das Preface zu den IAS erläutert die Ziele und Verfahrensregeln des IASB.

(6) Das Framework dient als Auslegungs- und Orientierungshilfe zu den IAS.
(7) Bei Kollisionen zwischen Framework und einzelnen IAS hat das Framework Vorrang.
(8) Bislang wurden 41 IAS erlassen, von denen 7 durch andere IAS ersetzt wurden.
(9) Wie nach US-GAAP gibt es ein hierarchisch strukturiertes »House of IAS«.

Aufgabe 2.05 *Nationale und internationale Abschlüsse*
Betrachten Sie folgende einfache Bilanz der Lucky GmbH.

Bilanz der Lucky GmbH zum 31.07.2002 (in Mrd. €)

A. Anlagevermögen	1,0	A. Eigenkapital	
1. Patente	0,5	1. Stammkapital	1,5
2. Anteile an verbundenen	2,0	2. Kapitalrücklage	1,0
Unternehmen		3. Gewinnrücklagen	1,0
B. Umlaufvermögen		B. Verbindlichkeiten	
1. Vorräte	1,0	1. Anleihen	1,0
Bilanzsumme	4,5		4,5

Lucky produziert Freizeitartikel. Die Anteile an verbundenen Unternehmen entsprechen 80 % der Geschäftsanteile an einer anderen GmbH. Die Anleihe notiert im amtlichen Handel der Frankfurter Wertpapierbörse.

(1) Welche Jahresabschlüsse hat Lucky zum 31.07.02 zu erstellen?
(2) Das Unternehmen möchte nach IAS bilanzieren und von der Befreiungsregelung nach § 292a HGB Gebrauch machen. Ist dies möglich?
(3) Muss das Unternehmen im Fall (2) nach derzeitigem Recht noch einen HGB-Abschluss erstellen?

Aufgabe 2.06 *Möglicher Konflikt zwischen US-GAAP- und IAS-Abschluss*
Einige namhafte deutsche Unternehmen, wie z.B. die *SAP AG* oder die *BASF AG* haben ihre Konzernabschlüsse nach US-GAAP-Regeln aufgestellt, da ihre Aktien an der New Yorker Börse notieren. Nehmen Sie an, die SEC verhalte sich wie bislang restriktiv und verweigere bis Ende 2006 die Anerkennung eines IAS-Konzernabschlusses für die Zulassung an der New Yorker Börse. Welche Konsequenzen hätte dies für die betroffenen Unternehmen?

Aufgabe 2.07 *Das Vorsichtsprinzip*
Der Finanzbuchhalter der Lucky GmbH hat keine Lust mehr, nur noch den Verkauf von Freizeitartikeln zu verbuchen. Das Geschäft mit Aktien sei viel interessanter und ertragreicher. Er ordert Aktien der Beate Uhse AG zum Anschaffungswert von 20 € je Aktie. Zum Geschäftsjahresende ist der Kurs der Aktie auf 40 € gestiegen. Die Aktien werden nicht veräußert. Wie ist dieser Erfolg nach IAS/US-GAAP im Vergleich zum HGB zu verbuchen?

Aufgabe 2.08 *Bestandteile des Jahresabschlusses nach IAS/US-GAAP und HGB*
Stellen Sie tabellarisch die wichtigsten Pflichtbestandteile eines Jahresabschlusses nach IAS, US-GAAP und HGB zusammen.

Aufgabe 2.09 *Realisation principle und matching principle*
Die Speedy GmbH produziert Pkw. Für ein Mietunternehmen werden insgesamt 10 000 Fahrzeuge produziert. Diese verteilen sich auf die Geschäftsjahre 01 bis 04 wie folgt:

01: 3 000,
02: 4 000,
03: 2 000 und
04: 1 000 Fahrzeuge.

Die Fahrzeuge werden gefertigt und an die Kunden ausgeliefert.
   Die Produktionsaufwendungen für diesen mehrjährigen Auftrag belaufen sich auf insgesamt 400 Mio. €. Die Umsatzrechnungen lauten insgesamt auf 500 Mio. €. Da das Mietunternehmen laufend Änderungswünsche bei der Ausstattung der Fahrzeuge anmeldet, stellt Speedy zur Koordination der Abwicklung dem Mietunternehmen noch »Abwicklungssondergebühren« in Höhe von 200 000 € in Rechnung.

(1) Nach welchen Grundsätzen sind die Aufwendungen und Erträge zu erfassen?
(2) Wie sind die »Abwicklungssondergebühren« zu verbuchen?

Aufgabe 2.10 *Substance over form*

(1) Erläutern Sie den internationalen Rechnungslegungsgrundsatz »substance over form« (Grundsatz der wirtschaftlichen Betrachtungsweise). Bilanzieren Sie folgende Fälle:
(2) Leasing einer Reinigungsmaschine: Die FUZZY! Informatik AG least eine Reinigungsmaschine über drei Jahre. Die Nutzungsdauer des Gerätes liegt bei zehn Jahren. Nach der Mietdauer wird das Gerät zurückgegeben.
(3) Leasing einer speziellen Bohrmaschine: FUZZY! least eine spezielle Bohrmaschine, die nur für die Produktion eines bestimmten Rechnergehäuses eingesetzt werden kann. Nach der Mietdauer von zwei Jahren wird das Gerät an den Leasinggeber zurückgegeben. Die Maschine ist nicht mehr vermietfähig.
(4) Sicherungsübereignung eines Patents: FUZZY! vereinbart mit der Hausbank, dass diese sich im Falle ausbleibender Kreditrückzahlungen an von dem Unternehmen innegehaltenen Patenten befriedigen kann.
(5) Factoring: FUZZY! veräußert Forderungen in Höhe von 100 000 € an eine Bank.

Aufgabe 2.11 *Relevance nach US-GAAP*
Der Grundsatz der Relevance nach US-GAAP verlangt stärker als nach IAS und HGB den Blick nach vorne zu richten.

(1) Worin äußert sich diese stärkere Zukunftsorientierung?
(2) Die Umsatzentwicklung der Quicky AG verlief in 01 und 02 sehr gut: Die Steigerungen betrugen jeweils 10 %. In 03 wird ein Konkurrent auf den Markt drängen, der mit Sicherheit Marktanteile gewinnen wird. Was muss die Unternehmensführung in 02 tun, wenn sie nach US-GAAP über die Zukunftsaussichten beim Umsatz berichtet?

Aufgabe 2.12 *Assets nach IAS und HGB*

(1) Die Quicky AG startet in 02 eine Kampagne in der Radio-Werbung. Die Aufwendungen belaufen sich auf 1 Mio. €. Insgesamt erwartet das Unternehmen im kommenden Geschäftsjahr 03 mit einer Wahrscheinlichkeit von 90 % eine Umsatzsteigerung um 2 Mio. €.

(2) Kauf eines Pkw zum 01. 09. 02 zum Preis von 30 000 €. Zukünftiger Nutzen: 100 000 € (W = 70 %), 60 000 € (W = 55 %). Veräußerung jederzeit möglich.

(3) Kauf einer Fertigungsanlage für gefährliche chemische Produkte am 01. 03. 02 zum Preis von 2 Mio. €. Das Unternehmen hofft, dass bislang geltende Verbote für die Produktion von Schmiermitteln in Zukunft aufgehoben werden. Die Wahrscheinlichkeiten des zukünftigen Mittelzuflusses liegen bei W = 70 % für – 1 Mio. € und W = 30 % für 1,5 Mio. €.

Wie ist in den Fällen (1) bis (3) nach IAS und nach HGB zu bilanzieren?

Aufgabe 2.13 *Ansatzkriterien nach IAS/US-GAAP und HGB*

Welche der folgenden Behauptungen sind richtig?

(1) Die Messbarkeit ist alleiniges Ansatzkriterium für liabilities nach US-GAAP.

(2) Aufwendungen für Ingangsetzung und Erweiterung sind nach SOP 98-5.12 aktivierungspflichtig.

(3) Ein Sonderposten mit Rücklageanteil ist nach US-GAAP aufgrund der Trennung von Steuer- und US-GAAP-Bilanzierung nicht bildungs- und ansatzfähig.

(4) Die Erfassungskriterien für assets und liabilities sind nach US-GAAP umfangreicher und genauer formuliert als nach IAS.

(5) Aktive Steuerlatenzen sind nach IAS/US-GAAP als Vermögenswert ansatzpflichtig. Nach HGB besteht ein Ansatzwahlrecht in der Form einer Bilanzierungshilfe.

(6) Nach IAS und US-GAAP besteht ein Ansatzverbot für passive Steuerlatenzen.

(7) Passive Steuerlatenzen sind nach HGB ansatzpflichtig.

(8) Vorausbezahlte Mieten sind nach IAS/US-GAAP und HGB als aktive Rechnungsabgrenzung zu zeigen.

(9) Ein Disagio kann nach HGB als aktive Rechnungsabgrenzung aktiviert werden. Nach IAS/US-GAAP ist es nicht ansatzfähig. Es reduziert den Wert der zu passivierenden Verbindlichkeit.

Aufgabe 2.14 *Bilanzgliederung nach IAS*

Die Schimmelbusch AG bilanziert nach IAS und will zum 31. 12. 02 ihre Bilanz in € aufstellen. Es sind die Mindestgliederung nach IAS und die englischen Positionsbezeichnungen zu verwenden. Posten (in Mio. €):

Forderungen aus Lieferungen und Leistungen: 100; Sachanlagen: 110; liquide Mittel als Bankguthaben: 6; langfristige Wertpapiere: 90; Fertigerzeugnisse: 24; selbst erstellte Patente: 80, davon 40 für verlässlich ermittelbare und verwertbare Entwicklung; Wertpapiere gehalten aus Spekulationsgründen: 10; Verbindlichkeiten aus Lieferungen und Leistungen: 10; kurzfristige Bankverbindlichkeiten: 8; kurzfristige Steuerschulden: 12; erhaltene Miete für 2003: 6; vertraglich vereinbarte Verpflichtung zur regelmäßigen Inspektion gemieteter Maschinen (Restlaufzeit sieben Jahre), geschätzter Betrag für 2002: 20; gezeichnetes Kapital: 180.

Der Restbetrag ist als Gewinnrücklagen auszuweisen.

Bilanzpolitische Rahmenbedingung: Das Vermögen soll möglichst hoch angesetzt werden.

Aufgabe 2.15 *Bilanzgliederung nach HGB*

Die Schimmelbusch AG bilanziert nach HGB. Stellen Sie auf Basis der Angaben in Aufgabe 2.14 eine vergleichbare HGB-Bilanz auf und begründen Sie die Veränderungen gegenüber IAS.

Aufgabe 2.16 *Bilanzgliederung nach US-GAAP*

Die Schimmelbusch AG bilanziert nach US-GAAP. Stellen Sie wie in Aufgabe 2.14 und Aufgabe 2.15 eine vergleichbare US-GAAP-Bilanz auf und begründen Sie die Veränderungen gegenüber IAS/HGB.

Aufgabe 2.17 *Herstellungskosten nach HGB/IAS*

(1) Worin besteht der Unterschied bei der Wertuntergrenze für die Vorratsbewertung nach IAS im Vergleich zum HGB?
(2) Sind gebildete, aber noch nicht beanspruchte Pensionsrückstellungen für Meister der Fertigung, Abschreibungen auf Maschinen, Reisekosten des Vertreters, Forschungsaufwendungen, Entwicklungsaufwendungen, Aufwendungen für Bestecke der Werkskantine, in der nur die Mitarbeiter der Lackiererei essen, Fremdkapitalzinsen für ein qualifying asset in die Herstellungskosten nach IAS/HGB einzubeziehen?

Aufgabe 2.18 *Herstellungskosten nach HGB/US-GAAP/IAS*

Verwenden Sie die Aufwandsarten nach Aufgabe 2.17 und vergleichen Sie die Wertansätze für Herstellungskosten nach HGB mit US-GAAP. Kommentieren Sie eventuelle Unterschiede zu IAS.

Aufgabe 2.19 *Immaterielle Vermögenswerte nach HGB/IAS/US-GAAP*

Erläutern Sie die Art der Aktivierung bei folgenden immateriellen Sachverhalten:

Vermögenswerte	HGB	IAS	US-GAAP
Selbst geschaffener Markennamen: *FUZZY!*			
Entgeltlich erworbene Kundenlisten der Konkurrenz			
Selbst geschaffene eigene Kundenlisten (Werbung mit »namhaften Kunden«)			
Aufwendungen für Aus- und Weiterbildung			
Gehaltszahlung an einen im Unternehmen angestellten Nobelpreisträger für Physik			
Upgrade (z. B. Releasewechsel) einer selbst entwickelten Software			
Selbst geschaffene chemische Formel aus der Forschung und Entwicklung			

Aufgabe 2.20 *Goodwill nach IAS/HGB und US-GAAP*
Die Morsche AG kauft am 01.08.02 zu 100 % ein Tochterunternehmen zum Preis
von 10 Mio. €. Das Geschäftsjahr von Morsche läuft vom 01.08. bis 31.07. Die Wirt-
schaftsprüfungsgesellschaften der beteiligten Unternehmen haben sich bei den assets
und liabilities der Tochtergesellschaft auf einen Zeitwert von 9 Mio. € geeinigt. Somit
sind stille Reserven und Lasten berücksichtigt und der Geschäftswert beträgt 1 Mio. €.
Der Nutzungswert des Goodwill wird auf fünf Jahre festgesetzt. Als Abschreibungsmethode soll diejenige verwendet werden, die nach jeweiligem Rechnungslegungsstandard möglich ist. Die Abschreibung soll in 02/03 beginnen.

Entwickeln Sie die Firmenwerte nach IAS, HGB und US-GAAP zum 31.07.03 und
31.07.04.

Aufgabe 2.21 *Sachanlagevermögen nach IAS/HGB und US-GAAP*
Bei der Quicky GmbH ist im Geschäftsjahr 2002 im Rahmen einer Bewertung des
Sachanlagevermögens eine außerplanmäßige Abschreibung auf eine Platinenpresse
in Höhe von 5 000 000 € aufgrund einer voraussichtlich dauerhaften Wertminderung
durchgeführt worden. Die Presse wurde 2000 zu Anschaffungskosten von 20 Mio. € gekauft. Sie wird linear über zehn Jahre abgeschrieben. 2003 entfiel der Grund für die
in 2002 vorgenommene außerplanmäßige Abschreibung.

Wie lauten die Restbuchwerte der Presse nach US-GAAP, IAS und HGB im Geschäftsjahr 2003?

Aufgabe 2.22 *Nicht realisierte Gewinne bei Wertpapieren nach IAS/US-GAAP*
und HGB
Die Beate Muhse AG hält 1 000 Aktien der Kundomi AG, ohne dass dies prozentual
gemessen am gezeichneten Kapital der Kundomi AG ins Gewicht fällt. Der Anschaffungspreis der Aktien am 31.03.02 betrug 100 000 € plus 2 % Bankgebühren. Zum
31.12.02 stieg der Börsenwert auf 200 000 €. Wie lauten die Wertansätze zum 31.12.02
nach IAS, US-GAAP und HGB?

Prämisse: Ausweis eines möglichst hohen Gewinns. Begründen Sie die Vorgehensweise.

Aufgabe 2.23 *Fair value nach IAS/US-GAAP und Bewertung nach HGB*
Für eine Industrieanleihe, die die FUZZY! Informatik AG zu Anschaffungskosten von
100 000 € zum 07.12.02 erworben hat, entwickeln sich die fair values (Börsenkurse)
wie folgt:

31.12.02 :   110 000 €
31.12.03 :   90 000 €
31.12.04 :   105 000 €

Die Wertpapiere sollen nicht bis zur Endfälligkeit gehalten werden. Kursveränderungen sind, wenn möglich, erfolgsneutral zu verbuchen. Es wird für 03 eine dauerhafte
Wertminderung angenommen.

(1) Um welche Art von Wertpapieren handelt es sich?
(2) Welche Wertansätze erscheinen in einer IAS/US-GAAP-Bilanz im Vergleich zum
    HGB?

Aufgabe 2.24 *Vorratsbewertung nach US-GAAP (lower of cost or market)*

(1) Für Vorräte liegen die Anschaffungskosten (historical cost) bei 100 €. Die Nettoveräußerungserlöse (net realizable value) enthalten einen Gewinnzuschlag von 10 %. Wie hoch sind die einzelnen Vorratspositionen nach US-GAAP in den Jahren 01–05 zu bewerten? Vgl. nachfolgende Tabelle.

(2) Wie hoch müssten die Anschaffungskosten sein, damit sie beibehalten werden können?

(1) (in €)	Jahr 01	Jahr 02	Jahr 03	Jahr 04	Jahr 05
Anschaffungs-kosten	100	100	100	100	100
Wiederbeschaf-fungskosten	110	90	75	40	95
Nettoveräuße-rungserlös (ceiling)	99	88	77	77	110
Nettoveräuße-rungserlös (ohne Gewinn) (floor)					
Wertansatz der Vorräte					
(2) (in €)					
Beizubehaltende Anschaffungs-kosten					

Aufgabe 2.25 *Langfristfertigung im Rahmen der PoC-Methode*
Die Elektrowerke AG plant eine Langfristfertigung, die auf vier Jahre angelegt ist. Der geplante Gesamtaufwand wird auf 12 Mio. € geschätzt. Die vereinbarten Erlöse sollen 16 Mio. € erreichen. Demnach wird ein Gesamtgewinn in Höhe von 4 Mio. € erwartet. Plan- und Istkostendaten (in Mio. €) sind folgender Tabelle zu entnehmen. Logischerweise liegen die Istkosten erst am Ende der jeweiligen Rechnungsperiode vor. Für die folgenden Perioden werden die Plankosten zugrunde gelegt.

	Jahr 01	Jahr 02	Jahr 03	Jahr 04	Summe
Plankosten	2	6	2	2	12
Istkosten	1	6	3	3	13

Der Grad der Fertigstellung soll nach der cost-to-cost method ermittelt werden. Wie hoch ist der Gewinn in den einzelnen Geschäftsjahren auszuweisen?

Aufgabe 2.26 *Bewertung von Forderungen*
Bruno Glück, der Leiter Finanzbuchhaltung der FUZZY! Informatik AG, will sich einen Überblick über die Behandlung von Wertberichtigungen nach IAS und US-GAAP im Vergleich zum HGB verschaffen.

Bislang hat er die Forderungen aus Lieferungen und Leistungen (Fa.LL.) nach HGB wie folgt bewertet (in T€):

Forderungsbestand (brutto)	200
·/· Einzelwertberichtigungen (50 % Abschreibung)	–20
·/· Einzelwertberichtigungen (100 %)	–10
Summe	170
·/· Pauschalwertberichtigung (10 %)	17
Fa.LL. (netto)	153

Bei den Einzelwertberichtigungen hat Bruno Glück die Erfahrung gemacht, dass nur rund die Hälfte des abgeschriebenen Betrags wirklich benötigt wird und die andere Hälfte als vorsichtige Bewertung nach § 252 Abs. 1 Nr. 4 HGB zu interpretieren ist. Die voll abgeschriebenen Forderungen führten in der Realität meistens auch zu den vermuteten Ausfällen.

Pauschalwertberichtigungen werden im Normalfall nicht verbraucht, da sie durch die ohnehin hohen Einzelwertberichtigungen zur Genüge »abgesichert« sind.

In welcher Höhe hat der Ausweis der Forderungen nach IAS/US-GAAP zu erfolgen?

Aufgabe 2.27 *Bilanzierung von Rückstellungen*
Bruno Glück soll, im Auftrag seines Chefs, einen Vergleich der Berücksichtigung von Risiken im HGB-Abschluss und einem IAS/US-GAAP-Abschluss vorlegen, da für europäische Unternehmen spätestens ab 2005 zumindest ein Konzernabschluss nach IAS aufzustellen ist.

Zu folgenden Sachverhalten ist eine Überleitung der Bilanzpositionen von HGB nach IAS/US-GAAP darzustellen:

(1) FUZZY! wurde von einem Konkurrenten auf Zahlung von 10 Mio. € verklagt, ein von FUZZY! benutztes Markenzeichen nicht mehr zu verwenden. Man rechnet mit einer Zahlung in Höhe von 5 Mio. €. Nach HGB sind Rückstellungen in Höhe von 7 Mio. € gebildet worden.

(2) Herr Glück hat nach HGB Rückstellungen für ausstehende Rechnungen von Lieferanten über 3 Mio. € angesetzt.

(3) FUZZY! erwartet einen deutlichen Konjunkturrückgang und somit für das Unternehmen einen Ergebniseinbruch um 1 Mio. €.

(4) Für Aufwandsrückstellungen in der Form von Instandhaltungen hat das Unternehmen insgesamt 2 Mio. € zurückgestellt.

(5) Der Vorstand hat beschlossen, vier Mitarbeiter an einen anderen Standort zu versetzen. Nach HGB wurden Rückstellungen für zukünftige Restrukturierungsmaßnahmen in Höhe von 1 Mio. € gebildet.

Wie sehen die Überleitungsrechnungen der Rückstellungen von HGB nach IAS/US-GAAP aus?

Aufgabe 2.28 *Bilanzierung eines Disagios*
Die Quicky AG emittiert in 01 eine Anleihe über nominell 100 000 €. Die Laufzeit soll fünf Jahre betragen. Der Nominalzinssatz beträgt jährlich 10 %. Der Marktzinssatz liegt bei 13 %. Die Anleihe ist demnach mit einem Disagio zu begeben.

(1) Wie hoch ist dieses Disagio?
(2) Wie ist nach HGB zu bilanzieren?
(3) Wie ist der Sachverhalt nach IAS/US-GAAP zu erfassen?

Aufgabe 2.29 *Latente Steuern nach IAS*
Die Latenti GmbH hat in ihrem Jahresabschluss 1999 Steuerrückstellungen für Zwecke der Körperschaftsteuer 1999 in Höhe von 200 000 € (500 000 € x Körperschaftsteuersatz von 40 %) und für Zwecke der Gewerbesteuer 1999 von 100 000 € (540 540 € x Gewerbesteuersatz von 18,5 %) gebildet, die in 2000 unverändert blieben. Mit einer Veranlagung wird erst im Frühjahr 2001 gerechnet. Für das Geschäftsjahr 2000 erwartet Latenti ein Nullergebnis vor Steuern. Der Abschluss wird unter der Annahme von »going concern« erstellt. Nehmen Sie an, es bestünden körperschaftsteuerliche Verlustvorträge in Höhe von 1 000 000 € und gewerbesteuerliche Verlustvorträge über 1 400 000 €. Vernachlässigen Sie den Solidaritätszuschlag. Ab 2001 gilt ein einheitlicher Körperschaftsteuersatz von 25 %.

Welche Konsequenzen entstehen für den Ausweis von latenten Steuern nach IAS?

Aufgabe 2.30 *Ermittlung des Erfolgs nach US-GAAP*
Bei der Speedy GmbH soll die GuV zum 31. 12. 02 nach dem Umsatzkostenverfahren gemäß US-GAAP aufgestellt werden. Es sind die englischen Positionsbezeichnungen zu verwenden. Folgende Angaben in Mio. € liegen vor:
Von 1 000 produzierten Fahrzeugen wurden 800 Fahrzeuge abgesetzt.

– Materialkosten: 20,
– Personalkosten der Produktion: 25,
– Personalkosten der Verwaltung: 30,
– Vertriebskosten: 10,
– Abschreibungen: 4, davon 1 in der Verwaltung,
– Zinserträge: 2,
– Zinsaufwendungen: 1,
– Mieteinnahmen aus betrieblich nicht genutztem Anlagevermögen: 1,
– Aufwendungen für Spenden an politische Parteien: 10,
– Wertaufholung einer Maschine: 5,
– Kurssteigerungen aus Available-for-sale-Wertpapieren mit entsprechender Zuführung zur Neubewertungsrücklage: 2,
– Umsätze 200,
– Skonti: 10,
– Steuersatz für Gewinne: 25 %.

(1) Wie hoch ist der Gewinn/Verlust nach Steuern gemäß US-GAAP?
(2) Berechnen Sie das comprehensive income nach US-GAAP.

Aufgabe 2.31 *Negativer Unterschiedsbetrag nach HGB, IAS und US-GAAP*
Die Muttergesellschaft (MU) ist seit 2002 mit 100 % am Tochterunternehmen (TU) beteiligt. Für diese Beteiligung hat MU 300 Mio. € bezahlt. Beim Erwerb verfügt TU über

ein Eigenkapital von 250 Mio. €. Wirtschaftsprüfer haben festgestellt, dass bei TU nicht verbuchte stille Reserven im Anlagevermögen (Bauten und Fertigungsanlagen) in Höhe von 100 Mio. € versteckt sind.

Führen Sie eine Erstkonsolidierung zum 31. 12. 02 nach HGB, IAS und US-GAAP für folgende Einzelabschlüsse (in Mio. €) durch und begründen Sie Ihr Vorgehen:

	MU		TU	
	Aktiva	Passiva	Aktiva	Passiva
Aktiva				
Anlagevermögen	500		400	
Beteiligung	**300**			
Passiva				
Eigenkapital		200		**250**
Fremdkapital		600		150
Bilanzsumme	**800**	**800**	**400**	**400**

Aufgabe 2.32 *Pooling of interests-Methode*
Die Muttergesellschaft (MU) hat zu 100 % das Tochterunternehmen (TU) erworben. Am Geschäftsjahresende soll erstmalig eine Konzernbilanz aufgestellt werden. Die Einzelabschlüsse von MU und TU haben folgendes Aussehen (in Mio. €). Es soll nach der Pooling of interest-Methode bilanziert werden, da ein Aktientausch vorgenommen wurde und ein fusionsähnliches Unternehmen entsteht. Erläutern Sie aus HGB-Sicht die Vorgehensweise. Welcher Unterschied besteht zu IAS und US-GAAP?

	MU		TU	
	Aktiva	Passiva	Aktiva	Passiva
Aktiva				
Sachanlagen	400		300	
Beteiligung	**200**			
Umlaufvermögen	300		500	
Passiva				
Gezeichnetes Kapital		100		**150**
Rücklagen		200		150
Jahresüberschuss		100		50
Fremdkapital		500		450
Bilanzsumme	**900**	**900**	**800**	**800**

Aufgabe 2.33 *Statement of changes in equity*

Zum 31. 12. 01 enthält die Eigenkapitalverwendungsrechnung der FUZZY! Informatik AG folgende Bestände (in €) nach IAS:

- share capital 1 000 000,
- share premium 100 000,
- revaluation reserve 500 000,
- translation reserve 100 000,
- accumulated profit 2 000 000.

In 02 treten folgende Veränderungen des Eigenkapitals auf:

- Überschuss aus der Neubewertung von Grund und Boden 100 000,
- Fehlbetrag aus der Neubewertung von Wertpapieren 50 000,
- Periodenergebnis 200 000,
- Differenzen aus der Währungsumrechnung 100 000,
- Dividendenzahlung für Vorjahr 50 000,
- Erhöhung des gezeichneten Kapitals um 10 % mit einem Aufgeld von 200 000.

Stellen Sie die Eigenkapitalveränderungsrechnung nach IAS zum 31. 12. 02 auf und verwenden Sie die englischsprachigen Begriffe.

Aufgabe 2.34 *Cash flow statement*

Ein Unternehmen der Fahrzeugindustrie ermittelt folgende Bilanz- und GuV-Werte (in T€) für 02:

Jahresüberschuss	270 473
Abschreibungen	132 652
Zunahme der Pensionsrückstellungen	15 480
Zunahme der übrigen Rückstellungen	345 989
Abnahme der Vorräte und der Forderungen aus Lieferungen und Leistungen	– 219 894
Einzahlungen aus Abgängen von Gegenständen des Anlagevermögens	22 557
Auszahlungen für Investitionen in das Anlagevermögen	– 305 760
Auszahlungen an Gesellschafter	– 26 395
Einzahlungen aus der Aufnahme von Krediten	37 245
Auszahlungen für die Tilgung von Krediten	– 10 300

Ermitteln Sie die Cashflows aus laufender Geschäfts-, Investitions- und Finanzierungstätigkeit nach DRS 2. Erwähnen Sie in Klammern die englischsprachigen Begriffe, wie sie DRS 2 verwendet.

Aufgabe 2.35 *Segmentberichterstattung*

Die Fahrzeug AG weist folgende Geschäftssegmente (business segments) mit den zugehörigen Umsätzen, Gewinnen und Vermögenswerten in ihrer internen Berichterstattung aus (Werte in Mio. €):

	Umsätze	Gewinne	Vermögen
11-Reihe	40	5	50
12-Reihe	12	5	70
13-Reihe	35	7	60
Turbo GTIII	6	2	10
Superpremium	7	1	10
Insgesamt	100	20	200

(1) Über welche Segmente muss das Unternehmen im Rahmen einer Segmentbericht-erstattung nach IAS 14, FAS 131 und DRS 3 berichten?
(2) In welcher Form muss über die nicht berichtspflichtigen Segmente informiert werden?

Aufgabe 2.36 *Zwischenberichterstattung*
Die Vorzugsaktie der Dr. Ing. h. c. F. Porsche AG ist 2001 aus dem MDAX ausge-schlossen worden, da das Unternehmen, der Pflicht zur Veröffentlichung von Quar-talsberichten nicht nachgekommen ist. Auf der Bilanzpressekonferenz am 5. Dezem-ber 2001 berichtete der Vorstandsvorsitzende Dr. Wendelin Wiedeking, dass die New Yorker Börse an der Porsche-Aktie »interessiert« sei. Wiedeking führte aus, dass die-ses Interesse auf Gegenseitigkeit beruhe. Das Vorhaben werde geprüft. An einen Quartalsbericht sei aber auch im Falle einer Notiz der Porsche-Aktie in New York nicht zu denken. Kommentieren Sie auf Grund Ihrer Kenntnisse der internationalen Rechnungslegung dieses Statement von Wendelin Wiedeking.

Aufgabe 2.37 *Permanente Konflikte zwischen IAS/US-GAAP und HGB*
Beschreiben Sie wesentliche permanente Konflikte zwischen der internationalen Rechnungslegung nach IAS/US-GAAP und dem HGB, die nicht durch die Ausübung von Wahlrechten geheilt werden können. Als Beispiel für vermeidbare Konflikte kön-nen die Bildung von Aufwandsrückstellungen nach § 249 Abs. 2 HGB oder ein Akti-vierungswahlrecht des Goodwill nach § 255 Abs. 4 HGB herangezogen werden. Wird nach HGB auf die Bildung der Aufwandsrückstellungen verzichtet oder wird der Goodwill aktiviert, gibt es bei diesen beiden Beispielen zwischen IAS/US-GAAP und HGB keine Unterschiede, die permanenter Art sind.

Aufgaben zum 3. Hauptteil: Internationales Steuerrecht

Aufgabe 3.01 *Anrechnungs- und Abzugsmethode*
Der in Deutschland unbeschränkt steuerpflichtige ledige A erzielt im Veranlagungszeitraum (VZ) 2002 folgende Einkünfte:

	€
Inländische Einkünfte	10 000
Ausländische Einkünfte	
(aus Nicht-DBA-Staat)	20 000
Sonderausgaben	8 000

A hat für die ausländischen Einkünfte umgerechnet 10 000 € Steuer gezahlt. Wie hoch
ist die deutsche Einkommensteuer bei Anwendung

(1) der Anrechnungsmethode,
(2) der Abzugsmethode?

Aufgabe 3.02 *Einkünfte aus mehreren ausländischen Staaten*
Der in Deutschland unbeschränkt steuerpflichtige ledige A erzielt im Veranlagungszeitraum (VZ) 2002 folgende Einkünfte:

	€
Inländische Einkünfte	100 000
Ausländische Einkünfte	
(aus Nicht-DBA-Staat A)	20 000
Ausländische Einkünfte	
(aus Nicht-DBA-Staat B)	10 000
Sonderausgaben	6 000

A hat für die ausländischen Einkünfte

– aus Staat A umgerechnet 10 000 €,
– aus Staat B umgerechnet 2 000 €

Steuer gezahlt. Wie hoch ist die deutsche Einkommensteuer bei Anwendung

(1) der Anrechnungsmethode,
(2) der Abzugsmethode?

Aufgabe 3.03 *Negative ausländische Einkünfte*
Der in Deutschland unbeschränkt steuerpflichtige D erzielt folgende ausländische
Einkünfte aus Nicht-DBA-Staaten:

	€
(1) In 01 Einkünfte aus einer ausländischen dem Fremdenverkehr dienenden Betriebsstätte (in Staat A)	./. 35 000
D ist an einer inländischen GmbH zu 100 % beteiligt, die ebenfalls eine ausländische dem Fremdenverkehr dienende Betriebsstätte in Staat A unterhält. Er veräußert die Beteiligung in 01 und erzielt einen Veräußerungsgewinn	+ 20 000
(2) Im Folgejahr veräußert D die ausländische Betriebsstätte, Veräußerungsgewinn	+ 10 000

Erläutern Sie die steuerlichen Auswirkungen.

Aufgabe 3.04 *Anrechnungs- und Abzugsmethode bei der Körperschaftsteuer*
Die in Deutschland unbeschränkt steuerpflichtige A-GmbH erzielt im Veranlagungszeitraum (VZ) 2002 folgende Einkünfte:

	€
Inländische Einkünfte	150 000
Ausländische Einkünfte (aus Nicht-DBA-Staat)	100 000

Darüber hinaus ist ein Verlustabzug aus anderen Veranlagungszeiträumen nach
§ 10d EStG in Höhe von 200 000 € zu beachten.

Die A-GmbH hat für die ausländischen Einkünfte umgerechnet 30 000 € Steuer gezahlt. Wie hoch ist die Körperschaftsteuer bei

(1) der Anrechnungsmethode,
(2) der Abzugsmethode?

Aufgabe 3.05 *Ausländische Dividenden*
Das Jahresergebnis der A-GmbH vor Gewerbesteuer und Körperschaftsteuer beträgt
120 000 €. Darin enthalten sind steuerfreie Dividenden aus einem Nicht-DBA-Staat
von 120 000 € und damit zusammenhängende Betriebsausgaben von 30 000 €.

Wie hoch sind Gewerbesteuer (Hebesatz 400 %) und Körperschaftsteuer?

Aufgabe 3.06 *Inländischer Vertreter*
Der verheiratete aus einem Nicht-DBA-Staat stammende N besucht in 01 für zwei
Tage eine Fachmesse in Deutschland. Dabei lernt er den deutschen Händler D kennen, dem er nach Messeschluss in einer Gaststätte Waren mit einem Gewinn von
50 000 € verkauft. D ist später an einer engeren geschäftlichen Beziehung zu N gelegen. Ab 02 agiert D als ständiger Vertreter des N. N erzielt in 02 über den D inländische Umsatzerlöse in Höhe von 400 000 € und hat damit zusammenhängende Aufwendungen in Höhe von 250 000 €.

Welche steuerlichen Konsequenzen ergeben sich für N

(1) im Veranlagungszeitraum 01,
(2) im Veranlagungszeitraum 02?

Aufgabe 3.07 *Inländische Betriebsstätte*
An der AB-KG mit Sitz und Geschäftsleitung in Deutschland sind die Brüder A und B
mit Wohnsitz in Deutschland als Komplementäre, ihr Vetter N aus einem Nicht-DBA-
Staat als Kommanditist mit einer Einlage von 100 000 € beteiligt. In 02 hat N einen Gewinnanteil in Höhe von 20 000 €.

(1) Welche steuerlichen Konsequenzen ergeben sich für N?
(2) Wie wäre die steuerliche Beurteilung des Sachverhalts, wenn N statt als Kom-
    manditist eine Einlage als typisch stiller Gesellschafter geleistet hätte?

Aufgabe 3.08 *Veräußerung von Vermögen*
Der Einzelunternehmer A mit Wohnsitz im Inland erwirbt in 01 in einem DBA-Staat
ein Grundstück zu umgerechnet 500 000 €, um dort eine Betriebsstätte zu errichten.
Aufgrund gesundheitlicher Probleme gibt A das Vorhaben jedoch auf und veräußert
in 02 das Grundstück zu 1 Mio. €.

(1) Wie ist der Sachverhalt nach dem OECD-MA zu beurteilen?

(2) Welche Folgen ergäben sich bei umgekehrtem Sachverhalt, d. h. A mit Wohnsitz in einem DBA-Staat erwirbt und veräußert in Deutschland ein Grundstück?

Aufgabe 3.09 *Einkünfte aus unselbständiger Tätigkeit*

(1) A ist für seinen deutschen Arbeitgeber vom 01. 01. bis 31. 07. 02 in einem DBA-Staat tätig, dessen Steuerjahr vom 6. April bis 5. April reicht (Großbritannien). Eine Betriebsstätte des Arbeitgebers in diesem DBA-Staat besteht nicht.

(2) A ist bei einer Betriebsstätte seines deutschen Arbeitgebers vom 01. 01. bis 31. 03. in einem DBA-Staat tätig, dessen Steuerjahr gleich dem Kalenderjahr ist. Der Arbeitslohn wird wirtschaftlich von der Betriebsstätte getragen.

Wie sind die Sachverhalte nach dem OECD-MA zu beurteilen?

Aufgabe 3.10 *Progressionsvorbehalt*

Der in Deutschland unbeschränkt steuerpflichtige ledige A hat im Veranlagungszeitraum (VZ) 2002 folgendes Einkommen:

		€
(1)	Zu versteuerndes Einkommen	100 000
	Befreite ausländische Einkünfte (aus DBA-Staat)	100 000
(2)	Zu versteuerndes Einkommen	100 000
	Befreite ausländische Verluste (aus DBA-Staat)	100 000

Ermitteln Sie die Einkommensteuer des A unter Berücksichtigung des Progressionsvorbehalts nach Art. 23 Abs. 3 OECD-MA.

Aufgabe 3.11 *Überführung von Wirtschaftsgütern in ausländische Betriebsstätte*

Die A-GmbH mit Sitz und Geschäftsleitung im Inland hat eine ausländische Betriebsstätte in einem Staat mit einem DBA, das die ausländischen Betriebsstättengewinne von der deutschen Besteuerung freistellt (entsprechend Art. 23A OECD-MA).

Die A-GmbH hat im Inland eine Rezeptur entwickelt und hierbei 1,5 Mio. € an Forschungs- und Entwicklungskosten aufgewendet. Die Rezeptur ist nach Abschluss der Testphase zum Ende 01 einsatzbereit. Ab dem Jahr 02 wird diese Rezeptur ausschließlich in der ausländischen Betriebsstätte für die Herstellung eines kombinierten Dünge- und Pflanzenschutzmittels im Obstanbau angewendet. Ein fremder Dritter würde bereit sein, für die Rezeptur 3 Mio. € zu bezahlen.

(1) Welche Folgen ergeben sich aus der Fertigstellung der Rezeptur Ende 01?

(2) Welche Folgen hat die Nutzung der Rezeptur in der ausländischen Betriebsstätte für die Besteuerung des Stammhauses, wenn für die Nutzungsdauer der Rezeptur 15 Jahre veranschlagt werden? Nehmen Sie eventuell erforderliche Buchungen vor.

(3) Welche steuerlichen Folgen ergeben sich für die ausländische Betriebsstätte, wenn die Betriebsstättengrundsätze im DBA-Staat korrespondierend angewendet werden?

(4) Welche steuerlichen Folgen ergeben sich für die ausländische Betriebsstätte, wenn die Betriebsstättengrundsätze im DBA-Staat nicht korrespondierend angewendet werden, z. B. Verbot der Einbuchung selbstgeschaffener immaterieller Wirtschaftsgüter?

Aufgabe 3.12 *Überführung von Wirtschaftsgütern in ausländische Betriebsstätte und anschließende Veräußerung*

Fall wie Aufgabe 3.11. Die ausländische Betriebsstätte veräußert die Rezeptur am 01.01.04 zu 5 Mio. € und beendet die Produktion. Stellen Sie die steuerlichen Auswirkungen

(1) im Stammhaus und
(2) in der ausländischen Betriebsstätte

dar, unter der Annahme korrespondierender Behandlung.

Aufgabe 3.13 *Verdeckte Gewinnausschüttung bei verbundenen Unternehmen*

Das ausländische Mutterunternehmen M aus einem EU-Staat, mit dem ein dem OECD-MA entsprechendes DBA besteht, liefert im Jahr 01 an das deutsche Tochterunternehmen T, an dem M zu 100 % beteiligt ist, Waren zu 150 000 €. Gegenüber Fremden verlangt M hierfür 100 000 €. T veräußert die Ware im Jahr 01 sofort für 100 000 €.

Welche steuerlichen Auswirkungen ergeben sich

(1) beim deutschen Tochterunternehmen T und
(2) bei der ausländischen Muttergesellschaft M?

Aufgabe 3.14 *Hinzurechnungsbesteuerung*

Der in Deutschland unbeschränkt steuerpflichtige ledige A ist an der A-GmbH (Sitz und Geschäftsleitung im Inland) zu 100 % beteiligt. Diese ist zu 100 % an einer ausländischen Kapitalgesellschaft beteiligt, die Einkünfte aus nicht aktiven Tätigkeiten bezieht, die zu weniger als 25 % besteuert werden.

Die ausländische Kapitalgesellschaft erzielt in 2002 einen Jahresüberschuss nach Abzug ausländischer Steuern von umgerechnet von 1 Mio. €. Welche Konsequenzen ergeben sich daraus für die der A-GmbH? Legen Sie der Berechnung einen Gewerbesteuerhebesatz von 400 % zugrunde.

Aufgabe 3.15 *Hinzurechnungsbesteuerung bei Ausschüttung*

Wie Aufgabe 3.14. Die ausländische Zwischengesellschaft erzielt in 2003 einen Jahresüberschuss nach Abzug ausländischer Steuern von umgerechnet von 1 Mio. €. Sie löst Gewinnrücklagen in Höhe von 500 000 € auf und schüttet an die A-GmbH 1,5 Mio. € aus.

Aufgabe 3.16 *Erwerb durch Halbunternehmer*

(1) Wovon hängt bei so genannten Halbunternehmern die Besteuerung eines innergemeinschaftlichen Erwerbs ab?
(2) Der Unternehmer B aus Belgien liefert Waren an
   a) den Autohersteller Porsche in Stuttgart,
   b) die Universität Köln, die jährlich für ca. 5 000 € Waren aus Belgien bezieht und sonst keine weiteren innergemeinschaftlichen Erwerbe tätigt,
   c) einen Arzt in Deutschland für 25 000 €.

Wie ist die umsatzsteuerliche Behandlung geregelt?

Aufgabe 3.17 *Erwerbsbesteuerung*
Wann unterliegen Erwerber aus anderen EU-Mitgliedsländern der Erwerbsbesteuerung?

Aufgabe 3.18 *Lieferungen an Kunden, die keine USt-IdNr. vorlegen*
Der deutsche Unternehmer D versendet Waren an nicht erwebsteuerpflichtige Kunden (keine Vorlage einer USt-IdNr. durch Kunden)

- nach Belgien; die dort geltende Lieferschwelle ist im vorangegangenen und wird im laufenden Kalenderjahr **nicht überschritten**.
- nach Dänemark; die dort geltende Lieferschwelle ist im vorangegangenen und wird im laufenden Kalenderjahr **überschritten**.

(1) Wie ist in den obigen Fällen die Besteuerung geregelt?
(2) Welche organisatorischen Vorkehrungen muss D im Falle nicht überschrittener Lieferschwellen treffen?

Aufgabe 3.19 *Zweifel an der Gültigkeit der Unternehmereigenschaft des Abnehmers*
Was kann der liefernden Unternehmer tun, wenn an der Gültigkeit der Unternehmereigenschaft des Abnehmers Zweifel bestehen?

Aufgabe 3.20 *Liegt innergemeinschaftliches Verbringen vor?*
Liegen in den folgenden Fällen sog. Verbringungsfälle im umsatzsteuerlichen Sinne vor?

(1) Der Unternehmer D aus Deutschland verbringt eine Maschine zur dauernden Nutzung in seine Betriebsstätte nach Belgien.
(2) Der Unternehmer D aus Deutschland verbringt fertiggestellte Erzeugnisse in seine Betriebsstätte nach Belgien; ein Käufer steht noch nicht fest.
(3) Der Unternehmer D aus Deutschland liefert an B in Belgien eine Anlage, die dort von D montiert und eingestellt wird.

Aufgabe 3.21 *Innergemeinschaftliches Verbringen in der Finanzbuchführung*
Der deutsche Unternehmer U mit je einer USt-IdNr. aus Deutschland und Belgien verbringt im Januar Waren in Höhe von 10 000 € netto

(1) aus seinem deutschen Unternehmensteil in sein belgisches Lager,
(2) aus seinem belgischen Lager in sein deutsches Unternehmensteil.

Wie sind diese Vorgänge in der Finanzbuchführung zu behandeln? Welchen Erklärungspflichten ist nachzugehen?

Aufgabe 3.22 *Innergemeinschaftliche Werkleistung*
Der Unternehmer K aus Köln lässt den Unternehmer D aus Dortmund eine Maschine reparieren, die sich in einer Betriebsstätte des K in Frankreich befindet. D fährt nach Frankreich und führt die Reparatur dort aus. K verwendet gegenüber D seine deutsche USt-IdNr.

Wie erfolgt die Besteuerung der innergemeinschaftlichen Werkleistung?

Aufgabe 3.23 *Versendungslieferungen an Halbunternehmer*

(1) Der deutsche Hersteller D verkauft Waren an die Stadt Paris für 500 000 € und lässt sie per Spedition nach Paris liefern.
(2) Der deutsche Hersteller D verkauft Waren an eine Kleinstadt im Elsass für 5 000 € und liefert sie dorthin. Bei dieser Lieferung handelt es sich um den einzigen innergemeinschaftlichen Erwerb dieser Kleinstadt im Vorjahr und im laufenden Jahr. Die Kleinstadt optiert nicht zur Erwerbsbesteuerung.

Aufgabe 3.24 *Versendungslieferungen an private Letztverbraucher*

(1) Das deutsche Warenhaus W verkauft Waren an den Privatmann P in Belgien und schickt die Ware per Post dorthin. Die Lieferschwelle in Belgien ist überschritten.
(2) Ändert sich die Lösung des Falles (1), wenn P sich bei Kauf der Ware einen Spediteur vermitteln lässt, der die Ware im Auftrag des P nach Belgien bringt?

Aufgabe 3.25 *Innergemeinschaftliche Dreiecksgeschäfte: der erste Lieferer ist der deutsche Unternehmer*

Der Unternehmer S in Spanien bestellt einen Gegenstand beim Unternehmer B in Belgien. Dieser kauft den Gegenstand beim Unternehmer D in Deutschland. D befördert den Gegenstand von Deutschland unmittelbar an S in Spanien. Alle beteiligten Unternehmer treten unter der USt-IdNr. ihres Mitgliedsstaates auf.

Aufgabe 3.26 *Innergemeinschaftliche Dreiecksgeschäfte: der letzte Abnehmer ist der deutsche Unternehmer*

D bestellt bei N in den Niederlanden eine Maschine. N kauft die Maschine beim Unternehmer S in Spanien. S befördert die Maschine von Spanien unmittelbar an D in Deutschland. Alle beteiligten Unternehmer treten unter der USt-IdNr. ihres Mitgliedsstaates auf. N erteilt dem D eine Rechnung im Sinne des § 14a Abs. 1a und Abs. 2 UStG.

Aufgabe 3.27 *Innergemeinschaftliche Beförderungsleistung gegenüber einem Unternehmer*

Der Transportunternehmer T aus Deutschland wird vom belgischen Unternehmers B beauftragt, Güter von Deutschland nach Belgien zu transportieren. B verwendet seine belgische USt-IdNr.

Aufgabe 3.28 *Innergemeinschaftliche Beförderungsleistung gegenüber Privatkunden*

Transporteur T aus Bonn befördert Güter für Rechnung eines Privatkunden P (keine USt-IdNr.) von Bonn nach Straßburg.

Aufgabe 3.29 *Innergemeinschaftliche Beförderungsleistung mit Subunternehmern*

Transporteur T aus Deutschland soll für den Privatmann P aus Deutschland Gegenstände von Spanien nach Frankreich befördern. Er beauftragt dazu einen Frachtführer S in Spanien und einen F in Frankreich unter Verwendung seiner deutschen USt-IdNr.

LÖSUNGEN

Lösungen zum 1. Hauptteil: Außenwirtschaft und Internationales Finanzmanagement

Lösung zu Aufgabe 1.01   *Außenhandel*

(1) Die unterschiedliche Ausstattung von Ländern mit den Produktionsfaktoren Arbeit, Boden und Kapital führt zu Unterschieden bei den Faktorpreisen. Wenn etwa Land 1 relativ reichlich mit Kapital und Land 2 relativ reichlich mit Arbeit ausgestattet ist, so wird in Land 1 Kapital und in Land 2 Arbeit vergleichsweise billig sein. In Land 1 werden deshalb kapitalintensiv produzierte Güter zu vergleichsweise niedrigen Preisen hergestellt werden können, während in Land 2 arbeitsintensiv produzierte Güter relativ kostengünstig zu erstellen sind. Diese Unterschiedlichkeit bei den Güterpreisen begründet die Vorteilhaftigkeit des Außenhandels. Dabei werden die relativ kapitalreichen Länder kapitalintensive Produkte exportieren und arbeitsintensive Produkte importieren, während relativ arbeitsreiche Länder arbeitsintensive Produkte exportieren und kapitalintensive Produkte importieren.

(2) Entsprechend der Theorie der komparativen Kostenvorteile erhöht sich durch Außenhandel der Wohlstand in den beteiligten Ländern. Dabei ist die Aufnahme von Handel für ein Land auch dann vorteilhaft, wenn es alle in Frage kommenden Produkte absolut kostengünstiger erzeugen kann. Notwendig ist lediglich, dass sich jedes Land auf die Produktion der Güter spezialisiert, bei denen es der übrigen Welt vergleichsweise am meisten überlegen ist, das heißt, bei denen es über einen komparativen Vorteil verfügt. Diese Güter sind gegen andere Produkte einzutauschen, in deren Herstellung das Land der übrigen Welt vergleichsweise nur wenig überlegen ist und somit einen komparativen Nachteil besitzt.

(3) Der globale Wettbewerb findet zwischen drei Gruppen von Akteuren statt: Die Unternehmen kämpfen um Marktanteile für ihre Produkte; die Arbeitnehmer konkurrieren um Arbeitsplätze; und die Staaten werden in die Rolle von Gastwirten gedrängt, die sich als attraktive Standorte für Unternehmen und international mobiles Kapital profilieren müssen.

Lösung zu Aufgabe 1.02   *Zahlungsbilanzbuchungen*

(1) Verbuchung der Transaktionen:

a) Es handelt sich aufgrund des Diplomatenstatus der Frau um eine reine Auslandstransaktion, die nicht in der deutschen Zahlungsbilanz verbucht wird.

b)

	Bilanz der Erwerbs- und Vermögenseinkommen
	5 000 €

Bilanz des übrigen Kapitalverkehrs

	– 5 000 €

c) Dienstleistungsbilanz

200 €	

Bilanz des übrigen Kapitalverkehrs

	+ 200 €

d) Bilanz der laufenden Übertragungen

2 000 €	

Bilanz des übrigen Kapitalverkehrs

	+ 2 000 €

e) Bilanz der Wertpapieranlagen

+ 50 000 €	

Bilanz des übrigen Kapitalverkehrs

	+ 50 000 €

f) Bilanz der Erwerbs- und Vermögenseinkommen

80 000 €	

Bilanz des übrigen Kapitalverkehrs

	+ 80 000 €

g) Reine Auslandstransaktion. Der deutsche Staatsbürger gilt nicht als Inländer, da er nicht in Deutschland wohnt.

h) Bilanz des übrigen Kapitalverkehrs

– 10 000 000 €	

Devisenbilanz

+ 10 000 000 €	

i) Bilanz der Vermögensübertragungen

1 000 000 €	

Handelsbilanz

	1 000 000 €

(2) Berechnung von Zahlungsbilanzsalden:
- Leistungsbilanzsaldo = 922 800 € (Überschuss)
- Außenbeitrag zum BIP = 999 800 € (Überschuss)
- Außenbeitrag zum BNE = 924 800 € (Überschuss)
- Kapitalbilanzsaldo i. w. S. = + 77 200 € (Nettokapitalimport)

Lösung zu Aufgabe 1.03 *Wechselkurskonzepte*

(1) Der nominale Wechselkurs ist der Preis, zu dem zwei Währungen ausgetauscht werden.
(2) Der Wechselkurs in Preisnotierung bezeichnet den Preis einer Fremdwährung, gemessen in heimischer Währung, also etwa € pro 1 US-Dollar. Der Wechselkurs in Mengennotierung gibt an, wie viel Einheiten Fremdwährung man für eine Einheit heimischer Währung erhält, also etwa US-Dollar pro 1 €.
(3) Der reale Wechselkurs gibt an, in welchem Verhältnis ausländische gegen inländische Güter getauscht werden können. Er wird berechnet als ausländischer Preisindex, umgerechnet in heimische Währung, dividiert durch den inländischen Preisindex. Wenn beispielsweise das inländische Preisniveau halb so hoch ist wie das ausländische, so erhält man mit einem bestimmten Einkommen im Inland doppelt so viele Güter wie im Ausland.
(4) Die Terms of Trade messen das Verhältnis aus Ex- und Importpreisen (in heimischer Währung). Man spricht vom realen Austauschverhältnis. Es gibt an, welches Importvolumen im Austausch gegen eine Einheit Exportgüter erworben werden kann.
(5) Änderungen des Wechselkurses können Auf- oder Abwertungen sein. Sinkt beispielsweise der Dollarkurs in Mengennotierung von 1,25 Dollar pro € auf 1 Dollar pro €, so hat der € eine (nominale) Abwertung und der Dollar eine (nominale) Aufwertung erfahren. Reale Auf- oder Abwertungen können sowohl durch nominale Wechselkursänderungen als auch durch Änderungen der nationalen Preisniveaus hervorgerufen werden.

Lösung zu Aufgabe 1.04 *Wirkung einer Wechselkursänderung*
Eine (nominale) Abwertung des € führt normalerweise zu einer Verbesserung des Außenbeitrags von Euroland, da der Exportwert in € steigt und der Importwert (bei annahmegemäß hinreichend elastischer Importnachfrage) sinkt. Auf lange Sicht kann es indes zu negativen Außenbeitragseffekten kommen, da die Euroabwertung inflationäre Wirkungen in Euroland auslöst.

Lösung zu Aufgabe 1.05 *Abwertung des €*

(1) Der französische Exporteur verzeichnet bei unverändertem Dollarpreis einen höheren Gewinn in €. Er kann, ohne eine Gewinneinbuße hinzunehmen, aber auch den Dollarpreis seiner Produkte senken, um seinen Absatz zu steigern.
(2) Die Euroabwertung führt insbesondere durch die dadurch bewirkte Verteuerung des Imports zu einem Anstieg des Preisniveaus in Euroland, das heißt, die Inflation wird tendenziell gefördert.
(3) Keine unmittelbaren Konsequenzen. Allerdings verbessert sich die Wettbewerbsfähigkeit des sächsischen Unternehmens gegenüber eventuellen Konkurrenten aus dem Dollarraum.
(4) Keine Wirkungen, solange der Mann sein Geld nicht in € umtauscht. Letzteres wäre indes für ihn günstig, da er für eine bestimmte Dollarmenge mehr € als vorher erhält.
(5) In € gerechnet wird die kalifornische Ware in Deutschland teuerer, so dass die Nachfrage tendenziell zurückgeht.

Lösung zu Aufgabe 1.06 *Ausgleichmechanismus flexibler Wechselkurse*

(1) Auf dem Devisenmarkt verschiebt sich die Nachfragekurve nach rechts, so dass beim alten Gleichgewichtswechselkurs eine Übernachfrage nach Devisen entsteht.

(2) Es kommt zu einer Aufwertung der Fremdwährung (Abwertung der heimischen Währung), im Zuge derer der inländische Exportwert (Importwert) steigt (sinkt). Damit steigt das Devisenangebot, während die Devisennachfrage sinkt. Die Devisenbilanz bzw. die Zahlungsbilanz kommt so bei einem gestiegenen Kurs der Fremdwährung wieder zum Ausgleich.

Lösung zu Aufgabe 1.07 *Zahlungsbilanzdefizite bei festen Wechselkursen*

(1) Die Notwendigkeit der Intervention zur Stützung der heimischen Währung (Devisenverkauf gegen eigene Währung) führt zu einer Verringerung der zentralen Devisenreserven und damit zu einem Liquiditätsproblem für das Defizitland.
(2) Eine defizitäre Außenwirtschaftslage tritt immer dann ein, wenn die inländische Güternachfrage (= Absorption) größer ist als die inländische Güterproduktion.
(3) Zur Korrektur eines Zahlungsbilanzdefizits kann das betreffende Land restriktive geld- oder fiskalpolitische Maßnahmen ergreifen. Ersteres bedeutet steigende Zinsen und vermindertes Geldmengenwachstum, letzteres geschieht über sinkende Staatsausgaben oder Steuererhöhungen. Neben den genannten Maßnahmen der Nachfragepolitik kann versucht werden, die inländische Produktion durch angebotspolitische Maßnahmen zu steigern.
(4) Eine restriktive Wirtschaftspolitik dient im Falle eines außenwirtschaftlichen Defizits dem Ziel des Zahlungsbilanzausgleichs, kann sich indes negativ auf die Beschäftigungslage auswirken. Für Länder mit außenwirtschaftlichen Überschüssen (positivem Leistungsbilanzsaldo), die mit dem Ziel der Zahlungsbilanzkorrektur eine expansive Wirtschaftspolitik betreiben, können sich Konflikte in Bezug auf das Ziel der Preisstabilität ergeben.

Lösung zu Aufgabe 1.08 *Währungspolitische Alternativen*
Eine Folge der Preisniveauunterschiede wären steigende Exporte des preisstabilen in das inflationäre Land. Die Beschäftigung im preisstabilen Land würde zu- und die des inflationären Landes würde abnehmen.

(1) In einem System flexibler Wechselkurse käme es nun zu einer Abwertung der Währung des inflationären Landes (Aufwertung der Währung des preisstabilen Landes). Dadurch kommen die Außenbilanzen der beiden Länder zunächst wieder ins Gleichgewicht, und die Beschäftigungslage im inflationären Land verbessert sich (im preisstabilen Land nimmt die Beschäftigung ab). Allerdings wirkt die Abwertung im inflationären Land inflationstreibend, während die Aufwertung im preisstabilen Land preisdämpfend wirkt. Dies löst wiederum Zahlungsbilanzungleichgewichte aus mit der Folge erneuter Wechselkursanpassungen (siehe oben). Letztlich werden die beteiligten Länder, um die außenwirtschaftliche Schieflage zu bekämpfen, wirtschaftspolitische Maßnahmen zur Zahlungsbilanzkorrektur ergreifen müssen.
(2) In einem System fester Wechselkurse wären Devisenmarktinterventionen erforderlich: die Währung des Landes mit Außenhandelsdefiziten würde angekauft werden müssen (mit der Währung des Überschusslandes). Dadurch verringert sich die Geldbasis in diesem Land (im Überschussland steigt das Geldangebot). In der Folge erhöht sich die Inflation im vormals preisstabilen Überschussland, während sie im vormals inflationären Defizitland zurückgeht. Wenn das preisstabile Land nicht bereit ist, die schwache Währung des inflationären Landes anzukaufen (weil es seine Stabilitätspolitik nicht gefährden will), so müsste das inflationäre

Land alleine am Devisenmarkt intervenieren. Daraufhin bekäme es aber Liquiditätsprobleme, da seine Devisenreserven, die es zum Ankauf der eigenen Währung benötigt, begrenzt sind. Das inflationäre Land wird deshalb längerfristig restriktive wirtschaftspolitische Maßnahmen ergreifen müssen, um die gesamtwirtschaftliche Nachfrage zu dämpfen. Man spricht hierbei vom »Diktat der Zahlungsbilanz«, dem die Schwachwährungsländer in Festkurssystemen unterliegen. Eine weitere Alternative für das inflationäre Land bestünde darin, aus dem System fester Wechselkurse auszuscheiden.

(3) In einer Währungsunion würden an die Stelle von Devisenmarktinterventionen Finanzmitteltransfers des (preisstabilen) Überschusslandes an das (inflationäre) Defizitland treten müssen. Das preisstabile Land würde damit Teile seiner Produktion an das inflationäre Land quasi verschenken, was auf Dauer nicht zumutbar ist. Alles in allem wird es deshalb längerfristig zu einer Angleichung der Wirtschaftsentwicklung kommen müssen. Dies kann erstens durch eine Annäherung der unterschiedlichen nationalen Stabilisierungspolitiken geschehen (in einer Währungsunion betrifft das vor allem die Fiskalpolitik). Zweitens wirken die Marktkräfte ausgleichend. Infolge der sinkenden Beschäftigung bzw. Nachfrage werden die Preise in dem inflationären Land zurückgehen, während die Preise in dem stabilen Land bei steigender Beschäftigung bzw. Nachfrage zunehmen. Außerdem würden die im inflationären Land freigesetzten Arbeitskräfte (wenn sie nicht durch Finanzmitteltransfers aus dem Überschussland alimentiert werden) in das preisstabile Land mit den besseren Beschäftigungsmöglichkeiten wandern. Im Ergebnis ist mit einer »mittleren« Inflationsrate und Arbeitslosenquote in den beiden Ländern zu rechnen.

Lösung zu Aufgabe 1.09 *Internationaler Währungsfonds*

(1) In die Berechnung der Quote und damit der regulären bzw. automatischen Ziehungsmöglichkeiten fließen vor allem das Bruttoinlandsprodukt, die Leistungsbilanz und die Währungsreserven eines Landes ein. Die darüber hinausgehenden Kreditaufnahmemöglichkeiten sind teilweise an die Erfüllung bestimmter wirtschaftspolitischer Bedingungen geknüpft.

(2) Typische Forderungen des IWF bestehen in

– der Kürzung von Staatsausgaben
– der Privatisierung staatlicher Unternehmen
– einer restriktiven Geldpolitik, Zinserhöhung
– Preisanhebungen für bestimmte Waren, etwa Benzin
– dem Abbau von Kapitalverkehrsrestriktionen sowie
– einer Abwertung der inländischen Währung.

Derartige Maßnahmen sind kurzfristig insbesondere auf eine Drosselung der gesamtwirtschaftlichen Nachfrage ausgerichtet (mit dem Ziel eines Abbaus des Außenbeitragsdefizits). Davon sind vielfach ärmere Bevölkerungsschichten besonders betroffen.

(3) Sonderziehungsrechte sind ein vom IWF geschaffenes, künstliches Zahlungsmittel bzw. Reservemedium im Weltwährungssystem. SZR werden den Mitgliedstaaten analog ihrer IWF-Quote zugeteilt. Sie begründen das Recht, die SZR jederzeit gegen benötigte nationale Währungen eintauschen zu können. Damit sollen Liquiditätsengpässe im Welthandel verhindert werden.

Die SZR sind ein Währungskorb, in dem mit unterschiedlicher Gewichtung der US-Dollar, der €, der japanische Yen und das britische Pfund enthalten sind.

Berechnungsbeispiel (mit hypothetischen Kursen und Währungsanteilen):

1 SZR = 0,45 USD · 1,00 + 0,29 € · 0,9 USD/€
   + 0,15 JPY · 0,02 USD/JPY + 0,11
   GBP · 0,5 USD/GBP = 0,769 USD

Entsprechend ergibt sich:

1 SZR = 0,854 € (= 0,769 : 0,90)
1 SZR = 38,45 JPY (= 0,769 : 0,02)
1 SZR = 1,538 GBP (= 0,769 : 0,5)

Lösung zu Aufgabe 1.10 *Anforderungen an das internationale Finanzmanagement*

(1) Ausländische Tochtergesellschaften unterliegen der Rechts- und Wirtschaftsordnung des lokalen Standorts. Das jeweils geltende Gesellschaftsrecht hat Einfluss bspw. auf die Höhe und Struktur der Eigenkapitalausstattung, die Art der Rechnungslegung, die Gewinnverwendung etc. Die nationale Steuergesetzgebung oder die Existenz von Kapitalverkehrsrestriktionen beeinflussen die Gewinnverwendung sowie den Kapitaltransfer im internationalen Unternehmen. Bei der Kapitalbeschaffung sind zudem voneinander abweichende lokale Finanzierungsvorschriften sowie Unterschiede in der Marktkapitalisierung zwischen den nationalen Finanzmärkten zu beachten.

(2) Das Finanzmanagement internationaler Unternehmen hat erweiterte Möglichkeiten, beispielsweise
   – Risiken zu diversifizieren
   – Währungs- und Zinsgefälle auszunutzen oder
   – nationale Steuervorteile und Subventionen bzw. allgemeine Kostenvorteile wahrzunehmen.

(3) Die Internationalität der Geschäftstätigkeit ist mit einer Verschärfung der auch im nationalen Wirtschaftsverkehr vorhandenen betrieblichen Risiken verbunden. Außerdem entstehen neue, spezifische Risiken, wie etwa das Währungsrisiko. Häufig werden die im Außenwirtschaftsverkehr vorhandenen Risiken in
   – einzelwirtschaftliche (Geschäfts-) Risiken
   – gesamtwirtschaftliche Risiken (allgemeine, realwirtschaftliche und Preisänderungs-Risiken) sowie
   – politische Risiken bzw. Länderrisiken eingeteilt.

Lösung zu Aufgabe 1.11 *Abgrenzung von Finanzmärkten*

(1) – Japanische Bank vergibt Kredit in Japanischen Yen an australisches Unternehmen (Kreditmarktgeschäft).
   – Amerikanisches Unternehmen emittiert Schweizer-Franken-Anleihe in der Schweiz (Kapitalmarktgeschäft).
(2) Koreanische Bank gibt Eurokredit an ein Unternehmen aus Argentinien.
(3) Deutsche Bank platziert US-Dollar-Anleihe (unter anderem) in Deutschland.

Lösung zu Aufgabe 1.12 *Devisenterminkurse*

(1) Die Spanne zwischen Geld- und Briefsatz stellt die Handelsspanne der Bank im Devisengeschäft dar. Der erstgenannte Wert bezieht sich auf den Geldkurs bei Mengennotierung als Verkaufskurs der Bank, der zweite auf den Briefkurs als Ankaufs-

kurs der Bank. Im Beispiel liefert (verkauft) die Bank für 1 € 1,5411 Einheiten Fremdwährung bzw. verlangt (kauft) sie für 1 € 1,5491 Einheiten Fremdwährung.

(2) Die jeweiligen Terminkurse ermitteln sich aus der Subtraktion der Swapsätze von den Kassakursen, wenn es sich bei den Swapsätzen um einen Deport handelt. Daher ergeben sich folgende Terminkurse:

	1 Monat		3 Monate		6 Monate	
	Geld	Brief	Geld	Brief	Geld	Brief
Kassakurs	1,5411	1,5491	1,5411	1,5491	1,5411	1,5491
Swapsatz (Deport)	0,0089	0,0084	0,0245	0,0235	0,0490	0,0475
Terminkurs	1,5322	1,5407	1,5166	1,5256	1,4921	1,5016

Die Bank kauft also z. B. die 3-Monats-Termindevise zu 1,5256 an, d. h. ein Exporteur müsste für 1 € 1,5256 Fremdwährung liefern, und sie verkauft die Termindevise zu 1,5166, d. h. ein Importeur würde für 1 € 1,5166 Fremdwährung erhalten.

Lösung zu Aufgabe 1.13 *Devisentermingeschäfte*

(1) Der Terminkurs ergibt sich in diesem Fall aus der Subtraktion des Swapsatzes vom Kassakurs. Da die Termindevisen vom Exporteur an die Bank verkauft werden, die Kurse aber aus der Sicht der Bank notiert werden, wird für die Berechnung der Briefkurs benötigt.

Kassakurs (Brief)	1,5536
– Swapsatz (Deport)	0,0478
= Terminkurs (Brief)	1,5058

Die Bank kauft die Termindevisen vom Exporteur zum Kurs von 1,5058 je Einheit Inlandswährung.

(2) Die Bank schließt dem Kundengeschäft ihrerseits ein Devisengeschäft an. Da sie nun die Termindevisen besitzt, wählt sie ein Swapgeschäft, bei dem sie diese Termindevisen gegen Kassadevisen verkauft. Kontraktpartner könnte hier eine Bank sein, die Termindevisen an einen Importeur verkauft hat und ebenfalls das Kursrisiko durch ein entgegengesetztes Swapgeschäft abwälzen will.

Lösung zu Aufgabe 1.14 *Zinsarbitrage*

(1) Zinsarbitragegeschäfte dienen der Ausnutzung von Zinsdifferenzen. Liegt das Zinsniveau im Ausland bzw. für die Fremdwährung niedriger als im Inland, kann das Unternehmen (über die Bank) einen Fremdwährungs-Kredit aufnehmen und den Betrag sofort per Kasse in Inlandswährung konvertieren (Ankauf der Devisen durch die Bank zum Kassabriefkurs). Am Ende der Laufzeit muss der Kredit in Fremdwährung zurückgezahlt werden. Zur Vermeidung des Kursrisikos kauft das Unternehmen die Fremdwährung per Termin wieder zurück (Verkauf der Devisen durch die Bank zum Termingeldkurs). Die Zinsarbitrage lohnt sich solange, wie der realisierte Zinskostenvorteil größer ist als die Kurssicherungskosten in Höhe des Swapsatzes.

(2) Die jeweiligen Kosten eines Swapgeschäfts sind durch die Höhe von Report oder Deport bestimmt und müssen zum Zinsvergleich auf das Jahr umgerechnet werden. Im betrachteten Fall braucht das Unternehmen die Fremdwährung zur Kredittilgung. Es sichert sich den Kurs, zu dem die Bank die Devisen per Termin bereitstellt (Termingeldkurs).

$$\text{Swapsatz auf Jahresbasis} = \frac{\text{Termingeldkurs} \cdot / \cdot \text{Kassabriefkurs}}{\text{Termingeldkurs} \cdot \text{Laufzeit}} \cdot 100$$

$$\text{Swapsatz auf Jahresbasis} = \frac{107{,}2400 \cdot / \cdot 108{,}8700}{107{,}2400 \cdot 90/360} \cdot 100 = -6{,}08\,\%$$

Der Swapsatz auf Jahresbasis ist in diesem Fall ein Deport und beträgt 6,08 % p. a.

(3) Der augenblickliche Zinsvorteil für das Unternehmen beträgt 0,67 % p. a. (siehe Rechnung unten). Zur Ausnutzung dieses Vorteils wird weitere Zinsarbitrage entstehen, so dass die Fremdwährung verstärkt zur Kasse angeboten und per Termin nachgefragt wird. Dadurch wird der Swapsatz – absolut gesehen – steigen, bis Zinsparität vorliegt.

Kosten des Fremdwährungskredits	2,25 % p. a.
+ Swapsatz für Kosten der Kurssicherung	6,08 % p. a.
= Gesamtkosten des Fremdwährungskredits	8,33 % p. a.
Kosten des Festkredits im Inland	9,00 % p. a.
– Gesamtkosten des Fremdwährungskredits	8,33 % p. a.
= Zinsvorteil	0,67
– Kostenerhöhung durch Swapsatzsteigerung	0,67 % p. a.
= Zinsparität	0 % p. a.

Lösung zu Aufgabe 1.15 *Lieferbedingungen*

DEQ (delivered ex quai):

Der kanadische Exporteur hat die Ware zum vereinbarten Zeitpunkt am Kai in Hamburg bereitzuhalten und alle Kosten und Risiken bis zur dortigen Übergabe zu tragen. Er trägt die Kosten der Ausfuhrabfertigung in Kanada und erledigt die Einfuhrabfertigung in Deutschland. Er zahlt Zölle und sonstige Einfuhrabgaben. Einfuhrumsatzsteuer zu zahlen wäre aber sinnlos, da der Kunde diese ja selbst als Vorsteuer abziehen kann.

FOB (free on board):

Kosten- und Risikoübergang in Montreal, wenn die Ware die Reling überschreitet. Es ergibt sich folgender Kostenvergleich:

Angebot 1:	650 000	(ohne Einfuhrumsatzsteuer)
Angebot 2:	500 000	Warenwert
+	23 000	Transportkosten
+	3 000	Versicherung
+	15 000	Provision
+	1 000	Nebenkosten
=	542 000	Transaktionswert als Zollwert
+	40 000	7,5 % Zoll
=	582 650	(ohne Einfuhrumsatzsteuer)

Zwar hat der Kunde bei Angebot 1 deutlich weniger Verwaltungsaufwand (Transportabwicklung, Einfuhrabfertigung usw.). Aufgrund der Differenz von ca. 70 000 € ist aber Angebot 2 vorzuziehen.

Lösung zu Aufgabe 1.16 *Exportkalkulation*

Verkaufspreis des Herstellers		300 000,00
− Mengenrabatt 5 %		15 000,00
= Zieleinstandspreis	=	285 000,00
− Skonto 2 %		5 700,00
= Bareinstandspreis des Exporteurs ab Lager Dortmund	=	279 300,00
+ Handels- und Gewinnspanne 20 %		55 860,00
= Verkaufspreis des Exporteurs ab Lager Dortmund	=	335 160,00
+ Transportkosten		18 660,00
+ Transportnebenkosten		2 150,00
+ Ausfuhrabfertigung		870,00
+ Versicherung		2 800,00
= Barverkaufspreis des Exp. CIF Sydney ohne Finanzierungskosten	=	359 640,00
+ Finanzierungskosten »d/p inkasso bei Schiffsankunft« 20 Tage		2 397,60
Einstandspreis des Importeurs in Sydney (CIF)		362 037,60

Lösung zu Aufgabe 1.17 *Dokumenteninkasso und Dokumentenakkreditiv*

(1) Bei der Zahlungsbedingung d/p inkasso handelt es sich um einen Inkassoauftrag des Exporteurs ohne verbindliche Leistungszusage einer Bank im Land des Importeurs und im Land des Exporteurs. Der Exporteur reicht die erforderlichen Dokumente seiner Bank zur Weiterleitung an eine Korrespondenzbank im Land des Importeurs ein, die sie dann dem Importeur zur Einlösung präsentiert. Der Exporteur trägt insbesondere das Risiko der Annahmeverweigerung durch den Importeur.

Bei der Zahlungsbedingung d/a credit mit Bestätigung handelt es sich um ein Wechselakkreditiv, bei dem sich sowohl die Bank im Land des Importeurs als auch eine bestimmte Bank am Ort des Exporteurs im Auftrag des Importeurs verpflichten, bei Vorlage akkreditivkonformer Dokumente diese gegen Akzeptleistung einzulösen. Das Akzept wird dann nach Ablauf des Lieferantenkredits 30 Tage nach Schiffsankunft fällig.

(2) Beim d/p inkasso erhält der Exporteur Zahlung bei Schiffsankunft, so dass er nur die Transportdauer finanzieren muss. Hierfür steht ihm ein Exportkreditrahmen auf Kontokorrentkreditbasis zu einem Zinssatz von 9 % p. a. zur Verfügung. Die Kapitalbindung während der Transportdauer verursacht somit Kosten in Höhe von 18 000 €:

$$\frac{1,8 \text{ Mio. } € \cdot 9 \cdot 40}{100 \cdot 360} = 18\,000\ €$$

Beim d/a credit erhält der Exporteur bereits bei Vorlage der akkreditivkonformen Dokumente bei der benannten Bank am Ort des Exporteurs ein Wechselakzept, das er gleichzeitig im Rahmen seines Wechselobligos diskontieren lassen kann. Durch den Wechsel bietet sich für den Exporteur eine zinsgünstige Refinanzierung seines dem Importeur eingeräumten Lieferantenkredits. Darüber hinaus braucht er kein Annahmerisiko zu tragen, da er bereits vor Versand der Ware unbedingte Zahlungsversprechen zweier Banken erhalten hat.

Die durch den Lieferantenkredit einschließlich der Finanzierung der Transportdauer verursachten Kosten für den Exporteur ergeben sich wie folgt:

K_0 (= Netto-Einzahlung) = 1,8 Mio. $(1 - 5/100 \cdot 70/360) = 1\,782\,500\ €$.
Der Diskontbetrag beläuft sich damit auf 1,8 Mio. − 1,7825 Mio. = 17 500 €.

Abgesehen von besonderen Zahlungsabwicklungskosten sind die Finanzierungskosten in diesem Fall bei beiden Zahlungsbedingungen etwa gleich hoch, so dass der Exporteur das Akkreditiv vorziehen sollte. Es sichert einerseits seinen Zahlungseingang optimal ab und gewährt andererseits dem Importeur sogar noch das von ihm gewünschte Zahlungsziel.

Lösung zu Aufgabe 1.18   *Auslandszahlungsverkehr*

(1) Banken kaufen Fremdwährungsschecks in der Regel zum Scheckankaufskurs an, bei dem neben dem Ankaufskurs der Bank zusätzlich eine Pauschale für den Zahlungseinzug (Scheckinkasso) berechnet wird. Diese wird bei Mengennotierung dem Briefkurs zugeschlagen:

Briefkurs für Fremdwährung bei Mengennotierung	0,9299
+ Spanne Mittelkurs / Briefkurs als Pauschale	0,0040
Scheckankaufskurs	0,9339

Manchmal werden die Tage bis zum Zahlungseingang aber auch konkret abgerechnet oder Zinslaufzeitpauschalen (z. B. 10 Tage für amerikanische Schecks) zugrunde gelegt.

(2) Der Exporteur erhält bei einem Zinssatz von 9 % p. a. für seine 300 000 US-\$ nach 4 Monaten einen Zinsertrag von 9 000 US-\$, den er in € konvertiert. Die Bank kauft den Zinsertrag in Fremdwährung zu 0,9560 an. Es gilt:

$$\frac{300\,000 \cdot 9 \cdot 1}{100 \cdot 3} : 0,9560 = 9,414\ €$$

Die 300 000 US-\$ stehen am Laufzeitende in vollem Umfang zur Verfügung.

Bei Verkauf des Fremdwährungsschecks an die Bank erhält der Exporteur einen Gegenwert von 321 234 €. Dies erspart ihm die Aufnahme eines Inlandswährungskredits. In 4 Monaten müssen aber die Devisen wieder zum Geldkurs von der Bank gekauft werden.

$$\frac{321\,234 \cdot 6 \cdot 1}{100 \cdot 3} = 6\,425\ €\ \text{Zinskostenersparnis}$$

Rückkauf 300 000 US-\$ zum Geldkurs von 0,9480 : 316 456 €
Insgesamt ergibt sich folgende Kalkulation:

Verkauf 300 000 US-\$ (Scheck)	321 234 €
+ Zinsminderung Inlandswährungskredit	6 425 €
− Ankauf von US-\$ für Importrechnung	316 456 €
Überschuss	11 203 €

Obwohl der Zinsertrag aus dem Fremdwährungskonto größer ist als die Zinskostenersparnis aus dem Inlandswährungskonto, ist es aufgrund der günstigen Kurssituation für den Exporteur vorteilhafter, den Scheck zunächst zu verkaufen und den Fremdwährungsbetrag später zurückzukaufen.

(3) Steigt der Wert der Fremdwährung, wird der günstige Rückkaufeffekt kompensiert. Es entsteht insgesamt ein Zinsnachteil, so dass dann das Fremdwährungskonto vorteilhafter wäre:

Verkauf Scheck über 300 000 US-$	321 234 €
+ Zinsminderung Kontokorrentkredit	6 425 €
− Ankauf von US-$ für Importrechnung zu 0,8930	335 946 €
Unterdeckung	8 287 €

Während der Exporteur beim Fremdwährungskonto einen Zinsertrag von 9 414 € erzielt, schließt der Rückkauf der Fremdwährung mit einem Verlust von 8 287 € ab. Der Zinsvorteil für das Fremdwährungskonto beträgt damit insgesamt 17 701 €.

(4) Behält der Exporteur den Fremdwährungswechsel bis zur Fälligkeit im Portefeuille, kann er aus dem Wechselerlös bei Fälligkeit den Fremdwährungsbetrag aufbringen, den er für die Importrechnung benötigt, und braucht kein Kursrisiko aus der Fremdwährung zu befürchten.

Der Fremdwährungswechsel ist vom Importeur nach 4 Monaten mit 312 500 US-$ einzulösen. Die Zinsen in Höhe von 12 500 US-$ entsprechen einem Betrag von 14 013 € und sind sowohl höher als der Zinsertrag aus dem Fremdwährungskonto, als auch höher als der Zinsvorteil bei Scheckverkauf und anschließendem Rückkauf der Fremdwährung:

$$\frac{300\,000 \cdot 12{,}5 \cdot 4}{100 \cdot 12} : 0{,}8920 = 14\,013 \text{ €}$$

Nach Abzug der Inkassospesen für die Wechseleinlösung von 600 € verbleibt ein Betrag von 13 413 €.

Lösung zu Aufgabe 1.19 *Außenhandelsfinanzierung*

(1) Durch Aufnahme eines US-$-Kredits in Höhe des Exporterlöses entstehen Zinskosten von 250 000 US-$, die am Ende der Laufzeit zu zahlen sind. Um ein Kursrisiko hierfür zu vermeiden, wird der Zinsbetrag bereits heute per Termin von einer Bank zum Kurs von 0,9865 gekauft. Der Gegenwert der Kreditaufnahme von 5 000 000 US-$ beträgt zum Kurs von 0,9612 5 201 831 €, so dass dem Exporteur insgesamt 4 948 410 € zur Verfügung stehen. Die Kreditrückzahlung erfolgt dann in 6 Monaten aus dem Zahlungseingang vom Importeur.

$$\frac{5\,000\,000 \cdot 10 \cdot 1}{100 \cdot 2} : 0{,}9865 = 253\,421 \text{ €}$$

5 000 000 US-$ zum Kassa-Briefkurs von 0,9612	5 201 831 €
− Kreditkosten zum Termin-Geldkurs von 0,9865	253 421 €
verfügbarer Refinanzierungsbetrag	4 948 410 €

(2) Der Exporteur verkauft die Termindollar zum Terminkurs von 0,9945 heute an eine Bank und erhält bei Fälligkeit in 6 Monaten als Gegenwert 5 027 652 €. Damit hat er das Kursrisiko auf die Bank abgewälzt. Zur Refinanzierung nimmt der Exporteur einen Inlandswährungskredit in Höhe des Termingegenwertes zum Zins-

satz von 8 % p. a. für 6 Monate auf. Insgesamt stehen dem Exporteur bei dieser Alternative 4 826 545 € zur Verfügung.

Verkauf der 6-Monats-Devisen an die Bank zum Briefkurs von 0,9945	5 027 652 €
– Kreditkosten für 5 027 652 €	201 106 €
verfügbarer Refinanzierungsbetrag	4 826 545 €

(3) Der Exporteur diskontiert den Fremdwährungswechsel bei einer Bank zum Diskontsatz von 6 % p. a., die ihn zu ihrem Wechselankaufskurs von 0,9700 abrechnet. Unter Berücksichtigung von 6 Respekttagen für den Inkassoweg stehen dem Exporteur bei dieser Alternative 4 994 845 € zur Verfügung.

Die Netto-Einzahlung (K_0) ergibt sich durch Abzug des Diskontsatzes vom Bruttobetrag (K_n) wie folgt:

$K_0 = K_n (1 - p/100 \cdot n)$, so dass gilt:

$K_0 = 5\,000\,000 (1 - 6/100 \cdot 186/360) = 4\,845\,000$ US-\$

Wechselankaufskurs der Bank 0,9700 4 845 000 US-\$ zu 0,9700	4 994 845 €
verfügbarer Refinanzierungsbetrag	4 994 845 €

Ergebnis:
Unter den genannten Voraussetzungen ohne Berücksichtigung weiterer Nebenkosten wäre für den Exporteur eine Wechselziehung auf den Importeur am vorteilhaftesten. Könnte der Dollar-Kredit jedoch auf dem Eurogeldmarkt zu 7 % p. a. aufgenommen werden, würden sich die Zinskosten nur auf 175 000 US-\$ bzw. 177 395 € belaufen, so dass diese Alternative dann mit einem verfügbaren Refinanzierungsbetrag von 5 024 436 € am günstigsten wäre.

Lösung zu Aufgabe 1.20 *Forfaitierung*

(1) Die Rückzahlungen des Kredits einschließlich Zinsen durch den Abnehmer erfolgen am 01. 11. 2003, 01. 05. 2004 und am 01. 11. 2004. Die durchschnittliche Kreditlaufzeit beträgt (1/2 + 1 + 3/2) : 3 = 1 Jahr. Die erste Rate am 01. 11. 2003 errechnet sich als:

$\quad$ 200 000 €   (Tilgung)
+ $\quad$ 24 000 €   (Zinsen = 600 000 € · 0,08 · $^1/_2$)
= 224 000 €

Die zweite Rate am 01. 05. 2003 errechnet sich als:

$\quad$ 200 000 €
+ $\quad$ 16 000 €   (= 400 000 € · 0,08 · $^1/_2$)
= 216 000 €

Die dritte Rate am 01. 11. 2004 errechnet sich als:

$\quad$ 200 000 €
+ $\quad\quad$ 8 000 €   (= 200 000 € · 0,08 · $^1/_2$)
= 208 000 €

Das entspricht insgesamt einem Rückzahlungsbetrag (einschließlich Zinsen) von 600 000 € · 1,08 = 648 000 €.

Der Forfaitierungserlös des deutschen Exporteurs zum 01.06.2003 errechnet sich für die erste Rate:

224 000 € · 0,06 · 155/360 = 5 786,67 € (wobei die 155 Tage den 5 Monaten zwischen dem Abrechnungstag 01.06.2003 und der ersten Rate am 01.11.2003 zuzüglich der 5 Respekttage entsprechen)

für die zweite Rate:

216 000 € · 0,06 · 335/360 = 12 060 € (mit 335 Tage = 155 Tage + 180 Tage)

für die dritte Rate:

208 000 € · 0,06 · 515/360 = 17 853,33 € (mit 515 Tage = 335 Tage + 180 Tage).

Damit beläuft sich der Forfaitierungssatz auf 5 786,67 € + 12 060 € + 17 853,33 € = 35 700 €.

Der Forfaitierungserlös beträgt also:

648 000 € − 35 700 € = 612 300 €

(2) Die Vorteile der Forfaitierung gegenüber anderen Formen der Außenhandelsfinanzierung bestehen insbesondere in folgenden Punkten:

– Entlastung der Bilanz (keine Belastung der eigenen Kreditlinien)
– Verbesserung der Liquiditätssituation
– kein Zinsänderungs- oder Fremdwährungsrisiko
– keine Selbstbeteiligung im Falle der Uneinbringlichkeit der Forderung
– feste Kalkulationsbasis für den Forderungsverkäufer durch rechtzeitigen Abschluss eines Forfaitierungsvertrages.

Lösung zu Aufgabe 1.21   *Finanzierung über den Eurokapitalmarkt*

(1) Die Rendite für den Zero-Bond lässt sich finanzmathematisch als Zwei-Zahlungsfall darstellen, so dass die Effektivverzinsung (Yield) über die gesamte Laufzeit 6,928 % p.a. beträgt.

r = Rendite = Yieldsatz = Effektivverzinsung p.a.
R = Rückzahlungsbetrag = K_n = Endwert
A = Ausgabetrag = K_0 = Barwert
n = Laufzeit in Jahren

$$r = (\sqrt[n]{K_n/K_0} - 1) \cdot 100$$

$$r = (\sqrt[30]{1\,000/134,03} - 1) \cdot 100 = 6,928\ \% \text{ p.a.}$$

K_0 = 1 000 € − 865,97 € = 134,03 €

(2) Der jeweilige Zinssatz ergibt sich bei Floating-Rate-Notes aus der vereinbarten Referenzzinssatzbasis, die in den Anleihebedingungen zu nennen ist, und die je nach Bonität des Anleiheschuldners, dem Emissionszeitpunkt und der Laufzeit durch einen Zuschlag oder Abschlag ergänzt werden kann. Diese Zinsvereinbarung kann beispielsweise lauten:

US-$-LIBOR für 6 Monate + 0,5 % p.a. oder US-$-EURIBOR für 3 Monate + 0,4 % p.a.

Angenommen, die Spanne der von ausgewählten Kreditinstituten genannten Briefsätze (Angebotssätze unter Banken) reicht für US-$ für 6 Monate von 5,1500 bis 5,2100 % p. a. Der US-$-LIBOR für 6 Monate würde dann bei 5,22 % p. a. gefixt, so dass die Gläubiger für die nächsten 6 Monate einen Zinssatz von 5,72 % p. a. erhalten würden.

(3) Der Anleger erhält im Zinstermin eine Zinszahlung von 6 % p. a. auf 10 000 US-$, also 600 US-$. Je nach Höhe des Dollarkurses würde der €-Gegenwert betragen:

- Erlös für den Anleger bei Zinszahlung in US-$
  umgerechnet zum Kurs von 0,90 je €   667 €
- Erlös für den Anleger bei Zinszahlung in €
  zum Festkurs von 1 US-$ = 1 €   600 €
- Erlös für den Anleger bei Zinszahlung
  in US-$ umgerechnet zum Kurs von 1,15 je €   522 €

Fällt der Wert des US-$, steigt also bei Mengennotierung der Kurs auf 1,15 US-$ je €, wird sich der Anleger für eine Zinszahlung in €, umgerechnet zum Festkurs, entscheiden. Steigt dagegen der Wert des US-$, fällt also bei Mengennotierung der Dollarkurs auf 0,90 US-$ je €, wird der Anleger eine Auszahlung der Zinsen in Dollar verlangen und diese zum Tageskurs umtauschen.

Lösung zu Aufgabe 1.22 *Wahl der Fakturierungswährung*

Fakturierung in €:
Das deutsche Unternehmen gewährt einen Rabatt in Höhe von 5 000 €, so dass am 15. 03. 2002 115 000 € eingezahlt werden.

Fakturierung in Schweizer Franken:
120 000 € entsprechen am 01. 03. 2002 179 104,48 Schweizer Franken. Der Angebotspreis lautet demzufolge 179 104,48 sfr. Tritt die Kursveränderung tatsächlich ein, dann lautet der sfr-Devisenkurs am 15. 03. 2002 0,63 €/sfr. Dies ergibt Einzahlungen in Höhe von 112 835,82 €. Das deutsche Unternehmen sollte also eine Fakturierung in Inlandswährung präferieren.

Lösung zu Aufgabe 1.23: *Währungsoptionsrechte*

Bei der vereinbarten Währungsrelation sind entweder 500 000 US-$ oder alternativ 825 000 sfr an das amerikanische Unternehmen zu bezahlen.

Aufgrund der Situation am 01. 05. 2002 wären bei Bezahlung in US-$
  500 000 US-$ · 1,15 €/US-$ = 575 000 €
und bei Bezahlung in Schweizer Franken
  825 000 sfr · 0,66 €/sfr = 544 500 € aufzuwenden.

Demnach entscheidet sich das Unternehmen, in Schweizer Franken zu bezahlen.

Lösung zu Aufgabe 1.24: *Leading und Lagging*

Das deutsche Unternehmen begleicht die erst am 13. 11. 2002 fällige Verbindlichkeit bereits am 10. 09. 2002, wodurch das Wechselkursrisiko der beiden Positionen eliminiert wird (Leading).

Würde das deutsche Unternehmen die Begleichung der aus dem Export resultierenden Forderungen erst zum 13. 11. 2002 (Lagging) verlangen, so würde sich ebenfalls kein Wechselkursrisiko ergeben.

Die Instrumente Leading und Lagging stehen nicht nur im- und exportierenden Unternehmen zur Verfügung. Sie werden auch von internationalen Konzernen im Rahmen des konzerninternen Leistungsaustausches genutzt. Allerdings spielen in diesem Zusammenhang liquiditätspolitische und steuerliche Aspekte eine mindestens ebenso bedeutende Rolle wie die Absicherung des Wechselkursrisikos.

Lösung zu Aufgabe 1.25 *Matching*

Das Pharmaunternehmen kann den Erwerb des Rohstoffes auf den 15. 03. 2002 vorziehen, die Bestellung von Rohstoffen auf insgesamt 200 000 sfr ausdehnen und mit dem Lieferanten ein sechsmonatiges Zahlungsziel vereinbaren.

Dadurch ergeben sich vom Währungsbetrag her gleiche, laufzeitkongruente und mit entgegengesetzten Vorzeichen versehene Fremdwährungspositionen, womit das Netto-Exposure Null beträgt. Gewinn und Verlust bei sich ändernden Wechselkursen aus den beiden Fremdwährungspositionen kompensieren sich damit vollständig.

In der Praxis ist dieses Vorgehen allerdings nicht immer möglich. Nur in seltenen Fällen treten Zahlungsströme mit unterschiedlichen Vorzeichen und denselben Währungen mit gleicher Fälligkeit auf. Dadurch ist eine vollständige Glattstellung der Positionen meist ausgeschlossen, und es tritt ein so genannter »Mismatch« in einzelnen Fremdwährungspositionen auf.

Lösung zu Aufgabe 1.26 *Kurssicherung durch Fremdwährungskredite*

Am 01. 03. 2002 nimmt das deutsche Unternehmen einen Dollar-Kredit in Höhe von
 1 700 000 / 1,0625 = 1 600 000 US-$ auf.

Diesen Betrag tauscht es sofort in € um. Daraus ergeben sich Einzahlungen in Höhe von
 1 600 000 US-$ · 1,1 €/US-$ = 1 760 000 €.

Die Anlage dieses Betrags erbringt Zinserträge in Höhe von
 1 760 000 € · 0,045 = 79 200 €.

Das amerikanische Unternehmen bezahlt am 01. 03. 2003 den ausstehenden Betrag von 1 700 000 US-$. Diesen Betrag verwendet das Schiffbauunternehmen zur Bezahlung der Zinsen und Tilgung des Fremdwährungskredits.

Am 01. 03. 2003 ergeben sich für das deutsche Unternehmen folgende Einzahlungen:

$$
\begin{array}{rl}
 1\,760\,000\ \text{€} & \text{(Rückzahlung des Anlagebetrags)} \\
+\ \ \ \ 79\,200\ \text{€} & \text{(Zinserträge der €-Anlage)} \\
\hline
=\ 1\,839\,200\ \text{€} &
\end{array}
$$

(1) Der US-$-Devisenkurs, den sich das Unternehmen durch diese Transaktion sichert, errechnet sich als

 1 839 200 / 1 700 000 = 1,082 €

(2) Ausgehend von der Annahme, dass sich der Dollarkurs nicht ändert, entsprechen die Absicherungskosten der Differenz zwischen dem Dollar- und dem €-Zinssatz. Die Zinskosten der Dollar-Kreditaufnahme betragen:

 1 600 000 US-$ · 0,0625 · 1,10 €/US-$ = 110 000 €

Der Zinsertrag der €-Geldanlage ist: 79 200 €. Die Absicherungskosten belaufen sich damit auf:

 110 000 € – 79 200 € = 30 800 €

Die Absicherungskosten lassen sich auch anhand folgender Überlegung ermitteln: Würde der US-$-Devisenkurs am 01.03.2003 mit dem am 01.03.2002 übereinstimmen, und hätte der deutsche Exporteur auf eine Absicherung verzichtet, so würden sich Einzahlungen in Höhe von

1 700 000 US-$ · 1,10 €/US-$ = 1 870 000 €

ergeben. Die durch die Aufnahme des Dollarkredits entstehenden Absicherungskosten betragen damit

1 870 000 € – 1 839 200 € = 30 800 €

Lösung zu Aufgabe 1.27 *Kurssicherung durch Fremdwährungsanlagen*

Das deutsche Unternehmen ist verpflichtet, am 01.04.2003 2,625 Mio. Schweizer Franken an den Lieferanten zu bezahlen. Dafür müssen am 01.04.2002

2 625 000 sfr / 1,05 = 2 500 000 sfr

angelegt werden. Aufgrund der fehlenden Liquidität wird ein Kredit über

2 500 000 sfr · 0,65 €/sfr = 1 625 000 €

aufgenommen.

Der Betrag wird sofort zum sfr-Devisenkurs von 0,65 in sfr umgetauscht und für ein Jahr verzinslich angelegt. Der Rückzahlungsbetrag aus dieser Anlage wird zur Begleichung der Verbindlichkeit verwendet.

Für den €-Kredit sind Zinsen in Höhe von

1 625 000 € · 0,07 = 113 750 €

zu entrichten.

Damit ergeben sich für das deutsche Unternehmen am 01.04.2003 folgende Auszahlungen:

1 625 000 €	(Kredittilgung)
+ 113 750 €	(Kreditzinsen)
= 1 738 750 €	

(1) Der durch die Transaktionen fixierte sfr-Devisenkurs beträgt

1 738 750 / 2 625 000 = 0,662 €

(2) Unter der Annahme, dass sich der Frankenkurs nicht ändert, entsprechen die Absicherungskosten der Differenz zwischen dem €- und dem sfr-Zinssatz. Die Zinskosten der €-Kreditaufnahme betragen: 113 750 €. Der Zinsertrag der sfr-Geldanlage ist:

2 500 000 sfr · 0,05 · 0,65 €/sfr = 81 250 €

Die Absicherungskosten belaufen sich damit auf:

113 750 € – 81 250 € = 32 500 €

Die Absicherungskosten lassen sich auch anhand folgender Überlegung ermitteln: Wäre der sfr-Devisenkurs am 01.04.2003 mit dem am 01.04.2002 identisch, und hätte das deutsche Unternehmen auf eine Absicherung verzichtet, dann wären Auszahlungen in Höhe von 2 625 000 sfr · 0,65 €/sfr = 1 706 250 € zu entrichten. Folglich ergeben sich aus den beschriebenen Finanztransaktionen Absicherungskosten in Höhe von

1 738 750 € – 1 706 250 € = 32 500 €.

Lösung zu Aufgabe 1.28 *Kurssicherung über ein Devisentermingeschäft*

(1) Zur Ermittlung des Terminkurses subtrahiert man vom Kassakurs den Swap-Satz, da es sich bei diesem um einen Deport handelt.

Kassakurs am 01. 05. 2002	1,200 €
abzgl. Swap-Satz US-$-12-Monats-Brief	0,019 €
Devisenterminkurs 30. 04. 2003	1,181 €

(2) Der Einkaufspreis der Waren beträgt

500 000 € · 1,181 = 590 500 €.

Somit bezahlt das importierende Unternehmen unabhängig von der Entwicklung des US-Dollars den Betrag von 590 500 €.

Lösung zu Aufgabe 1.29 *Kurssicherung und Absicherungskosten*

(1) Zur Beantwortung kann man folgende Überlegungen anstellen:

Das Unternehmen nimmt einen Dollarkredit mit einer Laufzeit von 3 Monaten auf. Die Zinsen betragen 3 % p. a. Das Darlehen soll zusammen mit den zu zahlenden Zinsen 10 Mio. US-$ betragen, d. h. die reine Darlehenssumme beträgt 9 925 558 US-$. Dabei kann man die reine Darlehenssumme wie folgt ermitteln:

x Mio. + (0,03/4 · x Mio.) = 10 Mio.
x Mio. (1 + 0,03/4) = 10 Mio.

$$x = \frac{10}{(1 + 0{,}03/4)} = \frac{10}{1{,}0075} = 9{,}925558.$$

Diesen Dollar-Betrag tauscht das Unternehmen auf dem Kassamarkt gegen € zu einem Kurs von 1,05 €/US-$. Es erhält 10 421 836 € und legt diese für 3 Monate zu 8,5 % p. a. an. Nach 3 Monaten erhält das Unternehmen insgesamt 10 643 300 € zurück (10 421 836 € + 221 464 € Zinsen). Gleichzeitig erhält es 10 Mio. US-$, die dazu verwendet werden, das US-Dollar-Darlehen zurückzuzahlen.

   Zusammengefasst hat das Unternehmen für die 10 Mio. US-$ 10 643 300 € erhalten. Dies entspricht einem Terminkurs von 1,0643 (= 10 643 300 : 10 000 000).

(2) Es kommt zu einer Absicherung durch ein Termingeschäft, d. h. Verkauf von 10 Mio. US-$ in 3 Monaten. Die Berechnung der Absicherungskosten bzw. des Terminkurses ergibt sich dann wie folgt (vereinfachte Formel in Preisnotierung):

$$\text{Swapsatz} = \frac{\text{Kassakurs} \cdot \text{Zinsdifferenz (= Zins Inland – Zins Ausland)} \cdot \text{Zeit in Tagen}}{100 \cdot 360}$$

$$\text{Swapsatz} = \frac{1{,}0500 \cdot (8{,}5 - 3) \cdot 90}{100 \cdot 360} = 0{,}0144 \text{ (d. h. Report)}.$$

Daraus lässt sich der folgende Terminkurs ermitteln:

Terminkurs = 1,0500 + 0,0144
= 1,0644 €/US-$

Dieser Terminkurs weicht von dem vorher errechneten geringfügig ab, da in dieser Formel unterstellt wird, dass der Zinsertrag zu dem in der Formel eingesetzten

Kassakurs konvertiert wird. Dies ist eine Voraussetzung, von der jedoch in der Regel nicht ausgegangen werden kann. Aus diesem Grunde werden heute im Allgemeinen kompliziertere Berechnungsmethoden angewandt.

Lösung zu Aufgabe 1.30 *Einsatz von Devisenswaps*

Verkauf der 200 000 US-$ zum Kassakurs (Geld) von 1,20 €
Rückkauf per Termin sechs Monate 01. 11. 2002

Kursberechnung:

Kassa Brief	1,2020 €
abzgl. Swapsatz 6-Monate-Brief	0,0060 €
ergibt Terminkurs 01. 11. 2000	1,1960 €

Somit erzielt das Unternehmen einen Gewinn aus dem Kursabschlag in Höhe von

$1,20 \cdot 200\,000\ € - 1,196 \cdot 200\,000\ € = 800\ €$.

Lösung zu Aufgabe 1.31 *Währungsterminkontrakte*

(1) Anzahl der zu erwerbenden Future-Kontrakte:
$\quad$ 5 000 000 US-$ · 1,10 €/US-$ = 5 500 000 €

(2) Größe eines €-Future-Kontrakts: 125 000 €
$\quad$ 5 500 000 / 125 000 = 44 Kontrakte

Einzunehmende Future-Position:
Long-Position, das heißt: Kauf von 44 September-€-Future-Kontrakten

Transaktionen am 01. 08. 2002:
Das amerikanische Handelsunternehmen bezahlt 5 Mio. US-$ an das deutsche Unternehmen. Bei einem Kurs von 1,05 entspricht dies dem Betrag von 5,25 Mio. €. Das deutsche Unternehmen stellt die Future-Long-Position durch Verkauf der 44 Kontrakte glatt.

Gewinn / Verlust der Fremdwährungsforderung:

Wert der US-Dollar-Forderung am 01. 03. 2002:	5 500 000 €
Wert der US-Dollar-Forderung am 01. 08. 2002:	5 250 000 €
Verlust:	– 250 000 €

Gewinn / Verlust der Future-Position:

Long-Position:	0,900 US-$
Short-Position:	0,945 US-$
Gewinn:	+ 0,045 US-$

Damit gewinnt das deutsche Unternehmen pro Kontrakt:

$\quad$ 0,045 · 125 000 = 5 625 US-$

Bei der Anzahl von 44 Kontrakten entspricht das einem Betrag von 5 625 · 44 = 247 500 US-$.
$\quad$ Dieser Betrag wird zum Kassa-Devisenkurs getauscht, und es ergibt sich ein Gewinn von

$\quad$ 247 500 US-$ · 1,05 €/US-$ = 259 875 €.

Somit entsteht ein Saldo in Höhe von

Verlust (Kassa-Position):	– 250 000 €
Gewinn (Future-Position):	+ 259 875 €
Saldo:	+ 9 875 €

Lösung zu Aufgabe 1.32 *Kauf von Devisenoptionen*

(1) Die insgesamt zu entrichtende Optionsprämie beträgt 0,010 €/US-$ · 2 Mio. US-$ = 20 000 €.

(2) Für den Fall, dass die erwartete Wechselkursentwicklung nicht eintritt, ist die gezahlte Prämie nicht von Nutzen, da die Option dann nicht ausgeübt wird. Allerdings sichert sich das Untenehmen durch die Put-Option letztlich einen US-$-Devisenkurs in Höhe des Ausübungspreises abzüglich der Optionsprämie, also 1,11 – 0,010 = 1,10 €.

Lösung zu Aufgabe 1.33 *Devisenoptionsgeschäfte*

(1) Der Exporteur befürchtet, zukünftig weniger Inlandswährung für eine Einheit Fremdwährung zu erhalten. Aufgabe der Kurssicherung bei tendenziell im Wert sinkenden Währungen ist es deshalb für den Exporteur, sich den heutigen noch vergleichsweise günstigen Gegenwert der Fremdwährung zu sichern. Um die Vergleichbarkeit des Devisentermin- mit dem -optionsgeschäft herzustellen, wird als Bezugsbasis für die Berechnung der Kurssicherungskosten der Kassakurs (= Basispreis der Devisenoption) gewählt. Da die Fremdwährung an die Bank verkauft werden soll, ist bei Mengennotierung jeweils der Briefkurs zugrunde zu legen.

(a) Devisentermingeschäft

$$\frac{\text{Kurssicherungskosten}}{\text{in Prozent p. a.}} = \frac{(\text{Swapsatz}) \cdot 100}{\text{Kassabriefkurs} \cdot \text{Laufzeit}}$$

$$= \frac{(0,9690 - 0,9530) \cdot 100}{0,9530 \cdot 180/360} = 3,36 \% \text{ p. a.}$$

1,5 Mio. US-$ zu 0,9530 (Kassakurs)	1 573 976,92 €
1,5 Mio. US-$ zu 0,9690 (Terminkurs)	1 547 987,62 €
Kosten der Kurssicherung (absolut)	25 989,30 €

(b) Devisenoptionsgeschäft

$$\frac{\text{Kurssicherungskosten}}{\text{in Prozent p. a.}} = \frac{\text{Optionsprämie} \cdot 100}{\text{Kassabriefkurs} \cdot \text{Laufzeit}}$$

$$= \frac{0,0412 \cdot 100}{0,9530 \cdot 180/360} = 8,65 \% \text{ p. a.}$$

Kosten der Kurssicherung (absolut):

1 573 976,92 € · 4,12 % = 64 847,85 €

Das Kursverlustrisiko wird in beiden Fällen gleich gut abgesichert. Die Kurssicherungskosten sind jedoch beim Optionsgeschäft wesentlich höher. Dafür hat der Exporteur beim Optionsgeschäft die Chance auf Gewinne bei günstigem Kursverlauf.

(2) Wäre der Exporteur mit einem geringeren Gegenwert des Exporterlöses in Inlandswährung zufrieden, könnte er auch einen höheren Basispreis von z. B. 0,9820 absichern. Die Kurssicherungskosten für die Option entsprächen dann etwa dem Swapsatz. Steigt nun jedoch der Kurs über den Basispreis, so dass der Exporteur die Option ausüben will, erhöht sich der Verlust in Bezug auf den Liefertermin der Ware um den nicht abgesicherten Differenzbetrag.

Kosten der Kurssicherung (absolut):

1,5 Mio. US-$ zu 0,9820 · 1,74 % =	26 578,42 €
1,5 Mio. US-$ zum Kurs am Liefertermin (0,9530)	1 573 976,92 €
– Verkauf der Fremdwährung zum Basispreis (0,9820)	1 527 494,91 €
= Verlust aus nicht abgesichertem Differenzbetrag	46 482,01 €
+ Kosten der Kurssicherung (Optionsprämie)	26 578,41 €
= Gesamtverlust	73 060,42 €

Liegt der Tageskurs unter dem Basispreis von 0,9820 (z. B. bei 0,8900), wird der Exporteur sein Optionsrecht nicht ausüben, sondern den Zahlungseingang sofort umtauschen. Dabei wird erst dann ein tatsächlicher Kursgewinn entstehen, wenn auch die Kurssicherungskosten abgedeckt sind:

1,5 Mio. US-$ zum Kurs bei Lieferung (0,9530)	1 573 976,92 €
– Verkauf der Fremdwährung zur Kasse (0,8900)	1 685 393,26 €
= Bruttokursgewinn	111 416,34 €
– Optionspreis (Kosten der Kurssicherung)	26 578,41 €
= Nettogewinn	84 837,93 €

(3) Der Exporteur könnte auch als Verkäufer einer Kaufoption tätig werden. Diese Stillhalterposition, bei der er den Optionspreis erhält, würde er einnehmen, wenn er keine wesentlichen Kursveränderungen erwartet. Tritt diese Erwartung ein, macht er ohne Kursveränderung einen Gewinn in Höhe des Optionspreises:

1,5 Mio. US-$ zum Kurs bei Lieferung (0,9530)	1 573 976,92 €
– Bereitstellung der Devisen aus der Exportlieferung zum Basispreis von 0,9530	1 573 976,92 €
= kein Gewinn/kein Verlust	0 €
+ Optionspreis 1,5 Mio. US-$ zu 0,9530 · 3,2 %	50 367,26 €
= Spekulationsgewinn	50 367,27 €

Fällt jedoch der Tageskurs unter den Basispreis, und der Käufer der Kaufoption macht von seinem Erwerbsrecht Gebrauch, so vereinnahmt der Exporteur zwar den Optionspreis. Er muss jedoch die Fremdwährung aus seinem Exportgeschäft zu einem ungünstigen Kurs liefern.

Steigt der Kurs, wird der Käufer der Kaufoption sein Optionsrecht nicht ausüben. Der Exporteur hat dann indes selbst keine Absicherung des Kursrisikos über den erhaltenen Optionspreis hinaus:

1,5 Mio. US-$ zum Kurs bei Lieferung (0,9530)	1 573 976,92 €
– Verkauf der Fremdwährung bei Zahlungseingang zur Kasse (0,9950)	1 507 537,69 €
= Kursverlust (brutto)	66 439,23 €
– Optionspreis	50 367,26 €
= Kursverlust (netto)	16 071,97 €

Lösung zu Aufgabe 1.34 *Hedging mit Währungsswaps*

(1) Anfangstransaktion

Unternehmen B zahlt 50 Mio. £ an Unternehmen A, welches seinerseits 50 Mio. £ · 1,40 US-$/£ = 70 Mio. US-$ an Unternehmen B überweist. Für die restlichen 10 Mio. US-$ besteht bei Unternehmen A somit weiterhin ein Wechselkursrisiko.

(2) Zinstransaktionen

Unternehmen B transferiert einmal pro Jahr 70 Mio. US-$ · 0,11 = 7,7 Mio. US-$ an Unternehmen A. Diesen Betrag verwendet Unternehmen A zur Bezahlung seiner Zinsverpflichtung aus der begebenen US-$-Anleihe. Umgekehrt erhält Unternehmen B von Unternehmen A ein £-Überweisung in Höhe von 50 Mio. £ · 0,975 = 4,875 Mio. £, die es zur Zahlung seiner Zinsverpflichtung aus der £-Anleihe verwendet.

(3) Schlusstransaktion

Am Ende der Laufzeit von 7 Jahren werden die anfangs getauschten Beträge wieder zum ursprünglichen Kurs von 1,40 zurückgetauscht. Somit erhält Unternehmen A 70 Mio. US-$ von Unternehmen B, während es 50 Mio. £ an Unternehmen B überweist. Die Unternehmen tilgen damit ihre jeweiligen Anleihen.

Lösung zu Aufgabe 1.35 *Arbitrage mit Währungsswaps*

(1) Das amerikanische Unternehmen A nimmt den US-$-Kredit zu 9,25 % p. a. auf, und das deutsche Unternehmen B beschafft den Yen-Kredit zu 4,4 % p. a. Bei einem Swapvorteil für A von 0,48 % p. a. gemäß Swapvereinbarung und einem Swapvorteil für B von 0,57 % p. a. hat das amerikanische Unternehmen für den benötigten Yen-Kredit 4,52 % p. a. zu zahlen und das deutsche Unternehmen für den US-$-Kredit 9,43 % p. a.

Es wird folgende Rechnung aufgestellt:

Zinsdifferenz aus US-$-Kredit	0,75 % p. a.
+ Zinsdifferenz aus Yen-Kredit	0,60 % p. a.
= Swapvorteil (brutto)	1,35 % p. a.
– Vermittlungsprovision	0,30 % p. a.
= Swapvorteil (netto)	1,05 % p. a.

US-$-Kredit: Zinssatz B – Swapvorteil = 10 % p. a. – 0,57 % p. a. = 9,43 % p. a.
Yen-Kredit: Zinssatz A – Swapvorteil = 5 % p. a. – 0,48 % p. a. = 4,52 % p. a.

(2)

Zahlungen A		Zahlungen B	
Auszahlung für US-$-Kreditaufnahme	9,25 % p. a.	Auszahlung für Yen-Kreditaufnahme	4,40 % p. a.
Auszahlung für Yen-Kredit an B	4,52 % p. a.	Auszahlung für US-$-Kredit an A	9,43 % p. a.
Einzahlung für US-$-Kredit von B	9,43 % p. a.	Einzahlung für Yen-Kredit von A	4,52 % p. a.
Auszahlung an Intermediär	0,18 % p. a.	Auszahlung an Intermediär	0,12 % p. a.
Saldo	4,52 % p. a.	Saldo	9,43 % p. a.
Zinsvorteil gegenüber eigener Beschaffungs- möglichkeit 0,48 % p. a.		Zinsvorteil gegenüber eigener Beschaffungs- möglichkeit 0,57 % p. a.	

Lösung zu Aufgabe 1.36 *Zinsswaps im Liability-Management*

(1) Aus der Sicht des Exporteurs fallen folgende Zahlungsströme an:

- – Zahlungsstrom Exportfinanzierung: Exporteur zahlt LIBOR + 0,5 %
- – Zahlungsströme Zinsswap: Exporteur erhält LIBOR
  Exporteur zahlt 8,375 %.

(2) Der Exporteur zahlt effektiv 8,875 % (= 8,375 % + 0,5 %) fest für die gesamte Laufzeit und hat damit eine genaue Kalkulationsbasis. Wenn der Exportvertrag auf Fremdwährung lautet, kann in dieser Situation auch ein Zins-Währungs-Swap eingesetzt werden.

Lösung zu Aufgabe 1.37 *Zinsswaps im Asset-Management*

(1) Aus Sicht des Unternehmens entstehen folgende Zahlungsströme:

- – Zahlungsstrom FRN: Unternehmen erhält LIBOR – 0,05 %
- – Zahlungsströme Zinsswap: Unternehmen zahlt LIBOR
  Unternehmen erhält 8,28 %.

(2) Das Unternehmen erhält 8,23 % (= 8,28 % – 0,05 %) fest für die gesamte Restlaufzeit. Alternativ zu dem Zinsswap käme der Verkauf der FRN und der Kauf eines festverzinslichen Wertpapiers in Frage.

Lösung zu Aufgabe 1.38 *Arbitrage mit Zinsswaps*

(1) Der durch den Swap realisierbare Zinsvorteil beträgt:

(8,25 % – 7,25 %) + [LIBOR – (LIBOR + 0,50 %)] = 1 % – 0,50 % = 0,50 %

(2) Für Unternehmen A ergeben sich folgende Zahlungsströme:

- – Zahlungsstrom Festzins-Anleihe: Unternehmen zahlt 7,25 %
- – Zahlungsströme Zinsswap: Unternehmen erhält 7,5 %
  Unternehmen zahlt LIBOR.

Für Unternehmen B ergeben sich folgende Zahlungsströme:

- Zahlungsstrom FRA: Unternehmen zahlt LIBOR + 0,50 %
- Zahlungsströme Zinsswap: Unternehmen erhält LIBOR
  Unternehmen zahlt 7,5 %

(3) Unternehmen A erhält letztlich seine variablen Mittel zu LIBOR − 0,25 %, statt LIBOR bei der direkten Aufnahme. Unternehmen B zahlt einen festen Zinssatz von 8,00 %, statt 8,25 % bei direkter Mittelaufnahme. Durch den Swap erhalten also beide Partner die benötigten Mittel mit der gewünschten Zinsbindung zu Zinssätzen, die günstiger sind als bei direkter Kapitalaufnahme.

Lösung zu Aufgabe 1.39 *Floating Rate Agreements*

(1) Steht der LIBOR bei 8 %, beträgt die Ausgleichszahlung:

$$\frac{10\,000\,000 \cdot (8 - 9,2) \cdot 90}{(360 \cdot 100) + (8 \cdot 90)} = -29\,411,77$$

Der Verkäufer (das Unternehmen) erhält somit eine Ausgleichszahlung in Höhe von 29 411,76 €.

(2) Steht der LIBOR bei 10 %, beträgt die Ausgleichszahlung:

$$\frac{10\,000\,000 \cdot (10 - 9,2) \cdot 90}{(360 \cdot 100) + (8 \cdot 90)} = 19\,512,20$$

Das Unternehmen hat somit eine Ausgleichszahlung in Höhe von 19 512,20 € zu leisten.

Lösung zu Aufgabe 1.40 *Zinsfutures gegen fallende Zinsen*

(1) Durch den Kursanstieg hat der Anleger für den Anleihekauf Mehrkosten in Höhe von:

(500 000 € · 96 %) − (500 000 € · 94 %)
= 480 000 € − 470 000 €
= 10 000 € zu tragen.

(2) Der Kauf des Future zu 94,60 % erbringt den nachstehenden Gewinn:

Kauf zu 94,60 %, Verkauf zu 96 %
Differenz von 140 Ticks (Tickwert = 12,5 €)
= 140 · 12,5 € · 4 Kontrakte = 7 000 €.

In diesem Falle konnte somit zwar keine 100 %ige Absicherung erreicht werden. Die Mehrkosten des Anlegers wurden durch die Wertsteigerung der Bund-Future-Kontrakte aber auf 3 000 € verringert.

Lösung zu Aufgabe 1.41 *Zinsfutures gegen steigende Zinsen*

Der Gewinn durch den Verkauf der Future-Kontrakte beläuft sich auf:

335 Ticks · 12,5 € · 80 Kontrakte = 335 000 €

Per Saldo bleibt damit ein Buchverlust von lediglich 65 000 € gegenüber einem ohne Absicherung entstehenden Verlust von 400 000 €.

Lösung zu Aufgabe 1.42 *Kauf eines Cap*

(1) Die Kreditkosten für den Festsatzkredit betragen konstant 9 % für 5 Jahre.
(2) Die maximalen Kreditkosten für den variablen Kredit mit Cap-Vereinbarung errechnen sich wie folgt:

Zinsobergrenze	8,5 %
+ EURIBOR-Marge	0,5 %
+ Cap-Prämie	0,38 %
= maximale Kreditkosten	9,38 %

Wenn der EURIBOR die Zinsobergrenze übersteigt, erhält der Kunde eine Ausgleichszahlung in Höhe der Differenz von der Bank (Cap-Verkäufer).

Wenn der EURIBOR unter die Zinsobergrenze von 8,5 % fällt, betragen die Effektivkosten:

EURIBOR + 0,5 % Marge + 0,38 % Prämie.

(3) Der EURIBOR muss unter 8,12 % sinken, damit die Cap-Variante günstiger wird als die Festsatz-Variante:

9 % Festsatz – 0,5 % Marge – 0,38 % Prämie = 8,12 %.

Lösung zu Aufgabe 1.43 *Verkauf eines Cap*

Der von dem Anleger (Cap-Verkäufer) maximal realisierbare Zinsertrag errechnet sich als:

Zinsobergrenze	9,5 %
– EURIBOR-Marge	0,2 %
+ Cap-Prämie	0,15 %
= maximaler Anlageertrag	9,45 %

Wenn der EURIBOR die Zinsobergrenze übersteigt, muss der Kunde eine Ausgleichszahlung in Höhe der Differenz an die Bank (Cap-Käufer) leisten. Wenn der EURIBOR unter der Zinsobergrenze von 9,5 % liegt, beläuft sich der Zinsertrag auf:

EURIBOR – 0,2 % Marge + 0,15 % Prämie.

Lösung zu Aufgabe 1.44 *Kauf eines Floor*

Das Unternehmen sichert sich einen effektiven Mindest-Zinsertrag von:

Zinsuntergrenze	6 %
– EURIBOR-Marge	0,2 %
– Floor-Prämie	0,45 %
= Mindest-Zinsertrag	5,35 %

Wenn der EURIBOR unter die Zinsuntergrenze fällt, erhält der Kunde eine Ausgleichszahlung in Höhe der Differenz von der Bank (Floor-Verkäufer).

Wenn der EURIBOR über der Zinsuntergrenze liegt, errechnet sich der Zinsertrag als:

EURIBOR – 0,2 % Marge – Prämie 0,45 %.

Lösung zu Aufgabe 1.45 *Erwerb eines Collar*

(1) Wenn der EURIBOR bei 6 % p. a. steht, berechnen sich die Kosten für den Kunden wie folgt:

Der Kauf des Cap kostet
6 % EURIBOR + 0,5 % Marge + 0,13 % Prämie = 6,63 %.

Aus dem Verkauf des Floor fällt außerdem eine Ausgleichzahlung an die Bank in Höhe von 1,5 % an.

Die Gesamtkosten des Kunden betragen damit:
6,63 % Kreditkosten + 1,5 % Ausgleichzahlung = 8,13 %

(2) Die maximalen Finanzierungskosten des Collar betragen:
8,5 % Zinsobergrenze + 0,5 % Marge + 0,13 % Prämie = 9,13 %

Die minimalen Finanzierungskosten des Collar betragen:
7,5 % Zinsuntergrenze + 0,5 % Marge + 0,13 % Prämie = 8,13 %

Lösungen zum 2. Hauptteil: Internationale Rechnungslegung nach IAS und US-GAAP im Vergleich zum HGB

Lösung zu Aufgabe 2.01 *Institutionelle Merkmale nach US-GAAP und HGB*

Abkürzungen	Definition	Bedeutung/Tätigkeit
DRSC	Deutsches Rechnungslegungs Standards Committee e. V.	Deutscher Standardsetter gemäß § 342 HGB
DRS 1	Deutscher Rechnungslegungs Standard Nr. 1	Standard Nr. 1 des DRSC: Befreiender Konzernabschluss nach § 292a HGB
GAS No. 1	German Accounting Standard No. 1	Standard Nr. 1 des DRSC
US-GAAP	United States Generally Accepted Accounting Principles	US-amerikanische Rechnungslegungsstandards
SEC	United States Securities and Exchange Commission	Wertpapier- und Börsenaufsichtsbehörde der USA
FRR	Financial Reporting Releases der SEC	SEC-Stellungnahmen zur Rechnungslegung
SAB	Staff Accounting Bulletins der SEC	SEC-Stellungnahmen zur Rechnungslegung
CAP	Committee on Accounting Procedures	US-Standardsetter von 1938–1959
APB	Accounting Principles Board	US-Standardsetter von 1959–1973
FASB	Financial Accounting Standards Board	US-Standardsetter seit 1973
CON (= SFAC)	Statements of Financial Accounting Concepts des FASB	Basisvorschriften der US-Rechnungslegung
FAS (= SFAS)	Statements of Financial Accounting Standards	Bislang 145 Rechnungslegungsstandards des FASB
FIN	FASB Interpretations	Verdeutlichung der FAS durch FASB
AICPA	American Institute of Certified Public Accountants	Institut der US-amerikanischen Wirtschaftsprüfer
SOP	Statements of Position des AICPA	Stellungnahmen des AICPA
EITF	Emerging Issues Task Force des FASB	Unterstützende Arbeitsgruppe des FASB

Lösung zu Aufgabe 2.02 *Aussagen nach US-GAAP*

Richtig sind die Aussagen 1, 4, 5, 7; alle anderen Behauptungen sind falsch.

Lösung zu Aufgabe 2.03 *Institutionelle Merkmale nach IAS*

Abkürzungen	Definition	Bedeutung/Tätigkeit
IASC	International Accounting Standards Committee	Bezeichnung des Standardsetters für IAS bis 2001
IASB	International Accounting Standards Board	Wichtigstes Organ des IASC, das 2001 in IASB umbenannt wurde. Hauptaufgabe: Erlass von IAS
Members	Mitglieder des IASC/IASB	Rund 150 Mitgliedsorganisationen des IASC/IASB
IFAC	International Federation of Accountants	Internationale Standesvertretung der Wirtschaftsprüfer
IASCF	International Accounting Standards Committee Foundation	Trägerorganisation des IASB mit 19 Trustees (Treuhändern)
Trustees	Treuhänder des IASCF	Ernennung der Organmitglieder des IASB und deren Überwachung
SIC	Standing Interpretations Committee	Klärung von strittigen Fragen der Auslegung von IAS durch Erlass von SIC-1 bis SIC-25
IFRIC	International Financial Reporting Interpretations	SIC wurde 2001 umbenannt in IFRIC
SAC	Standards Advisory Council	Beratungsorgan für Board und Trustees des IASCF
IAS	International Accounting Standards	Vom IASB erlassene Rechnungslegungsstandards
IFRS	International Financial Reporting Standards	Neue Standards nach IAS 41 werden ab 2001 als IFRS bezeichnet
Framework	Rahmenkonzept des IASB	Rechnungslegungsgrundlagen für IAS
Preface	Vorwort	Den IAS vorangestellte Vorbemerkungen zu Verfahrensfragen des IASB
Basis for Conclusions	Hintergrundmaterialien	Zusätzliche Informationen zu einzelnen IAS

Lösung zu Aufgabe 2.04 *Aussagen nach IAS*

Richtig sind die Aussagen 2, 4, 5, 6, 8; alle anderen Behauptungen sind falsch.

Lösung zu Aufgabe 2.05 *Nationale und internationale Abschlüsse*

(1) Lucky muss zum 31.07.02 einen Einzel- und Konzernabschluss nach HGB aufstellen (§§ 264 Abs. 1, 290 Abs. 2 Nr. 1 HGB). Zum Konzernabschluss ist mindestens eine Tochtergesellschaft notwendig, die mehrheitlich beherrscht wird. Zusätzlich ist Lucky verpflichtet einen steuerlichen Abschluss auf Basis des Einzelabschlusses zu erstellen (§ 5 Abs. 1 EStG).

(2) Dies ist möglich. Die Lucky GmbH kann einen IAS-Konzernabschluss aufstellen und auf den HGB-Konzernabschluss verzichten, da durch die Begebung der Anleihe ein organisierter Kapitalmarkt in Anspruch genommen wurde (§ 2 Abs. 5 WpHG).

(3) Lucky müsste nach derzeitigem Recht nach wie vor einen HGB-Einzelabschluss vorlegen.

Lösung zu Aufgabe 2.06 *Möglicher Konflikt zwischen US-GAAP- und IAS-Abschluss*

Sollte die SEC beim »Nein« zu IAS-Konzernabschlüssen bleiben, dann müssen beide Unternehmen ab 2007 neben einem US-GAAP-Konzernabschluss auch einen IAS-Konzernabschluss vorlegen.

Unberührt davon bleibt die Pflicht zur Aufstellung eines HGB-Einzelabschlusses und einer Steuerbilanz. Die Anzahl der Abschlüsse würde sich für beide Unternehmen von drei auf vier erhöhen.

Lösung zu Aufgabe 2.07 *Das Vorsichtsprinzip*

Nach HGB darf der nichtrealisierte Gewinn aus der Aktienanlage nicht erfolgswirksam verbucht werden. Ein nichtrealisierter Verlust hätte dagegen buchhalterisch erfasst werden müssen. IAS und US-GAAP schreiben bei so genannten Trading-Wertpapieren vor, dass auch nichtrealisierte Gewinne als Erträge zu verbuchen sind.

Nach Handelsrecht kommt es zur Bildung einer stillen Reserve. Nach IAS/US-GAAP werden Gewinne ausgewiesen, die nicht vereinnahmt wurden.

Das Handelsrecht orientiert sich in hohem Maße am Schutz der Gläubiger. Sämtliche Beträge, die die Kapitalgesellschaft an ihre Gesellschafter/Aktionäre ausschüttet, entziehen sich dem Gläubigerzugriff. Wird das Vermögen vorsichtig bewertet, sind nur noch Ausschüttungen in geringerem Umfang möglich.

IAS/US-GAAP sind dagegen anlegerorientiert. Ein möglichst hoher ausschüttungsfähiger Gewinn ist von zentraler Bedeutung. Das Vorsichtsprinzip tritt in den Hintergrund.

Lösung zu Aufgabe 2.08 *Bestandteile des Jahresabschlusses nach IAS/US-GAAP und HGB*

Die Pflichtbestandteile eines Jahresabschlusses nach internationalen Standards und nach HGB sind folgender Abbildung zu entnehmen:

Bestandteile eines Jahresabschlusses		
IAS	**US-GAAP**	**HGB**
Balance sheet	Balance sheet	Bilanz
Income statement	Income statement	Gewinn- und Verlust-rechnung
Statement of changes in equity	Statement of changes in stockholders' equity	– (Für Konzern gilt DRS 7)
Cash flow statement	Statement of cash flows	– (Für Konzern gilt DRS 2)
–	Statement of comprehensive income	–
Notes	Notes	Anhang

–	MD & A	Lagebericht ab mittelgroßer Kapitalgesellschaft (& Co)

Auf folgende Unterschiede ist hinzuweisen:

- IAS/US-GAAP verlangen im Gegensatz zum HGB die Aufstellung einer Eigenkapitalveränderungsrechnung und US-GAAP zusätzlich die Darstellung des comprehensive income.
- Die Kapitalflussrechnung ist für börsennotierte Muttergesellschaften nach § 297 Abs. 1 HGB ein Bestandteil des Anhangs.
- Einen dem HGB vergleichbaren Lagebericht verlangen IAS/US-GAAP nicht. US-GAAP fordern einen MD & A (management's discussion and analysis of financial condition and results of operations).

Lösung zu Aufgabe 2.09 *Realisation principle und matching principle*

(1) Die produktionsspezifischen Aufwendungen sind nach dem Grundsatz der sachlichen Abgrenzung (matching principle), die Erträge nach dem Realisationsprinzip (realisation principle) zu erfassen. Die produktionsspezifischen Kosten werden demnach den Leistungen anteilsmäßig zugerechnet. Die Erträge sind bei Übergabe der Fahrzeuge zu verbuchen. Diese Form der Erfassung gilt unabhängig vom Rechnungslegungsstandard.

01: 150 Mio. € (Erträge) – 120 Mio. € (Aufwendungen)
02: 200 Mio. € (Erträge) – 160 Mio. € (Aufwendungen)
03: 100 Mio. € (Erträge) – 80 Mio. € (Aufwendungen)
04: 50 Mio. € (Erträge) – 40 Mio. € (Aufwendungen)

(2) Die »Abwicklungssondergebühren« in Höhe von 200 000 € fallen für insgesamt vier Jahre an. Sie sind jährlich aus der Sicht von Speedy in Höhe von 50 000 €

als Ertrag passiv abzugrenzen (deferred income). Aus der Sicht des Mietunternehmens handelt es sich um eine aktive Rechnungsabgrenzung (prepaid expenses).

Lösung zu Aufgabe 2.10 *Substance over form*

(1) Der Rechnungslegungsgrundsatz der wirtschaftlichen Betrachtungsweise sieht vor, dass für die buchhalterische Erfassung das wirtschaftliche Eigentum und nicht die juristische Einordnung relevant ist.

(2) Beim Leasing einer Reinigungsmaschine erfolgt die Aktivierung beim Leasinggeber, da die Maschine nach Rückgabe weiter vermietet werden kann. Der Leasinggeber ist rechtlicher und wirtschaftlicher Eigentümer.

(3) Da die spezielle Bohrmaschine nach der Nutzung durch FUZZY! nicht mehr weiter verwendet werden kann, ist FUZZY! während der Leasingdauer wirtschaftlicher Eigentümer der Bohrmaschine. Sie ist in dieser Zeit bei FUZZY! zu aktivieren.

(4) Die Hausbank wird zwar rechtlicher Eigentümer der Patente. Diese bleiben jedoch zur Nutzung im Besitz der FUZZY! Informatik AG. Sie bleibt wirtschaftliche Eigentümerin der Patente.

(5) Durch die Abtretung der Forderungen an die Bank wird diese auch wirtschaftliche Eigentümerin der Forderungen. Die Forderungen gehen an die Bank über.

Lösung zu Aufgabe 2.11 *Relevance nach US-GAAP*

(1) Das Merkmal der relevance nach US-GAAP beinhaltet die Unterprinzipien:

- – Voraussagetauglichkeit,
- – Erwartungsüberprüfung und
- – Aktualität.

Somit muss ein Jahresabschluss nach US-GAAP Aussagen über die zukünftige Entwicklung des Unternehmens machen. Der Abschluss hat Soll-/Ist-Vergleiche zu enthalten und muss vor allem den Eigentümern rechtzeitig zur Verfügung stehen.

(2) Die mögliche Umsatzentwicklung in 03 darf nicht einfach mit einem Zuwachs von 10 %, wie in den Vorjahren, fortgeschrieben werden, sondern muss den deutlichen Hinweis enthalten, dass ein Konkurrent unter Umständen Marktanteile erobern wird und folglich die Umsatzsteigerung von jeweils 10 % in den zurückliegenden Geschäftsjahren nur unter bestimmten Voraussetzungen in 03 eintreten kann, z. B. wenn Quicky bestimmte Investitionen tätigt, um die Marktpositionierung der eigenen Produkte gegenüber der Konkurrenz deutlich zu verbessern.

Lösung zu Aufgabe 2.12 *Assets nach IAS und HGB*

(1) **IAS:**
- – IAS 38.57c verbietet die Aktivierung der Ausgaben für Werbekampagnen und Maßnahmen der Verkaufsförderung.
- – Auch bei der Erfüllung der Erfassungskriterien für assets entstehen Zweifel über die Aktivierungsfähigkeit. Das Kriterium der Wahrscheinlichkeit liegt

zwar deutlich über 50 %. Gleichwohl kann man an der Verlässlichkeit einer erwarteten Umsatzsteigerung um 2 Mio. € getrost zweifeln.
Ergebnis: Aktivierungsverbot nach IAS.

HGB:
Der Erfolg einer Werbemaßnahme ist nicht einzeln bewertbar und auch nicht einzeln veräußerbar. Ergebnis: Aktivierungsverbot nach HGB.

(2) **IAS:**
Ein Pkw ist eine wirtschaftliche Ressource, die in Zukunft wirtschaftlichen Nutzen verspricht. Die Wahrscheinlichkeit des Nutzenzuflusses liegt über 50 %. Aufwendungen und zusätzliche Erträge lassen sich verlässlich zuordnen.
Ergebnis: Aktivierungspflicht.

HGB:
Der Pkw ist einzeln bewertbar und verwertbar. Der Gegenstand kann jederzeit veräußert werden.
Ergebnis: Aktivierungspflicht.

(3) **IAS:**
Das entscheidende Kriterium zur Ablehnung der Bilanzierungsfähigkeit ist die hohe Wahrscheinlichkeit für einen Mittelabfluss anstelle eines Mittelzuflusses.
Ergebnis: Aktivierungsverbot.

HGB:
Die Fertigungsanlage ist einzeln bewertbar und kann jederzeit verwertet werden.
Ergebnis: Aktivierungspflicht.

Lösung zu Aufgabe 2.13 *Ansatzkriterien nach IAS/US-GAAP und HGB*
Richtig sind die Aussagen 3, 4, 5, 7, 8, 9; alle anderen Behauptungen sind falsch.

Lösung zu Aufgabe 2.14 *Bilanzgliederung nach IAS*
Es ergibt sich folgende IAS-Bilanz zum 31. 12. 02 (in Mio. €):

Assets	**Balance Sheet**		Equity and liabilities	
Non-current assets		**Equity**		
Property, plant and equipment	110	Issued capital		180
Patents	**80**	Reserves		184
Other financial investments	90	**Non-current liabilities**		
Current assets		Deferred credits		20
Inventories	24	**Current liabilities**		
Trade and other receivables	100	Trade payables		10
Trading investments	10	Other payables		8
Cash and cash equivalents	6	Tax liabilities		12
		Deferred income		6
Total assets	**420**	Total equity and liabilities		**420**

Für **selbst erstellte Patente** gilt nach IAS eine Aktivierungspflicht. Die Entwicklungskosten sind zu aktivieren, wenn gemäß IAS 38.45 ihre Höhe verlässlich ermittelt und eine realistische Vermarktungschance des Produkts besteht.
Ansatz der Patente: 80.

Zu den **sonstigen Verbindlichkeiten** (other payables) zählen die kurzfristigen Bankverbindlichkeiten (8).

Die **Steuerverbindlichkeiten** (tax liabilities) sind getrennt aufzuführen (12).

Unter **kurzfristigen Verbindlichkeiten** (current liabilities) wird die transitorische passive Rechnungsabgrenzung für im Voraus erhaltene Miete (6) erfasst. Sie beinhaltet eine wirtschaftliche Verpflichtung und ist unter den kurzfristigen Schulden als deferred income auszuweisen.

Die **Verpflichtung zur regelmäßigen Inspektion** (20) wird als antizipative passive Rechnungsabgrenzung (deferred credits) im Sinne einer sonstigen Verbindlichkeit verbucht. Aufgrund der Restlaufzeit von sieben Jahren handelt es sich um eine unsichere und langfristige Verpflichtung.

Lösung zu Aufgabe 2.15 *Bilanzgliederung nach HGB*

Die HGB-Bilanz zum 31. 12. 02 ist auf Basis der Angaben in Aufgabe 2.14 in folgender Gliederung dargestellt (in Mio. €):

Aktiva	Bilanz		Passiva
A. Anlagevermögen		**A. Eigenkapital**	
I. Sachanlagen	110	I. Gezeichnetes Kapital	180
II. Finanzanlagen		II. Andere Gewinnrücklagen	104
1. Wertpapiere des		**B. Verbindlichkeiten**	
Anlagevermögens	90	1. Verbindlichkeiten	
B. Umlaufvermögen		gegenüber Kredit-	
I. Vorräte		instituten	8
1. Fertige Erzeugnisse		2. Verbindlichkeiten aus	
und Waren	24	Lieferungen und Leistungen	10
II. Forderungen und sonst.		3. sonstige Verbindlich-	
Vermögensgegenstände		keiten,	
1. Forderungen a. Liefe-		davon aus Steuern	12
rungen u. Leistungen	100	**C. Rechnungsabgrenzungs-**	
III. Wertpapiere		**posten**	26
1. sonstige Wertpapiere	10		
IV. Kassenbestand, Bundes-			
bankguthaben, Guthaben			
bei Kreditinstituten und			
Schecks	6		
Bilanzsumme	**340**	**Bilanzsumme**	**340**

Für **selbst erstellte Patente** gilt nach HGB ein Aktivierungsverbot. Die Entwicklungskosten dürfen ebenfalls nicht aktiviert werden. Ansatz der Patente: 0.

Die **kurzfristigen Bankverbindlichkeiten** (8) und die **Steuerverbindlichkeiten** (12) werden getrennt unter den Verbindlichkeiten ausgewiesen.

Unter passiver **Rechnungsabgrenzung** ist die im Voraus erhaltene Miete (6) und die Verpflichtung zur regelmäßigen Inspektion (20) zu verbuchen.

Im **Vergleich zu IAS** werden das Vermögen und die Passiva auf Grund der nicht erlaubten Aktivierung von selbst erstellten Patenten und Entwicklungskosten um 80 Mio. € verringert.

Lösung zu Aufgabe 2.16 *Bilanzgliederung nach US-GAAP*

Aufgrund der Angaben in Aufgabe 2.14 kann folgende US-GAAP-Bilanz zum 31. 12. 02 (in Mio. €) aufgestellt werden:

Assets	**Balance Sheet**	Liabilities and stockholders' equity	
Current assets		**Current liabilities**	
Cash and cash items	6	Accounts and notes payable	
Marketable securities	10	– to trade creditors	10
Accounts and notes receivable		– to others	20
– Trade receivables	100	Other current liabilities	
Inventories	24	– Deferred income	6
Non-current assets		**Long-term debt**	
Long-term investments	90	– Deferred credits	20
Property, plant and		**Stockholders' equity**	
equipment	110	Common stock	180
Intangible assets	40	Retained earnings	144
Total assets	**380**	**Total liabilities and stockholders' equity**	**380**

Für **selbst erstellte Patente** besteht nach US-GAAP ein Aktivierungswahlrecht, von dem die Gesellschaft, aufgrund der unterstellten Prämisse eines möglichst hohen Vermögensausweises, Gebrauch macht. Die Entwicklungskosten dürfen nach US-GAAP nicht aktiviert werden. Ansatz intangible assets: 40.

Die **sonstigen Verbindlichkeiten** (accounts and notes payable to others) in Höhe von 20 setzen sich aus den kurzfristigen Bankverbindlichkeiten (8) und den Steuerverbindlichkeiten (12) zusammen.

Bei **kurzfristigen Schulden** (other current liabilities) handelt es sich um eine passive transitorische Rechnungsabgrenzung für im Voraus erhaltene Miete (6). Sie beinhaltet eine wirtschaftliche Verpflichtung und ist unter den kurzfristigen Schulden als deferred income auszuweisen.

Die **Verpflichtung zur regelmäßigen Inspektion** (20) wird unter passiver antizipativer Rechnungsabgrenzung (deferred credits) verbucht. Aufgrund der Restlaufzeit von sieben Jahren handelt es sich um eine unsichere Verpflichtung.

Der **Vermögensausweis und die Passiva** sind nach US-GAAP größer als nach HGB, da im Vergleich zum HGB die Hälfte der Patentkosten aktiviert werden können. Im Vergleich zu IAS fällt die Bilanzsumme geringer aus, da die Entwicklungskosten voll in den Aufwand gehen.

Lösung zu Aufgabe 2.17 *Herstellungskosten nach HGB/IAS*

(1) Die Wertuntergrenze nach § 255 Abs. 2 HGB beinhaltet:

> Materialeinzelkosten
> + Einzelkosten der Fertigung
> + Sondereinzelkosten der Fertigung

> = **Wertuntergrenze nach HGB**
> + Gemeinkosten, die dem Fertigungsprozess direkt zugerechnet werden können

> = **Wertuntergrenze nach IAS** (= produktionsbezogener Vollkostenansatz)

(2)

Kostenarten	HGB	IAS
Pensionsrückstellungen für Meister der Fertigung	Aktivierungswahlrecht	Aktivierungspflicht, da produktionsbezogen
Abschreibungen auf Maschinen	Aktivierungswahlrecht	Aktivierungspflicht
Reisekosten des Vertreters	Aktivierungsverbot	Aktivierungsverbot
Forschungsaufwendungen	Aktivierungsverbot	Aktivierungsverbot
Entwicklungsaufwendungen	Aktivierungsverbot	**Aktivierungspflicht**, falls verlässlich ermittelbar und verwertbar
Bestecke für Kantine der Mitarbeiter der Lackiererei	Aktivierungswahlrecht	Aktivierungspflicht, da produktionsbezogen
Fremdkapitalzinsen für qualifying asset	Generelles Aktivierungsverbot für Fremdkapitalzinsen, Aktivierungswahlrecht falls objektbezogen	Aktivierungswahlrecht für qualifying asset

Lösung zu Aufgabe 2.18 *Herstellungskosten nach HGB/US-GAAP/IAS*
Ein Vergleich zwischen den Herstellungskosten nach HGB und US-GAAP ergibt folgende Übersicht:

Kostenarten	HGB	US-GAAP
Pensionsrückstellungen für Meister der Fertigung	Aktivierungswahlrecht	Aktivierungspflicht, da produktionsbezogen
Abschreibungen auf Maschinen	Aktivierungswahlrecht	Aktivierungspflicht
Reisekosten des Vertreters	Aktivierungsverbot	Aktivierungsverbot
Forschungsaufwendungen	Aktivierungsverbot	Aktivierungsverbot
Entwicklungsaufwendungen	Aktivierungsverbot	**Aktivierungsverbot**
Bestecke für Kantine der Mitarbeiter der Lackiererei	Aktivierungswahlrecht	Aktivierungspflicht, da produktionsbezogen
Fremdkapitalzinsen für qualifying asset	Generelles Aktivierungsverbot für Fremdkapitalzinsen, Aktivierungswahlrecht falls objektbezogen	**Aktivierungspflicht** für qualifying asset

Nach US-GAAP müssen Fremdkapitalzinsen für qualifying assets aktiviert werden. Nach IAS besteht ein Aktivierungswahlrecht. Forschungs- und Entwicklungskosten dürfen nach US-GAAP generell nicht aktiviert werden.

Lösung zu Aufgabe 2.19   *Immaterielle Vermögenswerte nach HGB/IAS/US-GAAP*

Vermögenswerte	HGB	IAS	US-GAAP
Selbst geschaffener Markennamen: FUZZY!	Aktivierungs-verbot	Aktivierungs-verbot	Aktivierungs-wahlrecht
Entgeltlich erworbene Kundenlisten der Konkurrenz	Aktivierungs-pflicht	Aktivierungs-pflicht	Aktivierungs-pflicht
Selbst geschaffene eigene Kundenlisten (Werbung mit »namhaften Kunden«)	Aktivierungs-verbot	Aktivierungs-verbot	Aktivierungs-verbot
Aufwendungen für Aus- und Weiterbildung	Aktivierungs-verbot	Aktivierungs-verbot	Aktivierungs-verbot
Gehaltszahlung an einen im Unternehmen ange-stellten Nobelpreisträger für Physik	Aktivierungs-verbot	Aktivierungs-verbot	Aktivierungs-verbot
Upgrade (z. B. Release-wechsel) einer selbst entwickelten Software	Aktivierungs-wahlrecht	Aktivierungs-pflicht	Aktivierungs-pflicht
Selbst geschaffene chemische Formel aus der Forschung und Entwicklung	Aktivierungs-verbot/ Aktivierungs-pflicht	Aktivierungs-pflicht	Aktivierungs-wahlrecht

Markenname FUZZY!:
- Aktivierungsverbot nach HGB, da selbst erstellt und nicht an Kunden veräußert werden soll.
- Aktivierungsverbot nach IAS 38.51, Wert außerdem nicht zuverlässig ermittelbar.
- Aktivierungswahlrecht nach US-GAAP für selbst erstellte identifizierbare assets (APB 17.24).

Kundenliste (entgeltlich erworben):
- Aktivierungspflicht nach HGB, da entgeltlich erworben.
- Aktivierungspflicht nach IAS, da Wert zuverlässig messbar.
- Aktivierungspflicht nach US-GAAP, wegen entgeltlichem Erwerb.

Selbst geschaffene Kundenliste:
- Aktivierungsverbot nach HGB, da nicht kundenorientiert verwendet und demnach im Anlagevermögen erfasst.
- Aktivierungsverbot nach IAS 38.51, Wert außerdem nicht zuverlässig ermittelbar.
- Aktivierungsverbot nach US-GAAP, Wert nicht messbar.

Aufwendungen für Aus- und Weiterbildung:
- Aktivierungsverbot nach HGB, da selbst erstellt und nicht kundenbezogen.
- Aktivierungsverbot nach IAS 38.57b und laufender Aufwand.
- Aktivierungsverbot nach US-GAAP, da Assetkriterien nicht erfüllt.

Gehaltszahlung für Nobelpreisträger:
- Aktivierungsverbot nach HGB, da laufender Aufwand und nicht kundenbezogen.
- Aktivierungsverbot nach IAS und US-GAAP, da laufender Aufwand und Vermögenswert nicht zuverlässig messbar.

Software-Upgrade:
- Aktivierungsfähig nach HGB, falls kundenbezogen.
- Aktivierungspflicht nach IAS, falls Bedingungen nach IAS 38.45 erfüllt sind.
- Aktivierungspflicht nach US-GAAP, falls Funktionalität verbessert.

Selbst geschaffene chemische Formel:
- Aktivierungsverbot nach HGB, falls nicht kundenbezogen bzw. Aktivierungspflicht, falls kundenbezogen.
- Aktivierungspflicht nach IAS, falls Bedingungen gemäß IAS 38.45 erfüllt werden.
- Aktivierungswahlrecht nach US-GAAP, da selbst erstellt und identifizierbar.

Lösung zu Aufgabe 2.20 *Goodwill nach IAS/HGB und US-GAAP*
Der Wert des Goodwill beträgt 1 Mio. €.

IAS:
Lineare Abschreibung wird vorrangig angewendet (Werte in €):

Anschaffungskosten zum 01. 08. 02:		1 000 000
Abschreibungen im Geschäftsjahr 02/03	./.	200 000
Goodwill zum 31. 07. 03		**800 000**
Abschreibungen im Geschäftsjahr 03/04	./.	200 000
Goodwill zum 31. 07. 04		**600 000**

HGB:
Handelsrechtlich sind mehrere Abschreibungsmethoden möglich:
- Von der Vollabschreibung im Zugangsjahr,
- über die Pauschalabschreibung, bis hin zur
- planmäßigen Abschreibung über die Nutzungsdauer.

Bei der **Vollabschreibung** im Zugangsjahr wird der Goodwill in Höhe von 1 Mio. € aktiviert und voll abgeschrieben. Zum 31. 07. 03 existiert der Goodwill nicht mehr.

Bei der **pauschalen Abschreibung** darf der Goodwill bis zu fünf Jahre im Jahresabschluss der Morsche AG erscheinen. Die Abschreibungsraten könnten z. B. wie folgt aussehen:

❶ in 02/03: 0,5 Mio. €, in 03/04: 0,25 Mio. € und in 04/05: 0,25 Mio. € oder
❷ in 02/03: 0, und in den folgenden vier Jahren jeweils 0,25 Mio. €.

Bei dem Verlauf der Abschreibungen nach ❶ entwickelt sich der Firmenwert wie folgt:

31. 07. 03:	**500 000 €**
31. 07. 04:	**250 000 €**

Bei dem Verlauf der Abschreibungen nach ❷ entwickelt sich der Firmenwert wie folgt:

31.07.03:	**1 000 000 €**
31.07.04:	**750 000 €**

Bei der **planmäßigen Abschreibung** über die fünfjährige Nutzungsdauer mit jeweils 200 000 € Abschreibungsvolumen je Geschäftsjahr lauten die entsprechenden Werte:

31.07.03:	**800 000 €**
31.07.04:	**600 000 €**

US-GAAP:

Nach FAS 142 ist seit 2001 keine planmäßige Abschreibung des Goodwill mehr möglich. Der Geschäftswert darf nur noch anhand eines jährlich durchzuführenden Impairment-Tests außerplanmäßig abgeschrieben werden. Dies eröffnet den Unternehmen deutlich mehr bilanziellen Gestaltungsspielraum als nach IAS und nach HGB.

Lösung zu Aufgabe 2.21 *Sachanlagevermögen nach IAS/HGB und US-GAAP*

Nach **US-GAAP** besteht für Sachanlagen, die weiter im Unternehmen betrieblich genutzt werden, ein Zuschreibungsverbot nach FAS 121.11. Die Restbuchwerte (in Mio. €) entwickeln sich wie folgt:

Geschäfts-jahre	Anschaffungs-kosten	Abschreibungen	Restbuchwerte
2000	20,0	− 2,0	18,0
2001		− 2,0	16,0
2002		− 5,0	11,0
2003		− 2,0	**9,0**

IAS:

Nach IAS 36.99 und IAS 36.102 darf der infolge einer Wertaufholung erhöhte Buchwert eines Vermögenswertes nicht den Buchwert übersteigen, der bestimmt worden wäre (abzüglich Abschreibungen), wenn in den früheren Jahren kein Wertminderungsaufwand erfasst worden wäre.

Geschäfts-jahre	Anschaffungs-kosten	Abschreibungen	Restbuchwerte
2000	20	− 2	18
2001		− 2	16
2002		− 5	11
2003		**+ 5** **− 2** ────── **− 2**	**(Korrekturen aus Vorjahr) 14** **12**

HGB:

Nach § 280 Abs. 1 HGB besteht für Kapitalgesellschaften (& CO) eine Zuschreibungspflicht bis höchstens zu den Anschaffungs- und Herstellungskosten. Der Betrag dieser Abschreibungen ist im Umfang der Werterhöhung unter Berücksichtigung der Abschreibungen, die inzwischen vorzunehmen gewesen wären, zuzuschreiben.

Geschäfts-jahre	Anschaffungs-kosten	Abschreibungen	Restbuchwerte
2000	20	− 2	18
2001		− 2	16
2002		− 5	11
2003		**+ 5** **− 2** − 2	**(Korrekturen aus Vorjahr)** 14 **12**

Die HGB-Restbuchwerte entsprechen denen nach IAS. Beide Werte sind höher als nach US-GAAP, da Zuschreibungen gebucht werden dürfen.

Lösung zu Aufgabe 2.22 *Nicht realisierte Gewinne bei Wertpapieren nach IAS/ US-GAAP und HGB*

IAS:

IAS 39.10 verlangt eine Einordnung der Wertpapiere nach

- trading,
- held-to-maturity (IAS 39.79 bis IAS 39.92) oder
- available-for-sale (IAS 39.21).

Entsprechend dem Sachverhalt handelt es sich um eine vorübergehende Anlage. Die Wertpapiere werden nicht bis zum Ende der Laufzeit gehalten (held-to-maturity). Somit entfällt die Kategorie held-to-maturity. Da der Sachverhalt keine näheren Angaben darüber enthält, ob mit den Wertpapieren gehandelt oder gar spekuliert werden soll, dient als Auffangbecken oder Restgröße die Kategorie »jederzeit veräußerbare Wertpapiere« (available-for-sale).

Available-for-sale-Wertpapiere sind unter den current assets (IAS 1.57) als current financial assets auszuweisen.

Sie sind nach IAS 39.69 mit dem fair value zu bewerten.

Die Zugangsbewertung hat zu Anschaffungskosten einschließlich Bankgebühren (Transaktionskosten) zu erfolgen (IAS 39.66). Dies sind 102 000 €.

Der fair value entspricht dem Börsenwert zum Bilanzstichtag 31. 12. 02: 200 000 €.

Der Bewertungsunterschied der Folgebewertung zwischen fair value und historischen Anschaffungskosten beträgt: 98 000 €. Zum Zeitpunkt des Erwerbs ist festzulegen, ob die Bewertungsdifferenz ergebniswirksam oder ergebnisneutral in eine Neubewertungsrücklage (revaluation reserve) gebucht werden soll (IAS 39.103b).

Wertsteigerungen von A-f-s-Wertpapieren über die Anschaffungskosten hinaus müssen nach IAS in eine Neubewertungsrücklage eingestellt werden. Sie dürfen nicht ergebniswirksam erfasst werden. Nach IAS werden somit nicht realisierte Gewinne in

Höhe von 98 000 € in die Neubewertungsrücklage eingestellt. Zum 31. 12. 02 sind die Wertpapiere mit 200 000 € anzusetzen.

US-GAAP:

Bei A-f-s-Wertpapieren findet nur eine erfolgsneutrale Bewertung statt. Ein Wahlrecht, wie nach IAS, gibt es nach US-GAAP nicht (FAS 115.13). Nicht realisierte Wertpapiergewinne dürfen nur im Rahmen der Trading-Wertpapiere ergebniswirksam verbucht werden. Insofern ergeben sich keine anderen Wertansätze als nach IAS. Der nicht realisierte Gewinn in Höhe von 98 000 € ist als »unrealized holding gain« im Rahmen der Gewinnrücklagen auszuweisen. Die Wertpapiere sind mit 200 000 € anzusetzen.

HGB:

Dem Sachverhalt entsprechend handelt es sich um Wertpapiere des Umlaufvermögens, die nicht dauernd dem Geschäftsbetrieb dienen (§ 247 Abs. 2 HGB).

Die Bewertung erfolgt zu Anschaffungskosten, zu denen auch die Nebenkosten zählen (§ 255 Abs. 1 HGB) und somit zu: 102 000 €.

Der nicht realisierte Gewinn in Höhe von 98 000 € darf gemäß dem Vorsichtsprinzip nach HGB nicht erfasst werden. Der Bilanzansatz der Wertpapiere zum 31. 12. 02 lautet somit unverändert auf 102 000 €. Es entsteht eine stille Reserve in Höhe von 98 000 €.

Lösung zu Aufgabe 2.23 *Fair value nach IAS/US-GAAP und Bewertung nach HGB*

(1) Bei den Wertpapieren handelt es sich um Gläubigerpapiere (debt securities). Die Wertpapiere werden nicht bis zur Endfälligkeit gehalten, sondern sollen bis dahin wieder veräußert werden. Es handelt sich um Available-for-sale-Wertpapiere (A-f-s-Wertpapiere).

(2) **IAS:**
Anschaffungskosten in 02: 100 000 €
31. 12. 02: Fair value 110 000 €
Erfolgsneutrale Rücklagenbildung über 10 000 €:

Konto Soll	€	Konto Haben	€
31. 12. 02:			
❶ A-f-s-Wertpapiere	10 000	Neubewertungsrücklage	10 000

31. 12. 03: Fair value 90 000 €
Auflösung der gebildeten Rücklage und erfolgswirksame Verrechnung des die Rücklagenbildung übersteigenden Verlusts, da es sich annahmegemäß um eine dauernde Wertminderung handelt (❷):

Konto Soll	€	Konto Haben	€
31. 12. 03:			
❷ Abschreibungen auf A-f-s-Wertpapiere (Loss on impairment)/	10 000	A-f-s-Wertpapiere	20 000
Neubewertungsrücklage	10 000		

31. 12. 04: Fair value 105 000 €

Erfolgswirksame Verrechnung von 10 000 € als Ertrag und 5 000 € als erfolgsneutrale Rücklagenbildung (❸):

Konto Soll	€	Konto Haben	€
31. 12. 04:			
❸ A-f-s-Wertpapiere	15 000	Sonstiger betrieblicher Ertrag (Finance gains)/ Neubewertungsrücklage	10 000 5 000

US-GAAP:

Die Buchungssätze ❶ und ❷ bleiben gleich. Nur Buchungssatz ❸ ändert sich: Bei Wertaufholungen ist in diesem Fall nur eine erfolgsneutrale Verbuchung über die Gewinnrücklagen (unrealized holding gain) möglich.

Konto Soll	€	Konto Haben	€
31. 12. 04:			
❸ A-f-s-Wertpapiere	15 000	Gewinnrücklagen (unrealized holding gain)	15 000

HGB:

Nach HGB dürfen die Anschaffungskosten gemäß dem Vorsichtsprinzip nicht überschritten werden. 31. 12. 02: Die Wertsteigerung von 100 000 € auf 110 000 € darf nicht verbucht werden. Es kommt zur Bildung einer stillen Reserve. 31. 12. 03: Nach dem für Verbindlichkeiten geltenden Höchstwertprinzip bzw. nach dem Imparitätsprinzip ist die Unterschreitung der Anschaffungskosten um 10 000 € als Aufwand zu verbuchen:

Konto Soll	€	Konto Haben	€
31. 12. 03:			
❸ Abschreibungen auf Wertpapiere des Umlaufvermögens	10 000	Wertpapiere des Umlaufvermögens	10 000

31. 12. 04: Die Werterhöhung auf 105 000 € ist nur bis zur Höhe der Anschaffungskosten (100 000 €) als Wertzuschreibung zu erfassen (§ 280 Abs. 2 HGB).

Lösung zu Aufgabe 2.24 *Vorratsbewertung nach US-GAAP (lower of cost or market)*

Der Nettoveräußerungserlös abzüglich der Gewinnspanne in Höhe von 10 % ergibt sich durch Verringerung des Ceiling-Wertes um 1/11 = (1/10 : 11/10).

(1) (in €)	Jahr 01	Jahr 02	Jahr 03	Jahr 04	Jahr 05
Anschaffungs-kosten	100	100	100	100	100
Wiederbeschaf-fungskosten	110	90	75	40	95
Nettoveräuße-rungserlös (**ceiling**)	99	88	77	77	110
Nettoveräuße-rungserlös (ohne Gewinn) (**floor**)	90	80	70	70	100
Wertansatz der Vorräte	100	88	75	70	100
(2) (in €)					
Beizubehaltende Anschaffungs-kosten	100	88	75	70	100

(1) Jahr 01: Unveränderter Wertansatz von 100 €, da die Wiederbeschaffungskosten höher sind als die historical cost.

Jahr 02: 88 € (Ceiling-Wert).

Jahr 03: Wiederbeschaffungskosten in Höhe von 75 €, da dieser zwischen floor und ceiling liegt.

Jahr 04: Ansatz des Floor-Werts, da die Wiederbeschaffungskosten unterhalb des Floor-Werts liegen.

Jahr 05: Unveränderter Wertansatz von 100 €, da der Nettoveräußerungserlös oberhalb der Anschaffungskosten liegt.

(2) Jahr 01: 100 €, da die Wiederbeschaffungskosten über den Anschaffungskosten liegen.

Jahr 02: 88 € (Ceiling-Wert).

Jahr 03: 75 €, da die Anschaffungskosten identisch mit den Wiederbeschaffungs-kosten sind.

Jahr 04: 70 €, da die Anschaffungskosten den Floor-Wert erreichen.

Jahr 05: 100 €, da der Nettoveräußerungserlös höher als die Anschaffungskosten sind.

Lösung zu Aufgabe 2.25 *Langfristfertigung im Rahmen der PoC-Methode*

Nach der Cost-to-cost-Methode wird der Grad der Fertigstellung ermittelt, indem die Istkosten verglichen werden mit den Gesamtkosten.

Ende 01 errechnen sich die Gesamtkosten wie folgt: Istkosten 01 + Plankosten 02 + 03 + 04 = 11 Mio. €. Fertigstellungsgrad Ende 01: 1/11 (Istkosten 01 zu Gesamtkosten).

Gewinn Ende 01: 1/11 von (16 ·/· 11) Mio. € = 454 545,45 €. Der geplante Gesamtge-winn steigt durch die Istkostensenkung von 4 auf 5 Mio. €.

Ende 02 betragen die Gesamtkosten: Istkosten per 02 + Plankosten 03 + 04 = 11 Mio. €. Fertigstellungsgrad Ende 02: 7/11 (Istkosten per 02 zu Gesamtkosten).

Gewinn per Ende 02: 7/11 von (16 ·/· 11) Mio. € = 3 181 818,18 €. Der Periodengewinn erreicht 3 181 818,18 ·/· 454 545,45 = 2 727 272,73 €. Der geplante Gesamtgewinn verbleibt bei 5 Mio. €.

Ende 03 erreichen die Gesamtkosten: Istkosten per 03 + Plankosten 04 = 12 Mio. €. Fertigstellungsgrad Ende 03: 10/12 (Istkosten per 03 zu Gesamtkosten).

Gewinn Ende 03: 10/12 von (16 ·/· 12) Mio. € = 3 333 333 €. Der Periodengewinn erreicht 3 333 333 ·/· 3 181 818,18 = 151 514,82 €. Der geplante Gesamtgewinn sinkt von 5 auf 4 Mio. €.

Ende 04 betragen die Gesamtkosten = Istkosten per 04 = 13 Mio. €. Fertigstellungsgrad Ende 04: 13/13 von (16 ·/· 13) Mio. € = 3 Mio. €. In der Periode entsteht ein Verlust in Höhe von 3 ·/· 3 333 333 = – 333 333 €. Der geplante Gesamtgewinn sinkt von 4 auf 3 Mio. €, da die Istkosten außerplanmäßig gestiegen sind.

Lösung zu Aufgabe 2.26 *Bewertung von Forderungen*

Forderungen aus Lieferungen und Leistungen sind nach IAS/US-GAAP zum Nominalwert und damit zum Rechnungspreis zu bewerten. Zweifelhafte Forderungen dürfen in Höhe des wahrscheinlichen Ausfalls einzelwertberichtigt werden. Übertrieben vorsichtige Bewertungen sind nicht erlaubt.

Pauschalwertberichtigungen sind nach IAS/US-GAAP nicht vorgesehen.

Forderungsbestand (brutto in T€)	200
·/· Einzelwertberichtigungen (25 % Abschreibung)	– 10
·/· Einzelwertberichtigungen (100 %)	– 10
Summe	180
·/· Pauschalwertberichtigung (0 %)	0
Fa.LL. (netto) nach IAS/US-GAAP	**180**

Die Forderungen aus Lieferungen und Leistungen sind nach IAS/US-GAAP mit 180 T€ anzusetzen anstatt mit 153 T€ nach HGB.

Lösung zu Aufgabe 2.27 *Bilanzierung von Rückstellungen*

Nach HGB ergibt sich folgende Ausgangslage (in Mio. €):

Rückstellung für Prozessrisiken	7
Rückstellung für ausstehende Rechnungen	3
Aufwandsrückstellungen	2
Rückstellung für Umstrukturierungen	1
Rückstellungen nach HGB	13

(1) Nach IAS darf für Prozessrisiken nur der wahrscheinlich zu zahlende Betrag angesetzt werden: 5 Mio. €.

(2) Für ausstehende Rechnungen dürfen nach HGB und IAS Rückstellungen gebildet werden.

(3) Das Risiko von Konjunktureinbrüchen darf weder nach HGB noch nach IAS als rückstellungsfähig eingestuft werden, da am Bilanzstichtag keine Verpflichtung besteht.

(4) Nach HGB gebuchte Aufwandsrückstellungen dürfen nach IAS nicht gebildet werden, da sie eine mögliche Verpflichtung gegen das Unternehmen selbst darstellen.
(5) Eine nach HGB gebildete Rückstellung für Umstrukturierung für die Versetzung
von vier Mitarbeitern an einen anderen Standort ist nach IAS nicht möglich, da
das Unternehmen sich faktisch dieser Verpflichtung entziehen kann.

Die Überleitungsrechnung (in Mio. €) von HGB nach IAS sieht wie folgt aus:

Rückstellung für Prozessrisiken	7	(5)
Rückstellung für ausstehende Rechnungen	3	(3)
Aufwandsrückstellungen	2	(0)
Rückstellung für Umstrukturierungen	1	(0)
Rückstellungen nach HGB/(IAS)	**13**	**(8)**

Die geschilderten Sachverhalte sind nach **US-GAAP** in gleicher Weise zu beurteilen. Der Umfang der Rückstellungsbildung verringert sich ebenfalls auf 8 Mio. €.

Lösung zu Aufgabe 2.28 *Bilanzierung eines Disagios*

(1) Pro Jahr sind nominell 10 % aus 100 000 € Zinsen zu zahlen. Dies sind 10 000 €
jährlich. Der Vorteil gegenüber der Marktverzinsung mit 13 % liegt bei 3 000 €.
Der Barwert dieser Ersparnis liegt nach fünf Jahren bei:
$3\,000 \cdot (1,13^5 - 1) / (0,13 \cdot 1,13^5) = 3\,000 \cdot 3,517231264 = 10\,551,69\ €$ = Disagio.
(2) **HGB:** Nach HGB kann das Disagio aktiviert und über insgesamt fünf Jahre abgeschrieben werden, wie folgende Buchungen für 01 zeigen:

Konto Soll	€	Konto Haben	€
❶ Bank	89 448,31	Verbindlichkeiten	100 000,–
Aktive		aus Anleihen	
Rechnungsabgrenzung	10 551,69		
❷ Abschreibungen auf	2 110,34	Aktive	2 110,34
Disagio		Rechnungsabgrenzung	

(3) **IAS/US-GAAP:** Nach internationalen Standards darf das Disagio nicht aktiviert
werden. Die Verbindlichkeit ist mittels der Effektivzinsmethode um das Disagio
abzuzinsen, entsprechend auszuweisen und über die Laufzeit von fünf Jahren bis
zum Nominalwert wieder zuzuschreiben.
Für **01** ergeben sich folgende Buchungen, wobei der Wert der Verbindlichkeiten schon entsprechend der Formel für den Zinsaufwand in 01 ermittelt wurde:
$0,13 \cdot 89\,448,31$ (Barwert der Verbindlichkeit) = 11 628,28 €. Die Differenz zum
Nominalzins von 10 000 in Höhe von 1 628,28 € entspricht der Wertzuschreibung
der Verbindlichkeit in 01 auf 91 076,59 €.

Konto Soll	€	Konto Haben	€
Bank	89 448,31	Verbindlichkeiten	91 076,59
Zinsaufwendungen	1 628,28	aus Anleihen (Bonds)	

Lösung zu Aufgabe 2.29 *Latente Steuern nach IAS*

Aufgrund der Sachverhaltsangabe, dass das Ergebnis vor Steuern 2000 Null beträgt, sind die Steuerlatenzen für die Jahre 2001 ff. zu ermitteln (in €).

Gewerbesteuer (GewSt)   BMG = Bemessungsgrundlage; VV = Verlustvortrag

BMG (VV)	Steuerliche BMG	Steuersatz in %	Steuer
	540 540	18,5	100 000
− 1 400 000			
+ 540 540	− 540 540	18,5	− 100 000
− 859 460	0		
+ 859 460	− 859 460	18,5	− **159 000** Aktive Steuerlatenz (deferred tax asset) für GewSt

Körperschaftsteuer (KSt)   BMG = Bemessungsgrundlage; VV = Verlustvortrag

Unter den Voraussetzungen von IAS 12.71 ist eine Saldierung von Steuerforderungen und -verbindlichkeiten möglich. Die bestehenden Steuerrückstellungen aus 1999 sind in Höhe von 300 000 € vollständig aufzulösen.

In Höhe von 219 250 € (159 000 + 60 250) ist eine aktive Steuerlatenz für 2001 zu bilden. Nach IAS 12.53 darf dieses Steuerguthaben nicht abgezinst werden.

BMG (VV)	Steuerliche BMG	Steuersatz in %	Steuer
	500 000 + 100 000 (Auflösung Rückstellung für GewSt)	40 40	200 000 40 000
	600 000		240 000
− 1 000 000			
+ 600 000	− 600 000	40	− 240 000
− 400 000	0		0
+ 400 000	− 400 000 + 159 000 (Berücksichti- gung GewSt bei KSt)	25 25	− 100 000 + 39 750
	− 241 000		− **60 250** Aktive Steuerlatenz (deferred tax asset) für KSt

Lösung zu Aufgabe 2.30 *Ermittlung des Erfolgs nach US-GAAP*

(1) Nach US-GAAP ist die GuV zum 31. 12. 02 nach dem Umsatzkostenverfahren zu erstellen (in Mio. €).
Herstellungskosten = Materialkosten (20) + Personalkosten der Produktion (25) + Abschreibungen (3) = 48.
80 % davon sind für verkaufte Produkte anzusetzen: 38,4.
Verwaltungskosten = Personalkosten (30) + Abschreibungen (1).
Kurssteigerungen von A-f-s-Wertpapieren dürfen nach US-GAAP im Gegensatz zu IAS nur erfolgsneutral über die Rücklagen gebucht werden (FAS 115.13).
Für betrieblich genutzte Sachanlagen besteht nach US-GAAP ein Zuschreibungsverbot (FAS 121.11).
Die GuV sieht wie folgt aus:

Income Statement der Speedy GmbH (US-GAAP)	
Operating section	Mio. €
1. Sales revenues	200
2. Sales returns	– 10
= **Net sales revenue**	**190**
3. Cost of goods sold	– 38,4
= **Gross profit/margin on sales**	**151,6**
4. Selling expenses	– 10
5. Administrative or general expenses	– 31
= **Income from operations**	**110,6**
Non-operating section	
6. Interest income	2
7. Interest expenses	– 1
8. Other gains	1
9. Other losses	– 10
10. Income taxes	– 25,7
= **Net income**	**76,9**

(2) Die Differenz zwischen dem comprehensive income und dem net income macht das other comprehensive income aus. Hierunter fallen die erfolgsneutralen Eigenkapitalveränderungen. Dies entspricht laut Aufgabenstellung den Kurssteigerungen der A-f-s-Wertpapiere in Höhe von 2 Mio. €.

Net income	76,9
+ A-f-s	2
= Comprehensive income	78,9

Lösung zu Aufgabe 2.31 *Negativer Unterschiedsbetrag nach HGB, IAS und US-GAAP*

HGB:

Es handelt sich nach § 309 i. V. m. § 301 Abs. 3 HGB um einen negativen Unterschiedsbetrag. Ob ein Badwill vorliegt, dessen Preisfindung für das TU sich an negativen Er-

tragsperspektiven orientiert, oder ob der Preis aufgrund eines klugen Verhandlungs-
geschicks zu Stande kam (Lucky Buy), gibt der Sachverhalt nicht her.

Zunächst sind die stillen Reserven entsprechend der Beteiligungsquote aufzudecken. Dies geschieht über eine Werterhöhung des Anlagevermögens bei gleichzeitiger Steigerung der Gewinnrücklagen (❶).

Konto Soll	Mio. €	Konto Haben	Mio. €
❶ Anlagevermögen	100	Gewinnrücklagen	100

Bei der Kapitalkonsolidierung sind die Anschaffungskosten in Höhe von 300 Mio. €
mit dem anteiligen neubewerteten Eigenkapital zu verrechnen. Der negative Unterschiedsbetrag in Höhe von 50 Mio. € ist zu erfassen (❷).

Konto Soll	Mio. €	Konto Haben	Mio. €
❷ Eigenkapital	350	Beteiligung/	300
		Negativer Unterschiedsbetrag	50

Unter Berücksichtigung der Summenbilanz sowie der Konsolidierungsbuchungen ❶
und ❷ ergibt sich folgende Konzernbilanz nach HGB (in Mio. €):

	Summenbilanz		Konsolidierung		Konzernbilanz	
Aktiva	Aktiva	Passiva	Soll	Haben	Aktiva	Passiva
Anlagevermögen	900		100		1 000	
Beteiligung	300			300		
Passiva						
Eigenkapital		450	350	100		200
Negativer Unter-						
schiedsbetrag				50		**50**
Fremdkapital		750				750
Summe	**1 200**	**1 200**	**450**	**450**	1 000	1 000

IAS:
Nach IAS 22.32 (Bevorzugte Methode) sind die Konsolidierungsbuchungen ❶ und ❷
nur mit dem Unterschied zu verbuchen, dass der negative Unterschiedsbetrag als
»negative goodwill« zu erfassen und vom Geschäfts- und Firmenwert auf der Aktivseite offen abzusetzen ist (IAS 22.64).

Aus ❷ wird:

Konto Soll	Mio. €	Konto Haben	Mio. €
❷ Eigenkapital	350	Beteiligung/	300
		Negative goodwill	50

Die Konzernbilanz nach IAS sieht demnach wie folgt aus (in Mio. €):

Aktiva	Summenbilanz		Konsolidierung		Konzernbilanz	
	Aktiva	Passiva	Soll	Haben	Aktiva	Passiva
Anlagevermögen	900		100		1 000	
Beteiligung	300			300		
Negative goodwill			– 50		– 50	
Passiva						
Eigenkapital		450	350	100		200
Fremdkapital		750				750
Summe	**1 200**	**1 200**	**400**	**400**	**950**	**950**

Die Konzernbilanzsumme geht im Vergleich zum HGB um 50 Mio. € zurück, da ein negativer Goodwill verbucht wird.

US-GAAP:
Wie nach HGB und IAS sind die stillen Reserven und Lasten für alle erworbenen und identifizierbaren Vermögenswerte und Schulden entsprechend der Beteiligungsquote aufzudecken. Ist das anteilige neubewertete Eigenkapital größer als die Anschaffungskosten der Beteiligung, müssen in Höhe dieser Differenz die nicht-monetären Vermögenswerte des Anlage- und Umlaufvermögens abgestockt werden. Bleibt ein aktiver Unterschiedsbetrag übrig, so ist dieser als Geschäfts- oder Firmenwert zu aktivieren.
Buchung ❶ bleibt unverändert. Aus ❷ wird:

Konto Soll	Mio. €	Konto Haben	Mio. €
❷ Eigenkapital	350	Beteiligung/	300
		Negativer Unterschiedsbetrag	50

Das nicht-monetäre Vermögen ist in Höhe des negativen Unterschiedsbetrags abzustocken (❸).

Konto Soll	Mio. €	Konto Haben	Mio. €
❸ Negativer Unterschiedsbetrag	50	Anlagevermögen	50

Die Konzernbilanz nach US-GAAP sieht demnach wie folgt aus (in Mio. €):

Aktiva	Summenbilanz		Konsolidierung		Konzernbilanz	
	Aktiva	Passiva	Soll	Haben	Aktiva	Passiva
Anlagevermögen	900		100	50	**950**	
Beteiligung	300			300		
Passiva						
Eigenkapital		450	350	100		200
Fremdkapital		750				750
Negativer Unterschiedsbetrag			50	50		
Summe	**1 200**	**1 200**	**500**	**500**	**950**	**950**

Die Bilanzsumme nach US-GAAP ist identisch mit der nach IAS. Der negative Unterschiedsbetrag entfällt. Der Wert des Anlagevermögens wird dementsprechend verringert.

Lösung zu Aufgabe 2.32 *Pooling of interests-Methode*

Bei der Pooling of interest-Methode (PoI-Methode) darf der Beteiligungsbuchwert nur gegen das gezeichnete Kapital aufgerechnet werden. Stille Reserven und Lasten werden nicht aufgedeckt. Ein sich ergebender aktivischer Unterschiedsbetrag ist von den Konzernrücklagen abzuziehen, ein passivischer Unterschiedsbetrag ist hinzuzurechnen (§ 302 Abs. 2 HGB).

Der Beteiligungsbuchwert von MU in Höhe von 200 Mio. € ist mit dem gezeichneten Kapital von TU in Höhe von 150 Mio. € zu verrechnen. Der entstehende Goodwill von 50 Mio. € verringert die Konzernrücklagen entsprechend.

Die Konsolidierungsbuchung lautet wie folgt:

Konto Soll	Mio. €	Konto Haben	Mio. €
Gezeichnetes Kapital	150	Beteiligung	200
Rücklagen (Goodwill)	50		

Es entsteht folgende Konzernbilanz (in Mio. €):

	Summenbilanz		Konsolidierung		Konzernbilanz	
Aktiva	Aktiva	Passiva	Soll	Haben	Aktiva	Passiva
Sachanlagen	700				700	
Beteiligung	200			200		
Umlauf-vermögen	800				800	
Passiva						
Gezeichnetes Kapital		250	**150**			100
Rücklagen		350	**50**			300
Jahresüber-schuss		150				150
Fremdkapital		950				950
Summe	**1 700**	**1 700**	**200**	**200**	**1 500**	**1 500**

Die PoI-Methode darf seit 2001 nur noch nach IAS und HGB angewendet werden. Die Technik der PoI-Methode entspricht nach IAS 22.77 bis IAS 22.83 der nach § 302 HGB anzuwendenden Methode. Seit FAS 141 ist die Kapitalkonsolidierung nur noch nach der Erwerbsmethode durchzuführen (single-method approach).

Lösung zu Aufgabe 2.33 *Statement of changes in equity*

Gemäß der Schilderung des Sachverhalts ergibt sich folgende Eigenkapitalveränderungsrechnung nach IAS:

Statement of Changes in Equity zum 31.12.02 (in T€)					
	Share capital	Share premium	Revaluation reserve	Translation reserve	Accumulated profit	Total
31.12.01	1 000	100	500	100	2 000	3 700
Zugänge	100	200	100	–	200	600
Abgänge	–	–	– 50	– 100	– 50	– 200
31.12.02	1 100	300	550	–	2 150	4 100

Lösung zu Aufgabe 2.34 *Cash flow statement*

	T€
Periodenergebnis	270 473
(Net result)	
Abschreibungen	132 652
(Write-downs oder depreciation)	
Zunahme der Rückstellungen	361 469
(Increase in accruals)	
Abnahme der Vorräte und Forderungen	– 219 894
(Decrease of inventories and trade receivables)	
Cashflow aus laufender Geschäftstätigkeit	**544 700**
(Cash flows from operating activities)	
Einzahlungen aus Abgängen von Gegenständen des Anlagevermögens	22 557
(Proceeds from disposals of non-current assets)	
Auszahlungen für Investitionen in das Anlagevermögen	– 305 760
(Purchase of non-current assets)	
Cashflow aus der Investitionstätigkeit	**– 283 203**
(Cash flows from investing activities)	
Auszahlungen an Gesellschafter	– 26 395
(Cash payments to owners/shareholders)	
Einzahlungen aus der Aufnahme von Krediten	37 245
(Cash proceeds from loans)	
Auszahlungen für die Tilgung von Krediten	– 10 300
(Cash repayments of loans)	
Cashflow aus der Finanzierungstätigkeit	**550**
(Cash flows from financing activities)	

Lösung zu Aufgabe 2.35 *Segmentberichterstattung*

(1) Nach IAS 14.35, FAS 131.18 und DRS 3.15 ist ein so genannter 10 %-Test durchzuführen, aus dem sich eine externe Berichtspflicht ergibt, falls gemessen an den Gesamtwerten der Anteil der jeweiligen Spartenwerte im Einzelfall 10 % überschreitet. Somit ergibt sich eine Berichtspflicht für die 11er-, 12er- und 13er-Reihe. Für das Segment Turbo GTIII folgt die Informationspflicht aus dem relativ hohen Gewinnanteil.

(2) Nicht berichtspflichtige Segmente können unter einem Restposten zusammengefasst werden, sofern die Klarheit und Übersichtlichkeit der Segmentberichterstattung dadurch nicht beeinträchtigt wird (z. B. DRS 3.16). Gemäß Sachverhalt könnte die Fahrzeug AG freiwillig über die Sparte Superpremium berichten.

Lösung zu Aufgabe 2.36 *Zwischenberichterstattung*

Für ein Listing der Porsche-Vorzugsaktie an der New Yorker Börse muss das Unternehmen seine Konzernberichterstattung von HGB auf US-GAAP umstellen. Nach APB 28, FAS 3 und FIN 18 ist eine vierteljährliche Zwischenberichterstattung vorgeschrieben. Da sich Porsche zur Zeit des Statements von Wendelin Wiedeking noch in der Prüfungsphase des Vorhabens befand, ist zu vermuten, dass nach näherer Prüfung Porsche nur dann seine Aktien in New York listen darf, wenn es auch eine Quartalsberichterstattung vornimmt. Dies allerdings könnte das Projekt zum Scheitern verdammen.

Lösung zu Aufgabe 2.37 *Permanente Konflikte zwischen IAS/US-GAAP und HGB*

Selbst erstellte immaterielle Vermögenswerte:
Nach IAS 38 sind selbst erstellte immaterielle Vermögenswerte zu aktivieren, wenn dem Unternehmen wahrscheinlich ein künftiger wirtschaftlicher Nutzen zufließt, der dem Vermögenswert zugerechnet werden kann. Die Kosten des Vermögenswertes müssen dabei verlässlich zu ermitteln sein. Nach § 248 Abs. 2 HGB besteht für immaterielle Vermögensgegenstände des Anlagevermögens ein generelles Aktivierungsverbot, das mit der Dominanz des Vorsichtsprinzips zu begründen ist. Gemäß APB 17 gilt für selbst erstellte nicht identifizierbare assets ein Aktivierungsverbot. Für identifizierbare assets, wie z. B. Patente, besteht ein Aktivierungswahlrecht. Für diesen Fall besteht beim Verzicht auf die Aktivierung nach US-GAAP kein permanenter Konflikt zum HGB.

Langfristfertigung:
Nach IAS 11.22 ist bei der Bilanzierung für die am Bilanzstichtag noch nicht abgeschlossenen Produktions- und Dienstleistungsaufträge die stage of completion method anzuwenden. Sie entspricht im Wesentlichen der percentage-of-completion method nach US-GAAP. Auftragserlöse und Auftragsaufwendungen sind bei diesen beiden Methoden nach dem Leistungsfortschritt zu erfassen, mit der Folge, dass die anteiligen Gewinne schon vor der Fertigstellung verbucht werden. Nach HGB dürfen Umsätze und Gewinne erst erfasst werden, wenn sie realisiert sind (so genannte completed-contract method). Dabei reicht es nach IAS und US-GAAP aus, wenn die Gewinne verlässlich geschätzt werden können. Nach US-GAAP besteht die Möglichkeit, die Completed-contract-Methode anzuwenden, wenn die Schätzannahmen unsicher sind.

Aktivierung von Verlustvorträgen:
Erwartete zukünftige Steuerentlastungen aus einem Verlustvortrag werden nach IAS und US-GAAP als Vermögensgegenstand interpretiert. Auf noch nicht genutzte steuerliche Verlustvorträge und noch nicht genutzte Steuergutschriften sind aktive latente Steuern abzugrenzen. Sie erhöhen das IAS/US-GAAP-Ergebnis. Nach HGB besteht aufgrund des geltenden Vorsichtsprinzips ein Ansatzverbot für latente Steuern auf Verlustvorträge.

Nicht realisierte Gewinne aus Wertpapiergeschäften:
Nach IAS 39.103a und FAS 115.16 sind nicht realisierte Gewinne aus Geschäften mit Trading-Wertpapieren erfolgswirksam zu verbuchen. Dies erlaubt auch einen Wertansatz über den Anschaffungskosten. Nach HGB und dem dort im Mittelpunkt der Betrachtungen stehenden Vorsichtsprinzip und Imparitätsprinzip dürfen nicht realisierte Gewinne aus Wertpapiergeschäften nicht erfolgswirksam verbucht werden. Ein Wertansatz oberhalb der Anschaffungskosten ist nicht möglich.

Bilanzierung eigener Anteile:
Nach IAS 32.8 i. V. m. SIC 16.4 sowie nach ARB 43 Chapter 1 Section A sind eigene Aktien nicht als eigenständige Vermögenswerte zu aktivieren, sondern offen vom Eigenkapital abzusetzen. Eine Ausnahme gilt nach IAS für Belegschaftsaktien, die wie nach HGB aktivierungsfähig sind.
Nach §§ 265 Abs. 3 Satz 2, 266 Abs. 2 HGB sind eigene Anteile als Wertpapiere auf der Aktivseite auszuweisen und gleichzeitig unter den Gewinnrücklagen als Rücklage für eigene Anteile aufzuführen.

Bewertung der sonstigen Rückstellungen sowie der Pensionsrückstellungen:
Bei der Bewertung sonstiger Rückstellungen ist nach IAS 37.39 bei gleichwahrscheinlichen Rückstellungswerten der wahrscheinlichste und nicht der höchste Wert anzusetzen. Der wahrscheinlichste Wert ergibt sich in diesem Fall als Durchschnittswert der bewerteten Einzelrisiken. Nach FIN 14.3 ist der niedrigste Wert zu passivieren. Gemäß § 252 Abs. 1 Nr. 4 HGB ist aufgrund des geltenden Vorsichtsprinzips mit höheren Wertansätzen zu rechnen. Langfristige Rückstellungen sind nach IAS und US-GAAP abzuzinsen. Nach HGB gilt dies nur, wenn die Rückstellung einen Zinsanteil enthält, wie z. B. bei Pensionsrückstellungen.

Die Bewertung der Pensionsrückstellungen ist nach IAS 19.64 und FAS 87.39 gemäß dem Anwartschaftsbarwertverfahren (projected unit credit method) durchzuführen. Das handelsrechtliche Teilwertverfahren nach § 6a EStG ist stichtagsbezogen und berücksichtigt weniger zukunftsbezogene Einflussfaktoren.

Konsolidierung bei abweichenden Tätigkeiten:
Abweichende Geschäftstätigkeiten begründen nach IAS 27.14 (explizit) und nach US-GAAP kein Einbeziehungsverbot in einen Konzernabschluss. Nach § 295 Abs. 1 HGB dürfen Tochterunternehmen mit abweichender Geschäftstätigkeit nicht konsolidiert werden. Von diesem Konsolidierungsverbot nach HGB wird allerdings in der Praxis wenig Gebrauch gemacht.

Ausweis und Auflösung eines passivischen Unterschiedsbetrags aus der Kapitalkonsolidierung:
Nach IAS 22.64 ist ein negativer Unterschiedsbetrag vom Goodwill auf der Aktivseite offen abzusetzen. Nach § 301 Abs. 3 HGB ist ein negativer Unterschiedsbetrag auf der Passivseite der Bilanz auszuweisen. Nach APB 16.91 verringert ein negativer Unterschiedsbetrag anteilig den Zeitwert der übernommenen non-current assets mit Ausnahme der börsennotierten Wertpapiere des Anlagevermögens.

Nach HGB ist ein Badwill oder Lucky Buy nicht planmäßig über die Nutzungsdauer ertragswirksam zu realisieren. Beim Lucky Buy erfolgt die Verbuchung der Ertragswirksamkeit zum Bilanzstichtag, beim Badwill erst, wenn die schlechte Geschäftsentwicklung eingetreten ist (§ 309 Abs. 2 Nr. 1 und 2 HGB).

Nach IAS 22.61 f. ist ein negativer Unterschiedsbetrag ertragswirksam aufzulösen, wenn die künftigen Verluste oder Aufwendungen entstehen. Dies entspricht der Variante Badwill nach HGB. Weichen die geplanten zukünftigen Verluste oder Aufwendungen von dem Wert bei der Erfassung des negativen Unterschiedsbetrags ab, so sind diese planmäßig über die gewichtete, durchschnittliche Nutzungsdauer der abzuschreibenden Vermögenswerte der Beteiligung ertragswirksam zu verbuchen.

Nach US-GAAP ist im Gegensatz zu IAS und HGB der negative Unterschiedsbetrag generell über die Nutzungsdauer aufzulösen.

Lösungen zum 3. Hauptteil: Internationales Steuerrecht

Lösung zu Aufgabe 3.01 *Anrechnungs- und Abzugsmethode*

(1) **Anrechnungsmethode:**

	€
Inländische Einkünfte	10 000
+ Ausländische Einkünfte (aus Nicht-DBA-Staat)	20 000
= Summe der Einkünfte	30 000
·/· Sonderausgaben	8 000
= zu versteuerndes Einkommen	22 000

Einkommensteuer 2002 lt. Grundtabelle	3 831

Anteiliger Höchstbetrag: $\dfrac{3\,831 \cdot 20\,000}{30\,000} = 2\,554$

·/· anrechenbar höchstens	2 554
= verbleibende deutsche Einkommensteuer	1 277

(2) **Abzugsmethode:**

	€
Inländische Einkünfte	10 000
+ Ausländische Einkünfte (aus Nicht-DBA-Staat)	20 000
·/· Ausländische Steuer	10 000
= Summe der Einkünfte	20 000
·/· Sonderausgaben	8 000
= zu versteuerndes Einkommen	12 000

Einkommensteuer 2002 lt. Grundtabelle	1 095

Lösung zu Aufgabe 3.02 *Einkünfte aus mehreren ausländischen Staaten*

(1) **Anrechnungsmethode:**

	€
Inländische Einkünfte	100 000
+ Ausländische Einkünfte (aus Nicht-DBA-Staat A)	20 000
+ Ausländische Einkünfte (aus Nicht-DBA-Staat B)	10 000
= Summe der Einkünfte	130 000
·/· Sonderausgaben	6 000
= zu versteuerndes Einkommen	124 000

Einkommensteuer 2002 lt. Grundtabelle	50 268

Anteiliger Höchstbetrag Staat A: $\dfrac{50\,268 \cdot 20\,000}{130\,000} = 7\,734$

·/· anrechenbar aus Staat A höchstens	7 734

Anteiliger Höchstbetrag Staat B: $\dfrac{50\,268 \cdot 10\,000}{130\,000} = 3\,867$	

·/· anrechenbar aus Staat B höchstens (ohne Übertragungsmöglichkeit des nicht ausgenutzten Teils auf Anrechnung bei Staat A)	2 000
= verbleibende deutsche Einkommensteuer	40 534

(2) **Abzugsmethode:**

	€
Inländische Einkünfte	100 000
+ Ausländische Einkünfte (aus Nicht-DBA-Staat A)	20 000
·/· Ausländische Steuer Staat A	10 000
+ Ausländische Einkünfte (aus Nicht-DBA-Staat B)	10 000
·/· Ausländische Steuer Staat B	2 000
= Summe der Einkünfte	118 000
·/· Sonderausgaben	6 000
= zu versteuerndes Einkommen	112 000

Einkommensteuer 2002 lt. Grundtabelle	44 454

Lösung zu Aufgabe 3.03 *Negative ausländische Einkünfte*

(1) Die negativen Einkünfte aus der ausländischen dem Fremdenverkehr dienenden Betriebsstätte erfüllen den Tatbestand des § 2a Abs. 1 Nr. 2 EStG. Dem Fremdenverkehr dienende Anlagen sind nach § 2a Abs. 2 EStG von der Anwendung des § 2a Abs. 1 EStG nicht ausgenommen.

Die positiven Einkünfte aus dem Veräußerungsgewinn der inländischen GmbH fallen unter § 2a Abs. 1 Nr. 7 Buchstabe c i. V. m. Abs. 1 Nr. 2 EStG. Sie können deshalb zum Ausgleich der negativen Einkünfte aus der eigengewerblichen ausländischen Betriebsstätte herangezogen werden (H 5 EStH).
Nach § 2a Abs. 1 Satz 5 EStG sind die verbleibenden negativen Einkünfte (hier ·/· 35 000 + 20 000 = ·/· 15 000) gesondert festzustellen.

(2) Der Gewinn aus der Veräußerung der ausländischen Betriebsstätte in Höhe von 10 000 € wird mit dem vorgetragenen Verlust in Höhe von 15 000 € verrechnet. Das verbleibende vorzutragende Verlustverrechnungsvolumen von 5 000 € geht verloren, es sei denn, D engagiert sich nochmals mit einer Betriebsstätte im Staat A, die Gewinne abwirft.

Lösung zu Aufgabe 3.04 *Anrechnungs- und Abzugsmethode bei der Körperschaftsteuer*

(1) **Anrechnungsmethode:**

	€
Inländische Einkünfte	150 000
+ Ausländische Einkünfte (aus Nicht-DBA-Staat)	100 000
= Summe der Einkünfte	250 000
·/· Verlustabzug aus anderen VZ	200 000
= zu versteuerndes Einkommen	50 000

Körperschaftsteuer 25 %	12 500

$$\text{Anteiliger Höchstbetrag:} \quad \frac{12\,500 \cdot 100\,000}{250\,000} = 5\,000$$

·/· anrechenbar höchstens	5 000
= verbleibende deutsche Körperschaftsteuer	7 500

(2) **Abzugsmethode:**

	€
Inländische Einkünfte	150 000
+ Ausländische Einkünfte (aus Nicht-DBA-Staat)	100 000
·/· Ausländische Steuer	30 000
= Summe der Einkünfte	220 000
·/· Verlustabzug aus anderen VZ	200 000
= zu versteuerndes Einkommen	20 000

deutsche Körperschaftsteuer 25 %	5 000

In diesem Fall ist die Abzugsmethode günstiger als die Anrechnungsmethode, weil die Anrechnung infolge des Verlustabzugs relativ gering ausfällt.

Lösung zu Aufgabe 3.05 *Ausländische Dividenden*

Die mit den steuerfreien ausländischen Dividenden (§ 8b Abs. 1 KStG) zusammenhängenden Aufwendungen dürfen abgezogen werden (sie sind bereits beim Jahresergebnis vor Steuern mit enthalten). 5 % der ausländischen Dividende werden als nichtabziehbare Betriebsausgabe behandelt (§ 8b Abs. 5 KStG).

	€
Jahresergebnis vor Steuern	120 000
·/· Ausländische Dividende (aus Nicht-DBA-Staat)	120 000
+ Nichtabziehbare Betriebsausgaben (§ 8b Abs. 5 KStG) = 5 % von 100 000	6 000
= Zwischensumme	6 000
·/· Gewerbesteuer bei Hebesatz von 400 % und 5/6-Methode (R 20 Abs. 2 EStR)	1 000
= Bemessungsgrundlage KSt	5 000

Körperschaftsteuer (§ 23 KStG) 25 %	1 250

Lösung zu Aufgabe 3.06 *Inländischer Vertreter*

(1) N hat seinen Wohnsitz im Ausland und fällt daher unter die beschränkte Steuerpflicht (§ 1 Abs. 4 EStG), falls er inländische Einkünfte im Sinne des § 49 EStG erzielt. Mit dem Verkaufsgewinn in 01 sind zwar gewerbliche Einkünfte von 50 000 € gegeben, aber die Voraussetzung des § 49 Abs. 1 Nr. 2 Buchstabe a EStG

– einer im Inland gelegenen Betriebsstätte oder
– eines ständigen Vertreters

ist nicht erfüllt.

Da auch keine andere Vorschrift des § 49 EStG greift, unterliegt der Gewinn des Jahres 01 nicht der deutschen Besteuerung.

(2) Im Jahr darauf hat N einen ständigen inländischen Vertreter, weshalb die Voraussetzungen der beschränkten Steuerpflicht nach § 1 Abs. 4 EStG i. V. m. § 49 Abs. 1 Nr. 2 Buchstabe a EStG erfüllt sind.

Die Voraussetzungen des § 50 Abs. 5 EStG für das Abzugsverfahren sind nicht gegeben, so dass eine Einkommensteuerveranlagung zu erfolgen hat.

Es greifen aber die Sondervorschriften des § 50 EStG für beschränkt Steuerpflichtige, d. h. keine Anwendung des Splittingverfahrens, sondern der Grundtabelle, kein Abzug von Sonderausgaben o. Ä. Die im Zusammenhang mit den Umsatzerlösen stehenden Aufwendungen sind als Betriebsausgaben abzugsfähig.

	€
Inländische Umsatzerlöse	400 000
·/· damit zusammenhängende Betriebsausgaben	250 000
= inländische Einkünfte	150 000
= zu versteuerndes Einkommen	150 000

Einkommensteuer 2002 lt. Grundtabelle	62 875

Mindeststeuer 25 % gem. § 50 Abs. 3 Satz 2 EStG: 37 500 €
Es ist der höhere Betrag, also 62 875 €, der Einkommensteuer zu unterwerfen.

Lösung zu Aufgabe 3.07 *Inländische Betriebsstätte*

(1) N hat seinen Wohnsitz im Ausland und fällt daher unter die beschränkte Steuerpflicht (§ 1 Abs. 4 EStG), falls er inländische Einkünfte im Sinne des § 49 EStG erzielt.

Die Gewinnanteile an der inländischen KG stellen Einkünfte im Sinne des § 49 Abs. 1 Nr. 2 Buchstabe a EStG i. V. m. § 15 Abs. 1 Nr. 2 EStG dar.

Die Besteuerung erfolgt durch eine Einkommensteuerveranlagung unter Beachtung der Sondervorschriften des § 50 EStG für beschränkt Steuerpflichtige.

	€
Inländische Einkünfte	20 000
= zu versteuerndes Einkommen	20 000

Einkommensteuer 2002 lt. Grundtabelle	3 235

Mindeststeuer 25 % gem. § 50 Abs. 3 Satz 2 EStG: 5 000 €
Es ist der höhere Betrag, also 5 000 €, der Einkommensteuer zu unterwerfen.

(2) Der stille Gesellschafter ist bei der typischen stillen Gesellschaft nicht als Mitunternehmer im Sinne des § 15 Abs. 1 Nr. 2 EStG anzusehen, sondern er hat wirtschaftlich die Stellung eines Darlehensgebers.

Deshalb erzielt N mit seinem Gewinnanteil (§ 231 HGB) keine Einkünfte aus Gewerbebetrieb, sondern Einkünfte aus Kapitalvermögen nach § 20 Abs. 1 Nr. 4 EStG. Mit diesen Einkünften ist N beschränkt steuerpflichtig nach § 49 Abs. 1 Nr. 5 Buchstabe a EStG, da der Schuldner der Vergütung seine Geschäftsleitung im Inland hat (BFH BStBl II 1982, 374).

Der inländische Schuldner dieser Einkünfte (hier die KG) hat die darauf entfallende Kapitalertragsteuer einzubehalten und an das für sie zuständige Finanzamt abzuführen (§ 43 Abs. 1 Nr. 3 EStG). Die Kapitalertragsteuer beträgt nach § 43a Abs. 1 Nr. 1 Halbsatz 1 EStG 20 %, wenn der Gläubiger (hier N) sie übernimmt (also 4 000 €); N erhält in diesem Fall von der KG nur 80 % ausbezahlt (16 000 €). Der Kapitalertragsteuerabzug hat Abgeltungswirkung.

Lösung zu Aufgabe 3.08 *Veräußerung von Vermögen*

(1) Die Veräußerung unbeweglichen Vermögens besteuert nach Art. 13 Abs. 1 OECD-MA der Belegenheitsstaat des Grundstücks nach seinen nationalen Regeln.

(2) Im umgekehrten Fall steht nach Art. 13 Abs. 1 OECD-MA Deutschland das Besteuerungsrecht zu. Zwar wird man Kauf und Verkauf des gedachten Betriebsstättengrundstücks dem Betriebsvermögen des ausländischen Einzelunternehmers zurechnen müssen, aber mangels einer Betriebsstätte werden im Ausland gegebene Besteuerungsmerkmale außer Betracht bleiben (isolierende Betrachtungsweise nach § 49 Abs. 2 EStG) und deshalb anstatt gewerblicher Einkünfte (§ 49 Abs. 1 Nr. 2 Buchstabe a EStG) sonstige Einkünfte nach § 49 Abs. 1 Nr. 8 EStG i. V. m. § 22 Nr. 2 und § 23 Abs. 1 Nr. 1 EStG (private Veräußerungsgeschäfte) anzunehmen sein.

Die Besteuerung erfolgt durch eine Einkommensteuerveranlagung unter Beachtung der Sondervorschriften des § 50 EStG für beschränkt Steuerpflichtige.

Lösung zu Aufgabe 3.09 *Einkünfte aus unselbständiger Tätigkeit*

(1) Der Tätigkeitsstaat hat kein Besteuerungsrecht für den Arbeitslohn. Die 183-Tage-Frist ist für jedes Steuerjahr getrennt zu ermitteln. Maßgeblich ist das **Steuerjahr des Tätigkeitsstaates**. Da das Steuerjahr 01/02 in dem DBA-Staat am 05.04.02 endet, ist A weder im Steuerjahr 01/02 noch im Steuerjahr 02/03 länger als 183 Tage in diesem Staat. Da der Arbeitslohn vom deutschen Arbeitgeber getragen wird und nicht zu Lasten einer ausländischen Betriebsstätte des Arbeitgebers geht, bleibt das Besteuerungsrecht bei Deutschland (Art. 15 Abs. 2 OECD-MA; BMF BStBl I 1994, 11 Tz 5.3).

(2) Das Besteuerungsrecht für den Arbeitslohn hat der DBA-Staat (Ausland). A ist zwar weniger als 183 Tage im Ausland tätig, da der Arbeitslohn aber zu Lasten einer ausländischen Betriebsstätte des Arbeitgebers geht, bleibt das Besteuerungsrecht der Bundesrepublik Deutschland nicht erhalten (Art. 15 Abs. 2 OECD-MA). Der DBA-Staat kann daher als Tätigkeitsstaat den Arbeitslohn besteuern.

Die Bundesrepublik Deutschland stellt die Einkünfte unter Progressionsvorbehalt frei (Art. 23A Abs. 1 und 3 OECD-MA; BMF BStBl I 1994, 11 Tz 5.4).

Lösung zu Aufgabe 3.10 *Progressionsvorbehalt*

		€
(1)	Zu versteuerndes Einkommen	100 000
	+ Befreite ausländische Einkünfte (aus DBA-Staat)	100 000
	= für die Berechnung des Steuersatzes maßgebendes zu versteuerndes Einkommen (Steuersatzeinkommen)	200 000
	Einkommensteuer 2002 lt. Grundtabelle	87 127
	durchschnittlicher Steuersatz (bezogen auf 200 000 €) 43,563 %	
	Anwendung auf zu versteuerndes Einkommen ergibt Steuer in Höhe von (100 000 · 43,563 %)	43 563

Zum Vergleich: bei einem zu versteuernden Einkommen
von 100 000 € **ohne Progressionsvorbehalt** ergäbe sich
eine Einkommensteuer 2002 lt. Grundtabelle   38 623
Mehrsteuer infolge Progressionsvorbehalt   4 940

	€
(2) Zu versteuerndes Einkommen	100 000
./. Befreite ausländische Einkünfte (aus DBA-Staat)	100 000
= für die Berechnung des Steuersatzes maßgebendes zu versteuerndes Einkommen (Steuersatzeinkommen)	0

Einkommensteuer 2002 lt. Grundtabelle   0
durchschnittlicher Steuersatz (bezogen auf 100 000 €) 0,00 %
Anwendung auf zu versteuerndes Einkommen ergibt
Steuer in Höhe von (100 000 · 0,00 %)   0

Zum Vergleich: bei einem zu versteuernden Einkommen
von 100 000 € **ohne Progressionsvorbehalt** ergäbe sich
eine Einkommensteuer 2002 lt. Grundtabelle   38 623
Mindersteuer infolge Progressionsvorbehalt   38 623

Dieses Ergebnis mag vielleicht überraschen, aber bei einem Steuersatzeinkommen von 0 % fällt keine Steuer an; dies entspricht auch dem Prinzip der Besteuerung nach der Leistungsfähigkeit.

Lösung zu Aufgabe 3.11   *Überführung von Wirtschaftsgütern in ausländische Betriebsstätte*

(1) Es handelt sich bei der Rezeptur für die Herstellung eines kombinierten Dünge- und Pflanzenschutzmittels im Obstanbau um ein selbst erstelltes immaterielles Anlagegut. Nach § 248 Abs. 2 HGB dürfen immaterielle Vermögensgegenstände des Anlagevermögens, die nicht entgeltlich erworben wurden, nicht aktiviert werden. Die angefallenen Forschungs- und Entwicklungskosten sind deshalb Betriebsausgaben desjenigen Jahres, in dem sie angefallen sind.

(2) Bei selbstgeschaffenen immateriellen Wirtschaftsgütern liegt eine Überführung in die ausländische Betriebsstätte vor, soweit sie zur Nutzung oder Verwertung durch die Betriebsstätte bestimmt sind (Tz 2.6.1.c Betriebsstättenerlass).

Durch die Überführung in eine ausländische Betriebsstätte, deren Einkünfte durch ein DBA freigestellt sind, werden stille Reserven der nationalen Besteuerung entzogen, weil die Steuerverhaftung des Wirtschaftsguts endet. Deshalb erfolgt bei der Überführung von Wirtschaftsgütern des inländischen Stammhauses in dessen ausländische Betriebsstätte die Aufdeckung der stillen Reserven grundsätzlich mit dem Fremdvergleichspreis im Zeitpunkt der Überführung, d. h. mit dem Preis, den unabhängige Dritte unter gleichen oder ähnlichen Bedingungen vereinbart hätten (Steuerentstrickung).

Durch den Ansatz des Fremdvergleichspreises entsteht im Stammhaus ein Gewinn in entsprechender Höhe, hier 3 Mio. €; damit zusammenhängende Aufwendungen wurden in den Vorjahren bereits angesetzt.

Aus Billigkeit (Tz. 2.6.1. a Betriebsstättenerlass) ist nach der **Theorie der aufgeschobenen Gewinnverwirklichung** ein Gewinn im Zeitpunkt der Überführung des Wirtschaftsgutes noch nicht zu besteuern und deshalb **im inländischen**

Stammhaus zunächst durch einen passiven Merkposten (Ausgleichsposten) in einer Nebenrechnung zu neutralisieren (aufgeschobene Besteuerung).

Im **Stammhaus** wird bei Überführung im Jahr 02 gebucht:

Konto Soll	€	Konto Haben	€
Betriebsstätten-Verrechnungskonto	3 000 000	Passiver Ausgleichsposten	3 000 000

Bei abnutzbaren Anlagegütern ist der Merkposten zeitanteilig gemäß ihrer restlichen Nutzungsdauer in der ausländischen Betriebsstätte aufzulösen. Bei 15-jähriger Nutzungsdauer ist Ende 02 zu buchen:

Konto Soll	€	Konto Haben	€
Passiver Ausgleichsposten	200 000	Sonstige Erträge	200 000

Im Stammhaus erhöht sich im Jahr 02 der Gewinn um 200 000 €, der in Deutschland steuerpflichtig ist (nach Halbeinkünfteverfahren 25 % von 200 000 € = 50 000 €). Gleiches gilt für die Folgejahre 03–10.

Ein Merkposten, der noch 10 Jahre nach Überführung des Wirtschaftsgutes im inländischen Stammhaus vorhanden ist, ist nach Tz. 2.6.1. a Betriebsstättenerlass ohne Rücksicht auf die Art des Wirtschaftsgutes zu diesem Zeitpunkt erfolgswirksam aufzulösen.

Im Jahr 11 ist der Stand des Ausgleichspostens 1 200 000 € (= 3 000 000 € ./. 9 · 200 000 €). Die Buchung der Auflösung lautet:

Konto Soll	€	Konto Haben	€
Passiver Ausgleichsposten	1 200 000	Sonstige Erträge	1 200 000

(3) **Korrespondierend** wird in der **Betriebsstätte** bei Überführung im Jahr 02 gebucht:

Konto Soll	€	Konto Haben	€
Rezeptur (immaterielles Anlagegut)	3 000 000	Stammhaus-Verrechnungskonto	3 000 000

In der Betriebsstätte wird die Rezeptur in den Jahren 02–10 planmäßig abgeschrieben, wodurch sich der Gewinn der Betriebsstätte entsprechend vermindert.

Konto Soll	€	Konto Haben	€
Planmäßige Abschreibungen	200 000	Rezeptur (immaterielles Anlagegut)	200 000

Die Auflösung des Ausgleichspostens im Stammhaus im Jahr 11 hat nicht die Abschreibung der Rezeptur in der Betriebsstätte zur Folge (trotz ansonsten korrespondierender Bilanzierung), denn diese richtet sich nach der Nutzungsdauer des immateriellen Wirtschaftsguts.

Dadurch mindern sich die Einkünfte im Jahr 11 in der Betriebsstätte nicht im gleichen Umfang, wie sie in Deutschland für Besteuerungszwecke erhöht wurden.

(4) Wenn die Betriebsstättengrundsätze im DBA-Staat nicht korrespondierend angewendet werden und z. B. ein Verbot zur Einbuchung selbst geschaffener immaterieller Wirtschaftsgüter besteht, dann entsteht eine Doppelbesteuerung, nämlich aufgrund der Besteuerung

– der aufgedeckten stillen Reserven des immateriellen Anlageguts in Deutschland und

– der Erträge aus der Nutzung des immateriellen Anlageguts ohne die Möglichkeit der Abschreibung des Wirtschaftsguts im Betriebsstättenstaat.

Lösung zu Aufgabe 3.12 *Überführung von Wirtschaftsgütern in ausländische Betriebsstätte und anschließende Veräußerung*

(1) Nach Tz 2.6.1. a Betriebsstättenerlass ist ein Augleichsposten beim Ausscheiden des Wirtschaftsguts aus der ausländischen Betriebsstätte erfolgswirksam aufzulösen. Anfang des Jahres 04 ist der Stand des Ausgleichspostens 2 600 000 € (= 3 000 000 € ·/· 2 · 200 000 €). Die Buchung der Auflösung im Stammhaus lautet:

Konto Soll	€	Konto Haben	€
Passiver Ausgleichsposten	2 600 000	Sonstige Erträge	2 600 000

(2) In der ausländischen Betriebsstätte entsteht ein Veräußerungsgewinn von 2 400 000 € (= 5 Mio. ·/· 2,6 Mio.).

Insgesamt gesehen wird durch die korrespondierende Behandlung ein Teil des Gewinns von der Betriebsstätte in das Stammhaus verlagert.

Lösung zu Aufgabe 3.13 *Verdeckte Gewinnausschüttung bei verbundenen Unternehmen*

(1) M und T sind verbundene Unternehmen im Sinne des Art. 9 OECD-MA. Es ist nach Tz 1.1.1 Verwaltungsgrundsätze zu prüfen, ob die Einkünfte gegenüber dem Ausland nach dem Grundsatz des Fremdvergleichs zutreffend abgegrenzt sind.

Zur Prüfung des Verrechnungspreises ist hier die **Preisvergleichsmethode** anzuwenden, und zwar durch inneren Preisvergleich (Vergleich mit marktentstandenen Preisen, die M mit Fremden vereinbart).

	€
Angemessener Verrechnungspreis	100 000
·/· an T berechneter Preis	150 000
= Differenz	50 000

In Höhe der Differenz handelt sich um eine verdeckte Gewinnausschüttung der T an M (in Form einer Vermögensminderung bei T),

– da T von ihrem Gesellschafter M Waren erwirbt, für die M einen zu hohen Kaufpreis verlangt

– und diese Zuwendung ihre Ursache im Gesellschaftsverhältnis hat (vgl. Abschnitt 31 Abs. 3 KStR).

Bei T wurde in 01 ein um 50 000 € zu hoher Wareneinsatz verbucht. Außerhalb der Buchführung ist das Einkommen der T um 50 000 € zu erhöhen.

Einkommenswirkung der vGA: + 50 000 €

(2) M hat Sitz und Geschäftsleitung in einem EU-Staat und fällt daher unter die beschränkte Steuerpflicht (§ 2 Nr. 1 KStG), falls sie inländische Einkünfte im Sinne des § 49 EStG (i. V. m. § 8 Abs. 1 KStG) erzielt.

Die im Inland erzielten Einkünfte würden bei einer inländischen Kapitalgesellschaft aufgrund der Subsidiaritätsklausel des § 8 Abs. 2 KStG als Einkünfte aus Gewerbebetrieb gelten. Mangels einer Betriebsstätte hätte Deutschland aber kein Besteuerungsrecht, obwohl die Quelle der Einkünfte in Deutschland belegen ist.

Isoliert betrachtet (§ 49 Abs. 2 EStG) liegen Einkünfte nach § 49 Abs. 1 Nr. 5 Buchstabe a EStG i. V. m. § 20 Abs. 1 Nr. 1 Satz 2 EStG vor. Die verdeckte Gewinnausschüttung fällt daher unter die beschränkte Steuerpflicht.

Da es sich um inländische Einkünfte handelt, unterliegen sie dem Kapitalertragsteuerabzug gemäß § 43 Abs. 1 Nr. 1 EStG. Nach § 32 Abs. 1 Nr. 2 KStG greift das Abgeltungsprinzip; d. h. die deutsche Körperschaftsteuer ist mit dem Kapitalertragsteuerabzug abgegolten.

Allerdings erfüllt M als in einem EU-Staat ansässige Muttergesellschaft die Voraussetzungen der Mutter-/Tochter-Richtlinie bzw. des § 43b EStG. Auf Antrag beim Bundesamt für Finanzen (§ 50d Abs. 2 EStG) wird die Kapitalertragsteuer für die verdeckte Gewinnausschüttung nicht erhoben (§ 43b Abs.1 EStG).

Lösung zu Aufgabe 3.14 *Hinzurechnungsbesteuerung*
Die ausländische Kapitalgesellschaft ist als Zwischengesellschaft im Sinne der §§ 7–14 AStG einzustufen, denn ihre Einkünfte fallen durch passiven Erwerb an und unterliegen einer niedrigen Besteuerung. Deshalb sind nach § 7 Abs. 1 AStG die Zwischeneinkünfte der A-GmbH hinzuzurechnen.

Der Hinzurechnungsbetrag ermittelt sich aus den Zwischeneinkünften abzüglich entrichteter ausländischer Steuern (§ 10 Abs. 1 AStG), hier 1 Mio. €. Er gilt nach Ablauf des Wirtschaftsjahres der ausländischen Gesellschaft als zugeflossen (§ 10 Abs. 2 AStG).

Die Freigrenzen nach § 9 AStG sind nicht überschritten.

Gem. § 7 GewStG ist der Gewerbeertrag der nach den Vorschriften des EStG oder des KStG zu ermittelnde Gewinn aus Gewerbebetrieb, vermehrt oder vermindert um die Hinzurechnungen und Kürzungen der §§ 8, 9 GewStG. Deshalb ist der Hinzurechnungsbetrag sowohl bei der Körperschaftsteuer als auch bei der Gewerbesteuer zu erfassen. Die Kürzung nach § 9 Nr. 7 GewStG greift nicht.

Bei der Berechnung ist zu beachten, dass die Gewerbesteuer sowohl bei ihrer eigenen Bemessungsgrundlage abzugsfähig ist (was durch Anwendung der 5/6-Methode erreicht wird) als auch bei der Körperschaftsteuer. Demnach gilt für die A-GmbH:

	€
Hinzurechnungsbetrag nach § 10 Abs. 1 AStG	1 000 000
·/· Gewerbesteuer bei Hebesatz von 400 % und 5/6-Methode (R 20 Abs. 2 EStR)	166 667
= Bemessungsgrundlage KSt	833 333
Körperschaftsteuer (§ 23 KStG) 25 %	208 333

Lösung zu Aufgabe 3.15 *Hinzurechnungsbesteuerung bei Ausschüttung*
Wie Aufgabe 3.14. Es ergibt sich zwar wie im Vorjahr ein Hinzurechnungsbetrag von
1 Mio. €. Die gesamte Ausschüttung bleibt jedoch nach § 8b Abs. 1 KStG bei der Ermittlung des Einkommens außer Ansatz. Von den Bezügen gelten aber 5 % (= 75 000 €)
als nicht abziehbare Betriebsausgaben (§ 8b Abs. 5 KStG).

	€
Nicht abziehbare Betriebsausgabe von 5 % aus Hinzurechnungsbetrag nach § 10 Abs. 1 AStG	75 000
·/· Gewerbesteuer bei Hebesatz von 400 % und 5/6-Methode (R 20 Abs. 2 EStR)	12 500
= Bemessungsgrundlage KSt	62 500
Körperschaftsteuer (§ 23 KStG) 25 %	15 625

Lösung zu Aufgabe 3.16 *Erwerb durch Halbunternehmer*

(1) Ob eine innergemeinschaftliche Lieferung im Importland (Bestimmungslandprinzip) oder im Exportland (Ursprungslandprinzip) der Umsatzsteuer unterworfen wird, hängt bei den so genannten Halbunternehmern (vgl. S. 314) sowohl
von dem Erreichen der **Erwerbsschwelle (12 500 €)** als auch von einer möglichen
Option des Halbunternehmers zur Erwerbsbesteuerung ab.
    Werden die **Erwerbsschwellen nicht überschritten** und hat der Abnehmer auch
nicht zur Erwerbsbesteuerung optiert (§ 1a Abs. 3 und 4 UStG), unterliegen die
Lieferungen grundsätzlich im **Ursprungsland** der Besteuerung. Steuerschuldner
ist dann nicht der Erwerber, sondern der liefernde Unternehmer.

(2) a) Es handelt sich um einen steuerbaren und steuerpflichtigen Erwerb durch den
Autohersteller in Deutschland (§ 1a Abs. 1 UStG).
    b) Die Universität ist juristische Person; als Halbunternehmer überschreitet sie
nicht die Erwerbsschwelle nach § 1a Abs. 3 Nr. 2 UStG, daher unterliegt sie
nicht der Erwerbsbesteuerung.
    c) Der Arzt unterliegt der Erwerbsbesteuerung, da die Erwerbsschwelle von 12 500 €
von ihm überschritten wird (§ 1a Abs. 3 Nr. 1 Buchstabe a und Nr. 2 UStG).

Lösung zu Aufgabe 3.17 *Erwerbsbesteuerung*
Erwerbsbesteuerung von Erwerbern aus anderen EU-Mitgliedsländern ist gegeben

– bei Unternehmern, wenn eine Lieferung für deren Unternehmen erfolgt,
– bei Halbunternehmern (Personenkreis nach § 1a Abs. 3 Nr. 1 UStG) nur, wenn die
jeweilige Erwerbsschwelle (vgl. hierzu Abschn. 42j Abs. 2 UStR und S. 341) überschritten oder zur Erwerbsbesteuerung optiert wurde.

Lieferungen an Privatpersonen unterliegen grundsätzlich keiner Erwerbsbesteuerung (Ausnahme: Erwerb neuer Fahrzeuge nach § 1b UStG).

Lösung zu Aufgabe 3.18 *Lieferungen an Kunden, die keine USt-IdNr. vorlegen*

(1) Befördert oder versendet der inländische Unternehmer den Gegenstand, kommt
es bei Lieferungen für den privaten Bedarf darauf an, ob die jeweilige Lieferschwelle (vgl. hierzu die Aufstellung in Abschn. 42j Abs. 3 UStR und S. 341) im an

deren EU-Staat **überschritten** ist. Ist dies der Fall, dann ist die Lieferung in Deutschland nicht steuerbar (§ 3c Abs 1 i. V. m. Abs. 2 und 3 UStG). Die Lieferung ist im Bestimmungsland zu besteuern.

Ist die Lieferschwelle dagegen **nicht überschritten** und hat der Lieferant auch nicht zur Versteuerung im Bestimmungsland optiert (§ 3c Abs. 4 UStG), ist eine in Deutschland steuerbare und steuerpflichtige Lieferung gegeben.

(2) Für die **Organisation beim liefernden Unternehmer** bedeutet die Nichtüberschreitung von Lieferschwellen Folgendes (Weber in: Professionell buchen und bilanzieren, Innergemeinschaftliche Lieferung S. 12):

– Es ist zu entscheiden, ob zur Besteuerung im Bestimmungsland optiert werden soll. Hierfür sind die einzelnen Steuersätze der EU-Mitgliedstaaten mit dem korrespondierenden deutschen Steuersatz zu vergleichen; ist der ausländische Steuersatz niedriger, lohnt sich eine Option.
– Wird optiert, sind die Umsätze auf besonderen Erlöskonten »Erlöse aus im anderen EU-Land steuerpflichtigen Lieferungen« zu verbuchen, wobei je EU-Land ein gesondertes Erlöskonto eingerichtet werden sollte.
– Wird nicht optiert, muss aus der Verbuchung das eventuelle Überschreiten der Lieferschwellen in den einzelnen EU-Ländern EDV-mäßig ermittelt werden können, z. B. mit gesonderten Erlöskonten je Mitgliedstaat oder unter Zugrundelegung einer Quasi-USt-IdNr.

Lösung zu Aufgabe 3.19 *Zweifel an der Gültigkeit der Unternehmereigenschaft des Abnehmers*

Es empfiehlt sich in der Praxis, die Steuerfreiheit für innergemeinschaftliche Lieferungen nur dann in Anspruch zu nehmen, wenn die USt-IdNr. des Abnehmers bekannt ist. Bestehen an der Gültigkeit einer USt-IdNr. des Abnehmers und an dessen Unternehmereigenschaft Zweifel, bieten sich für den liefernden Unternehmer folgende Möglichkeiten an (Weber in: Professionell buchen und bilanzieren, Innergemeinschaftliche Lieferung S. 10):

– Der Kaufpreis wird als Bruttopreis (d. h. ohne gesonderten Umsatzsteuerausweis) ausgewiesen. Gleichzeitig wird mit dem Abnehmer vereinbart, dass der Kaufpreis teilweise zurückerstattet wird, wenn der Abnehmer die USt-IdNr. vorlegt oder eine Bestätigung vom Bundesamt für Finanzen erteilt wird.
– Der Lieferer schreibt eine Rechnung mit Umsatzsteuer. Der Erwerber muss dann Erstattung der Umsatzsteuer beim Bundesamt für Finanzen beantragen.

Lösung zu Aufgabe 3.20 *Liegt innergemeinschaftliches Verbringen vor?*

(1) Der Transport der Maschine in die Betriebsstätte nach Belgien führt bei D zur Fiktion einer innergemeinschaftlichen Lieferung, die im Inland steuerfrei ist (§ 3 Abs. 1a UStG). Korrespondierend wird in Belgien ein innergemeinschaftlicher Erwerb des D angenommen und unterliegt dort der Erwerbsbesteuerung.

(2) Wie Fall (1). Es liegt eine steuerfreie innergemeinschaftliche Lieferung in Deutschland und ein steuerpflichtiger innergemeinschaftlicher Erwerb in Belgien vor.

(3) Es liegt kein innergemeinschaftliches Verbringen (sondern ein sog. rechtsgeschäftsloses Verbringen) vor. Die Lieferung der Anlage nach Belgien und die anschließende Montage erfüllen die Voraussetzung einer Montagelieferung, wonach der Liefergegenstand erst am Bestimmungsort entstanden ist. Lieferort ist damit Frankreich (§ 3 Abs. 7 UStG).

Lösung zu Aufgabe 3.21 *Innergemeinschaftliches Verbringen in der Finanzbuchführung*

Für die Verbringungsfälle ist eine Pro-forma-Rechnung mit den hierfür notwendigen Daten zu erstellen, die dann in der Buchführung erfasst werden können. Vgl. Weber in: Professionell buchen und bilanzieren, Innergemeinschaftliches Verbringen, S. 20.

(1) Verbringung aus dem Inland in das übrige Gemeinschaftsgebiet:

Diese Warenbewegung ist buchmäßig festzuhalten, durch Umbuchung vom bisherigen Warenkonto auf das Konto »Warenverbringung in EU (Belgien)«. Da diese Warenbewegung in Belgien erwerbsteuerpflichtig ist, müssen auch Umsatzsteuerkonten mit belgischer Umsatzsteuer und Vorsteuer bebucht werden. Diese Steuerkonten sind im Kontenplan nach unterschiedlichen Steuersätzen aufzuteilen.

Lösung (nach TAYLORIX-Kontenrahmen KR 13):

Konto Soll	€	Konto Haben	€
3490 Warenverbringung in EU (Belgien)	10 000	3000 Wareneinkauf	10 000
1593 Belgische Vorsteuer bei Verbringen	2 100	1823 Belgische Erwerbsteuer bei Verbringen	2 100

In der Umsatzsteuer-Voranmeldung Januar ist der Saldo des Warenverbringungskontos Belgien in Höhe von 10 000 € als »innergemeinschaftliche Lieferung an Abnehmer mit USt-IdNr.« anzugeben.

In der Zusammenfassenden Meldung zum 1. Quartal ist der gleiche Betrag zu erfassen und dabei die belgische USt-IdNr. des deutschen Unternehmers anzugeben.

(2) Verbringung aus dem übrigen Gemeinschaftsgebiet ins Inland:

In diesem Fall wird ein innergemeinschaftlicher Erwerb in Deutschland fingiert und hier der Erwerbsbesteuerung unterworfen.

Unterstellt man, dass die Bestände des belgischen Lagers auf einem der Warenkonten (etwa Warenkonto Belgien) erfasst sind, so ist wie folgt zu buchen:

Lösung (nach TAYLORIX-Kontenrahmen KR 13):

Konto Soll	€	Konto Haben	€
3492 Warenverbringung aus EU (Belgien)	10 000	3000 Wareneinkauf	10 000
1536 Vorsteuer aus ig. Erwerb	1 600	1886 Erwerbsteuer aus ig. Erwerb	1 600

In der Umsatzsteuer-Voranmeldung ist die Warenbewegung mit 10 000 € als »steuerpflichtiger innergemeinschaftlicher Erwerb (§ 1a UStG) zum Steuersatz von 16 %« zu erfassen. Daneben sind auch Erwerbsteuer und Vorsteuer zu deklarieren, die sich gegenseitig ausgleichen.

In der zusammenfassenden Meldung werden diese Vorgänge nicht erfasst.

Lösung zu Aufgabe 3.22 *Innergemeinschaftliche Werkleistung*

Die Regelung des § 3a Abs. 2 Nr. 3 Buchstabe c UStG ist auch anzuwenden, wenn ein Leistungsaustausch zwischen zwei inländischen Unternehmern vorliegt.

D erbringt dem K gegenüber eine Werkleistung. Der Ort der Werkleistung liegt nach § 3a Abs. 2 Nr. 3 Buchstabe c Satz 1 UStG in Frankreich. Da aber der Auftraggeber K aus Köln eine deutsche USt-IdNr. verwendet, verlagert sich der Ort der sonstigen Leistung ins Inland; die Reparaturleistung des D ist somit in Deutschland steuerbar und steuerpflichtig. K hat eine Rechnung mit deutscher Umsatzsteuer auszustellen.

Lösung zu Aufgabe 3.23 *Versendungslieferungen an Halbunternehmer*

(1) Der deutsche Hersteller D tätigt eine Versendungslieferung in das übrige Gemeinschaftsgebiet. Abnehmer ist eine juristische Person, die nicht Unternehmer ist (Halbunternehmer). Die Waren unterliegen in Frankreich der Erwerbsbesteuerung, da die dortige Erwerbsschwelle überschritten ist. Die Voraussetzung nach § 3c Abs. 2 Nr. 1 UStG für die Anwendung des § 3c Abs. 1 UStG ist damit nicht erfüllt.

Aus Sicht des D liegt eine steuerbefreite innergemeinschaftliche Lieferung nach Paris vor (steuerbar nach § 3 Abs. 6 Satz 1 UStG, aber steuerbefreit nach § 4 Nr. 1 Buchstabe b UStG i. V. m. § 6a UStG).

D muss eine Rechnung ohne Umsatzsteuer mit Hinweis auf die Steuerbefreiung ausstellen und in der Rechnung die USt-IdNr. von der Stadt Paris angeben (§ 14a Abs. 2 UStG).

(2) Die Kleinstadt im Elsass unterschreitet hier die Erwerbsschwelle und optiert auch nicht. Sie unterliegt daher nicht der Erwerbsbesteuerung. Die Voraussetzung des § 3c Abs. 2 Nr. 2 Buchstabe d UStG ist erfüllt.

Der deutsche Hersteller D muss nun prüfen, ob die Versandhandelsregelung des § 3c Abs. 1 UStG Anwendung findet:

a) D **überschreitet** die maßgebliche französische Lieferschwelle gem. § 3c Abs. 3 UStG: Der Lieferort verlagert sich daher gem. § 3c Abs. 1 UStG nach Frankreich. Die Lieferung des D ist in Deutschland nicht steuerbar, aber in Frankreich steuerbar und steuerpflichtig und muss von D versteuert werden. D unterliegt den französische Steuererklärungspflichten.

b) D **überschreitet nicht** die maßgebliche französische Lieferschwelle gem. § 3c Abs. 3 UStG und optiert auch nicht zur Bestimmungslandbesteuerung: Es greift § 3c Abs. 1 UStG nicht. Die Lieferung des D ist in Deutschland steuerbar und steuerpflichtig (§ 3 Abs. 6 Satz 1 UStG).

Lösung zu Aufgabe 3.24 *Versendungslieferungen an private Letztverbraucher*

(1) Das deutsche Warenhaus W tätigt eine Versendungslieferung in das übrige Gemeinschaftsgebiet. Abnehmer ist ein Privatmann. Dieser unterliegt in Belgien nicht der Erwerbsbesteuerung. W überschreitet die maßgebliche Lieferschwelle, weshalb die Voraussetzung des § 3c Abs. 2 und 3 UStG für die Anwendung des § 3c Abs. 1 UStG erfüllt ist. Der Lieferort verlagert sich daher gem. § 3c Abs. 1 UStG nach Belgien. Die Lieferung des W ist in Deutschland nicht steuerbar, aber in Belgien steuerbar und steuerpflichtig und muss von D versteuert werden. D muss eine belgische Umsatzsteuererklärung abgeben.

(2) Die Ware wird durch einen Spediteur im Auftrag des P nach Belgien verschafft. Der Spediteur ist Erfüllungsgehilfe des P, weshalb ein sog. Abholfall vorliegt, d. h. die Lieferortregelung des § 3 Abs. 6 UStG kommt zur Anwendung (nicht § 3c UStG). Die Lieferung ist in Deutschland steuerbar und steuerpflichtig.

Lösung zu Aufgabe 3.25 *Innergemeinschaftliche Dreiecksgeschäfte: der erste Lieferer ist der deutsche Unternehmer*

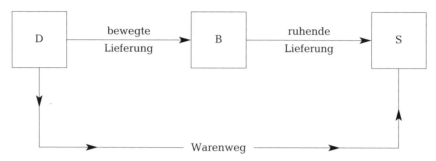

Es liegt hier ein innergemeinschaftliches Dreiecksgeschäft im Sinne des § 25b Abs. 1 UStG vor. Die Beförderung ist der ersten Lieferung (D an B) zuzuordnen. Ort der Lieferung ist nach § 3 Abs. 6 Satz 5 i. V. m. Satz 1 UStG Deutschland (Beginn der Beförderung). Die Lieferung ist als innergemeinschaftliche Lieferung in Deutschland steuerfrei. Die innergemeinschaftliche Lieferung ist in der Zusammenfassenden Meldung als solche anzugeben (Angabe der USt-IdNr. des Erwerbers und der Bemessungsgrundlage gem. § 18a Abs. 4 Nr. 1 UStG – nicht nach § 18a Abs. 4 Nr. 3 UStG).

Die zweite Lieferung (B an S) ist eine ruhende Lieferung. Lieferort ist nach § 3 Abs. 7 Satz 2 Nr. 2 UStG Spanien, da sie der Beförderungslieferung nachfolgt. B führt demnach eine steuerbare und steuerpflichtige Lieferung in Spanien aus.

Lösung zu Aufgabe 3.26 *Innergemeinschaftliche Dreiecksgeschäfte: der letzte Abnehmer ist der deutsche Unternehmer*

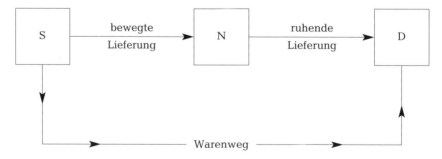

Es liegt hier ein innergemeinschaftliches Dreiecksgeschäft im Sinne des § 25b Abs. 1 UStG vor. Die Beförderung ist der ersten Lieferung (S an N) zuzuordnen. Ort der Lieferung ist nach § 3 Abs. 6 Satz 5 i. V. m. Satz 1 UStG Spanien (Beginn der Beförderung). Die Lieferung ist als innergemeinschaftliche Lieferung in Spanien steuerfrei.

Die zweite Lieferung (N an D) ist eine ruhende Lieferung. Lieferort ist nach § 3 Abs. 7 Satz 2 Nr. 2 UStG Deutschland, da sie der Beförderungslieferung nachfolgt. N führt demnach eine steuerbare und steuerpflichtige Lieferung in Deutschland aus.

Da die Voraussetzungen des § 25 b Abs. 2 UStG erfüllt sind, wird die Steuerschuld für die deutsche (Inlands-)Lieferung des N auf D übertragen. D kann aus den Hinweisen in der Rechnung seines Vorlieferers N erkennen, dass er letzter Abnehmer in einem innergemeinschaftlichen Dreiecksgeschäft ist und die Steuerschuld für die letzte Lieferung auf ihn übertragen worden ist.

Durch die Übertragung der Steuerschuld wird D als der letzte Abnehmer Steuerschuldner für die vom ersten Abnehmer an ihn ausgeführte Lieferung (§ 13 Abs. 2 Nr. 5 UStG, Abschnitt 276b Abs. 6 UStR). D muss diese Steuerschuld in der Umsatzsteuer-Voranmeldung angeben. Nach § 25b Abs. 5 UStG ist D gleichzeitig berechtigt, die geschuldete Steuer als Vorsteuer abzuziehen.

Im Fall der Übertragung der Steuerschuld nach § 25 b Abs. 2 UStG auf den letzten Abnehmer gilt für die Berechnung der geschuldeten Steuer abweichend von § 10 Abs. 1 UStG die Gegenleistung als Entgelt (Nettobetrag ohne Umsatzsteuer). Die Umsatzsteuer ist auf diesen Betrag aufzuschlagen (§ 25b Abs. 4 UStG, Abschnitt 276b Abs. 10 UStR).

Nach § 25b Abs. 6 Nr. 2 UStG hat D als letzter Abnehmer

– die Bemessungsgrundlage der an ihn ausgeführten Lieferung,
– die hierauf entfallenden Steuerbeträge und
– Name und Anschrift des ersten Abnehmers (hier N) aufzuzeichnen.

Lösung zu Aufgabe 3.27 *Innergemeinschaftliche Beförderungsleistung gegenüber einem Unternehmer*

Der Transportunternehmer T erbringt gegenüber dem belgischen Unternehmer B eine Beförderungsleistung. Da B gegenüber T seine belgische USt-IdNr. verwendet, verlagert sich der Ort der Beförderungsleistung des T nach Belgien (§ 3b Abs. 3 Satz 2 UStG).

Die Beförderungsleistung ist in Deutschland nicht steuerbar. Steuerschuldner ist der Leistungsempfänger B. T erteilt eine Rechnung ohne Ausweis der Umsatzsteuer.

Buchung (nach DATEV-Kontenrahmen SKR 03):

Konto Soll	Konto Haben
1400 Forderungen L/L	8000 f Erlöse (nicht steuerbar)

Eine Umsatzsteuer-Voranmeldung und eine Zusammenfassende Meldung sind nicht zu erstellen.

Lösung zu Aufgabe 3.28 *Innergemeinschaftliche Beförderungsleistung gegenüber Privatkunden*

Der Ort der Beförderungsleistung liegt in Deutschland, da die Beförderung der Güter in Deutschland beginnt (§ 3b Abs. 3 Satz 1 UStG) und P keine USt-IdNr. verwendet. Die Beförderungsleistung ist von T in Deutschland zu versteuern und die üblichen Erkärungspflichten zu erfüllen (Umsatzsteuer-Voranmeldung und -Jahreserklärung, keine Zusammenfassende Meldung).

Lösung zu Aufgabe 3.29 *Innergemeinschaftliche Beförderungsleistung mit Sub-unternehmern*

Der Ort der Besorgungsleistung des T an seinen Auftraggeber P bestimmt sich nach dem Abgangsort Spanien (§ 3 Abs. 11 UStG i. V. m. § 3b Abs. 3 Satz 1 UStG; Abschnitt 42h Abs. 2 UStR Beispiel 2). T ist Steuerschuldner in Spanien (vgl. Abschnitt 42i Abs. 4 UStR). Die Abrechnung richtet sich nach den Regeln des spanische Umsatzsteuerrechts. T erteilt dem P eine Rechnung mit spanischer Umsatzsteuer.

Die Frachtführer aus Spanien und Frankreich erbringen Beförderungsleistungen gegenüber T. Da T seine deutsche USt-IdNr. verwendet, verlagert sich der Ort der Beförderungsleistung vom Abgangsort in Spanien nach Deutschland (§ 3b Abs. 3 Satz 2 UStG). Die Beförderung ist deshalb in Deutschland steuerbar und steuerpflichtig.

Steuerschuldner ist jedoch der deutsche Unternehmer T als Auftraggeber gemäß § 13b Abs. 1 Nr. 1 UStG. Die Umsatzsteuer für diese Leistung schuldet der deutsche Unternehmer T (§ 13b Abs. 2 UStG). S und F sind zur Ausstellung einer Rechnung verpflichtet, in der die Steuer nicht gesondert ausgewiesen ist (§ 14a Abs. 4 Satz 3 UStG) und in der sie auf die Steuerschuldnerschaft des Leistungsempfängers hinzuweisen haben (§ 14a Abs. 4 Satz 2 UStG). T hat die Steuer zu berechnen und in der Umsatzsteuer-Voranmeldung anzumelden.

Anhang

Bundesministerium der Finanzen   Berlin, 9. Januar 2001

IV B 6 — S 1315 — 4/00

Oberste Finanzbehörden
der L ä n d e r

nachrichtlich:

Bundesamt für Finanzen

1 Anlage

Neufassung des OECD-Musterabkommens 2000

> In der Anlage übersende ich Abdruck der Neufassung
> des OECD-Musterabkommens 2000 unter Berücksichti-
> gung der am 29. April 2000 vom Steuerausschuss der
> OECD beschlossenen Änderungen („Update 2000").

Im Auftrag
Dr. S t u h r m a n n

Anlage

OECD-Musterabkommen 2000
zur Vermeidung der Doppelbesteuerung
auf dem Gebiet der Steuern vom Einkommen und vom Vermögen
(OECD-MA 2000)

Stand: Dezember 2000

Art. 28   Ausdehnung des räumlichen Geltungsbereichs

Abschnitt VII. Schlussbestimmungen

Art. 29   Inkrafttreten

Art. 30   Kündigung

Schlussklausel

Abschnitt I. Geltungsbereich des Abkommens

Art. 1 Unter das Abkommen fallende Personen

Dieses Abkommen gilt für Personen, die in einem Vertragsstaat oder in beiden Vertragsstaaten ansässig sind.

Art. 2 Unter das Abkommen fallende Steuern

(1) Dieses Abkommen gilt, ohne Rücksicht auf die Art der Erhebung, für Steuern vom Einkommen und vom Vermögen, die für Rechnung eines Vertragsstaates oder seiner Gebietskörperschaften[1]) erhoben werden.

(2) Als Steuern vom Einkommen und vom Vermögen gelten alle Steuern, die vom Gesamteinkommen, vom Gesamtvermögen oder von Teilen des Einkommens oder des Vermögens erhoben werden, einschließlich der Steuern vom Gewinn aus der Veräußerung beweglichen oder unbeweglichen Vermögens, der Lohnsummensteuern sowie der Steuern vom Vermögenszuwachs.

(3) Zu den bestehenden Steuern, für die das Abkommen gilt, gehören insbesondere

a) (in Staat A): . . .

b) (in Staat B): . . .

(4) Das Abkommen gilt auch für alle Steuern gleicher oder im Wesentlichen ähnlicher Art, die nach der Unterzeichnung des Abkommens neben den bestehenden Steuern oder an deren Stelle erhoben werden. Die zuständigen Behörden der Vertragsstaaten teilen einander die in ihren Steuergesetzen eingetretenen bedeutsamen Änderungen mit.

Abschnitt II. Begriffsbestimmungen

Art. 3 Allgemeine Begriffsbestimmungen

(1) Im Sinne dieses Abkommens, wenn der Zusammenhang nichts anderes erfordert,

a) umfasst der Ausdruck „Person" natürliche Personen, Gesellschaften und alle anderen Personenvereinigungen;

b) bedeutet der Ausdruck „Gesellschaft" juristische Personen oder Rechtsträger, die für die Besteuerung wie juristische Personen behandelt werden;

c) der Ausdruck „Unternehmen" bezieht sich auf die Ausübung einer Geschäftstätigkeit;

d) bedeuten die Ausdrücke „Unternehmen eines Vertragsstaats" und „Unternehmen des anderen Vertragsstaats", je nachdem, ein Unternehmen, das von einer in einem Vertragsstaat ansässigen Person betrieben wird, oder ein Unternehmen, das von einer im anderen Vertragsstaat ansässigen Person betrieben wird;

e) bedeutet der Ausdruck „internationaler Verkehr" jede Beförderung mit einem Seeschiff oder Luftfahrzeug, das von einem Unternehmen mit tatsächlicher Geschäftsleitung in einem Vertragsstaat betrieben wird,

es sei denn, das Seeschiff oder Luftfahrzeug wird ausschließlich zwischen Orten im anderen Vertragsstaat betrieben;

f) bedeutet der Ausdruck „zuständige Behörde"

    i) (in Staat A): ...

    ii) (in Staat B): ...

g) bedeutet der Ausdruck „Staatsangehöriger"

    i) jede natürliche Person, die die Staatsangehörigkeit eines Vertragsstaats besitzt;

    ii) jede juristische Person, Personengesellschaft und andere Personenvereinigung, die nach dem in einem Vertragsstaat geltenden Recht errichtet worden ist;

h) der Ausdruck „Geschäftstätigkeit" schließt auch die Ausübung einer freiberuflichen oder sonstigen selbständigen Tätigkeit ein.

(2) Bei der Anwendung des Abkommens durch einen Vertragsstaat hat, wenn der Zusammenhang nichts anderes erfordert, jeder im Abkommen nicht definierte Ausdruck die Bedeutung, die ihm im Anwendungszeitraum nach dem Recht dieses Staates über die Steuern zukommt, für die das Abkommen gilt, wobei die Bedeutung nach dem in diesem Staat anzuwendenden Steuerrecht den Vorrang vor einer Bedeutung hat, die der Ausdruck nach anderem Recht dieses Staates hat.

Art. 4 Ansässige Person

(1) Im Sinne dieses Abkommens bedeutet der Ausdruck „eine in einem Vertragsstaat ansässige Person" eine Person, die nach dem Recht dieses Staates dort aufgrund ihres Wohnsitzes, ihres ständigen Aufenthalts, des Ortes ihrer Geschäftsleitung oder eines anderen ähnlichen Merkmals steuerpflichtig ist, und umfasst diesen Staat und seine Gebietskörperschaften[1]). Der Ausdruck umfasst jedoch nicht eine Person, die in diesem Staat nur mit Einkünften aus Quellen in diesem Staat oder mit in diesem Staat gelegenem Vermögen steuerpflichtig ist.

(2) Ist nach Absatz 1 eine natürliche Person in beiden Vertragsstaaten ansässig, so gilt Folgendes:

a) Die Person gilt als nur in dem Staat ansässig, in dem sie über eine ständige Wohnstätte verfügt; verfügt sie in beiden Staaten über eine ständige Wohnstätte, so gilt sie als in dem Staat ansässig, zu dem sie die engeren persönlichen und wirtschaftlichen Beziehungen hat (Mittelpunkt der Lebensinteressen);

b) kann nicht bestimmt werden, in welchem Staat die Person den Mittelpunkt der Lebensinteressen hat, oder verfügt sie in keinem der Staaten über eine ständige Wohnstätte, so gilt sie als nur in dem Staat ansässig, in dem sie ihren gewöhnlichen Aufenthalt hat;

c) hat die Person ihren gewöhnlichen Aufenthalt in beiden Staaten oder in keinem der Staaten, so gilt sie als nur in dem Staat ansässig, dessen Staatsangehöriger sie ist;

d) ist die Person Staatsangehöriger beider Staaten oder keines der Staaten, so regeln die zuständigen Behörden der Vertragsstaaten die Frage in gegenseitigem Einvernehmen.

(3) Ist nach Absatz 1 eine andere als eine natürliche Person in beiden Vertragsstaaten ansässig, so gilt sie

---

[1]) Schweiz: Statt „Gebietskörperschaften" die Worte „politische Unterabteilungen oder lokale Körperschaften".

[1]) Schweiz: Siehe Fußnote 1 zu Art. 2

als nur in dem Staat ansässig, in dem sich der Ort ihrer tatsächlichen Geschäftsleitung befindet.

Art. 5 Betriebstätte

(1) Im Sinne dieses Abkommens bedeutet der Ausdruck „Betriebstätte" eine feste Geschäftseinrichtung, durch die die Tätigkeit eines Unternehmens ganz oder teilweise ausgeübt wird.

(2) Der Ausdruck „Betriebstätte" umfasst insbesondere:

a) einen Ort der Leitung,

b) eine Zweigniederlassung,

c) eine Geschäftsstelle,

d) eine Fabrikationsstätte,

e) eine Werkstätte und

f) ein Bergwerk, ein Öl- oder Gasvorkommen, einen Steinbruch oder eine andere Stätte der Ausbeutung von Bodenschätzen.

(3) Eine Bauausführung oder Montage ist nur dann eine Betriebstätte, wenn ihre Dauer zwölf Monate überschreitet.

(4) Ungeachtet der vorstehenden Bestimmungen dieses Artikels gelten nicht als Betriebstätten:

a) Einrichtungen, die ausschließlich zur Lagerung, Ausstellung oder Auslieferung von Gütern oder Waren des Unternehmens benutzt werden;

b) Bestände von Gütern oder Waren des Unternehmens, die ausschließlich zur Lagerung, Ausstellung oder Auslieferung unterhalten werden;

c) Bestände von Gütern oder Waren des Unternehmens, die ausschließlich zu dem Zweck unterhalten werden, durch ein anderes Unternehmen bearbeitet oder verarbeitet zu werden;

d) eine feste Geschäftseinrichtung, die ausschließlich zu dem Zweck unterhalten wird, für das Unternehmen Güter oder Waren einzukaufen oder Informationen zu beschaffen;

e) eine feste Geschäftseinrichtung, die ausschließlich zu dem Zweck unterhalten wird, für das Unternehmen andere Tätigkeiten auszuüben, die vorbereitender Art sind oder eine Hilfstätigkeit darstellen;

f) eine feste Geschäftseinrichtung, die ausschließlich zu dem Zweck unterhalten wird, mehrere der unter den Buchstaben a bis e genannten Tätigkeiten auszuüben, vorausgesetzt, dass die sich daraus ergebende Gesamttätigkeit der festen Geschäftseinrichtung vorbereitender Art ist oder eine Hilfstätigkeit darstellt.

(5) Ist eine Person — mit Ausnahme eines unabhängigen Vertreters im Sinne des Absatzes 6 — für ein Unternehmen tätig und besitzt sie in einem Vertragsstaat die Vollmacht, im Namen des Unternehmens Verträge abzuschließen, und übt sie die Vollmacht dort gewöhnlich aus, so wird das Unternehmen ungeachtet der Absätze 1 und 2 so behandelt, als habe es in diesem Staat für alle von der Person für das Unternehmen ausgeübten Tätigkeiten eine Betriebstätte, es sei denn, diese Tätigkeiten beschränken sich auf die in Absatz 4 genannten Tätigkeiten, die, würden sie durch eine feste Geschäftseinrichtung ausgeübt, diese Einrichtung nach dem genannten Absatz nicht zu einer Betriebstätte machten.

(6) Ein Unternehmen wird nicht schon deshalb so behandelt, als habe es eine Betriebstätte in einem Vertragsstaat, weil es dort seine Tätigkeit durch einen Makler, Kommissionär oder einen anderen unabhängigen Vertreter ausübt, sofern diese Personen im Rahmen ihrer ordentlichen Geschäftstätigkeit handeln.

(7) Allein dadurch, dass eine in einem Vertragsstaat ansässige Gesellschaft eine Gesellschaft beherrscht oder von einer Gesellschaft beherrscht wird, die im anderen Vertragsstaat ansässig ist oder dort (entweder durch eine Betriebstätte oder auf andere Weise) ihre Tätigkeit ausübt, wird keine der beiden Gesellschaften zur Betriebstätte der anderen.

Abschnitt III. Besteuerung des Einkommens

Art. 6 Einkünfte aus unbeweglichem Vermögen

(1) Einkünfte, die eine in einem Vertragsstaat ansässige Person aus unbeweglichem Vermögen (einschließlich der Einkünfte aus land- und forstwirtschaftlichen Betrieben) bezieht, das im anderen Vertragsstaat liegt, können[1]) im anderen Staat besteuert werden.

(2) Der Ausdruck „unbewegliches Vermögen" hat die Bedeutung, die ihm nach dem Recht des Vertragsstaats zukommt, in dem das Vermögen liegt. Der Ausdruck umfasst in jedem Fall das Zubehör[2]) zum unbeweglichen Vermögen, das lebende und tote Inventar land- und forstwirtschaftlicher Betriebe, die Rechte, für die die Vorschriften des Privatrechts über Grundstücke gelten, Nutzungsrechte an unbeweglichem Vermögen sowie Rechte auf veränderliche oder feste Vergütungen für die Ausbeutung oder das Recht auf Ausbeutung von Mineralvorkommen, Quellen und anderen Bodenschätzen; Schiffe und Luftfahrzeuge gelten nicht als unbewegliches Vermögen.

(3) Absatz 1 gilt für die Einkünfte aus der unmittelbaren Nutzung, der Vermietung oder Verpachtung sowie jeder anderen Art der Nutzung unbeweglichen Vermögens.

(4) Die Absätze 1 und 3 gelten auch für Einkünfte aus unbeweglichem Vermögen eines Unternehmens.

Art. 7 Unternehmensgewinne

(1) Gewinne eines Unternehmens eines Vertragsstaats können[3]) nur in diesem Staat besteuert werden, es sei denn, das Unternehmen übt seine Geschäftstätigkeit im anderen Vertragsstaat durch eine dort gelegene Betriebstätte aus. Übt das Unternehmen seine Geschäftstätigkeit auf diese Weise aus, so können[3]) die Gewinne des Unternehmens in dem anderen Staat besteuert werden, jedoch nur insoweit, als sie dieser Betriebstätte zugerechnet werden können.

(2) Übt ein Unternehmen eines Vertragsstaats seine Geschäftstätigkeit im anderen Vertragsstaat durch eine dort gelegene Betriebstätte aus, so werden vorbehaltlich des Absatzes 3 in jedem Vertragsstaat dieser Betriebstätte die Gewinne zugerechnet, die sie hätte erzielen können, wenn sie eine gleiche oder ähnliche Geschäftstätigkeit unter gleichen oder ähnlichen Bedingungen als selbständiges Unternehmen ausgeübt hätte und im Verkehr mit dem Unternehmen, dessen Betriebstätte sie ist, völlig unabhängig gewesen wäre.

---

[1]) Österreich: Statt „können" oder „kann" die Worte „dürfen" oder „darf".
[2]) Schweiz: Statt „das Zubehör" die Worte „die Zugehör".
[3]) Österreich: Siehe Fußnote 1 zu Art. 6.

(3) Bei der Ermittlung der Gewinne einer Betriebstätte werden die für diese Betriebstätte entstandenen Aufwendungen, einschließlich der Geschäftsführungs- und allgemeinen Verwaltungskosten, zum Abzug zugelassen, gleichgültig, ob sie in dem Staat, in dem die Betriebstätte liegt, oder anderswo entstanden sind.

(4) Soweit es in einem Vertragsstaat üblich ist, die einer Betriebstätte zuzurechnenden Gewinne durch Aufteilung der Gesamtgewinne des Unternehmens auf seine einzelnen Teile zu ermitteln, schließt Absatz 2 nicht aus, dass dieser Vertragsstaat die zu besteuernden Gewinne nach der üblichen Aufteilung ermittelt; die gewählte Gewinnaufteilung muss jedoch derart sein, dass das Ergebnis mit den Grundsätzen dieses Artikels übereinstimmt.

(5) Aufgrund des bloßen Einkaufs von Gütern oder Waren für das Unternehmen wird einer Betriebstätte kein Gewinn zugerechnet.

(6) Bei der Anwendung der vorstehenden Absätze sind die der Betriebstätte zuzurechnenden Gewinne jedes Jahr auf dieselbe Art zu ermitteln, es sei denn, dass ausreichende Gründe dafür bestehen, anders zu verfahren.

(7) Gehören zu den Gewinnen Einkünfte, die in anderen Artikeln dieses Abkommens behandelt werden, so werden die Bestimmungen jener Artikel durch die Bestimmungen dieses Artikels nicht berührt.

Art. 8 Seeschifffahrt, Binnenschifffahrt und Luftfahrt

(1) Gewinne aus dem Betrieb von Seeschiffen oder Luftfahrzeugen im internationalen Verkehr können[1]) nur in dem Vertragsstaat besteuert werden, in dem sich der Ort der tatsächlichen Geschäftsleitung des Unternehmens befindet.

(2) Gewinne aus dem Betrieb von Schiffen, die der Binnenschifffahrt dienen, können[1]) nur in dem Vertragsstaat besteuert werden, in dem sich der Ort der tatsächlichen Geschäftsleitung des Unternehmens befindet.

(3) Befindet sich der Ort der tatsächlichen Geschäftsleitung eines Unternehmens der See- oder Binnenschifffahrt an Bord eines Schiffes, so gilt er als in dem Vertragsstaat gelegen, in dem der Heimathafen des Schiffes liegt, oder, wenn kein Heimathafen vorhanden ist, in dem Vertragsstaat, in dem die Person ansässig ist, die das Schiff betreibt.

(4) Absatz 1 gilt auch für Gewinne aus der Beteiligung an einem Pool, einer Betriebsgemeinschaft oder einer internationalen Betriebsstelle.

Art. 9 Verbundene Unternehmen

(1) Wenn

a) ein Unternehmen eines Vertragsstaats unmittelbar oder mittelbar an der Geschäftsleitung, der Kontrolle oder dem Kapital eines Unternehmens des anderen Vertragsstaats beteiligt ist oder

b) dieselben Personen unmittelbar oder mittelbar an der Geschäftsleitung, der Kontrolle oder dem Kapital eines Unternehmens eines Vertragsstaats und eines Unternehmens des anderen Vertragsstaats beteiligt sind

und in diesen Fällen die beiden Unternehmen in ihren kaufmännischen oder finanziellen Beziehungen an vereinbarte oder auferlegte Bedingungen gebunden sind,

die von denen abweichen, die unabhängige Unternehmen miteinander vereinbaren würden, so dürfen die Gewinne, die eines der Unternehmen ohne diese Bedingungen erzielt hätte, wegen dieser Bedingungen aber nicht erzielt hat, den Gewinnen dieses Unternehmens zugerechnet und entsprechend besteuert werden.

(2) Werden in einem Vertragsstaat den Gewinnen eines Unternehmens dieses Staates Gewinne zugerechnet — und entsprechend besteuert —, mit denen ein Unternehmen des anderen Vertragsstaats in diesem Staat besteuert worden ist, und handelt es sich bei den zugerechneten Gewinnen um solche, die das Unternehmen des erstgenannten Staates erzielt hätte, wenn die zwischen den beiden Unternehmen vereinbarten Bedingungen die gleichen gewesen wären, die unabhängige Unternehmen miteinander vereinbaren würden, so nimmt der andere Staat eine entsprechende Änderung der dort von diesen Gewinnen erhobenen Steuer vor. Bei dieser Änderung sind die übrigen Bestimmungen dieses Abkommens zu berücksichtigen; erforderlichenfalls werden die zuständigen Behörden der Vertragsstaaten einander konsultieren.

Art. 10 Dividenden

(1) Dividenden, die eine in einem Vertragsstaat ansässige Gesellschaft an eine in einem anderen Vertragsstaat ansässige Person zahlt, können[1]) im anderen Staat besteuert werden.

(2) Diese Dividenden können[1]) jedoch auch in dem Vertragsstaat, in dem die die Dividenden zahlende Gesellschaft ansässig ist, nach dem Recht dieses Staates besteuert werden; die Steuer darf aber, wenn der Nutzungsberechtigte der Dividenden eine in dem anderen Vertragsstaat ansässige Person ist, nicht übersteigen:

a) 5 v. H. des Bruttobetrages der Dividenden, wenn der Nutzungsberechtigte eine Gesellschaft (jedoch keine Personengesellschaft) ist, die unmittelbar über mindestens 25 v. H. des Kapitals der die Dividenden zahlenden Gesellschaft verfügt;

b) 15 v. H. des Bruttobetrags der Dividenden in allen anderen Fällen.

Die zuständigen Behörden der Vertragsstaaten regeln in gegenseitigem Einvernehmen, wie diese Begrenzungsbestimmungen durchzuführen sind. Dieser Absatz berührt nicht die Besteuerung der Gesellschaft in Bezug auf die Gewinne, aus denen die Dividenden gezahlt werden.

(3) Der in diesem Artikel verwendete Ausdruck „Dividenden" bedeutet Einkünfte aus Aktien, Genussaktien[2]) oder Genussscheinen, Kuxen, Gründeranteilen oder anderen Rechten — ausgenommen Forderungen — mit Gewinnbeteiligung sowie sonstige Gesellschaftsanteilen stammende Einkünfte, die nach dem Recht des Staates, in dem die ausschüttende Gesellschaft ansässig ist, den Einkünften aus Aktien steuerlich gleichgestellt sind.

(4) Die Absätze 1 und 2 sind nicht anzuwenden, wenn der in einem Vertragsstaat ansässige Nutzungsberechtigte im anderen Vertragsstaat, in dem die die Dividenden zahlende Gesellschaft ansässig ist, eine Geschäftstätigkeit durch eine dort gelegene Betriebstätte ausübt und die Beteiligung, für die die Dividenden gezahlt wer-

---

[1]) Österreich: Siehe Fußnote 1 zu Art. 6.

[2]) Bundesrepublik Deutschland: Statt „Genussaktien" das Wort „Genussrechten".

den, tatsächlich zu dieser Betriebstätte gehört. In diesem Fall ist Artikel 7 anzuwenden.

(5) Bezieht eine in einem Vertragsstaat ansässige Gesellschaft Gewinne oder Einkünfte aus dem anderen Vertragsstaat, so darf dieser andere Staat weder die von der Gesellschaft gezahlten Dividenden besteuern, es sei denn, dass diese Dividenden an eine im anderen Staat ansässige Person gezahlt werden oder dass die Beteiligung, für die die Dividenden gezahlt werden, tatsächlich zu einer im anderen Staat gelegenen Betriebstätte gehört, noch Gewinne der Gesellschaft einer Steuer für nicht ausgeschüttete Gewinne unterwerfen, selbst wenn die gezahlten Dividenden oder die nicht ausgeschütteten Gewinne ganz oder teilweise aus im anderen Staat erzielten Gewinnen oder Einkünften bestehen.

Art. 11 Zinsen

(1) Zinsen, die aus einem Vertragsstaat stammen und an eine im anderen Vertragsstaat ansässige Person gezahlt werden, können[1]) im anderen Staat besteuert werden.

(2) Diese Zinsen können[1]) jedoch auch in dem Vertragsstaat, aus dem sie stammen, nach dem Recht dieses Staates besteuert werden; die Steuer darf aber, wenn der Nutzungsberechtigte der Zinsen eine in dem anderen Vertragsstaat ansässige Person ist, 10 v. H. des Bruttobetrags der Zinsen nicht übersteigen. Die zuständigen Behörden der Vertragsstaaten regeln in gegenseitigem Einvernehmen, wie diese Begrenzungsbestimmung durchzuführen ist.

(3) Der in diesem Artikel verwendete Ausdruck „Zinsen" bedeutet Einkünfte aus Forderungen jeder Art, auch wenn die Forderungen durch Pfandrechte an Grundstücken gesichert oder mit einer Beteiligung am Gewinn des Schuldners ausgestattet sind, und insbesondere Einkünfte aus öffentlichen Anleihen und aus Obligationen einschließlich der damit verbundenen Aufgelder und der Gewinne aus Losanleihen. Zuschläge für verspätete Zahlung gelten nicht als Zinsen im Sinne dieses Artikels.

(4) Die Absätze 1 und 2 sind nicht anzuwenden, wenn der in einem Vertragsstaat ansässige Nutzungsberechtigte im anderen Vertragsstaat, aus dem die Zinsen stammen, eine Geschäftätigkeit durch eine dort gelegene Betriebstätte ausübt und die Forderung, für die die Zinsen gezahlt werden, tatsächlich zu dieser Betriebstätte gehört. In diesem Fall ist Artikel 7 anzuwenden.

(5) Zinsen gelten dann als aus einem Vertragsstaat stammend, wenn der Schuldner eine in diesem Staat ansässige Person ist. Hat aber der Schuldner der Zinsen, ohne Rücksicht darauf, ob er in einem Vertragsstaat ansässig ist oder nicht, in einem Vertragsstaat eine Betriebstätte und ist die Schuld, für die die Zinsen gezahlt werden, für Zwecke der Betriebstätte eingegangen worden und trägt die Betriebstätte die Zinsen, so gelten die Zinsen als aus dem Staat stammend, in dem die Betriebstätte liegt.

(6) Bestehen zwischen dem Schuldner und dem Nutzungsberechtigten oder zwischen jedem von ihnen und einem Dritten besondere Beziehungen und übersteigen deshalb die Zinsen, gemessen an der zugrunde liegenden Forderung, den Betrag, den Schuldner und Nutzungsberechtigter ohne diese Beziehungen vereinbart

hätten, so wird dieser Artikel nur auf den letzteren Betrag angewendet. In diesem Fall kann der übersteigende Betrag nach dem Recht eines jeden Vertragsstaats und unter Berücksichtigung der anderen Bestimmungen dieses Abkommens besteuert werden.

Art. 12 Lizenzgebühren

(1) Lizenzgebühren, die aus einem Vertragsstaat stammen und deren Nutzungsberechtigter eine im anderen Vertragsstaat ansässige Person ist, können[1]) nur im anderen Staat besteuert werden.

(2) Der in diesem Artikel verwendete Ausdruck „Lizenzgebühren" bedeutet Vergütungen jeder Art, die für die Benutzung oder für das Recht auf Benutzung von Urheberrechten an literarischen, künstlerischen oder wissenschaftlichen Werken, einschließlich kinematographischer Filme, von Patenten, Marken[2]), Mustern oder Modellen, Plänen, geheimen Formeln oder Verfahren oder für die Mitteilung gewerblicher, kaufmännischer oder wissenschaftlicher Erfahrungen gezahlt werden.

(3) Absatz 1 ist nicht anzuwenden, wenn der in einem Vertragsstaat ansässige Nutzungsberechtigte im anderen Vertragsstaat, aus dem die Lizenzgebühren stammen, eine Geschäftstätigkeit durch eine dort gelegene Betriebstätte ausübt und die Rechte oder Vermögenswerte, für die die Lizenzgebühren gezahlt werden, tatsächlich zu dieser Betriebstätte gehören. In diesem Fall ist Artikel 7 anzuwenden.

(4) Bestehen zwischen dem Schuldner und dem Nutzungsberechtigten oder zwischen jedem von ihnen und einem Dritten besondere Beziehungen und übersteigen deshalb die Lizenzgebühren, gemessen an der zugrunde liegenden Leistung, den Betrag, den Schuldner und Nutzungsberechtigter ohne diese Beziehungen vereinbart hätten, so wird dieser Artikel nur auf den letzteren Betrag angewendet. In diesem Fall kann der übersteigende Betrag nach dem Recht eines jeden Vertragsstaats und unter Berücksichtigung der anderen Bestimmungen dieses Abkommens besteuert werden.

Art. 13 Gewinne aus der Veräußerung von Vermögen

(1) Gewinne, die eine in einem Vertragsstaat ansässige Person aus der Veräußerung unbeweglichen Vermögens im Sinne des Artikels 6 bezieht, das im anderen Vertragsstaat liegt, können[1]) im anderen Staat besteuert werden.

(2) Gewinne aus der Veräußerung beweglichen Vermögens, das Betriebsvermögen einer Betriebstätte ist, die ein Unternehmen eines Vertragsstaats im anderen Vertragsstaat hat, einschließlich derartiger Gewinne, die bei der Veräußerung einer solchen Betriebstätte (allein oder mit dem übrigen Unternehmen) erzielt werden, können[1]) im anderen Staat besteuert werden.

(3) Gewinne aus der Veräußerung von Seeschiffen oder Luftfahrzeugen, die im internationalen Verkehr betrieben werden, von Schiffen, die der Binnenschifffahrt dienen, und von beweglichem Vermögen, das dem Betrieb dieser Schiffe oder Luftfahrzeuge dient, können[1]) nur in dem Vertragsstaat besteuert werden, in dem sich der Ort der tatsächlichen Geschäftsleitung des Unternehmens befindet.

(4) Gewinne aus der Veräußerung des in den Absätzen 1, 2 und 3 nicht genannten Vermögens können[1]) nur

---

[1]) Österreich: Siehe Fußnote 1 zu Art. 6.

[2]) Bundesrepublik Deutschland: Statt „Marken" das Wort „Warenzeichen".

In dem Vertragsstaat besteuert werden, in dem der Veräußerer ansässig ist.

Art. 14 Selbständige Arbeit

[aufgehoben]

Art. 15 Einkünfte aus unselbständiger Arbeit

(1) Vorbehaltlich der Artikel 16, 18 und 19 können[1]) Gehälter, Löhne und ähnliche Vergütungen, die eine in einem Vertragsstaat ansässige Person aus unselbständiger Arbeit bezieht, nur in diesem Staat besteuert werden, es sei denn, die Arbeit wird im anderen Vertragsstaat ausgeübt. Wird die Arbeit dort ausgeübt, so können[1]) die dafür bezogenen Vergütungen im anderen Staat besteuert werden.

(2) Ungeachtet des Absatzes 1 können[1]) Vergütungen, die eine in einem Vertragsstaat ansässige Person für eine im anderen Vertragsstaat ausgeübte unselbständige Arbeit bezieht, nur im erstgenannten Staat besteuert werden, wenn

a) der Empfänger sich im anderen Staat insgesamt nicht länger als 183 Tage innerhalb eines Zeitraums von zwölf Monaten, der während des betreffenden Steuerjahres beginnt oder endet, aufhält und

b) die Vergütungen von einem Arbeitgeber oder für einen Arbeitgeber gezahlt werden, der nicht im anderen Staat ansässig ist, und

c) die Vergütungen nicht von einer Betriebstätte getragen werden, die der Arbeitgeber im anderen Staat hat.

(3) Ungeachtet der vorstehenden Bestimmungen dieses Artikels können[1]) Vergütungen für unselbständige Arbeit, die an Bord eines Seeschiffes oder Luftfahrzeuges, das im internationalen Verkehr betrieben wird, oder an Bord eines Schiffes, das der Binnenschifffahrt dient, ausgeübt wird, in dem Vertragsstaat besteuert werden, in dem sich der Ort der tatsächlichen Geschäftsleitung des Unternehmens befindet.

Art. 16 Aufsichtsrats- und Verwaltungsratsvergütungen

Aufsichtsrats- und Verwaltungsratsvergütungen und ähnliche Zahlungen, die eine in einem Vertragsstaat ansässige Person in ihrer Eigenschaft als Mitglied des Aufsichts- oder Verwaltungsrats einer Gesellschaft bezieht, die im anderen Vertragsstaat ansässig ist, können[1]) im anderen Staat besteuert werden.

Art. 17 Künstler und Sportler

(1) Ungeachtet der Artikel 7 und 15 können[1]) Einkünfte, die eine in einem Vertragsstaat ansässige Person als Künstler, wie Bühnen-, Film-, Rundfunk- und Fernsehkünstler sowie Musiker, oder als Sportler aus ihrer im anderen Vertragsstaat persönlich ausgeübten Tätigkeit bezieht, im anderen Staat besteuert werden.

(2) Fließen Einkünfte aus einer von einem Künstler oder Sportler in dieser Eigenschaft persönlich ausgeübten Tätigkeit nicht dem Künstler oder Sportler selbst, sondern einer anderen Person zu, so können[1]) diese Einkünfte ungeachtet der Artikel 7 und 15 in dem Vertragsstaat besteuert werden, in dem der Künstler oder Sportler seine Tätigkeit ausübt.

Art. 18 Ruhegehälter

Vorbehaltlich des Artikels 19 Absatz 2 können[1]) Ruhegehälter und ähnliche Vergütungen, die einer in einem Vertragsstaat ansässigen Person für frühere unselbständige Arbeit gezahlt werden, nur in diesem Staat besteuert werden.

Art. 19 Öffentlicher Dienst

(1) a) Gehälter, Löhne und ähnliche Vergütungen, ausgenommen Ruhegehälter, die von einem Vertragsstaat oder einer seiner Gebietskörperschaften[2]) an eine natürliche Person für die diesen Staat oder der Gebietskörperschaft[2]) geleisteten Dienste gezahlt werden, können[1]) nur in diesem Staat besteuert werden.

    b) Diese Gehälter, Löhne und ähnlichen Vergütungen können[1]) jedoch nur im anderen Vertragsstaat besteuert werden, wenn die Dienste in diesem Staat geleistet werden und die natürliche Person in diesem Staat ansässig ist und

      i) ein Staatsangehöriger dieses Staates ist oder

      ii) nicht ausschließlich deshalb in diesem Staat ansässig geworden ist, um die Dienste zu leisten.

(2) a) Ruhegehälter, die von einem Vertragsstaat oder einer seiner Gebietskörperschaften[2]) oder aus einem von diesem Staat oder der Gebietskörperschaft[2]) errichteten Sondervermögen an eine natürliche Person für die diesem Staat oder der Gebietskörperschaft[2]) geleisteten Dienste gezahlt werden, können[1]) nur in diesem Staat besteuert werden.

    b) Diese Ruhegehälter können[1]) jedoch nur im anderen Vertragsstaat besteuert werden, wenn die natürliche Person in diesem Staat ansässig ist und ein Staatsangehöriger dieses Staates ist.

(3) Auf Gehälter, Löhne und ähnliche Vergütungen und Ruhegehälter für Dienstleistungen, die im Zusammenhang mit einer gewerblichen Tätigkeit eines Vertragsstaates oder einer seiner Gebietskörperschaften[2]) erbracht werden, sind die Artikel 15, 16, 17 oder 18 anzuwenden.

Art. 20 Studenten

Zahlungen, die ein Student, Praktikant oder Lehrling, der sich in einem Vertragsstaat ausschließlich zum Studium oder zur Ausbildung aufhält und der im anderen Vertragsstaat ansässig ist oder dort unmittelbar vor der Einreise in dem erstgenannten Staat ansässig war, für seinen Unterhalt, sein Studium oder seine Ausbildung erhält, dürfen im erstgenannten Staat nicht besteuert werden, sofern diese Zahlungen aus Quellen außerhalb dieses Staates stammen.

Art. 21 Andere Einkünfte

(1) Einkünfte einer in einem Vertragsstaat ansässigen Person, die in den vorstehenden Artikeln nicht behandelt wurden, können[1]) ohne Rücksicht auf ihre Herkunft nur in diesem Staat besteuert werden.

(2) Absatz 1 ist auf andere Einkünfte als solche aus unbeweglichem Vermögen im Sinne des Artikels 6 Absatz 2 nicht anzuwenden, wenn der in einem Vertragsstaat ansässige Empfänger im anderen Vertragsstaat ei-

---

[1]) Österreich: Siehe Fußnote 1 zu Art. 6.

[2]) Schweiz: Siehe Fußnote 1 zu Art. 2.

ne Geschäftstätigkeit durch eine dort gelegene Betriebstätte ausübt und die Rechte oder Vermögenswerte, für die die Einkünfte gezahlt werden, tatsächlich zu dieser Betriebstätte gehören. In diesem Fall ist Artikel 7 anzuwenden.

Abschnitt IV. Besteuerung des Vermögens

Art. 22 Vermögen

(1) Unbewegliches Vermögen im Sinne des Artikels 6, das einer in einem Vertragsstaat ansässigen Person gehört und im anderen Vertragsstaat liegt, kann[1]) im anderen Staat besteuert werden.

(2) Bewegliches Vermögen, das Betriebsvermögen einer Betriebstätte ist, die ein Unternehmen eines Vertragsstaates im anderen Vertragsstaat hat, kann[1]) im anderen Staat besteuert werden.

(3) Seeschiffe und Luftfahrzeuge, die im internationalen Verkehr betrieben werden, und Schiffe, die der Binnenschifffahrt dienen, sowie bewegliches Vermögen, das dem Betrieb dieser Schiffe oder Luftfahrzeuge dient, können[1]) nur in dem Vertragsstaat besteuert werden, in dem sich der Ort der tatsächlichen Geschäftsleitung des Unternehmens befindet.

(4) Alle anderen Vermögensteile einer in einem Vertragsstaat ansässigen Person können[1]) nur in diesem Staat besteuert werden.

Abschnitt V. Methoden zur Vermeidung der Doppelbesteuerung

Art. 23 A Befreiungsmethode

(1) Bezieht eine in einem Vertragsstaat ansässige Person Einkünfte oder hat sie Vermögen und können[1]) diese Einkünfte oder dieses Vermögen nach diesem Abkommen im anderen Vertragsstaat besteuert werden, so nimmt der erstgenannte Staat vorbehaltlich der Absätze 2 und 3 diese Einkünfte oder dieses Vermögen von der Besteuerung aus.

(2) Bezieht eine in einem Vertragsstaat ansässige Person Einkünfte, die nach den Artikeln 10 und 11 im anderen Vertragsstaat besteuert werden können[1]), so rechnet der erstgenannte Staat auf die vom Einkommen dieser Person zu erhebende Steuer den Betrag an, der der im anderen Staat gezahlten Steuer entspricht. Der anzurechnende Betrag darf jedoch den Teil der von der Anrechnung ermittelten Steuer nicht übersteigen, der auf die aus dem anderen Staat bezogenen Einkünfte entfällt.

(3) Einkünfte oder Vermögen einer in einem Vertragsstaat ansässigen Person, die nach dem Abkommen von der Besteuerung in diesem Staat auszunehmen sind, können[1]) gleichwohl in diesem Staat bei der Festsetzung der Steuer für das übrige Einkommen oder Vermögen der Person einbezogen werden.

(4) Absatz 1 gilt nicht für Einkünfte oder Vermögen einer in einem Vertragsstaat ansässigen Person, wenn der andere Vertragsstaat dieses Abkommen so anwendet, dass er diese Einkünfte oder dieses Vermögen von der Besteuerung ausnimmt oder Absatz 2 des Artikels 10 oder des Artikels 11 auf diese Einkünfte anwendet.

Art. 23 B Anrechnungsmethode

(1) Bezieht eine in einem Vertragsstaat ansässige Person Einkünfte oder hat sie Vermögen und können[1]) diese Einkünfte oder dieses Vermögen nach diesem Abkommen im anderen Vertragsstaat besteuert werden, so rechnet der erstgenannte Staat

a) auf die vom Einkommen dieser Person zu erhebende Steuer den Betrag an, der der im anderen Staat gezahlten Steuer vom Einkommen entspricht;

b) auf die vom Vermögen dieser Person zu erhebende Steuer den Betrag an, der der in dem anderen Vertragsstaat gezahlten Steuer vom Vermögen entspricht.

Der anzurechnende Betrag darf jedoch in beiden Fällen den Teil der vor der Anrechnung ermittelten Steuer vom Einkommen oder vom Vermögen nicht übersteigen, der auf die Einkünfte, die im anderen Staat besteuert werden können[1]) oder auf das Vermögen, das dort besteuert werden kann[1]), entfällt.

(2) Einkünfte oder Vermögen einer in einem Vertragsstaat ansässigen Person, die nach dem Abkommen von der Besteuerung in diesem Staat auszunehmen sind, können[1]) gleichwohl in diesem Staat bei der Festsetzung der Steuer für das übrige Einkommen oder Vermögen der Person einbezogen werden.

Abschnitt VI. Besondere Bestimmungen

Art. 24 Gleichbehandlung

(1) Staatsangehörige eines Vertragsstaats dürfen im anderen Vertragsstaat keiner Besteuerung oder damit zusammenhängenden Verpflichtungen unterworfen werden, die anders oder belastender ist als die Besteuerung und die damit zusammenhängenden Verpflichtungen, denen Staatsangehörige des anderen Staates bei gleichen Verhältnissen, insbesondere hinsichtlich der Ansässigkeit, unterworfen sind oder unterworfen werden können. Diese Bestimmung gilt ungeachtet des Artikels 1 auch für Personen, die in keinem Vertragsstaat ansässig sind.

(2) Staatenlose, die in einem Vertragsstaat ansässig sind, dürfen in keinem Vertragsstaat einer Besteuerung oder damit zusammenhängenden Verpflichtungen unterworfen werden, die anders oder belastender ist als die Besteuerung und die damit zusammenhängenden Verpflichtungen, denen Staatsangehörige des betreffenden Staates unter gleichen Verhältnissen, insbesondere hinsichtlich der Ansässigkeit, unterworfen sind oder unterworfen werden können.

(3) Die Besteuerung einer Betriebstätte, die ein Unternehmen eines Vertragsstaats im anderen Vertragsstaat hat, darf in dem anderen Staat nicht ungünstiger sein als die Besteuerung von Unternehmen des anderen Staates, die die gleiche Tätigkeit ausüben. Diese Bestimmung ist nicht so auszulegen, als verpflichte sie einen Vertragsstaat, den in dem anderen Vertragsstaat ansässigen Personen Steuerfreibeträge, -vergünstigungen und -ermäßigungen aufgrund des Personenstandes oder der Familienlasten zu gewähren, die er seinen ansässigen Personen gewährt.

(4) Sofern nicht Artikel 9 Absatz 1, Artikel 11 Absatz 6 oder Artikel 12 Absatz 4 anzuwenden ist, sind Zinsen, Lizenzgebühren und andere Entgelte, die ein Unternehmen eines Vertragsstaats an eine im anderen Vertragsstaat ansässige Person zahlt, bei der Ermittlung der

---

[1]) Österreich: Siehe Fußnote 1 zu Art. 6.

steuerpflichtigen Gewinne dieses Unternehmens unter den gleichen Bedingungen wie Zahlungen an eine im erstgenannten Staat ansässige Person zum Abzug zuzulassen. Dementsprechend sind Schulden, die ein Unternehmen eines Vertragsstaats gegenüber einer im anderen Vertragsstaat ansässigen Person hat, bei der Ermittlung des steuerpflichtigen Vermögens dieses Unternehmens unter den gleichen Bedingungen wie Schulden gegenüber einer im erstgenannten Staat ansässigen Person zum Abzug zuzulassen.

(5) Unternehmen eines Vertragsstaats, deren Kapital ganz oder teilweise unmittelbar oder mittelbar einer im anderen Vertragsstaat ansässigen Person oder mehreren solchen Personen gehört oder ihrer Kontrolle unterliegt, dürfen im erstgenannten Staat keiner Besteuerung noch damit zusammenhängenden Verpflichtungen unterworfen werden, die anders oder belastender ist als die Besteuerung und die damit zusammenhängenden Verpflichtungen, denen andere ähnliche Unternehmen des erstgenannten Staates unterworfen sind oder unterworfen werden können.

(6) Dieser Artikel gilt ungeachtet des Artikels 2 für Steuern jeder Art und Bezeichnung.

Art. 25 Verständigungsverfahren

(1) Ist eine Person der Auffassung, dass Maßnahmen eines Vertragsstaats oder beider Vertragsstaaten für sie zu einer Besteuerung führen oder führen werden, die diesem Abkommen nicht entspricht, so kann sie unbeschadet der nach dem innerstaatlichen Recht dieser Staaten vorgesehenen Rechtsmittel ihren Fall der zuständigen Behörde des Vertragsstaats, in dem sie ansässig ist, oder, sofern ihr Fall von Artikel 24 Absatz 1 erfasst wird, der zuständigen Behörde des Vertragsstaats unterbreiten, dessen Staatsangehöriger sie ist. Der Fall muss innerhalb von drei Jahren nach der ersten Mitteilung der Maßnahme unterbreitet werden, die zu einer dem Abkommen nicht entsprechenden Besteuerung führt.

(2) Hält die zuständige Behörde die Einwendung für unbegründet und ist sie selbst nicht in der Lage, eine befriedigende Lösung herbeizuführen, so wird sie sich bemühen, den Fall durch Verständigung mit der zuständigen Behörde des anderen Vertragsstaates so zu regeln, dass eine dem Abkommen nicht entsprechende Besteuerung vermieden wird. Die Verständigungsregelung ist ungeachtet der Fristen des innerstaatlichen Rechts der Vertragsstaaten durchzuführen.

(3) Die zuständigen Behörden der Vertragsstaaten werden sich bemühen, Schwierigkeiten oder Zweifel, die bei der Auslegung oder Anwendung des Abkommens entstehen, in gegenseitigem Einvernehmen zu beseitigen. Sie können auch gemeinsam darüber beraten, wie eine Doppelbesteuerung in Fällen vermieden werden kann, die im Abkommen nicht behandelt sind.

(4) Die zuständigen Behörden der Vertragsstaaten können zur Herbeiführung einer Einigung im Sinne der vorstehenden Absätze unmittelbar miteinander verkehren, gegebenenfalls auch durch eine aus ihnen oder ihren Vertretern bestehende gemeinsame Kommission.

Art. 26 Informationsaustausch

(1) Die zuständigen Behörden der Vertragsstaaten tauschen die Informationen aus, die zur Durchführung dieses Abkommens oder des innerstaatlichen Rechts betreffend Steuern jeder Art und Bezeichnung, die für

Rechnung der Vertragsstaaten oder ihrer Gebietskörperschaften erhoben werden, erforderlich sind, soweit die diesem Recht entsprechende Besteuerung nicht dem Abkommen widerspricht. Der Informationsaustausch ist durch Artikel 1 nicht eingeschränkt. Alle Informationen, die ein Vertragsstaat erhalten hat, sind ebenso geheim zu halten wie die aufgrund des innerstaatlichen Rechts dieses Staates beschafften Informationen und dürfen nur den Personen oder Behörden (einschließlich der Gerichte und der Verwaltungsbehörden) zugänglich gemacht werden, die mit der Veranlagung oder Erhebung, der Vollstreckung oder Strafverfolgung oder mit der Entscheidung von Rechtsmitteln hinsichtlich der in Satz 1 genannten Steuern befasst sind. Diese Personen oder Behörden dürfen die Informationen nur für diese Zwecke verwenden. Sie dürfen die Informationen in einem öffentlichen Gerichtsverfahren oder in einer Gerichtsentscheidung offen legen.

(2) Absatz 1 ist nicht so auszulegen, als verpflichte er einen Vertragsstaat,

a) Verwaltungsmaßnahmen durchzuführen, die von den Gesetzen oder der Verwaltungspraxis dieses oder des anderen Vertragsstaats abweichen;

b) Informationen zu erteilen, die nach den Gesetzen oder im üblichen Verwaltungsverfahren dieses oder des anderen Vertragsstaats nicht beschafft werden können;

c) Informationen zu erteilen, die ein Handels-, Industrie-, Gewerbe- oder Berufsgeheimnis oder ein Geschäftsverfahren preisgeben würden oder deren Erteilung dem Ordre public[1]) widerspräche.

Art. 27 Diplomaten und Konsularbeamte

Dieses Abkommen berührt nicht die steuerlichen Vorrechte, die den Diplomaten und Konsularbeamten nach den allgemeinen Regeln des Völkerrechts oder auf Grund besonderer Übereinkünfte zustehen.

Art. 28 Ausdehnung[2]) des räumlichen Geltungsbereichs

(1) Dieses Abkommen kann entweder als Ganzes oder mit den erforderlichen Änderungen [auf jeden Teil des Hoheitsgebiets (des Staates A) oder (des Staates B), der ausdrücklich von der Anwendung des Abkommens ausgeschlossen ist, oder][3]) auf jeden anderen Staat oder jedes andere Hoheitsgebiet ausgedehnt[2]) werden, dessen internationale Beziehungen von (Staat A) oder (Staat B) wahrgenommen werden und in dem Steuern erhoben werden, die im Wesentlichen den Steuern ähnlich sind, für die das Abkommen gilt. Eine solche Ausdehnung[2]) wird von dem Zeitpunkt an und mit den Änderungen und Bedingungen, einschließlich der Bedingungen für die Beendigung, wirksam, die zwischen den Vertragsstaaten durch auf diplomatischem Weg auszutauschende Noten oder auf andere, den Verfassungen dieser Staaten entsprechende Weise vereinbart werden.

(2) Haben die beiden Vertragsstaaten nichts anderes vereinbart, so wird mit der Kündigung durch einen Vertragsstaat nach Artikel 30 die Anwendung des Abkom-

---

[1]) Bundesrepublik Deutschland: Statt „dem Ordre public" die Worte „der öffentlichen Ordnung".

[2]) Bundesrepublik Deutschland: Statt „Ausdehnung" das Wort „Erstreckung"; statt „ausgedehnt" das Wort „erstreckt".

[3]) Die Worte in eckigen Klammern gelten, wenn das Abkommen aufgrund einer besonderen Bestimmung für einen Teil des Hoheitsgebiets eines Vertragsstaats nicht anzuwenden ist.

mens in der in jenem Artikel vorgesehenen Weise auch [für jeden Teil des Hoheitsgebiets (des Staates A) oder (des Staates B) oder] für Staaten oder Hoheitsgebiete beendet, auf die das Abkommen nach diesem Artikel ausgedehnt[1]) worden ist.

Abschnitt VII. Schlussbestimmungen

Art. 29 Inkrafttreten

(1) Dieses Abkommen bedarf der Ratifikation; die Ratifikationsurkunden werden sobald wie möglich in ... ausgetauscht.

(2) Das Abkommen tritt mit dem Austausch der Ratifikationsurkunden in Kraft und seine Bestimmungen finden Anwendung

---

[1]) Bundesrepublik Deutschland: Statt „Ausdehnung" das Wort „Erstreckung"; statt „ausgedehnt" das Wort „erstreckt".

a) (in Staat A): ...

b) (in Staat B): ...

Art. 30 Kündigung

Dieses Abkommen bleibt in Kraft, solange es nicht von einem Vertragsstaat gekündigt wird. Jeder Vertragsstaat kann nach dem Jahr ... das Abkommen auf diplomatischem Weg unter Einhaltung einer Frist von mindestens sechs Monaten zum Ende eines Kalenderjahres kündigen. In diesem Fall findet das Abkommen nicht mehr Anwendung

a) (in Staat A): ...

b) (in Staat B): ...

Schlussklausel

Anmerkung: Die Schlussklausel über die Unterzeichnung richtet sich nach den verfassungsrechtlichen Verfahren der beiden Vertragsstaaten.

Doppelbesteuerung

Bundesministerium der Finanzen   Berlin, 18. Januar 2002

IV B 6 — S 1300 — 155/01

Oberste Finanzbehörden
der L ä n d e r

nachrichtlich:

Vertretungen der Länder
beim Bund

Bundesministerien

Bundesamt für Finanzen

Stand der Doppelbesteuerungsabkommen und der Doppelbesteuerungsverhandlungen am 1. Januar 2002

1 Anlage

Hiermit übersende ich eine Übersicht über den gegenwärtigen Stand der Doppelbesteuerungsabkommen und der Abkommensverhandlungen.

Wie die Übersicht zeigt, werden verschiedene der angeführten Abkommen nach ihrem In-Kraft-Treten rückwirkend anzuwenden sein. Ich wäre dankbar, wenn Sie die Finanzämter anweisen würden, Steuerfestsetzungen in geeigneten Fällen vorläufig durchzuführen, wenn ungewiss ist, ob und wann ein Abkommen wirksam wird, das sich zugunsten des Steuerschuldners auswirken wird. Umfang und Grund der Vorläufigkeit sind im Bescheid anzugeben. Ob bei vorläufiger Steuerfestsetzung der Abkommensinhalt — soweit bekannt — bereits berücksichtigt werden soll, ist nach den Gegebenheiten des einzelnen Falles zu entscheiden.

Bei der Veranlagung unbeschränkt Steuerpflichtiger zur Vermögensteuer bis zum Veranlagungszeitraum 1996 einschließlich kann das aufgezeigte Verfahren auf Fälle beschränkt bleiben, in denen der Steuerpflichtige in dem ausländischen Vertragsstaat Vermögen in Form von Grundbesitz, Betriebsvermögen oder — falls es sich bei dem Steuerpflichtigen um eine Kapitalgesellschaft handelt — eine wesentliche Beteiligung an einer Kapitalgesellschaft des betreffenden ausländischen Vertragsstaats besitzt.

Zur Rechtslage nach dem **Zerfall der Sozialistischen Föderativen Republik Jugoslawien (SFRJ)** ist auf Folgendes hinzuweisen:

Vereinbarungen über die Fortgeltung des DBA mit der SFRJ vom 26. März 1987 wurden geschlossen mit:

Republik Bosnien und Herzegowina (BGBl. 1992 II S. 1196),

Republik Kroatien (BGBl. 1992 II S. 1146),

Republik Slowenien (BGBl. 1993 II S. 1261),

Republik Mazedonien (BGBl. 1994 II S. 326) und

Bundesrepublik Jugoslawien (BGBl. 1997 II S. 961).

Zur Rechtslage nach dem **Zerfall der Sowjetunion** ist auf Folgendes hinzuweisen:

Vereinbarungen über die Fortgeltung des DBA mit der UdSSR vom 24. November 1981 wurden geschlossen mit:

Republik Georgien (BGBl. 1992 II S. 1128),

Republik Kirgisistan (BGBl. 1992 II S. 1015),

Republik Armenien (BGBl. 1993 II S. 169),

Republik Weißrussland (BGBl. 1994 II S. 2533),

Republik Usbekistan (BGBl. 1995 II S. 205),

Republik Tadschikistan (BGBl. 1995 II S. 255),

Republik Moldau (BGBl. 1996 II S. 768),

Aserbaidschanische Republik (BGBl. 1996 II S. 2471) und

Turkmenistan (Bericht der Botschaft Aschgabat vom 11. August 1999 — Nr. 377/99).

Zur Rechtslage nach der **Teilung der Tschechoslowakei** ist auf Folgendes hinzuweisen:

Vereinbarungen über die Fortgeltung des DBA mit der Tschechoslowakischen Sozialistischen Republik vom 19. Dezember 1980 wurden mit der Slowakischen Republik und mit der Tschechischen Republik getroffen (BGBl. 1993 II S. 762).

Hongkong wurde mit Wirkung ab 1. Juli 1997 ein besonderer Teil der VR China (Hongkong Special Administrative Region). Das allgemeine Steuerrecht der VR China gilt dort nicht. Damit ist das zwischen der Bundesrepublik Deutschland und der VR China abgeschlossene DBA vom 10. Juni 1985 nach dem 1. Juli 1997 in Hongkong nicht anwendbar. Eine Einbeziehung Hongkongs in den Geltungsbereich des DBA China ist nicht angestrebt. Verhandlungen über ein gesondertes Abkommen mit Hongkong sind nicht geplant (zur Vermeidung der Doppelbesteuerung bei Luftfahrtunternehmen s. Anlage).

Vorgenannte Ausführungen zu Hongkong (außer Luftfahrtunternehmen) gelten in entsprechender Weise auch für **Macau** nach dessen Übergabe am 20. Dezember 1999 an die VR China (Macau Special Administrative Region).

Im Auftrag
Dr. S t u h r m a n n

IV B 6 / StandDBA01012002

Stand der Doppelbesteuerungsabkommen
1. Januar 2002
I. Geltende Abkommen

Abkommen		Fundstelle				Inkrafttreten				Anwendung
		BGBl. II		BStBl I		BGBl. II		BStBl I		grundsätzlich
mit	vom	Jg.	S.	Jg.	S.	Jg.	S.	Jg.	S.	ab
1. Abkommen auf dem Gebiet der Steuern vom Einkommen und vom Vermögen										
Ägypten	08.12.87	90	278	90	280	91	1.042	92	7	01.01.92
Argentinien	13.07.78/	79	585	79	326	79	1.332	80	51	01.01.76
	16.09.96	98	18	98	187	01	694	01	540	01.01.96
Australien	24.11.72	74	337	74	423	75	216	75	386	01.01.71
Bangladesch[1]	29.05.90	91	1.410	92	34	93	847	93	466	01.01.90
Belgien	11.04.67	69	17	69	38	69	1.465	69	468	01.01.66
Bolivien	30.09.92	94	1.086	94	575	95	907	95	758	01.01.91
Brasilien	27.06.75	75	2.245	76	47	76	200	76	86	01.01.75
Bulgarien	02.06.87	88	770	88	389	88	1.179	89	34	01.01.89
China (ohne Hongkong und Macau)	10.06.85	86	446	86	329	86	731	86	339	01.01.85
Côte d'Ivoire	03.07.79	82	153	82	357	82	637	82	628	01.01.82
Dänemark	22.11.95	96	2.565	96	1.219	97	728	97	624	01.01.97
Ecuador	07.12.82	84	466	84	339	86	781	86	358	01.01.87
Estland	29.11.96	98	547	98	543	99	84	99	269	01.01.94
Finnland	05.07.79	81	1.164	82	201	82	577	82	587	01.01.81
Frankreich	21.07.59/	61	397	61	342	61	1.659	61	712	01.01.57
	09.06.69/	70	717	70	900	70	1.189	70	1.072	01.01.68
	28.09.89	90	770	90	413	91	387	91	93	01.01.90
Griechenland	18.04.66	67	852	67	50	68	30	68	296	01.01.64
Indien	19.06.95	96	706	96	599	97	751	97	363	01.01.97
Indonesien	30.10.90	91	1.086	91	1.001	91	1.401	92	186	01.01.92
Iran, Islamische Republik	20.12.68	69	2.133	70	768	69	2.288	70	777	01.01.70
						70	282			
Irland	17.10.62	64	266	64	320	64	632	64	366	01.01.59
Island	18.03.71	73	357	73	504	73	1.567	73	730	01.01.68
Israel	09.07.62/	66	329	66	700	66	767	66	946	01.01.61
	20.07.77	79	181	79	124	79	1.031	79	603	01.01.70
Italien	18.10.89	90	742	90	396	93	59	93	172	01.01.93
Jamaika	08.10.74	76	1.194	76	407	76	1.703	76	632	01.01.73
Japan	22.04.66/	67	871	67	58	67	2.028	67	336	01.01.67
	17.04.79/	80	1.182	80	649	80	1.426	80	772	01.01.77
	17.02.83	84	194	84	216	84	567	84	388	01.01.81
Jugoslawien	26.03.87	88	744	88	372	88	1.179	89	35	01.01.89
Kanada	17.07.81	82	801	82	752	83	652	83	502	01.01.83
Kasachstan	26.11.97	98	1.592	98	1.029	99	86	99	269	01.01.96
Kenia	17.05.77	79	606	79	337	80	1.357	80	792	01.01.80
Korea, Republik	14.12.76	78	191	78	148	78	861	78	230	01.01.76
Kuwait	04.12.87/	89	354	89	150	89	637	89	268	01.01.84 - 31.12.97
	18.05.99	00	390	00	439	00	1.156	00	1.383	01.01.98
Lettland	21.02.97	98	330	98	531	98	2.630	98	1.219	01.01.96
Liberia	25.11.70	73	1.285	73	615	75	916	75	943	01.01.70
Litauen	22.07.97	98	1.571	98	1.016	98	2.962	99	121	01.01.95
Luxemburg	23.08.58/	59	1.269	59	1.022	60	1.532	60	398	01.01.57
	15.06.73	78	109	78	72	78	1.396	79	83	01.01.71
Malaysia	08.04.77	78	925	78	324	79	288	79	196	01.01.71
Malta	17.09.74/	76	109	76	56	76	1.675	76	497	01.01.73 – 31.12.01
	08.03.01	01	1297							01.01.02
Marokko	07.06.72	74	21	74	59	74	1.325	74	1.009	01.01.74
Mauritius	15.03.78	80	1.261	80	667	81	8	81	34	01.01.79
Mexiko	23.02.93	93	1.966	93	964	94	617	94	310	01.01.94
Mongolei	22.08.94	95	818	95	607	96	1.220	96	1.135	01.01.97
Namibia	02.12.93	94	1.262	94	673	95	770	95	678	01.01.93
Neuseeland	20.10.78	80	1.222	80	654	80	1.485	80	787	01.01.78
Niederlande	16.06.59/	60	1.781	60	381	60	2.216	60	626	01.01.56
	13.03.80/	80	1.150	80	646	80	1.486	80	787	01.01.79
	21.05.91	91	1.428	92	94	92	170	92	382	21.02.92
Norwegen	04.10.91	93	970	93	655	93	1.895	93	926	01.01.91
Österreich	04.10.54/	55	749	55	369	55	891	55	557	01.01.55
	08.07.92	94	122	94	227	94	1.147	94	598	01.01.92
Pakistan[1]	14.07.94	95	836	95	617	96	467	96	445	01.01.95
Philippinen	22.07.83	84	878	84	544	84	1.008	84	612	01.01.85
Polen	18.12.72/	75	645	75	665	75	1.349	76	6	01.01.72
	24.10.79	81	306	81	466	81	1.075	81	778	01.01.77
Portugal	15.07.80	82	129	82	347	82	861	82	763	01.01.83
Rumänien	29.06.73	75	601	75	641	75	1.495	75	1.074	01.01.72

Änderungen sind durch seitliche Striche gekennzeichnet

Fortsetzung siehe nächste Seite

[1] Gilt nicht für die VSt

– 2 –

| Abkommen | | Fundstelle | | | | Inkrafttreten | | | | Anwendung |
| mit | vom | BGBl. II | | BStBl I | | BGBl. II | | BStBl I | | grundsätzlich |
		Jg.	S.	Jg.	S.	Jg.	S.	Jg.	S.	ab
(noch 1. Abkommen auf dem Gebiet der Steuern vom Einkommen und vom Vermögen)										
Russische Föderation	29.05.96	96	2.710	96	1.490	97	752	97	363	01.01.97
Sambia	30.05.73	75	661	75	688	75	2.204	76	7	01.01.71
Schweden	14.07.92	94	686	94	422	95	29	95	88	01.01.95
Schweiz	11.08.71/	72	1.021	72	518	73	74	73	61	01.01.72
	30.11.78/	80	751	80	398	80	1.281	80	678	01.01.77
	17.10.89/	90	766	90	409	90	1.698	91	93	01.01.90
	21.12.92	93	1.886	93	927	94	21	94	110	01.01.94
Simbabwe	22.04.88	89	713	89	310	90	244	90	178	01.01.87
Singapur	19.02.72	73	373	73	513	73	1.528	73	688	01.01.68
Spanien	05.12.66	68	9	68	296	68	140	68	544	01.01.68
Sri Lanka	13.09.79	81	630	81	610	82	185	82	373	01.01.83
Südafrika	25.01.73	74	1.185	74	850	75	440	75	640	01.01.65
Thailand	10.07.67	68	589	68	1.046	68	1.104	69	18	01.01.67
Trinidad und Tobago	04.04.73	75	679	75	697	77	263	77	192	01.01.72
Tschechoslowakei	19.12.80	82	1.022	82	904	83	692	83	486	01.01.84
Türkei	16.04.85	89	866	89	471	89	1.066	89	482	01.01.90
Tunesien	23.12.75	76	1.653	76	498	76	1.927	77	4	01.01.76
UdSSR (s.a. Russische Föderation)	24.11.81	83	2	83	90	83	427	83	352	01.01.80
Ukraine	03.07.95	96	498	96	675	96	2.609	96	1.421	01.01.97
Ungarn	18.07.77	79	626	79	348	79	1.031	79	602	01.01.80
Uruguay	05.05.87	88	1.060	88	531	90	740	90	365	01.01.91
Usbekistan	07.09.99	01	978	01	765					01.01.02
Venezuela	08.02.95	96	727	96	611	97	1.809	97	938	01.01.97
Vereinigte Arabische Emirate	09.04.95	96	518	96	588	96	1.221	96	1.135	01.01.92
Vereinigtes Königreich	26.11.64/	66	358	66	729	67	828	67	40	01.01.60
	23.03.70	71	45	71	139	71	841	71	340	30.05.71
Vereinigte Staaten	29.08.89	91	354	91	94	92	235	92	262	01.01.90
Vietnam	16.11.95	96	2.622	96	1.422	97	752	97	364	01.01.97
Zypern	09.05.74	77	488	77	340	77	1.204	77	618	01.01.70

Änderungen sind durch seitliche Striche gekennzeichnet

Fortsetzung siehe nächste Seite

– 3 –

Abkommen		Fundstelle				Inkrafttreten				Anwendung
		BGBl. II		BStBl I		BGBl. II		BStBl I		grundsätzlich
mit	vom	Jg.	S.	Jg.	S.	Jg.	S.	Jg.	S.	ab
2. Abkommen auf dem Gebiet der Erbschaft- und Schenkungsteuern										
Dänemark[2]	22.11.95	96	2.565	96	1.219	97	728	97	624	01.01.97
Griechenland	18.11.10/	12	173[3]	–	–	53	525	53	377	01.01.53
	01.12.10									
Österreich	04.10.54	55	755	55	375	55	891	55	557	08.09.55
Schweden[2]	14.07.92	94	686	94	422	95	29	95	88	01.01.95
Schweiz	30.11.78	80	594	80	243	80	1.341	80	786	28.09.80
Vereinigte Staaten	03.12.80/	82	847	82	765	86	860	86	478	01.01.79
	14.12.98	00	1.170	01	110	01	62	01	114	15.12.00
3. Sonderabkommen betreffend Einkünfte und Vermögen von Schiffahrt (S)- und Luftfahrt (L)-Unternehmen[4]										
Brasilien (S)										
(Protokoll)	17.08.50	51	11	–	–	52	604	–	–	10.05.52
Chile (S)										
(Handelsvertrag)	02.02.51	52	325	–	–	53	128	–	–	08.01.52
China (S)										
(Seeverkehrsvertrag)	31.10.75	76	1.521	76	496	77	428	77	452	29.03.77
Hongkong (L)	08.05.97	98	2.064	98	1.156	99	26	00	1.554	01.01.98
Jugoslawien (S)	26.06.54	59	735	–	–	59	1.259	–	–	23.10.59
Kolumbien (S, L)	10.09.65	67	762	67	24	71	855	71	340	01.01.62
Paraguay (L)	27.01.83	84	644	84	456	85	623	85	222	01.01.79
Venezuela (S, L)	23.11.87	89	373	89	161	89	1.065	90	2	01.01.90
4. Abkommen auf dem Gebiet der Rechts- und Amtshilfe										
Belgien[2]	11.04.67	69	17	69	38	69	1.465	69	468	01.01.66
Dänemark[2]	22.11.95	96	2.565	96	1.219	97	728	97	624	01.01.97
Finnland	25.09.35	36	37[3]	36	94[3]	54	740	54	404	01.01.36
Frankreich[2]	21.07.59	61	397	61	342	61	1.659	61	712	01.01.57
Italien	09.06.38	39	124[3]	39	377[3]	56	2.154	57	142	23.01.39
Luxemburg[2]	23.08.58	59	1.269	59	1.022	60	1.532	60	398	01.01.57
Niederlande	21.05.99	01	2	01	66	01	691	01	539	23.06.01
Norwegen[2]	04.10.91	93	970	93	655	93	1.895	93	926	01.01.91
Österreich	04.10.54	55	833	55	434	55	926	55	743	26.11.55
Schweden[2]	14.07.92	94	686	94	422	95	29	95	88	01.01.95

Änderungen sind durch seitliche Striche gekennzeichnet

Fortsetzung siehe nächste Seite

---

[2] Die Erbschaftsteuer bzw. Vorschriften zur Rechts- und Amtshilfe sind in den unter I.1. bzw. II.1 aufgeführten Abkommen enthalten.

[3] Angabe bezieht sich auf RGBl bzw. RStBl.

[4] Siehe auch Bekanntmachungen über die Steuerbefreiungen nach § 49 Abs. 4 EStG (und § 2 Abs. 3 VStG):

Äthiopien L (BStBl 1962 I S. 536),   Libanon S, L (BStBl 1959 I S. 198),
Afghanistan L (BStBl 1964 I S. 411),   Litauen L (BStBl 1995 I S. 416),
Bangladesch L (BStBl 1996 I S. 643),   Papua-Neuguinea L (BStBl 1989 I S. 115),
Chile L (BStBl 1977 I S. 350),   Seychellen L (BStBl 1998 I S. 582),
China L (BStBl 1980 I S. 284),   Sudan L (BStBl 1983 I S. 370),
Ghana S, L (BStBl 1985 I S. 222),   Syrien, Arabische Republik S, L (BStBl 1974 I S. 510),
Irak S, L (BStBl 1972 I S. 490),   Taiwan S (BStBl 1988 I S. 423) und
Jordanien L (BStBl 1976 I S. 278),   Zaire S, L (BStBl 1990 I S. 178).

<u>Tabelle 1:</u> **Rechtsformen internationaler Unternehmen (außer Osteuropa)**

Staat	Abk.	Rechtsform	vergleichbar mit
Argentinien		Sociedad de responsabilidad limitada	GmbH
		Sociedad Anonima	AG
		Sociedad en commandita par acciones	KGaA
		Sociedad en commandita	KG
		Sociedad colectiva	OHG
		Sociedad cooperativa	Gen.
		Sociedad accidentale o en participacion	Keine vergleichbare Gesellschaftsform
Australien	Pty Ltd	Proprietary limited Company	GmbH
	PC Ltd	Public Company limited by shares	AG
		Limited Partnership	KG
		Partnership	OHG
Belgien	SPRL	Société privée a responsabilité limitée	GmbH
	oder	Oder	
	BVBA	Besloten vennootschap met beperkte aansprakelijkheid	
	SPRLU	Société d'une personne a responsabilité limitée	Einmann-GmbH
	S.A.	Société anonyme	AG
	oder	oder	
	N.V.	Naamloze Vennootschap	
		Société Coopérative oder Kooperative Vennootschap	Keine vergleichbare Gesellschaftsform
		Société en commandite par actions	KGaA
		Société en commandite simple oder Kommanditaire Vennootschap	KG
		Société en nom collectif	OHG
Brasilien	Ltda	Sociedade por Quotas de Responsabilidade Limitada	GmbH
	SA	Sociedade Anonima	AG
	Compania aberta	Sociedade Anomina de Capital Aberto	offene AG
	Compania fechada	Sociedade Anonima de Capital Fechada	geschl. AG
		Sociedade em Comandita	KG
		Sociedade em Nome Colectivo	OHG
		Sociedade em Conta de Participacao	Stille Gesellschaft

Staat	Abk.	Rechtsform	vergleichbar mit
Dänemark	Aps A/S K/S I/S AmbA	Anpartsselskab Aktieslskab Kommanditselskab Kommanditselskab (mit AG als Kommanditist) Interessentskab Andelsselskab	GmbH AG KG KGaA OHG eingetr. Genossenschaft mbH
Finnland	OY	Osakeyhtiö Kommandittiyhiö Avoin Ightiö Osuuskunta	AG KG OHG Genossenschaft
Frankreich	SARL SA SNC GIE SP SC EURL	Société de responsabilité limitée Société anonyme Société en commandite simple Société en commandite par actions Société en nom collectif Groupement d' intérêt économique Société coopérative Société en participation Société civile Société crée de fait Entreprise unipersonnelle a responsabilité limitée	GmbH AG KG KGaA OHG ARGE Genossenschaft Stille Gesellschaft GbR Keine vergleichbare Gesellschaftsform Einmann-GmbH
Griechenland	EPE AG EE O.E.	Etairia periorismenis evthinis Anonynos Etairia Eterrorrythmos Omorrythmos	GmbH AG KG OHG
Großbritannien	Ltd. Plc	Private company limited by shares Public company limited by shares Limited Partnership Partnership (Privat)Unlimited company Cooperative society Company limited by guarantee Statuary company	GmbH AG KG OHG KapGes Genossenschaft Gemein. Körperschaft Keine vergleichbare Gesellschaftsform

Staat	Abk.	Rechtsform	vergleichbar mit
Irland	PrC	Private Company limited by shares	GmbH
	PLC	Public Company limited by shares	AG
	Ltd.	Limited Partnership	KG
		Partnership	OHG
		Cooperative Society	Gen.
		Company limited by Guarantees	Gemein. Körperschaft
		Statuary Company	Keine vergleichbare Gesellschaftsform
		Chartered Company	
		Oversea Company	
		Unlimited Company	Kap.Ges.
Italien	S.r.l.	Societa a responsabilita limitata	GmbH
	S.p.A.	Societa per azioni	AG
	S.a.	Societa a accomandita	KG
	S.u.p.a.	Societa a accomandita per azioni	KGaA
Japan		Mitsubishi Kaisha	GmbH
		Kabushiki Kaisha	AG
		Goshi Kaisha	KG
		Gomai Kaisha	OHG
Kanada	Ltd.Inc.od. and.	Corporation	AG
		Limited Partnership	KG
		General Partnership	OHG
Liechtenstein	GmbH	Gesellschaft mit beschränkter Haftung	GmbH
	AG	Aktiengesellschaft	AG
		Anstalt	jur. Person
		Stiftung	
		Treuunternehmen	
Luxemburg	S.a.r.l.	Societe a responsabilite limitee	GmbH
	S.A.	Societe anonyme	AG
		Societe en commandite	KG
		Societe en commandite par actions	KGaA
Niederlande	BV	Besloten Vennootshap met beperkte aansprakelijkheid	GmbH
	NV	Naamloze Vennootschap	AG
	CVoA	Commanditaire Vennootschap op Andelen	KGaA
	CV	Commanditaire Vennootschap	KG
	VoF	Vennootschap onder Firma	OHG

Staat	Abk.	Rechtsform	vergleichbar mit
Österreich	GmbH oder Ges.m.b.H.	Gesellschaft mit beschränkter Haftung	GmbH
	AG	Aktiengesellschaft	AG
	KG	Kommanditgesellschaft	KG
	OHG	Offene Handelsgesellschaft	OHG
Portugal	L.da	sociedade por quontas (Firmenzusatz: sociedade com responsabilidade limitdada oder limitada - lda)	GmbH
	EIRL	estabelecimento mercantil individual de responsabilidade limitada	Einzelhandelsunternehmen mit beschr. Haftung
	S.A. (SARL)	sociedade anonima (sociedade anonima responsabilidade limitada)	AG
		sociedade em comandita	KG
		sociedade em nome colectivo	OHG
		sociedade civil	GbR
		parcarias maritimas	Partenreederei
Schweden	AB	Aktiebolag	AG
		Handelsbolag	OHG
		Kommanditbolag	KG
		Enkeltbolag	GbR
		Enskild Firma	Einzelkaufmann
		Kreditavtel med delta gande vid vinst och forlust	Stille Gesellschaft
Schweiz	GmbH	Gesellschaft mit beschränkter Haftung	GmbH
	AG/SA	Aktiengesellschaft	AG
		Kommanditaktiengesellschaft	KGaA
	KG	Kommanditgesellschaft	KG
		Einfache Gesellschaft	GbR
		Genossenschaft	Genossenschaft
Singapur		Private Company Limited by Shares (als Private oder Public Company möglich) Company Limited by Guarantee Unlimited Company	GmbH
		Limited Partnership	KG
		Partnership	OHG

Staat	Abk.	Rechtsform	vergleichbar mit
Spanien	SRL	Sociedad de Responsabilidad Limitada (Sociedad Limitada)	GmbH
	SA	Sociedad Anonima	AG
	SC	Sociedad en Comandita	KG
	SrC	Sociedad Regular Colectiva Compania	OHG
		Sociedad commanditaria por acciones	KGaA
Südafrika	(Pty) Ltd	Private oder Propriety Company (Limited by shares)	GmbH
	Ltd oder BpK	Public Company (Limited by shares)	AG
		Company limited by Guarantee	Mitunternehmerschaft
		Partnership	OHG
Türkei	A.S.	Anonim Sirket	AG
		Limited Sirket	GmbH
	Kol.SrK.	Kollektiv Sirket	OHG
	Kom.SrK.	Komandit Sirket	KG
		Hisseli Komandit Sirket	KGaA
USA	Corp. Inc.Ltd.	Business Corparation (Public Corporation, Close Corporation)	AG
	JSA	Joint Stock Association (Company)	Mischform Kap.Ges. Pers.Ges.
		Limited Partnership	KG
		General Partnership	OHG
		Unincorporated Joint Venture	Gelegenh.Ges.: GbR
		Business Trust	keine vergleichbare Ges.-Form
	PTLP	Public Traded Limited	KG mit Börsenzulassung (Kap.Ges.)

Tabelle 2: **Rechtsformen osteuropäischer Unternehmen**

Staat und Rechtsform	Abk.	vergleichbare Rechtsform
Polen		
1. Spólka Akcyjna	S.A.	AG
2. Spólka z ograniczona odpowiedzialnoscia	Sp.z.o.o.	GmbH
3. Spólka komandytowa	S.K.	KG
4. Spólka prawa cywilnego (Spolka cywilna)	S.c.	GbR
5. Spólka handlowa jawna		OHG
Tschechische/Slowakische Republik		
1. Spolecnost s rucen im, omezenim oder s rucenim omezenim	spol.s.r.o.	GmbH
2. Akiová spulecnost	a.s.	AG
3. Verejná obchodni spolecnost	ver.obch.spol. oder v.o.s.	OHG
4. Komanditni spolecnost	kom.spol.oder k.s.	KG
Ungarn		
1. részvénytársaság	rt	AG
2. korlátolt felelösségü társaság	kft	GmbH
3. közkereseti társaság	kkt	OHG
4. betéti társaság	bt	KG
Industriegenossenschaften		
5. ipari szövetkezet	keine Abkürzung	
Bulgarien		
1. Zabiratelno drushestwo		OHG
2. Komanditno drushestwo	KD	KG
3. Drushestwo s organitschena otgowornost	ocD	GmbH
4. Aktionierno drushestwo	AD	AG
5. Komanditno drushestwo s. akzii	KDA	KGaA
Kroatien		
1. Akzomarskoje Obtschestwo		AG
2. Obtschestwo oder Organisazia za Organitschenom otgowomosti		GmbH
Slowenien (ab dem 10. Juni 1993):		
1. Delniska druzba	d.d.	AG
2. Druz z omejeno odgovornostjo	d.o.o.	GmbH
3. Komanditna druzba	k.d.	KG
4. Komanditna delniska druzba	k.d.d.	KGaA
5. Tilna druzba	t.d.	Stille Gesell.
6. Gospordarsko interesno zdruzenje	g.i.z.	Entspricht der franz.wirtsch. Interessenver-einigung
7. Druzba z neomenjeno odgovornostjo	d.n.o.	OHG

Staat und Rechtsform	Abk.	vergleichbare Rechtsform
Rumänien		
1. societate pe actiuni	S.A.	AG
2. societate cu raspundere limitada	S.R.L.	GmbH
3. societate in comandita simpla	S.C.S.	KG
4. societate in nume colectiv	S.N.C.	OHG
5. societate in comandita pe actiuni	S.C.A.	KGaA

Literaturverzeichnis

Außenwirtschaft

Baßeler, U./Heinrich, J.: Grundlagen und Probleme der Volkswirtschaft, 16. Auflage, Stuttgart 2001, 19.–22. Kapitel

Jarchow, H./Rühmann, P.: Monetäre Außenwirtschaft, Teil 1: Monetäre Außenwirtschaftstheorie, 5. Auflage, Göttingen 2000 und Teil 2: Internationale Währungspolitik, 4. Auflage, Göttingen 1997

Moritz, K.-H./Stadtmann, G.: Kompaktstudium Wirtschaftswissenschaften, Band 15: Monetäre Außenwirtschaft, München 1999

Rose, K./Sauernheimer, P.: Theorie der Außenwirtschaft, 13. Auflage, München 2000

Sperber, H.: Wirtschaft – verstehen, nutzen, ändern, Stuttgart 2002

Sperber, H./Sprink, J.: Monetäre Außenwirtschaftslehre, eine praxisorientierte Einführung, Stuttgart 1996

Internationales Finanzmanagement

Altmann, J.: Außenwirtschaft für Unternehmen, 2. Auflage, Stuttgart 2001

Bernstorff, C.: Risikomanagement im Auslandsgeschäft, 3. Auflage, Stuttgart 2001

Beike, R./Schlütz, J.: Finanznachrichten lesen, verstehen, nutzen – ein Wegweiser durch Kursnotierungen und Marktberichte, 3. Auflage, Stuttgart 2001

Jahrmann, F. U.: Außenhandel, 10. Auflage, Ludwigshafen 2001

Scharpf, P./Epperlein, J. K.: Rechnungslegung und interne Kontrolle von derivativen Finanzinstrumenten, in: Rudolph, B. (Hrsg.): Derivative Finanzinstrumente, Stuttgart 1995, S. 131–170

Sperber, H./Sprink, J.: Finanzmanagement internationaler Unternehmen, Grundlagen – Strategien – Instrumente, Stuttgart 1999

Internationale Rechnungslegung

Baetge, J./Kirsch, H.-J./Thiele, S.: Bilanzen, 6., überarbeitete und erweiterte Auflage, Düsseldorf 2002

Born, K.: Rechnungslegung international, Einzel- und Konzernabschlüsse nach IAS, US-GAAP, HGB und EG-Richtlinien, 3., aktualisierte und ergänzte Auflage, Stuttgart 2002

Bruns, C. (Hrsg.): Fälle mit Lösungen zur Bilanzierung nach IAS und US-GAAP, Herne-Berlin 2001

Buchholz, R.: Internationale Rechnungslegung, 2., vollständig überarbeitete und ergänzte Auflage, Bielefeld 2002

DRSC (Hrsg.): Deutsche Rechnungslegungs Standards (DRS), Stuttgart 2002

FASB (Hrsg.): Original Pronouncements, Accounting Standards as of June 1, 2001, Volume I FASB Statements of Standards 1–100, Norwalk 2001

FASB (Hrsg.): Original Pronouncements, Accounting Standards as of June 1, 2001, Volume II FASB Statements of Standards 101–140, Norwalk 2001

FASB (Hrsg.): Original Pronouncements, Accounting Standards as of June 1, 2001, Volume III AICPA Pronouncements, FASB Interpretations, FASB Concept Statements, FASB Technical Bulletins, Topical Index/Appendixes Norwalk 2001

Gräfer, H.: Annual Report – Der US-amerikanische Jahresabschluss, Stuttgart 1992

Hahn, K.: Segmentberichterstattung nach nationalem und internationalem Recht vor dem Hintergrund neuer EU-Vorhaben, in: Aktuelle Entwicklungen im Handels-, Steuer- und Gesellschaftsrecht, herausgegeben von Hahn, K./Maurer, T./ Schramm, U. Stuttgart 2001, S. 317–344

Hayn, S./Graf Waldersee, G.: IAS/US-GAAP/HGB im Vergleich, 3. Auflage Stuttgart 2002

IASB (Hrsg.): International Accounting Standards 2001 (Deutsche Ausgabe), Stuttgart 2001

IASC (Hrsg.): International Accounting Standards 2001, London 2001

Institut der Wirtschaftsprüfer in Deutschland e.V. (Hrsg.): Wirtschaftsprüfer-Handbuch 2000 (WP-Handbuch), Band I, Düsseldorf 2000

Knief, P.: Steuerberater- und Wirtschaftsprüfer-Jahrbuch 2002, Düsseldorf 2001

KPMG (Hrsg.): International Accounting Standards, Stuttgart 1999

Müller, S./Wulf, I.: Zentrale Unterschiede einer Rechnungslegung gemäß HGB, US-GAAP und IAS, in: Investororientierte Unternehmenspublizität, herausgegeben von Lachnit, L./Freidank, C.-C., S. 123–162, Wiesbaden 2000

Pellens, B. u. a.: Internationale Rechnungslegung, 4. überarbeitete und erweiterte Auflage, Stuttgart 2001

Williams, J. R.: 2002 Miller GAAP Guide, Restatement and Analysis of Current FASB Standards, New York-Gaithersburg 2002

Wobbermin, M.: Internationale Rechnungslegung nach IAS und US-GAAP: Grundlagen und wesentliche Unterschiede zu HGB, in: Professionell buchen und bilanzieren, I 10, S. 1–28, Stuttgart 2001

Internationales Steuerrecht

Debatin H./Wassermeyer F.: Doppelbesteuerung – Kommentar (Loseblatt), München

Dötsch E./Cattelaens H./Gottstein S./Stegmüller H./Zenthöfer W.: Körperschaftsteuer, 13. Auflage, Stuttgart 2002

Dötsch E./Eversberg H./Jost W. F./Witt G.: Die Körperschaftsteuer - Kommentar (Loseblatt), Stuttgart

Grotherr S./Herfort C./Strunk G.: Internationales Steuerrecht, Achim 1998

Keller, D./Bustorff, I.: Umsatzsteuergesetz - Kommentar (Loseblatt), Neuwied

Kühn R./Hofmann G.: Abgabenordnung, Finanzgerichtsordnung, 17. Auflage, Stuttgart 1995

Littman E./Bitz H./Pust H.: Das Einkommensteuerrecht – Kommentar (Loseblatt), Stuttgart

Rick E./Loidl C./Heyd R.: Professionell buchen und bilanzieren (Loseblatt), Stuttgart

Seifart W./v. Campenhausen A.: Handbuch des Stiftungsrechts, 2. Auflage, München 1999

Vogel, K.: Doppelbesteuerungsabkommen der Bundesrepublik Deutschland auf dem Gebiet der Steuern vom Einkommen und Vermögen, 3. Auflage 1996, München

Völkel D./Karg H.: ABC-Führer Umsatzsteuer (Loseblatt) Stuttgart

Völkel D./Karg H.: Umsatzsteuer, 10. Auflage, Stuttgart 2000

Wilke, K.-M.: Lehrbuch des internationalen Steuerrechts, 7. Auflage, Herne, Berlin 2002

Wöhrle W./Schelle D./Gross E.: Außensteuergesetz – Kommentar (Loseblatt), Stuttgart

Zenthöfer W./Schulze zur Wiesche D.: Einkommensteuer, 6. Auflage, Stuttgart 2001

Stichwortverzeichnis